中華古籍保護計劃

ZHONG HUA GU JI BAO HU JI HUA CHENG GUO

·成果·

暨南大學圖書館古籍普查登記目録

全國古籍普查登記目録

國家圖書館出版社
National Library of China Publishing House

圖書在版編目(CIP)數據

暨南大學圖書館古籍普查登記目録/暨南大學圖書館編. --北京:國家圖書館出版社, 2017.6

(全國古籍普查登記目録)

ISBN 978-7-5013-6115-1

Ⅰ.①暨… Ⅱ.①暨… Ⅲ.①院校圖書館—古籍—圖書館目録—廣州 Ⅳ.①Z838

中國版本圖書館CIP數據核字(2017)第105349號

書　名　暨南大學圖書館古籍普查登記目録
著　者　暨南大學圖書館　編
責任編輯　景　晶

出　版　國家圖書館出版社(100034　北京市西城區文津街7號)
(原書目文獻出版社　北京圖書館出版社)
發　行　010-66114536　66126153　66151313　66175620
66121706(傳真)　66126156(門市部)
E-mail　nlcpress@nlc.cn(郵購)
Website　www.nlcpress.com→投稿中心
經　銷　新華書店
印　裝　河北三河弘翰印務有限公司
版　次　2017年6月第1版　2017年6月第1次印刷

開　本　787×1092(毫米)　1/16
印　張　30
字　數　500千字

書　號　ISBN 978-7-5013-6115-1
定　價　260.00圓

《全國古籍普查登記目録》

工作委員會

主　任： 周和平

副主任： 張永新　詹福瑞　劉小琴　李致忠　張志清

委　員（按姓氏筆畫排序）：

于立仁　王水喬　王　沛　王紅蕾　王筱雯
方自今　尹壽松　包菊香　任　競　全　勤
李西寧　李　彤　李忠昊　李春來　李　培
李曉秋　吳建中　宋志英　努　木　林世田
易向軍　周建文　洪　琰　倪曉建　徐欣禄
徐　蜀　高文華　郭向東　陳荔京　陳紅彥
張　勇　湯旭巖　楊　揚　賈貴榮　趙　嫄
鄭智明　劉洪輝　歷　力　鮑盛華　韓　彬
魏存慶　鍾海珍　謝冬榮　謝　林　應長興

《全國古籍普查登記目録》

序　言

全國古籍普查登記工作是“中華古籍保護計劃”的首要任務，是全面開展古籍搶救、保護和利用工作的基礎，也是有史以來第一次由政府組織、參加收藏單位最多的全國性古籍普查登記工作。

2007年國務院辦公廳發佈《關於進一步加强古籍保護工作的意見》（國辦發[2007]6號），明確了古籍保護工作的首要任務是對全國公共圖書館、博物館和教育、宗教、民族、文物等系統的古籍收藏和保護狀况進行全面普查，建立中華古籍聯合目録和古籍數字資源庫。2011年12月，文化部下發《文化部辦公廳關於加快推進全國古籍普查登記工作的通知》（文辦發[2011]518號），進一步落實了全國古籍普查登記工作。根據文化部2011年518號文件精神，國家古籍保護中心擬訂了《全國古籍普查登記工作方案》，進一步規範了古籍普查登記工作的範圍、内容、原則、步驟、辦法、成果和經費。目前進行的全國古籍普查登記工作的中心任務是通過每部古籍的身份證——“古籍普查登記編號”和相關信息，建立古籍總臺賬，全面瞭解全國古籍存藏情况，開展全國古籍保護的基礎性工作，加强各級政府對古籍的管理、保護和利用。

《全國古籍普查登記工作方案》規定了全國古籍普查登記工作的三個主要步驟：一、開展古籍普查登記工作；二、在古籍普查登記基礎上，編纂出版館藏古籍普查登記目録，形成《全國古籍普查登記目録》；三、在古籍普查登記工作基本完成的前提下，由省級古籍保護中心負責編纂出版本省古籍分類聯合目録《中華古籍總目》分省卷，由國家古籍保護中心負責編纂出版《中華古籍總目》統編卷。

在黨和政府領導下，在各地區、各有關部門和全社會共同努力下，古籍普查登記工作得以扎實推進。古籍普查已在除臺、港、澳之外的全國各省級行政區域開展，普查内容除漢文古籍外，還包括各少數民族文字古籍，特别是於2010年分别啓動了新疆古籍保護和西藏古籍保護專項，因地制宜，開展古籍普查登記工作；國家古籍保護中心研製的“全國古籍普查登記平臺”已覆蓋到全國各省級古籍保護中心，並進一步研發了“中華古籍索引庫”，爲及時展現古籍普查成果提供有力支持；截至目前，已有11375部古籍進入《國家珍貴古籍名録》，浙江、江蘇、山東、河北等省公佈了省級《珍貴古籍名録》,古籍分級保護機制初步形成。

《全國古籍普查登記目録》是古籍普查工作的階段性成果,旨在摸清家底,揭示館藏,反映古籍的基本信息。原則上每申報單位獨立成冊,館藏量少不能獨立成冊者,則在本省範圍内幾個館目合併成冊。無論獨立成冊還是合併成冊,均編製獨立的書名筆畫索引附於書後。著録的必填基本項目有:古籍普查登記編號、索書號、題名卷數、著者(含著作方式)、版本、冊數及存缺卷數。其他擴展項目有:分類、批校題跋、版式、裝幀形式、叢書子目、書影、破損狀況等。有條件的收藏單位多著録的一些擴展項目,也反映在《全國古籍普查登記目録》上。目録編排按古籍普查登記編號排序,内在順序給予各古籍收藏單位較大自由度,可按分類排列古籍普查登記編號,也可按排架號、按同書名等排列古籍普查登記編號,以反映各館特色。

此次全國古籍普查登記工作,克服了古籍數量多、普查人員少、普查難度大等各種困難,也得到了全國古籍保護工作者的極大支持。在古籍普查登記過程中,國家古籍保護中心、各省古籍保護中心爲此舉辦了多期古籍普查、古籍鑒定、古籍普查目録審校等培訓班,全國共1600餘家單位參加了培訓,爲古籍普查登記工作培養了大量人才。同時在古籍普查登記工作中,也鍛煉了普查員的實踐能力,爲將來古籍保護事業發展奠定了良好的基礎。

《全國古籍普查登記目録》的出版,將摸清我國古籍家底,爲古籍保護和利用工作提供依據,也將是古籍保護長期工作的一個里程碑。

國家古籍保護中心
2013年10月

《全國古籍普查登記目録》

編纂凡例

一、收録範圍爲我國境内各收藏機構或個人所藏,產生於1912年以前,具有文物價值、學術價值和藝術價值的文獻典籍,包括漢文古籍和少數民族文字古籍以及甲骨、簡帛、敦煌遺書、碑帖拓本、古地圖等文獻。其中,部分文獻的收録年限適當延伸。

二、以各收藏機構爲分册依據,篇幅較小者,適當合併出版。

三、一部古籍一條款目,複本亦單獨著録。

四、著録基本要求爲客觀登記、規範描述。

五、著録款目包括古籍普查登記編號、索書號、題名卷數、著者、版本、册數、存缺卷等。古籍普查登記編號的組成方式是:省級行政區劃代碼—單位代碼—古籍普查登記順序號。

六、以古籍普查登記編號順序排序。

七、編製各館藏目録書名筆畫索引附於書後,以便檢索。

《暨南大學圖書館古籍普查登記目録》

編委會

《暨南大學圖書館古籍普查登記目録》

前　言

一、館藏古籍的歷史和現狀

暨南大學是我國第一所由國家創辦的華僑高等學府,是目前全國高校中境外生最多的大學,是國家"211 工程"重點綜合性大學,直屬國務院僑務辦公室領導。"暨南"二字出自《尚書・禹貢》篇:"東漸于海,西被于流沙,朔南暨,聲教訖于四海。"意即面向南洋,將中華文化遠播到五洲四海。

暨南大學肇始於 1906 年清政府創立於南京的暨南學堂。1911 年武昌起義爆發,清朝覆滅,學堂因而停辦。1918 年春在原址復校,改稱國立暨南學校。1923 年遷至上海,1927 年改組升格爲國立暨南大學。1942 年總校遷址福建建陽,1946 年遷回上海。1949 年 8 月合併於復旦、交通等大學。1958 年暨南大學在廣州重建,1970 年春被撤銷,部分系分别合併到華南師範大學、中山大學等校。1978 年暨南大學在廣州復辦至今。

暨南大學圖書館創立於 1918 年 10 月 6 日,其歷史源於暨南學堂和國立暨南學校的閲書報室。雖隨學校幾遭劫難,文獻散佚,但所存仍爲可觀。現藏古籍主要由 1958 年暨南大學在廣州重建以來所收藏、原廣東師院舊藏和章太炎、朱傑勤、黄蔭普等名家藏書組成。館藏珍品包括:章太炎藏書凡 4000 餘册,書中太炎手批爲國内罕見;明清善本近 9000 册,被《中國古籍善本書目》收録 161 部;入選國家級和省級《珍貴古籍名録》共 172 部。

現略述暨南大學圖書館沿革及其館藏古籍歷史與現狀如次:

(一)南京初創時期(1906 年—1923 年)

1906 年兩江總督端方在南京創設暨南學堂。1911 年武昌起義爆發,清朝覆滅,學堂因而停辦了 6 年之久。暨南學堂創辦之初的 4 年中,校舍利用的是南京妙相庵的房屋,没有進行較大規模的擴建,目前没有找到相關的證據顯示當初設有圖書館。其間相關的負責官員奏撥經費,主要用於建築校舍,添置住宿、器具、圖書等學習生活基礎設備。宣統元年(1909)六月初九日,端方奏《暨南學堂醫藥書籍等費請仍由閩海等關分撥片》稱:“本年全班學生一百七十餘人,購辦英文書籍,添置理化器具共需銀二千兩。”按常理,既然購買了書籍,就得有存放之所,這個地方一般稱爲“閲書報室”或“圖書室”。

辛亥革命後,暨南學堂在舊址恢復辦學,改名國立暨南學校,此時始考慮修建獨立的圖書館館舍。1917年11月1日,教育部派黄炎培籌辦暨南學校。黄炎培等向教育部呈報的《暨南學校五年間進行計劃表並造送七年度預算冊》中提到“五年間進行計劃”,此計劃包括預備期(民國六年十一月至民國七年七月,共9個月)、民國七年度至民國十一年度(共5年)需要籌備和實施的事項。預備期籌備設施第一項是圖書館,民國七年度開辦的設施第一項也是圖書館,足見學校的重視。

鑒於圖書存放及學生閲讀的需要,在圖書館未成立之前,1918年3月11日暨南學校先行在校内設學生“閲書報室”。同年4月18日,學校頒佈《閲書報室規則》,共9條,對開放時間、管理人員、閲覽規定、借閲手續以及薦購、保護書刊等事項進行了規定。

暨南學校圖書館的建設基本按“五年間進行計劃”推進。經過近1年的籌備和建設,1918年秋圖書館竣工。10月6日,圖書館行開幕式,計有圖書1213冊。

(二)真如發展時期(1923年9月—1937年8月)

1923年,暨南學校陸續遷到上海真茹鎮(真茹後改作真如,即今上海普陀區真如鎮)。是年秋,暨南學校真如新校舍落成,校圖書館同期竣工。圖書館竣工僅1年,1924年9月江浙戰争爆發,真如鎮當兵火之冲,本校爲營壘者兩月,圖書儀器蕩然無存。

暨南學校圖書館經過3年的發展,藏書益增,但1924年圖書館遭到江浙戰争破壞,原有館舍已不敷應用。1926年3月31日,校長姜琦在校董會議上提議募捐建築圖書館,議決通過,並請延杜定友、王雲五等人贊襄一切。建築費以一萬五千元爲度。圖書館的雛形爲凸字形,占地六分零九毫四絲;分上下兩層,上層全作閲覽室及書庫,可容納120人;下層分作教室及館員辦事室。5月27日,新圖書館奠基。6月,舉行圖書館募捐。校董鄭洪年首先認捐5000元,並允將承擔募足不敷之款。遂由校長提議、校務會議議決,定名“洪年圖書館”,以爲紀念。12月,圖書館動工興建,原定以半年竣工。

1927年2月,滬寧路綫發生戰事,全校師生遷徙滬上,圖書館建築因此停工。5月27日,借本校20周年紀念之便,先行洪年圖書館開幕典禮,繼續開工。6月14日,國立暨南學校改組升格爲國立暨南大學。9月,兵復來校,館舍爲軍人盤踞月餘,工程受阻,延期復延期,直到是年秋天,圖書館始全部落成。遂安裝書櫃桌椅,佈置館舍。11 月 21 日，圖書館正式開館。符大昺作《洪年圖書館記》記之。洪年圖書館建立之前，圖書館長期隸屬於學校教務處圖書課，由校長聘任許克誠主其事。鄭洪年掌校後，對於圖書館的擴充不遺餘力。1928 年 1 月 25 日，圖書館從教務處分離出來，改爲獨立機關，設館長一人，由校長聘葉崇智（公超）爲館長，從此圖書館在學校的地位得到提升。當時館藏中文書籍 15 萬卷，精訂 1600 餘冊；西文書 8000 餘冊；日文書 500 冊。每日平均到館閱覽在 500 人以上。新館既成，時雖“爲滬上各校圖書館之最大者”，但不久因學校教室不敷，館中樓下房屋，强半被闢爲教室，原規劃館內附設“南洋館”等計劃無法實現。擴充圖書館工程納入學校第二期建築規劃中，開工時間定在當年暑假期間。1929 年夏，館長葉崇智就職北平，聘張天方（鳳）繼任館長，許克誠爲副館長。

1932 年“一·二八事變”後，真如鎮處於戰區，學校再次遭受重大損毀。爲安全起見，學校決定在學生較爲集中的上海租界、蘇州、廣州三地分别辦學。上海租界校區分爲兩院，第一院在赫德路，第二院在新閘路。奉校長之命，圖書館於 2 月 21 日開始陸續將藏書搬出，部分暫存華龍路中華職業教育社，部分存放於莫利愛路本校臨時辦公處。至 25 日，除報紙及尚未裝訂的雜誌外，所有圖書已全部搬出。後因臨時辦事處房屋不敷，再租新閘路 1758 號（位於第二院西部）爲圖書館，遂於 3 月 27 日遷入新址。原藏於莫利愛路臨時辦公處的所有圖書也遷到新閘路圖書館。經過兩周的整理，新閘路圖書館的全部圖書整理就緒，並於 4 月 25 日起正式開館。

嗣停戰協定簽字，1932 年 5 月 23 日，暨南大學戰後整理委員會校舍組開始接收和清理真如校舍，並從各處搜回書架 30 餘件，往真如維持會搬回各類不全書籍、雜誌、印刷品等十數麻袋。7 月，新閘路圖書館用房租賃期滿，而真如館舍的清理也大致就緒，遂於是月 13 日開始回遷，16 日全部搬運完畢。回遷圖書凡 1991 組（捆），分裝木箱 225 個，麻袋 117 包。23 日，搬回真如洪年圖書館的圖書全部整理完成。

戰後，本校各地面及各校舍，被日軍抛棄之書籍，狼藉不堪。損失校產中“中外書籍雜誌報章類 5000 元”，教職員“書籍類 20000 元”，學生“書籍類 160000 元”。相比師生個人的書籍損失，屬於校產的圖書館藏書損失較小。圖書館藏書有幸得以留存，有賴於圖書館同人的及時搶運和妥善保存。戰爭期間，圖書館曾爲日軍佔據，雖然圖書轉運及時，損失無多，但圖書亦多殘缺，而中文善本及西文書散失尤多，尚存 38000 餘册，約當戰前之半。書架、閲覽桌椅等器具和雜物被嚴重毁壞。

1933 年 6 月，館長張鳳因專任教務，聘胡肇椿兼圖書館主任，又加聘龍自强爲助理圖書館館務。圖書館藏中文書刊 33224 册，西文書刊 8169 册，共 41393 册。12 月，學校發生驅逐校長鄭洪年風潮。翌年 1 月，學校“驅鄭會”以鄭氏欺世盗名之由，將“洪年圖書館”易名爲“暨南圖書館”。2月,胡肇椿辭職。從第二學期開始,改約杜鋼百爲圖書館主任。館務會議請求確定圖書館經費並增加預算、重新編訂圖書目録、補全殘缺圖書、充分添購報紙雜誌等。9月,主任杜鋼百因故辭職,由查修繼任。28日召開館務會議,討論編製新圖書館目録、增購新書及雜誌、清查未還圖書、增加閱報室等事項。

1936年,暨南大學搬回真如校區已4年,暨南圖書館已建10年,此時藏書已達5.6萬多冊。藏書日增,館舍陳舊,不敷應用,校方復力事圖書館擴充事宜,多次提出圖書館重建或擴充建議。9月,主任查修因到交通大學任事,另請林仲達擔任。館務會議討論現有館舍不敷應用問題,議決要求學校擴充館舍,爲研究室及閱報室之用。因書庫爆滿,遂將常用各科教本及參考圖書分别陳放各院系研究室。1937年1月4日,校長何炳松在總理紀念周報告中再提圖書館的重造。2月,圖書館主任林仲達因前往廣東省立勷勤大學任教辭職,所遺職位由文學院院長鄭振鐸兼任。鄭館長甫上任,即提出圖書館應“更注意南洋文獻之特殊使命”的願望。至3月,藏書達6萬餘冊。8月,“八一三”戰事爆發,重建圖書館的努力化爲泡影。戰火再度殃及真如校區,校舍幾被夷爲平地。不僅僅是暨大,上海市區公私圖書館及學校圖書館普遍遭到破壞。損失最大者如市中心圖書館、南市文廟圖書館以及同濟、暨南、復旦、交通等學校圖書館……總計損失圖書達40餘萬冊。至於暨大圖書館藏書的損失,據戰後編印的《暨南大學圖書館劫餘書目》前言稱:“經八一三戰役,中日文之雜誌、日報二萬餘冊,全部毀失。中日文之圖書亦喪失大半。惟西文之圖書雜誌及比較重要之中日文圖書幸獲保存。”9月,學校奉令遷入上海公共租界繼續辦學,時間長達4年之久。

(三)上海“孤島”時期(1937年8月—1941年12月)

“八一三”戰事爆發之初,學校將“儀器圖書裝了兩百多箱運往九江,以準備遷校江西”。部分重要圖書儀器轉移到法租界内的中華學藝社安置。大學部匆匆覓得美租界小沙渡路826號僑光中學的房屋,分租了一半爲臨時校舍,其中安置圖書儲藏室、閲覽室各一所。學校迅速於1937年9月20日開學。由於時局動蕩,1938年間,學校先後搬遷到法租界陶爾斐斯路四合里38號、威海衛路新寰中學、公共租界康腦脱路528號教堂等處上課。至1939年,學校稍爲安定,漸次擴充了圖書儀器,從江西運回來的書籍也啓箱取出陳列,並且買了不少的新書。

(四)遷址建陽時期(1941年夏—1946年夏)

1941年夏,日本南侵之心日益明顯,且與美英等國家矛盾日甚,太平洋戰争勢不可免,戰争若爆發,上海租界必將不保。有鑒於此,教育部强令暨南大學即刻辦理内遷,遂由周憲文、吳修赴閩籌設暨南大學建陽分校,11月正式開學。1942年夏,總校遷閩完畢,暨南大學建陽分校的名稱遂被取消。考慮到遷運困難,暨南大學在南遷前,先行將圖書設備、文件檔案等裝箱,分别秘密寄存上海某處,没有運往建陽。

在建陽,校址主要以童游文廟爲中心,並借用明倫堂等處,且進行修葺改造作爲教室、辦公室以及宿舍等,圖書館即由崇聖祠改建而成。在建陽初期,圖書資料非常缺乏。後來逐步向江山、南平、福州等處商務印書館搜集購買到少數書籍,還特派郭虛中駐福州專職搜集採購圖書。經多方努力,纔先後購得中西文圖書數千冊,其中還有不少善本。另蒙在福州的外國朋友惠贈外文書數百冊。經數年經營,圖書館略具規模,收藏中西文圖書6000餘冊。

(五)復員回滬時期(1946年3月—1951年6月)

1945年8月,抗戰勝利。暨南大學校務委員會决定準備遷回上海。1946年2月,學校擬定《國立暨南大學復員計劃建築房屋之種類及造價估計(甲項)》。依這個計劃,圖書館爲獨立的二層宫殿式中西合璧建築,樓下書庫,樓上閲覽室,可容納人數600人,造價估計8萬美元。3月,全校師生攜帶圖書儀器及隨身用品,分乘多輛卡車,從建陽經龍游到蘭溪,再换船到杭州,之後轉往上海。6月,暨南大學返滬之後,發現原真如校舍遭戰火嚴重損毁,暨南圖書館也成一片瓦礫。因受内戰影響,經費有限,原擬在南京建永久校舍的計劃經年無著。在兩難的情況下,經校長何炳松多方奔走,遂由行政院撥得上海東體育會路330號前日本第二女子高等學校及寶山路前日本第八國民小學舊址兩處,作爲暨南大學返滬之臨時校舍。

因係臨時校舍,學校並未爲圖書館安排獨立的館舍,圖書館與辦公室、教室、實驗室、禮堂等同在一幢辦公樓。當時暨南大學分爲第一院、第二院。第一院在東體育會路330號,原有樓房一大幢,爲學校總辦公處、理商兩學院教室、實驗室、圖書館及禮堂。第二院在寶山路,原有樓房一大幢,本校使用三分之二,爲文法兩學院辦公處、教室、圖書館及禮堂。兩院分别設立圖書館:理學院圖書館,除專置理商學圖書外,又獲教育部配給敵僞圖書3萬冊。文學院圖書館,專置文法圖書,除原有圖書3萬餘冊外,又備有《東方雜誌》全份,各省通志,各大學學報,中央研究院地質調查所刊物,美國圖書館協會捐送1940年至1946年關於文法類圖書雜誌多種,及交换到台灣省圖書館贈送南洋圖書20餘種。

截至1947年,暨南大學圖書館藏書達8萬餘冊,其中包括在建陽時購置的中西文圖書6000餘冊、在滬先後接收日本女子高等學校書籍7000餘冊、教部分配陳群藏書3萬餘冊、美國贈送教科書雜誌400餘冊、日本岩波書店贈書200餘冊、教育部駐滬文物分配委員會分配書籍300冊,合計接收書籍達4萬餘冊。當時又添購中西文新書5000餘冊,雜誌100餘種。總計舊存、接收與新購之書達8萬餘冊,雜誌達300

餘種。因一二兩院校舍局促,書庫及閲覽室均嫌狹小,勢須籌建圖書館,以利擴充。這一時期圖書館主任爲孫心磐。

暨南大學復員返滬後,國民政府雖有在南京建永久校址之規劃,但因局勢動蕩、經費困難,遷校遙遙無期。故自1947年始,學校迭次呈請教育部,擬先在真如校址規劃建造校舍,徐圖恢復,以改變目前局促狹隘的困局。可是,直至1949年暨南大學合併於復旦大學、交通大學等校,擬在真如舊址建造校舍,籌建"宫殿式中西合璧"圖書館的計劃最終未能實現,圖書館一直處於分置兩院並與其他部門同樓辦公的狀態。

1949年8月,暨南大學合併於復旦、交通等大學,圖書館藏書亦一併爲上海各校領取分藏。向各校移交圖書前,圖書館對館藏做了整理統計工作,如1950年5月,對分藏兩院的《叢書集成初編》進行合併整理登記,依據册數多少,編有目録三部:正本得書凡3649册,副本一得書凡2251册,副本二得書凡668册。合計正副三部存書凡6568册。又據《華東師範大學具領前國立暨南大學綫裝古籍書清册》,1951年7月成立的華東師範大學(籌備委員會),於11月領取了原國立暨南大學藏中文善本2089册,中文綫裝書36118册,共計38207册。復旦、交通等校從原國立暨南大學領取的古籍數量尚不清楚,估計不在華東師大之下。據此保守估計,上海時期暨南大學圖書館收藏古籍至少10萬册以上。

(六)廣州重建時期(1957年—1970年)

1958年,暨南大學在廣州重建。圖書館藏書來源主要三個方面:一部分由中山大學贈送,一部分由中山大學所屬的工農速成中學移交,一部分由教育部在有關大專院校中調撥支持。三部分共計有圖書43425册。其中包括部分綫裝書。

1962年編印的《暨南大學圖書館藏叢書目録》,著録叢書凡267部27329册。《前言》曰:"我館入藏的古籍共七萬五千餘册。"1963年編印的《暨南大學古籍目録》,著録綫裝書共6230部75662册。這是有案可查的第一次館藏古籍統計。1964年7—9月間,廣東師範學院停辦。原有44.3萬餘册圖書,分别調撥給暨南大學、廣州醫學院(代表廣州市)、教育心理學研究所等單位,其中綫裝書約56993册,一半(約2.8萬册)調撥到暨南大學。

1970年春,暨南大學被撤銷,部分系合併到廣東師範學院(由華南師範學院改名),部分系合併到中山大學,部分系合併到廣州外語學院,學校機關和直屬單位合併到廣東化工學院。儀器設備、圖書資料也被瓜分。

(七)廣州復辦時期(1978年—現在)

1978年,暨南大學在廣州原址復辦。"文化大革命"時分散到各院校的圖書,復辦時僅調回56萬册。

1979年11月，根據《全國古籍善本書總目》編輯組的要求，暨南大學圖書館編印了《暨南大學圖書館古籍善本書目》(油印本)。據統計，著録善本凡經部39部、史部82部、子部78部、集部156部、叢書4部，合計359部。1985年出版的《中國古籍善本書目》，收録暨南大學圖書館藏明清善本共161種，其中有珍稀版本21種112册。

1980年3月，暨南大學復辦後第一届董事黄蔭普捐贈古籍750册。1984年，暨南大學有幸收藏章太炎藏書一批。編印有《暨南大學圖書館章太炎先生藏書目録》一册，著録綫裝圖書凡290部3930册。按四部計，則經部49部832册；史部54部1173册；子部110部611册；集部62部408册；叢書15部906册。章太炎藏書内容豐富，四部悉備，構成了一個較完整的圖書資料體系。其中有《百川學海》等11部明刻本，加之清乾隆以前的刻本，屬善本範圍者凡28部。而散落於藏書中尚未公開發表的太炎題跋、批註等遺文尤爲珍貴，具有重要的文物和學術價值。2005年，本館"章太炎藏書題跋批註整理與研究課題"成功申請到教育部全國高等院校古籍整理研究工作委員會直接資助。2012年10月，整理成果《章太炎藏書題跋批註校録》由齊魯書社正式出版發行。

1989年，圖書館對古籍室的圖書進行清查。統計結果，凡10325種，約117660册。其中綫裝書(含古籍、新印古籍和綫裝民國圖書)凡8198種，約112970册，普通圖書凡2127種，約4690册。這是有案可查的第二次館藏古籍統計。

1990年，暨南大學歷史系教授朱傑勤病逝，其生前藏書捐贈於本校圖書館，總數約3000册，其中有古籍280部1728册。朱傑勤教授從事中外關係史和華僑史的研究50多年，著作等身，收藏專業圖書頗有特色。

2007年，暨南大學圖書館新館落成，庫房和設備的升級爲古籍保護提供了有利條件。在設備方面，設獨立的綫裝古籍書庫，配備海灣火災報警、自動滅火系統和HF-80N風冷恒溫恒濕空調機組，實現全年每天24小時自動調控。古籍書櫃全部採用榆木和樟木材料，每個書櫃放置"芸香草"，定期在書庫投放鼠藥。設獨立的古籍修復室，購置材料設備，培訓修復人員，實行有效的質量控制。

二、古籍普查情況

2008年9月，暨南大學圖書館古籍普查工作正式啓動。按照全國普查的工作要求，結合本館實際，制定工作計劃，配備普查人員和設備，建立質量監控機制，積極派員參加國家及廣東省古籍保護中心舉辦的培訓，學員均獲相應資格證書。

2009年6月，本館通過國家古籍保護中心的考察和評估，被評定爲"全國古籍重點保護單位"。館藏9部善本先後入選第二批至第五批《國家珍貴古籍名録》，由國務院授權,文化部頒發證書。2011 年 10 月本館被評爲"廣東省古籍重點保護單位",館藏 163 部善本入選第一批和第二批《廣東省珍貴古籍名録》,由廣東省文化廳授權,廣東省古籍保護中心頒發證書。

在全國古籍普查工作的推動下,本館古籍保護在管理、設備和資源建設方面都有長足的進步。目前古籍修復設備有:國家古籍保護中心贈送專業設備 3 臺(古籍文獻除塵修復工作檯、中國字畫拷貝修復工作檯、中國字畫超聲乳化修復儀);廣東省古籍保護中心贈送古籍殺蟲專用冰櫃一臺、冷光無接觸古籍專用掃描器一臺、樟木善本書盒六套、工具書一批;本館自購數碼單反相機一部,威爾 YP500 壓平機 1 臺,修復工具和用紙一批。修復設備和工具基本齊備,具備修復古籍的基本條件。

在管理方面,建立了《特藏室讀者須知》《綫裝古籍庫管理細則》《古籍修復業務細則》《特藏室文獻資料複製管理規定》《關於參觀綫裝古籍書庫的若干規定》等管理與保護規章制度。這些設備和制度,對規範管理、有效保護古籍起到了重要作用。

在共享方面,本館在廣東省高校中率先實現古籍書目數字化檢索,爲教學科研提供優質服務;有計劃地選擇館藏古籍,影印或製作電子版;大量訂購和收藏古籍影印本,減少古籍流通,對保護古籍文物、提高文獻利用率起到重要作用。近年更耗資購買大型古籍數據庫,爲教學科研提供了極大的支援。

2014 年 12 月,本館基本完成館藏古籍的普查登記工作,繼之即開始審校數據,編纂《暨南大學圖書館古籍普查登記目録》以及提交《中華古籍總目・廣東卷》中的暨南大學圖書館古籍書目數據。

2017 年 1 月,由史小軍主持,羅志歡、莫俊、許艷青、張敏、趙曉玲爲主要成員承擔的"廣東省古籍普查登記科研課題"(GDGJ00003[201306])順利結項,至此,《全國古籍普查登記目録》之《暨南大學圖書館古籍普查登記目録》的編纂任務全部完成。收録暨南大學圖書館藏 1912 年之前所寫、刻、鈔、印各類版本之古籍凡 7101 部,約 66970 册。

承蒙歷屆館領導的高度重視和大力支持,通過普查登記人員的勤勉努力,本館在廣東省内率先完成古籍普查登記任務。2018 年 10 月 6 日爲暨南大學圖書館創立 100 周年紀念日,謹以此成果向百年館慶獻禮!

暨南大學圖書館

2017 年 1 月

目　　録

440000－2542－0000001　PC500430
經學輯要二十四卷　(清)吴潁炎纂　清光緒十三年(1887)點石齋石印本　三十一册　存二十三卷(二至二十四)

440000－2542－0000002　SM400030
唐詩品彙九十卷拾遺十卷　(明)高棅輯　(明)張恂重訂　明崇禎刻本　二十四册

440000－2542－0000003　PS200159
[光緒]惠州府志四十五卷首一卷　(清)劉溎年等修　(清)鄧掄斌等纂　清光緒七年(1881)刻民國六年(1917)補版重印本　二十册

440000－2542－0000004　ZS000565
太鶴山人集十三卷　(清)端木國瑚撰　清道光二十年(1840)瑞安洪坤刻本　六册

440000－2542－0000005　ZS000407－430
二十四史　清光緒二十九年(1903)五洲同文局石印本　七百十一册

440000－2542－0000006　ZS000711
雲南備徵志二十一卷　(清)王崧纂　清宣統二年(1910)雲南官報局鉛印本　十六册

440000－2542－0000007　ZS000913
浪跡叢談十一卷　(清)梁章鉅撰　清道光二十七年(1847)亦東園刻本　四册

440000－2542－0000008　ZS000615
頻羅庵遺集十六卷　(清)梁同書撰　清光緒鎮海潘景溪刻本　五册

440000－2542－0000009　ZS000480
唐駢體文鈔十七卷　(清)陳均輯　清同治番禺陳璞刻本　四册

440000－2542－0000010　ZS000481
清儀閣題跋四卷　(清)張廷濟撰　清光緒十九年(1893)丁立誠刻本　四册

440000－2542－0000011　ZS000482
水道提綱二十八卷　(清)齊召南編　清光緒五年(1879)刻本　六册

440000－2542－0000012　ZS000712
啓東録六卷　(清)林壽圖纂修　清光緒五年(1879)刻本　二册

440000－2542－0000013　ZS000485
通鑑綱目釋地補註六卷　(清)張庚著　(清)徐以坤參訂　清光緒十六年(1890)新會劉晚榮藏修書屋刻藏修堂叢書本　二册

440000－2542－0000014　ZS000486
梅氏叢書輯要六十二卷首一卷　(清)梅文鼎著　(清)梅瑴成重校輯　清光緒十四年(1888)上海龍文書局石印本　六册

440000－2542－0000015　ZS000487
庚子銷夏記八卷　(清)孫承澤著　清宣統三年(1911)掃葉山房石印本　四册

440000－2542－0000016　ZS000484
曾惠敏公全集四種　(清)曾紀澤撰　清光緒二十年(1894)石印本　四册

440000－2542－0000017　QT000030
説文古籀疏證六卷原目一卷　(清)莊述祖撰　清光緒刻本　二册　存三卷(二至四)

440000－2542－0000018　ZS000483
石渠隨筆八卷　(清)阮元撰　清咸豐四年(1854)刻本　二册

440000－2542－0000019　ZS000489
粤東金石略九卷首一卷附九曜石考二卷　(清)翁方綱録　清光緒十七年(1891)廣州石經堂書局石印本　四册

440000－2542－0000020　ZS000490
海録一卷　(清)楊炳南撰　清咸豐元年(1851)刻本　一册

440000－2542－0000021　ZS000709
説郛一百二十卷　(元)陶宗儀輯　(明)陶珽重校　清刻本　三册　存三卷(十七、九十三、九十五)

440000－2542－0000022　ZS000431
元史譯文證補三十卷　(清)洪鈞撰　清光緒二十六年(1900)廣雅書局刻本　四册

440000－2542－0000023　SQ300021

近思錄集解十四卷 (宋)朱熹編 (宋)葉采集解 清康熙三多齋刻本 二册

440000－2542－0000024 SQ300024
莊子獨見三十三卷 (清)胡文英評釋 清乾隆三多齋刻本 六册

440000－2542－0000025 SQ300026
陔餘叢考四十三卷 (清)趙翼撰 清乾隆五十五年(1790)趙氏湛貽堂刻本 八册

440000－2542－0000026 SQ300023
蒿菴閒話二卷 (清)張爾岐撰 清乾隆四十年(1775)李文藻刻本 二册

440000－2542－0000027 SQ300027
義門讀書記五十八卷 (清)何焯撰 清乾隆三十四年(1769)蔣維鈞刻本 八册

440000－2542－0000028 SQ300028
西圃叢辨三十二卷 (清)田同之纂集 清乾隆十九年(1754)李世垣刻本 六册

440000－2542－0000029 SQ300029
居易錄三十四卷 (清)王士禛著 清康熙刻雍正印本 十二册

440000－2542－0000030 SQ300033
述記不分卷首一卷 (清)任兆麟述 (清)徐念高等編 清乾隆五十二年(1787)遂古堂刻本 六册

440000－2542－0000031 SQ300030
因樹屋書影十卷 (清)周亮工撰 清雍正三年(1725)懷德堂刻本 四册 存五卷(一至五)

440000－2542－0000032 SQ300031
因樹屋書影十卷 (清)周亮工撰 清康熙六年(1667)賴古堂刻本 十二册

440000－2542－0000033 ZS000432
元史九十五卷 (清)魏源重修 清光緒三十一年(1905)邵陽魏氏慎微堂刻本 三十二册

440000－2542－0000034 ZS000491
江陰叢書 (清)金武祥輯 清光緒至宣統江陰金氏粟香室嶺南刻本 一册 存四種四卷

440000－2542－0000035 ZS000715
竹葉亭雜記八卷 (清)姚元之撰 清光緒十九年(1893)刻本 一册

440000－2542－0000036 ZS000433
十三經注疏附考證 (清)鍾謙鈞等輯 清同治十年(1871)廣東書局刻本 七十册 存九種一百九十五卷

440000－2542－0000037 PJ402918
杜詩鏡銓二十卷杜工部[甫]年譜一卷 (清)楊倫編輯 清乾隆五十七年(1792)刻本 十二册

440000－2542－0000038 QT000031
藝海珠塵 (清)吳省蘭輯 清嘉慶南匯吳氏聽彝堂刻本 一册 存三種

440000－2542－0000039 ZS000494
板橋集六卷 (清)鄭燮撰 清宣統元年(1909)席氏掃葉山房石印本 二册

440000－2542－0000040 ZS000713
鐵畫樓詩續鈔二卷 (清)張蔭桓撰 清光緒二十八年(1902)刻本 一册

440000－2542－0000041 ZS000508
東藩紀要十二卷補錄一卷 (清)薛培榕編輯 清光緒八年(1882)申報館鉛印本 四册

440000－2542－0000042 ZS000729
鹿洲全集 (清)藍鼎元著 清雍正十年(1732)刻光緒六年(1880)補刻本 一册 存二種

440000－2542－0000043 SQ400119
詩概六卷 (清)陳毅著 清乾隆二十五年(1760)眠雲草堂刻本 二册

440000－2542－0000044 PS200274
[乾隆]續河南通志八十卷首四卷 (清)阿思哈 (清)嵩貴纂修 清乾隆三十二年(1767)刻道光至光緒二十八年(1902)補刻民國三年(1914)河南教育司印本 二十四册

440000－2542－0000045 ZS000438
大唐西域記十二卷 (唐)釋玄奘譯 清宣統

元年(1909)刻本　四册

440000－2542－0000046　ZS000775
新定三禮圖二十卷　(宋)聶崇義集注　清同治十二年(1873)粤東書局刻通志堂經解本　二册

440000－2542－0000047　ZS000505
臺灣戰紀二卷　(清)洪棄父纂　清光緒鉛印本　二册

440000－2542－0000048　ZS000717
龍泓館詩集三卷　(清)丁敬撰　清同治八年(1869)刻本　一册

440000－2542－0000049　ZS000506
中東戰紀一卷　(清)洪棄父纂　清光緒鉛印本　一册

440000－2542－0000050　ZS000561
知不足齋叢書　(清)鮑廷博編　(清)鮑志祖續編　清乾隆至道光長塘鮑氏刻本　十五册　存二十九種

440000－2542－0000051　ZS000719
諸史考異十八卷　(清)洪頤煊撰　清光緒刻本　三册

440000－2542－0000052　PS200887
御批歷代通鑑輯覽一百二十卷　(清)傅恒等撰　清光緒三十一年(1905)商務印書館鉛印本　四十册

440000－2542－0000053　PS200139
[光緒]廣州府志一百六十三卷　(清)戴肇辰等修　(清)史澄等纂　清光緒五年(1879)粤秀書院刻本　六十册

440000－2542－0000054　SQ400161
朱啟連稿本　(清)朱啟連撰　清光緒稿本　二十册

440000－2542－0000055　PS200140
[同治]南海縣志二十卷首一卷　(清)鄭夢玉等修　(清)梁紹獻等纂　清同治十一年(1872)刻本　十二册

440000－2542－0000056　ZS000726
禮記天算釋一卷　(清)孔廣牧撰　清光緒十五年(1889)廣雅書局刻本　一册

440000－2542－0000057　ZS000440
元豐九域志十卷　(宋)王存等撰　清乾隆武英殿木活字印武英殿聚珍版書本　六册

440000－2542－0000058　ZS000509
瀛環志略十卷　(清)徐繼畬撰　**瀛環志略續集二卷補遺一卷**　(英國)慕維廉纂輯　(清)陳俠君校訂　清光緒二十九年(1903)上海有用書齋鉛印本　三册

440000－2542－0000059　ZS000540
諸史考異十八卷　(清)洪頤煊撰　清光緒十五年(1889)廣雅書局刻本　三册

440000－2542－0000060　ZS000510
香艷叢書　(清)蟲天子輯　清宣統國學扶輪社鉛印本　二册　存七種

440000－2542－0000061　ZS000453
國朝柔遠記二十卷　(清)王之春編　(清)彭玉麟定　清光緒十七年(1891)廣雅書局刻本　六册

440000－2542－0000062　ZS000725
晉書校勘記四卷　(清)周雲撰　清光緒十四年(1888)廣雅書局刻本　一册

440000－2542－0000063　ZS000521
幸存錄二卷　(明)夏允彝述　清刻本　一册

440000－2542－0000064　ZS000723
禹貢班義述三卷附考一卷　(清)成蓉鏡撰　清光緒十四年(1888)廣雅書局刻本　一册

440000－2542－0000065　ZS000522
欽定重刻淳化閣帖十卷　(清)吳省蘭輯　清道光十五年(1835)刻本　二册

440000－2542－0000066　ZS000525
王先謙自定年譜三卷　王先謙撰　清光緒三十四年(1908)長沙王氏刻本　三册

440000－2542－0000067　ZS000518
攷辨隨筆二卷　(清)黄定宜著　清道光二十七年(1847)萍鄉文晟刻本　一册

440000－2542－0000068　ZS000464
松厓文鈔六卷首一卷　(清)管榦珍著　清乾隆刻本　一册

440000－2542－0000069　ZS000724
宋州郡志校勘記一卷　(清)成孺(成蓉鏡)撰　清光緒十四年(1888)廣雅書局刻本　一册

440000－2542－0000070　ZS000529
滂喜齋叢書　(清)潘祖蔭輯　清同治至光緒吳縣潘氏京師刻本　二十四册　存四十九種

440000－2542－0000071　ZS000443
達觀樓集二十四卷　(明)鄒維璉著　清乾隆三十一年(1766)刻本　八册

440000－2542－0000072　ZS000444
寶硯堂硯辨一卷　(清)何傳瑤著　清道光十七年(1837)刻本　一册

440000－2542－0000073　ZS000530
掌録二卷　(清)陳祖范撰　清光緒十七年(1891)廣雅書局刻本　一册

440000－2542－0000074　ZS000722
拙尊園叢稿六卷　(清)黎庶昌撰　清光緒二十一年(1895)李光明莊刻本　四册

440000－2542－0000075　ZS000442
小蓬萊閣金石文字一卷　(清)黄易輯　清嘉慶五年(1800)刻本　四册

440000－2542－0000076　ZS000531
後漢書補注續一卷　(清)侯康撰　清光緒十七年(1891)廣雅書局刻本　一册

440000－2542－0000077　ZS000721
學詁齋文集二卷　(清)薛壽撰　清光緒十五年(1889)廣雅書局刻本　一册

440000－2542－0000078　ZS000532
尚書伸孔篇一卷　(清)焦廷琥撰　清光緒十四年(1888)廣雅書局刻本　一册

440000－2542－0000079　ZS000445
辛卯侍行記六卷　(清)陶保廉撰　清光緒二十三年(1897)養樹山房刻本　六册

440000－2542－0000080　ZS000533
漢碑徵經一卷　(清)朱百度著　清光緒十五年(1889)廣雅書局刻本　一册

440000－2542－0000081　ZS000534
爾雅補注殘本一卷　(清)劉玉麐撰　清光緒十四年(1888)廣雅書局刻本　一册

440000－2542－0000082　ZS000448
樊榭山房文集八卷　(清)厲鶚撰　清乾隆四十三年(1778)汪沆刻本　二册

440000－2542－0000083　ZS000803
劉氏遺書八卷　(清)劉台拱撰　清光緒十五年(1889)廣雅書局刻本　二册

440000－2542－0000084　ZS000535
先聖生卒年月日攷二卷　(清)孔廣牧述　清光緒十五年(1889)廣雅書局刻本　一册

440000－2542－0000085　ZS000536
愈愚録六卷　(清)劉寶楠撰　清光緒十五年(1889)廣雅書局刻本　二册

440000－2542－0000086　ZS000446
研六室文鈔十卷　(清)胡培翬撰　清光緒四年至六年(1878－1880)世澤樓刻本　四册

440000－2542－0000087　ZS000449
漢西域圖考七卷首一卷　(清)李光廷撰　清同治九年(1870)粤東富文齋刻本　三册

440000－2542－0000088　ZS000537
廣經室文鈔一卷　(清)劉恭冕撰　清光緒十五年(1889)廣雅書局刻本　一册

440000－2542－0000089　ZS000538
楚漢諸侯疆域志三卷　(清)劉文淇撰　清光緒十五年(1889)廣雅書局刻本　一册

440000－2542－0000090　ZS000728
釋穀四卷　(清)劉寶楠撰　清光緒十四年(1888)廣雅書局刻本　一册

440000－2542－0000091　ZS000539
補續漢書藝文志一卷　(清)錢大昭撰　清光緒十四年(1888)廣雅書局刻本　一册

440000－2542－0000092　ZS000541
毛詩天文考一卷　(清)洪亮吉撰　清光緒十七年(1891)廣雅書局刻本　一册

440000－2542－0000093　ZS000450
曝書亭集外詩八卷　(清)馮登府編輯　(清)朱墨林輯　清嘉慶二十二年(1817)刻本　二册

440000－2542－0000094　ZS000451
温飛卿詩集九卷　(唐)温庭筠撰　(明)曾益原注　(清)顧予咸補注　(清)顧嗣立重校　清光緒八年(1882)泉唐汪氏刻本　二册

440000－2542－0000095　ZS000727
金石索十二卷首一卷　(清)馮雲鵬　(清)馮雲鵷輯　清光緒三十二年(1906)石印本　二十四册

440000－2542－0000096　ZS000452
山海經十八卷　(晉)郭璞傳　清光緒三年(1877)浙江書局刻本　二册

440000－2542－0000097　ZS000542
漢書辨疑二十二卷　(清)錢大昭撰　清光緒十三年(1887)廣雅書局刻本　五册

440000－2542－0000098　ZS000740
北行日錄二卷　(宋)樓鑰撰　清嘉慶十八年(1813)長塘鮑氏刻知不足齋叢書本　一册

440000－2542－0000099　ZS000543
續漢書辨疑九卷　(清)錢大昭撰　清光緒十四年(1888)廣雅書局刻本　二册

440000－2542－0000100　ZS000546
後漢書辨疑十一卷　(清)錢大昭撰　清光緒十四年(1888)廣雅書局刻本　二册

440000－2542－0000101　ZS000545
三國志辨疑三卷　(清)錢大昭撰　清光緒十五年(1889)廣雅書局刻本　一册

440000－2542－0000102　ZS000762
粤雅堂叢書　(清)伍崇曜輯　清道光至光緒南海伍氏刻本　四册　存五種

440000－2542－0000103　ZS000544
三國志辨疑三卷　(清)錢大昭撰　清光緒十五年(1889)廣雅書局刻本　一册

440000－2542－0000104　ZS000457
黑龍江外記八卷　(清)西清纂　清光緒二十六年(1900)廣雅書局刻本　二册

440000－2542－0000105　ZS000458
古墨齋金石跋六卷　(清)趙紹祖輯　清光緒貴池劉氏刻聚學軒叢書本　二册

440000－2542－0000106　ZS000456
壹齋集四十卷　(清)黄鉞撰　清咸豐九年(1859)蕪湖許氏廣東刻本　九册

440000－2542－0000107　ZS000461
新增格古要論十三卷　(明)曹昭著　(明)王佐校增　清淑躳堂刻本　六册

440000－2542－0000108　ZS000739
繡像後西遊記六卷四十回　(清)□□撰　清光緒二十一年(1895)石印本　四册

440000－2542－0000109　ZS000459
人境廬詩草十一卷　(清)黄遵憲撰　清宣統三年(1911)黄遵楷鉛印本　四册

440000－2542－0000110　ZS000738
蜀記一卷　(清)□□撰　清宣統三年(1911)上海商務印書館鉛印痛史本　與440000－2542－0004296合一册

440000－2542－0000111　ZS000659
益齋亂藁十卷拾遺一卷集誌一卷　(朝鮮)李齊賢撰　清同治元年(1862)南海伍氏刻粤雅堂叢書本　四册

440000－2542－0000112　ZS000548
天方典禮擇要解二十卷後編一卷　(清)劉智纂述　清同治十年(1871)刻光緒補刻本　六册

440000－2542－0000113　ZS000660
花當閣叢談八卷　(明)徐復祚編　清嘉慶十三年(1808)刻本　六册

440000－2542－0000114　ZS000547
曝書亭集八十卷附錄一卷　(清)朱彝尊撰

笛漁小稾十卷　(清)朱昆田撰　清光緒十五年(1889)會稽陶閭刻本　十六册

440000－2542－0000115　ZS000658
普法戰紀二十卷　(清)張宗良口譯　(清)王韜撰輯　清光緒二十一年(1895)刻本　十册

440000－2542－0000116　ZS000556
東塾集六卷附申範一卷　(清)陳澧撰　清光緒十八年(1892)刻本　三册

440000－2542－0000117　ZS000736
王摩詰集六卷　(唐)王維撰　清光緒十年(1884)石印本　四册

440000－2542－0000118　ZS000555
缾水齋詩集十六卷別集二卷附錄一卷　(清)舒位撰　清光緒十二年(1886)邊保樞刻本　四册

440000－2542－0000119　ZS000684
初使泰西紀要四卷　(清)避熱主人編　清光緒十四年(1888)刻本　二册

440000－2542－0000120　ZS000668
徐文定公集四卷　(明)徐光啟撰　(清)李杕輯　**徐文定公年譜**　(清)李杕輯　清光緒二十二年(1896)鉛印本　一册

440000－2542－0000121　ZS000562
東三省輿圖說不分卷　(清)曹廷杰撰　清光緒二十三年(1897)祝秉綱石印本　一册

440000－2542－0000122　ZS000665
春酒堂文集一卷　(清)周容著　清宣統二年(1910)國學扶輪社鉛印本　一册

440000－2542－0000123　ZS000664
乖庵文錄二卷　(清)秦樹聲撰　清光緒三十四年(1908)刻本　一册

440000－2542－0000124　ZS000463
秘傳花鏡六卷　(清)陳淏子訂輯　清乾隆兩儀堂刻本　二册

440000－2542－0000125　ZS000563
竟山樂錄四卷　(清)毛奇齡稿　清刻西河合集本　一册

440000－2542－0000126　ZS000756
古今說部叢書　國學扶輪社輯　清宣統至民國鉛印本　二册　存十種十二卷

440000－2542－0000127　ZS000687
春秋公羊注疏質疑二卷　(清)何若瑤撰　清光緒八年(1882)刻何宫赞遺書本　二册

440000－2542－0000128　ZS000564
新政真詮六編　(清)何啟　(清)胡禮垣撰　清光緒二十七年(1901)格致新報館鉛印本　七册

440000－2542－0000129　ZS000662
性安廬畫稿四卷　(清)姚鍾葆繪　清光緒二十九年(1903)上海讀畫齋刻本　一册

440000－2542－0000130　ZS000470－478
龍威祕書　(清)馬俊良輯　清乾隆五十九年至嘉慶元年(1794－1796)石門馬氏大酉山房刻本　九册　存二十一種

440000－2542－0000131　ZS000849
金文最一百二十卷首一卷　(清)張金吾輯　清光緒八年(1882)粵雅堂刻本　二十七册

440000－2542－0000132　QT000527
初學集一百十卷　(清)錢謙益撰　(清)錢曾箋註　清宣統二年(1910)邃漢齋鉛印本　二册　存一卷(一)

440000－2542－0000133　PS203832
清代廣東海外華僑互助會文獻　(清)廣東海外華僑互助會編　清光緒三十年(1904)澳門日新印務局鉛印本　一册

440000－2542－0000134　SQ200036
[宣統]香山鄉土志十四卷　(□)□□撰　清宣統、民國稿本　四册

440000－2542－0000135　ZS000465
道西齋日記二卷　(清)王詠霓撰　清光緒徽休屯鎮同文堂刻朱印本　一册

440000－2542－0000136　ZS000685
希古堂文乙集不分卷　(清)譚宗浚著　清光緒六年(1880)刻本　一册

440000－2542－0000137　ZS000568

元遺山詩集箋注十四卷　（金）元好問撰　**年譜一卷**　（清）施國祁訂　**元遺山全集附錄一卷**　（明）儲瓘輯　（清）華希閔增　**元遺山全集補載一卷**　（清）施國祁輯　清道光二年（1822）刻本　三冊

440000－2542－0000138　ZS000733

松煙小錄六卷　（清）汪瑔撰　清光緒刻隨山館全集本　一冊　存二卷（一至二）

440000－2542－0000139　ZS000686

西霞文鈔二卷　（清）鄭光策撰　清嘉慶十年（1805）陳名世刻本　一冊

440000－2542－0000140　ZS000468

洛陽伽藍記五卷　（北魏）楊衒之撰　**洛陽伽藍記集證**　（清）吳若準撰　清光緒二十九年（1903）說劍齋刻朱印本　一冊

440000－2542－0000141　ZS000569

晉宋書故一卷　（清）郝懿行撰　清光緒十七年（1891）廣雅書局刻本　一冊

440000－2542－0000142　ZS000730

藕香零拾　繆荃孫輯　清光緒至宣統刻本　三冊　存十一種

440000－2542－0000143　ZS000755

采風記五卷紀程感事詩一卷時務論一卷　（清）宋育仁編　清光緒二十一年（1895）石印本　四冊

440000－2542－0000144　ZS000750

京塵雜錄　（清）楊懋建撰　清光緒十二年（1886）上海同文書局石印本　一冊　存四種四卷（長安看花記一卷、辛壬癸甲錄一卷、丁年玉筍志一卷、夢華瑣簿一卷）

440000－2542－0000145　ZS000678

揚州畫舫錄十八卷　（清）李斗著　清乾隆六十年至嘉慶二十五年（1795－1820）刻本　六冊

440000－2542－0000146　ZS000749

熙朝政紀八卷　（清）王慶雲述　清光緒二十八年（1902）上海廣益書局石印本　一冊　存四卷（五至八）

440000－2542－0000147　ZS000748

掌故叢編　（清）□□輯　清光緒二十九年（1903）埽葉山房石印本　三冊　存二種九卷（燕下鄉睉錄四卷、思益堂日札五卷）

440000－2542－0000148　ZS000759

朔方備乘六十八卷首十二卷　（清）何秋濤撰　清末石印本　八冊

440000－2542－0000149　ZS000573

國粹學報　鄧實編　清光緒鉛印本　三冊　存四期

440000－2542－0000150　ZS000758

宸垣識畧十六卷　（清）吳長元輯　清咸豐二年（1852）刻本　八冊

440000－2542－0000151　ZS000675

黑韃事略不分卷　（宋）彭大雅撰　（宋）徐霆疏　清光緒二十九年（1903）江蘇通州翰墨林編譯印書局鉛印本　一冊

440000－2542－0000152　ZS000575

榕園叢書　（清）張丙炎輯　（清）張允顗重輯　清同治真州張氏廣東刻民國二年（1913）重修印本　一冊　存二種

440000－2542－0000153　ZS000673

士那補釋不分卷　（清）張義澍撰　清光緒十八年（1892）金陵刻本　一冊

440000－2542－0000154　ZS000681

燕京開教畧三篇　（法國）樊國樑撰　清光緒三十一年（1905）北京救世堂鉛印本　三冊

440000－2542－0000155　ZS000576

訂譌雜錄十卷　（清）胡鳴玉撰　清嘉慶十八年（1813）刻湖海樓叢書本　二冊

440000－2542－0000156　ZS000689

欽定四庫全書簡明目錄二十卷首一卷　（清）紀昀等編　清蒲圻但氏刻本　四冊　存十三卷（一至十二、首一卷）

440000－2542－0000157　ZS000692

一切經音義二十五卷　(唐)释元應撰　清道光十五年(1835)刻海山仙館叢書本　六冊

440000－2542－0000158　ZS000691
滬游雜記四卷　(清)葛元煦撰　清光緒二年(1876)刻本　二冊

440000－2542－0000159　ZS000682
明季稗史彙編　(清)留雲居士輯　清刻本　一冊　存五種

440000－2542－0000160　ZS000582
匏隱廬文稿一卷　(清)沈毓桂撰　清光緒二十二年(1896)刻本　一冊

440000－2542－0000161　ZS000695
庸盦全集十種　(清)薛福成撰　清光緒無錫薛氏刻本　二十四冊

440000－2542－0000162　ZS000694
環遊地球新錄四卷　(清)李圭撰　清光緒四年(1878)刻本　二冊

440000－2542－0000163　ZS000581
寂園叢書　(清)陳瀏編　清宣統二年(1910)鉛印本　二冊　存二種

440000－2542－0000164　ZS000857
俄遊彙編八卷　(清)繆祐孫纂　清光緒二十一年(1895)上海江左書林石印本　四冊

440000－2542－0000165　ZS000744
濂亭文集八卷　(清)張裕釗撰　(清)查燕緒編次　清宣統元年(1909)埽葉山房石印本　二冊

440000－2542－0000166　ZS000773
使西紀程二卷　(清)郭嵩燾撰　清光緒刻本　一冊

440000－2542－0000167　ZS000866
海國聞見錄二卷　(清)陳倫炯撰　清同治七年(1868)粵東三元堂刻本　三冊

440000－2542－0000168　ZS000601
巴黎茶花女遺事　(清)曉齋主人述　(清)冷紅生記　清光緒二十五年(1899)素隱書屋鉛印本　一冊

440000－2542－0000169　ZS000588
江左校士錄六卷　(清)黄體芳鑒定　清光緒十一年(1885)刻本　一冊

440000－2542－0000170　ZS000587
晨風閣叢書　沈宗畸輯　清光緒三十四年至宣統三年(1908－1911)國學萃編社鉛印本　三冊　存十七種

440000－2542－0000171　ZS000600
中亞洲俄屬遊記二卷　(英國)蘭士德著　(清)莫鎮藩譯　清光緒二十年(1894)張蔭桓鉛印本　一冊

440000－2542－0000172　ZS000742
駱賓王文集十卷　(唐)駱賓王撰　**考異一卷**　(清)顧廣圻撰　清宣統三年(1911)石印本　二冊

440000－2542－0000173　ZS000599
東洋史要二卷附圖一卷　(日本)桑原隲藏著　(清)樊炳清譯　清光緒二十五年(1899)東文學社石印本　四冊

440000－2542－0000174　ZS000586
佩文詩韻釋要五卷　(清)周蓮塘撰　(清)陸潤庠重校　清宣統三年(1911)商務印書館石印本　二冊

440000－2542－0000175　ZS000585
聽松廬詩略二卷　(清)張維屏撰　清光緒三年(1877)刻本　一冊

440000－2542－0000176　ZS000871
島夷誌略一卷　(元)汪大淵撰　清光緒十八年(1892)順德龍氏刻知服齋叢書本　一冊

440000－2542－0000177　ZS000872
朱九江先生論史口說一卷　(清)朱次琦撰　邱煒萲校刊　清光緒二十六年(1900)刻本　一冊

440000－2542－0000178　QT000522
海客日譚六卷　(清)王芝著　清光緒二年(1876)紅杏山房刻本　一冊　存二卷(五至六)

440000－2542－0000179　ZS000881
東方兵事紀略六卷　（清）姚錫光撰　清光緒二十三年（1897）刻本　一冊　存五卷（一至五）

440000－2542－0000180　ZS000589
所託山房詩集四卷首三卷　（清）周遐桃撰　清光緒刻本　一冊

440000－2542－0000181　ZS000873
奇觚室樂石文述三十卷　（清）劉心源輯　清嘉魚劉心源刻本　一冊　存一卷（二）

440000－2542－0000182　ZS000760
國朝漢學師承記八卷國朝經師經義目錄一卷國朝宋學淵源記二卷附記一卷　（清）江藩纂　清刻本　三冊　存八卷（國朝漢學師承記八卷）

440000－2542－0000183　ZS000874
秦漢瓦當文字二卷　（清）程敦著錄　**續秦漢瓦當文字一卷**　（清）程敦著錄　清光緒二十年（1894）袖海山房石印本　三冊

440000－2542－0000184　ZS000592
藏修堂叢書　（清）劉晚榮輯　清光緒十六年（1890）新會劉氏藏修書屋刻本　一冊　存三種

440000－2542－0000185　ZS000869
殘明紀事不分卷　（清）羅謙撰　清宣統三年（1911）上海國學扶輪社鉛印張氏適園叢書本　一冊

440000－2542－0000186　ZS000868
拾遺記十卷　（晉）王嘉著　（清）胡鳳藻校　清乾隆金谿王氏刻增訂漢魏叢書本　一冊

440000－2542－0000187　SQ200041
［乾隆］直隸秦州新志十二卷首一卷末一卷　（清）費廷珍修　（清）胡釴等纂　清乾隆二十九年（1764）刻本　十六冊

440000－2542－0000188　ZS000763
閱微草堂筆記二十四卷　（清）紀昀撰　清光緒十七年（1891）廣百宋齋鉛印本　四冊

440000－2542－0000189　ZS000680
聖武記十四卷　（清）魏源撰　清光緒二十九年（1903）蜚英館鉛印本　二冊

440000－2542－0000190　ZS000591
雨韭盦筆記四卷　（清）汪鼎撰　清咸豐刻本　二冊

440000－2542－0000191　ZS000875
漢志水道疏證四卷　（清）洪頤煊撰　清光緒十三年（1887）長洲蔣鳳藻心矩齋刻本　一冊

440000－2542－0000192　ZS000876
吉林紀事詩四卷首一卷末一卷　（清）沈兆禔著　清宣統三年（1911）金陵湯明林聚珍書局鉛印本　二冊

440000－2542－0000193　ZS000768
古今圖書集成一萬卷目錄三十二卷　（清）陳夢雷　（清）蔣廷錫編　清光緒十四年至三十四年（1888－1908）鉛印本　七冊　存四十二卷（七百四十九至七百五十九、七百六十七至七百九十七）

440000－2542－0000194　ZS000856
十萬卷樓叢書　（清）陸心源輯　清光緒歸安陸氏刻本　一冊　存二種八卷

440000－2542－0000195　ZS000590
秋曉先生覆瓿集四卷附錄一卷末一卷　（宋）趙必𤩽撰　清道光二十年（1840）南海伍氏詩雪軒刻粵十三家集本　一冊

440000－2542－0000196　ZS000858
海國聞見錄一卷附圖一卷　（清）陳倫炯纂　清嘉慶南匯吳氏聽彝堂刻藝海珠塵本　一冊

440000－2542－0000197　ZS000607
澳門紀略二卷首一卷末一卷　（清）印光任　（清）張汝霖纂　清光緒六年（1880）刻本　一冊　存二卷（上、首一卷）

440000－2542－0000198　QT000538
草廬經略十二卷　（□）□□撰　清粵雅堂刻本　一冊　存二卷（三至四）

440000－2542－0000199　ZS000596

奧簃朝鮮三種　(清)周家祿撰　清光緒廬江吳保初刻本　一冊

440000－2542－0000200　ZS000855
說文新附考六卷說文續考一卷　(清)鈕樹玉撰　清光緒十二年(1886)刻本　二冊　存五卷(一至五)

440000－2542－0000201　QT000556
[嘉靖]仁和縣志十四卷　(明)沈朝宣纂修　清光緒十九年(1893)錢塘丁氏刻本　一冊　存二卷(一至二)

440000－2542－0000202　ZS000772
顯密圓通成佛心要集二卷　(遼)釋道㲀集　清同治十一年(1872)刻本　一冊

440000－2542－0000203　ZS000850
皇清經解一千四百卷首一卷續刻八卷　(清)阮元輯　清道光九年(1829)廣東學海堂刻咸豐十一年(1861)補刻本　四十四冊　存二百二卷(九十六至二百十三、二百二十八至二百四十二、二百五十六至二百六十、二百七十一至三百三十四)

440000－2542－0000204　ZS000771
蘭芷零香録三卷　(清)楊恩壽戲編　清光緒長沙楊氏刻坦園全集本　一冊

440000－2542－0000205　ZS000782
史通削繁四卷　(清)紀昀刪繁　清道光十三年(1833)兩廣節署刻朱墨套印本　四冊

440000－2542－0000206　ZS000597
癸卯東遊日記一卷　(清)林炳章撰　清光緒鉛印本　一冊

440000－2542－0000207　ZS000854
河海崑崙録四卷　裴景福著　清宣統元年(1909)鉛印本　二冊　存二卷(一、四)

440000－2542－0000208　ZS000852
郭給諫疏稿二卷　(明)郭尚賓撰　清道光二十五年(1845)南海伍氏粵雅堂文字歡娛室刻嶺南遺書本　一冊

440000－2542－0000209　ZS000781
禹貢會箋十二卷禹貢山水總目一卷圖一卷　(清)徐文靖箋　(清)趙弁訂　清乾隆十八年(1753)淳溪趙文冕刻本　一冊

440000－2542－0000210　ZS000851
前漢書注考證不分卷　(清)何若瑤撰　清光緒八年(1882)何雲旭刻何宮贊遺書本　一冊

440000－2542－0000211　ZS000800
漢書西域傳補注二卷　(清)徐松學　清光緒六年(1880)刻本　一冊

440000－2542－0000212　ZS000845
蒙山學究語二卷　(清)杜俞撰　清光緒三十三年(1907)鉛印海嶽軒叢刻本　一冊

440000－2542－0000213　ZS000780
兩廣便覽二卷　(清)李應玨著　清光緒刻本　一冊　存一卷(廣東便覽一卷)

440000－2542－0000214　ZS000847
一鐙精舍甲部稾五卷　(清)何秋濤撰　清光緒五年(1879)淮南書局刻本　一冊

440000－2542－0000215　ZS000778
靜軒集五卷附錄一卷　(元)閻復撰　清光緒二十一年(1895)刻本　一冊

440000－2542－0000216　ZS000840
粟香隨筆八卷二筆八卷三筆八卷四筆八卷　(清)金武祥撰　清光緒七年至十七年(1881－1891)羊城刻本　十四冊　缺四卷(粟香隨筆一至四)

440000－2542－0000217　ZS000843
凝香室鴻雪因緣圖記三集　(清)麟慶著　清光緒二十二年(1896)上海點石齋石印本　一冊　存一卷(三集上)

440000－2542－0000218　ZS000605
欽定新疆識略十二卷首一卷　(清)松筠纂修　清道光元年(1821)武英殿修書處刻本　一冊　存四卷(一至四)

440000－2542－0000219　ZS000603
安般簃集十卷　(清)袁昶著　清光緒小漚巢刻本　一冊　存三卷(一至三)

440000－2542－0000220　ZS000774
李長吉集四卷外卷一卷　(明)黄淳耀評　(清)黎簡批點　清光緒十八年(1892)刻朱墨套印本　二册

440000－2542－0000221　ZS000602
邵氏危言二卷　(清)邵作舟撰　清光緒二十七年(1901)嶺海報館鉛印本　一册

440000－2542－0000222　ZS000861
筠清館金石文字五卷　(清)吳榮光撰　清道光二十六年(1846)刻本　五册

440000－2542－0000223　ZS000841
御覽書苑菁華二十卷　(宋)陳思纂次　清光緒十六年(1890)刻本　六册

440000－2542－0000224　PS200019
[光緒]吉林通志一百二十二卷圖一卷　(清)長順　(清)訥欽修　(清)李桂林　(清)顧雲纂　清光緒十七年(1891)刻本　四十八册

440000－2542－0000225　ZS000839
禹貢説斷四卷　(宋)傅寅撰　清嘉慶海虞張氏刻墨海金壺本　一册

440000－2542－0000226　ZS000837
國地異名錄不分卷　(清)林謙纂　清同治十年(1871)刻本　一册

440000－2542－0000227　ZS000608
三輔黄圖六卷補遺一卷　(□)□□撰　清光緒十七年(1891)思賢講舍刻本　一册

440000－2542－0000228　ZS000609
端溪硯史三卷　(清)吳蘭修撰　清道光三十年(1850)南海伍氏粤雅堂文字歡娱室刻本　一册

440000－2542－0000229　PS200020
[雍正]陝西通志一百卷首一卷　(清)劉于義等修　(清)沈青崖纂　清雍正十三年(1735)刻本　五十六册

440000－2542－0000230　ZS000783
李長吉歌詩四卷首一卷外集一卷　(清)王琦彙解　清光緒、宣統刻本　二册

440000－2542－0000231　ZS000511
漢西域圖考七卷　(清)李光廷撰　清光緒八年(1882)陽湖趙登詒壽謖草堂刻本　四册

440000－2542－0000232　ZS000863
大興徐氏三種　(清)徐松撰　清光緒上海鴻文書局影印本　三册

440000－2542－0000233　ZS000785
東牢溪廬文鈔六卷　(清)黎汝謙撰　清光緒二十七年(1901)刻本　二册

440000－2542－0000234　ZS000862
新疆要畧四卷　(清)祁韻士輯　清光緒二十一年(1895)鴻寶書局石印本　二册

440000－2542－0000235　ZS000613
古香齋鑒賞袖珍春明夢餘錄七十卷　(清)孫承澤著　清光緒九年(1883)廣州惜分陰館刻本　二十四册

440000－2542－0000236　ZS000865
考槃餘事四卷　(明)屠隆著　清乾隆五十九年至嘉慶元年(1794－1796)刻龍威秘書本　二册

440000－2542－0000237　ZS000777
遼史拾遺補五卷　(清)楊復吉輯　清光緒三年(1877)刻本　二册

440000－2542－0000238　ZS000776
維摩經玄疏六卷　(清)釋智顗撰　清刻本　二册

440000－2542－0000239　ZS000621
子書二十八種　(清)育文書局輯　清宣統三年(1911)育文書局石印本　七册　存九種

440000－2542－0000240　ZS000835
雙梅景闇叢書　葉德輝輯　清光緒至宣統長沙葉氏郎園刻本　一册　存五種六卷

440000－2542－0000241　ZS000788
三統術詳説四卷　(清)陳澧撰　清刻本　一册

440000－2542－0000242　ZS000622
岑襄勤公奏稿三十卷首一卷總目一卷　(清)

岑毓英撰　清光緒二十三年(1897)武昌督糧官署刻本　十六册　存十六卷(十五至三十)

440000－2542－0000243　ZS000832
春秋左傳杜注三十卷首一卷　(清)姚培謙學　清同治五年(1866)金陵書局刻本　十册

440000－2542－0000244　ZS000787
大乘大集地藏十輪經十卷　(唐)釋玄奘譯　清刻本　二册

440000－2542－0000245　ZS000469
文選六十卷　(南朝梁)蕭統撰　(唐)李善注　(清)葉樹藩參訂　清乾隆三十七年(1772)海錄軒刻朱墨套印本　十二册

440000－2542－0000246　ZS000826
容甫先生遺詩五卷補遺一卷附錄一卷　(清)汪中撰　清宣統二年(1910)順德鄧氏風雨樓鉛印本　一册

440000－2542－0000247　ZS000825
清異錄二卷　(宋)陶穀撰　清光緒十四年(1888)惜陰書局刻本　二册

440000－2542－0000248　ZS000791
古香齋鑒賞袖珍施註蘇詩四十二卷總目二卷續補遺總目一卷　(宋)蘇軾撰　(宋)施元之注　(清)顧嗣立等刪補　清光緒九年(1883)孔氏三十有三萬卷堂刻本　十八册

440000－2542－0000249　PJ401508
學海堂集十六卷　(清)阮元編　(清)啟秀山房訂　清道光五年(1825)啟秀山房刻本　六册

440000－2542－0000250　QT000643
欽定四庫全書簡明目錄二十卷　(清)于敏中等編　清末鉛印本　一册　存一卷(十四)

440000－2542－0000251　ZS000822
禮耕堂叢説一卷史論五答一卷吉貝居暇唱一卷　(清)施國祁撰　清宣統三年(1911)上海國學扶輪社鉛印適園叢書本　一册

440000－2542－0000252　ZS000637
晨風閣叢書甲集　沈宗畸輯　清宣統元年(1909)番禺沈氏刻本　一册　存二種

440000－2542－0000253　ZS000786
史記正譌一卷　(清)王元啟撰　清光緒二十年(1894)刻本　一册

440000－2542－0000254　ZS000635
元耶律楚材西游錄一卷　(清)李文田注　清光緒二十三年(1897)會稽施氏郝鄭學廬刻本　一册

440000－2542－0000255　ZS000819
精刊龔定盦全集　(清)龔自珍撰　清宣統二年(1910)上海國學扶輪社鉛印本　四册　存六種

440000－2542－0000256　ZS000790
古今説海一百三十五種　(明)陸楫輯　清宣統元年(1909)上海集成圖書公司鉛印本　二册　存十八種

440000－2542－0000257　ZS000821
京口掌故叢編初集　(清)陶駿保輯　清光緒三十四年(1908)丹徒陶氏刻本　一册

440000－2542－0000258　ZS000631
姚文棟著書六種　(清)姚文棟撰　清光緒刻本　一册　存四種

440000－2542－0000259　ZS000766
水經注四十卷首一卷　(北魏)酈道元撰　王先謙校　**水經注附錄二卷**　(清)趙一清錄　清光緒十八年(1892)刻本　十六册

440000－2542－0000260　ZS000629
日知錄之餘四卷　(清)顧炎武撰　清宣統二年(1910)風雨樓鉛印本　一册

440000－2542－0000261　ZS000630
投筆集箋註二卷　(清)錢謙益著　(清)錢曾箋註　清宣統二年(1910)順德鄧氏風雨樓鉛印本　一册

440000－2542－0000262　ZS000820
佛爾雅八卷　(清)周春撰　清宣統三年(1911)上海國學扶輪社鉛印本　一册

440000－2542－0000263　ZS000628

英軺日記十二卷 載振撰 清光緒二十九年(1903)上海文明編譯書局鉛印本 一册 存七卷(一至七)

440000－2542－0000264 ZS000818
史目表二卷 (清)洪飴孫撰 清刻本 一册

440000－2542－0000265 ZS000644
句溪雜著六卷 (清)陳立撰 清光緒十四年(1888)廣雅書局刻本 二册

440000－2542－0000266 ZS000467
兩湖書院課程地理學四卷 (清)兩湖書院編 清光緒兩湖書院刻朱印本 一册

440000－2542－0000267 ZS000647
陶淵明文集十卷 (晉)陶淵明撰 清光緒五年(1879)番禺俞氏刻本 二册

440000－2542－0000268 ZS000816
元秘史李注補正十五卷 (清)高寶銓撰 清光緒二十八年(1902)刻本 一册 存七卷(一至七)

440000－2542－0000269 ZS000618
周禮政要二卷 (清)孫詒讓著 清光緒至民國鉛印本 一册

440000－2542－0000270 ZS000801
漢書西域傳補注二卷 (清)徐松學 清道光刻本 一册

440000－2542－0000271 ZS000815
宋遼金元四史朔閏攷二卷 (清)錢大昕撰 清光緒十七年(1891)廣雅書局刻本 一册

440000－2542－0000272 ZS000627
姓氏解紛十卷 (清)黄本驥編 清道光湘陰蔣環刻光緒四年(1878)古香閣印本 一册 存四卷(一至四)

440000－2542－0000273 ZS000614
兩漢刊誤補遺十卷 (宋)吴仁傑撰 清光緒羊城馮氏刻本 二册

440000－2542－0000274 ZS000813
漢書地理志校本二卷 (清)汪遠孫撰 清道光二十八年(1848)刻振綺堂遺書本 一册

440000－2542－0000275 QT000026
識小類編八卷 (清)夏大觀編輯 清嘉慶刻本 一册 存一卷(五)

440000－2542－0000276 ZS000811
遣戍伊犁日記不分卷天山客話不分卷外家紀聞不分卷 (清)洪亮吉著 清光緒三年(1877)鄂垣刻本 一册

440000－2542－0000277 ZS000625
缶廬詩八卷缶廬别存一卷 吴俊卿撰 清光緒十九年(1893)刻民國印本 三册

440000－2542－0000278 ZS000462
元史類編四十二卷 (清)邵遠平學 清乾隆六十年(1795)南沙席氏掃葉山房刻本 十册

440000－2542－0000279 ZS000809
緋笙館修簫譜 (清)舒位撰 清道光汪氏振綺堂刻本 一册 存二種二卷(酉陽修月一卷、博望訪星一卷)

440000－2542－0000280 ZS000810
補元史藝文志四卷 (清)錢大昕撰 清光緒十九年(1893)廣雅書局刻本 一册

440000－2542－0000281 ZS000655
史表功比説一卷 (清)張錫瑜撰 **史記天官書補目一卷** (清)孫星衍撰 **史漢駢枝** (清)成孺撰 清光緒十四年(1888)廣雅書局刻本 一册

440000－2542－0000282 ZS000656
後漢書注又補一卷 (清)沈銘彝撰 清光緒十四年(1888)廣雅書局刻本 一册

440000－2542－0000283 ZS000657
三國志考證八卷 (清)潘眉撰 清光緒十五年(1889)廣雅書局刻本 二册

440000－2542－0000284 ZS000808
功順堂叢書 (清)潘祖蔭輯 清光緒吴縣潘氏刻本 二十二册 存十八種

440000－2542－0000285 ZS000558
農書三卷 (宋)陳旉撰 清乾隆至道光鮑廷博刻知不足齋叢書本 一册

440000－2542－0000286　ZS000619
守山閣叢書　(清)錢熙祚輯　清光緒十五年(1889)上海鴻文書局影印本　一冊　存三種五卷

440000－2542－0000287　ZS000804
朱九江先生集十卷首四卷　(清)朱次琦撰
朱九江先生講學記一卷　簡朝亮纂　清光緒二十三年(1897)讀書草堂刻本　四冊

440000－2542－0000288　ZS000807
朱氏傳芳集八卷首一卷　(清)朱次琦裒輯　(清)朱宗琦編次　清刻本　四冊

440000－2542－0000289　ZS000649
唐大興寺故大德辯正廣智三藏和尚碑銘并序　(唐)嚴郢撰　(唐)徐浩書　拓本　一冊

440000－2542－0000290　ZS000648
海山仙館藏真三刻十六卷　(清)潘仕成輯　清咸豐七年至同治三年(1857－1864)刻本　二冊

440000－2542－0000291　ZS000651
端州石室記　(唐)李邕書　拓本　一冊

440000－2542－0000292　ZS000650
九成宮醴泉銘　(唐)魏徵撰　(唐)歐陽詢書　拓本　一冊

440000－2542－0000293　ZS000653
大唐三藏圣教序　(唐)唐太宗李世民撰　(唐)释怀仁書　拓本　一冊

440000－2542－0000294　ZS000652
景教流行中國碑頌并序　(唐)釋景淨撰　(唐)吕秀嚴書　拓本　一張

440000－2542－0000295　ZS000623
槐廬叢書　(清)朱記榮輯　清光緒吳縣朱氏槐廬家塾刻本　二十六冊　存十一種

440000－2542－0000296　PJ100588
閱文始偶記一卷　(清)□□撰　清抄本　一冊

440000－2542－0000297　PS200271
[道光]廣東通志三百三十四卷首一卷　(清)阮元修　(清)陳昌齊等纂　清同治三年(1864)刻本　一百二十冊　存三百三十二卷(一至一百七十九、一百八十三至三百三十四,首一卷)

440000－2542－0000298　PS200997
南疆逸史二十卷　(清)溫睿臨撰　清抄本　三冊　存九卷(紀略一至三,列傳二至四、十二至十四)

440000－2542－0000299　PS200273
[雍正]河南通志八十卷　(清)田文鏡等修　(清)孫灝等纂　清雍正十三年(1735)刻道光六年(1826)補刻同治八年(1869)再補刻光緒二十八年(1902)續補刻民國三年(1914)河南教育司印本　四十四冊

440000－2542－0000300　PS200142
[嘉慶]三水縣志十六卷首一卷　(清)李友榕等修　(清)鄧雲龍等協修　清嘉慶二十四年(1819)省城心簡齋刻本　八冊

440000－2542－0000301　PS200015
[雍正]山西通志二百三十卷　(清)覺羅石麟修　(清)儲大文纂　清雍正十二年(1734)刻本　一百冊

440000－2542－0000302　PS201130
滿漢名臣傳八十卷　(清)國史館纂　清抄本　一冊　存一卷(方觀臣列傳一卷)

440000－2542－0000303　PS200144
[同治]番禺縣志五十四卷首一卷附錄一卷　(清)李福泰修　(清)史澄等纂　清同治十一年(1872)光霽堂刻本　十六冊

440000－2542－0000304　PS200145
[咸豐]順德縣志三十二卷　(清)郭汝誠修　(清)馮奉初纂　清咸豐三年(1853)刻本　十六冊

440000－2542－0000305　PS201278
齊名紀數十二卷　(清)王承烈輯　清嘉慶抄本　五冊　存十卷(三至十二)

440000－2542－0000306　PS200148

[嘉慶]東莞縣志四十六卷　(清)彭人傑等修　(清)黃時沛等纂　清嘉慶三年(1798)刻本　十冊

440000－2542－0000307　PS203121
三洲日記八卷　(清)張蔭桓撰　清光緒二十二年(1896)刻本　八冊

440000－2542－0000308　PJ400746－1
曾文正公家訓二卷　(清)曾國藩撰　清光緒五年(1879)傳忠書局刻曾文正公全集本　二冊

440000－2542－0000309　ZS000918
廣東鄉土歷史教科書一卷　黃節編著　清光緒三十四年(1908)國學保存會鉛印本　一冊

440000－2542－0000310　ZS000915
增改婦孺須知二卷　澳門蒙學書塾編輯　清光緒二十九年(1903)刻本　二冊

440000－2542－0000311　QT000399
詳註聊齋志異圖詠十六卷首一卷　(清)蒲松齡著　清末石印本　一冊　存八卷(九至十六)

440000－2542－0000312　QT000588
清貽堂存稿四卷　(清)王益朋著　清咸豐刻本　一冊　存三卷(一至三)

440000－2542－0000313　PS200026
[雍正]山東通志三十六卷首一卷　(清)岳濬　(清)法敏修　(清)杜詔等纂　清乾隆元年(1736)刻本　四十二冊　缺三卷(二十二至二十四)

440000－2542－0000314　PS200028
[乾隆]欽定皇輿西域圖志四十八卷首四卷　(清)傅恒等修　(清)褚廷璋等纂　(清)英廉等增纂　清光緒十九年(1893)杭州便益書局石印本　十二冊

440000－2542－0000315　ZS000914
訓蒙捷徑三卷　(清)黃慶澄編　清光緒二十九年(1903)刻本　一冊

440000－2542－0000316　PS200153
[道光]佛岡直隸軍民廳志四卷　(清)龔耿光纂修　清咸豐元年(1851)刻本　四冊

440000－2542－0000317　PS200033
[光緒]武進陽湖縣志三十卷首一卷　(清)王其淦　(清)吳康壽修　(清)湯成烈等纂　清光緒五年(1879)刻本　十九冊　缺二卷(二十六至二十七)

440000－2542－0000318　ZS000921
廣州三日記八章　(清)□□輯　清刻本　一冊

440000－2542－0000319　ZS000920
揚州十日記一卷　王秀楚記　清刻本　一冊

440000－2542－0000320　PS200034
[嘉慶]增修宜興縣舊志十卷首一卷末一卷　(清)阮升基等修　(清)寧楷等纂　清同治八年(1869)木活字印本　十冊

440000－2542－0000321　PS200035
[嘉慶]重刊宜興縣舊志十卷首一卷末一卷　(清)阮升基等修　(清)寧楷等纂　清光緒八年(1882)刻宜興荊溪舊志五種本　十冊

440000－2542－0000322　PJ100913
周易注疏十三卷略例一卷　(三國魏)王弼　(晉)韓康伯注　(唐)陸德明音義　(唐)孔穎達疏　清同治十年(1871)廣東書局刻本　一冊　存二卷(八至九)

440000－2542－0000323　PS200289
[乾隆]泉州府志七十六卷首一卷　(清)懷蔭布修　(清)黃任　(清)郭賡武纂　清同治九年(1870)章倬標刻光緒八年(1882)補刻民國十六年(1927)續補刻本　四十八冊

440000－2542－0000324　PZ300331
牟子一卷　(漢)牟融撰　(清)孫星衍校　清嘉慶蘭陵孫氏刻平津館叢書本　與440000－2542－0003528合一冊

440000－2542－0000325　PZ300331
燕丹子三卷　(清)孫星衍校　清嘉慶蘭陵孫氏刻平津館叢書本　與440000－2542－

0003528 合一冊

440000－2542－0000326　PS200037

[光緒]宜興荊谿縣新志十卷首一卷末一卷　(清)施惠　(清)錢志澄修　(清)吳景牆纂　清光緒八年(1882)刻宜興荊溪舊志五種本　八冊

440000－2542－0000327　PS200038

[嘉慶]新修荊溪縣志四卷首一卷　(清)唐仲冕修　(清)寧楷纂　清同治八年(1869)木活字印本　二冊

440000－2542－0000328　PZ300543

奇埃壘哀安摩太風車圖說一卷　(美國)美國風車公司啟　(清)胡濬康譯　清光緒上海農學會石印農學叢書本　與440000－2542－0002688合一冊

440000－2542－0000329　PZ300594

鍾山札記二卷　(清)盧文弨撰　清乾隆餘姚盧氏抱經堂刻抱經堂叢書本　與440000－2542－0002794合一冊

440000－2542－0000330　PZ301152

廣成子解一卷　(宋)蘇軾纂　清光緒元年(1875)湖北崇文書局刻百子全書本　與440000－2542－0003748合一冊

440000－2542－0000331　PZ301152

嬾真子五卷　(宋)馬永卿撰　清光緒元年(1875)湖北崇文書局刻百子全書本　與440000－2542－0003748合一冊

440000－2542－0000332　PS200005

[嘉慶]松江府志八十四卷首二卷圖一卷　(清)宋如林纂修　(清)莫晉等總纂　清嘉慶二十三年(1818)刻本　三十六冊

440000－2542－0000333　PS200006

[光緒]松江府續志四十卷首一卷　(清)博潤修　(清)姚光發等纂　清光緒十年(1884)刻本　二十二冊　缺二卷(一至二)

440000－2542－0000334　PZ301152

聱隅子歔欷瑣微論二卷　(宋)黃晞撰　清光緒元年(1875)湖北崇文書局刻百子全書本　與440000－2542－0003748合一冊

440000－2542－0000335　PS200008

[光緒]松江府續志四十卷首一卷　(清)博潤修　(清)姚光發等纂　清光緒十年(1884)刻本　十二冊　缺七卷(三十四至四十)

440000－2542－0000336　PZ301152

古今注三卷　(晉)崔豹撰　清光緒元年(1875)湖北崇文書局刻百子全書本　與440000－2542－0003748合一冊

440000－2542－0000337　PZ301151

古今注三卷　(晉)崔豹撰　清光緒元年(1875)湖北崇文書局刻百子全書本　與440000－2542－0003747合一冊

440000－2542－0000338　PS200011

[光緒]川沙廳志十四卷首一卷末一卷　(清)陳方瀛修　(清)俞樾纂　清光緒五年(1879)刻本　六冊

440000－2542－0000339　PS200012

[光緒]川沙廳志十四卷首一卷末一卷　(清)陳方瀛修　(清)俞樾纂　清光緒五年(1879)刻本　六冊

440000－2542－0000340　PS200041

[光緒]溧陽縣續志十六卷末一卷　(清)朱畯等修　(清)馮煦等纂　清光緒二十五年(1899)木活字印本　七冊

440000－2542－0000341　PS200158

[光緒]新寧縣志二十六卷首一卷　(清)何福海等修　(清)林國賡等纂　清光緒十九年(1893)刻本　六冊

440000－2542－0000342　PS200290

[光緒]永平府志七十二卷首一卷末一卷　(清)游智開修　(清)史夢蘭纂　清光緒五年(1879)敬勝書院刻本　三十二冊

440000－2542－0000343　PS200162

[光緒]曲江縣志十六卷　(清)張希京修　(清)歐樾華等纂　清光緒元年(1875)刻本

五冊

440000－2542－0000344　PS200291
[雍正]寧波府志三十六卷首一卷　(清)曹秉仁纂修　清道光二十六年(1846)刻本　二十冊

440000－2542－0000345　PS200165
[同治]樂昌縣志十二卷首一卷　(清)徐寶符等修　(清)李穮等纂　清同治十年(1871)刻本　四冊

440000－2542－0000346　PS200040
[嘉慶]溧陽縣志十六卷　(清)陳鴻壽(清)李景嶧修　(清)史炳等纂　清光緒二十二年(1896)木活字印本　十冊

440000－2542－0000347　PS200043
[光緒]泰興縣志二十六卷首一卷末一卷(清)楊激雲修　(清)顧曾烜纂　清光緒十二年(1886)刻本　十冊

440000－2542－0000348　PZ301150
古今注三卷　(晉)崔豹撰　清光緒元年(1875)湖北崇文書局刻百子全書本　與440000－2542－0003745合一冊

440000－2542－0000349　PS200297
[同治]深州風土記二十二卷附表五卷　(清)吳汝綸纂　清光緒二十六年(1900)文瑞書院刻本　八冊

440000－2542－0000350　PS200167
[光緒]韶州府志四十卷　(清)林述訓等修(清)單興詩纂　清光緒二年(1876)刻本　二十四冊

440000－2542－0000351　PS200044
[光緒]盱眙縣志稿十七卷首一卷　(清)王錫元修　(清)高延第等纂　清光緒二十九年(1903)盱眙縣志局增刻本　九冊

440000－2542－0000352　PS200168
[道光]直隸南雄州志三十四卷首一卷　(清)徐保純等修　(清)黃其勤纂　(清)戴錫綸續修　清道光四年(1824)心簡齋刻本　十三冊

440000－2542－0000353　PS200045
[咸豐]邳州志二十卷首一卷　(清)董用威(清)馬軼群修　(清)魯一同纂　清咸豐元年(1851)刻本　四冊

440000－2542－0000354　PZ300574
吳門畫舫錄一卷　(清)西溪山人編　清光緒四年(1878)王氏弢園鉛印艷史叢鈔本　與440000－2542－0002754合一冊

440000－2542－0000355　PJ402756－3
學海堂四集二十八卷　(清)金錫齡編　(清)啟秀山房訂　清光緒十二年(1886)啟秀山房刻本　十六冊

440000－2542－0000356　PZ300329
尹文子一卷　(清)汪繼培校　清嘉慶十七年(1812)蕭山陳氏湖海樓刻湖海樓叢書本　與440000－2542－0003526合一冊

440000－2542－0000357　PS200170
[同治]連州志十卷　(清)袁泳錫等修(清)單興詩纂　清同治九年(1870)刻本　八冊

440000－2542－0000358　PZ300804
黃帝宅經二卷　(□)□□撰　清光緒三年(1877)湖北崇文書局刻崇文書局彙刻書本　與440000－2542－0003242合一冊

440000－2542－0000359　PS200172
[嘉慶]龍川縣志四十卷　(清)胡瑃修(清)勒殷山纂　清嘉慶二十三年(1818)粵東省城學院前心簡齋刻本　六冊　缺一卷(四十)

440000－2542－0000360　PS200053
[光緒]重修安徽通志三百五十卷補遺十卷(清)吳坤修等修　(清)何紹基　(清)楊沂孫纂　清光緒四年(1878)刻本　一百二十冊

440000－2542－0000361　QT000590
奇晉齋叢書　(清)陸烜輯　清乾隆平湖陸氏奇晉齋刻本　一冊　存七種

440000－2542－0000362　PS200173

[乾隆]潮州府志四十二卷首一卷 (清)周碩勳纂修　清光緒十九年(1893)潮郡保安總局刻本　二十五册

440000－2542－0000363　PZ300725
楚漢諸候疆域志三卷 (清)劉文淇撰　清光緒十三年(1887)廣雅書局刻本　與440000－2542－0002966合一册

440000－2542－0000364　PZ301797
明本釋三卷 (宋)劉荀撰　清刻武英殿聚珍版書本　二册

440000－2542－0000365　PS200175
[光緒]海陽縣志四十六卷首一卷 (清)盧蔚猷修　(清)吳道鎔纂　清光緒二十六年(1900)潮城謝存文館刻本　十二册

440000－2542－0000366　QT000589
抱璞守貞録四卷 (清)桃谿漁隱老人編輯　清光緒十年(1884)古麗州退補齋刻本　一册

440000－2542－0000367　PZ301797
公是弟子記四卷 (宋)劉敞撰　清刻武英殿聚珍版書本　與440000－2542－0000364合二册

440000－2542－0000368　PZ300699
心書一卷 (三國蜀)諸葛亮撰　清光緒元年(1875)湖北崇文書局刻百子全書本　與440000－2542－0002928合一册

440000－2542－0000369　PZ300699
素書一卷 (漢)黄石公撰　(宋)張商英注　清光緒元年(1875)湖北崇文書局刻百子全書本　與440000－2542－0002928合一册

440000－2542－0000370　PZ300687
司馬灋一卷　清光緒元年(1875)湖北崇文書局刻百子全書本　與440000－2542－0002908合一册

440000－2542－0000371　PJ402934
東塾集六卷附申範一卷 (清)陳澧撰　清光緒十八年(1892)刻本　三册

440000－2542－0000372　PS200060
[雍正]勅修浙江通志二百八十卷首三卷 (清)李衛等修　(清)沈翼機等纂　清乾隆元年(1736)刻嘉慶十七年(1812)續刻本　一百六册

440000－2542－0000373　PS200062
咸淳臨安志一百卷 (宋)潛說友纂　清道光十年(1830)錢塘汪氏振綺堂刻同治至光緒補刻本　二十四册

440000－2542－0000374　PS200178
[嘉慶]澄海縣志二十六卷首一卷 (清)李書吉等纂修　清嘉慶二十年(1815)刻本　十册

440000－2542－0000375　PS200283
[光緒]武岡鄉土志一卷 (清)張德昌編　清光緒三十四年(1908)木活字印本　一册

440000－2542－0000376　PS200064
[光緒]富陽縣志二十四卷首一卷 (清)汪文炳等修　(清)蔣敬時等纂　清光緒三十二年(1906)刻本　十六册

440000－2542－0000377　PS201780
吳中判牘一卷 (清)蒯德模撰　清光緒四年(1878)刻嘯園叢書本　一册

440000－2542－0000378　PS200307
[嘉慶]松江府志八十四卷首二卷圖一卷 (清)宋如林纂修　(清)莫晉等總纂　清嘉慶二十三年(1818)刻本　四十册

440000－2542－0000379　PS201182
湖山敘遊一卷 (明)劉暹述　清光緒七年(1881)刻武林掌故叢編本　與440000－2542－0002042合一册

440000－2542－0000380　PS200065
[道光]嘉興府志六十卷首三卷 (清)于尚齡纂修　清道光二十年(1840)刻本　四十册

440000－2542－0000381　PS201182
西湖八社詩帖一卷 (明)祝時泰等輯　清光緒七年(1881)刻武林掌故叢編本　與440000－2542－0002042合一册

440000－2542－0000382　PS200180

[乾隆]海豐縣志十卷末一卷 (清)于卜熊修 (清)史本等纂 清乾隆十五年(1750)刻本 六冊

440000－2542－0000383 PS200067
[光緒]歸安縣志五十二卷首一卷 (清)李昱修 (清)陸心源纂 清光緒八年(1882)刻本 十六冊

440000－2542－0000384 PZ302353
康熙御筆《舞鶴賦》 (清)聖祖玄燁書 拓本 四張

440000－2542－0000385 PS200071
[宣統]臨安縣志八卷首一卷末一卷 (清)彭循堯修 (清)董運昌 (清)周鼎纂 清宣統二年(1910)鉛印本 三冊 存六卷(一至五、首一卷)

440000－2542－0000386 PS200311
[嘉慶]重修揚州府志七十二卷首一卷 (清)阿克當阿修 (清)姚文田 (清)江藩纂 清嘉慶十五年(1810)刻本 四十八冊

440000－2542－0000387 PJ401705－3
秦雲擷英小譜一卷 (清)王昶輯 清光緒至宣統長沙葉氏郎園刻雙楳景闇叢書本 與440000－2542－0003951合一冊

440000－2542－0000388 PS200312
[同治]續纂揚州府志二十四卷 (清)方濬頤修 (清)晏端書等纂 清同治十三年(1874)刻本 八冊

440000－2542－0000389 PS200180－1
[同治]海豐縣志續編二卷 (清)蔡逢恩修 (清)林光斐纂 清同治十二年(1873)刻本 二冊

440000－2542－0000390 PS200313
[光緒]嚴州府志三十八卷首一卷 (清)吳士進修 (清)吳世榮續修 (清)鄒柏森等續纂 清光緒九年(1883)增刻本 二十八冊

440000－2542－0000391 PJ401705－2
重刻足本乾嘉詩壇點將錄一卷 (清)舒位撰 清光緒至宣統長沙葉氏郎園刻雙楳景闇叢書本 與440000－2542－0003951合一冊

440000－2542－0000392 PS200315
[光緒]續修廬州府志一百卷首一卷末一卷 (清)黃雲修 (清)林之望等纂 清光緒十一年(1885)刻本 四十八冊

440000－2542－0000393 PS200184
光緒嘉應州志三十二卷首一卷 (清)吳宗焯修 (清)溫仲和纂 清光緒二十四年(1898)刻民國二十二年(1933)伍心遠廬補刻本 十四冊

440000－2542－0000394 PJ401705－1
東林點將錄一卷 (明)王紹徽撰 清光緒至宣統長沙葉氏郎園刻雙楳景闇叢書本 與440000－2542－0003951合一冊

440000－2542－0000395 PS200072
[萬曆]錢塘縣志十卷 (明)聶心湯纂修 清光緒十九年(1893)錢塘丁氏嘉惠堂刻武林掌故叢編本 四冊 缺五卷(紀都、紀官、紀士、紀獻、紀事)

440000－2542－0000396 PS200073
[嘉靖]仁和縣志十四卷 (明)沈朝宣纂修 清光緒十九年(1893)錢塘丁氏嘉惠堂刻武林掌故叢編本 五冊 缺五卷(九至十三)

440000－2542－0000397 PS200508
西泠閨詠十六卷 (清)陳文述撰 清光緒十三年(1887)刻武林掌故叢編本 四冊

440000－2542－0000398 PS200186
[咸豐]興寧縣志十二卷首一卷 (清)仲振履原本 (清)張鶴齡續編 清咸豐六年(1856)刻本 九冊

440000－2542－0000399 PS200507
西湖遺事詩一卷 (清)朱彭撰 清光緒二十一年(1895)刻武林掌故叢編本 一冊

440000－2542－0000400 PS200190
[道光]新會縣志十四卷首一卷 (清)林星章修 (清)黃培芳 (清)曾釗纂 清道光二十

一年(1841)刻本　十四冊

440000－2542－0000401　PS200506
西泠仙詠三卷　(清)陳文述撰　清光緒八年(1882)刻武林掌故叢編本　二冊

440000－2542－0000402　PJ401551－3
湖山敘遊一卷　(明)劉暹述　清光緒七年(1881)刻武林掌故叢編本　一冊

440000－2542－0000403　PS200079
[光緒]餘姚縣志二十七卷首一卷末一卷　(清)周炳麟修　(清)邵友濂　(清)孫德祖纂　清光緒二十五年(1899)刻本　四十八冊

440000－2542－0000404　PS200080
[光緒]諸暨縣志六十卷首一卷　(清)陳遹聲修　(清)蔣鴻藻纂　清光緒三十四年(1908)修宣統二年(1910)刻本　十八冊

440000－2542－0000405　PZ300134
溫氏母訓一卷　(明)溫璜撰　清同治二年(1863)錢塘丁氏刻當歸草堂叢書本　與440000－2542－0003789合一冊

440000－2542－0000406　PZ300086
斆經筆記一卷　(清)陳倬撰　清光緒十二年(1886)吳縣朱氏槐廬家塾刻槐廬叢書本　與440000－2542－0003521合一冊

440000－2542－0000407　PJ100912
說文通訓定聲十八卷柬韻一卷說雅十九篇古今韻準一卷行狀一卷　(清)朱駿聲紀錄　清刻本　二十冊

440000－2542－0000408　SQ500019
音學五書　(清)顧炎武纂著　清康熙刻本　十六冊　存五種

440000－2542－0000409　PS200326
新會鄉土志輯稿十五篇　(清)蔡垚燨修　(清)譚鑣纂　清光緒三十四年(1908)粵東編譯公司鉛印本　一冊

440000－2542－0000410　QT000694
新增說文韻府群玉二十卷　(元)陰時夫編輯　(元)陰中夫編註　(明)王元貞校正　明萬曆刻本　三冊　存十卷(一至三、七至九、十七至二十)

440000－2542－0000411　ZS000912
赤雅三卷　(明)鄺露纂　清刻本　一冊

440000－2542－0000412　PS200329
[光緒]諸暨縣志六十卷首一卷　(清)陳遹聲修　(清)蔣鴻藻纂　清光緒三十四年(1908)修宣統二年(1910)刻本　十八冊

440000－2542－0000413　QT000985
浩然齋雅談三卷　(宋)周密撰　清刻本　一冊

440000－2542－0000414　PS200085
[光緒]上虞縣志四十八卷首一卷末一卷　(清)唐煦春修　(清)朱士黻纂　清光緒十七年(1891)刻本　二十冊

440000－2542－0000415　PS200086
[光緒]上虞縣志校續五十卷首一卷末一卷　(清)儲家藻修　(清)徐致靖纂　清光緒二十五年(1899)刻本　二十冊

440000－2542－0000416　PZ300034
方言十三卷　(漢)揚雄撰　(晉)郭璞解　清光緒元年(1875)湖北崇文書局刻本　與440000－2542－0003097合一冊

440000－2542－0000417　PS200087
[乾隆]龍泉縣志十二卷首一卷　(清)蘇遇龍修　(清)沈光厚纂　清同治二年(1863)刻本　四冊

440000－2542－0000418　PS200088
[同治]景寧縣志十四卷首一卷末一卷　(清)周杰修　(清)嚴用光　(清)葉篤貞纂　清同治十二年(1873)刻本　二冊　缺十一卷(四至十二、十四,末一卷)

440000－2542－0000419　PS200333
石窟一徵九卷　(清)黃釗纂　清光緒六年(1880)刻本　四冊

440000－2542－0000420　QT000893
經訓一卷　(□)□□撰　清刻本　一冊

440000－2542－0000421　QT001053
紀載彙編　(□)□□輯　清刻本　一冊　存七卷(江上遺聞一卷、閩事紀略一卷、安龍紀事一卷、戴重事錄一卷,過墟志一卷、金壇獄案一卷、辛丑紀聞一卷)

440000－2542－0000422　QT001052
聖廟從祀先儒考畧二卷聖廟崇聖祠從祀賢儒考畧四卷　(□)□□撰　清同治八年(1869)刻本　一冊

440000－2542－0000423　PS200340
[光緒]平湖縣志二十五卷首一卷末一卷　(清)彭潤章等修　(清)葉廉鍔等纂　**平湖殉難錄**　(清)彭潤章輯　清光緒十二年(1886)刻本　十三冊

440000－2542－0000424　PS200192
[光緒]高明縣志十六卷首一卷　(清)鄒兆麟等修　(清)梁廷棟等纂　清光緒二十年(1894)刻本　四冊　存六卷(四至九)

440000－2542－0000425　PS200342
[宣統]番禺縣續志四十四卷首一卷　梁鼎芬修　丁仁長等纂　清宣統三年(1911)刻民國二十年(1931)重印本　十六冊

440000－2542－0000426　PS200091
[康熙]臨海縣志十五卷首一卷　(清)洪若臯編輯　清康熙二十二年(1683)刻本　六冊　缺五卷(一至二、十四至十五,首一卷)

440000－2542－0000427　PS200193
[道光]恩平縣志十八卷首一卷末一卷　(清)石臺等修　(清)馮師元等纂　清道光五年(1825)刻本　六冊

440000－2542－0000428　PS200347
[道光]武進陽湖縣合志三十六卷首一卷　(清)孫琬　(清)王德茂修　(清)李兆洛　(清)周儀暐纂　清光緒十二年(1886)木活字印本　三十冊

440000－2542－0000429　PS200092
[嘉定]赤城志四十卷　(宋)黄𥲅　(宋)齊碩修　(宋)陳耆卿纂　清嘉慶二十三年(1818)臨海宋氏刻台州叢書本　六冊

440000－2542－0000430　QT001050
故唐律疏議三十卷　(唐)長孫無忌撰　**律音義一卷**　(宋)孫奭撰　**宋提刑洗冤集錄五卷**　(宋)宋慈編　清光緒十七年(1891)江蘇書局刻本　二冊　存六卷(二十五至三十)

440000－2542－0000431　QT001049
鄉黨圖考便讀一卷　(清)陳琢輯　清咸豐元年(1851)刻本　一冊

440000－2542－0000432　PS200195
[道光]廣寧縣志十七卷　(清)黄思藻等纂修　清道光四年(1824)刻本　三冊

440000－2542－0000433　QT001045
日本憲法説明書十二回　(日本)穗積八束講述　清光緒三十二年(1906)鉛印本　一冊

440000－2542－0000434　QT001044
國語明道本攷異四卷　(清)汪遠孫撰　清刻本　一冊

440000－2542－0000435　QT001042
說文解字十五卷附說文部目分韻一卷　(清)段玉裁注　清嘉慶二十年(1815)刻本　五冊　存五卷(十二至十五、部目分韻一卷)

440000－2542－0000436　PS200196
[光緒]四會縣志十編首一編末一編　(清)陳志喆等修　(清)吳大猷纂　清光緒二十二年(1896)刻本　十冊　存九編(一至二、六至十,首一編,末一編)

440000－2542－0000437　PS200356
[光緒]崑新兩縣續修合志五十二卷首一卷末一卷　(清)金吳蘭　(清)李福沂修　(清)汪堃　(清)朱成熙纂　清光緒六年(1880)敦善堂刻本　二十四冊

440000－2542－0000438　PS200197
[道光]高要縣志二十二卷首一卷　(清)韓際飛等修　(清)何元等纂　清道光六年(1826)刻本　十冊

440000－2542－0000439　QT001041

世行錄不分卷　(□)□□撰　(清)王齡校　(清)任渭長繪像　清康熙三十四年(1695)刻本　一册

440000－2542－0000440　PS200096

[光緒]浦江縣志十五卷首一卷殉難錄二卷　(清)善廣修　(清)張景青纂　清光緒三十一年(1905)金國錫木活字印本　十四册

440000－2542－0000441　QT001040

律例館校正洗冤錄四卷　(清)律例館編校　清乾隆刻本　二册

440000－2542－0000442　PS200199

[道光]陽江縣志八卷　(清)李澐纂修　(清)李應均等續纂修　清道光二年(1822)續修刻本　六册

440000－2542－0000443　PS200272

[乾隆]富順縣志五卷首一卷　(清)段玉裁　(清)李芝纂修　清光緒八年(1882)刻本　五册

440000－2542－0000444　PS200097

光緒蘭谿縣志八卷首一卷補遺一卷　(清)秦簧　(清)邵秉經修　(清)唐壬森纂　清光緒十五年(1889)刻本　九册　缺一卷(補遺一卷)

440000－2542－0000445　QT001039

平書八卷　(清)秦篤輝著　清光緒十七年(1891)三餘草堂刻本　一册　存三卷(四至六)

440000－2542－0000446　PS200098

[道光]東陽縣志二十七卷首一卷　(清)党金衡修　(清)王恩注纂　清道光十二年(1832)刻本　十册

440000－2542－0000447　QT001066

稗史彙編一百七十五卷　(明)王圻纂集　明萬曆刻本　十二册　存三十八卷(三至六、六十六至七十三、九十九至一百四、一百十至一百十四、一百四十四至一百四十六、一百六十五至一百七十六)

440000－2542－0000448　PS200100

景定嚴州續志十卷　(宋)錢可則修　(宋)鄭瑤　(宋)方仁榮纂　清光緒二十二年(1896)桐廬袁氏刻漸西村舍彙刊本　二册

440000－2542－0000449　QT001038

齊莊中正堂制義十二卷　(清)殷兆鏞撰　清光緒五年(1879)刻本　三册　存九卷(一至九)

440000－2542－0000450　PZ300687

吴子二卷　清光緒元年(1875)湖北崇文书局刻本　與440000－2542－0002908合一册

440000－2542－0000451　PS200367

[同治]即墨縣志十二卷　(清)林溥修　(清)周翕鐄纂　清同治十二年(1873)即墨縣署刻本　八册

440000－2542－0000452　PS200368

[光緒]烏程縣志三十六卷　(清)潘玉璿　(清)馮健修　(清)周學濬　(清)汪日楨纂　清光緒七年(1881)刻本　十六册

440000－2542－0000453　PS200369

[正德]武功縣志三卷首一卷　(明)康海纂　(清)孫酉峯(景烈)評注　清乾隆二十六年(1761)瑪星阿刻光緒十三年(1887)張世英遞修補刻本　一册

440000－2542－0000454　PS200200

[光緒]信宜縣志八卷　(清)敖式槱修　(清)梁安甸等纂　**信宜縣志拾馀一卷　信宜縣志舊存錄一卷**　清光緒十七年(1891)刻本　九册

440000－2542－0000455　PS200201

[光緒]吳川縣志十卷首一卷　(清)毛昌善修　(清)陳蘭彬纂　清光緒十八年(1892)啟壽刻二十三年(1897)校訂重印本　七册　存九卷(一至八、首一卷)

440000－2542－0000456　PS200202

[光緒]石城縣志九卷首一卷末一卷　(清)蔣廷桂修　(清)陳蘭彬纂　清光緒十八年(1892)刻本　八册

440000－2542－0000457　PS200104
［道光］重纂福建通志二百七十八卷首六卷　(清)孫爾準等修　(清)陳壽祺纂　(清)程祖洛等續修　(清)魏敬中續纂　清同治十年(1871)正誼書院刻本　七十一册

440000－2542－0000458　PS200204
［嘉慶］雷州府志二十卷首一卷　(清)雷學海修　(清)陳昌齊等纂　清嘉慶十六年(1811)刻本　二十三册　存二十卷(一至十九、首一卷)

440000－2542－0000459　PS200370
［道光］重修寶應縣志二十八卷首一卷　(清)孟毓蘭修　(清)喬載繇纂　清道光二十年(1840)湯氏沐華堂刻本　十册

440000－2542－0000460　QT001065
國語二十一卷　(三國吳)韋昭解　**札記一卷**　(清)黄丕烈撰　清光緒三年(1877)永康胡氏退補齋刻本　一册　存五卷(一至五)

440000－2542－0000461　QT001064
國語二十一卷　(三國吳)韋昭解　**札記一卷**　(清)黄丕烈撰　清同治八年(1869)湖北崇文書局刻本　四册

440000－2542－0000462　PS200205
［道光］遂溪縣志十二卷　(清)喻炳榮等纂修　清光緒二十一年(1895)補刻本　六册

440000－2542－0000463　PS200106
［道光］廈門志十六卷　(清)周凱等纂修　清道光十九年(1839)玉屏書院刻本　十二册

440000－2542－0000464　PS200108
［乾隆］汀州府志四十五卷首一卷　(清)曾日瑛等修　(清)李紱等纂　清同治六年(1867)延楷刻本　二十册

440000－2542－0000465　PS200206
［宣統］徐聞縣志十五卷首一卷　(清)王輔之修　(清)駱克良等纂　清宣統三年(1911)刻本　四册　存十二卷(一至九、十三至十五)

440000－2542－0000466　PS200110
［康熙］寧化縣志七卷　(清)祝文郁修　(清)李世熊纂　清同治八年(1869)蔣澤沅刻本　八册

440000－2542－0000467　QT001063
國語二十一卷　(三國吳)韋昭解　**札記一卷**　(清)黄丕烈撰　清同治八年(1869)湖北崇文書局刻本　四册

440000－2542－0000468　QT001062
國語二十一卷　(三國吳)韋昭解　**札記一卷**　(清)黄丕烈撰　清光緒三年(1877)永康胡氏退補齋刻本　三册

440000－2542－0000469　PS200374
［光緒］淳安縣志十六卷首一卷　(清)劉世甯原本　(清)李詩續修　(清)陳中元　(清)竺士彥續纂　清光緒十年(1884)淳安縣署刻本　八册

440000－2542－0000470　PS200111
［光緒］重纂邵武府志三十卷首一卷　(清)王琛　(清)徐兆豐修　(清)張景祁等纂　清光緒二十四年(1898)刻本　二十册

440000－2542－0000471　PS200119
［同治］淡水廳志十六卷　(清)陳培桂纂　清同治十年(1871)刻本　八册

440000－2542－0000472　PS200376
［光緒］定海廳志三十卷首一卷　(清)史致馴修　(清)陳重威　(清)黄以周纂　清光緒十一年(1885)浙寧鋤經齋刻本　十册

440000－2542－0000473　PS200377
［道光］續纂宜興荊溪縣志十卷首一卷　(清)顧名　(清)龔潤森修　(清)吳德旋纂　清同治八年(1869)木活字印本　四册　存四卷(七之三至十之四)

440000－2542－0000474　PS200120
光緒鹿邑縣志十六卷首一卷　(清)于滄瀾　(清)馬家彥修　(清)蔣師轍纂　清光緒二十二年(1896)刻本　六册

440000－2542－0000475　PS200208

[咸豐]瓊山縣志三十卷首一卷 (清)李文烜修 (清)鄭文彩等纂 清咸豐七年(1857)刻本 十六册

440000－2542－0000476 PS200210
[咸豐]文昌縣志十六卷首一卷 (清)張霈等修 (清)林燕典纂 清咸豐八年(1858)刻本 十二册 缺一卷(首一卷)

440000－2542－0000477 PS200121
[康熙]汝陽縣志十卷 (清)邱天英纂修 清康熙二十九年(1690)刻本 八册

440000－2542－0000478 PS200211
[光緒]定安縣志十卷首一卷 (清)吳應廉修 (清)王映斗纂 清光緒四年(1878)刻本 十册

440000－2542－0000479 QT001035
尚書註疏二十卷 (漢)孔氏(孔安國)序 (唐)孔穎達疏 清刻本 三册 存十一卷(一至十一)

440000－2542－0000480 PS200212
[光緒]臨高縣志二十四卷 (清)聶緝慶等修 (清)桂文熾等纂 清光緒十八年(1892)刻本 十册

440000－2542－0000481 QT001036
工業與國政相關論二卷 (英國)司丹離遮風司撰 (美國)衛理 (清)王汝譯 清光緒二十六年(1900)江南製造局鉛印本 二册

440000－2542－0000482 QT001034
倫理教科書四卷總説一卷 (日本)井上哲次 (日本)高山林次郎著 樊炳清譯 清光緒刻本 二册

440000－2542－0000483 PS200217
[嘉慶]廣西通志二百七十九卷首一卷 (清)謝啟昆等修 (清)胡虔等纂 清光緒十七年(1891)桂垣書局補刻本 八十册

440000－2542－0000484 QT001058
書目答問四卷古今人著述合刻叢書目一卷別錄一卷國朝著述諸家姓名略一卷 (清)張之洞撰 清光緒二十一年(1895)上海蜚英館石印本 一册

440000－2542－0000485 QT001033
周易集解篹疏十卷 (清)李道平著 清刻本 二册 存二卷(四、八)

440000－2542－0000486 QT001059
國語二十一卷 (三國吳)韋昭解 **札記一卷** (清)黃丕烈撰 清光緒三年(1877)永康胡氏退補齋刻本 二册 存十二卷(六至十二、十七至二十一)

440000－2542－0000487 PS200130
[光緒]湘潭縣志十二卷 (清)陳嘉榆修 王闓運等纂 清光緒十五年(1889)刻本 十册

440000－2542－0000488 PS200131
[光緒]江西通志一百八十卷首五卷 (清)劉坤一等修 (清)趙之謙等纂 清光緒七年(1881)刻本 九十八册

440000－2542－0000489 PS200133
[同治]萍鄉縣志十卷首一卷 (清)錫榮 (清)王明璠纂修 清同治十一年(1872)尊經堂刻本 八册

440000－2542－0000490 QT001057
芳茂山人詩錄十卷 (清)孫星衍撰 清光緒十一年(1885)吳縣朱氏槐廬家塾刻槐廬叢書本 一册 存四卷

440000－2542－0000491 PS200604
[道光]重刊續纂宜荊縣志十卷首一卷 (清)顧名 (清)龔潤森修 (清)吳德旋纂 清道光二十年(1840)刻本 二册 存八卷(一至七之三、首一卷)

440000－2542－0000492 ZS000085
四庫簡明目錄標注二十卷 (清)邵懿辰撰 清宣統三年(1911)刻半巖廬所著書本 八册

440000－2542－0000493 PS200941
聖武記十四卷 (清)魏源撰 清刻本 三册 存七卷(五至九、十三至十四)

440000－2542－0000494 PS200219

[光緒]容縣志二十八卷首一卷　(清)易紹惪等修　(清)封祝唐等纂　清光緒二十三年(1897)刻本　六冊

440000－2542－0000495　QT001079
白沙先生文編六卷　(明)陳獻章撰　(明)唐伯元等編次　明末刻本　一冊　存一卷(二)

440000－2542－0000496　PS200220
[嘉慶]四川通志二百四卷首二十二卷　(清)常明等修　(清)楊芳燦等纂　清嘉慶二十一年(1816)刻本　一百九十四冊

440000－2542－0000497　QT001078
史記論贊一卷　(漢)司馬遷撰　清抄本　一冊

440000－2542－0000498　QT001076
九經古義十六卷　(清)惠棟輯　清刻本　三冊　存十二卷(五至十六)

440000－2542－0000499　QT001075
小四書四卷　(明)朱升輯　明末清初抄本　四冊

440000－2542－0000500　PS200394
[嘉慶]湘潭縣志四十卷　(清)張雲璈修　(清)周系英纂　清嘉慶二十三年(1818)刻本　十八冊

440000－2542－0000501　QT001074
蔚文堂古文觀止十二卷　(清)吳乘權手錄　(清)吳大職手錄　清刻本　一冊　存二卷(十一至十二)

440000－2542－0000502　QT001072
百川學海　(宋)左圭編　明末刻本　一冊　存三種

440000－2542－0000503　QT001071
初學文引一卷　(清)葉廉鍔選注　清同治十二年(1873)刻本　一冊

440000－2542－0000504　PS200401
光緒南匯縣志二十二卷首一卷末一卷　(清)金福曾　(清)顧思賢修　(清)張文虎等纂　清光緒五年(1879)刻民國十八年(1929)重印本　十二冊

440000－2542－0000505　PS200228
[道光]遵義府志四十八卷首一卷　(清)平翰等修　(清)鄭珍等纂　清道光二十一年(1841)刻本　二十冊

440000－2542－0000506　QT001070
明史三百三十二卷　(清)張廷玉等修　清乾隆刻本　六十九冊　存二百十七卷(一百十六至三百三十二)

440000－2542－0000507　QT001069
歐陽文忠公全集一百五十三卷首一卷附錄五卷　(宋)歐陽修撰　清刻本　二十冊　存九十七卷(五十七至一百五十三)

440000－2542－0000508　PS200405
[嘉定]赤城志四十卷　(宋)黄畬　(宋)齊碩修　(宋)陳耆卿纂　清嘉慶二十三年(1818)刻台州叢書本　六冊

440000－2542－0000509　QT001032
昌言報　(□)□□撰　清光緒二十四年(1898)鉛印本　五冊　存五冊(光緒二十四年一至二、四、七、九)

440000－2542－0000510　QT001031
春秋三傳補注三卷附國語補注一卷　(清)姚鼐著　清嘉慶二年(1797)刻本　與440000－2542－0000511合一冊

440000－2542－0000511　QT001031
惜抱軒九經說十二卷　(清)姚鼐著　清刻本　一冊　存九卷(一至四、八至十二)

440000－2542－0000512　QT001068
國朝先正事略六十卷　(清)李元度纂　清同治五年(1866)循陔艸堂刻本　二十三冊

440000－2542－0000513　PS200409
始興縣鄉土志一卷　(清)張報和總纂　(清)何慶齡等編纂校訂　清光緒三十三年(1907)清風橋文茂印務局鉛印本　一冊

440000－2542－0000514　PS200231
[嘉慶]衛藏通志十六卷首一卷　(清)和琳纂

清光緒二十二年(1896)漸西邨舍刻本 八册

440000－2542－0000515 ZS000328
論語十卷 (宋)朱熹集註 清大文堂刻本 五册

440000－2542－0000516 QT001080
説鈴 (清)吳震方編 清康熙刻本 十九册 存三十一種

440000－2542－0000517 QT001030
國政貿易相關書二卷 (英國)法拉著 (英國)傅蘭雅口譯 (清)徐家寶筆述 清光緒九年(1883)刻本 二册

440000－2542－0000518 ZS000702
案事編一卷 沈祖燕撰 清光緒三十三年(1907)刻本 一册

440000－2542－0000519 SQ200064
[乾隆]歸善縣志十八卷首一卷 (清)章壽彭修 (清)陸飛纂 清乾隆四十八年(1783)刻本 六册

440000－2542－0000520 SQ200063
[乾隆]盛京通志四十八卷 (清)呂耀曾等修 (清)魏樞纂 清乾隆元年(1736)刻本 十九册

440000－2542－0000521 PS200415
[乾隆]興化府莆田縣志三十六卷首一卷 (清)汪大經等修 (清)廖必琦 (清)林黌纂 清乾隆二十三年(1758)刻光緒五年(1879)潘文鳳補刻民國十五年(1926)吳輔再補刻本 二十册

440000－2542－0000522 SQ200067
[乾隆]南澳志十二卷 (清)齊翀纂修 清乾隆四十八年(1783)刻本 四册

440000－2542－0000523 QT000948
漢書評林一百卷 (明)凌稚隆輯校 明萬曆九年(1581)吳興凌稚隆刻本 二册 存十一卷(六至十六)

440000－2542－0000524 SQ200066
[乾隆]揭陽縣志八卷首一卷 (清)劉業勤修 (清)凌魚纂 清乾隆四十四年(1779)刻本 八册

440000－2542－0000525 SQ200065
[乾隆]海陽縣志十二卷 (清)張士璉纂修 清雍正十二年(1734)刻本 十册

440000－2542－0000526 QT000969
廣輿記二十四卷 (明)陸應陽纂 (清)蔡方炳增輯 清康熙刻本 一册 存二卷(七至八)

440000－2542－0000527 ZS000703
不得已辯一卷 (意大利)利類思撰 清道光二十七年(1847)刻本 一册

440000－2542－0000528 QT000294
康熙六十一年十一月上諭一卷 (清)內府編 清刻本 一册

440000－2542－0000529 QT000592
五雲唱和篇一卷 (清)彭延禕 (清)張遠著 清康熙刻本 一册

440000－2542－0000530 PS200423
[光緒]泰興縣志二十六卷首一卷末一卷 (清)楊激雲修 (清)顧曾烜纂 清光緒十二年(1886)刻本 十册

440000－2542－0000531 ZS000697
中俄界約斠注七卷首一卷 (清)錢恂撰 清光緒二十年(1894)蘇城謝文翰齋刻本 二册

440000－2542－0000532 PS200424
[嘉慶]東臺縣志四十卷 (清)周右修 (清)蔡復午等纂 清嘉慶二十二年(1817)刻本 十册

440000－2542－0000533 QT001028
財政四綱四卷 (清)錢恂撰 清光緒二十七年(1901)鉛印本 一册 存二卷(銀行一卷、國債一卷)

440000－2542－0000534 PS200459
[道光]廈門志十六卷 (清)周凱等纂修 清道光十九年(1839)玉屏書院刻本 八册 存

十一卷(一至六、十二至十六)

440000－2542－0000535　QT000014
漢書論贊一卷　(漢)班固撰　清抄本　一册

440000－2542－0000536　QT000840
洋防輯要二十四卷　(清)嚴如熤編　清刻本　一册　存二卷(二十一至二十二)

440000－2542－0000537　PS200466
羊城古鈔八卷首一卷　(清)仇池石輯　清嘉慶十一年(1806)刻本　四册

440000－2542－0000538　PS200502
蜀典十二卷　(清)張澍纂　清光緒二年(1876)尊經書院刻本　四册

440000－2542－0000539　PS200430
[淳熙]新安志十卷　(宋)羅願纂　清光緒十四年(1888)刻本　四册

440000－2542－0000540　QT001026
西漢年紀三十卷　(宋)王益之撰　(清)胡鳳丹校梓　清同治十二年(1873)永康胡氏退補齋刻金華叢書本　一册　存七卷(五至十一)

440000－2542－0000541　PS200511
廣陵通典十卷　(清)汪中撰　清同治八年(1869)揚州書局刻本　二册

440000－2542－0000542　ZS000698
越南地輿圖說六卷首一卷　(清)盛慶紱纂輯　清光緒九年(1883)永新盛氏求忠堂刻本　一册

440000－2542－0000543　PS200516
[嘉慶]廣陵事略七卷　(清)姚文田輯　清嘉慶十七年(1812)開封節院刻本　四册

440000－2542－0000544　QT000911
三天入直瑣記一卷補竹圖一卷　(清)鮑源深撰　清同治刻本　一册

440000－2542－0000545　QT001123
正誼堂全書　(清)張伯行輯　清同治五年(1866)福州正誼書院刻本　一册　存二卷(首一卷、末一卷)

440000－2542－0000546　PS200440
[光緒]金山縣志三十卷首一卷　(清)龔寶琦　(清)崔廷鏞修　黄厚本等纂　清光緒四年(1878)刻本　八册

440000－2542－0000547　PS200520
黔書二卷　(清)田雯編　清刻本　四册

440000－2542－0000548　ZS000699
越南游歷記不分卷　(清)嚴璩　(清)恩慶撰　清光緒三十一年(1905)鉛印本　一册

440000－2542－0000549　ZS000696
談瀛録四卷　(清)王之春著　清光緒六年(1880)刻本　一册　存三卷(一至三)

440000－2542－0000550　PJ402756－2
學海堂三集二十四卷　(清)張維屏編　(清)啟秀山房訂　清咸豐九年(1859)啟秀山房刻本　八册

440000－2542－0000551　QT001122
三才略三卷　(清)杜詔撰　清光緒二十年(1894)文彬書局刻本　二册　存一卷(三)

440000－2542－0000552　PS200448
[光緒]無錫金匱縣志四十卷首一卷附編六卷　(清)裴大中　(清)倪咸生修　(清)秦緗業等纂　清光緒七年(1881)刻二十九年(1903)重印本　二十册

440000－2542－0000553　ZS000704
朝鮮近世史二卷　(日本)林泰輔編修　劉世珩校譯　清光緒二十九年(1903)上海鴻寶書局石印五洲䕫編譯時務叢書本　二册

440000－2542－0000554　PS200449
[光緒]鎮海縣志四十卷　(清)于萬川修　(清)俞樾等纂　清光緒五年(1879)鯤池書院刻本　十六册

440000－2542－0000555　QT001121
沈文肅公政書七卷首一卷　(清)沈葆楨撰　清光緒六年(1880)吳門節署木活字印本　一册　存一卷(七)

440000－2542－0000556　QT001120

唐陸宣公集二十二卷 （唐）陸贄撰 清雍正年羹堯刻本 一册 存四卷（十七至二十）

440000－2542－0000557 QT001119
先正讀書訣一卷 （清）周永年輯 清光緒四年（1878）刻本 一册

440000－2542－0000558 PS200453
［光緒］九江儒林鄉志二十一卷 （清）朱次琦等修 （清）馮栻宗等纂 清光緒九年（1883）刻本 十册

440000－2542－0000559 QT001118
金石契不分卷 （清）張燕昌過眼 清刻本 一册

440000－2542－0000560 PS200559
西藏通覽二編 （日本）山縣初男編 （清）四川西藏研究會編譯 清宣統元年（1909）四川西藏研究會鉛印本 四册

440000－2542－0000561 QT001117
祥異圖說七卷 （明）余文龍撰 明萬曆刻本 三册 存三卷（五至七）

440000－2542－0000562 QT001116
青村遺稿一卷首一卷末一卷附錄一卷 （元）金涓撰 清初刻本 一册

440000－2542－0000563 QT001115
文獻通考三百四十八卷 （元）馬端臨著 明嘉靖刻本 五册 存二十四卷（一百五十六至一百六十五、一百七十八至一百九十一）

440000－2542－0000564 PS200176
［光緒］海陽縣志四十六卷首一卷 （清）盧蔚猷修 （清）吳道鎔纂 清光緒二十六年（1900）潮城謝存文館刻本 十二册

440000－2542－0000565 ZS000700
天下郡國利病書一百二十卷 （清）顧炎武輯 （清）龍萬育訂 清道光十年（1830）成都龍萬育敷文閣木活字印本 一册 存二卷（一百十九至一百二十）

440000－2542－0000566 PS200185
光緒嘉應州志三十二卷首一卷 （清）吳宗焯修 （清）溫仲和纂 清光緒二十四年（1898）刻民國二十二年（1933）伍心遠廬補刻本 十四册

440000－2542－0000567 QT001024
滂喜齋叢書 （清）潘祖蔭輯 清同治至光緒吳縣潘氏刻本 二册 存六種

440000－2542－0000568 QT001114
史記一百三十卷 （漢）司馬遷撰 明末刻本 三册 存十九卷（九至二十一、五十至五十五）

440000－2542－0000569 PS200460
古香齋鑒賞袖珍春明夢餘錄七十卷 （清）孫承澤著 清光緒九年（1883）廣州惜分陰館刻本 二十四册

440000－2542－0000570 ZS000331
吳氏遺著五卷附錄一卷 （清）吳夌雲撰 清光緒十七年（1891）廣雅書局刻本 二册

440000－2542－0000571 QT001023
平津館叢書 （清）孫星衍輯 清嘉慶蘭陵孫氏刻本 三册 存七種

440000－2542－0000572 ZS000332
歷代史表五十九卷首一卷末一卷 （清）萬斯同撰 清光緒十五年（1889）廣雅書局刻本 六册

440000－2542－0000573 SQ200039
景定建康志五十卷 （宋）馬光祖修 （宋）周應合纂 （清）孫星衍校訂 清嘉慶六年（1801）金陵孫忠愍祠刻本 十二册 存四十八卷（三至五十）

440000－2542－0000574 ZS000333
方輿類纂二十八卷首一卷 （清）溫汝能編 清嘉慶十三年（1808）順德温氏文畲堂刻本 三十二册

440000－2542－0000575 ZS000344
劍俠傳四卷圖一卷 （□）□□撰 （清）王齡校 （清）任渭長繪像 清咸豐八年（1858）王氏養龢堂刻本 二册

440000－2542－0000576　ZS000335

韻對屑玉箋註二卷　(清)歐達徹纂輯　(清)鍾映雪注　(清)唐祖澤注　**增訂切字捷法一卷**　(清)硯洲道人校　清嘉慶二十二年(1817)會稽陶氏刻本　一册

440000－2542－0000577　PS200468

閻潛丘先生[若璩]年譜一卷　(清)張穆編　清道光二十七年(1847)刻本　一册

440000－2542－0000578　PS200469

蜀中名勝記三十卷　(明)曹學佺著　清宣統二年(1910)刻本　十册

440000－2542－0000579　ZS000346

周易參同契註二卷考證一卷圖一卷周易三相類註一卷　(漢)魏伯陽著　(漢)徐景休注　(清)黎世序編釋　清道光三年(1823)刻本　二册

440000－2542－0000580　ZS000347

綠畦晤言二卷　(清)王慎餘撰　清光緒刻本　一册

440000－2542－0000581　PS200470

孤嶼志八卷首一卷　(清)陳舜咨訂修　清刻本　四册

440000－2542－0000582　ZS000345

續劍俠傳四卷圖一卷　鄭官應輯　清光緒刻本　二册

440000－2542－0000583　SQ200043

[乾隆]婁縣志三十卷首二卷　(清)謝庭薰修　(清)陸錫熊纂　清乾隆五十一年(1786)刻本　六册

440000－2542－0000584　PS200473

[道光]白雲洞志五卷　(清)黃亨纂輯　清光緒十三年(1887)刻本　一册

440000－2542－0000585　ZS000352

杜工部集二十卷首一卷　(唐)杜甫撰　清光緒二年(1876)粵東翰墨園刻五色套印本　十册

440000－2542－0000586　ZS000351

李義山詩集三卷　(唐)李商隱撰　(清)朱鶴齡箋注　(清)沈厚塽輯評　清同治九年(1870)廣州倅署刻三色套印本　四册

440000－2542－0000587　ZS000354

昌黎先生詩集注十一卷　(唐)韓愈撰　(清)顧嗣立删補　清道光賡德堂刻朱墨套印本　四册

440000－2542－0000588　ZS000355

古香齋鑒賞袖珍施註蘇詩四十二卷總目二卷續補遺總目一卷　(宋)蘇軾撰　(宋)施元之注　(清)顧嗣立等删補　清光緒九年(1883)孔氏三十有三萬卷堂刻本　十六册

440000－2542－0000589　ZS000358

蘇文忠公詩集五十卷目錄二卷　(宋)蘇軾撰　(清)紀昀評點　清同治八年(1869)韞玉山房刻朱墨套印本　十二册

440000－2542－0000590　ZS000356

蘇文忠公詩集擇粹十八卷　(宋)蘇軾撰　(清)紀昀批閱　(清)趙古農手擇　清嘉慶二十二年(1817)廣州抱影吟軒刻本　七册

440000－2542－0000591　PS200480

清涼山志十卷　(明)釋鎮澄撰　清乾隆二十年(1755)刻光緒十三年(1887)重印本　四册

440000－2542－0000592　QT001022

養蒙正軌十四章　(英國)秀耀春　(清)汪振聲譯　清光緒鉛印本　一册

440000－2542－0000593　ZS000357

簡莊文鈔六卷　(清)陳鱣著　清光緒十二年(1886)海昌羊氏廣州刻本　一册

440000－2542－0000594　PS200482

重修濂溪志七卷遺芳集一卷　(清)周誥輯　清道光十九年(1839)刻本　五册

440000－2542－0000595　PS200483

闕里文獻考一百卷首一卷末一卷　(清)孔繼汾撰　清乾隆二十七年(1762)孔昭煥刻本　八册

440000－2542－0000596　ZS000362

杜工部草堂詩話二卷　（宋）蔡夢弼集錄　**杜工部[甫]草堂詩年譜二卷**　（宋）趙子櫟撰　清光緒元年(1875)巴陵方氏碧琳琅館刻本　一冊

440000－2542－0000597　ZS000361
海南歸櫂詞二卷續一卷　（清）劉燿椿填　（清）花壽山輯　清咸豐五年(1855)歷城花氏刻本　一冊

440000－2542－0000598　PS200484
歷代陵寢備考五十卷歷代宗廟附考八卷　（清）朱孔陽撰　清光緒申報館鉛印本　十四冊

440000－2542－0000599　ZS000038
汗簡七卷　（宋）郭忠恕撰　清光緒十一年(1885)甯波蔣瑞堂刻本　一冊

440000－2542－0000600　ZS000366－369
拜鴛樓校刻四種　沈宗畸輯　清光緒二十六年(1900)番禺沈氏刻本　五冊

440000－2542－0000601　PS200487
兩浙防護陵寢祠墓錄一卷　（清）阮元輯　清木活字印本　四冊

440000－2542－0000602　ZS000040
大宋重修廣韻五卷　（宋）陳彭年等撰　清道光三十年(1850)新化鄧氏邵州東山精舍刻本　四冊

440000－2542－0000603　ZS000041
經典釋文三十卷　（唐）陸德明撰　（清）盧文弨考證　清同治八年(1869)湖北崇文書局刻本　十二冊

440000－2542－0000604　ZS000042
經典釋文三十卷　（唐）陸德明撰　**經典釋文序錄攷證一卷**　（清）盧文弨撰　清乾隆五十六年(1791)浙江龍城書院刻本　十二冊

440000－2542－0000605　PS200489
平山堂圖志十卷首一卷　（清）趙之壁編　清光緒二十一年(1895)刻本　二冊

440000－2542－0000606　ZS000043
白虎通疏證十二卷　（清）陳立著　清光緒十四年(1888)南菁書院刻皇清經解續編本　三冊

440000－2542－0000607　ZS000377
文選六十卷　（南朝梁）蕭統撰　（唐）李善注　**文選考異十卷**　（清）胡克家撰　清嘉慶十四年(1809)鄱陽胡氏刻本　二十四冊

440000－2542－0000608　PS200490
東林書院志二十二卷　（清）高廷珍等輯　清光緒七年(1881)刻本　八冊

440000－2542－0000609　ZS000048
史記索隱三十卷　（唐）司馬貞撰　明末毛氏汲古閣刻本　二冊　存二十三卷(一至二十三)

440000－2542－0000610　ZS000047
史記索隱三十卷　（唐）司馬貞撰　明末毛氏汲古閣刻本　二冊

440000－2542－0000611　PS200491
學海堂志一卷　（清）林伯桐撰　（清）陳澧續　清道光十八年(1838)刻同治五年(1866)補刻脩本堂叢書本　一冊

440000－2542－0000612　ZS000049
漢書補注一百卷首一卷　（漢）班固撰　（唐）顏師古注　王先謙補注　清光緒二十六年(1900)長沙王氏虛受堂刻本　三十二冊

440000－2542－0000613　PS200493
揚州畫舫錄十八卷　（清）李斗著　清乾隆六十年(1795)刻同治十一年(1872)印本　十二冊

440000－2542－0000614　ZS000378－390
重刊宋本十三經注疏校勘記　（清）阮元撰　（清）盧宣旬摘錄　**校勘記識語四卷**　（清）汪文臺撰　清嘉慶二十年至二十一年(1815－1816)南昌府學刻本　一百三十九冊　存十三種

440000－2542－0000615　PS200495
三晉見聞錄一卷　（清）齊翀著　清光緒六年

(1880)刻本　一冊

440000－2542－0000616　PS200500
湖南全省掌故備攷三十五卷　王先謙撰　清光緒十四年(1888)刻本　十二冊

440000－2542－0000617　ZS000050
後漢書一百二十卷　(南朝宋)范曄撰　(唐)李賢注　(明)黃儒炳等修　明刻明清遞修本　二十冊

440000－2542－0000618　ZS000051
三國志六十五卷　(晉)陳壽撰　(南朝宋)裴松之注　清同治九年(1870)金陵書局刻本　七冊　存六十卷(一至六十)

440000－2542－0000619　ZS000052
晉書一百三十卷　(唐)房玄齡等撰　**音義三卷**　(唐)何超撰　明萬曆十年(1582)南京國子監刻二十一史本　六十四冊

440000－2542－0000620　ZS000053
宋書一百卷　(南朝梁)沈約撰　(明)陸可教等校閱　明萬曆二十二年(1594)南京國子監刻本　七十二冊

440000－2542－0000621　PJ402709－1
四忠遺集　(清)□□輯　清同治七年(1868)楚醴景萊書室刻本　二十四冊　存四種

440000－2542－0000622　QT001113
六家詩名物疏五十五卷　(明)馮復京輯著　明萬曆刻本　三冊　存二十卷(十六至二十一、二十七至三十三、四十至四十六)

440000－2542－0000623　ZS000054
南齊書五十九卷　(南朝梁)蕭子顯撰　(明)吳士元等重修　明萬曆三十三年(1605)國子監刻二十一史本　二十二冊　存五十四卷(四至五十七)

440000－2542－0000624　ZS000391－403
宋本十三經注疏校勘記二百十七卷釋文校勘記二十六卷　(清)阮元撰　清刻本　七十一冊

440000－2542－0000625　PS200503
湖南考古畧十二卷　(清)盧峻　(清)成業襄纂　清光緒二年(1876)刻本　四冊

440000－2542－0000626　PS200504
西樵遊覽記十四卷　(清)劉子秀撰　(清)黃嘉圃　(清)譚葯晨刊補　清道光十三年(1833)補刻本　八冊

440000－2542－0000627　PS200505
西湖百詠一卷　(清)柴杰撰　清光緒七年(1881)刻武林掌故叢編本　一冊

440000－2542－0000628　ZS000404
皇清經解一千四百卷首一卷　(清)阮元輯　清道光九年(1829)廣東學海堂刻本　三百五十九冊　缺六卷(九百九十七至一千二)

440000－2542－0000629　PS200509
唐市徵獻錄二卷　(清)倪賜輯　(清)史慶全編　**唐市徵獻錄續編二卷**　(清)張璐編　清光緒二十五年(1899)刻本　四冊

440000－2542－0000630　PS200510
四明談助四十六卷首一卷　(清)徐兆昺撰　清道光八年(1828)木活字印本　二十冊

440000－2542－0000631　PS200512
湖雅九卷　(清)汪曰楨撰　清光緒六年(1880)刻本　三冊

440000－2542－0000632　PS200514
續山東考古錄三十二卷首一卷　(清)葉圭綬述　**山東考古錄一卷**　(明)顧炎武著　清光緒八年(1882)山東書局刻本　七冊

440000－2542－0000633　ZS000055
周書斠補四卷　(清)孫詒讓撰　清光緒二十六年(1900)刻本　二冊

440000－2542－0000634　ZS000056
聖武記十四卷　(清)魏源撰　清道光二十二年(1842)刻本　十冊

440000－2542－0000635　ZS000057
小腆紀年坿攷二十卷　(清)徐鼒撰　清咸豐十一年(1861)刻朱印本　十冊

440000－2542－0000636　ZS000058

晏子春秋七卷　(春秋)晏嬰撰　清光緒元年(1875)浙江書局刻本　一册　存四卷(一至四)

440000－2542－0000637　ZS000059
宋忠定趙周王別錄八卷　葉德輝輯　清光緒三十四年(1908)長沙葉氏刻本　四册

440000－2542－0000638　ZS000060
小腆紀傳六十五卷　(清)徐鼒撰　清光緒十三年至十四年(1887－1888)金陵刻本　十六册

440000－2542－0000639　ZS000061
新刊古列女傳八卷　(漢)劉向撰　(晉)顧凱之圖畫　清道光五年(1825)刻本　四册

440000－2542－0000640　ZS000062
元和姓纂十卷　(唐)林寶撰　(清)孫星衍等校勘　清嘉慶十七年(1812)刻本　十二册

440000－2542－0000641　ZS000064
天童寺志十卷　(清)德介撰　清康熙五十三年至六十年(1714－1721)刻嘉慶十三年(1808)重補十六年(1811)增補本　四册

440000－2542－0000642　ZS000066
水道提綱二十八卷　(清)齊召南編錄　清乾隆四十年至四十一年(1775－1776)刻本　八册

440000－2542－0000643　ZS000067
水道提綱二十八卷天度刊誤一卷　(清)齊召南編錄　清光緒二十四年(1898)新化三味書室刻本　八册

440000－2542－0000644　ZS000071
南嶽總勝集三卷　(宋)陳田夫撰　清光緒三十二年(1906)長沙葉氏刻麗廔叢書本　三册

440000－2542－0000645　ZS000072
通典二百卷附考證一卷　(唐)杜佑纂　清光緒二十二年(1896)浙江書局刻本　四十九册　存一百九十七卷(一至一百九十六、考證一卷)

440000－2542－0000646　ZS000073
欽定續通典一百五十卷　(清)嵇璜等纂　清光緒十二年(1886)浙江書局刻本　三十九册　存一百四十五卷(一至七、十三至一百五十)

440000－2542－0000647　ZS000074
通志二百卷附考證三卷　(宋)鄭樵撰　清光緒二十二年(1896)浙江書局刻本　一百九十册　存一百九十四卷(一至十四、二十一至六十二、六十四至八十四、八十六至一百二、一百四至二百,考證一至三)

440000－2542－0000648　ZS000075
欽定續通志六百四十卷　(清)嵇璜等總裁　清光緒十二年(1886)浙江書局刻本　一百八十七册　存六百六卷(一至二十七、三十四至六十二、六十五至七十、七十四至一百七十八、一百八十一至三百二十二、三百二十六至三百五十三、三百五十六至三百五十八、三百六十二至三百七十一、三百七十六至六百十、六百二十至六百四十)

440000－2542－0000649　ZS000076
文獻通考三百四十八卷　(元)馬端臨著　清光緒二十二年(1896)浙江書局刻本　一百二十二册　存二百九十卷(一至七十、七十二至二百九十一)

440000－2542－0000650　ZS000077
欽定續文獻通考二百五十卷　(清)嵇璜等纂　清光緒十二年(1886)浙江書局刻本　一百十七册　存二百四十一卷(一至三十三、三十九至八十、八十三至一百九十八、二百一至二百五十)

440000－2542－0000651　ZS000078
唐會要一百卷　(宋)王溥撰　清光緒十年(1884)江蘇書局刻本　二十四册

440000－2542－0000652　ZS000079
五代會要三十卷　(宋)王溥撰　清光緒十二年(1886)江蘇書局刻本　六册　存二十八卷(一至二十八)

440000－2542－0000653　ZS000080

慮得集四卷附錄二卷 （明）華悰韓撰　明萬曆四十二年（1614）刻本　一冊

440000－2542－0000654　SQ400115
叢碧山房詩集翰苑稿十四卷舍人稿六卷工部稿十一卷戶部稿十卷 （清）龐塏著　清康熙刻本　四冊　存二十四卷（翰苑稿十四卷、戶部稿十卷）

440000－2542－0000655　ZS000081
孝肅奏議十卷 （宋）包拯撰　清同治李翰章刻本　四冊

440000－2542－0000656　ZS000084
小學考五十卷 （清）謝啟昆錄　清咸豐二年（1852）刻本　十六冊

440000－2542－0000657　SQ400116
愛日堂詩二十七卷 （清）陳元龍撰　清乾隆刻本　八冊

440000－2542－0000658　PS200521
夢粱錄二十卷 （宋）吳自牧撰　（清）張海鵬訂　清嘉慶十年（1805）虞山張氏照曠閣刻學津討原本　一冊

440000－2542－0000659　ZS000087
歷代鐘鼎彝器款識法帖二十卷 （宋）薛尚功撰　清嘉慶二年（1797）刻本　六冊

440000－2542－0000660　PS200523
黔語二卷 （清）吳振棫撰　清光緒刻本　一冊

440000－2542－0000661　ZS000088
筠清館金石文字五卷 （清）吳榮光撰　清道光二十二年（1842）刻本　五冊

440000－2542－0000662　ZS000089
古籀拾遺三卷宋政和禮器文字攷一卷 （清）孫詒讓撰　清光緒十六年（1890）刻本　二冊

440000－2542－0000663　PS200525
游滬筆記四卷 瘦鶴詞人（鄒弢）著　清光緒十四年（1888）刻本　四冊

440000－2542－0000664　ZS000090
古籀拾遺三卷宋政和禮器文字攷一卷 （清）孫詒讓撰　清光緒十六年（1890）刻本　二冊

440000－2542－0000665　SQ400117
午亭文編五十卷 （清）陳廷敬撰　（清）林佶輯錄　清康熙刻乾隆重印本　十六冊

440000－2542－0000666　ZS000091
古泉匯五集六十四卷 （清）李佐賢編輯　清同治三年（1864）李氏石泉書屋刻本　二十冊　缺九卷（貞集六至十四）

440000－2542－0000667　ZS000094
古泉雜詠四卷 （清）葉德輝譔並註　清光緒二十七年（1901）刻本　二冊

440000－2542－0000668　SQ400120
御定歷代賦彙一百四十卷目錄二卷外集二十卷逸句二卷補遺二十二卷 （清）陳元龍編輯　清康熙四十五年（1706）刻本　四十八冊

440000－2542－0000669　QT000611
校讎略一卷 （宋）鄭樵撰　清刻本　一冊

440000－2542－0000670　ZS000095
古金待問錄四卷 （清）朱楓輯　清光緒十六年（1890）常熟鮑氏後知不足齋刻本　二冊

440000－2542－0000671　PS200526
廣東考古輯要四十六卷 （清）周廣等輯　清光緒十九年（1893）刻本　十冊

440000－2542－0000672　PS200528
最新地理教科書四卷 （清）商務印書館編譯所編纂　清光緒三十四年（1908）商務印書館鉛印本　一冊　存一卷（一）

440000－2542－0000673　ZS000097
列子八卷 （晉）張湛注　清光緒二年（1876）浙江書局刻本　二冊　存二卷（一、三）

440000－2542－0000674　ZS000100
文子纘義十二卷 （宋）杜道堅撰　清光緒三年（1877）浙江書局刻本　二冊

440000－2542－0000675　ZS000101
文子纘義十二卷 （宋）杜道堅撰　清光緒三年（1877）浙江書局刻本　二冊

440000－2542－0000676　PS200531
游歷圖經餘紀十五卷　(清)傅雲龍撰　清光緒十五年(1889)鉛印本　一冊

440000－2542－0000677　SQ400121
本朝館閣賦十二卷　(清)阮芝生等編錄　清乾隆二十九年(1764)刻本　六冊

440000－2542－0000678　ZS000103
商君書五卷附考一卷　(秦)商鞅撰　(清)嚴萬里校勘　清光緒二年(1876)浙江書局刻本　一冊

440000－2542－0000679　PS200532
元耶律楚材西遊錄一卷　(元)盛如梓刪略　(清)李文田注　清光緒二十三年(1897)會稽施氏鄦鄭學廬刻鄦鄭學廬地理叢刊本　一冊

440000－2542－0000680　SQ400121－1
本朝館閣賦後集七卷補遺一卷附錄一卷　(清)周日漣等編錄　清乾隆三十三年(1768)刻本　四冊

440000－2542－0000681　ZS000105
墨子閒詁十五卷目錄一卷附錄一卷後語二卷　(清)孫詒讓撰　清宣統二年(1910)刻本　八冊

440000－2542－0000682　ZS000106
墨子十六卷篇目考一卷　(清)畢沅撰　清光緒二年(1876)浙江書局刻本　四冊

440000－2542－0000683　ZS000107
新書十卷　(漢)賈誼撰　清光緒元年(1875)浙江書局刻本　二冊

440000－2542－0000684　SQ400122
古詩解二十四卷　(明)唐汝諤選釋　清抄本　十六冊

440000－2542－0000685　PS200533
東巡金石錄八卷　(清)崔應階輯　清刻本　二冊

440000－2542－0000686　ZS000108
世說新語三卷　(南朝宋)劉義慶撰　(南朝梁)劉孝標注　**世說新語攷證一卷校勘小識一卷校勘小識補一卷**　王先謙撰　**世說新語注引用書目一卷佚文一卷**　葉德輝輯　清光緒十七年(1891)思賢講舍刻本　四冊

440000－2542－0000687　SQ400123
古詩十九首解一卷　(清)張庚纂　清抄本　一冊

440000－2542－0000688　ZS000110
法言疏證十三卷校補一卷　汪榮寶撰　清宣統三年(1911)金薤琳琅齋鉛印本　四冊

440000－2542－0000689　SQ400124
古詩賞析二十二卷毛氏古韻目例一卷附論古詩一卷　(清)張玉穀選解　清乾隆刻本　六冊

440000－2542－0000690　ZS000113
思辨錄輯要十卷　(清)陸世儀著　清光緒三年(1877)江蘇書局刻本　八冊

440000－2542－0000691　PS200535
周行備覽六卷　(清)求放心齋輯定　清乾隆刻本　六冊

440000－2542－0000692　ZS000114
呂子節錄四卷　(明)呂坤著　(清)陳宏謀評輯　清光緒九年(1883)廣仁堂刻本　二冊

440000－2542－0000693　PS200537
辛卯侍行記六卷　(清)陶保廉撰　清光緒二十三年(1897)養樹山房刻本　六冊

440000－2542－0000694　ZS000111
明新壹是三卷末一卷　(清)孫奇逢撰　(清)湯斌校刊　清光緒三十一年(1905)平江姚氏刻本　二冊

440000－2542－0000695　ZS000112
漢學商兌三卷　(清)方東樹撰　清光緒二十六年(1900)浙江書局刻本　四冊

440000－2542－0000696　ZS000116
兼濟堂纂刻梅勿菴先生曆算全書二十九種　(清)梅文鼎著　(清)魏荔彤輯　(清)楊作枚訂補　清咸豐九年(1859)補刻本　二十四冊

440000－2542－0000697　PS200538
光緒丁未東游日記一卷　(清)黄德銑輯　清宣統元年(1909)貴州省調查局鉛印本　一册

440000－2542－0000698　PS200539
丁未東游日記一卷　(清)查秉鈞撰　清末鉛印本　一册

440000－2542－0000699　SQ400125
采菽堂古詩選三十八卷補遺四卷　(清)陳祚明評選　清乾隆二十三年(1758)刻本　十二册

440000－2542－0000700　ZS000119
癸巳存稿十五卷　(清)俞正燮撰　清光緒十年(1884)刻本　十册

440000－2542－0000701　ZS000120
三字經集注音疏二卷　(宋)王應麟撰　(清)劉業全述　清光緒三年(1877)大興劉氏校經堂刻本　二册

440000－2542－0000702　PS200540
談瀛錄六卷　(清)袁祖志撰　清光緒七年(1881)同文書局石印本　二册

440000－2542－0000703　SQ400126
東嵒艸堂評訂唐詩鼓吹十卷　(金)元好問選　(元)郝天挺注　(明)廖文炳解　(清)朱三錫評　清康熙刻本　三册

440000－2542－0000704　SQ400127
唐音審體二十卷　(清)錢良擇編　清康熙刻本　三册

440000－2542－0000705　ZS000121
幾何原本十五卷　(意大利)利瑪竇　(英國)偉烈亞力口譯　(明)徐光啟　(清)李善蘭筆受　清同治四年(1865)金陵刻本　八册

440000－2542－0000706　ZS000122
容齋隨筆十六卷續筆十六卷三筆十六卷四筆十六卷五筆十卷　(宋)洪邁撰　明崇禎三年(1630)刻本　十四册

440000－2542－0000707　PS200541
滬遊雜記四卷　(清)葛元煦撰　清光緒二年(1876)刻本　四册

440000－2542－0000708　PS200888
御批歷代通鑑輯覽一百二十卷　(清)傅恒等撰　清光緒三十一年(1905)商務印書館鉛印本　四十册

440000－2542－0000709　ZS000125
增注類證活人書二十二卷釋音一卷傷寒藥性一卷　(宋)朱肱撰　(明)吳勉學校勘　清光緒十年(1884)江南機器製造總局刻本　四册

440000－2542－0000710　ZS000126
傷寒論註來蘇集八卷　(清)柯琴編註　清乾隆三十一年(1766)馬中驊刻本　六册

440000－2542－0000711　PS200543
道西齋日記二卷　(清)王詠霓撰　清光緒十八年(1892)上洋鴻寶齋石印本　一册

440000－2542－0000712　ZS000123
仲景傷寒補亡論二十卷　(宋)郭雍撰　清道光元年(1821)刻本　六册

440000－2542－0000713　ZS000126－1
傷寒來蘇集八卷　(清)柯琴編註　清埽葉山房刻本　六册

440000－2542－0000714　SQ400128
宋詩略十八卷　(清)汪景龍　(清)姚壎輯　清乾隆刻本　十册

440000－2542－0000715　SQ400129
宋百家詩存二十卷　(清)曹庭棟選　清乾隆刻本　十四册

440000－2542－0000716　ZS000127
傷寒明理論四卷　(金)成無己撰　清同治九年(1870)刻注解傷寒論本　二册

440000－2542－0000717　ZS000128
張仲景傷寒論貫珠集八卷　(清)尤怡注　(清)朱陶性校勘　清嘉慶十五年(1810)刻本　四册

440000－2542－0000718　ZS000131
唐王燾先生外臺秘要方四十卷　(唐)王燾撰　(明)程衍道考訂　清同治十三年(1874)廣

東翰墨園刻本　四十冊

440000－2542－0000719　ZS000132
張仲景金匱要畧論註二十四卷　(清)徐彬著　(清)朱鼒校勘　清光緒五年(1879)刻本　六冊

440000－2542－0000720　PS200545
蜀輶日記四卷　(清)陶澍撰　清光緒七年(1881)刻本　二冊

440000－2542－0000721　SQ400130
明詩綜一百卷　(清)朱彝尊錄　(清)汪森等輯評　清康熙刻乾隆印本　四十冊

440000－2542－0000722　ZS000129
問心堂溫病條辨六卷首一卷　(清)吳瑭著　清光緒三十一年(1905)埽葉山房刻本　六冊

440000－2542－0000723　SQ400133
振雅堂彙編詩最十卷　(清)倪匡世選定　清末至民國抄本　一冊　存一卷(四)

440000－2542－0000724　ZS000130
溫疫論二卷　(明)吳有性著　清嘉慶刻本　二冊

440000－2542－0000725　ZS000133
金匱心典三卷　(漢)張仲景著　(清)尤怡集註　清光緒七年(1881)刻本　三冊

440000－2542－0000726　PS200547
環遊地球新錄四卷　(清)李圭撰　清光緒鉛印本　四冊

440000－2542－0000727　PS200889
御批歷代通鑑輯覽一百二十卷　(清)傅恒等撰　清光緒三十一年(1905)商務印書館鉛印本　三十七冊　存一百十三卷(一至二十一、二十五至一百五、一百十至一百二十)

440000－2542－0000728　ZS000136
大般涅槃經四十卷　(晉)曇無讖譯　**大般涅槃經後分品目二卷**　(唐)若那跋陀羅等譯　清光緒五年(1879)善成妙湛刻本　十一冊

440000－2542－0000729　PS200548
英軺日記十二卷　載振撰　清光緒二十九年(1903)上海文明編譯書局鉛印本　四冊

440000－2542－0000730　ZS000135
勝鬘師子吼一乘大方便方廣經一卷　(南朝宋)求那跋陀羅譯　**勝鬘夫人會一卷**　(唐)菩提流志譯　清光緒二十二年(1896)金陵刻經處刻本　一冊

440000－2542－0000731　ZS000138
大佛頂如來密因脩證了義諸菩薩萬行首楞嚴經十卷　(唐)釋般剌密帝譯　清光緒元年(1875)刻本　三冊

440000－2542－0000732　ZS000140
大寶積經一百二十卷　(唐)釋菩提流志譯　清刻本　二十四冊

440000－2542－0000733　SQ400134
江左三大家詩鈔九卷　(清)顧有孝輯　(清)趙澐輯　清康熙刻本　三冊

440000－2542－0000734　SQ400131
本朝館閣詩二十卷附錄一卷續附錄一卷　(清)阮學浩　(清)阮學濬編次　清乾隆二十三年(1758)刻本　十四冊

440000－2542－0000735　ZS000141
大乘入楞伽經七卷　(唐)實叉難陀譯　清光緒三十四年(1908)金陵刻經處刻本　二冊

440000－2542－0000736　PS200550
東亞各港口岸志八篇　(日本)參謀本部編輯　清光緒二十八年(1902)上海廣智書局鉛印本　一冊

440000－2542－0000737　ZS000142
淨土四經　(清)魏承貫會譯　清同治五年(1866)金陵書局刻本　一冊　存四種

440000－2542－0000738　ZS000143
妙法蓮華經七卷　(後秦)釋鳩摩羅什譯　清同治十年(1871)金陵刻經處刻本　三冊

440000－2542－0000739　ZS000144
維摩詰所説經三卷　(後秦)釋鳩摩羅什譯　清同治九年(1870)金陵刻經處刻本　一冊

440000－2542－0000740　ZS000146

大乘阿毗達磨雜集論十六卷　（唐）安慧菩薩糅　（唐）釋玄奘譯　清宣統三年(1911)揚州張肇昌刻本　三冊

440000－2542－0000741　PS200554
朔方備乘六十八卷首十二卷　（清）何秋濤撰　清光緒石印本　八冊

440000－2542－0000742　PS200256
廣志繹五卷　（明）王士性著　清嘉慶二十二年(1817)刻台州叢書本　二冊

440000－2542－0000743　PS200553
柬埔寨以北探路記十五卷　（法國）晃西士加尼撰　清光緒十年(1884)鉛印本　十冊

440000－2542－0000744　PS201320－2
大清一統志四百二十四卷　（清）和珅等纂修　清光緒二十八年(1902)上海寶善齋石印本　一冊　存九卷(二百八十二至二百九十)

440000－2542－0000745　ZS000150
中論六卷　（印度）龍樹菩薩造　（印度）青目菩薩　（後秦）釋鳩摩羅什譯　清光緒三十三年(1907)揚州藏經院刻本　二冊

440000－2542－0000746　SQ400135
本事詩十二卷　（清）徐釚編輯　清康熙刻乾隆二十二年(1757)重修本　四冊

440000－2542－0000747　ZS000158
十二門論一卷　（印度）龍樹菩薩造　（後秦）釋鳩摩羅什譯　清光緒二十一年(1895)金陵刻經處刻本　一冊

440000－2542－0000748　ZS000159
華嚴一乘十玄門一卷五十要問答二卷　（唐）釋智儼撰　清光緒二十二年(1896)金陵刻經處刻本　一冊

440000－2542－0000749　ZS000160
十二門論宗致義記三卷　（唐）釋法藏述　清光緒二十一年(1895)金陵刻經處刻本　一冊

440000－2542－0000750　SQ400136
宛雅初編八卷首一卷　（清）梅鼎祚原編　（清）施念曾　（清）張汝霖補輯　**宛雅二編八卷**　（清）施閏章　（清）蔡蓁春原編　（清）施念曾　（清）張汝霖補輯　**宛雅三編二十四卷末一卷**　（清）施念曾　（清）張汝霖編輯　清乾隆十四年(1749)刻本　十冊

440000－2542－0000751　SQ400137
姚江逸詩十五卷　（清）黃宗羲輯選　（清）倪繼宗補遺　清康熙南雷懷謝堂刻五十七年(1718)倪繼宗補刻本　八冊

440000－2542－0000752　SQ400138
國朝山左詩鈔六十卷　（清）盧見曾纂　清乾隆二十三年(1758)盧氏雅雨堂刻本　二十冊

440000－2542－0000753　ZS000162
佛說大乘金剛經論一卷　（印度）釋迦牟尼講　清光緒元年(1875)瑪瑙經房刻本　一冊

440000－2542－0000754　ZS000165
大方廣圓覺修多羅了義經直解二卷　（唐）釋佛羅陀多羅譯　（明）釋德清解　清光緒十年(1884)刻本　二冊

440000－2542－0000755　ZS000168
大乘起信論一卷　（印度）馬鳴菩薩造　（南朝梁）釋真諦三藏譯　清光緒三十年(1904)廬陵黃氏武昌刻本　一冊

440000－2542－0000756　SQ400139
沽上題襟集八卷　（清）查學禮輯　清乾隆刻本　四冊

440000－2542－0000757　SQ400140
切問齋文鈔三十卷　（清）陸燿輯　清乾隆刻本　七冊　存二十五卷(一至二十五)

440000－2542－0000758　ZS000169
相宗八要解八卷　（印度）天親菩薩造　（唐）釋玄奘譯　（唐）釋窺基解　（明）釋明昱贅言　清光緒二十八年(1902)金陵刻經處刻本　三冊

440000－2542－0000759　ZS000170
徑中徑又徑四卷　（清）張師誠撰　清光緒二十八年(1902)揚州藏經院刻本　二冊

440000－2542－0000760　ZS000172

靈峰蕅益大師梵室偶談一卷　(明)釋智旭撰　清同治十年(1871)金陵刻本　一冊

440000－2542－0000761　SM400024
明文奇賞四十卷　(明)陳仁錫評選　明天啟刻本　二十冊

440000－2542－0000762　SQ400141
南邦黎獻集十六卷　(清)鄂爾泰品定　清雍正刻本　十二冊

440000－2542－0000763　ZS000175
華嚴經旨歸一卷修華嚴奧旨妄盡還源觀一卷華嚴經義海百門一卷　(唐)釋法藏述　清同治九年至光緒二十一年(1870－1895)刻本　一冊

440000－2542－0000764　ZS000174
釋迦如來成道記註一卷　(唐)王勃記　(宋)釋道誠註　(清)釋行微校　清刻本　一冊

440000－2542－0000765　ZS000176
永嘉真覺大師證道歌一卷　(元)釋竺源　(元)釋法惠註頌　(元)釋德弘編　清光緒三十四年(1908)金陵刻經處刻本　一冊

440000－2542－0000766　ZS000177
禪源諸詮集都序四卷　(唐)釋宗密述　清光緒十八年(1892)金陵刻經處刻本　一冊

440000－2542－0000767　SQ400143
憑山閣新輯尺牘寫心集四卷二集六卷　(清)陳枚選　清康熙刻本　八冊

440000－2542－0000768　SQ400026
手札節要三卷　(清)陳宏謀著　清刻本　一冊　存一卷(上)

440000－2542－0000769　ZS000179
六祖大師法寶壇經一卷首一卷附錄一卷　(元)釋宗寶編　清道光十八年(1838)刻本　一冊

440000－2542－0000770　PS200560
中國江海險要圖誌五卷　(清)陳壽彭編譯　清光緒二十六年(1900)經世文社石印本　五冊

440000－2542－0000771　ZS000181
樂邦文類四卷　(宋)釋宗曉編次　清刻本　四冊

440000－2542－0000772　SQ400144
延平二王遺集二卷　(明)鄭成功　(明)鄭經撰　清抄本　一冊

440000－2542－0000773　ZS000182
護法論一卷　(宋)張商英述　清光緒二年(1876)常熟刻經處刻本　一冊

440000－2542－0000774　ZS000183
一切經音義二十五卷　(唐)釋元應撰　(清)莊炘等校正　清同治八年(1869)刻本　四冊

440000－2542－0000775　QT001112
史記一百三十卷　(漢)司馬遷撰　(南朝宋)裴駰集解　(唐)司馬貞索隱　(唐)張守節正義　清末石印本　三冊　存四十卷(十三至三十、九十一至一百十二)

440000－2542－0000776　PS200565
瀛寰譯音異名記十二卷　(清)杜宗預編　清光緒三十年(1904)刻本　六冊

440000－2542－0000777　ZS000186
顯密圓通成佛心要集二卷　(宋)釋道㲀集　清同治十一年(1872)金陵刻經處刻本　一冊

440000－2542－0000778　ZS000189
呂氏春秋二十六卷　(秦)呂不韋撰　(漢)高誘注　(清)畢沅校刊　清光緒元年(1875)浙江書局刻本　六冊

440000－2542－0000779　SQ400147
昭代詞選三十八卷　(清)蔣重光選輯　(清)張玉穀　(清)沈光裕參定　清乾隆三十二年(1767)刻本　十二冊

440000－2542－0000780　ZS000191
日知錄三十二卷　(清)顧炎武撰　清康熙三十四年(1695)刻本　十冊

440000－2542－0000781　ZS000192
日知錄集釋三十二卷　(清)顧炎武著　**日知錄栞誤二卷續栞誤二卷**　(清)黃汝成撰　清

道光十四年(1834)刻本　二十冊

440000－2542－0000782　QT001111
雞肋編三卷　(宋)莊季裕撰　**校勘記一卷**　(清)胡珽撰　清咸豐三年(1853)木活字印本　一冊　存二卷(下、校勘記一卷)

440000－2542－0000783　PS200567
諸蕃志二卷　(宋)趙汝适撰　(清)張海鵬訂　清嘉慶十年(1805)虞山張氏照曠閣刻學津討原本　一冊

440000－2542－0000784　SQ400150
桃花扇傳奇四卷四十齣　(清)孔尚任撰　清乾隆沈氏刻本　四冊

440000－2542－0000785　ZS000195
札迻十二卷　(清)孫詒讓撰　清光緒二十年(1894)刻本　四冊

440000－2542－0000786　ZS000197
意林五卷　(唐)馬總撰　清光緒三年(1877)湖北崇文書局刻本　一冊

440000－2542－0000787　ZS000198
山海經十八卷　(晉)郭璞傳　清光緒三年(1877)浙江書局刻本　三冊

440000－2542－0000788　SQ400149
廿一史彈詞註十卷明史彈詞註一卷　(明)楊慎編著　(清)張三異增定　(清)張伯琮訂　(清)張仲璜註　(清)張叔珽參　(清)楊坦麟等校　清乾隆五十一年(1786)張任佐刻本　八冊

440000－2542－0000789　PS200568
[嘉慶]衛藏通志十六卷首一卷　(清)和琳纂　清光緒二十二年(1896)漸西邨舍刻本　八冊

440000－2542－0000790　ZS000199－1
唐丞相曲江張先生文集十二卷附錄一卷　(唐)張九齡撰　清順治十四年(1657)曾弘、周日燦刻本　六冊

440000－2542－0000791　ZS000199
唐陸宣公集二十二卷增輯一卷首一卷附錄一卷　(唐)陸贄撰　清光緒二年(1876)江蘇書局刻本　六冊

440000－2542－0000792　ZS000200
李翰林集三十卷　(唐)李白撰　清光緒三十二年(1906)吳隱刻本　六冊

440000－2542－0000793　PS200569
漢西域圖考七卷首一卷　(清)李光廷撰　清光緒八年(1882)陽湖趙氏壽萱草堂木活字印本　四冊

440000－2542－0000794　ZS000201
新刊權載之文集五十卷　(唐)權德輿撰　清嘉慶十一年(1806)刻本　八冊

440000－2542－0000795　ZS000202
河南先生文集二十七卷附錄一卷　(宋)尹洙撰　清宣統二年(1910)守政書局刻本　四冊

440000－2542－0000796　ZS000203
司馬溫公文集八十二卷　(宋)司馬光撰　清康熙四十七年(1708)蔣氏刻本　二十四冊

440000－2542－0000797　ZS000205
徐騎省集三十卷　(宋)徐鉉撰　**補遺一卷**　(清)朱孔彰輯　**續補遺一卷**　(清)李英元輯　**校勘記一卷**　(清)李英元纂　清光緒十九年(1893)黟南李氏刻本　八冊

440000－2542－0000798　SQ400148
詞律二十卷　(清)萬樹論次　(清)吳興祚鑒定　清康熙吳興祚刻本　八冊

440000－2542－0000799　ZS000206
艮齋先生薛常州浪語集三十五卷　(宋)薛季宣撰　清同治瑞安孫氏詒善祠塾刻本　八冊

440000－2542－0000800　ZS000207
慈湖先生遺書抄六卷　(宋)楊簡著　(明)楊世思抄　明萬曆潘汝楨刻本　二冊

440000－2542－0000801　PS200570
大清中外壹統輿圖十六卷附總圖一卷　(清)鄒世詒　(清)晏啟鎮編　(清)李廷簫　(清)汪士鐸增訂　清光緒二十二年(1896)上海書局石印本　六冊

440000－2542－0000802　ZS000209
白沙子全集六卷首一卷附一卷　(明)陳獻章撰　清康熙四十九年(1710)刻本　九册

440000－2542－0000803　ZS000208
白沙子古詩教解二卷　(明)湛若水注　清乾隆三十六年(1771)廣東新會陳氏刻本　一册

440000－2542－0000804　PS200571
瀛海論箋正九卷首一卷末一卷　(清)張自牧著　(清)凌鶴書箋　清光緒二十七年(1901)廣州十八甫文寶石印本　二册

440000－2542－0000805　ZS000210
楊忠愍公全集四卷　(明)楊繼盛撰　清刻本　二册

440000－2542－0000806　SQ400151
龍性堂詩話二卷　(清)葉矯然著　清康熙至乾隆刻本　二册

440000－2542－0000807　ZS000211
熊襄愍公集十卷首一卷末一卷　(明)熊廷弼撰　清嘉慶十八年(1813)退補齋刻本　十册

440000－2542－0000808　PS200573
西域水道記五卷　(清)徐松撰　清道光三年(1823)刻大興徐氏三種本　五册

440000－2542－0000809　ZS000212
明大司馬盧公集十二卷首一卷　(明)盧象昇著　清光緒元年(1875)刻本　八册

440000－2542－0000810　SQ400153
諧聲別部六卷　(清)王士禛原本　(清)喻端士編　清乾隆刻本　六册

440000－2542－0000811　ZS000214
太師誠意伯劉文成公集二十卷　(明)劉基撰　清光緒二十六年(1900)浙江書局刻本　十册

440000－2542－0000812　ZS000204
王臨川全集一百卷　(宋)王安石著　清光緒九年(1883)小岯山館刻本　六册　存三十九卷(一至三十九)

440000－2542－0000813　PS200578
廣東輿地全圖　(清)張人駿摹繪　清光緒二十三年(1897)廣州石經堂石印本　二册

440000－2542－0000814　ZS000215
劉子全書遺編二十四卷首一卷　(明)劉宗周撰　(清)沈復粲編輯　清光緒十八年(1892)刻本　六册

440000－2542－0000815　ZS000216
易齋劉先生遺集二卷　(明)劉璟著　清光緒二十七年(1901)刻本　二册

440000－2542－0000816　SQ400152
柳亭詩話三十卷　(清)宋俊纂　清康熙刻本　六册

440000－2542－0000817　ZS000218
蠛蠓集五卷　(明)盧柟著　明萬曆三十年(1602)張其忠刻清乾隆十年(1745)補刻本　五册

440000－2542－0000818　ZS000219
重刊校正唐荆川先生文集十二卷外集三卷補遺五卷　(明)唐順之撰　清光緒三十年(1904)江南書局刻本　十册

440000－2542－0000819　PS200578－1
廣西輿地全圖　(清)楊緊澧繪　清光緒三十三年(1907)廣州十七甫澄天閣石印本　二册

440000－2542－0000820　ZS000220
新刻張太岳先生文集四十七卷　(明)張居正撰　清刻本　十六册

440000－2542－0000821　PS200579
南海縣圖二卷　(清)鄒伯奇總纂　(清)鄒琎　(清)羅照滄分纂　清同治十年(1871)刻本　二册

440000－2542－0000822　SQ400154
全閩詩話十二卷　(清)鄭方坤編輯　清乾隆刻本　十册

440000－2542－0000823　ZS000222
敬業堂詩集五十卷　(清)查慎行撰　清康熙五十八年(1719)刻本　十二册

440000－2542－0000824　ZS000221

七頌堂詩集十卷文集二卷 （清）劉體仁撰 清同治七年至九年（1868－1870）刻本 三册 存五卷（詩集一至三、文集二卷）

440000－2542－0000825 ZS000225
秋士先生遺集六卷 （清）彭績撰 清光緒七年（1881）刻本 二册

440000－2542－0000826 SQ400155
詞學全書 （清）查繼超輯 清乾隆刻本 八册 存六種

440000－2542－0000827 ZS000229
鮚埼亭集三十八卷外編五十卷首一卷全謝山先生經史問答十卷 （清）全祖望撰 清嘉慶九年（1804）姚江借樹山房刻本 十六册

440000－2542－0000828 PS200580
皇朝直省地輿全圖 （清）上海點石齋增校 清光緒六年（1880）上海點石齋石印本 一册

440000－2542－0000829 PS200581
大清帝國全圖 （清）上海商務印書館編 清光緒三十一年（1905）商務印書館石印本 一册

440000－2542－0000830 PS200583
皇朝直省地輿全圖 （清）漢鎮輿圖局編 清光緒十五年（1889）上海點石齋石印本 一册

440000－2542－0000831 PS200584
中外輿地全圖 （清）鄒代鈞編譯 清光緒二十九年（1903）輿地學會石印本 二册

440000－2542－0000832 PS200583－1
皇朝直省地輿全圖 （清）漢鎮輿圖局編 清光緒十五年（1889）上海點石齋石印本 一册

440000－2542－0000833 SQ500001
檀几叢書 （清）王晫 （清）張潮輯 清康熙新安張氏霞舉堂刻本 十六册 存一百五十七種

440000－2542－0000834 ZS000230
述學内篇三卷外篇一卷補遺一卷别録一卷 （清）汪中撰 清同治八年（1869）刻本 三册

440000－2542－0000835 ZS000231
篋衍集十二卷 （清）陳維崧輯 清乾隆二十六年（1761）華綺刻本 四册

440000－2542－0000836 PS200586
浙江全省輿圖并水陸道里記 （清）宗源瀚纂 清光緒二十年（1894）石印本 二十册

440000－2542－0000837 ZS000234
二林居集二十四卷 （清）彭紹升著 清光緒七年（1881）刻本 六册

440000－2542－0000838 ZS000233
惜裒先生尺牘八卷 （清）姚鼐撰 清咸豐五年（1855）海源閣刻本 二册

440000－2542－0000839 ZS000235
曾文正公文集四卷詩集四卷 （清）曾國藩撰 （清）李瀚章編 清同治十三年（1874）傳忠書局刻曾文正公全集本 四册

440000－2542－0000840 ZS000238
天根文鈔四卷續集一卷詩鈔二卷 （清）何家琪著 清光緒三十二年（1906）刻本 四册

440000－2542－0000841 PS200587
江西全省輿圖十四卷首一卷 （清）曾國藩等總裁 （清）顧長齡彙編 清同治七年（1868）刻本 十一册 存十一卷（一至十一）

440000－2542－0000842 SQ500002
昭代叢書 （清）張潮輯 清康熙刻本 十八册 存九十種

440000－2542－0000843 ZS000237
復盦文集二十一卷 （清）曹允源撰 清光緒三十年（1904）青州刻本 五册

440000－2542－0000844 PS200588
光緒湖北輿地記二十四卷 （清）湖北輿圖局纂 清光緒二十年（1894）湖北輿圖局刻本 二十四册

440000－2542－0000845 PS202497
湖南全省輿圖説一卷 （清）左學呂 （清）彭清瑋撰 清光緒二十三年（1897）刻本 一册

440000－2542－0000846 PS202498
江南安徽全圖一卷 （清）福潤等鑒定 （清）

劉籌總纂　(清)方賓穆繪圖　清光緒二十二年(1896)石印本　一册

440000－2542－0000847　SQ500003
說鈴　(清)吳震方輯　清康熙刻本　三十二册　存五十五種

440000－2542－0000848　QT001110
北史一百卷　(唐)李延壽撰　清末石印本　二册　存二十三卷(二十三至四十五)

440000－2542－0000849　ZS000247
古文辭類纂七十四卷續三十四卷　(清)姚鼐輯　**續古文辭類纂三十四卷**　王先謙纂集　清光緒二十七年(1901)李氏求要堂刻本　二十四册　缺六卷(續二十九至三十四)

440000－2542－0000850　SQ500004
雅雨堂叢書　(清)盧見曾輯　清乾隆二十一年(1756)盧氏雅雨堂刻本　四十四册　存十一種

440000－2542－0000851　ZS000248
駢體文鈔三十一卷　(清)李兆洛輯　清同治六年(1867)婁江徐氏刻本　十二册

440000－2542－0000852　ZS000249
詩紀一百五十六卷詩紀目錄三十六卷　(明)馮惟訥彙編　(明)方天眷等重訂　明萬曆吴琯等刻本　四十八册

440000－2542－0000853　PS200590
松江府屬水道全圖　(清)黄文蔚撰　清光緒三十三年(1907)上海時中書局石印本　一幅

440000－2542－0000854　QT001108
壬癸志稿二十八卷　(清)錢寶琛輯　清光緒六年(1880)刻本　一册　存六卷(三至八)

440000－2542－0000855　ZS000251
弘正四傑詩集七十三卷　(明)李夢陽等著　(清)張雨珊輯　清光緒二十一年(1895)長沙張氏湘雨樓刻本　十九册

440000－2542－0000856　PS200592
三國疆域圖一卷　楊守敬編　清光緒三十三年(1907)刻朱墨套印本　一册

440000－2542－0000857　PS200593
戰國疆域圖一卷　楊守敬編　熊會貞繪　清宣統元年(1909)刻本　一册

440000－2542－0000858　SQ500005
奇晉齋叢書　(清)陸烜輯　清乾隆平湖陸氏奇晉齋刻本　四册　存十六種

440000－2542－0000859　SQ500006
貸園叢書初集　(清)李文藻輯　(清)周永年重編　清乾隆青州李氏刻乾隆五十四年(1789)歷城周氏印本　十六册

440000－2542－0000860　ZS000255
唐五代詞選三卷　(清)成肇麐著　清光緒刻本　一册

440000－2542－0000861　PS200594
歷代輿地沿革險要圖一卷　楊守敬編　熊會貞校補　清光緒三十二年(1906)刻朱墨套印本　一册

440000－2542－0000862　ZS000256
詞源二卷　(宋)張炎編　**詞旨一卷**　(元)陸輔之述　**樂府指迷一卷**　(宋)沈義父撰　清光緒刻本　一册

440000－2542－0000863　ZS000257
百川學海十集一百十二種一百四十二卷　(宋)左圭編　(明)□□重輯　明刻本　十六册　存一百三十卷(甲集至壬集一百三十)

440000－2542－0000864　SQ500007
西堂全集　(清)尤侗撰　清康熙刻本　二十册　存十四種

440000－2542－0000865　ZS000258
續百川學海十集一百十三種一百四十一卷　(明)吳永輯　明刻本　十六册

440000－2542－0000866　PS200595
南宋州郡圖一卷　楊守敬編　(清)熊會貞繪　清宣統元年(1909)刻本　一册

440000－2542－0000867　ZS000260
粤雅堂叢書二十集一百二十二種　(清)伍崇曜輯　清道光至光緒南海伍氏刻本　二百五

十五册　缺三種（文館詞林、兩京新記、國策地名考）

440000－2542－0000868　PS200596
萬國輿圖一卷　（清）陳兆桐繪　清光緒十二年（1886）上海同文書局石印本　一册

440000－2542－0000869　PS200597
萬國輿圖一卷　（清）陳兆桐繪　清光緒石印本　一册

440000－2542－0000870　ZS000261
粤雅堂叢書續集五十種　（清）伍崇曜輯　清咸豐至光緒南海伍氏刻本　一百册

440000－2542－0000871　ZS000259
廣百川學海一百三十種一百五十六卷　（明）馮可賓編　明刻本　十六册

440000－2542－0000872　ZS000305
船山遺書二百八十八卷　（清）王夫之撰　清同治四年（1865）湘鄉曾氏金陵節署刻本　九十九册　存六十一種

440000－2542－0000873　ZS000305－1
船山遺書二百八十八卷　（清）王夫之撰　清同治四年（1865）湘鄉曾氏金陵節署刻本　九十九册　存六十種

440000－2542－0000874　ZS000304
王文成公全書三十八卷　（明）王守仁撰（明）謝廷杰編　清同治至光緒浙江書局刻本　二十四册

440000－2542－0000875　QT001107
右文館志一卷　（清）朱桐等修　（清）陳元香等纂　清光緒木活字印本　一册

440000－2542－0000876　QT001106
小學鉤沈十九卷　（清）任大椿學　清光緒十年（1884）刻本　二册

440000－2542－0000877　QT001105
穆堂初稿五十卷　（清）李紱撰　清道光刻本　三册　存八卷（四十一至四十八）

440000－2542－0000878　QT001104
金石契不分卷　（清）張燕昌編　清刻本　一册

440000－2542－0000879　QT001103
楊忠愍公集四卷　（明）楊繼盛著　清海陵朱永輝刻本　一册　存一卷（一）

440000－2542－0000880　ZS000307
戴氏遺書　（清）戴震撰　清乾隆曲阜孔氏微波榭刻本　三十六册　存十五種

440000－2542－0000881　PS200598
歷代輿地沿革險要圖一卷　楊守敬編　（清）饒敦秩撰　清光緒五年（1879）東湖饒氏刻朱墨套印本　一册

440000－2542－0000882　ZS000309
儆居遺書　（清）黄式三撰　清同治至光緒黄氏家塾刻本　十一册　存四種

440000－2542－0000883　PS200599
三省黄河全圖一卷　（清）李鴻章等監修（清）顧潮等繪圖　清光緒十六年（1890）上海鴻文書局石印本　四册

440000－2542－0000884　SQ500008
西堂全集　（清）尤侗撰　清康熙刻本　二十册　存十四種

440000－2542－0000885　SQ500009
西河合集　（清）毛奇齡撰　清康熙刻本　一百册　存一百二十種

440000－2542－0000886　PS200600
中國江海險要圖誌二十二卷首一卷補編五卷（英國）英國海軍海圖官局編　（清）陳壽彭譯　清光緒二十六年（1900）廣雅書局石印本　十五册

440000－2542－0000887　ZS000311
儆季所箸書五種　（清）黄以周撰　清光緒刻本　七册

440000－2542－0000888　SQ500010
微波榭叢書　（清）孔繼涵輯　清乾隆曲阜孔氏微波榭刻本　三十六册　存三十二種

440000－2542－0000889　PS200601
中國近世輿地圖説二十三卷首一卷末一卷

（清）羅汝楠編纂　（清）方新校繪　清宣統元年（1909）廣東教忠學堂石印本　八冊

440000－2542－0000890　SQ500011
徐氏醫書六種　（清）徐大椿撰　清乾隆半松齋刻本　十冊

440000－2542－0000891　ZS000312
九經　（明）秦鏷訂正　清刻本　十冊　存九種

440000－2542－0000892　ZS000313
遵阮本重校印十三經注疏十三種校勘記　（清）阮元撰　（清）盧宣旬摘錄　清光緒十三年（1887）點石齋石印本　十四冊　存七種（周易兼義四卷周易注疏校勘記四卷周易釋文、周易釋文校勘記，附釋音尚書注疏四卷尚書注疏校勘記四卷，附釋音毛詩注疏八卷毛詩注疏校勘記八卷，附釋音周禮注疏六卷周禮注疏校勘記六卷，儀禮疏八卷儀禮注疏校勘記八卷，附釋音禮記注疏十二卷禮記注疏校勘記十二卷，附釋音春秋左傳注疏十二卷春秋左傳注疏校勘記十二卷）

440000－2542－0000893　SQ500016
皐鶴堂批評第一奇書金瓶梅一百回　（明）蘭陵笑笑生撰　（清）張竹坡批點　清康熙三十四年（1695）皐鶴草堂刻本　二十四冊

440000－2542－0000894　SQ500013
孫夏峰全集　（清）孫奇逢撰　清康熙刻道光至光緒遞修本　四冊　存五種

440000－2542－0000895　SQ500012
孫夏峰全集　（清）孫奇逢撰　清康熙刻道光至光緒遞修本　五冊　存四種

440000－2542－0000896　PC500531－1
唐代叢書　（清）陳世熙輯　清同治禪山翰寶樓刻本　二十冊　存一百六十二種

440000－2542－0000897　QT000001
學校管理法十章　（日本）田中敬一編　（清）周家樹譯　清光緒二十七年（1901）教育世界出板所刻本　一冊

440000－2542－0000898　SQ500015
皐鶴堂第一奇書金瓶梅十六卷一百回　（明）笑笑生撰　清末石印本　三冊　存十一卷（六至十六）

440000－2542－0000899　SQ500017
皐鶴堂批評第一奇書金瓶梅一百回　（明）蘭陵笑笑生撰　（清）張竹坡批點　清康熙三十四年（1695）皐鶴草堂刻本　二十四冊

440000－2542－0000900　SQ400061
元豐類稿五十卷首一卷　（清）曾國光重修　清康熙四十九年（1710）長嶺曾氏西爽堂刻本　十冊

440000－2542－0000901　SQ400045
司馬文正公集八十二卷首一卷目錄二卷　（清）徐昆　（清）喬人傑重訂　清乾隆九年（1744）百祿堂刻五十五年（1790）喬人傑等重修本　十六冊

440000－2542－0000902　SQ400146
廬陵宋丞相信國公文忠烈先生全集十六卷　（清）文有煥等編輯　清雍正三年（1725）文氏五桂堂刻本　八冊

440000－2542－0000903　PS200602
皇朝内府輿地圖縮摹本附皇朝輿地韵編一卷　（清）六嚴繪　清光緒十年（1884）湖北省官書處刻本　一冊

440000－2542－0000904　SM400027
司馬溫公文集八十二卷　（明）吳時亮等發刻　（明）譚文化仝訂　明天啟刻清康熙重修本　二十四冊

440000－2542－0000905　ZS000314
重栞宋本十三經注疏校勘記　（清）阮元撰　（清）盧宣旬摘錄　清道光六年（1826）刻本　九十七冊　存十三種

440000－2542－0000906　SQ200069
東都事略一百三十卷　（宋）王偁撰　清乾隆六十年（1795）南沙席氏掃葉山房刻宋遼金元別史本　八冊

440000－2542－0000907　SM200035

揮麈前録四卷後録十一卷三録三卷餘話二卷 （宋）王明清輯 （明）毛晉訂 明末毛氏汲古閣刻本 六册

440000－2542－0000908 PS200605
列國政要一百三十二卷首一卷 （清）戴鴻慈 （清）端方輯 清光緒三十三年（1907）上海商務印書館石印本 三十二册

440000－2542－0000909 SQ100033
詩經八卷 （宋）朱熹集傳 明末清初刻本 四册

440000－2542－0000910 SQ200070
佐治藥言一卷續一卷 （清）汪輝祖纂 清刻本 一册

440000－2542－0000911 SQ200072
朱夫子[熹]年譜二卷首一卷次一卷後録二卷 （清）朱烈輯 清康熙刻本 三册

440000－2542－0000912 ZS000315
皇清經解一千四百八卷首一卷 （清）阮元輯 清道光九年（1829）廣東學海堂刻咸豐十一年（1861）補刻本 三百五十二册 缺二十一卷（二十六至四十、四十四至四十九）

440000－2542－0000913 SQ200077
東西洋考十二卷 （明）張燮撰 清刻本 四册

440000－2542－0000914 PS200606
西史彙函二十二卷續編三十九卷 （清）□□撰 清光緒二十二年至二十三年（1896－1897）湖南新學書局刻本 二十五册

440000－2542－0000915 SQ200071
東征集六卷 （清）藍鼎元稿 （清）王者輔評 清雍正十年（1732）刻本 三册

440000－2542－0000916 PS200607
中等教育日本歷史二卷附録一卷 （日本）萩野由之著 （清）劉大猷譯 清光緒二十七年（1901）教育世界社鉛印本 二册

440000－2542－0000917 PS200608
世界近世史二卷 （日本）松平康國編著 梁啓勳譯述 梁啓超案語 清光緒二十九年（1903）上海廣智書局鉛印本 一册

440000－2542－0000918 SQ200073
古今治統二十卷 （明）徐奮鵬著 清雍正槐柳齋刻本 十六册

440000－2542－0000919 PS200609
日本維新三十年史十二編附録一編 （日本）東京博文館編輯 清光緒二十八年（1902）上海廣智書局鉛印本 三册

440000－2542－0000920 SQ400160
陸放翁全集 （宋）陸游撰 清刻本 四十八册 存六種

440000－2542－0000921 SQ200078
晉書一百三十卷 （唐）房玄齡等撰 **晉書音義三卷** （唐）何超儀纂 清乾隆武英殿刻本 三十册

440000－2542－0000922 QT000336
海陬冶遊錄三卷附録三卷餘録一卷 （清）玉魫生撰 清光緒鉛印本 三册

440000－2542－0000923 SQ300058
日知録三十二卷 （清）顧炎武著 清康熙潘氏遂初堂刻本 十册

440000－2542－0000924 PS200611
俄史輯譯四卷 （英國）闞斐迪 （清）徐景羅譯 清光緒十四年（1888）益智書會刻本 四册

440000－2542－0000925 SQ400159
白沙子古詩教解二卷 （明）陳獻章撰 清乾隆三十六年（1771）碧玉樓刻本 一册

440000－2542－0000926 QT000403
約章成案匯覽甲篇十卷乙篇四十二卷 （清）北洋洋務局纂輯 清光緒三十一年（1905）上海點石齋石印本 二册 存二卷（乙篇三十二、三十七）

440000－2542－0000927 SQ300059
日知録三十二卷 （清）顧炎武著 清康熙潘氏遂初堂刻本 十二册

440000－2542－0000928　SQ200075

亦政堂重修考古圖十卷　(宋)呂大臨撰　明萬曆刻清乾隆十七年(1752)天都黄氏槐蔭草堂剜改重印三古圖本　十册　存九卷(二至十)

440000－2542－0000929　SQ200074

亦政堂重修宣和博古圖錄三十卷　(宋)王黼撰　明萬曆刻清乾隆十七年(1752)天都黄氏槐蔭草堂剜改重印三古圖本　三十四册　存二十九卷(二至三十)

440000－2542－0000930　PS200253

萬國輿地圖考八卷皇朝地輿圖考一卷　(清)陳兆桐　(清)四明求是齋主人輯　清光緒二十八年(1902)上海宜今室石印本　八册

440000－2542－0000931　SQ300060

困學紀聞二十卷　(宋)王應麟撰　清乾隆祁門馬氏叢書樓刻本　八册

440000－2542－0000932　PS202501

大清宣統四年歲次壬子時憲書一卷　(清)和碩禮親王等編　清宣統三年(1911)鉛印本　一册

440000－2542－0000933　SQ200076

通鑑本末紀要八十一卷首三卷　(清)蔡毓榮編　(清)林子卿注　清康熙刻本　八十册

440000－2542－0000934　PS202502

清嘉錄十二卷　(清)顧祿譔　清道光十年(1830)刻本　四册

440000－2542－0000935　PS202503

月日紀古十二卷　(清)蕭智漢纂輯　清道光二十八年(1848)經元堂刻本　十二册

440000－2542－0000936　PS202504

歲時廣記四十卷首一卷末一卷　(宋)陳元靚編　清刻本　九册

440000－2542－0000937　QT000612

兩漢金石記二十二卷　(清)翁方綱撰　清乾隆五十四年(1789)大興翁方綱南昌使院刻蘇齋叢書本　四册　存十一卷(五至六、十一至十二、十六至二十二)

440000－2542－0000938　QT001102

遺山題跋一卷　(金)元好問撰　清乾隆平湖陸氏奇晉齋刻奇晉齋叢書本　與440000－2542－0000996合一册

440000－2542－0000939　PS202505

月令粹編二十四卷首一卷　(清)秦嘉謨編　清嘉慶十七年(1812)琳琅仙館刻本　六册

440000－2542－0000940　SQ100009

春秋大事表五十卷春秋輿圖一卷附錄一卷　(清)顧棟高纂輯　清乾隆萬卷樓刻本　十五册

440000－2542－0000941　SQ100012

孝經一卷　(元)吳澄校訂　清康熙十九年(1680)通志堂刻通志堂經解本　一册

440000－2542－0000942　SQ100005

春秋左傳補註六卷　(清)惠棟撰　清乾隆三十九年(1774)益都李文藻刻本　六册

440000－2542－0000943　SQ100002

河洛精蘊九卷　(清)江永著　清乾隆三十九年(1774)蘊真書屋刻本　四册

440000－2542－0000944　SQ100007

尚書亼注音疏十二卷末一卷外編一卷　(清)江聲撰　清乾隆五十八年(1793)江氏近市居刻本　六册

440000－2542－0000945　SQ100003

詩經叶音辨譌八卷　(清)劉維謙編次　清乾隆三年(1738)壽峰書屋刻本　二册

440000－2542－0000946　SQ100001

儀禮易讀十七卷　(清)馬駉輯　清乾隆二十年(1755)阿甯萬以敦刻本　四册

440000－2542－0000947　SQ100004

易義闡四卷附錄一卷　(清)韓松纂輯　清乾隆五十四年(1789)刻本　三册　存二卷(一至二)

440000－2542－0000948　PS200237－1

禹貢會箋十二卷禹貢山水總目一卷圖一卷

(清)徐文靖箋　(清)趙弁訂　清光緒二年(1876)刻本　三册

440000－2542－0000949　SQ100012
晦菴先生所定古文孝經句解一卷　(元)朱申注　清康熙十九年(1680)通志堂刻通志堂經解本　與440000－2542－0000941合一册

440000－2542－0000950　SQ100015
草字彙十二卷　(清)石梁集　清乾隆五十二年(1787)敬義齋刻本　六册

440000－2542－0000951　SQ100022
春秋比事目錄四卷　(清)方苞撰　清乾隆九年(1744)抗希堂刻本　二册

440000－2542－0000952　SQ100023
春秋鈔十卷首一卷　(清)朱軾輯　(清)鄂彌達校　清乾隆元年(1736)刻本　二册

440000－2542－0000953　SQ100026
春秋經傳集解三十卷附考證年表一卷　(晉)杜預註　**春秋名號歸一圖二卷**　(五代)馮繼先撰　清乾隆四十八年(1783)武英殿刻本　十六册　存十四卷(一至十四)

440000－2542－0000954　SQ100019
康熙甲子史館新刊古今通韻十二卷　(清)毛奇齡撰　清康熙二十三年(1684)史館刻本　四册

440000－2542－0000955　SQ100017
古今韻略五卷　(清)邵長蘅纂　(清)宋犖鑒定　(清)宋至校　清康熙三十五年(1696)振藻堂刻本　五册

440000－2542－0000956　SQ100016
古經解鉤沉二十九卷序錄一卷　(清)余蕭客撰　清乾隆六十年(1795)刻本　十册

440000－2542－0000957　SQ100020
古文尚書撰異三十二卷　(清)段玉裁撰　清乾隆刻本　五册

440000－2542－0000958　SQ100018
穀梁傳鈔一卷　(晉)范寧集解　(清)高塘集評　清乾隆五十三年(1788)培元堂刻本　一册

440000－2542－0000959　SQ100027
稽古日鈔八卷　(清)郁文等輯　(清)蔣輝等校訂　清乾隆二十九年(1764)秋曉山房刻本　二册

440000－2542－0000960　SQ100013
六書分類十二卷首一卷　(清)傅世垚輯篆　清乾隆五十四年(1789)汝南傅應奎刻本　十三册

440000－2542－0000961　SQ100014
六書分類十二卷首一卷　(清)傅世垚手輯　清康熙汝南周天健刻本　十册

440000－2542－0000962　SQ100011
六書通十卷　(清)閔齊伋輯　(清)畢宏述篆訂　清康熙五十九年(1720)海鹽畢氏基聞堂刻乾隆重修本　五册

440000－2542－0000963　SQ100010
六書通十卷　(清)閔齊伋輯　(清)畢弘述篆訂　清康熙五十九年(1720)海鹽畢氏基聞堂刻本　五册

440000－2542－0000964　SQ100021
尚書後案三十卷後辨一卷　(清)王鳴盛撰　清乾隆四十五年(1780)王氏禮堂刻本　六册

440000－2542－0000965　SQ100024
詩瀋二十卷　(清)范家相撰　清乾隆三十九年(1774)古趣亭刻本　三册

440000－2542－0000966　SQ100024－1
三家詩拾遺十卷夏小正輯註四卷　(清)范家相輯　清嘉慶十五年(1810)古趣亭刻本　三册

440000－2542－0000967　ZS000315－1
九經誤字一卷　(清)顧炎武著　清光緒十四年(1888)南菁書院刻皇清經解續編本　一册

440000－2542－0000968　PJ100025
寄傲山房塾課纂輯書經備旨蔡注捷錄七卷　(清)鄒聖脈纂輯　(清)鄒廷猷編次　(清)孫景鴻等訂　清刻本　四册

440000－2542－0000969　SQ100028
四書左國彙纂四卷　(清)高其名　(清)鄭師成纂　清乾隆三十九年(1774)百尺樓刻本　二册

440000－2542－0000970　SQ200016
兩漢博聞十二卷　(宋)楊侃撰　清道光二十六年(1846)管慶祺抄本　十二册

440000－2542－0000971　PJ100825
屈宋古音義三卷　(明)陳第著　(清)徐時作重訂　清光緒六年(1880)武昌張裕釗刻本　二册

440000－2542－0000972　SQ200020
東江遺事二卷　(清)吳騫編　清抄本　一册

440000－2542－0000973　SQ200011
古懽録八卷　(清)王士禛撰　清康熙刻王漁洋遺書本　二册

440000－2542－0000974　SQ200010
寒松録二卷　(清)韓鍵　(清)韓是升編輯　清乾隆二十八年(1763)韓鍵刻本　一册

440000－2542－0000975　SQ200012
金石録三十卷　(宋)趙明誠撰　清乾隆二十七年(1762)盧見曾刻雅雨堂叢書本　四册

440000－2542－0000976　SQ200008
歷代名臣傳三十五卷首一卷續編五卷首一卷　(清)朱軾　(清)蔡世遠訂　清雍正七年(1729)刻史傳三編本　十六册

440000－2542－0000977　SM200034
列女傳十六卷　(漢)劉向撰　(明)仇英繪圖　(明)汪道昆增輯　明萬曆汪道昆刻清乾隆鮑氏知不足齋印本　十二册

440000－2542－0000978　SQ100031
六經圖二十四卷　(清)鄭之僑編輯　清乾隆九年(1744)述堂刻本　十二册

440000－2542－0000979　SQ100032
六經圖二十四卷　(清)鄭之僑編輯　清乾隆九年(1744)述堂刻本　十二册

440000－2542－0000980　PS203815
光緒嘉應州志三十二卷首一卷　(清)吳宗焯修　(清)溫仲和輯　清光緒二十四年(1898)修二十七年(1901)刻本　十四册

440000－2542－0000981　SQ200018
隆平集二十卷　(宋)曾鞏撰　(清)湯來賁　(清)彭期參訂　清康熙四十七年(1708)七業堂刻本　六册

440000－2542－0000982　SQ200022
明紀全載十六卷　(清)朱璘撰　清康熙三十五年(1696)刻本　八册

440000－2542－0000983　PS200808
前漢書一百卷附考證　(漢)班固撰　(唐)顔師古注　(清)齊召南等考證　清乾隆四年(1739)武英殿刻二十四史本　二十八册　缺十一卷(八十八至九十八)

440000－2542－0000984　SQ100029
聲韻攷四卷　(清)戴震撰　清乾隆四十四年(1779)孔繼涵刻微波榭叢書本　二册

440000－2542－0000985　ZS000316
古經解彙函附小學彙函　(清)鍾謙鈞等輯　清同治十二年(1873)粵東書局刻本　六十六册　存三十種

440000－2542－0000986　SM200013
史記集解一百三十卷　(漢)司馬遷撰　(南朝宋)裴駰集解　明崇禎十四年(1641)琴川毛氏汲古閣刻本　十二册

440000－2542－0000987　SQ200014
唐陸宣公集二十二卷　(唐)陸贄撰　清雍正元年(1723)年羹堯刻本　六册

440000－2542－0000988　SQ200027
庭聞録六卷附録一卷　(清)劉健撰　清康熙五十八年(1719)刻本　六册

440000－2542－0000989　SQ200013
浯溪考二卷　(清)王士禛撰　清康熙刻王漁洋遺書本　一册

440000－2542－0000990　SQ200005
六合紀事四卷　(清)周長森撰　清末至民國

抄本　二册

440000－2542－0000991　SQ200017
修史試筆二卷　（清）藍鼎元纂　（清）曠敏本評　清雍正十年（1732）刻光緒修補本　二册

440000－2542－0000992　SQ200015
元史類編四十二卷　（清）邵遠平撰　清康熙三十八年（1699）繼善堂刻本　十四册

440000－2542－0000993　SQ200006
朱子［熹］年譜四卷考異四卷附錄二卷　（清）王懋竑纂訂　清乾隆十六年（1751）王氏白田草堂刻本　四册

440000－2542－0000994　SQ200007
朱子［熹］年譜四卷考異四卷附錄二卷　（清）王懋竑纂訂　清乾隆十六年（1751）王氏白田草堂刻本　四册

440000－2542－0000995　QT001101
酉陽雜俎二十卷續集十卷　（唐）段成式撰　清刻本　一册　存五卷（十六至二十）

440000－2542－0000996　QT001102
文山題跋一卷　（宋）文天祥撰　清乾隆平湖陸氏奇晉齋刻奇晉齋叢書本　一册

440000－2542－0000997　QT001100
西湖三祠名賢考略三卷首一卷　（清）戴啟文纂輯　清光緒三十年（1904）刻本　一册　存一卷（一）

440000－2542－0000998　QT001099
史載之方二卷　（宋）史堪撰　清光緒二年（1876）吴興陸氏十萬卷樓刻本　一册　存一卷（下）

440000－2542－0000999　QT001098
資治通鑑綱目五十九卷　（明）陳仁錫評　明末刻本　一册　存一卷（五十三）

440000－2542－0001000　SQ200023
紀元本末十六卷附錄一卷　（清）陶及申輯　（清）孫綸訂　清抄本　一册　存八卷（一至八）

440000－2542－0001001　SQ200028
史傳三編　（清）朱軾等撰　清雍正七年（1729）刻本　二十四册

440000－2542－0001002　SQ200030
錢牧齋先生列朝詩集小傳十卷　（清）錢謙益撰　（清）錢陸燦輯　清康熙三十七年（1698）誦芬堂刻本　十六册

440000－2542－0001003　SQ200035
羅浮山志會編二十二卷首一卷　（清）宋廣業纂輯　清康熙五十六年（1717）宋志益刻本　八册　存十六卷（一至三、十至二十二）

440000－2542－0001004　SQ200024
廿一史約編八卷首一卷　（清）鄭元慶述　（清）徐秋亭等編次　（清）陳瞿石鑒定　清康熙三十六年（1697）江左書林刻本　八册

440000－2542－0001005　PS203817
［道光］廈門志十六卷　（清）周凱等纂修　清道光十九年（1839）玉屏書院刻本　十二册

440000－2542－0001006　SQ200032
四王合傳四卷　（□）□□撰　清抄本　一册

440000－2542－0001007　SQ200037
太湖備考十六卷首一卷　（清）金友理纂述　**附湖程紀略一卷**　（清）吴曾撰　清乾隆十五年（1750）藝蘭圃刻本　八册

440000－2542－0001008　SQ200038
西湖志四十八卷　（清）傅王露總修　清雍正十三年（1735）浙江等處承宣布政使司刻本　二十册

440000－2542－0001009　SQ200034
西湖志纂十五卷首一卷　（清）沈德潛輯　（清）傅王露輯　清乾隆二十年（1755）刻二十七年（1762）增修本　五册

440000－2542－0001010　SQ200029
稀姓錄一卷　（清）謝堃撰　清怡怡草堂抄本　一册

440000－2542－0001011　SQ200031
新纂氏族箋釋八卷　（清）熊峻運著　清乾隆四年（1739）刻本　四册

440000－2542－0001012　SQ200033
尚友錄二十二卷補遺一卷　(明)廖用賢編纂　(清)張伯琮補輯　清乾隆正業堂刻本　十冊

440000－2542－0001013　QT001097
酉陽雜俎二十卷續集十卷　(唐)段成式撰　清刻本　一冊　存五卷(十六至二十)

440000－2542－0001014　QT001096
金石契不分卷　(清)張燕昌編　清刻朱印本　一冊

440000－2542－0001015　QT001095
岑襄勤公遺集三十卷首一卷　(清)岑毓英撰　清光緒二十三年(1897)武昌督糧官署刻本　一冊　存一卷(首一卷)

440000－2542－0001016　ZS000320
喻氏三書合刻十六卷　(清)喻昌撰　清光緒三十一年(1905)經元書室刻本　十二冊

440000－2542－0001017　ZS000319
六醴齋醫書十種五十五卷　(清)程永培輯　清乾隆五十九年(1794)修敬堂刻本　二十四冊

440000－2542－0001018　QT001094
國語明道本攷異四卷　(清)汪遠孫撰　清刻本　一冊

440000－2542－0001019　ZS000318
醫林指月　(清)王琦輯　清光緒二十二年(1896)上海圖書集成印書局鉛印本　七冊　存十二種

440000－2542－0001020　ZS000321
醫書八種　(清)徐大椿著　清光緒四年至十五年(1878－1889)上海江左書林刻本　十二冊

440000－2542－0001021　SQ300012
安拙窩印寄八卷　(清)汪啟淑鑒藏　清乾隆五十四年(1789)刻鈐印本　四冊

440000－2542－0001022　SQ300007
池北偶談二十六卷　(清)王士禛撰　清康熙四十年(1701)王廷掄刻本　八冊

440000－2542－0001023　SQ200048
籌海篇三卷　(清)魏源撰　清抄本　一冊

440000－2542－0001024　SQ200056
讀書後八卷　(明)王世貞撰　清乾隆二十一年(1756)味菜廬木活字印本　四冊

440000－2542－0001025　SQ200050
欽定古今儲貳金鑑六卷　(□)□□撰　清乾隆五十一年(1786)武英殿刻本　四冊

440000－2542－0001026　SQ200060
觀妙齋藏金石文攷略十六卷　(清)李光暎撰　清雍正七年(1729)刻本　四冊

440000－2542－0001027　SQ200045
廣輿吟稿六卷　(清)宋思仁撰　清乾隆刻本　二冊

440000－2542－0001028　SQ200057
國史經籍志六卷　(明)焦竑輯　清抄本　十二冊

440000－2542－0001029　ZS000323
詞學全書　(清)查培繼輯　清乾隆世德堂刻本　五冊　存三種

440000－2542－0001030　SQ200052
河東鹽法備覽十二卷　(清)蔣兆奎輯　清乾隆五十五年(1790)刻本　八冊

440000－2542－0001031　SQ200042
皇華紀聞四卷　(清)王士禛撰　清康熙刻本　二冊

440000－2542－0001032　SQ200053
南磊山房抄存京外奏牘不分卷　(□)□□撰　清抄本　三冊

440000－2542－0001033　SQ200047
居濟一得八卷　(清)張伯行撰　清康熙刻本　四冊

440000－2542－0001034　SQ200062
歷代史案二十卷首一卷　(清)吳裕垂編　(清)紀曉嵐等訂　清乾隆至嘉慶刻本　四冊

440000－2542－0001035　ZS000324
初唐四傑文集　（清）□□輯　清光緒五年(1879)淮南書局刻本　四册　存四種

440000－2542－0001036　ZS000325
徐州二遺民集十卷　馮煦輯　清光緒十九年(1893)刻本　五册

440000－2542－0001037　ZS000327
魏大司馬曹真碑　楊守敬輯　清光緒三年(1877)宜都楊氏飛青閣刻本　一册

440000－2542－0001038　SQ200044
南巡盛典一百二十卷　（清）高晉等奉敕撰　清乾隆三十六年(1771)内府刻本　三十六册

440000－2542－0001039　SQ200061
擬明史樂府一百卷首一卷　（清）尤侗撰　清刻本　一册

440000－2542－0001040　SQ200055
文檄四十八卷　（清）陳宏謀著　（清）陳鍾珂（清）陳蘭森編　清刻本　二十六册

440000－2542－0001041　SQ300008
七修類藁五十一卷續藁七卷　（明）郎瑛撰　清乾隆四十年(1775)耕煙草堂刻本　十二册

440000－2542－0001042　SQ300005
容齋隨筆十六卷續筆十六卷三筆十六卷四筆十六卷五筆十卷　（宋）洪邁撰　清乾隆五十九年(1794)掃葉山房刻本　二十四册　缺十卷(隨筆一至七、十一至十三)

440000－2542－0001043　QT001093
遏淫敦孝篇二卷　（清）石璿輯　清同治七年(1868)刻本　一册

440000－2542－0001044　QT000297
餘姚鄉土地理歷史合編十六課　（清）謝葆濂編輯　清光緒三十二年(1906)誠意學堂石印本　一册

440000－2542－0001045　ZS000327－1
吴天璽紀功碑　楊守敬輯　清光緒二年(1876)宜都楊氏飛青閣刻本　一册

440000－2542－0001046　ZS000327－2
漢熹平石經殘碑　楊守敬輯　清光緒二年(1876)宜都楊氏飛青閣刻本　一册

440000－2542－0001047　ZS000327－3
漢酸棗令劉熊碑附司徒殘碑　楊守敬輯　清同治十三年(1874)宜都楊氏飛青閣刻本　一册

440000－2542－0001048　ZS000327－4
漢戚伯著碑　楊守敬輯　清同治十年(1871)宜都楊氏飛青閣刻本　一册

440000－2542－0001049　ZS000327－5
破張部銘附楊瑾殘碑　楊守敬輯　清光緒三年(1877)宜都楊氏飛青閣刻本　一册

440000－2542－0001050　ZS000327－6
梁上清真人許長史舊館壇碑　楊守敬輯　清光緒二年(1876)宜都楊氏飛青閣刻本　一册

440000－2542－0001051　ZS000327－7
隋丁道護啟法寺碑　楊守敬輯　清光緒二年(1876)宜都楊氏飛青閣刻本　一册

440000－2542－0001052　ZS000327－8
唐虞世南孔子廟堂碑　楊守敬輯　清同治九年(1870)宜都楊氏飛青閣刻本　一册

440000－2542－0001053　ZS000327－9
孔子廟堂之碑　楊守敬輯　清光緒四年(1878)宜都楊氏飛青閣刻本　一册

440000－2542－0001054　SQ300009
三農紀十卷　（清）張宗法撰　清乾隆十五年(1750)刻本　六册

440000－2542－0001055　PZ300113
山谷題跋三卷　（宋）黄庭堅撰　（清）溫一貞録　清同治十一年(1872)寧遠堂刻本　三册

440000－2542－0001056　SQ300004
四本堂座右編二十四卷　（清）朱潮遠輯　清康熙三年(1664)繡鶴堂刻本　六册

440000－2542－0001057　SQ300002
鐵網珊瑚二十卷　（明）都穆編　清乾隆二十三年(1758)都肇斌刻本　四册

440000－2542－0001058　SQ300006

香祖筆記十二卷　（清）王士禛撰　清康熙四十四年（1705）刻本　四冊

440000－2542－0001059　ZS000327－10

唐化度寺邕禪師碑　楊守敬輯　清同治十一年（1872）宜都楊氏飛青閣刻本　一冊

440000－2542－0001060　ZS000327－11

唐虞恭公溫公碑　楊守敬輯　清光緒元年（1875）宜都楊氏飛青閣刻本　一冊

440000－2542－0001061　SQ200051

行水金鑑一百七十五卷首一卷　（清）傅澤洪撰　清雍正三年（1725）淮揚官署刻本　三十六冊

440000－2542－0001062　SQ300001

徐鳳竹先生大學衍義補纂要六卷　（明）徐栻撰　（清）陳可先評閱　清康熙二年（1663）陳可先刻本　三冊

440000－2542－0001063　QT001092

行海要術四卷　（美國）金楷理口譯　（清）李鳳苞筆述　清光緒江南製造總局刻本　二冊　存三卷（二至四）

440000－2542－0001064　SQ200054

于清端公政書八卷外集一卷　（清）蔡方炳（清）諸匡鼎編次　（清）于準敬錄　清康熙四十六年（1707）于準刻本　八冊

440000－2542－0001065　SQ300003

御纂性理精義十二卷　（清）李光地輯　清康熙五十四年（1715）武英殿刻本　六冊

440000－2542－0001066　SQ200058

浙江採集遺書總錄十一集　（清）沈初編　清乾隆三十九年（1774）浙江布政司刻本　十冊

440000－2542－0001067　SQ300013

莊子因六卷　（清）林雲銘評述　清康熙二十七年（1688）刻本　四冊

440000－2542－0001068　ZS000322

閱微草堂筆記五種二十四卷　（清）紀昀撰　清嘉慶二十一年（1816）北京盛氏刻本　九冊　缺三卷（灤陽消夏錄四至六）

440000－2542－0001069　QT001091

漢書評林一百卷　（明）淩稚隆輯校　明萬曆九年（1581）吳興淩稚隆刻本　一冊　存二卷（十八至十九）

440000－2542－0001070　SQ300015

濟陰綱目十四卷　（明）武之望撰　（明）張志聰訂正　（清）汪淇箋釋　清康熙四年（1665）汪淇刻本　八冊

440000－2542－0001071　SQ300062

絳雪園古方選註三卷　（清）王子接註　**絳雪園得宜本草一卷**　（清）王子接集　清雍正九年（1731）刻本　一冊

440000－2542－0001072　SQ300018

桃花泉奕譜二卷　（清）范世勳著　清乾隆三十年（1765）刻本　二冊

440000－2542－0001073　SQ300014

圖註八十一難經辨真四卷　（戰國）秦越人述　（明）張世賢註　清乾隆十六年（1751）西山堂刻本　一冊

440000－2542－0001074　PZ300115

萬善同歸集六卷　（宋）釋延壽述　清雍正十一年（1733）刻本　一冊

440000－2542－0001075　SQ300022

五子近思錄發明十四卷　（宋）朱熹纂集（明）汪佑增補　（清）施璜纂註　清康熙還古書院刻本　八冊

440000－2542－0001076　QT001090

雙松晚翠樓詩二十卷　（清）莊令輿撰　清刻本　一冊　存四卷（六至九）

440000－2542－0001077　QT001021

周官精義十二卷　（清）連斗山編　清刻本一冊　存一卷（十二）

440000－2542－0001078　SQ300016

醫經原旨六卷　（清）薛雪集註　清乾隆十九年（1754）掃葉山房刻本　六冊

440000－2542－0001079　SQ300017

醫經原旨六卷　(清)薛雪集註　清乾隆十九年(1754)掃葉山房刻本　六冊

440000－2542－0001080　SQ300025
大學章句解三卷中庸章句解八卷　(清)郭學淮撰　清康熙五十四年(1715)九行堂刻本　四冊

440000－2542－0001081　SQ300020
子史精華一百六十卷　(清)吳襄等纂脩　清雍正五年(1727)武英殿刻本　二十六冊

440000－2542－0001082　PJ400001
楚辭十七卷　(漢)王逸注　(宋)洪興祖補注　清同治十一年(1872)金陵書局刻本　四冊

440000－2542－0001083　PJ400002
楚辭十七卷　(漢)王逸注　(宋)洪興祖補注　清同治十一年(1872)金陵書局刻本　四冊

440000－2542－0001084　SQ300046
兵經百篇三卷　(清)揭暄著　清抄本　三冊

440000－2542－0001085　SQ300040
名句文身表異錄二十卷　(明)王志堅輯　清康熙四十七年(1708)陳世修刻本　二冊

440000－2542－0001086　QT000523
愛日堂吟稿十五卷　(清)趙昱撰　清刻本　一冊　存八卷(八至十五)

440000－2542－0001087　PS203823
[宣統]南海縣志二十六卷末一卷　鄭榮修　桂坫等纂　清宣統二年(1910)刻本　十四冊　存二十六卷(一至二十五、末一卷)

440000－2542－0001088　PS203824
[道光]廣東通志三百三十四卷首一卷　(清)阮元修　(清)陳昌齊等纂　清同治三年(1864)刻本　一百二十冊

440000－2542－0001089　PJ400008
楚辭通釋十四卷末一卷　(清)王夫之撰　清同治四年(1865)湘鄉曾氏金陵節署刻本　五冊

440000－2542－0001090　PJ400009
楚辭通釋十四卷末一卷　(清)王夫之撰　清同治四年(1865)湘鄉曾氏金陵節署刻本　五冊

440000－2542－0001091　PJ400010
楚辭八卷首一卷　(宋)朱熹集注　清光緒元年(1875)湖北崇文書局刻本　二冊

440000－2542－0001092　PJ400011
楚辭辯證二卷　(宋)朱熹撰　清光緒三年(1877)湖北崇文書局刻本　一冊

440000－2542－0001093　PJ100001
周易一卷　(宋)朱熹述　清刻本　一冊

440000－2542－0001094　QT001089
列女傳十六卷　(漢)劉向撰　(明)仇英繪圖　(明)汪道昆增輯　明萬曆汪道昆刻清乾隆鮑氏知不足齋印本　一冊　存一卷(五)

440000－2542－0001095　PJ100002
周易注疏十三卷略例一卷　(三國魏)王弼　(晉)韓康伯注　(唐)陸德明音義　(唐)孔穎達疏　清同治十年(1871)廣東書局刻本　四冊　存六卷(八至十三)

440000－2542－0001096　PJ100005
周易口訣義六卷　(唐)史徵撰　清光緒二年(1876)廣陵雙梧書屋刻本　二冊

440000－2542－0001097　PJ400014
離騷一卷　(宋)錢杲之集傳　清光緒元年(1875)湖北崇文書局刻本　一冊

440000－2542－0001098　PJ400015
離騷一卷　(宋)錢杲之集傳　清光緒元年(1875)湖北崇文書局刻本　一冊

440000－2542－0001099　PJ100006
周易兼義九卷　(三國魏)王弼　(晉)韓康伯注　(唐)孔穎達疏　**周易音義一卷**　(唐)陸德明撰　**周易注疏挍勘記九卷周易釋文挍勘記一卷**　(清)阮元撰　(清)盧宣旬摘錄　清嘉慶二十年(1815)南昌府學刻道光六年(1826)南昌府學重校同治十二年(1873)江西書局重修本　八冊

440000－2542－0001100　PJ100007

周易集解十七卷　(唐)李鼎祚撰　清同治十二年(1873)粵東書局刻古經解彙函本　五册

440000－2542－0001101　PJ100009
易經八卷　(宋)程頤傳　清同治元年(1862)金陵書局刻本　三册

440000－2542－0001102　PJ100010
易經八卷　(宋)程頤傳　清同治元年(1862)金陵書局刻本　三册

440000－2542－0001103　PJ100011
易經八卷　(宋)程頤傳　清光緒九年(1883)江南書局刻本　三册

440000－2542－0001104　PJ100012
易經八卷　(宋)程頤傳　清光緒九年(1883)江南書局刻本　三册

440000－2542－0001105　PJ100013
易經八卷　(宋)程頤傳　清光緒九年(1883)江南書局刻本　三册

440000－2542－0001106　PJ100014
周易四卷　(宋)朱熹本義　清光緒七年(1881)江蘇書局刻本　二册

440000－2542－0001107　PJ400017
離騷草木疏四卷　(宋)吳仁傑撰　清光緒三年(1877)湖北崇文書局刻本　一册

440000－2542－0001108　PJ400020
曹集銓評十卷逸文一卷附錄一卷　(清)丁晏纂　**魏陳思王[曹植]年譜一卷**　(清)丁晏編　清同治十一年(1872)金陵書局刻本　二册

440000－2542－0001109　QT001088
瓜爾佳氏家傳一卷　(清)榮祿輯　清同治刻本　一册

440000－2542－0001110　PS203810
[宣統]番禺縣續志四十四卷首一卷　梁鼎芬修　丁仁長等纂　清宣統三年(1911)刻民國二十年(1931)重印本　十四册　存四十卷(二至四十一)

440000－2542－0001111　QT001087
消愁集二卷附詩一卷　(清)蔣英著　清光緒刻本　一册

440000－2542－0001112　QT001086
前漢書一百卷　(漢)班固撰　明德藩最樂軒刻本　五册　存十八卷(五十三至五十八、六十四至六十九、七十四至七十五、九十四至九十五、九十九至一百)

440000－2542－0001113　QT001085
宋書文鈔二十卷　(明)戴羲輯　明末刻本　五册　存十七卷(四至二十)

440000－2542－0001114　QT001082
蘇長公拔尤二卷　(清)陳志紀選定　清初刻本　一册

440000－2542－0001115　QT001083
公法會通十卷　(德國)步倫著　(美國)丁韙良譯　清光緒二十八年(1902)上海美華書館鉛印本　一册

440000－2542－0001116　QT000992
讀書雜志八十二卷餘編二卷　(清)王念孫撰　清同治九年(1870)金陵書局刻本　十二册　存四十一卷(志三一至三、志四一至四、志四八至十六、志五一至十二、志六一、志九七至十、志九十七至二十、志九補一、志十一、志餘上下)

440000－2542－0001117　PJ100015
周易四卷　(宋)朱熹本義　清光緒九年(1883)浙江書局刻本　二册

440000－2542－0001118　PJ100016
周易四卷　(宋)朱熹本義　清同治十一年(1872)山東書局刻十三經讀本附校刊記本　二册

440000－2542－0001119　PJ100017
周易四卷　(宋)朱熹本義　清光緒九年(1883)浙江書局刻本　二册

440000－2542－0001120　PJ400022
諸葛忠武侯文集六卷首一卷　(三國蜀)諸葛亮撰　清茶陵譚福堂刻本　三册　存五卷(一至二、五至六,首一卷)

440000－2542－0001121　PJ400023
諸葛忠武侯文集六卷首一卷　(三國蜀)諸葛亮撰　清茶陵譚福堂刻本　一册　存一卷(首一卷)

440000－2542－0001122　PJ400030
陶集六卷　(晉)陶潛撰　清同治至光緒永康胡氏退補齋刻本　二册

440000－2542－0001123　PJ400031
陶淵明集八卷首一卷末一卷　(晉)陶潛撰　清光緒五年(1879)廣州翰墨園刻朱墨套印本　二册

440000－2542－0001124　PJ100020
新刻來瞿唐先生易注十五卷首一卷末一卷圖像一卷圖像補遺一卷　(明)來知德撰　清末至民國上海江東茂記書局石印本　八册

440000－2542－0001125　PJ400032
陶淵明文集十卷　(晉)陶潛撰　(清)胡伯薊臨　清光緒五年(1879)番禺俞秀山刻本　三册

440000－2542－0001126　PJ100021
大易牀頭私錄三卷　(明)董懋策著　清光緒三十二年(1906)會稽董氏取斯家塾刻董氏叢書本　一册

440000－2542－0001127　PJ100022
御纂周易折中二十二卷首一卷　(清)李光地撰　清刻本　十册

440000－2542－0001128　PJ100023
東谷鄭先生易翼傳二卷　(宋)趙汝諧撰　清康熙通志堂刻通志堂經解本　二册

440000－2542－0001129　PJ100018
周易傳義大全二十四卷首一卷　(明)胡廣撰　明刻本　三册　存七卷(三至九)

440000－2542－0001130　PJ100024
御纂周易折中二十二卷首一卷　(清)李光地撰　清刻本　十二册

440000－2542－0001131　PJ400036
陶詩彙評四卷　(清)溫汝能纂訂　清宣統元年(1909)掃葉山房石印本　二册

440000－2542－0001132　SQ100025
周易函書別集十六卷　(清)胡煦著　清乾隆三十八年(1773)胡氏葆樸堂刻本　四册　存十卷(七至十六)

440000－2542－0001133　PJ400037
陶彭澤集六卷　(晉)陶潛撰　清同治九年(1870)永康胡氏退補齋刻六朝四家全集本　一册

440000－2542－0001134　PJ400038
陶彭澤集六卷　(晉)陶潛撰　清同治九年(1870)永康胡氏退補齋刻六朝四家全集本　一册

440000－2542－0001135　PJ100026
周易精義四卷首一卷續編一卷　(清)黄淦纂　清光緒五年(1879)掃葉山房刻七經精義本　二册

440000－2542－0001136　PJ400039
陶詩坿考一卷坿解招魂　(清)方東樹撰　清光緒十六年(1890)刻本　一册

440000－2542－0001137　PJ100031
虞氏易禮二卷　(清)張惠言述　清道光元年(1821)合河康氏刻張皋文箋易詮全集本　一册

440000－2542－0001138　PJ100027
易義別錄十四卷　(清)張惠言輯　清道光元年(1821)合河康氏刻張皋文箋易詮全集本　四册

440000－2542－0001139　PJ100028
經言拾遺十四卷　(清)徐文靖學　清乾隆二十年(1755)毛大鵬刻徐位山六種本　二册

440000－2542－0001140　PJ400041
謝宣城集五卷　(南朝齊)謝朓撰　(清)胡鳳丹校梓　**謝宣城集辨譌考異一卷**　(清)胡鳳丹纂述　清同治九年(1870)永康胡氏退補齋刻六朝四家全集本　一册

440000－2542－0001141　PJ400042

謝宣城集五卷　(南朝齊)謝朓撰　(清)胡鳳丹校訂　清刻本　一册

440000－2542－0001142　PJ100029
周易姚氏學十六卷首一卷　(清)姚配中撰　清光緒元年(1875)湖北崇文書局刻崇文書局彙刻書本　四册

440000－2542－0001143　PJ100030
周易姚氏學十六卷首一卷　(清)姚配中撰　清光緒元年(1875)湖北崇文書局刻崇文書局彙刻書本　四册

440000－2542－0001144　PJ400044
梁昭明太子文集五卷補遺一卷　(南朝梁)蕭統撰　清光緒二十三年(1897)武進盛氏刻常州先哲遺書本　一册

440000－2542－0001145　PJ100032
周易三極圖貫四卷　(清)馮道立學　清咸豐八年(1858)西園刻本　八册

440000－2542－0001146　PJ400044
尤本文選考異一卷　(宋)尤袤撰　清光緒二十二年(1896)武進盛氏刻常州先哲遺書本　與440000－2542－0001144合一册

440000－2542－0001147　PJ100033
讀易傳心十二卷　(清)韓怡撰　清嘉慶刻本　四册

440000－2542－0001148　PJ400044
蕭茂挺集一卷　(唐)蕭穎士撰　清光緒二十二年(1896)武進盛氏刻常州先哲遺書本　與440000－2542－0001144合一册

440000－2542－0001149　PJ100034
周易姚氏學十六卷首一卷　(清)姚配中撰　清光緒元年(1875)湖北崇文書局刻崇文書局彙刻書本　五册　存十五卷(三至十七)

440000－2542－0001150　PJ400048
梁昭明太子文集五卷補遺一卷　(南朝梁)蕭統撰　清光緒二十三年(1897)武進盛氏刻常州先哲遺書本　一册

440000－2542－0001151　PJ400048
尤本文選考異一卷　(宋)尤袤撰　清光緒二十二年(1896)武進盛氏刻常州先哲遺書本　與440000－2542－0001150合一册

440000－2542－0001152　PJ400048
蕭茂挺集一卷　(唐)蕭穎士撰　清光緒二十二年(1896)武進盛氏刻常州先哲遺書本　與440000－2542－0001150合一册

440000－2542－0001153　PJ400049
梁昭明太子文集五卷補遺一卷　(南朝梁)蕭統撰　清光緒二十三年(1897)武進盛氏刻常州先哲遺書本　一册

440000－2542－0001154　PJ400049
尤本文選考異一卷　(宋)尤袤撰　清光緒二十二年(1896)武進盛氏刻常州先哲遺書本　與440000－2542－0001153合一册

440000－2542－0001155　PJ400049
蕭茂挺集一卷　(唐)蕭穎士撰　清光緒二十二年(1896)武進盛氏刻常州先哲遺書本　與440000－2542－0001153合一册

440000－2542－0001156　PJ100055
尚書大傳七卷　(漢)伏勝撰　(漢)鄭玄注　王闓運補注　清光緒元和江氏湖南使院刻靈鶼閣叢書本　一册

440000－2542－0001157　PJ100056
尚書注疏二十卷　(漢)孔安國傳　(唐)孔穎達疏　清刻本　三册　存九卷(十二至二十)

440000－2542－0001158　PS200614
史記一百三十卷附考證　(漢)司馬遷撰　(南朝宋)裴駰集解　(唐)司馬貞索隱　(唐)張守節正義　清乾隆十二年(1747)刻道光十六年(1836)重修本　二十六册

440000－2542－0001159　PJ400045
梁簡文帝御製集二卷　(南朝梁)梁簡文帝蕭綱撰　(明)張溥閱　清光緒刻漢魏六朝百三家集本　一册　存一卷(二)

440000－2542－0001160　PJ400046
魏特進集一卷　(北齊)魏收撰　(明)張溥閱

清刻漢魏六朝百三家集本　一冊

440000－2542－0001161　PJ400047

王司空集一卷　(北周)王褒撰　(明)張溥閲　清刻漢魏六朝百三家集本　一冊

440000－2542－0001162　PS200615

史記一百三十卷　(漢)司馬遷撰　(南朝宋)裴駰集解　(唐)司馬貞索隱　(唐)張守節正義　清刻本　二十冊

440000－2542－0001163　PJ400050

徐孝穆全集六卷　(南朝陳)徐陵撰　(清)吳兆宜箋注　清乾隆十九年(1754)困學書屋刻本　六冊

440000－2542－0001164　PJ400051

徐孝穆全集六卷　(南朝陳)徐陵撰　(清)吳兆宜箋注　清光緒二年(1876)廣東翰墨園刻本　三冊

440000－2542－0001165　PJ100035

周易變通解六卷末一卷　(清)萬裕澐注　清末刻民國重修本　五冊

440000－2542－0001166　PS200618

史記一百三十卷　(漢)司馬遷撰　(南朝宋)裴駰集解　(唐)司馬貞索隱　(唐)張守節正義　清光緒二十八年(1902)史學會社石印本　四冊　存七十五卷(十九至四十二、六十一至一百十一)

440000－2542－0001167　PJ400052

庾子山集十六卷　(北周)庾信撰　(清)倪璠註釋　**庾子山年譜一卷**　(清)倪璠編　**庾集總釋一卷**　(清)倪璠撰　清康熙刻本　三冊　存十一卷(七至十六、庾集總釋一卷)

440000－2542－0001168　PJ400053

庾子山集十六卷　(北周)庾信撰　(清)倪璠註釋　**庾子山年譜一卷**　(清)倪璠編　**庾集總釋一卷**　(清)倪璠撰　清康熙刻本　十二冊

440000－2542－0001169　PS200620

史記一百三十卷　(漢)司馬遷撰　(南朝宋)裴駰集解　(唐)司馬貞索隱　(唐)張守節正義　清光緒二十八年(1902)史學會社石印本　八冊

440000－2542－0001170　PJ400060

庾開府集四卷　(北周)庾信撰　(清)胡鳳丹校梓　清同治九年(1870)永康胡氏退補齋刻六朝四家全集本　一冊　存二卷(一上、二上)

440000－2542－0001171　PJ100059

尚書大傳四卷　(漢)伏勝撰　(漢)鄭玄注　**尚書考異一卷尚書大傳補遺一卷續補遺一卷**　(清)盧文弨學　清光緒三年(1877)湖北崇文書局刻本　一冊

440000－2542－0001172　PJ400061

庾子山集十六卷　(北周)庾信撰　(清)倪璠註釋　**庾子山年譜一卷**　(清)倪璠編　**庾集總釋一卷**　(清)倪璠撰　清同治八年(1869)刻本　十二冊

440000－2542－0001173　PJ100060

尚書大傳七卷　(漢)伏勝撰　(漢)鄭玄注　王闓運補注　清光緒十二年(1886)成都尊經書院刻本　一冊

440000－2542－0001174　PJ100061

尚書注疏十九卷　(漢)孔安國傳　(唐)孔穎達疏　(唐)陸德明音義　清同治十年(1871)刻本　七冊　缺六卷(八至九、十六至十九)

440000－2542－0001175　PJ100062

書經六卷首一卷末一卷　(宋)蔡沈集傳　清同治五年(1866)金陵書局刻本　四冊

440000－2542－0001176　PJ100063

書經六卷首一卷末一卷　(宋)蔡沈集傳　清同治五年(1866)金陵書局刻本　四冊

440000－2542－0001177　PJ400062

庾開府集四卷　(北周)庾信撰　(清)胡鳳丹校梓　清同治九年(1870)永康胡氏退補齋刻六朝四家全集本　一冊

440000－2542－0001178　PJ100064

書經六卷　(宋)蔡沈集傳　清同治十三年(1874)江西書局刻本　四册

440000－2542－0001179　PJ100067
書經六卷書序一卷　(宋)蔡沈集釋　清光緒十三年(1887)刻本　四册

440000－2542－0001180　PJ100065
書經六卷首一卷末一卷　(宋)蔡沈集傳　清光緒七年(1881)金陵書局刻本　四册

440000－2542－0001181　PJ100066
書經六卷　(宋)蔡沈集傳　清光緒三年(1877)永康退補齋胡氏刻本　四册

440000－2542－0001182　PJ400064
庾開府集四卷　(北周)庾信撰　(清)胡鳳丹校梓　清同治九年(1870)永康胡氏退補齋刻六朝四家全集本　一册　存一卷(一上)

440000－2542－0001183　PJ400065
曹子桓集一卷　(三國魏)曹丕撰　(明)張運泰彙評　(明)余元熹彙評　清刻漢魏六十名家本　一册

440000－2542－0001184　PS200624
史記一百三十卷附札記五卷　(漢)司馬遷撰　(南朝宋)裴駰集解　(唐)司馬貞索隱　(唐)張守節正義　清同治五年(1866)金陵書局刻本　六册　存二十四卷(一至十九、札記五卷)

440000－2542－0001185　PJ400066
張燕公集二十五卷　(唐)張説撰　清光緒福建刻武英殿聚珍版書本　四册

440000－2542－0001186　PJ400067
張燕公集二十五卷　(唐)張説撰　清光緒廣雅書局刻武英殿聚珍版書本　五册

440000－2542－0001187　PJ100071
書經六卷首一卷末一卷　(宋)蔡沈集傳　清金陵李光明莊刻本　四册

440000－2542－0001188　PJ100072
書經六卷　(宋)蔡沈集注　清光緒十五年(1889)蘇州緑蔭堂刻本　四册

440000－2542－0001189　PJ100073
書經六卷　(宋)蔡沈集傳　清刻本　四册

440000－2542－0001190　PJ400068
杜審言集二卷　(唐)杜審言撰　(明)許自昌校　明刻前唐十二家詩本　一册

440000－2542－0001191　PJ400068
楊炯集二卷　(唐)楊炯撰　(明)許自昌校　明刻前唐十二家詩本　與440000－2542－0001190合一册

440000－2542－0001192　PJ100075
書經注十二卷　(宋)金履祥撰　清光緒五年(1879)歸安陸氏刻十萬卷樓叢書初編本　五册

440000－2542－0001193　PJ100076
書六卷首一卷末一卷　(宋)蔡沈集傳　(元)鄒季友音釋　清咸豐五年(1855)浦城祝氏與古齋刻本　六册

440000－2542－0001194　PS200626
史記一百三十卷　(漢)司馬遷撰　(南朝宋)裴駰集解　(唐)司馬貞索隱　(唐)張守節正義　清光緒二十九年(1903)五洲同文局石印本　二十六册

440000－2542－0001195　PJ100077
書傳音釋三卷　(元)鄒季友撰　清光緒七年(1881)江蘇書局刻本　一册

440000－2542－0001196　PJ400072
駱賓王文集十卷附考異一卷　(唐)駱賓王撰　清宣統三年(1911)上海文瑞樓石印本　二册

440000－2542－0001197　PJ100078
書古文訓十六卷　(宋)薛季宣撰　清同治十二年(1873)粤東書局刻通志堂經解本　三册

440000－2542－0001198　PJ100079
尚書詳解十三卷　(宋)胡士行撰　清同治十二年(1873)粤東書局刻通志堂經解本　二册

440000－2542－0001199　PJ100080
書蔡氏傳旁通六卷　(元)陳師凱撰　清同治

十二年(1873)粵東書局刻通志堂經解本　四冊

440000－2542－0001200　PJ100081
尚書古文疏證八卷　(清)閻若璩撰　**朱子古文書疑一卷**　(清)閻詠撰　清乾隆眷西堂刻同治六年(1867)錢塘汪氏振綺堂補刻本　八冊

440000－2542－0001201　PS200627
史記一百三十卷　(漢)司馬遷撰　(南朝宋)裴駰集解　清光緒四年(1878)金陵書局刻本　十六冊

440000－2542－0001202　PJ400075
魯國儲公詩集一卷　(唐)儲光羲撰　清光緒十年(1884)木活字印本　一冊

440000－2542－0001203　PJ100082
王耕野先生讀書管見二卷　(明)王充耘撰　清康熙通志堂刻通志堂經解本　二冊

440000－2542－0001204　PJ400076
文忠集十六卷拾遺四卷　(唐)顏真卿撰　清光緒福建刻武英殿聚珍版書本　二冊

440000－2542－0001205　PS200628
史記一百三十卷　(漢)司馬遷撰　(南朝宋)裴駰集解　清光緒四年(1878)金陵書局刻本　十五冊　存一百二十二卷(一至一百二十二)

440000－2542－0001206　PJ100083
尚書古文疏證八卷　(清)閻若璩撰　**朱子古文書疑一卷**　(清)閻詠撰　清乾隆眷西堂刻同治六年(1867)錢塘汪氏振綺堂補刻本　八冊

440000－2542－0001207　PJ400077
杜工部集二十卷首一卷　(唐)杜甫撰　清同治十一年(1872)致一齋刻本　十冊

440000－2542－0001208　PS200629
史記索隱三十卷　(唐)小司馬(司馬貞)撰　清光緒十九年(1893)廣雅書局刻本　四冊

440000－2542－0001209　PS200630
史記一百三十卷　(漢)司馬遷撰　(南朝宋)裴駰集解　清光緒四年(1878)金陵書局刻本　十四冊　存一百十卷(一至八十四、九十五至一百十二、一百二十三至一百三十)

440000－2542－0001210　PJ401551－1
西村十記一卷附錄一卷　(明)史鑑著　清光緒八年(1882)錢唐丁氏刻武林掌故叢編本　與440000－2542－0003811合一冊

440000－2542－0001211　PJ400079
杜工部集二十卷首一卷　(唐)杜甫撰　清光緒二年(1876)粵東翰墨園刻六色套印本　十冊

440000－2542－0001212　PJ100084
書經精義四卷首一卷末一卷　(清)黃淦纂　清嘉慶刻本　二冊

440000－2542－0001213　PJ100085
尚書講義一卷　(清)黃以周口授　(清)黃家辰　(清)黃家岱述　清光緒二十一年(1895)江蘇南菁講舍刻儆季雜著本　一冊

440000－2542－0001214　PS200633
史記正譌三卷　(清)王元啟撰　清光緒十六年(1890)廣雅書局刻本　二冊

440000－2542－0001215　PJ100086
禹貢便讀二卷　(清)吳墀彙注　清道光七年(1827)刻本　一冊

440000－2542－0001216　PJ400080
杜詩詳註二十五卷首一卷附錄二卷　(清)仇兆鰲輯註　清康熙刻本　二十冊

440000－2542－0001217　PJ100088
詩經一卷　清刻本　一冊

440000－2542－0001218　PS200634
史表功比說一卷　(清)張錫瑜撰　清光緒十四年(1888)廣雅書局刻本　一冊

440000－2542－0001219　PJ100089
尚書古文疏證八卷　(清)閻若璩撰　**朱子古文書疑一卷**　(清)閻詠撰　清嘉慶津門吳人驥刻本　八冊

440000－2542－0001220　PJ100090
尚書七篇解義二卷　(清)李光地撰　清康熙刻本　一冊

440000－2542－0001221　PJ400086
文恭集四十卷拾遺一卷　(宋)胡宿撰　清光緒福建刻武英殿聚珍版書本　四冊

440000－2542－0001222　PJ100091
欽定書經傳說彙纂二十一卷首二卷　(清)王頊齡等撰　清同治七年(1868)刻本　十二冊

440000－2542－0001223　PS200634
史漢駢枝一卷　(清)成孺撰　清光緒十四年(1888)廣雅書局刻本　與440000－2542－0001218合一冊

440000－2542－0001224　PJ400087
南陽集六卷拾遺一卷　(宋)趙湘撰　清光緒福建刻武英殿聚珍版書本　一冊

440000－2542－0001225　PJ400088
文恭集四十卷　(宋)胡宿撰　清光緒二十一年(1895)武進盛氏刻本　四冊

440000－2542－0001226　PJ400088
春卿遺稿一卷續編一卷補遺一卷附一卷　(宋)蔣堂撰　清光緒二十一年(1895)武進盛氏刻本　與440000－2542－0001225末冊合一冊

440000－2542－0001227　PS200637
前漢書一百卷　(漢)班固撰　(唐)顏師古注　明崇禎十五年(1642)毛氏汲古閣刻本　十八冊　缺九卷(二十八、六十六至七十三)

440000－2542－0001228　PJ400089
春卿遺稿一卷續編一卷補遺一卷附一卷　(宋)蔣堂撰　清光緒二十一年(1895)武進盛氏刻本　與440000－2542－0001229末冊合一冊

440000－2542－0001229　PJ400089
文恭集四十卷　(宋)胡宿撰　清光緒二十一年(1895)武進盛氏刻本　四冊

440000－2542－0001230　PJ400090
文恭集四十卷　(宋)胡宿撰　清光緒二十一年(1895)武進盛氏刻本　四冊

440000－2542－0001231　PJ100092
尚書餘論一卷　(清)丁晏學　清光緒十三年(1887)吳縣朱氏家塾刻槐廬叢書本　一冊

440000－2542－0001232　PJ400090
春卿遺稿一卷續編一卷補遺一卷附一卷　(宋)蔣堂撰　清光緒二十一年(1895)武進盛氏刻本　與440000－2542－0001230末冊合一冊

440000－2542－0001233　PJ400091
景文集六十二卷拾遺二十二卷　(宋)宋祁撰　清光緒福建刻武英殿聚珍版書本　十冊

440000－2542－0001234　PJ100093
今文尚書考證三十卷　(清)皮錫瑞撰　清光緒二十三年(1897)師伏堂刻師伏堂叢書本　六冊

440000－2542－0001235　PJ400092
武溪集二十卷　(宋)余靖撰　清廣州芸香堂刻本　四冊

440000－2542－0001236　PS200638
前漢書一百卷附考證　(漢)班固撰　(唐)顏師古注　(清)齊召南等考證　清光緒十四年(1888)上海蜚英館石印本　十一冊　存七十卷(一至六、二十一至七十四、九十一至一百)

440000－2542－0001237　PJ100095
毛詩名物解二十卷　(宋)蔡卞集解　清同治十二年(1873)粵東書局刻通志堂經解本　一冊

440000－2542－0001238　PS200639
前漢書一百卷　(漢)班固撰　(唐)顏師古注　清光緒三十一年(1905)上海久敬齋石印本　十一冊　存九十七卷(一至九十七)

440000－2542－0001239　PJ100094
毛詩注疏二十卷　(漢)鄭玄箋　(唐)孔穎達疏　清刻本　十六冊

440000－2542－0001240　PJ100096

毛詩注疏三十卷毛詩譜一卷　(漢)鄭玄箋　(唐)孔穎達疏　清光緒四年(1878)淮南書局刻本　十二册

440000－2542－0001241　PJ400093
宛陵先生文集六十卷　(宋)梅堯臣撰　清宣統二年(1910)滬上石印本　十册

440000－2542－0001242　PJ100097
詩經八卷　(宋)朱熹集傳　清光緒三年(1877)永康胡氏退補齋刻本　四册

440000－2542－0001243　PJ400094
新雕徂徠石先生文集二十卷補遺一卷附録一卷　(宋)石介撰　清光緒十年(1884)尚志堂刻本　三册　存十八卷(五至二十、補遺一卷、附録一卷)

440000－2542－0001244　PJ400095
新雕徂徠石先生文集二十卷補遺一卷附録一卷　(宋)石介撰　清光緒十年(1884)尚志堂刻本　一册　存七卷(五至十一)

440000－2542－0001245　PJ100098
附釋音毛詩注疏七十卷　(漢)毛亨傳　(漢)鄭玄箋　(唐)孔穎達疏　(唐)陸德明音義
校勘記七十卷　(清)阮元撰　(清)盧宣旬摘録　清嘉慶二十年(1815)南昌府學刻道光六年(1826)南昌府學重校同治十二年(1873)江西書局重修本　二十二册　存六十九卷(二至七十)

440000－2542－0001246　PJ100099
毛詩故訓傳鄭箋三十卷　(漢)鄭玄箋　清同治十一年(1872)五雲堂刻本　五册

440000－2542－0001247　PJ100100
詩經八卷　(宋)朱熹集傳　清光緒三十四年(1908)學部圖書局石印本　四册

440000－2542－0001248　PC500058－1
惜陰軒叢書續編一種二十一卷　(清)李錫齡輯　清咸豐八年(1858)宏道書院刻本　十册

440000－2542－0001249　PJ100101
詩經八卷　(宋)朱熹集傳　清刻本　三册　存六卷(三至八)

440000－2542－0001250　PJ400097
歐陽文忠公全集一百五十三卷首二卷附録五卷　(宋)歐陽修撰　清光緒十九年(1893)澹雅書局刻本　九册　存七十五卷(一至七十五)

440000－2542－0001251　PJ400098
宋大家歐陽文忠公文抄三十二卷　(宋)歐陽修撰　(明)茅坤批評　(明)茅闇叔　(明)吳紹陵重訂　明萬曆刻八大家文鈔本　四册　存十六卷(四至十二、十八至二十四)

440000－2542－0001252　PJ400099
林和靖先生詩集四卷附録一卷續刻一卷　(宋)林逋撰　清光緒二十一年(1895)婺原俞氏清蔭堂刻本　二册

440000－2542－0001253　PS200640
前漢書一百卷　(漢)班固撰　(明)陳仁錫評　明刻本　二十四册

440000－2542－0001254　PJ100102
詩經八卷　(宋)朱熹集傳　清刻本　三册

440000－2542－0001255　PJ100109
詩經八卷　(宋)朱熹集傳　清光緒二十三年(1897)刻本　三册　缺二卷(四至五)

440000－2542－0001256　PJ100110
尚書伸孔篇一卷　(清)焦廷琥撰　清光緒十四年(1888)廣雅書局刻本　一册

440000－2542－0001257　PS200641
前漢書一百卷　(漢)班固撰　(唐)顔師古注　清同治八年(1869)金陵書局刻本　十六册

440000－2542－0001258　PJ100103
詩經八卷　(宋)朱熹集傳　清光緒二十二年(1896)金陵書局刻本　四册

440000－2542－0001259　PJ100111
毛詩原解三十六卷　(明)郝敬著　清光緒十七年(1891)三餘草堂刻湖北叢書本　十册

440000－2542－0001260　PS200642
前漢書一百卷　(漢)班固撰　(唐)顔師古注

清同治八年(1869)金陵書局刻本　十六册

440000－2542－0001261　PS200643
前漢書一百卷　(漢)班固撰　(唐)顔師古注　清同治八年(1869)金陵書局刻本　十六册

440000－2542－0001262　PS200644
前漢書一百卷　(漢)班固撰　(唐)顔師古注　清同治八年(1869)金陵書局刻本　十六册

440000－2542－0001263　PS200645
前漢書一百卷　(漢)班固撰　(唐)顔師古注　清光緒十三年(1887)金陵書局刻本　十五册　缺七卷(八至十四)

440000－2542－0001264　PJ400103
宋大家蘇文公文抄十卷　(宋)蘇洵撰　(明)茅坤批評　(明)茅著重訂　明崇禎刻八大家文鈔本　四册

440000－2542－0001265　PJ400104
周濂溪先生全集十三卷　(宋)周敦頤撰　(清)張伯行編輯　清同治五年(1866)福州正誼書局刻本　二册　存七卷(一至三、七至十)

440000－2542－0001266　PJ100113
絜齋毛詩經筵講義四卷　(宋)袁燮撰　清刻本　一册

440000－2542－0001267　PJ100114
詩經疑問七卷　(元)朱倬編　**詩經疑問附編一卷**　(宋)趙悳編　清同治十二年(1873)粤東書局刻通志堂經解本　一册

440000－2542－0001268　PS200646
前漢書一百卷　(漢)班固撰　(唐)顔師古注　清光緒十三年(1887)金陵書局刻本　十五册　缺五卷(二十八至三十二)

440000－2542－0001269　PJ100115
詩傳旁通十五卷　(元)梁益撰　清光緒二十三年(1897)武進盛氏思惠齋刻常州先哲遺書本　一册

440000－2542－0001270　PS200647
前漢書一百卷　(漢)班固撰　(唐)顔師古注　清光緒十三年(1887)金陵書局刻本　九册　缺五十七卷(二十六至八十二)

440000－2542－0001271　PS200648
前漢書一百卷　(漢)班固撰　(唐)顔師古注　清光緒十三年(1887)金陵書局刻本　八册　存三十一卷(一至三十一)

440000－2542－0001272　PJ100116
詩經注疏大全合纂三十四卷圖二卷綱領一卷　(明)張溥纂　明崇禎刻本　二十册

440000－2542－0001273　PS200649
前漢書一百卷　(漢)班固撰　(唐)顔師古注　清同治十二年(1873)嶺東使署刻本　十六册

440000－2542－0001274　PJ100117
詩經通論十八卷首一卷　(清)姚際恒著　(清)王篤校訂　清同治六年(1867)成都書局刻本　七册

440000－2542－0001275　PJ400105
華陽集四十卷　(宋)王珪撰　清光緒福建刻武英殿聚珍版書本　十一册

440000－2542－0001276　PJ400106
華陽集四十卷　(宋)王珪撰　清光緒福建刻武英殿聚珍版書本　六册

440000－2542－0001277　PJ100118
御纂詩義折中二十卷　(清)傅恒等撰　清刻本　十册

440000－2542－0001278　PJ100119
欽定詩經傳説彙纂二十一卷首二卷詩序二卷　(清)王鴻緒等纂　清刻本　十六册

440000－2542－0001279　PS200650
前漢書一百卷附考證　(漢)班固撰　(唐)顔師古注　(清)齊召南等考證　清道光十六年(1836)刻本　三十二册

440000－2542－0001280　PJ400113
彭城集四十卷　(宋)劉攽撰　清光緒福建刻武英殿聚珍版書本　六册

440000－2542－0001281　PJ100120

欽定詩經傳説彙纂二十一卷首二卷詩序二卷 （清）王鴻緒撰 清同治七年（1868）閩浙總督馬新貽刻本 十五册

440000－2542－0001282 PJ400114
祠部集三十五卷 （宋）強至撰 清光緒福建刻武英殿聚珍版書本 六册

440000－2542－0001283 PJ400115
忠肅集二十卷拾遺一卷 （宋）劉摯撰 清光緒福建刻武英殿聚珍版書本 四册

440000－2542－0001284 PJ100121
詩傳補義三卷 （清）方宗誠述 清光緒元年（1875）刻柏堂遺書本 一册

440000－2542－0001285 PJ100122
毛詩稽古編三十卷 （清）陳啓源述 **毛詩稽古編附攷一卷** （清）費雲倬輯 清嘉慶十八年（1813）刻本 六册

440000－2542－0001286 PS200652
前漢書一百卷附考證 （漢）班固撰 （唐）顏師古注 （清）齊召南等考證 清光緒十八年（1892）武林竹簡齋石印本 四册 存二十九卷（一至二十九）

440000－2542－0001287 PJ400116
重栞明成化本東坡七集一百十卷 （宋）蘇軾撰 **東坡集校記二卷** 繆荃孫撰 清光緒三十四年至宣統元年（1908－1909）石印本 四十八册

440000－2542－0001288 PJ400119
蘇文忠公詩編註集成九十卷 （宋）蘇軾撰 （清）王文誥注 清光緒十四年（1888）浙江書局刻本 二十四册 存六卷（一至三、二十三至二十五）

440000－2542－0001289 PJ100123
重訂空山堂詩志八卷 （清）牛運震學 清刻本 十册

440000－2542－0001290 PJ100124
詩古微十九卷首一卷 （清）魏源撰 清道光刻光緒席氏掃葉山房補刻本 八册

440000－2542－0001291 PJ400122
杜詩鏡銓二十卷杜工部［甫］年譜一卷附諸家論杜一卷 （清）楊倫編輯 **讀書堂杜工部文集註解二卷** （清）張溍評註 清同治十一年（1872）望三益齋刻本 八册

440000－2542－0001292 PJ100126
詩本誼一卷 （清）龔橙撰 清光緒十五年（1889）刻半厂叢書初編本 一册

440000－2542－0001293 PJ100127
詩序廣義二十四卷總論一卷 （清）姜炳璋輯 清嘉慶刻本 十二册

440000－2542－0001294 PS200653
前漢書一百卷附考證 （漢）班固撰 （唐）顏師古注 （清）齊召南等考證 清光緒二十九年（1903）五洲同文局石印本 二十九册 缺十卷（二十九至三十、五十一至五十八）

440000－2542－0001295 PS200655
漢書補注七卷 （清）王榮商撰 清光緒十七年（1891）刻本 二册

440000－2542－0001296 PJ100128
毛詩訂詁八卷附録二卷 （清）顧棟高著 清光緒二十二年（1896）江蘇書局刻本 四册

440000－2542－0001297 PJ100129
毛詩傳箋通釋三十二卷 （清）馬瑞辰撰 清光緒十四年（1888）廣雅書局刻本 十二册

440000－2542－0001298 PJ100130
詩雙聲疊韻譜一卷 （清）鄧廷楨撰 清道光刻本 一册

440000－2542－0001299 PJ100131
毛詩天文考一卷 （清）洪亮吉撰 清光緒十七年（1891）廣雅書局刻本 一册

440000－2542－0001300 PJ100132
遵註義釋詩經離句襯解八卷 （清）朱榛編訂 清同文堂刻本 四册

440000－2542－0001301 PS200656
後漢書九十卷 （南朝宋）范曄撰 （唐）李賢注 **續漢書八志三十卷** （晉）司馬彪續

(南朝梁)劉昭注補　清同治八年(1869)金陵書局刻本　十六册

440000－2542－0001302　PS200664
後漢書一百二十卷　(南朝宋)范曄撰　(唐)李賢注　(晉)司馬彪續志　(南朝梁)劉昭注補　清刻本　二十册　缺一卷(列傳八十)

440000－2542－0001303　PJ100135
詩經繹參四卷　(清)鄧翔著　清同治六年(1867)孔氏刻朱墨套印本　四册

440000－2542－0001304　PS200665
後漢書九十卷　(南朝宋)范曄撰　(唐)李賢注　**續漢書八志三十卷**　(晉)司馬彪續　(南朝梁)劉昭注補　清同治十二年(1873)嶺東使署刻本　十六册

440000－2542－0001305　PS200666
後漢書九十卷　(南朝宋)范曄撰　(唐)李賢注　**續漢書八志三十卷**　(晉)司馬彪續志　(南朝梁)劉昭注補　清光緒十三年(1887)金陵書局刻本　十六册

440000－2542－0001306　PS200672
後漢書一百二十卷附考證　(南朝宋)范曄撰　(唐)李賢注　(南朝梁)劉昭補註　清光緒十八年(1892)武林竹簡齋石印本　八册

440000－2542－0001307　PJ100137
詩經繹參四卷　(清)鄧翔著　清同治六年(1867)孔氏刻朱墨套印本　四册

440000－2542－0001308　PJ100138
韓詩外傳十卷　(漢)韓嬰著　清光緒三年(1877)湖北崇文書局刻本　一册

440000－2542－0001309　PJ400130
唐陸宣公集二十二卷首一卷增輯一卷附錄一卷　(唐)陸贄撰　清光緒二年(1876)江蘇書局刻本　六册

440000－2542－0001310　PJ100139
韓詩外傳十卷　(漢)韓嬰著　(清)周廷寀校注　**韓詩外傳補逸一卷**　(清)趙懷玉撰　**韓詩外傳校注拾遺一卷**　(清)周宗杬撰　清光緒元年(1875)盱眙吳氏望三益齋刻本　二册

440000－2542－0001311　PS200674
後漢書一百二十卷附考證　(南朝宋)范曄撰　(唐)李賢注　(南朝梁)劉昭補註　清光緒二十九年(1903)五洲同文局石印本　二十八册

440000－2542－0001312　PS200675
後漢書一百二十卷附考證　(南朝宋)范曄撰　(唐)李賢注　(南朝梁)劉昭補註　清末石印本　二十六册

440000－2542－0001313　PJ100141
韓詩外傳十卷　(漢)韓嬰著　(明)鍾惺評　清刻本　一册

440000－2542－0001314　PS200678
後漢書一百二十卷附考證　(南朝宋)范曄撰　(唐)李賢注　(南朝梁)劉昭補註　清光緒十四年(1888)上海圖書集成印書局鉛印本　十六册

440000－2542－0001315　PJ100142
韓詩外傳十卷　(漢)韓嬰著　(清)周廷寀校注　**韓詩外傳補逸一卷**　(清)趙懷玉撰　**韓詩外傳校注拾遺一卷**　(清)周宗杬撰　清光緒元年(1875)盱眙吳氏望三益齋刻本　四册

440000－2542－0001316　PJ100143
學詩詳說三十卷　(清)顧廣譽撰　清光緒三年(1877)顧鴻昇刻平湖顧氏遺書本　五册　存十五卷(十三至十六、二十至三十)

440000－2542－0001317　PS200680
後漢書一百二十卷附考證　(南朝宋)范曄撰　(唐)李賢注　清同治至光緒刻本　十四册　存五十一卷(七十至一百二十)

440000－2542－0001318　PJ100144
韓詩外傳十卷　(漢)韓嬰著　清光緒三年(1877)湖北崇文書局刻本　二册

440000－2542－0001319　PS200681

後漢書一百二十卷附考證　（南朝宋）范曄撰　（唐）李賢注　清乾隆四年（1739）刻本　二十三册　存九十九卷（一至四十、六十二至一百二十）

440000－2542－0001320　PS200682
後漢書一百二十卷附考證　（南朝宋）范曄撰　（唐）李賢注　（南朝梁）劉昭補註　清光緒二十九年（1903）五洲同文局石印本　二十八册

440000－2542－0001321　PS200683
後漢書一百二十卷　（南朝宋）范曄撰　（唐）李賢注　明萬曆二十四年（1596）刻本　二十册　存八十一卷（一至九、二十二至四十五、七十三至一百二十）

440000－2542－0001322　PJ100147
詩箋別疑一卷　（清）姜宸英撰　清抄本　一册

440000－2542－0001323　PS200684
後漢書注又補一卷　（清）沈銘彝撰　清光緒十四年（1888）廣雅書局刻本　一册

440000－2542－0001324　PS200687
後漢書補注續一卷　（清）侯康撰　清光緒廣雅書局刻本　一册

440000－2542－0001325　PS200688
後漢書疏證三十卷　（清）沈欽韓撰　清光緒二十六年（1900）浙江官書局刻本　十六册

440000－2542－0001326　PS200689
三國志六十五卷　（晉）陳壽撰　（南朝宋）裴松之注　清同治九年（1870）金陵書局刻本　八册

440000－2542－0001327　PJ100149
周禮六卷　（漢）鄭康成注　（唐）陸德明音義　清宣統元年（1909）學部圖書局石印本　六册

440000－2542－0001328　PS200693
三國志六十五卷　（晉）陳壽撰　（南朝宋）裴松之注　清光緒十三年（1887）江南書局刻本　八册

440000－2542－0001329　PJ100152
周禮注疏四十二卷　（漢）鄭玄注　（唐）賈公彥疏　清刻本　十六册

440000－2542－0001330　PS200694
三國志六十五卷　（晉）陳壽撰　（南朝宋）裴松之注　明末清初毛氏汲古閣刻本　十六册

440000－2542－0001331　PS200695
三國志六十五卷附考證　（晉）陳壽撰　（南朝宋）裴松之注　清光緒十年（1884）上海同文書局石印本　十四册

440000－2542－0001332　PS200697
三國志六十五卷附考證　（晉）陳壽撰　（南朝宋）裴松之注　清光緒十四年（1888）上海蜚英館石印本　八册

440000－2542－0001333　PS200698
三國志六十五卷　（晉）陳壽撰　（南朝宋）裴松之注　清刻本　九册　存四十五卷（一至四十五）

440000－2542－0001334　PJ100153
周禮注疏四十二卷考證四十二卷　（漢）鄭玄注　（唐）陸德明音義　（唐）賈公彥疏　清同治十年（1871）廣東書局刻本　十七册

440000－2542－0001335　PS200699
三國志六十五卷附考證　（晉）陳壽撰　（南朝宋）裴松之注　清光緒二十九年（1903）五洲同文局石印本　十四册

440000－2542－0001336　PJ100154
禮經會元四卷　（宋）葉時著　清刻本　二册　存二卷（一至二）

440000－2542－0001337　PS200701
晉書一百三十卷　（唐）太宗李世民撰　**晉書音義三卷**　（唐）何超撰　清同治十年（1871）金陵書局刻本　十六册

440000－2542－0001338　PJ100156
欽定周官義疏四十八卷首一卷　（清）諸錦等撰　清同治七年（1868）浙江書局刻御纂七經

本　二十册

440000－2542－0001339　PJ100157
欽定周官義疏四十八卷首一卷　（清）諸錦等撰　清同治七年（1868）浙江書局刻御纂七經本　二十四册

440000－2542－0001340　PS200707
晉書一百三十卷　（唐）房玄齡等撰　明崇禎元年（1628）毛氏汲古閣刻本　十六册　存八十五卷（一至三十六、八十二至一百三十）

440000－2542－0001341　PJ400132
唐陸宣公集二十二卷首一卷增輯一卷附錄一卷　（唐）陸贄撰　清光緒二年（1876）江蘇書局刻本　一册　存六卷（一至六）

440000－2542－0001342　PJ400132－1
唐陸宣公集二十二卷　（唐）陸贄撰　清刻本　一册　存六卷（七至十二）

440000－2542－0001343　PJ400132－2
唐陸宣公集二十四卷　（唐）陸贄撰　（清）耆英重訂　清道光刻本　一册　存四卷（十二至十五）

440000－2542－0001344　PJ400132－3
唐陸宣公集二十二卷　（唐）陸贄撰　清刻本　一册　存三卷（十四至十六）

440000－2542－0001345　PJ400132－4
唐陸宣公集二十二卷　（唐）陸贄撰　（清）年羹堯重訂　清刻本　一册　存二卷（二十一至二十二）

440000－2542－0001346　PJ100158
周禮精義六卷末一卷　（清）黄淦撰　清光緒上海掃葉山房刻本　二册

440000－2542－0001347　PS200708
晉書一百三十卷附考證　（唐）房玄齡等撰　**晉書音義三卷**　（唐）何超撰　清光緒十年（1884）上海同文書局石印本　二十九册

440000－2542－0001348　PJ100159
周禮精華六卷　（清）陳龍標編輯　清同治三年（1864）刻本　三册

440000－2542－0001349　PS200709
晉書一百三十卷附考證　（唐）太宗李世民撰　**晉書音義三卷**　（唐）何超纂　清光緒二十九年（1903）五洲同文局石印本　三十册

440000－2542－0001350　PJ100160
周禮正義八十六卷　（清）孫詒讓學　清光緒三十一年（1905）鉛印本　三册

440000－2542－0001351　PJ100161
王會篇箋釋三卷　（清）何秋濤撰　清光緒十七年（1891）江蘇書局刻本　三册

440000－2542－0001352　PS200710
晉書校勘記四卷　（清）周雲撰　清光緒十四年（1888）廣雅書局刻本　一册

440000－2542－0001353　PS200715
晉書補傳贊一卷　（清）杭世駿撰　清刻本　一册

440000－2542－0001354　PS200717
宋書一百卷附考證　（南朝梁）沈約撰　清光緒二十九年（1903）五洲同文局石印本　二十四册

440000－2542－0001355　PS200718
南齊書五十九卷　（南朝梁）蕭子顯撰　清同治十三年（1874）金陵書局刻本　六册

440000－2542－0001356　PJ100162
儀禮注疏十七卷　（漢）鄭玄注　（唐）賈公彥疏　清刻本　四册

440000－2542－0001357　PJ100163
儀禮十七卷　（漢）鄭玄注　（唐）陸德明音義　清光緒十二年（1886）湖北官書處刻本　四册

440000－2542－0001358　PJ100164
儀禮十七卷　（漢）鄭玄注　（唐）陸德明音義　清同治七年（1868）湖北崇文書局刻本　四册

440000－2542－0001359　PS200723
南齊書五十九卷附考證　（南朝梁）蕭子顯撰　清光緒十四年（1888）上海圖書集成印書局

鉛印本　六冊

440000－2542－0001360　PS200725
梁書五十六卷　(唐)姚思廉撰　清同治十三年(1874)金陵書局刻本　六冊

440000－2542－0001361　PJ100165
儀禮注疏十七卷　(漢)鄭玄注　(唐)賈公彥疏　清同治十年(1871)廣東書局刻本　十三冊

440000－2542－0001362　PJ100166
儀禮精義不分卷補編一卷　(清)黄淦撰　清光緒上海掃葉山房刻本　二冊

440000－2542－0001363　PJ400133
唐陸宣公集二十四卷　(唐)陸贄撰　(清)耆英重訂　清道光刻本　一冊　存三卷(一至三)

440000－2542－0001364　PJ100167
儀禮十七卷監本正誤一卷石本誤字一卷　(漢)鄭玄注　(清)張爾岐句讀　清李光明莊刻本　六冊

440000－2542－0001365　PJ100168
儀禮十七卷監本正誤一卷石本誤字一卷　(漢)鄭玄注　(清)張爾岐句讀　清同治七年(1868)金陵書局刻本　四冊

440000－2542－0001366　PS200729
梁書五十六卷　(唐)姚思廉撰　明末毛氏汲古閣刻本　八冊

440000－2542－0001367　PS200732
梁書五十六卷附考證　(唐)姚思廉撰　清光緒二十九年(1903)五洲同文局石印本　八冊

440000－2542－0001368　PS200733
陳書三十六卷附考證　(唐)姚思廉撰　清光緒十四年(1888)上海圖書集成印書局鉛印本　四冊

440000－2542－0001369　PJ400133－1
唐陸宣公集二十二卷　(唐)陸贄撰　(清)年羹堯重訂　清雍正刻本　三冊　存十九卷(四至二十二)

440000－2542－0001370　PJ400134
唐陸宣公翰苑集二十二卷　(唐)陸贄撰　清咸豐十一年(1861)崇仁謝氏刻本　六冊

440000－2542－0001371　PJ400137
柳柳州集四卷　(唐)柳宗元撰　清同治九年(1870)退補齋刻本　一冊

440000－2542－0001372　PS200735
陳書三十六卷　(唐)姚思廉撰　清同治十一年(1872)金陵書局刻本　四冊

440000－2542－0001373　PJ100169
儀禮十七卷監本正誤一卷石本誤字一卷　(漢)鄭玄注　(清)張爾岐句讀　清同治七年(1868)金陵書局刻本　四冊

440000－2542－0001374　PS200747
魏書一百十四卷　(北齊)魏收撰　清同治十一年(1872)金陵書局刻本　十冊

440000－2542－0001375　PJ100170
禮經釋例十三卷首一卷　(清)凌廷堪學　清嘉慶刻本　六冊

440000－2542－0001376　PJ100171
喪禮經傳約一卷　(清)吴卓信學　清同治至光緒吴縣潘氏京師刻滂喜齋叢書本　一冊

440000－2542－0001377　PS200752
北齊書五十卷　(唐)李百藥撰　清古吴書業趙氏刻本　六冊

440000－2542－0001378　PJ400138
昌黎先生集四十卷外集十卷遺文一卷　(唐)韓愈撰　**韓集點勘四卷**　(清)陳景雲校勘　清同治八年至九年(1869－1870)江蘇書局刻本　十冊

440000－2542－0001379　PJ100173
儀禮圖六卷　(清)張惠言述　清同治九年(1870)湖北崇文書局刻本　三冊

440000－2542－0001380　PJ400139
昌黎先生集四十卷外集十卷遺文一卷　(唐)韓愈撰　**韓集點勘四卷**　(清)陳景雲校勘　清同治八年至九年(1869－1870)江蘇書局刻

本　七册　存四十三卷（十三至四十、外集十卷、遺文一卷、韓集點勘四卷）

440000－2542－0001381　PS200758
周書五十卷　（唐）令狐德棻撰　清同治十三年（1874）金陵書局刻本　六册

440000－2542－0001382　PS200760
隋書八十五卷附考證　（唐）魏徵等撰　清光緒十年（1884）上海同文書局石印本　二十三册　存八十四卷（二至八十五）

440000－2542－0001383　PJ400140
昌黎先生集四十卷外集十卷遺文一卷　（唐）韓愈撰　**韓集點勘四卷**　（清）陳景雲校勘　清宣統三年（1911）上海鴻文書局、千頃堂書局石印本　十册

440000－2542－0001384　PS200762
隋書八十五卷　（唐）魏徵等撰　清同治十年（1871）淮南書局刻本　十六册

440000－2542－0001385　PJ400141
昌黎先生集四十卷外集十卷遺文一卷　（唐）韓愈撰　**韓集點勘四卷**　（清）陳景雲校勘　清宣統三年（1911）上海鴻文書局、千頃堂書局石印本　十册

440000－2542－0001386　PJ100175
儀禮古今文疏義十七卷　（清）胡承珙撰　清光緒三年（1877）湖北崇文書局刻本　二册

440000－2542－0001387　PS200767
隋書八十五卷　（唐）魏徵等撰　清古吳書業趙氏刻本　十六册

440000－2542－0001388　PJ400142
昌黎先生集四十卷外集十卷遺文一卷　（唐）韓愈撰　**韓集點勘四卷**　（清）陳景雲校勘　清宣統三年（1911）石印本　七册　存三十五卷（一至二十、外集十卷、遺文一卷、韓集點勘四卷）

440000－2542－0001389　PJ100174
欽定儀禮義疏四十八卷　（清）諸錦等撰　清刻本　九册　缺三十五卷（九至十一、十四至二十二、二十六至四十八）

440000－2542－0001390　PJ400143
昌黎先生集四十卷外集十卷遺文一卷　（唐）韓愈撰　**韓集點勘四卷**　（清）陳景雲校勘　清宣統三年（1911）上海鴻文書局、千頃堂書局石印本　八册　存四十卷（昌黎先生集四十卷）

440000－2542－0001391　PS200769
隋書八十五卷　（唐）魏徵等撰　清末揚州書局刻本　六册　存五十三卷（三十三至八十五）

440000－2542－0001392　PS200778
北史一百卷　（唐）李延壽撰　清同治十一年（1872）金陵書局刻本　二十册

440000－2542－0001393　PJ100177
禮記注疏六十三卷　（漢）鄭玄注　（唐）陸德明音義　（唐）孔穎達疏　清同治十年（1871）廣東書局刻本　十八册　存十二卷（十一至二十二）

440000－2542－0001394　PJ400144
昌黎先生集四十卷外集十卷遺文一卷　（唐）韓愈撰　清光緒二年（1876）初日樓刻唐宋八家全集本　六册

440000－2542－0001395　PJ100178
九經　（明）秦鏷訂正　清刻本　十二册　存九種

440000－2542－0001396　PJ400145
昌黎先生集四十卷外集十卷遺文一卷　（唐）韓愈撰　清光緒二年（1876）初日樓刻唐宋八家全集本　六册

440000－2542－0001397　PJ100179
禮記傳十六卷　（宋）呂大臨著　清宣統三年（1911）藍田芸閣學舍刻本　四册

440000－2542－0001398　PJ100180
禮記十卷　（元）陳澔集說　清同治五年（1866）金陵書局刻本　十册

440000－2542－0001399　PS200784

北史一百卷附考證　(唐)李延壽撰　清光緒十年(1884)上海同文書局石印本　二十三冊　卷八十四、九十二有缺葉

440000－2542－0001400　PS200785
北史一百卷附考證　(唐)李延壽撰　清光緒十年(1884)上海同文書局石印本　四冊　存二十一卷(八十至一百)

440000－2542－0001401　PJ400146
重刊五百家註音辯昌黎先生文集四十卷　(唐)韓愈撰　清乾隆四十九年(1784)觀樓氏刻本　十冊

440000－2542－0001402　PS200788
北史一百卷　(唐)李延壽撰　清古吳書業趙氏刻本　二十四冊

440000－2542－0001403　PJ100182
禮記十卷　(元)陳澔集說　清同治五年(1866)金陵書局刻本　十冊

440000－2542－0001404　PJ100183
禮記十卷　(元)陳澔集說　清同治五年(1866)金陵書局刻本　七冊

440000－2542－0001405　PJ400147
唐大家韓文公文抄十六卷　(唐)韓愈撰　(明)茅坤批評　(明)茅著重訂　明崇禎刻本　三冊　存九卷(一至二、十至十六)

440000－2542－0001406　PJ100184
禮記十卷　(元)陳澔集說　清光緒二十一年(1895)刻本　十冊

440000－2542－0001407　PS200799
唐書二百二十五卷　(宋)歐陽修撰　(宋)宋祁撰　明末毛氏汲古閣刻本　三十六冊

440000－2542－0001408　PS200809
唐書二百二十五卷附考證　(宋)歐陽修撰　清光緒二十九年(1903)五洲同文局石印本　五十冊

440000－2542－0001409　PS200810
舊五代史一百五十卷目錄二卷附考證　(宋)薛居正等撰　清刻本　十六冊

440000－2542－0001410　PJ100189
禮記節本十卷　(清)汪基鈔撰　清宣統二年(1910)上海章福記石印本　六冊

440000－2542－0001411　PJ100190
禮記章句四十九卷　(清)王夫之撰　清同治四年(1865)金陵節署刻船山遺書本　十一冊　存三十二卷(十五至三十一、三十五至四十九)

440000－2542－0001412　PS200811－1
舊五代史一百五十卷目錄二卷附考證　(宋)薛居正等撰　清光緒十年(1884)上海同文書局石印本　二十四冊

440000－2542－0001413　PJ100191
禮記三十卷　(明)徐師曾集注　清閑存堂刻本　八冊

440000－2542－0001414　PS200812
舊五代史一百五十卷目錄二卷附考證　(宋)薛居正等撰　(清)永瑢等總裁　清光緒二十九年(1903)五洲同文局石印本　二十四冊

440000－2542－0001415　PJ100192
欽定禮記義疏八十二卷首一卷　(清)諸錦等撰　清刻本　二十九冊

440000－2542－0001416　PS200809－1
舊五代史一百五十卷目錄二卷附考證　(宋)薛居正等撰　清同治十一年(1872)湖北崇文書局刻本　十六冊

440000－2542－0001417　PS200813－1
五代史七十四卷附考證　(宋)歐陽修撰　清光緒十年(1884)上海同文書局石印本　十冊

440000－2542－0001418　PS200814
五代史七十四卷附考證　(宋)歐陽修撰　清光緒二十九年(1903)五洲同文局石印本　十冊

440000－2542－0001419　PJ100194
禮記六十一卷　(清)孫希旦集解　清咸豐十年(1860)瑞安孫氏盤穀艸堂刻永嘉叢書本　十九冊

440000－2542－0001420　PS200814－1
五代史七十四卷　(宋)歐陽修撰　(宋)徐無黨注　清古吳書業趙氏刻本　八册

440000－2542－0001421　PS200815－1
五代史七十四卷　(宋)歐陽修撰　(宋)徐無黨注　清同治十一年(1872)湖北崇文書局刻本　八册

440000－2542－0001422　PJ100198
禮記精義六卷首一卷　(清)黄淦纂　清光緒掃葉山房刻本　二册

440000－2542－0001423　PS200820
宋史四百九十六卷目錄三卷　(元)脱脱等撰　清光緒元年(1875)浙江書局刻本　八十五册　存四百十二卷(一至九十七、一百三十八至二百二十三、二百二十八至四百五十三,目錄三卷)

440000－2542－0001424　PJ100199
禮記恒解四十九卷　(清)劉沅輯注　清光緒豫誠堂刻本　十册

440000－2542－0001425　PS200821
宋史四百九十六卷目錄三卷附考證　(元)脱脱等撰　清光緒十年(1884)上海同文書局石印本　六十六册　存三百三十卷(一至三百二十七、目錄三卷)

440000－2542－0001426　PS200822
遼史一百十五卷附考證　(元)托克托等修　清同治十二年(1873)江蘇書局刻本　十二册

440000－2542－0001427　PS200824
遼史一百十六卷附考證　(元)脱脱等修　清光緒十年(1884)上海同文書局石印本　九册

440000－2542－0001428　PS200825
遼史一百十六卷附考證　(元)脱脱等修　清光緒二十九年(1903)五洲同文局石印本　八册

440000－2542－0001429　PS200826
遼史拾遺二十四卷　(清)厲鶚撰　**遼史拾遺補五卷**　(清)楊復吉輯　清光緒二十六年(1900)廣雅書局刻本　四册　存十一卷(一至二、七至十二,補一至三)

440000－2542－0001430　PJ100200
禮記訓纂四十九卷　(清)朱彬輯　清宣統元年(1909)學部圖書局石印本　十册

440000－2542－0001431　PS200827
遼史拾遺二十四卷　(清)厲鶚撰　**遼史拾遺補五卷**　(清)楊復吉輯　清光緒元年至三年(1875－1877)江蘇書局刻本　十册

440000－2542－0001432　PJ100201
禮記說八卷　(清)楊秉杷學　清刻本　二册

440000－2542－0001433　PS200828
欽定遼史語解十卷　(清)□□編　清光緒四年(1878)江蘇書局刻遼金元三史語解本　二册

440000－2542－0001434　PS200829
金史一百三十五卷附考證　(元)托克托等修　清同治十三年(1874)江蘇書局刻本　十六册

440000－2542－0001435　PJ100205
三禮通釋二百八十卷首一卷目錄三卷　(清)林昌彝學　清同治三年(1864)歷城毛氏廣州刻本　四十八册

440000－2542－0001436　PJ100206
禮書通故五十卷　(清)黄以周述　清光緒十九年(1893)黄氏試館刻本　三十二册

440000－2542－0001437　PJ400162
李長吉集四卷外卷一卷　(唐)李賀撰　(清)黄陶菴評本　(清)黎二樵批點　清宣統元年(1909)掃葉山房石印本　二册

440000－2542－0001438　PS200833
金史一百三十五卷附考證　(元)脱脱等修　清光緒十八年(1892)武林竹簡齋石印本　七册　存一百十六卷(一至一百十六)

440000－2542－0001439　PS200834
金史一百三十五卷附考證　(元)脱脱等修　清光緒二十九年(1903)五洲同文局石印本

二十四冊

440000－2542－0001440　PS200835
元史二百十卷目錄二卷附考證　(明)宋濂等修　清光緒二十九年(1903)五洲同文局石印本　五十一冊

440000－2542－0001441　PS200836
元史二百十卷附考證　(明)宋濂等修　清刻本　二十二冊　存一百十一卷(三十四至三十九、五十一至五十四、六十三至八十六、九十一至一百十六、一百二十三至一百二十八、一百六十至二百四)

440000－2542－0001442　PJ400164
長江集十卷閬仙詩一卷　(唐)賈島撰　清光緒五年(1879)定州王氏謙德堂刻畿輔叢書本　一冊　存十卷(長江集十卷)

440000－2542－0001443　PJ400168
玉谿生詩詳註三卷樊南文集詳註八卷　(唐)李商隱撰　(清)馮浩編訂　清乾隆刻同治校補本　六冊

440000－2542－0001444　PS200837
元史譯文證補三十卷　(清)洪鈞撰　清光緒二十九年(1903)史學齋編譯石印書局鉛印本　三冊　存十九卷(二至六、九至十二、十四至十五、十八、二十二至二十四、二十六至二十七、二十九至三十)

440000－2542－0001445　PS200838
欽定元史語解二十四卷　(清)□□編　清光緒四年(1878)江蘇書局刻遼金元三史語解本　八冊

440000－2542－0001446　PS200839
元史譯文證補三十卷　(清)洪鈞撰　清光緒二十六年(1900)廣雅書局刻本　四冊

440000－2542－0001447　PJ100207
讀禮條考二十卷　(清)王曜南學　清光緒二十三年(1897)武林尚友齋石印本　六冊

440000－2542－0001448　PJ100208
求古錄禮說校勘記三卷　(清)王士駿輯　清光緒吳縣孫氏刻本　一冊

440000－2542－0001449　PJ100209
求古錄禮說補遺一卷　(清)金鶚撰　清同治刻本　一冊

440000－2542－0001450　PS200840
明史三百三十二卷　(清)張廷玉等修　清光緒石印本　四十九冊　存一百四十卷(一百九十三至三百三十二)

440000－2542－0001451　PS200841
明史三百三十二卷　(清)張廷玉等修　清光緒三年(1877)湖北崇文書局刻本　八十冊

440000－2542－0001452　PJ100210
新定三禮圖二十卷　(宋)聶崇義集注　清同治十二年(1873)粵東書局刻通志堂經解本　二冊

440000－2542－0001453　PJ400173
唐女郎魚玄機詩一卷　(唐)魚玄機撰　清光緒三十一年(1905)南陵徐氏刻隨盦徐氏叢書本　一冊

440000－2542－0001454　PS200846
明史三百三十二卷　(清)張廷玉等修　清刻本　五十八冊　存二百四十卷(四十七至一百二十五、一百三十二至二百二十、二百六十一至三百三十二)

440000－2542－0001455　PJ100212
五禮通考二百六十二卷總目二卷首四卷　(清)秦蕙田編輯　清光緒六年(1880)江蘇書局刻本　九十二冊

440000－2542－0001456　PS200849
竹書紀年二卷　(清)洪頤煊校　清嘉慶十一年(1806)平津館刻本　一冊

440000－2542－0001457　PS200851
竹書紀年統箋十二卷雜述一卷前編一卷　(南朝梁)沈約附注　(清)徐文靖統箋　(清)馬陽等校訂　清乾隆十五年(1750)刻本　四冊

440000－2542－0001458　PS200852

資治通鑑二百九十四卷附釋文辨誤十二卷 (宋)司馬光編集 (元)胡三省音注 清嘉慶二十一年(1816)胡克家刻同治八年(1869)江蘇書局重修本 一百冊

440000－2542－0001459 PJ100214
冠婚喪祭儀考十二卷 (清)林伯桐撰 清道光二十四年(1844)番禺林氏刻脩本堂叢書本 三冊

440000－2542－0001460 PJ100215
律服考古錄二卷 (清)楊峒撰 清光緒三十四年(1908)武進李氏聖譯樓刻聖譯樓叢書本 一冊

440000－2542－0001461 PJ100216
律呂正義上編二卷下編二卷續編一卷 (清)聖祖玄燁撰 清刻本 四冊

440000－2542－0001462 PS200853
資治通鑑二百九十四卷 (宋)司馬光編集 (元)胡三省音注 清光緒十四年(1888)長沙楊氏刻本 五十三冊 存一百五十四卷(一百三十八至二百九十一)

440000－2542－0001463 PJ100217
讀禮通考一百二十卷 (清)徐乾學撰 清康熙刻本 九冊 存三十卷(一至十七、一百八至一百二十)

440000－2542－0001464 PS200854
資治通鑑二百九十四卷目錄三十卷 (宋)司馬光編集 (元)胡三省音注 清光緒十四年至十七年(1888－1891)刻本 八十二冊 存九十七卷(一至十七、二百四十五至二百九十四,目錄三十卷)

440000－2542－0001465 PJ100218
春秋經傳集解三十卷 (晉)杜預撰 清宣統二年(1910)學部圖書局石印本 十五冊

440000－2542－0001466 PJ400187
東坡和陶合箋四卷 (宋)蘇軾撰 (清)溫汝能纂訂 清宣統元年(1909)掃葉山房石印本 二冊

440000－2542－0001467 PJ100219
春秋經傳集解三十卷 (晉)杜預撰 **左傳杜解補正三卷** (清)顧炎武撰 清康熙刻本 八冊

440000－2542－0001468 PJ400189
陶山集十六卷 (宋)陸佃撰 清光緒廣雅書局刻武英殿聚珍版書本 三冊

440000－2542－0001469 PS200858
資治通鑑考異三十卷 (宋)司馬光編集 (清)胡元常審校 清光緒十四年(1888)長沙楊氏刻本 八冊

440000－2542－0001470 PS200859
資治通鑑目錄三十卷 (宋)司馬光編集 清同治八年(1869)江蘇書局刻本 十冊

440000－2542－0001471 PS200861
通鑑釋文辨誤十二卷 (元)胡三省撰 清光緒十五年(1889)刻本 二冊

440000－2542－0001472 PJ100222
春秋左傳五十卷 (晉)杜預 (宋)林堯叟注釋 (唐)陸德明音義 清同治八年(1869)江蘇書局刻本 十六冊

440000－2542－0001473 PJ100223
春秋左傳五十卷 (晉)杜預 (宋)林堯叟注釋 (唐)陸德明音義 清九思堂刻本 十二冊

440000－2542－0001474 PS200863
資治通鑑補二百九十四卷 (宋)司馬光撰 (元)胡三省音注 (明)嚴衍補 清光緒二年(1876)思補樓刻本 八十冊

440000－2542－0001475 PS200865
續資治通鑑二百二十卷 (清)畢沅編集 清同治八年(1869)江蘇書局補刻鎮洋畢氏本 五十五冊 存二百二卷(一至五十、六十六至一百五十九、一百六十三至二百二十)

440000－2542－0001476 PJ100226
春秋左傳五十卷 (晉)杜預 (宋)林堯叟注釋 (唐)陸德明音義 清光緒三十一年

(1905)校經山房書局石印本　九册

440000－2542－0001477　PJ100227
春秋左傳注疏六十卷　(晋)杜預注　(唐)孔穎達疏　清刻本　二十册

440000－2542－0001478　PS200867
資治通鑑綱目五十九卷首一卷　(宋)朱熹撰　清光緒五年(1879)山東書局刻本　三十一册　存二十一卷(一至二十、首一卷)

440000－2542－0001479　PJ400190
山谷詩集注二十卷　(宋)黄庭堅撰　(宋)任淵註　**山谷外集詩註十七卷**　(宋)史容註　**山谷别集詩註二卷**　(宋)史季溫註　清光緒二十一年至二十六年(1895－1900)義寧陳三立刻本　二十册

440000－2542－0001480　PS200868
資治通鑑綱目前編二十五卷正編五十九卷續編二十七卷末一卷　(宋)朱熹等撰　(明)陳仁錫評閲　清刻本　七十二册

440000－2542－0001481　PJ400192
山谷詩内集注二十卷附録一卷　(宋)黄庭堅撰　(宋)任淵注　**山谷詩外集注十七卷**　(宋)史容注　**山谷詩别集注二卷**　(宋)史季溫注　**山谷詩外集補四卷**　**山谷詩别集補一卷**　(清)謝啓昆輯　**重刻山谷先生年譜十四卷**　(宋)黄㽦編　清刻本　十七册　存五十三卷(内集注六至二十、外集注十七卷、别集注二卷、外集補四卷、别集補一卷、年譜十四卷)

440000－2542－0001482　PS200869
資治通鑑綱目前編二十五卷正編五十九卷續編二十七卷末一卷　(宋)朱熹等撰　(明)陳仁錫評閲　清刻本　七十二册

440000－2542－0001483　PJ400193
柯山集五十卷拾遺十二卷續拾遺一卷　(宋)張耒撰　清光緒福建刻武英殿聚珍版書本　六册　存五十卷(柯山集五十卷)

440000－2542－0001484　PS200870
御批資治通鑑綱目五十九卷首一卷　(宋)朱熹撰　清刻本　七十册　存五十九卷(綱目五十九卷)

440000－2542－0001485　PJ400194
後山詩十二卷　(宋)陳師道撰　(宋)任淵注　清光緒福建刻武英殿聚珍版書本　二册　存五卷(一至五)

440000－2542－0001486　PJ100228
春秋左傳綱目杜林詳注十四卷　(明)張岐然著　清撥茅居刻本　十二册

440000－2542－0001487　PS200872
御批資治通鑑綱目五十九卷前編舉要三卷續編二十七卷首一卷　(宋)朱熹等撰　清刻本　三十六册

440000－2542－0001488　PJ100230
春秋左氏傳補注十卷　(元)趙汸學　清同治十二年(1873)粤東書局刻通志堂經解本　一册

440000－2542－0001489　PS200873
御批續資治通鑑綱目二十七卷　(明)商輅撰　清刻本　二十八册

440000－2542－0001490　PJ100234
讀左補義五十卷首一卷　(清)姜炳璋輯　清同治十年(1871)三益堂刻本　二十册

440000－2542－0001491　PS200874
讀通鑑綱目條記二十卷首一卷　(清)李述來撰　清光緒八年(1882)群亞山房刻本　六册

440000－2542－0001492　PS200875
尺木堂綱鑑易知録九十二卷明鑑易知録十五卷　(清)吴乘權等輯　清刻本　十六册　存三十二卷(綱鑑易知録二十六至二十七、三十至五十九)

440000－2542－0001493　PJ400198
净德集三十八卷　(宋)吕陶撰　清光緒福建刻武英殿聚珍版書本　四册

440000－2542－0001494　PS200876
緯文堂綱鑑易知録九十二卷明鑑易知録十五卷　(清)吴乘權等輯　清緯文堂刻本　二十

八冊　存六十二卷(綱鑑易知録五至六、十三至十七、二十至二十五、二十九至四十三、五十一至五十二、五十四至五十八、七十九至九十二,明鑑易知録三至十五)

440000－2542－0001495　PS200877
尺木堂綱鑑易知録九十二卷明鑑易知録十五卷　(清)吳乘權等輯　清光緒二十七年(1901)上海鑄史齋鉛印本　十六冊

440000－2542－0001496　PJ400200
横塘集二十卷　(宋)許景衡撰　清光緒二年(1876)瑞安孫氏詒善祠塾刻本　四冊

440000－2542－0001497　PJ400201
忠簡公集七卷　(宋)宗澤撰　**宋忠簡集辨譌考異一卷**　(清)胡鳳丹纂輯　清同治八年(1869)永康胡氏退補齋刻金華叢書本　二冊

440000－2542－0001498　PJ100235
欽定春秋左傳讀本三十卷　(清)英和等撰　清同治十一年(1872)山東書局刻十三經讀本附校刊記本　十冊

440000－2542－0001499　PJ100236
左傳補釋三十二卷　(清)梁履繩撰　清道光九年(1829)錢塘汪氏振綺堂刻光緒元年(1875)補刻本　十二冊

440000－2542－0001500　PJ100237
春秋經傳比事二十二卷　(清)林春溥撰　清咸豐元年(1851)竹柏山房刻本　八冊

440000－2542－0001501　PJ400202
姑溪居士文集五十卷後集二十卷　(宋)李之儀撰　**附録一卷校勘記一卷**　(清)吳對撰　清宣統三年(1911)金陵督糧道署刻本　八冊

440000－2542－0001502　PJ100238
曲江書屋新訂批註左傳快讀十八卷首一卷　(清)李紹崧選訂　清道光三十年(1850)承恩堂刻本　十六冊

440000－2542－0001503　PS200879
御批歷代通鑑輯覽一百二十卷　(清)傅恒等撰　清同治十一年(1872)湖北崇文書局刻本　六十冊

440000－2542－0001504　PS200880
御批歷代通鑑輯覽一百二十卷　(清)傅恒等撰　清同治十三年(1874)湖南書局刻本　六十冊

440000－2542－0001505　PJ400203
横塘集二十卷　(宋)許景衡撰　清光緒二年(1876)瑞安孫氏詒善祠塾刻本　三冊　存十五卷(一至十五)

440000－2542－0001506　PJ400204
横塘集二十卷　(宋)許景衡撰　清光緒二年(1876)瑞安孫氏詒善祠塾刻本　二冊　存十卷(一至十)

440000－2542－0001507　PJ100239
加批硃注東萊博議四卷　(宋)吕祖謙撰　清光緒二十四年(1898)育才山房刻朱墨套印本　四冊

440000－2542－0001508　PJ400205
摛文堂集十五卷附録一卷　(宋)慕容彦逢撰　清光緒二十三年(1897)武進盛氏思惠齋刻常州先哲遺書本　二冊

440000－2542－0001509　PJ400206
摛文堂集十五卷附録一卷　(宋)慕容彦逢撰　清光緒二十三年(1897)武進盛氏思惠齋刻常州先哲遺書本　二冊

440000－2542－0001510　PJ400207
摛文堂集十五卷附録一卷　(宋)慕容彦逢撰　清光緒二十三年(1897)武進盛氏思惠齋刻常州先哲遺書本　二冊

440000－2542－0001511　PJ400208
毘陵集十六卷補遺一卷附録一卷　(宋)張守撰　清光緒二十一年(1895)武進盛氏思惠齋刻常州先哲遺書本　二冊

440000－2542－0001512　PJ400209
毘陵集十六卷拾遺一卷　(宋)張守撰　清光緒福建刻武英殿聚珍版書本　三冊　存十六卷(毘陵集十六卷)

440000－2542－0001513　PS200883
御批歷代通鑑輯覽一百二十卷　（清）傅恒等撰　清同治十年（1871）浙江書局朱墨套印本　四十二冊　存一百三卷（十八至一百二十）

440000－2542－0001514　PS200884
御批歷代通鑑輯覽一百二十卷　（清）傅恒等撰　清光緒二十五年（1899）美華賓記石印本　二十冊

440000－2542－0001515　PS200885
御批歷代通鑑輯覽一百二十卷　（清）傅恒等撰　清光緒二十五年（1899）上海順成書局石印本　二十七冊

440000－2542－0001516　PS200886
御批歷代通鑑輯覽一百二十卷　（清）傅恒等撰　清光緒二十九年（1903）上海通元書局石印本　二十四冊

440000－2542－0001517　PJ100243
左傳舊疏考正八卷　（清）劉文淇撰　清光緒三年（1877）湖北崇文書局刻本　四冊

440000－2542－0001518　PJ100244
左傳舊疏考正八卷　（清）劉文淇撰　清光緒三年（1877）湖北崇文書局刻本　四冊

440000－2542－0001519　PJ100245
左傳舊疏考正八卷　（清）劉文淇撰　清光緒三年（1877）湖北崇文書局刻本　二冊

440000－2542－0001520　PJ400210
斜川集六卷　（宋）蘇過撰　清道光七年（1827）刻本　三冊

440000－2542－0001521　PJ400211
毘陵集十六卷補遺一卷附錄一卷　（宋）張守撰　清光緒二十一年（1895）武進盛氏思惠齋刻常州先哲遺書本　二冊

440000－2542－0001522　PJ400212
毘陵集十六卷補遺一卷附錄一卷　（宋）張守撰　清光緒二十一年（1895）武進盛氏思惠齋刻常州先哲遺書本　二冊

440000－2542－0001523　PS200892
御撰資治通鑑綱目三編四卷　（清）張廷玉等纂　清光緒十三年（1887）上海點石齋石印本　二冊

440000－2542－0001524　PJ100246
東萊博議四卷　（宋）呂祖謙撰　清宣統二年（1910）石印本　四冊

440000－2542－0001525　PS200894
御撰資治通鑑綱目三編二十卷　（清）張廷玉等纂　清刻本　四冊

440000－2542－0001526　PS200895
御撰資治通鑑綱目三編四十卷　（清）朱珪等撰　清同治十一年（1872）江西書局刻本　十二冊

440000－2542－0001527　PJ400213
丹陽集二十四卷附錄一卷　（宋）葛勝仲撰　清光緒二十二年（1896）武進盛氏思惠齋刻常州先哲遺書本　三冊

440000－2542－0001528　PJ400214
浮溪集三十二卷附拾遺三卷　（宋）汪藻撰　清光緒福建刻武英殿聚珍版書本　五冊　存三十二卷（浮溪集三十二卷）

440000－2542－0001529　PJ400215
丹陽集二十四卷附錄一卷　（宋）葛勝仲撰　清光緒二十二年（1896）武進盛氏思惠齋刻常州先哲遺書本　三冊

440000－2542－0001530　PJ400216
丹陽集二十四卷附錄一卷　（宋）葛勝仲撰　清光緒二十二年（1896）武進盛氏思惠齋刻常州先哲遺書本　三冊

440000－2542－0001531　PS200897
續資治通鑑長編五百二十卷目錄二卷　（宋）李燾撰　清嘉慶二十四年（1819）愛日精盧木活字印本　十六冊

440000－2542－0001532　PS200898
續資治通鑑長編五百二十卷目錄二卷　（宋）李燾撰　清光緒七年（1881）浙江書局刻本　一百二十冊

440000－2542－0001533　PJ400217
鴻慶居士文集四十二卷　（宋）孫覿撰　清光緒二十一年（1895）武進盛氏思惠齋刻常州先哲遺書本　四冊

440000－2542－0001534　PJ400218
鴻慶居士文集四十二卷　（宋）孫覿撰　清光緒二十一年（1895）武進盛氏思惠齋刻常州先哲遺書本　四冊

440000－2542－0001535　PJ100250
批評東萊博議四卷　（宋）呂祖謙撰　清光緒八年（1882）崇明馮氏石印本　四冊

440000－2542－0001536　PJ400219
鴻慶居士文集四十二卷　（宋）孫覿撰　清光緒二十一年（1895）武進盛氏思惠齋刻常州先哲遺書本　四冊

440000－2542－0001537　PJ100252
東萊先生左氏博議二十五卷　（宋）呂祖謙撰　清道光十九年（1839）錢塘瞿氏清吟閣刻本　六冊

440000－2542－0001538　PJ100253
東萊先生左氏博議二十五卷　（宋）呂祖謙撰　清光緒十四年（1888）雲陽義秀書屋刻本　六冊

440000－2542－0001539　PJ400220
梁谿遺稾二卷補遺一卷附錄一卷　（宋）尤袤撰　清光緒二十三年（1897）武進盛氏思惠齋刻常州先哲遺書本　一冊

440000－2542－0001540　PJ400220－1
侍郎葛公歸愚集十卷補遺一卷　（宋）葛立方撰　清光緒二十二年（1896）武進盛氏思惠齋刻常州先哲遺書本　一冊

440000－2542－0001541　PS200900
續資治通鑑長編拾補六十卷　（清）秦緗業等編　清光緒九年（1883）浙江書局刻本　十六冊

440000－2542－0001542　PJ400220－2
信齋詞一卷　（宋）葛郯撰　清光緒二十三年（1897）武進盛氏思惠齋刻常州先哲遺書本　一冊

440000－2542－0001543　PJ400221
梁谿遺稾二卷補遺一卷附錄一卷　（宋）尤袤撰　清光緒二十三年（1897）武進盛氏思惠齋刻常州先哲遺書本　一冊

440000－2542－0001544　PJ400221－1
侍郎葛公歸愚集十卷補遺一卷　（宋）葛立方撰　清光緒二十二年（1896）武進盛氏思惠齋刻常州先哲遺書本　一冊

440000－2542－0001545　PS200901
明紀六十卷　（清）陳鶴撰　（清）陳克家參訂　清刻本　十九冊　存五十七卷（四至六十）

440000－2542－0001546　PJ400221－2
信齋詞一卷　（宋）葛郯撰　清光緒二十三年（1897）武進盛氏思惠齋刻常州先哲遺書本　一冊

440000－2542－0001547　PS200902
明通鑑九十卷附編六卷　（清）夏燮編輯　清刻本　三十冊　存七十五卷（二十二至九十、附編六卷）

440000－2542－0001548　PJ100254
東萊博議四卷　（宋）呂祖謙撰　清宣統二年（1910）李光明莊刻本　四冊

440000－2542－0001549　PJ400224
梁谿遺稾二卷補遺一卷附錄一卷　（宋）尤袤撰　清光緒二十三年（1897）武進盛氏思惠齋刻常州先哲遺書本　一冊

440000－2542－0001550　PJ400224－1
侍郎葛公歸愚集十卷補遺一卷　（宋）葛立方撰　清光緒二十二年（1896）武進盛氏思惠齋刻常州先哲遺書本　一冊

440000－2542－0001551　PJ400224－2
信齋詞一卷　（宋）葛郯撰　清光緒二十三年（1897）武進盛氏思惠齋刻常州先哲遺書本　一冊

440000－2542－0001552　PJ100255

左繡三十卷首一卷　(清)馮李驊　(清)陸浩評輯　清刻本　十四冊

440000－2542－0001553　PJ100256
左繡三十卷首一卷　(清)馮李驊　(清)陸浩評輯　清李光明莊刻本　十冊

440000－2542－0001554　PS200903
欽定明鑑二十四卷首一卷　(清)托津等編　清刻本　八冊

440000－2542－0001555　PJ400225
宋孫仲益内簡尺牘十卷　(宋)孫覿撰　(宋)李祖堯編注　(清)蔡龍孫增訂　清光緒二十二年(1896)武進盛氏思惠齋刻常州先哲遺書本　二冊

440000－2542－0001556　PJ400228
宋孫仲益内簡尺牘十卷　(宋)孫覿撰　(宋)李祖堯編注　(清)蔡龍孫增訂　清光緒二十二年(1896)武進盛氏思惠齋刻常州先哲遺書本　二冊

440000－2542－0001557　PJ400229
宋孫仲益内簡尺牘十卷　(宋)孫覿撰　(宋)李祖堯編注　(清)蔡龍孫增訂　清光緒二十二年(1896)武進盛氏思惠齋刻常州先哲遺書本　二冊

440000－2542－0001558　PJ400226
浮沚集九卷　(宋)周行已撰　清光緒福建刻武英殿聚珍版書本　二冊

440000－2542－0001559　PJ400227
茶山集八卷拾遺一卷　(宋)曾幾撰　清光緒福建刻武英殿聚珍版書本　一冊　缺一卷(拾遺一卷)

440000－2542－0001560　PJ100258
春秋左氏傳賈服注輯述二十卷　(清)李貽德學　清同治六年(1867)刻本　六冊

440000－2542－0001561　PS200907
東華錄四百二十四卷(天命朝至道光朝)　王先謙撰　周潤蕃　周瀹蕃校　清光緒十三年(1887)廣百宋齋鉛印本　七十六冊

440000－2542－0001562　PJ100259
左傳事緯十二卷左傳字釋一卷　(清)馬驌編論　清乾隆四十九年(1784)仁和黃暹刻本　八冊

440000－2542－0001563　PS200908
東華錄一百二十卷(天命朝至道光朝)　王先謙撰　周潤蕃　周瀹蕃校　清光緒石印本　六十冊

440000－2542－0001564　PJ400230
增廣箋註簡齋詩集三十卷　(宋)陳興義撰　(宋)胡穉箋　清刻本　一冊　存七卷(五至十一)

440000－2542－0001565　PJ400231
南澗甲乙稿二十二卷拾遺一卷　(宋)韓元吉撰　清光緒福建刻武英殿聚珍版書本　五冊　缺一卷(拾遺一卷)

440000－2542－0001566　PJ400232
南澗甲乙稿二十二卷拾遺一卷　(宋)韓元吉撰　清光緒福建刻武英殿聚珍版書本　六冊　缺一卷(拾遺一卷)

440000－2542－0001567　PJ100263
春秋公羊經傳解詁十二卷　(漢)何休學　(清)魏彥撰　清末李光明莊刻本　四冊

440000－2542－0001568　PJ100265
春秋公羊經傳解詁十二卷　(漢)何休學　**重刊宋紹熙公羊傳注附音本校記一卷**　(清)魏彥撰　清道光四年(1824)揚州汪氏問禮堂刻本　二冊

440000－2542－0001569　PJ100266
春秋公羊經傳解詁十二卷　(漢)何休學　**重刊宋紹熙公羊傳注附音本校記一卷**　(清)魏彥撰　清道光四年(1824)揚州汪氏問禮堂刻本　一冊　存六卷(一至六)

440000－2542－0001570　PS200911
東華錄一百九十五卷續錄二百三十卷(天命朝至咸豐朝)　王先謙撰　周潤蕃　周瀹蕃校　清光緒十三年(1887)上海圖書集成印書局鉛印本　五十一冊

440000－2542－0001571　PS200911－1

東華續錄一百卷(咸豐朝)　王先謙編　陶濬宣校　清光緒十八年(1892)上海圖書集成印書局鉛印本　三十二册

440000－2542－0001572　PS200912

東華續錄一百卷(咸豐朝)　王先謙編　陶濬宣校　清光緒十八年(1892)刻本　二十七册　存七十五卷(十八、二十一至二十三、二十六至三十二、三十五至九十五、九十八至一百)

440000－2542－0001573　PJ400234

劍南詩稾八十五卷　(宋)陸游撰　明海虞毛氏汲古閣刻陸放翁全集本　三十一册　存八十一卷(一至六十六、七十一至八十五)

440000－2542－0001574　PJ400234－1

放翁逸稾二卷　(宋)陸游撰　明海虞毛氏汲古閣刻陸放翁全集本　一册

440000－2542－0001575　PJ100267

春秋公羊經傳解詁十二卷　(漢)何休學　**重刊宋紹熙公羊傳注附音本校記一卷**　(清)魏彥撰　清光緒二十一年(1895)金陵書局刻本　二册

440000－2542－0001576　PS200913

東華續錄六十九卷(咸豐朝)　(清)潘頤福編　(清)盧秉政校　清光緒十八年(1892)上海圖書集成印書局鉛印本　十六册

440000－2542－0001577　PJ100268

春秋公羊經傳解詁十二卷　(漢)何休學　**重刊宋紹熙公羊傳注附音本校記一卷**　(清)魏彥撰　清光緒二十一年(1895)金陵書局刻本　二册

440000－2542－0001578　PJ100269

春秋公羊經傳解詁十二卷　(漢)何休學　清汲古閣刻本　五册

440000－2542－0001579　PJ400239

劍南詩稾八十五卷　(宋)陸游撰　明海虞毛氏汲古閣刻陸放翁全集本　六册　存十五卷(一、三十八至四十五、五十七至六十二)

440000－2542－0001580　PJ400237

劍南詩鈔一卷　(宋)陸游撰　(宋)楊大鶴選　清光緒八年(1882)文苑山房刻本　六册

440000－2542－0001581　PJ100271

春秋公羊傳注疏二十八卷　(漢)何休學　(唐)陸德明音義　清同治十年(1871)廣東書局刻本　十册

440000－2542－0001582　PJ400238

雪山集十六卷　(宋)王質撰　清同治九年(1870)木活字印本　五册　存十二卷(一至十二)

440000－2542－0001583　PJ100272

春秋公羊傳十一卷　(漢)何休學　(唐)陸德明音義　清同治十一年(1872)山東書局刻十三經讀本附校刊記本　四册

440000－2542－0001584　PJ100273

春秋公羊傳十二卷　(明)閔齊伋裁注　**春秋公羊傳考**　(明)閔齊伋學　清刻本　四册

440000－2542－0001585　PS200915

東華續錄一百卷(同治朝)　王先謙編　(清)張式恭校　清光緒刻本　十四册　存十五卷(一至五、七至十五、四十一)

440000－2542－0001586　PS200916

東華續錄一百卷(同治朝)　王先謙編　(清)張式恭校　清光緒二十五年(1899)公記書莊石印本　二十四册

440000－2542－0001587　PS200918

東華續錄一百卷(同治朝)　王先謙編　(清)張式恭校　清光緒二十七年(1901)煥文書局石印本　二十四册

440000－2542－0001588　PS200919

東華續錄一百卷(同治朝)　王先謙編　(清)張式恭校　清光緒二十四年(1898)文瀾書局石印本　二十四册

440000－2542－0001589　PJ400240

朱子古文六卷　(宋)朱熹撰　清康熙寶旭齋刻本　六册

440000－2542－0001590　PJ400241
竹軒雜著六卷附補遺一卷　（宋）林季仲撰　清光緒二年（1876）瑞安孫氏詒善祠塾刻永嘉叢書本　一册

440000－2542－0001591　PS200920
東華續錄二百二十卷（光緒朝）　（清）朱壽朋編　（清）潘鴻鼎校　清宣統元年（1909）上海集成圖書公司鉛印本　六十四册

440000－2542－0001592　PJ400242
艮齋先生薛常州浪語集三十五卷　（宋）薛季宣撰　清同治十年（1871）金陵局刻本　八册

440000－2542－0001593　PJ100274
公羊逸禮考徵一卷　（清）陳奂學　清同治七年（1868）刻本　一册

440000－2542－0001594　PJ100275
公羊逸禮考徵一卷　（清）陳奂學　清同治七年（1868）刻本　一册

440000－2542－0001595　PS200926
通鑑紀事本末二百三十九卷　（宋）袁樞編輯　（明）張溥論正　清光緒十三年（1887）廣雅書局刻本　四十八册

440000－2542－0001596　PJ400243
呂東萊先生文集二十卷首一卷　（宋）呂祖謙撰　（清）王崇炳編輯　清同治七年（1868）永康胡氏退補齋刻金華文萃本　十一册　存十卷（三、五至六、九至十一、十六至十九）

440000－2542－0001597　PJ400244
呂東萊先生文集二十卷首一卷　（宋）呂祖謙撰　（清）王崇炳編輯　清同治七年（1868）永康胡氏退補齋刻金華文萃本　四册　存八卷（三至四、十三至十六、十九至二十）

440000－2542－0001598　PJ400245
宋東萊呂成公外錄四卷　（宋）呂祖謙撰　（明）阮元聲輯　明崇禎五年（1632）刻本　一册

440000－2542－0001599　PJ100280
春秋繁露十七卷　（漢）董仲舒著　清光緒三年（1877）湖北崇文書局刻本　二册

440000－2542－0001600　PS200928
繹史一百六十卷世系圖一卷年表一卷　（清）馬驌撰　清光緒二十三年（1897）武林尚友齋石印本　二十四册

440000－2542－0001601　PS200929
左傳紀事本末五十三卷　（清）高士奇撰　清光緒二十四年（1898）湖南思賢書局刻本　十一册

440000－2542－0001602　PJ100281
春秋繁露十七卷　（漢）董仲舒著　清光緒三年（1877）湖北崇文書局刻本　二册

440000－2542－0001603　PJ100283
春秋繁露十七卷附錄一卷　（漢）董仲舒撰　清刻本　三册

440000－2542－0001604　PJ100284
春秋董氏學八卷　康有為學　清光緒康氏萬木草堂刻本　四册

440000－2542－0001605　PJ400248
止齋先生文集五十二卷附錄一卷　（宋）陳傅良撰　清光緒五年（1879）瑞安孫氏詒善祠塾刻永嘉叢書本　十册

440000－2542－0001606　PS200934
元史紀事本末二十七卷　（明）陳邦瞻編輯　（明）張溥論正　清光緒二十四年（1898）上海文瀾書局石印本　一册　存十二卷（一至十二）

440000－2542－0001607　PS200935
元史紀事本末二十七卷　（明）陳邦瞻編輯　（明）張溥論正　清宣統二年（1910）上海文盛書局石印本　一册

440000－2542－0001608　PJ400249
定齋集二十卷　（宋）蔡戡撰　（宋）李祖堯編注　清光緒二十二年（1896）武進盛氏思惠齋刻常州先哲遺書本　二册

440000－2542－0001609　PJ400251
定齋集二十卷　（宋）蔡戡撰　（宋）李祖堯編

注　清光緒二十二年(1896)武進盛氏思惠齋刻常州先哲遺書本　二册

440000－2542－0001610　PJ400252
定齋集二十卷　(宋)蔡戡撰　(宋)李祖堯編注　清光緒二十二年(1896)武進盛氏思惠齋刻常州先哲遺書本　二册

440000－2542－0001611　PJ400250
絜齋集二十四卷末一卷　(宋)袁燮撰　清光緒福建刻武英殿聚珍版書本　五册

440000－2542－0001612　PJ400253
絜齋集二十四卷末一卷　(宋)袁燮撰　清光緒福建刻武英殿聚珍版書本　四册　存十二卷(一至十二)

440000－2542－0001613　PS200937
元史紀事本末二十七卷　(明)陳邦瞻編輯　(明)張溥論正　清光緒十四年(1888)廣雅書局刻本　一册　存八卷(一至八)

440000－2542－0001614　PJ100285
春秋穀梁注疏二十卷　(晉)范甯集解　(唐)楊士勛疏　清刻本　四册

440000－2542－0001615　PJ400254
水心文集二十九卷　(宋)葉適撰　清乾隆二十年(1755)刻本　六册

440000－2542－0001616　PJ100286
春秋穀梁傳十二卷　(晉)范甯集解　(唐)陸德明音義　清同治十一年(1872)山東書局刻十三經讀本附校刊記本　四册

440000－2542－0001617　PJ100287
春秋穀梁傳十二卷　(晉)范甯集解　清光緒二十一年(1895)金陵書局刻本　二册

440000－2542－0001618　PJ400255
水心文集二十九卷　(宋)葉適撰　清乾隆二十年(1755)刻本　九册　存二十四卷(六至二十九)

440000－2542－0001619　PJ400256
水心先生文集二十九卷別集十六卷　(宋)葉適撰　清光緒八年(1882)瑞安孫氏詒善祠塾刻永嘉叢書本　十四册　存四十三卷(文集三至二十九、別集十六卷)

440000－2542－0001620　PJ400257
水心先生文集二十九卷別集十六卷　(宋)葉適撰　清光緒八年(1882)瑞安孫氏詒善祠塾刻永嘉叢書本　四册　存十五卷(文集四至七、十六至十九、二十七至二十九,別集一至四)

440000－2542－0001621　PS200938
明史紀事本末八十卷　(清)谷應泰編輯　清光緒十四年(1888)廣雅書局刻本　十五册

440000－2542－0001622　PJ100288
春秋穀梁傳十二卷　(晉)范甯集解　清光緒二十一年(1895)金陵書局刻本　二册

440000－2542－0001623　PJ100289
春秋穀梁注疏二十卷　(晉)范甯集解　(唐)陸德明音義　(唐)楊士勛疏　清同治十年(1871)廣東書局刻本　六册　存十四卷(七至二十)

440000－2542－0001624　PJ100290
監本附音春秋穀梁注疏二十卷　(晉)范甯集解　(唐)楊士勛疏　**穀梁注疏校勘記二十卷**　(清)阮元撰　(清)盧宣旬摘錄　清嘉慶二十年(1815)南昌府學刻道光六年(1826)南昌府學重校同治十二年(1873)江西書局重修本　六册

440000－2542－0001625　PJ400259
燭湖集二十卷　(宋)孫應時撰　**燭湖集附編二卷**　(宋)孫雪齋等撰　清嘉慶八年(1803)靜遠軒刻本　四册　存十七卷(六至二十、附編二卷)

440000－2542－0001626　PS200940
明末紀事補遺十卷　(清)三餘氏輯　清刻本　二册　存三卷(八至十)

440000－2542－0001627　PJ400264
乾道稿二卷淳熙稿二十卷章泉稿五卷附錄一卷　(宋)趙蕃撰　清光緒福建刻武英殿聚珍版書本　一册　存六卷(章泉稿五卷、附錄一

卷）

440000－2542－0001628　PJ400265

蒙齋集二十卷拾遺一卷　（宋）袁甫撰　清光緒福建刻武英殿聚珍版書本　四册　缺一卷（拾遺一卷）

440000－2542－0001629　PJ100293

止齋先生春秋後傳十二卷　（宋）陳傅良撰　（清）成德校訂　清同治十二年（1873）粤東書局刻通志堂經解本　二册

440000－2542－0001630　PJ100294

清全齋讀春秋編十二卷　（宋）陳深撰　清同治十二年（1873）粤東書局刻通志堂經解本　二册

440000－2542－0001631　PJ100295

西疇居士春秋本例二十卷　（宋）崔子方撰　清同治十二年（1873）粤東書局刻通志堂經解本　二册

440000－2542－0001632　PJ400267

劉左史文集四卷　（宋）劉安節撰　清同治十二年（1873）瑞安孫氏詒善祠塾刻永嘉叢書本　一册

440000－2542－0001633　PJ100296

春秋王霸列國世紀編三卷　（宋）李琪撰　清同治十二年（1873）粤東書局刻通志堂經解本　一册

440000－2542－0001634　PS200943

重訂路史全本十六卷　（宋）羅泌輯　（宋）羅苹註　（明）吳弘基訂　清光緒二十年（1894）文瑞慶石印本　三册

440000－2542－0001635　PJ100297

春秋張氏集注三卷　（宋）張洽集注　清同治十二年（1873）粤東書局刻通志堂經解本　二册

440000－2542－0001636　PJ100298

春秋辨疑四卷　（宋）蕭楚撰　清福建刻武英殿聚珍版書本　二册

440000－2542－0001637　PJ100299

春秋提綱十卷　（宋）張洽集注　清同治十二年（1873）粤東書局刻通志堂經解本　一册

440000－2542－0001638　PJ400268

蒙川先生遺稾四卷補遺一卷　（宋）劉黻撰　清光緒元年（1875）瑞安孫氏詒善祠塾刻永嘉叢書本　二册

440000－2542－0001639　PJ400269

劉給諫文集五卷　（宋）劉安上撰　清同治十二年（1873）瑞安孫氏詒善祠塾刻永嘉叢書本　一册

440000－2542－0001640　PS200944

路史四十七卷　（宋）羅泌纂　（明）喬可傳校　清敦化堂刻本　二十册　缺二卷（國名紀七至八）

440000－2542－0001641　PS200945

弘簡錄二百五十四卷　（明）邵經邦撰　（清）邵遠平校閲　清康熙二十七年（1688）刻本　六十四册

440000－2542－0001642　PJ100301

春秋春王正月考一卷辨疑一卷　（明）張以寧述　清同治十二年（1873）粤東書局刻通志堂經解本　一册

440000－2542－0001643　PJ100302

欽定春秋傳説彙纂三十八卷首二卷　（清）王掞等撰　清刻本　六册

440000－2542－0001644　PS200946

弘簡錄二百五十四卷　（明）邵經邦撰　（清）邵遠平校閲　**續弘簡錄元史類編四十二卷**　（清）邵遠平撰　清康熙刻本　三十册　存一百一卷（二十七至七十四、二百二至二百五十四）

440000－2542－0001645　PJ400270

後邨居士詩二十卷　（宋）劉克莊撰　清康熙五十九年（1720）刻本　三册　存十五卷（四至十八）

440000－2542－0001646　PJ400271

後邨居士詩二十卷　（宋）劉克莊撰　清康熙

五十九年(1720)刻本　一册　存六卷(十至十五)

440000－2542－0001647　PJ400272
耻堂存稿八卷　(宋)高斯得撰　清光緒福建刻武英殿聚珍版書本　二册

440000－2542－0001648　PJ100303
春秋精義四卷首一卷　(清)黄淦纂　清掃葉山房刻本　二册

440000－2542－0001649　PJ100304
春秋恒解八卷　(清)劉沅輯注　清光緒三十一年(1905)豫誠堂刻本　八册

440000－2542－0001650　PJ100305
春秋朔閏異同二卷　(清)羅士琳撰　清末石印本　一册　存一卷(下)

440000－2542－0001651　PJ100306
春秋集義十二卷　(清)方宗誠述　清光緒八年(1882)桐城方氏刻柏堂遺書本　一册　存二卷(十一至十二)

440000－2542－0001652　PJ400274
心史二卷　(宋)鄭思肖撰　清光緒二十年(1894)刻本　四册

440000－2542－0001653　PJ100309
大學一卷　(□)□□撰　清光緒三十三年(1907)學部圖書局石印本　一册

440000－2542－0001654　PJ100310
大學一卷　(□)□□撰　清光緒三十三年(1907)學部圖書局石印本　一册

440000－2542－0001655　PJ100311
大學一卷　(□)□□撰　清光緒三十三年(1907)學部圖書局石印本　一册

440000－2542－0001656　PJ400278
拙軒集六卷　(金)王寂撰　清光緒福建刻武英殿聚珍版書本　一册

440000－2542－0001657　PJ400279
拙軒集六卷　(金)王寂撰　清光緒福建刻武英殿聚珍版書本　二册

440000－2542－0001658　PJ400280
陳剛中詩集四卷　(元)陳孚撰　清光緒二十五年(1899)刻本　一册

440000－2542－0001659　PJ400281
白雲集四卷首一卷　(元)許謙撰　清同治至光緒永康胡氏退補齋刻金華叢書本　一册　存二卷(三至四)

440000－2542－0001660　PJ100314
宋金仁山先生大學疏義一卷　(宋)金履祥撰　清雍正五年(1727)刻率祖堂叢書本　一册

440000－2542－0001661　PJ100315
中庸一卷　(宋)朱熹章句　清務本堂刻本　二册

440000－2542－0001662　PJ100316
古本大學編次一卷　(清)李佩箴讀　清宣統三年(1911)刻本　一册

440000－2542－0001663　PS200947
七家後漢書二十一卷　(清)汪文臺輯　清光緒八年(1882)刻本　五册

440000－2542－0001664　PS200948
東都事畧一百三十卷　(宋)王偁撰　清嘉慶三年(1798)掃葉山房刻本　十二册

440000－2542－0001665　PS200949
東都事畧一百三十卷　(宋)王偁撰　清刻本　八册

440000－2542－0001666　PS200950
大金國志四十卷　(宋)宇文懋昭撰　清掃葉山房刻本　二册

440000－2542－0001667　PJ100321
論語二十卷　(□)□□撰　清光緒三十三年(1907)學部圖書局石印本　五册

440000－2542－0001668　PS200951
元祕史李注補正十五卷　(清)高寶銓撰　清光緒二十八年(1902)刻本　二册

440000－2542－0001669　PS200953
明史藁三百十卷目録三卷　(清)王鴻緒編撰　清敬慎堂刻本　八十册

440000－2542－0001670　PJ100325
論語十卷　(宋)朱熹集註　清刻本　二冊

440000－2542－0001671　PJ100194
尚書顧命解一卷　(清)孫希旦撰　清咸豐十年(1860)瑞安孫氏盤穀艸堂刻永嘉叢書本　與440000－2542－0001419末冊合一冊

440000－2542－0001672　PJ400282
牆東類稾二十卷補遺一卷　(元)陸文圭撰　**牆東類稾校勘記一卷**　金武祥撰　清光緒二十二年(1896)武進盛氏思惠齋刻常州先哲遺書本　三冊

440000－2542－0001673　PJ400283
牆東類稾二十卷補遺一卷　(元)陸文圭撰　**牆東類稾校勘記一卷**　金武祥撰　清光緒二十二年(1896)武進盛氏思惠齋刻常州先哲遺書本　三冊

440000－2542－0001674　PJ400284
牆東類稾二十卷補遺一卷　(元)陸文圭撰　**牆東類稾校勘記一卷**　金武祥撰　清光緒二十二年(1896)武進盛氏思惠齋刻常州先哲遺書本　三冊

440000－2542－0001675　PS200961
國語二十一卷　(三國吳)韋昭解　(宋)宋庠補音　清同治五年(1866)刻本　二冊

440000－2542－0001676　PJ400286
月屋樵吟四卷拾遺一卷　(元)黄庚撰　(清)葉書校　清光緒臨海葉氏刻蔭玉閣叢書本　一冊

440000－2542－0001677　PS200962
國語二十一卷　(三國吳)韋氏(韋昭)解　**校刊明道本韋氏解國語札記**　(清)黄丕烈撰　**國語明道本攷異四卷**　(清)汪遠孫撰　清光緒三年(1877)永康胡氏退補齋刻本　四冊

440000－2542－0001678　PS200963
國語二十一卷　(三國吳)韋氏(韋昭)解　**校刊明道本韋氏解國語札記**　(清)黄丕烈撰　**國語明道本攷異四卷**　(清)汪遠孫撰　清同治八年(1869)湖北崇文書局刻本　五冊

440000－2542－0001679　PS200964
國語二十一卷　(三國吳)韋氏(韋昭)解　**校刊明道本韋氏解國語札記**　(清)黄丕烈撰　清嘉慶五年(1800)讀未見書齋刻本　四冊

440000－2542－0001680　PJ400288
元鹿皮子集四卷　(元)陳樵撰　(清)王崇炳重輯　清會稽董氏刻本　一冊

440000－2542－0001681　PJ400289
金淵集六卷　(元)仇遠撰　清光緒福建刻武英殿聚珍版書本　一冊

440000－2542－0001682　PJ400290
鹿皮子集四卷　(元)陳樵撰　清光緒元年(1875)永康胡氏退補齋刻金華叢書本　一冊

440000－2542－0001683　PJ100336
論語意原四卷　(宋)鄭汝諧撰　清刻本　二冊

440000－2542－0001684　PJ100337
論語註疏解經二十卷　(三國魏)何晏集解　(宋)邢昺疏　清刻本　三冊

440000－2542－0001685　PJ100338
論語註疏解經二十卷　(三國魏)何晏集解　(宋)邢昺疏　明崇禎十年(1637)古虞毛氏汲古閣刻十三經註疏本　二冊

440000－2542－0001686　PJ100339
論語十卷　(宋)朱熹集註　清刻本　二冊

440000－2542－0001687　PJ100340
論語十卷　(宋)朱熹集註　清刻本　二冊

440000－2542－0001688　PJ100341
論語十卷　(宋)朱熹集註　清刻本　一冊

440000－2542－0001689　PJ400293
清閟閣全集十二卷　(元)倪瓚撰　清光緒二十一年(1895)武進盛氏思惠齋刻常州先哲遺書本　三冊

440000－2542－0001690　PJ400294
清閟閣全集十二卷　(元)倪瓚撰　清光緒二十一年(1895)武進盛氏思惠齋刻常州先哲遺書本　三冊

440000－2542－0001691　PJ400295
清閟閣全集十二卷　(元)倪瓚撰　清光緒二十一年(1895)武進盛氏思惠齋刻常州先哲遺書本　三冊

440000－2542－0001692　PJ400291
元張文忠公歸田類稾二十卷附錄一卷　(元)張養浩撰　清乾隆歷城周永年毛塑刻本　三冊　存十八卷(四至二十、附錄一卷)

440000－2542－0001693　PJ400297
梧溪集七卷梧溪集補遺一卷　(元)王逢撰　**困學齋雜錄一卷**　(元)鮮于樞撰　清同治十三年(1874)思補樓刻本　八冊

440000－2542－0001694　PJ100350
孟子注疏解經十四卷　(漢)趙岐注　(宋)孫奭疏　清刻本　六冊

440000－2542－0001695　PJ100351
增補蘇批孟子二卷年譜一卷　(宋)蘇洵評　(清)趙大浣增補　清同治四年(1865)芸居樓刻朱墨套印本　二冊

440000－2542－0001696　PJ400298
梧溪集七卷梧溪集補遺一卷　(元)王逢撰　**困學齋雜錄一卷**　(元)鮮于樞撰　清同治十三年(1874)思補樓刻本　八冊

440000－2542－0001697　PJ100367
孟子要略五卷　(宋)朱熹撰　(清)劉傳瑩輯　清同治十一年(1872)傳忠書局刻本　一冊

440000－2542－0001698　PS200968
戰國策三十三卷　(漢)高誘注　**重刻剡川姚氏本戰國策札記三卷**　(清)黃丕烈撰　清光緒三年(1877)永康退補齋刻本　五冊

440000－2542－0001699　PS200969
戰國策三十三卷　(漢)高誘注　**重刻剡川姚氏本戰國策札記三卷**　(清)黃丕烈撰　清同治八年(1869)湖北崇文書局刻本　五冊

440000－2542－0001700　PS200972
戰國策三十三卷　(漢)高誘注　**重刻剡川姚氏本戰國策札記三卷**　(清)黃丕烈撰　清光緒二十二年(1896)上海鴻寶齋石印本　四冊

440000－2542－0001701　PJ400301
王忠文公集二十卷　(明)王褘撰　清同治九年(1870)永康胡氏退補齋刻金華叢書本　二冊　存五卷(十六至二十)

440000－2542－0001702　PJ400302
王忠文公集二十卷　(明)王褘撰　清同治九年(1870)永康胡氏退補齋刻金華叢書本　一冊　存三卷(十六至十八)

440000－2542－0001703　PJ400303
竹齋詩集四卷　(明)王冕撰　清嘉慶四年(1799)邵武徐氏刻本　一冊　存二卷(一至二)

440000－2542－0001704　PJ400304
秫坡黎先生集八卷首一卷末一卷　(明)黎貞撰　清光緒元年(1875)刻本　四冊

440000－2542－0001705　PJ100345
論語鄉黨篇訂疑四卷　(清)霍禮運輯　清道光二十一年(1841)刻本　四冊

440000－2542－0001706　PJ100349
孟子七卷　清光緒三十四年(1908)學部圖書局石印本　七冊

440000－2542－0001707　PJ100346
鄉黨圖考補證六卷　(清)王漸鴻著　清光緒三十四年(1908)黃縣丁氏海隅山館刻本　六冊

440000－2542－0001708　PJ400305
胡仲子集十卷　(明)胡翰撰　清同治十二年(1873)永康胡氏退補齋刻金華叢書本　一冊　存三卷(三至五)

440000－2542－0001709　PJ400306
蘇平仲集十六卷首一卷　(明)蘇伯衡撰　清光緒元年(1875)永康胡氏退補齋刻金華叢書本　一冊　存二卷(二至三)

440000－2542－0001710　PJ400307
滄螺集六卷補遺一卷附錄一卷　(明)孫作撰　清光緒二十二年(1896)武進盛氏思惠齋刻

常州先哲遺書本　一册

440000－2542－0001711　PJ400308
滄螺集六卷補遺一卷附錄一卷　(明)孫作撰　清光緒二十二年(1896)武進盛氏思惠齋刻常州先哲遺書本　二册

440000－2542－0001712　PJ400309
方正學先生遜志齋集二十四卷　(明)方孝孺撰　清同治八年(1869)方永祥刻本　十二册

440000－2542－0001713　PS200984
野獲編三十卷補遺四卷首一卷　(明)沈德符著　(清)錢枋輯　清道光七年(1827)姚氏扶荔山房刻同治八年(1869)補刻本　二十册

440000－2542－0001714　PJ100356
孟子七卷　(宋)朱熹集註　清刻本　三册

440000－2542－0001715　PJ100357
孟子七卷　(宋)朱熹集註　清刻本　三册

440000－2542－0001716　PJ100358
孟子七卷　(宋)朱熹集註　清刻本　三册

440000－2542－0001717　PJ100842
尚書顧命解一卷　(清)孫希旦撰　清咸豐十年(1860)瑞安孫氏盤穀艸堂刻永嘉叢書本　與440000－2542－0002556末册合一册

440000－2542－0001718　PJ100360
孟子七卷　(宋)朱熹集註　清武進陳氏亦園刻本　三册

440000－2542－0001719　PS200985
明季南畧十八卷　(清)計六奇編輯　清都城琉璃廠半松居士木活字印本　九册

440000－2542－0001720　PJ100362
孟子七卷　(宋)朱熹集註　清金陵狀元閣刻本　三册

440000－2542－0001721　PJ100363
孟子七卷　(宋)朱熹集註　清金陵狀元閣刻本　七册

440000－2542－0001722　PJ100364
孟子七卷　(宋)朱熹集註　清菜根香館刻本　四册

440000－2542－0001723　PJ100365
孟子一卷　清刻本　一册

440000－2542－0001724　PJ100366
孟子要略五卷　(宋)朱熹撰　(清)劉傳瑩輯　清同治十一年(1872)傳忠書局刻本　一册

440000－2542－0001725　PS200988
崇禎朝記事四卷　(明)李遜之撰　清光緒二十二年(1896)武進盛氏刻本　一册　存二卷(三至四)

440000－2542－0001726　PS200989
崇禎朝記事四卷　(明)李遜之撰　清光緒二十二年(1896)武進盛氏刻本　二册

440000－2542－0001727　PS200990
綏寇紀略十二卷補遺三卷　(清)吳偉業纂輯　(清)鄒漪原訂　清嘉慶十四年(1809)照曠閣刻本　六册

440000－2542－0001728　PS200991
綏寇紀略十二卷補遺三卷　(清)吳偉業纂輯　(清)鄒漪原訂　清嘉慶十四年(1809)照曠閣刻本　七册　缺二卷(紀略一至二)

440000－2542－0001729　PJ400336
牧齋全集一百十卷　(清)錢謙益撰　(清)錢曾箋註　清宣統二年(1910)邃漢齋鉛印本　二十四册

440000－2542－0001730　PJ400337
牧齋全集一百十卷　(清)錢謙益撰　(清)錢曾箋註　清宣統二年(1910)邃漢齋鉛印本　十五册　存六十八卷(一至十七、二十一至四十六、五十三至六十四、七十八至八十四、一百五至一百十)

440000－2542－0001731　PJ100374
四書章句集注二十六卷　(宋)朱熹撰　**四書章句附攷四卷**　(清)吳志忠撰　**四書章句集注定本辨一卷四書家塾讀本句讀一卷**　(清)吳英撰　清嘉慶十六年(1811)璜川吳氏真意堂刻本　六册

440000－2542－0001732　PS200994
南疆繹史勘本三十卷首二卷摭遺十八卷卹謚攷八卷　(清)溫睿臨原本　(清)古高易氏(李瑤)勘定　清末都城琉璃廠半松居士刻本　十六冊

440000－2542－0001733　PJ400338
牧齋全集一百十卷　(清)錢謙益撰　(清)錢曾箋註　清宣統二年(1910)邃漢齋鉛印本　八冊　存三十二卷(一至四、十八至二十、三十一至三十四、四十至四十七、五十八至六十四、一百五至一百十)

440000－2542－0001734　PJ400340
梅村詩集箋注十八卷　(清)吳翌鳳撰　清嘉慶滄浪吟榭刻本　八冊

440000－2542－0001735　PS200995
南疆繹史勘本三十卷首二卷摭遺十八卷卹謚攷八卷　(清)溫睿臨原本　(清)古高易氏(李瑤)勘定　清都城琉璃廠半松居士刻本　十六冊

440000－2542－0001736　PJ400341
牧雲和尚嬾齋別集十四卷　(明)釋通門撰　(明)毛晉編閱　清順治汲古閣刻本　六冊

440000－2542－0001737　PS200996
南疆繹史勘本三十卷首二卷摭遺十八卷卹謚攷八卷　(清)溫睿臨原本　(清)古高易氏(李瑤)勘定　清末都城琉璃廠半松居士刻本　十冊　存十九卷(列傳五至八、二十三至二十四,繹史摭遺六至十八)

440000－2542－0001738　PS200657
後漢書九十卷　(南朝宋)范曄撰　(唐)李賢注　**續漢書八志三十卷**　(晉)司馬彪續　(南朝梁)劉昭注補　清同治八年(1869)金陵書局刻本　十六冊

440000－2542－0001739　PJ400342
南雷文定前集十一卷　(清)黃宗羲撰　清光緒三十一年(1905)杭州群學社刻黃梨洲遺書本　一冊　存三卷(一至三)

440000－2542－0001740　PJ400343
亭林文集六卷亭林餘集一卷亭林詩集五卷　(清)顧炎武撰　清宣統二年(1910)掃葉山房石印本　二冊

440000－2542－0001741　PS200998
南天痕二十六卷附錄一卷　(清)凌雪纂修　(清)汪成教等校訂　清宣統二年(1910)上海復古社鉛印本　六冊

440000－2542－0001742　PJ100377
四書集註十九卷　(宋)朱熹集註　清光緒十八年(1892)浙江書局刻本　六冊

440000－2542－0001743　PJ100380
四書集註十九卷　(宋)朱熹集註　清臨桂毓蘭書屋刻本　一冊

440000－2542－0001744　PJ100382
四書　(宋)朱熹集註　清刻本　二冊

440000－2542－0001745　PJ100381
四書集註十九卷　(宋)朱熹集註　清臨桂毓蘭書屋刻本　一冊

440000－2542－0001746　PS201000
永曆實錄二十六卷　(清)王夫之譔　清同治四年(1865)湘鄉曾氏金陵節署刻船山遺書本　六冊

440000－2542－0001747　PS201001
永曆實錄二十六卷　(清)王夫之譔　清同治四年(1865)湘鄉曾氏金陵節署刻船山遺書本　四冊

440000－2542－0001748　PS201002
小腆紀年坿攷二十卷　(清)徐鼒撰　清光緒十二年(1886)扶桑使廨鉛印本　十冊

440000－2542－0001749　PJ100383
學庸二卷　(宋)朱熹集註　清同治十一年(1872)山東書局刻十三經讀本附校刊記本　一冊

440000－2542－0001750　PJ400350
謝程山集十八卷謝程山集附錄三卷　(清)謝文洊撰　清刻本　八冊　存二十卷(二至十八、附錄三卷)

440000－2542－0001751　PJ100388
四書說約三十三卷　(明)鹿善繼著　清道光二十八年(1848)刻本　四冊

440000－2542－0001752　PJ100389
新訂四書補註備旨十卷　(明)鄧林著　清光緒七年(1881)壽春棣萼堂刻本　八冊

440000－2542－0001753　PJ100390
新訂四書補註備旨十卷　(明)鄧林著　清光緒十二年(1886)上海點石齋石印本　六冊

440000－2542－0001754　PJ400351
壯悔堂文集十卷　(清)侯方域撰　(清)賈開宗等評點　清宣統元年(1909)掃葉山房石印本　二冊　存六卷(五至十)

440000－2542－0001755　PS201006
國朝柔遠記二十卷　(清)王之春編　(清)彭玉麟定　清光緒十七年(1891)廣雅書局刻本　六冊

440000－2542－0001756　PJ400358
四憶堂詩集六卷　(清)侯方域撰　(清)賈開宗等選註　清刻本　一冊　存三卷(一至三)

440000－2542－0001757　PS201009
中西紀事二十四卷附錄一卷　(清)江上蹇叟(夏燮)撰　清同治四年(1865)刻本　八冊

440000－2542－0001758　PJ100395
四書集註闡微直解二十七卷　(明)張居正著　清宣統元年(1909)學部圖書局石印本　十四冊

440000－2542－0001759　PJ100396
四書小參一卷問答一卷　(明)朱斯行撰　清光緒三年(1877)姑蘇刻經處刻本　一冊

440000－2542－0001760　PJ100397
增補四書精繡圖像人物備考十二卷圖一卷　(明)薛應旂輯　(清)陳仁錫增訂　清康熙刻本　四冊

440000－2542－0001761　PJ400360
壯悔堂文集十卷　(清)侯方域撰　(清)賈開宗等評點　清光緒四年(1878)刻本　六冊　存八卷(一至五、八至十)

440000－2542－0001762　PS201010
淮軍平捻記十二卷　(清)周世澄撰　清光緒鉛印本　四冊

440000－2542－0001763　PJ400361
壯悔堂文集十卷　(清)侯方域撰　(清)賈開宗等評點　清光緒四年(1878)刻本　二冊　存三卷(三至五)

440000－2542－0001764　PJ100398
四書解義　(清)李光地撰　清康熙六十一年(1722)居業堂刻本　二冊　存四種

440000－2542－0001765　PS201011
淮軍平捻記十二卷　(清)周世澄撰　清光緒鉛印本　二冊

440000－2542－0001766　PJ100399
四書改錯二十二卷　(清)毛奇齡稿　清嘉慶十六年(1811)學圃刻本　八冊

440000－2542－0001767　PJ400362
壯悔堂文集十卷　(清)侯方域撰　(清)賈開宗等選　清刻本　一冊　存三卷(一至三)

440000－2542－0001768　PJ400364
秋水集十卷　(清)嚴繩孫撰　清刻本　一冊　存四卷(一至四)

440000－2542－0001769　PS201012
蕩平髮逆圖記二十二卷首一卷　(清)杜文瀾纂　清光緒上海漱六山莊石印本　四冊

440000－2542－0001770　PS201013
蕩平髮逆圖記二十二卷首一卷　(清)杜文瀾纂　清光緒十七年(1891)上海書局石印本　四冊

440000－2542－0001771　PS201014
蕩平髮逆圖記二十二卷首一卷　(清)杜文瀾纂　清光緒上海漱六山莊石印本　四冊

440000－2542－0001772　PS201015
平定粵寇紀畧十八卷附記四卷　(清)杜文瀾撰　清光緒元年(1875)詒穀堂刻本　十冊

440000－2542－0001773　PJ100400
松陽講義十二卷　(清)陸隴其著　清光緒十三年(1887)固始張氏刻本　四册

440000－2542－0001774　PJ100401
四書恒解十一卷　(清)劉沅輯注　清光緒十年(1884)豫誠堂刻本　十册

440000－2542－0001775　PJ100402
四書隨見録十四卷首一卷　(清)鄒鳳池輯　(清)陳作梅輯　清道光二十八年(1848)紅杏山房刻本　十四册

440000－2542－0001776　PJ400365
九煙先生遺集六卷　(清)黄周星撰　清道光二十九年(1849)揚州廩館刻本　二册

440000－2542－0001777　PJ100404
讀論孟筆記三卷補記二卷　(清)方宗誠述　清光緒三年(1877)刻本　一册

440000－2542－0001778　PJ400367
學文堂文集十六卷詩集五卷詩餘三卷　(清)陳玉璂撰　清光緒二十三年(1897)武進盛氏思惠齋刻常州先哲遺書本　五册　存二十一卷(文集十六卷、詩集五卷)

440000－2542－0001779　PJ100405
四書經史摘證七卷　(清)宋繼鐘輯著　(清)宋廷英校註　清光緒五年(1879)儒林閣刻本　四册

440000－2542－0001780　PJ400368
學文堂文集十六卷詩集五卷詩餘三卷　(清)陳玉璂撰　清光緒二十三年(1897)武進盛氏思惠齋刻常州先哲遺書本　六册

440000－2542－0001781　PJ400369
學文堂文集十六卷詩集五卷詩餘三卷　(清)陳玉璂撰　清光緒二十三年(1897)武進盛氏思惠齋刻常州先哲遺書本　五册　存二十一卷(文集十六卷、詩集五卷)

440000－2542－0001782　PJ400370
讀書堂綵衣全集四十六卷　(清)趙士麟撰　(清)李用楫録　(清)梁永滀輯　(清)趙宸黼編　清光緒十九年(1893)浙江書局刻雲南叢書初編本　十二册

440000－2542－0001783　PS201016
湘軍記二十卷　(清)王定安撰　清光緒十六年(1890)袖海山房石印本　一册　存六卷(一至六)

440000－2542－0001784　PJ100410
孝經集解一卷　(清)桂文燦撰　清咸豐刻本　一册

440000－2542－0001785　PJ400371
讀書堂綵衣全集四十六卷　(清)趙士麟撰　(清)李用楫録　(清)梁永滀輯　(清)趙宸黼編　清光緒十九年(1893)浙江書局刻本　十二册

440000－2542－0001786　PS201017
湘軍記二十卷　(清)王定安撰　清光緒十六年(1890)袖海山房石印本　一册　存六卷(一至六)

440000－2542－0001787　PJ100411
孝經一卷　(清)吳大澂書　清光緒十一年(1885)上海同文書局石印本　一册

440000－2542－0001788　PJ100412
孝經一卷　(清)吳大澂書　清光緒十一年(1885)上海同文書局石印本　一册

440000－2542－0001789　PS201018
湘軍記二十卷　(清)王定安撰　清光緒十五年(1889)江南書局刻本　十二册

440000－2542－0001790　PJ400372
方正學先生遜志齋集二十四卷外紀一卷拾補一卷　(明)方孝孺撰　(明)張紹謙纂定　清鑑明堂活字印本　十五册

440000－2542－0001791　PS201019
湘軍記二十卷　(清)王定安撰　清光緒十五年(1889)江南書局刻本　四册

440000－2542－0001792　PS201020
湘軍記二十卷　(清)王定安撰　清光緒十五年(1889)江南書局刻本　十册　存十八卷

(三至二十)

440000－2542－0001793　PJ400374
歸田稿八卷　(明)謝遷撰　(明)謝鍾和重輯　清康熙二十六年(1687)刻本　三冊

440000－2542－0001794　PJ400375
陳剩夫先生集四卷　(清)陳真晟撰　清同治五年(1866)福州正誼書局刻本　一冊　存二卷(一至二)

440000－2542－0001795　PS201021
思痛記二卷　(清)李圭撰　清光緒六年(1880)師一齋刻本　一冊

440000－2542－0001796　PS201022
湘軍志十六卷　王闓運撰　清光緒十二年(1886)成都墨香書屋刻本　四冊

440000－2542－0001797　PJ100420
孝經注疏九卷　(宋)邢昺疏　**校勘記九卷**　(清)阮元撰　(清)盧宣旬摘錄　清嘉慶二十年(1815)南昌府學刻道光六年(1826)南昌府學重校同治十二年(1873)江西書局重修本　一冊　存三卷(一至三)

440000－2542－0001798　PJ100421
孝經一卷　(清)李光地注　**曾子大孝一卷**　(清)邵懿辰錄　清杭州九九壇刻本　一冊

440000－2542－0001799　PJ100422
孝經易知一卷　(清)耿介輯註　清同治十一年(1872)邗江王氏刻本　一冊

440000－2542－0001800　PS201023
湘軍志十六卷　王闓運撰　清光緒十二年(1886)成都墨香書屋刻本　四冊

440000－2542－0001801　PJ400376
邱文莊公集十卷　(明)邱濬撰　(清)邱名邦重編　清同治十年(1871)刻邱海二公合集本　六冊

440000－2542－0001802　PJ400377
溪園遺稿五卷梅花百詠一卷　(明)駱則民撰　清嘉慶活字印本　一冊

440000－2542－0001803　PJ400378
白沙子全集十卷首一卷末一卷　(明)陳獻章撰　(明)湛若水等原纂　(清)陳炎宗補輯　**白沙子古詩教解二卷**　(明)湛若水註　清乾隆三十六年(1771)碧玉樓刻本　六冊　存八卷(一至二、九至十,首一卷,末一卷,古詩教解二卷)

440000－2542－0001804　PJ400379
白沙子全集十卷首一卷末一卷　(明)陳獻章撰　(明)湛若水等原纂　(清)陳炎宗補輯　**白沙子古詩教解二卷**　(明)湛若水註　清乾隆三十六年(1771)碧玉樓刻本　三冊　存四卷(一至三、首一卷)

440000－2542－0001805　PS201024
平浙紀略十六卷　(清)秦緗業等撰　清同治十二年(1873)浙江書局刻本　四冊

440000－2542－0001806　PS201025
平浙紀略十六卷　(清)秦緗業等撰　清同治十二年(1873)浙江書局刻本　四冊

440000－2542－0001807　PJ100428
爾雅三卷　(晉)郭璞注　清光緒九年(1883)遵義黎氏影印本　三冊

440000－2542－0001808　PJ400380
白沙子全集九卷附錄一卷　(明)陳獻章撰　明萬曆刻本　二冊　存二卷(一、八)

440000－2542－0001809　PJ400381
白沙子全集九卷附錄一卷　(明)陳獻章撰　清順治刻本　二冊　存二卷(四、六)

440000－2542－0001810　PJ400382
白沙子全集九卷附錄一卷　(明)陳獻章撰　清順治刻本　二冊　存二卷(二至三)

440000－2542－0001811　PJ400383
白沙子全集六卷首一卷附錄一卷　(明)陳獻章著　(清)顧嗣協校正　(清)何九疇重編　清康熙刻本　一冊　存一卷(一)

440000－2542－0001812　PJ100416
孝經一卷　(唐)玄宗李隆基注　(唐)陸德明音義　清光緒三年(1877)永康胡氏退補齋刻

本　一册

440000－2542－0001813　PJ100417
孝經注疏九卷附考證　（唐）玄宗李隆基注　（唐）陸德明音義　（宋）邢昺校　清同治鍾謙鈞刻十三經註疏附考證本　一册

440000－2542－0001814　PJ100418
孝經註疏九卷　（宋）邢昺校　清刻本　一册

440000－2542－0001815　PJ100419
孝經註疏九卷　（宋）邢昺校　明崇禎十年（1637）古虞毛氏汲古閣刻十三經註疏本　一册

440000－2542－0001816　PJ100430
爾雅十一卷　（晉）郭璞注　（明）金蟠訂　清永懷堂刻本　三册

440000－2542－0001817　PJ400388
中峯集十一卷首一卷　（明）董玘撰　**中峯集附錄三卷**　（清）董金鑑編　清光緒三十二年（1906）會稽董氏取斯家塾刻董氏叢書本　三册

440000－2542－0001818　QT000991
讀書雜志八十二卷餘編二卷　（清）王念孫撰　清同治九年（1870）金陵書局刻本　七册　存十八卷（志四二至四、十一至十六，志六一至二，志七三至六，志九二十二，志十一，志餘上）

440000－2542－0001819　PJ400389
會稽明董文簡公中峯集十一卷首一卷　（明）董玘撰　**中峯集附錄三卷**　（清）董金鑑編　清光緒三十二年（1906）會稽董氏取斯家塾刻董氏叢書本　三册　存十二卷（一至七、十一，首一卷，附錄三卷）

440000－2542－0001820　PJ400390
中峯制藝一卷　（明）董玘撰　清光緒三十二年（1906）會稽董氏取斯家塾刻董氏叢書本　一册

440000－2542－0001821　PJ400391
中峯制藝一卷　（明）董玘撰　清光緒三十二年（1906）會稽董氏取斯家塾刻董氏叢書本　一册

440000－2542－0001822　PJ400392
中峯制藝一卷　（明）董玘撰　清光緒三十二年（1906）會稽董氏取斯家塾刻董氏叢書本　一册

440000－2542－0001823　PJ400393
中峯制藝一卷　（明）董玘撰　清光緒三十二年（1906）會稽董氏取斯家塾刻董氏叢書本　一册

440000－2542－0001824　PS201032
翼教叢編六卷　（清）蘇輿輯　清光緒二十四年（1898）刻本　一册　存三卷（一至三）

440000－2542－0001825　PS201034
平定關隴紀畧十三卷　（清）易孔昭等纂輯　清光緒十三年（1887）刻本　十册

440000－2542－0001826　PJ100431
爾雅三卷　（晉）郭璞注　（唐）陸德明音釋　清同治七年（1868）湖北崇文書局刻本　三册

440000－2542－0001827　PJ100432
爾雅三卷　（晉）郭璞注　（唐）陸德明音義　清光緒二十一年（1895）金陵書局刻本　三册

440000－2542－0001828　PJ100433
爾雅三卷　（晉）郭璞注　（唐）陸德明音義　清光緒二十一年（1895）金陵書局刻本　三册

440000－2542－0001829　PJ100434
爾雅註疏十一卷　（晉）郭璞注　（宋）邢昺疏　明崇禎元年（1628）古虞毛氏汲古閣刻十三經註疏本　二册

440000－2542－0001830　PJ100444
爾雅音圖三卷　（晉）郭璞注　清嘉慶六年（1801）南城曾氏藝學軒刻本　三册

440000－2542－0001831　PJ100435
爾雅註疏十一卷　（晉）郭璞注　（宋）邢昺疏　清刻本　四册

440000－2542－0001832　PJ100436
爾雅註疏十一卷　（晉）郭璞注　（宋）邢昺疏

清綠蔭堂刻本　四冊

440000－2542－0001833　PJ100437

爾雅疏十卷　（晉）郭璞注　（宋）邢昺校定

校勘記十卷　（清）阮元撰　（清）盧宣旬摘錄　清嘉慶二十年（1815）南昌府學刻道光六年（1826）南昌府學重校同治十二年（1873）江西書局重修本　六冊

440000－2542－0001834　PS201043

元明清史略五卷　（日本）石村貞一編次　清光緒二十九年（1903）躬恥堂石印本　三冊　存三卷（二至四）

440000－2542－0001835　PJ400401

唐荆川先生文集十八卷補遺一卷　（明）唐順之撰　清光緒二十一年（1895）武進盛氏思惠齋刻常州先哲遺書本　四冊

440000－2542－0001836　PJ400402

唐荆川先生文集十八卷補遺一卷　（明）唐順之撰　清光緒二十一年（1895）武進盛氏思惠齋刻常州先哲遺書本　四冊

440000－2542－0001837　PJ400403

唐荆川先生文集十八卷補遺一卷　（明）唐順之撰　清光緒二十一年（1895）武進盛氏思惠齋刻常州先哲遺書本　四冊

440000－2542－0001838　PS201039

舟山鄉民事變記　（清）丁中立述　清光緒三十三年（1907）鉛印本　一冊

440000－2542－0001839　PJ400404

海忠介公集六卷　（明）海瑞撰　（清）吳纘姬重編　清同治十年（1871）刻邱海二公合集本　四冊

440000－2542－0001840　PJ400406

學孔精舍詩鈔六卷　（明）孫應鼇撰　清光緒六年（1880）獨山莫氏刻孫文恭公遺書本　一冊　存四卷（一至四）

440000－2542－0001841　PJ400407

去僞齋集十卷　（明）呂坤撰　清道光七年（1827）刻本　二冊　存一卷（一）

440000－2542－0001842　QT000990

讀書雜志八十二卷餘編二卷　（清）王念孫撰　清同治九年（1870）金陵書局刻本　三冊　存十二卷（志三五至六，志四一、八至十三，志五十一至十二，志六一）

440000－2542－0001843　PJ400408

王孚齋文集六卷孚齋詩集二卷　（明）王升撰　清同治二年（1863）活字印本　四冊

440000－2542－0001844　PJ100438

爾雅補注殘本一卷　（清）劉玉麐撰　清光緒十四年（1888）廣雅書局刻本　一冊

440000－2542－0001845　PJ100439

爾雅補註殘本一卷　（清）劉玉麐著　清光緒吳縣潘祖蔭刻功順堂叢書本　一冊

440000－2542－0001846　PS201044

元明清史略五卷　（日本）石村貞一編次　清光緒二十九年（1903）躬恥堂石印本　三冊　存三卷（二至四）

440000－2542－0001847　PS201045

元明清史略五卷　（日本）石村貞一編次　清光緒二十九年（1903）躬恥堂石印本　四冊　存四卷（二至五）

440000－2542－0001848　PJ400409

王孚齋文集六卷孚齋詩集二卷　（明）王升撰　清同治二年（1863）活字印本　一冊　存二卷（文集一至二）

440000－2542－0001849　PJ100441

爾雅匡名二十卷　（清）嚴元照撰　清光緒十六年（1890）廣雅書局刻本　三冊

440000－2542－0001850　PJ100442

爾雅匡名二十卷　（清）嚴元照撰　清光緒十一年（1885）吳興陸氏守先閣刻本　四冊

440000－2542－0001851　PS201046

歷代史略六卷　（□）□□撰　清江楚書局刻本　八冊

440000－2542－0001852　PJ400410

萬一樓集五十六卷續集六卷外集十卷　（明）

駱問禮撰　清嘉慶木活字印本　十六冊

440000－2542－0001853　PS201048
唐語林八卷　(宋)王讜撰　清刻本　四冊

440000－2542－0001854　PJ401417
明詩別裁集十二卷　(清)沈德潛　(清)周準輯　清刻本　六冊

440000－2542－0001855　PJ100445
爾雅直音二卷　(清)孫偘輯　清光緒六年(1880)常熟抱芳閣刻本　二冊

440000－2542－0001856　PJ100446
爾雅直音二卷　(清)孫偘輯　清光緒六年(1880)常熟抱芳閣刻本　二冊

440000－2542－0001857　PJ100447
爾雅直音二卷　(清)孫偘輯　清嘉慶二十年(1815)體元堂刻本　二冊

440000－2542－0001858　PJ100448
爾雅直音二卷　(清)孫偘撰　(清)王祖源校正　清光緒六年(1880)福山王氏天壤閣刻本　二冊

440000－2542－0001859　PJ100449
讀爾雅日記一卷　(清)王仁俊撰　清光緒蘇州學古堂刻本　一冊

440000－2542－0001860　PS201053
涑水記聞十六卷　(宋)司馬光撰　清光緒二十五年(1899)廣雅書局刻本　四冊

440000－2542－0001861　PJ100451
爾雅易讀一卷　(清)路德訂　清光緒十一年(1885)李光明莊刻本　一冊

440000－2542－0001862　PZ300003
孔子家語十卷　(三國魏)王肅注　清乾隆四十五年(1780)刻本　二冊

440000－2542－0001863　PJ400415
熊襄愍公尺牘四卷　(明)熊廷弼手鈔　清光緒二十一年(1895)京師刻本　四冊

440000－2542－0001864　PZ300004
孔子家語十卷　(三國魏)王肅注　清李光明莊刻本　二冊　存六卷(三至八)

440000－2542－0001865　PZ300005
孔子家語疏證十卷　(清)陳士珂輯　清刻本　一冊　存一卷(十)

440000－2542－0001866　PZ300006
孔子集語十七卷　(清)孫星衍輯　清嘉慶二十年(1815)孫氏刻本　三冊　存十一卷(一至八、十二至十四)

440000－2542－0001867　PJ100452
廣雅疏證十卷　(清)王念孫學　**博雅音十卷**　(隋)曹憲撰　清嘉慶元年(1796)刻本　五冊

440000－2542－0001868　PJ100453
釋名疏證八卷續釋名一卷補遺一卷　(清)畢沅撰　**校議一卷**　(清)吳翊寅撰　清光緒二十年(1894)廣雅書局刻本　二冊

440000－2542－0001869　PJ100454
釋名疏證補八卷續一卷補遺一卷補附一卷　王先謙撰　清光緒二十二年(1896)長沙王氏刻本　四冊

440000－2542－0001870　PS201057
涑水記聞十六卷　(宋)司馬光撰　清刻本　一冊　存四卷(一至四)

440000－2542－0001871　PS201058
涑水記聞十六卷補遺一卷　(宋)司馬光撰　清光緒三年(1877)湖北崇文書局刻本　二冊

440000－2542－0001872　PJ100455
駢雅七卷序目一卷　(明)朱謀㙔撰　**駢雅訓纂十六卷**　(清)魏茂林撰　清光緒七年(1881)成都淪雅齋刻本　八冊

440000－2542－0001873　PJ100456
證俗文十九卷　(清)郝懿行著　清光緒十年(1884)東路廳署刻本　六冊

440000－2542－0001874　PJ100457
拾雅二十卷　(清)夏味堂述　清嘉慶二十四年(1819)遂園刻本　十冊

440000－2542－0001875　PJ400419

楊忠烈公文集五卷 （明）楊漣撰 清嘉慶九年(1804)楊沛等刻本 六冊

440000－2542－0001876 SQ300032

玉芝堂談薈三十六卷 （清）徐應秋輯 明崇禎蒨園刻清康熙乾隆遞修本 二十四冊

440000－2542－0001877 PJ400420

楊忠烈公文集十卷補遺一卷 （明）楊漣撰 **表忠錄一卷** （清）楊淳舅編次 清道光十三年(1833)楊光峻等刻本 十二冊

440000－2542－0001878 PJ100458

疊雅十三卷雙名錄一卷 （清）史夢蘭撰 清同治四年(1865)刻本 四冊

440000－2542－0001879 PJ100459

比雅十卷 （清）洪亮吉著 清光緒五年(1879)授經堂刻本 二冊

440000－2542－0001880 PJ100460

釋穀四卷 （清）劉寶楠撰 清光緒十四年(1888)廣雅書局刻本 一冊

440000－2542－0001881 PJ400421

北海亭集八卷 （明）鹿化麟撰 （明）孫奇逢輯 清道光四年(1824)世德堂刻本 四冊

440000－2542－0001882 PJ400422

從野堂存稿八卷補遺一卷附錄一卷 （明）繆昌期撰 **文貞公年譜一卷** （清）繆之镕輯 清光緒二十一年(1895)武進盛氏思惠齋刻常州先哲遺書本 三冊

440000－2542－0001883 PJ400427

從野堂存稿八卷補遺一卷附錄一卷 （明）繆昌期撰 **文貞公年譜一卷** （清）繆之镕輯 清光緒二十一年(1895)武進盛氏思惠齋刻常州先哲遺書本 三冊

440000－2542－0001884 PJ400428

從野堂存稿八卷補遺一卷附錄一卷 （明）繆昌期撰 **文貞公年譜一卷** （清）繆之镕輯 清光緒二十一年(1895)武進盛氏思惠齋刻常州先哲遺書本 三冊

440000－2542－0001885 PJ400423

唐文恪公文集十六卷 （明）唐文獻撰 清道光唐天溥刻本 四冊 存七卷(五、八至九、十三至十六)

440000－2542－0001886 PJ400424

小辨齋偶存八卷附錄一卷 （明）顧允成撰 清光緒二十二年(1896)武進盛氏思惠齋刻常州先哲遺書本 一冊

440000－2542－0001887 PJ400425

小辨齋偶存八卷附錄一卷 （明）顧允成撰 清光緒二十二年(1896)武進盛氏思惠齋刻常州先哲遺書本 一冊

440000－2542－0001888 PJ400426

小辨齋偶存八卷附錄一卷 （明）顧允成撰 清光緒二十二年(1896)武進盛氏思惠齋刻常州先哲遺書本 一冊

440000－2542－0001889 PJ400429

落落齋遺集十卷附錄一卷 （明）李應昇撰 清光緒二十二年(1896)武進盛氏思惠齋刻常州先哲遺書本 三冊

440000－2542－0001890 PJ400433

落落齋遺集十卷附錄一卷 （明）李應昇撰 清光緒二十二年(1896)武進盛氏思惠齋刻常州先哲遺書本 三冊

440000－2542－0001891 PJ400434

落落齋遺集十卷附錄一卷 （明）李應昇撰 清光緒二十二年(1896)武進盛氏思惠齋刻常州先哲遺書本 三冊

440000－2542－0001892 PJ100465

方言十三卷 （漢）揚雄紀 （晉）郭璞解 清刻本 二冊

440000－2542－0001893 PJ400432

續騷堂集一卷 （明）萬泰撰 清光緒十年(1884)翰香居刻本 一冊

440000－2542－0001894 PJ100466

方言疏證十三卷 （清）戴震疏證 **續方言二卷** （清）杭世駿輯 清刻民國補刻本 二冊

440000－2542－0001895 PJ100467

輶軒使者絕代語釋別國方言箋疏十三卷 (清)錢繹撰集 清光緒十六年(1890)紅蝠山房刻本 六冊

440000－2542－0001896 QT000989
管子雜志十二卷 (清)王念孫撰 清刻本 一冊 存七卷(六至十二)

440000－2542－0001897 PJ100469
輶軒使者絕代語釋別國方言箋疏十三卷 (清)錢繹撰 **校勘記一卷** (清)何翰章撰 清光緒十六年(1890)廣雅書局刻本 四冊

440000－2542－0001898 PJ400440
夏節愍全集十卷首一卷末一卷補遺一卷續補遺一卷 (明)夏完淳撰 (清)莊師洛輯 (清)陳均等編 清嘉慶十二年(1807)刻同治八年(1869)補刻本 二冊

440000－2542－0001899 PJ400441
夏節愍全集十卷首一卷末一卷補遺一卷續補遺一卷 (明)夏完淳撰 (清)莊師洛輯 (清)陳均等編 清嘉慶十二年(1807)刻同治八年(1869)補刻本 二冊

440000－2542－0001900 PJ100470
輶軒使者絕代語釋別國方言箋疏十三卷 (清)錢繹撰 清光緒南陵徐氏積學齋刻積學齋叢書本 四冊

440000－2542－0001901 PJ400445
鄺海雪集箋十二卷 (明)鄺廷瑤箋 清咸豐元年(1851)綺錯樓刻本 四冊

440000－2542－0001902 PJ400446
嶠雅二卷 (明)鄺露撰 清道光五年(1825)扶南海雪堂刻本 二冊

440000－2542－0001903 PJ400446－1
赤雅三卷 (明)鄺露撰 清道光五年(1825)恬淡山堂刻本 一冊

440000－2542－0001904 PJ400447
嶠雅二卷 (明)鄺露撰 清道光五年(1825)扶南海雪堂刻本 二冊

440000－2542－0001905 PJ100471
越諺三卷 (清)范寅輯稿 清光緒八年(1882)谷應山房刻本 三冊

440000－2542－0001906 PJ100472
越諺三卷 (清)范寅輯稿 清光緒八年(1882)谷應山房刻本 三冊

440000－2542－0001907 PJ400449
明大司馬盧公集十二卷首一卷 (明)盧象昇撰 清光緒元年(1875)刻本 八冊

440000－2542－0001908 PJ400450
炳燭齋文集初刻一卷續刻一卷 (明)顧大韶撰 清宣統元年(1909)國學扶輪社鉛印本 二冊

440000－2542－0001909 PJ100479
通俗編三十八卷 (清)翟灝撰 清乾隆十六年(1751)仁和翟氏無不宜齋刻本 十二冊

440000－2542－0001910 PJ400458
金忠潔公文集二卷 (明)金鉉撰 清光緒二十二年(1896)武進盛氏思惠齋刻常州先哲遺書本 一冊

440000－2542－0001911 PJ400458－1
堆山先生前集一卷 (明)薛寀撰 清光緒二十二年(1896)武進盛氏思惠齋刻常州先哲遺書本 一冊

440000－2542－0001912 PJ400459
金忠潔公文集二卷 (明)金鉉撰 清光緒二十二年(1896)武進盛氏思惠齋刻常州先哲遺書本 一冊

440000－2542－0001913 PJ400459－1
堆山先生前集一卷 (明)薛寀撰 清光緒二十二年(1896)武進盛氏思惠齋刻常州先哲遺書本 一冊

440000－2542－0001914 PJ100480
通俗編三十八卷 (清)翟灝撰 清乾隆十六年(1751)仁和翟氏無不宜齋刻本 十二冊

440000－2542－0001915 PJ100481
班馬字類二卷 (宋)婁機撰 清光緒九年(1883)後知不足齋刻本 一冊

440000－2542－0001916　PJ100482
經籍纂詁一百六卷首一卷　（清）阮元撰集　清光緒十四年（1888）鴻文書局石印本　十六册

440000－2542－0001917　PJ100483
經籍纂詁一百六卷首一卷　（清）阮元撰集　清光緒十四年（1888）鴻文書局石印本　十六册

440000－2542－0001918　PJ100486
匡謬正俗八卷　（唐）顔師古撰　清光緒三年（1877）湖北崇文書局刻本　一册

440000－2542－0001919　PJ100487
説文解字十五卷標目一卷校字記一卷　（漢）許慎記　（宋）徐鉉校訂　**説文通檢十四卷首一卷末一卷**　（清）黎永椿編　清光緒九年（1883）山西書局刻本　十二册

440000－2542－0001920　PJ100488
説文解字十五卷標目一卷　（漢）許慎記（宋）徐鉉校定　清嘉慶十二年（1807）長白額勒布藤花榭刻本　四册

440000－2542－0001921　PJ400460
武林草一卷附刻一卷　（清）趙士麟撰　清光緒八年（1882）武林丁氏刻本　一册

440000－2542－0001922　PJ400460－1
里居雜詩一卷　（清）朱樟撰　清光緒八年（1882）武林丁氏刻本　一册

440000－2542－0001923　PJ100490
説文解字繫傳四十卷　（五代）徐鍇傳釋　清同治十二年（1873）粤東書局刻古經解彙函本　四册

440000－2542－0001924　PJ100491
説文解字繫傳四十卷　（五代）徐鍇傳釋　清同治十二年（1873）粤東書局刻古經解彙函本　四册

440000－2542－0001925　PS201095
史記菁華録六卷　（清）姚苧田輯　清道光四年（1824）扶荔山房刻朱墨套印本　六册

440000－2542－0001926　PJ400462
愛日堂全集十一卷　（明）孫宗彝撰　清乾隆三十五年（1770）刻本　四册　存九卷（文集三至八、诗集二卷、外集一卷）

440000－2542－0001927　PS201096
史記菁華録六卷　（清）姚苧田輯　清光緒九年（1883）廣州翰墨園刻朱墨套印本　六册

440000－2542－0001928　PJ100492
説文解字繫傳四十卷　（五代）徐鍇傳釋　清同治十二年（1873）粤東書局刻古經解彙函本　五册　缺五卷（一至五）

440000－2542－0001929　PJ100493
説文解字繫傳四十卷　（五代）徐鍇傳釋　清同治十二年（1873）粤東書局刻古經解彙函本　四册　存二十二卷（六至二十七）

440000－2542－0001930　PJ100494
説文解字注三十卷六書音均表五卷　（清）段玉裁注　清同治六年（1867）蘇州保息局刻本　十六册

440000－2542－0001931　PJ100495
説文解字注三十卷六書音均表五卷　（清）段玉裁注　清同治六年（1867）蘇州保息局刻本　十五册

440000－2542－0001932　PJ100496
説文解字注三十卷六書音均表五卷汲古閣説文訂一卷　（清）段玉裁注　清同治十一年（1872）湖北崇文書局刻本　九册　存十七卷（一至八、十一至十九）

440000－2542－0001933　PJ100497
説文解字注三十卷六書音均表五卷　（清）段玉裁撰　**説文匡謬八卷**　（清）徐承慶撰　**説文通檢十四卷**　（清）黎玉椿撰　清光緒十四年（1888）上海蜚英館石印本　八册

440000－2542－0001934　PJ100500
説文辨疑一卷　（清）顧廣圻撰　清光緒三年（1877）湖北崇文書局刻本　一册

440000－2542－0001935　PJ100501

說文辨疑一卷　(清)顧廣圻撰　清光緒三年(1877)湖北崇文書局刻本　一册

440000－2542－0001936　PJ100502
說文辨疑一卷　(清)顧廣圻撰　清光緒三年(1877)湖北崇文書局刻本　一册

440000－2542－0001937　PJ100503
說文解字義證五十卷　(清)桂馥撰　清同治九年(1870)湖北崇文書局刻本　四十八册

440000－2542－0001938　PJ100504
說文五翼八卷　(清)王煦撰　清光緒八年(1882)上虞觀海樓刻本　四册

440000－2542－0001939　PJ100507
段氏說文注訂八卷　(清)鈕樹玉撰　清同治十三年(1874)湖北崇文書局刻本　二册

440000－2542－0001940　PJ100508
說文新附考六卷續考一卷　(清)鈕樹玉撰　清同治十三年(1874)湖北崇文書局刻本　二册

440000－2542－0001941　PJ100509
說文外編十六卷　(清)雷浚撰　清光緒十年(1884)吴縣雷氏刻雷刻四種本　四册

440000－2542－0001942　PJ100439
急就章一卷考證一卷　(漢)史游纂　清光緒吴縣潘祖蔭刻功順堂叢書本　與440000－2542－0001845合一册

440000－2542－0001943　PJ100512
說文解字斠詮十四卷　(清)錢坫撰　清光緒九年(1883)淮南書局刻本　三册　存八卷(七至十四)

440000－2542－0001944　PJ100513
說文解字斠詮十四卷　(清)錢坫撰　清光緒九年(1883)淮南書局刻本　六册

440000－2542－0001945　PJ100514
說文校議十五卷　(清)姚文田撰　(清)嚴可均撰　清同治十三年(1874)歸安姚氏刻邃雅堂全書本　二册　存六卷(一至六)

440000－2542－0001946　PJ100516
六書轉注錄十卷　(清)洪亮吉撰　清光緒四年(1878)授經堂刻本　四册

440000－2542－0001947　PJ100517
六書類纂八卷　(清)吴錦章撰　清光緒二十三年(1897)崇雅精舍刻本　五册

440000－2542－0001948　PJ100518
六書辨一卷　(清)徐紹楨撰　清光緒刻本　一册

440000－2542－0001949　PJ100520
說文引經考二卷　(清)吴玉搢撰　清光緒九年(1883)歸安姚氏刻咫進齋叢書本　一册

440000－2542－0001950　PS201121
古史考年異同表二卷　(清)林春溥撰　清道光十八年(1838)竹柏山房刻本　一册

440000－2542－0001951　PJ100521
雷刻四種　(清)雷浚輯　清光緒十年(1884)吴縣雷氏刻本　四册

440000－2542－0001952　PJ400500
培遠堂偶存稿三卷　(清)陳宏謀撰　清同治八年(1869)刻本　一册

440000－2542－0001953　PJ400501
陳學士文集十八卷　(清)陳儀撰　清蘭雪齋刻本　六册　存十四卷(一至二、七至十八)

440000－2542－0001954　PS201122
宋儒龜山楊先生[時]年譜一卷　(清)毛念恃編　清刻本　一册

440000－2542－0001955　PJ100525
說文通訓定聲十八卷分部檢韻一卷說雅十九篇古今韻準一卷　(清)朱駿聲撰　**允倩府君行述一卷**　(清)朱孔彰撰　清道光刻同治臨嘯閣補刻本　二十册

440000－2542－0001956　PJ400503
大山詩集七卷　(清)劉巖撰　(清)吴楫蒐葺　(清)陳瀏編刊　清光緒三十一年(1905)鉛印思園叢書本　二册

440000－2542－0001957　PJ400504
解春集文鈔十二卷補遺二卷　(清)馮景撰

清乾隆至嘉慶餘姚盧氏刻抱經堂叢書本　一冊　存四卷（七至十）

440000－2542－0001958　PJ400505
抱犢山房集六卷　（清）嵇永仁撰　清雍正嵇曾筠刻本　三冊　存四卷（三至六）

440000－2542－0001959　PJ100526
說文聲讀表七卷　（清）苗夔纂　清同治至光緒福山王氏刻本　一冊　存五卷（三至七）

440000－2542－0001960　PJ100527
說文檢字二卷　（清）毛謨輯　**補遺一卷**　（清）姚覲元輯　清光緒九年（1883）歸安姚氏刻咫進齋叢書本　一冊

440000－2542－0001961　PJ100529
說文通檢十四卷首一卷末一卷　（清）黎永椿編　清光緒元年（1875）湖北崇文書局刻本　二冊

440000－2542－0001962　PS201126
晉五胡表一卷　（清）沈惟賢撰　清光緒十六年至二十二年（1890－1896）刻本　一冊

440000－2542－0001963　PS201128
孔子編年四卷　（清）狄子奇編　清光緒十三年（1887）浙江書局刻本　一冊

440000－2542－0001964　PS201131
徵君孫先生［奇逢］年譜二卷　（清）湯斌等編　清刻本　一冊

440000－2542－0001965　PS201134
方儀衛［東樹］年譜　（清）鄭福照輯　清同治刻本　一冊

440000－2542－0001966　PJ100545
史籀篇一卷　（西周）太史籀撰　清光緒九年（1883）長沙嫏嬛館刻玉函山房輯佚書本　一冊

440000－2542－0001967　PS201135
楓山章文懿公［懋］年譜二卷　（明）阮鶚撰　清同治至光緒永康退補齋刻金華叢書本　一冊

440000－2542－0001968　PS201136
焦南浦先生［袁熹］年譜一卷　（清）焦以敬等編　清光緒二十三年（1897）雲間木活字印本　一冊

440000－2542－0001969　PJ100546
古文審八卷　（清）劉心源學　清光緒十七年（1891）嘉魚劉氏龍江樓刻本　四冊

440000－2542－0001970　PJ100547
說文古籀疏證六卷原目一卷　（清）莊述祖撰　清光緒刻本　四冊

440000－2542－0001971　PS201137
焦南浦先生［袁熹］年譜一卷　（清）焦以敬等編　清光緒二十三年（1897）雲間木活字印本　一冊

440000－2542－0001972　PJ100548
說文古籀疏證六卷原目一卷　（清）莊述祖撰　清光緒刻本　四冊

440000－2542－0001973　PS201140
魏敏果公［象樞］年譜一卷　（清）魏象樞口授　（清）魏學誠等手錄　清刻本　一冊

440000－2542－0001974　PJ400506
樊榭山房集外詩三卷　（清）厲鶚撰　清同治十三年（1874）錢唐丁氏刻本　一冊　存一卷（三）

440000－2542－0001975　PS201141
廣元遺山［好問］年譜二卷　（清）李光廷編次　清同治五年（1866）番禺李光廷刻本　二冊

440000－2542－0001976　PJ100551
說文古籀疏證六卷原目一卷　（清）莊述祖撰　清光緒刻本　六冊

440000－2542－0001977　PJ400506－1
半巖廬遺詩二卷　（清）邵懿辰撰　清同治十三年（1874）錢唐丁氏刻本　與440000－2542－0001974合一冊

440000－2542－0001978　PJ400507
樊榭山房全集　（清）厲鶚撰　**振綺堂詩存一卷**　（清）汪憲撰　**松聲池館詩存四卷**　（清）汪璐撰　清光緒十年至十五年（1884－1889）

錢唐汪氏振綺堂刻本　十二冊

440000－2542－0001979　PJ100552
古籀拾遺三卷　(清)孫詒讓記　清光緒十六年(1890)瑞安孫氏刻本　二冊

440000－2542－0001980　PS201143
漁洋山人[王士禛]年譜一卷　(清)□□撰　清刻本　一冊

440000－2542－0001981　PS201144
李恕谷先生[塨]年譜五卷　(清)馮辰撰　清王氏謙德堂刻畿輔叢書本　一冊　存二卷(一至二)

440000－2542－0001982　PS201145
齋威烈公[齋清阿]年譜一卷　(清)納喇常恩撰　清刻本　一冊

440000－2542－0001983　PJ100556
類篇十五卷　(宋)司馬光等修纂　清光緒二年(1876)川東官舍刻本　十四冊

440000－2542－0001984　PJ400508
樊榭山房集外詩三卷　(清)厲鶚撰　清同治十三年(1874)錢唐丁氏刻本　一冊

440000－2542－0001985　PJ400508－1
道古堂集外詩二卷附錄一卷　(清)杭世駿撰　清光緒十三年(1887)錢唐丁氏刻本　與440000－2542－0001984合一冊

440000－2542－0001986　PS201148
顧亭林先生[炎武]年譜一卷　(清)吳映奎輯　(清)潘道根校　清光緒十一年(1885)吳縣孫谿槐廬家塾校刻本　一冊

440000－2542－0001987　PJ400509
硯林詩集四卷　(清)丁敬撰　清同治十二年(1873)錢唐丁氏當歸草堂刻本　一冊

440000－2542－0001988　PS201149
亭林先生神道表一卷　(清)全祖望譔　**同志贈言**　(清)沈岱瞻纂　清光緒十一年(1885)吳縣孫谿槐廬家塾校刻本　一冊

440000－2542－0001989　PJ400511
餘澤堂詩鈔一卷　(清)徐匡垣撰　清乾隆五十一年(1786)刻本　一冊

440000－2542－0001990　PJ400512
存研樓文集十六卷　(清)儲大文撰　清光緒元年(1875)靜遠堂刻本　十冊

440000－2542－0001991　PJ100560
字彙十二卷　(明)梅膺祚撰　清有文堂刻本　十四冊

440000－2542－0001992　PJ100561
康熙字典十二集　(清)張玉書等撰　清光緒上海錦章書局石印本　十二冊

440000－2542－0001993　PJ100562
康熙字典十二集　(清)張玉書等撰　清光緒十三年(1887)上海同文書局石印本　六冊

440000－2542－0001994　PJ100563
康熙字典十二集　(清)張玉書等撰　清光緒鴻寶書局石印本　六冊

440000－2542－0001995　PS201151
華盛頓傳八卷　(清)黎汝謙譯　(清)蔡國昭譯　清光緒十二年(1886)鉛印本　八冊

440000－2542－0001996　PS201152
敝帚齋主人[徐鼒]年譜一卷補一卷　(清)同里諸子編輯　(清)徐承禧等注　清光緒三年(1877)六合徐氏刻敝帚齋遺書本　一冊

440000－2542－0001997　PJ400513
鴻桷堂詩集五卷附梅花四體詩一卷文鈔一卷附信天翁家訓一卷鴻桷堂集附錄一卷　(清)胡方撰　清同治三年(1864)劬學齋刻本　四冊

440000－2542－0001998　PS201154
曾文正公[國藩]年譜十二卷　(清)李瀚章等編　清光緒刻本　四冊

440000－2542－0001999　PJ100564
康熙字典三十六卷　(清)張玉書等撰　清刻本　三十三冊

440000－2542－0002000　PJ100567
佩觿三卷　(宋)郭忠恕記　清光緒十年(1884)長洲蔣氏刻鐵華館叢書本　一冊

440000－2542－0002001　PJ400516
冬心先生集四卷　(清)金農撰　清宣統二年(1910)掃葉山房石印本　四册

440000－2542－0002002　PJ100570
汗簡七卷　(宋)郭忠恕撰　(清)鄭珍箋正　清光緒十五年(1889)廣雅書局刻本　五册

440000－2542－0002003　PJ400518
冬心先生續集一卷　(清)金農撰　(清)羅聘編　**冬心先生三體詩**　(清)金吉金撰　清光緒錢唐丁氏當歸草堂刻本　一册

440000－2542－0002004　PS201157
花甲閒談十六卷首一卷　(清)張維屏撰　(清)葉夢草繪　清道光十九年(1839)刻本　四册

440000－2542－0002005　PS201158
闕里廣志二十卷　(清)宋際等撰　清同治九年(1870)刻本　十二册

440000－2542－0002006　PS201159
闕里文獻考一百卷首一卷末一卷　(清)孔繼汾撰　清乾隆二十七年(1762)孔昭煥刻本　八册

440000－2542－0002007　PJ400520
懷亭集十四卷　(清)黄利通撰　(清)黄之騏編　清嘉慶十二年(1807)刻本　三册　存三卷(一、九至十)

440000－2542－0002008　PJ100571
汗簡七卷　(宋)郭忠恕撰　(清)鄭珍箋正　清光緒十五年(1889)廣雅書局刻民國印廣雅叢書本　四册

440000－2542－0002009　PZ300007
子思内篇五卷外篇二卷　(漢)鄭玄注　(清)黄以周輯解　清光緒南菁書院刻本　二册

440000－2542－0002010　PJ400521
板橋集六卷　(清)鄭燮撰　清乾隆刻本　四册

440000－2542－0002011　PJ100573
字鑑五卷　(元)李文仲編　清光緒十年(1884)長洲蔣氏刻鐵華館叢書本　一册

440000－2542－0002012　PZ300009
荀子三卷　(唐)楊倞注　清光緒元年(1875)湖北崇文書局刻本　二册

440000－2542－0002013　PJ100574
六書通十卷　(明)閔齊伋撰　(清)畢弘述篆訂　清刻本　九册

440000－2542－0002014　PJ401418
明三十家詩選初集八卷二集八卷　(清)汪端輯　清同治十二年(1873)藴蘭吟館刻本　八册

440000－2542－0002015　PZ300010
荀子二十卷　(唐)楊倞注　清光緒十年(1884)刻本　一册　存一卷(十六)

440000－2542－0002016　PJ100575
六書通十卷　(明)閔齊伋撰　(清)畢弘述篆訂　清光緒四年(1878)繡穀留耕堂刻本　六册

440000－2542－0002017　PZ300017
荀子雜誌八卷　(清)王念孫撰　清刻本　三册　存七卷(一至七)

440000－2542－0002018　PZ300018
荀子集解二十卷　王先謙集解　清光緒十七年(1891)影印本　二册　存七卷(一至七)

440000－2542－0002019　PS201162
崇祀鄉賢錄一卷　(清)□□撰　清刻本　一册

440000－2542－0002020　PJ400522
板橋集六卷　(清)鄭燮撰　清刻本　一册　存二卷(詩鈔三、詞鈔一)

440000－2542－0002021　PJ400523
嶺南集八卷　(清)杭世駿撰　清光緒七年(1881)學海堂刻本　二册

440000－2542－0002022　PJ400524
嶺南集八卷　(清)杭世駿撰　清光緒七年(1881)學海堂刻本　四册

440000－2542－0002023　PJ400525
柳洲遺稾二卷　（清）魏之琇撰　清同治十一年（1872）錢唐丁氏刻本　一冊

440000－2542－0002024　PJ400526
香草齋詩註六卷　（清）黄任撰　（清）陳應魁注　清嘉慶十九年（1814）刻本　八冊

440000－2542－0002025　PJ100578
汪本隸釋刊誤一卷　（清）黄丕烈撰　清同治十一年（1872）皖南洪氏晦木齋刻本　一冊

440000－2542－0002026　PJ400527
香草箋一卷　（清）黄任撰　清宣統二年（1910）鉛印本　一冊

440000－2542－0002027　PS201165
褒忠錄四卷　（清）李繼彪重輯　清道光四年（1824）刻本　二冊

440000－2542－0002028　PJ100579
字學舉隅一卷　（清）龍啓瑞撰　清同治刻本　一冊

440000－2542－0002029　PJ100580
字學舉隅一卷　（清）龍啓瑞撰　清同治十三年（1874）湖北崇文書局刻本　一冊

440000－2542－0002030　PJ400528
陳星齋文稾初刻一卷二刻一卷塾課文稾一卷二刻補遺一卷　（清）陳兆崙撰　清光緒三年（1877）刻本　八冊

440000－2542－0002031　PJ100581
字學舉隅一卷　（清）龍啟瑞撰　清同治十年（1871）琉璃廠懿文齋刻本　一冊

440000－2542－0002032　PJ100582
字學舉隅一卷　（清）龍啟瑞撰　清同治十年（1871）全城堂刻本　一冊

440000－2542－0002033　PS201166
清芬集五卷　（清）徐得厚輯　清芝雲堂刻本　一冊

440000－2542－0002034　PJ100583
字學舉隅一卷　（清）龍啟瑞輯　清光緒八年（1882）刻本　一冊

440000－2542－0002035　PJ100585
十三經集字一卷　（清）李鴻藻撰　清光緒六年（1880）刻本　一冊

440000－2542－0002036　PJ100586
十三經集字摹本不分卷　（清）彭玉雯撰　清刻本　七冊

440000－2542－0002037　PJ100584
翰苑字學舉隅續編二卷　（清）汪敘疇撰　清宣統三年（1911）文淵閣石印本　一冊

440000－2542－0002038　PJ100587
金壺字考一卷古體假借字一卷　（清）釋適之撰　清同治刻本　一冊

440000－2542－0002039　PJ400554
義門先生集十二卷附錄一卷　（清）何焯撰　（清）韓崇等同輯　**義門弟子姓氏錄一卷**　（清）屠鍾（蘇）傳鈔　清宣統元年（1909）平江吳氏廣州刻本　三冊

440000－2542－0002040　PJ400558
袁文箋正十六卷袁文補注一卷　（清）袁枚撰　（清）石韞玉箋　清同治八年（1869）刻本　六冊

440000－2542－0002041　PJ400559
待廬遺集四卷　（清）方澤撰　清光緒十五年（1889）刻方植之全集本　二冊　存三卷（文一、詩一至二）

440000－2542－0002042　PS201182
客杭日記一卷　（元）郭畀撰　清光緒七年（1881）刻武林掌故叢編本　一冊

440000－2542－0002043　PJ400560
胥園詩鈔十卷詩餘一卷　（清）莊肇奎撰　（清）顧曾編選　清嘉慶十七年（1812）刻本　二冊

440000－2542－0002044　PS201183
陸清獻公日記十卷　（清）陸隴其撰　（清）柳樹芳校刊　清道光二十一年（1841）勝溪草堂刻本　四冊

440000－2542－0002045　PS201184

陸清獻公日記十卷 （清）陸隴其撰 （清）柳樹芳校刊 清道光二十一年（1841）勝溪草堂刻本 四冊

440000－2542－0002046 PS201185
陸清獻公日記十卷 （清）陸隴其撰 （清）柳樹芳校刊 清道光二十一年（1841）勝溪草堂刻本 四冊

440000－2542－0002047 PJ400561
音註小倉山房尺牘八卷補遺一卷 （清）袁枚撰 （清）胡光斗箋釋 清光緒十一年（1885）著易堂鉛印本 四冊

440000－2542－0002048 PJ400566
紀文達公遺集三十二卷 （清）紀昀撰 （清）紀树馨編校 清嘉慶十七年（1812）紀樹馥刻本 十二冊

440000－2542－0002049 PS201191
復堂日記八卷 （清）譚獻撰 清光緒十三年（1887）刻本 二冊

440000－2542－0002050 PJ400569
復初齋文集三十五卷 （清）翁方綱撰 清光緒三年（1877）李彥章、李以烜刻本 八冊

440000－2542－0002051 PJ100605
澄衷蒙學堂字課圖説四卷 （清）劉樹屏撰 清光緒二十七年（1901）蘇州澄衷蒙學堂石印本 八冊

440000－2542－0002052 PJ400570
惜抱先生尺牘八卷 （清）姚鼐撰 清宣統元年（1909）小萬柳堂刻本 一冊 存二卷（三至四）

440000－2542－0002053 PJ400573
卷施閣詩二十卷 （清）洪亮吉撰 清乾隆五十九年（1794）刻本 四冊 存十六卷（一至十六）

440000－2542－0002054 PJ400574
更生齋詩八卷詩餘二卷 （清）洪亮吉撰 **洪北江先生年譜** （清）旌德編次 （清）呂培編次 清乾隆五十九年（1794）刻本 三冊

440000－2542－0002055 PS201201
南海九江朱氏家譜十二卷首四卷 （清）朱次琦等修 清同治八年（1869）刻本 十二冊

440000－2542－0002056 PS201202
南海學正黃氏家譜十二卷首一卷末一卷 （清）黃任恒編 清宣統三年（1911）保粹堂刻本 二冊

440000－2542－0002057 PJ400575
附鮚軒詩八卷 （清）洪亮吉撰 清乾隆六十年（1795）貴陽節署刻本 二冊

440000－2542－0002058 PJ400575－1
更生齋文甲集四卷乙集二卷 （清）洪亮吉撰 清嘉慶七年（1802）洋川書院刻本 與440000－2542－0002057合一冊 存一卷（更生齋文甲集一）

440000－2542－0002059 PJ400576
附鮚軒詩八卷 （清）洪亮吉撰 清光緒三年（1877）洪氏授經堂刻洪北江全集本 二冊

440000－2542－0002060 PJ400577
有正味齋駢體文二十四卷 （清）吳錫麒撰 （清）王廣業箋 清咸豐九年（1859）青箱塾刻本 三冊 存十一卷（一至十一）

440000－2542－0002061 PJ400578
有正味齋駢文十六卷補注一卷 （清）吳錫麒撰 （清）葉聯芬箋註 清同治七年（1868）慈北葉氏刻本 六冊

440000－2542－0002062 PJ100607
文字發凡四卷 （清）龍志澤編輯 清光緒三十三年（1907）廣智書局鉛印本 二冊

440000－2542－0002063 PJ400579
孫淵如先生全集二十三卷 （清）孫星衍撰 清光緒十一年至二十年（1885－1894）湖南思賢書局刻本 十冊

440000－2542－0002064 PS201203
清溪沈氏六修家乘二十卷 （清）沈應奎錄 清光緒十年（1884）刻本 二十冊

440000－2542－0002065　PJ400582
平津館文稿二卷　(清)孫星衍撰　清光緒十二年(1886)吳縣朱氏家塾刻槐廬叢書本　二册

440000－2542－0002066　PJ400583
問字堂集六卷附贈言一卷　(清)孫星衍撰　清光緒十二年(1886)吳縣朱氏家塾刻槐廬叢書本　二册　存四卷(一至四)

440000－2542－0002067　PS201205
明良志略一卷　(清)劉沅撰　清同治八年(1869)致福樓刻本　一册

440000－2542－0002068　PS201207
宋名臣言行錄前集十卷後集十四卷續集八卷別集二十六卷外集十七卷　(宋)朱熹等纂　(宋)李幼武續纂　清同治七年(1868)刻本　八册

440000－2542－0002069　PJ100612
集韻考正十卷　(清)方成桂學　清光緒里安孫氏詒善祠塾刻本　十册

440000－2542－0002070　PJ400584
小謨觴館集注十六卷　(清)彭兆蓀撰　(清)孫元培等纂輯　清光緒十九年(1893)苕溪佟氏吳門寓齋刻本　四册

440000－2542－0002071　PJ100613
韻補五卷　(宋)吳棫撰　**韻補正一卷**　(清)顧炎武撰　清道光二十八年(1848)靈石楊氏刻本　二册

440000－2542－0002072　PJ100615
韻字略十二卷　(清)毛謨撰　清光緒元年(1875)湖北崇文書局刻本　二册

440000－2542－0002073　PJ100616
佩文詩韻釋要五卷辨正一卷　(清)周兆基輯　清光緒三年(1877)粵東使署刻本　二册

440000－2542－0002074　PJ400585
岱南閣集二卷　(清)孫星衍撰　清光緒十二年(1886)吳縣朱氏家塾刻槐廬叢書本　一册

440000－2542－0002075　PS201210
元朝名臣事略十五卷　(元)蘇天爵撰　清刻本　三册　存十一卷(五至十五)

440000－2542－0002076　PJ400586
冶城潔養集二卷　(清)孫星衍撰　清光緒十二年(1886)吳縣朱氏家塾刻槐廬叢書本　一册

440000－2542－0002077　PJ400586－1
冶城遺集一卷　(清)孫星衍撰　清光緒十二年(1886)吳縣朱氏家塾刻槐廬叢書本　與440000－2542－0002076合一册

440000－2542－0002078　PJ400587
切問齋文鈔三十卷　(清)陸燿輯　清道光楊國楨刻同治印本　八册

440000－2542－0002079　PJ400588
切問齋文鈔三十卷　(清)陸燿輯　清道光楊國楨刻同治印本　九册　存二十八卷(三至三十)

440000－2542－0002080　PJ400589
秋士先生遺集六卷　(清)彭績撰　清光緒七年(1881)刻本　二册

440000－2542－0002081　PS201212
東林列傳二十四卷末二卷　(清)陳鼎輯　清刻本　十四册

440000－2542－0002082　PS201213
史外三十二卷　(清)汪有典撰　清同治九年(1870)刻本　八册

440000－2542－0002083　PS201214
史外三十二卷　(清)汪有典纂　清咸豐七年(1857)刻本　八册

440000－2542－0002084　PS201215
欽定勝朝殉節諸臣錄十二卷首一卷　(清)乾隆四十一年敕撰　清刻本　四册　存九卷(一至八、首一卷)

440000－2542－0002085　PJ400599
春融堂集六十八卷滇行日錄一卷征緬紀聞一卷征緬紀畧一卷蜀徼紀聞一卷商洛行程記一卷雪鴻再錄一卷使楚蘩譚一卷臺懷隨筆一卷

（清）王昶撰　**述庵先生[王昶]年譜二卷**　（清）嚴榮編　清光緒十八年（1892）重修本　二十冊

440000－2542－0002086　PS201216
留溪外傳十八卷　（清）陳鼎撰　清光緒二十四年（1898）武進盛氏刻本　四冊

440000－2542－0002087　PJ100618
詩韻集成十卷詞林典腋一卷　（清）余照輯　清刻本　一冊　存三卷（五至七）

440000－2542－0002088　PS201217
留溪外傳十八卷　（清）陳鼎撰　清光緒二十四年（1898）武進盛氏刻本　四冊

440000－2542－0002089　PS201218
留溪外傳十八卷　（清）陳鼎撰　清光緒二十四年（1898）武進盛氏刻本　四冊

440000－2542－0002090　PS201219
泰西各國名人言行錄十六卷　（清）張兆蓉撰　清光緒二十九年（1903）石印本　三冊

440000－2542－0002091　PJ100617
佩文詩韻釋要五卷　（清）周兆基撰　（清）朱簡重輯　清光緒十五年（1889）旌德湯明林刻本　一冊

440000－2542－0002092　PJ400593
韞山堂時文四卷初集一卷二集二卷三集一卷　（清）管世銘撰　清光緒十五年（1889）雲陽束氏刻本　四冊

440000－2542－0002093　PJ100619
詩韻集成十卷詞林典腋一卷　（清）余照輯　清大文堂刻本　四冊

440000－2542－0002094　PJ400591
青虛山房集十一卷　（清）王太岳撰　清光緒十九年（1893）定興鹿氏刻本　六冊

440000－2542－0002095　PJ400592
韞山堂詩集十六卷　（清）管世銘撰　清光緒二十年（1894）讀雪山房刻本　六冊

440000－2542－0002096　PJ400594
韞山堂時文四卷初集一卷二集二卷三集一卷　（清）管世銘撰　清光緒六年（1880）湖南書局刻本　四冊

440000－2542－0002097　PJ400596
船山詩草選六卷　（清）張問陶撰　（清）石韞玉錄　清嘉慶二十二年（1817）吳門學耕堂刻本　二冊

440000－2542－0002098　PJ400597
船山詩草二十卷　（清）張問陶撰　清嘉慶二十年（1815）刻本　八冊

440000－2542－0002099　PJ400598
一樓集二十卷　（清）黃達撰　清刻本　五冊　存十七卷（四至二十）

440000－2542－0002100　PS201221
國朝先正事略六十卷　（清）李元度纂　清同治五年（1866）刻本　二十三冊

440000－2542－0002101　PJ400602
釋耒集四卷　（清）施元孚撰　清光緒四年（1878）施霖等樂成蟾河堡刻本　一冊

440000－2542－0002102　PJ400603
北溪詩文集二十二卷　（清）王元文撰　清嘉慶十七年（1812）隨善齋刻本　五冊　存十七卷（詩稾一至十、十六至二十，文稾一至二）

440000－2542－0002103　PS201222
國朝先正事略六十卷　（清）李元度纂　清光緒十二年（1886）鉛印本　八冊

440000－2542－0002104　PJ100621
詩韻合璧五卷　（清）湯文潞輯　清光緒十三年（1887）廣百宋齋鉛印本　四冊　存四卷（二至五）

440000－2542－0002105　PS201223
國朝先正事略六十卷　（清）李元度纂　清光緒二十一年（1895）上海問盛書局石印本　八冊

440000－2542－0002106　PS201224
國朝先正事略六十卷　（清）李元度纂　清光緒二十九年（1903）天章石印局石印本　八冊

440000－2542－0002107　PJ100622

詩韻合璧五卷　(清)湯文潞輯　清光緒四年(1878)上海松隱閣石印本　五册

440000－2542－0002108　PJ100623
詩韻五卷　(清)湯文潞輯　清光緒二十一年(1895)上洋鴻寶齋石印本　六册

440000－2542－0002109　PJ100624
詞林正韻三卷　(清)戈載輯　清光緒三年(1877)刻本　二册

440000－2542－0002110　PJ100628
六書音均表五卷　(清)段玉裁記　清刻本　六册

440000－2542－0002111　PJ100629
古音譜八卷首一卷　(清)姚文田輯　清道光二十五年(1845)蘇州振新書社刻本　六册

440000－2542－0002112　PJ100630
切韻考四卷　(清)陳澧撰　清刻本　一册

440000－2542－0002113　PJ400607
務滋堂集四十四卷　(清)□□輯　清嘉慶二十二年(1817)同川金氏刻本　一册　存六卷(翠娱樓詩草一至四、翠娱樓詩餘一、翠娱樓雜著一)

440000－2542－0002114　PS201232
吴郡名賢圖像贊二十卷　(清)顧沅輯　清道光九年(1829)長洲顧氏刻本　六册

440000－2542－0002115　PJ400611
竹灣遺稿八卷首一卷　(清)孫事倫撰　清光緒二十二年(1896)沃洲黄寶元木活字印本　三册　存三卷(一至二、八)

440000－2542－0002116　PJ100633
正音咀華三卷續編一卷　(清)莎彝尊著　清刻本　二册

440000－2542－0002117　PJ100634
天籟新韻一卷　(清)蕭承煊輯　清光緒十二年(1886)刻本　一册

440000－2542－0002118　PJ400612
雙桂堂稿續編十二卷　(清)紀大奎撰　清嘉慶十三年(1808)刻紀慎齋先生全集本　二册　存八卷(一至五、十至十二)

440000－2542－0002119　PJ400613
荔邨詩稿四卷　(清)王惟孫撰　清道光二年(1822)知不足齋刻本　二册

440000－2542－0002120　PJ400614
春園吟稿十卷　(清)查有新撰　清道光元年(1821)海寧查氏刻本　三册

440000－2542－0002121　PJ400615
培桂山房詩鈔六卷　(清)汪上彩撰　清嘉慶九年(1804)刻本　一册

440000－2542－0002122　PJ400616
滋德堂集一卷　(清)徐元第撰　(清)徐士琛錄　清宣統三年(1911)木活字印本　一册

440000－2542－0002123　PJ400617
滋德堂集一卷　(清)徐元第撰　(清)徐士琛錄　清宣統三年(1911)木活字印本　一册

440000－2542－0002124　PJ100639
等韻一得内篇一卷外篇一卷　勞乃宣撰　清光緒二十四年(1898)吳橋官廨刻本　二册

440000－2542－0002125　PJ400619
三松堂集二十卷附三松自訂年譜一卷　(清)潘奕雋撰　清同治九年至十一年(1870－1872)刻本　五册　存十七卷(一至十六、自訂年譜一卷)

440000－2542－0002126　PJ100640
簡字叢錄一卷　勞乃宣撰　清光緒三十二年(1906)刻本　一册

440000－2542－0002127　PJ400627
秋水軒集詩選一卷詞一卷　(清)莊盤珠撰　清光緒二年(1876)思補樓木活字印本　一册

440000－2542－0002128　PJ400623
秣陵集六卷附圖考一卷金陵歷代紀年事表一卷　(清)陳文述撰　清光緒十年(1884)淮南書局刻本　二册　存四卷(一至四)

440000－2542－0002129　PJ400624
秣陵集六卷附圖考一卷金陵歷代紀年事表一卷　(清)陳文述撰　清道光三年(1823)刻本

二册　存三卷(二至四)

440000－2542－0002130　PJ400625
冬花庵燼餘稾三卷　(清)奚岡撰　清同治十一年(1872)錢唐丁氏當歸草堂刻本　一册

440000－2542－0002131　PJ400628
秋水軒集詩選一卷詞一卷　(清)莊盤珠撰　清光緒二年(1876)思補樓木活字印本　一册

440000－2542－0002132　PJ400758－1
舒蓺室詩續存一卷　(清)張文虎撰　清光緒十三年(1887)刻覆瓿集本　一册

440000－2542－0002133　PJ100648
聲說二卷　(清)時庸勱學　清光緒十八年(1892)河南星使行臺刻本　二册

440000－2542－0002134　PJ400632
茗柯文初編一卷二編二卷三編一卷四編一卷　(清)張惠言撰　清光緒七年(1881)刻本　二册

440000－2542－0002135　PS201245
理學宗傳二十六卷　(明)孫奇逢輯　清刻本　十二册

440000－2542－0002136　PJ400634
左海文集十卷　(清)陳壽祺撰　清嘉慶至道光陳紹墉刻左海全集本　九册

440000－2542－0002137　PJ400635
左海文集十卷　(清)陳壽祺撰　清嘉慶至道光陳紹墉刻左海全集本　四册　存四卷(二至五)

440000－2542－0002138　PJ400636
左海文集乙編二卷　(清)陳壽祺撰　清嘉慶至道光陳紹墉刻左海全集本　一册

440000－2542－0002139　PJ400637
鑑止水齋集二十卷　(清)許宗彥撰　清咸豐六年(1856)許延穀潮州刻本　六册

440000－2542－0002140　PJ400638
五百四峯堂詩鈔二十五卷　(清)黎簡撰　清同治十三年(1874)南海陳氏刻本　八册

440000－2542－0002141　PS201248
宋元學案一百卷首一卷攷畧一卷　(清)黃宗羲撰　(清)黃百家纂輯　(清)全祖望修訂　清光緒五年(1879)刻本　三十七册　存九十六卷(三至九十八)

440000－2542－0002142　PJ400640
綠窗吟草一卷　(清)楊瓊華撰　清道光十二年(1832)刻本　二册

440000－2542－0002143　PS201249
宋元學案一百卷首一卷攷畧一卷　(清)黃宗羲撰　(清)黃百家纂輯　(清)全祖望修訂　清光緒五年(1879)長沙寄廬刻本　四十册

440000－2542－0002144　PS201253
國朝詩人徵略六十卷　(清)張維屏輯　清道光十年(1830)刻本　十二册

440000－2542－0002145　PJ400641
二思齋文存六卷　(清)何文明撰　清光緒六年(1880)刻本　二册

440000－2542－0002146　PS201254
國朝詩人徵略六十卷　(清)張維屏輯　清道光十年(1830)刻本　十四册

440000－2542－0002147　PJ400643
小羅浮山館詩鈔十五卷　(清)吴昇撰　清嘉慶至道光刻钱塘吴氏合集本　三册

440000－2542－0002148　PJ400644
白圭堂詩鈔六卷續鈔六卷　(清)江之紀撰　清光緒十九年(1893)刻本　四册

440000－2542－0002149　PJ100656
全謝山先生經史問答十卷　(清)全祖望撰　清刻本　一册　存五卷(一至五)

440000－2542－0002150　PS201255
國朝詩人徵略六十卷　(清)張維屏輯　清道光十年(1830)刻本　十四册

440000－2542－0002151　PJ100657
全謝山先生經史問答十卷　(清)全祖望撰　清刻本　二册　缺六卷(一至二、七至十)

440000－2542－0002152　PJ100658

古經解鉤沉三十卷　（清）余蕭客著　清光緒二十一年(1895)杭州竹簡齋石印本　十二冊

440000－2542－0002153　PJ100659
述學內篇三卷外篇一卷補遺一卷別錄一卷校勘記一卷　（清）汪中撰　清嘉慶二十年(1815)刻本　四冊

440000－2542－0002154　PS201256
高士傳三卷　（晉）皇甫謐著　清光緒三年(1877)湖北崇文書局刻本　一冊

440000－2542－0002155　PJ400645
味餘書室全集定本四十卷目錄四卷隨筆二卷　（清）仁宗顒琰撰　清嘉慶五年(1800)內府刻本　三十二冊

440000－2542－0002156　PS201257
高士傳三卷　（晉）皇甫謐著　清光緒三年(1877)湖北崇文書局刻本　一冊

440000－2542－0002157　PJ100661
周人經說八卷　（清）王紹蘭撰　清光緒刻本　二冊　存四卷(一至四)

440000－2542－0002158　PJ100662
王氏經說六卷音略一卷　（清）王紹蘭撰　清光緒刻本　二冊

440000－2542－0002159　PS201259
國朝名家詩鈔小傳四卷　（清）鄭方坤譔　清光緒十二年(1886)萬山草堂刻本　一冊

440000－2542－0002160　PS201260
孔門師弟年表一卷後說一卷孟子時事年表一卷後說一卷　（清）林春溥撰　清嘉慶十一年(1806)竹柏山房刻本　一冊

440000－2542－0002161　PJ400648
霽亭詩鈔四卷　（清）鄭遵泗撰　清道光三十年(1850)醉墨軒刻本　一冊

440000－2542－0002162　PJ400646
補竹軒文集六卷　（清）鮑源深撰　清光緒十四年(1888)刻本　三冊

440000－2542－0002163　PJ400649
吳學士文集四卷詩集五卷　（清）吳鼒撰　（清）梁肇煌等編訂　清光緒八年(1882)江甯藩署刻本　六冊

440000－2542－0002164　PJ400650
後湘二集五卷　（清）姚瑩撰　清刻本　一冊

440000－2542－0002165　PJ400651
復莊詩問三十四卷　（清）姚燮撰　清道光二十六年(1846)鎮海姚氏刻大梅山館集本　二冊　存七卷(一至三、二十六至二十九)

440000－2542－0002166　PJ400652
三十六灣草廬稿十卷　（清）黃本騏撰　清道光二十八年(1848)湘陰蔣瓌刻光緒四年(1878)古香書閣印三長物齋叢書本　三冊　存八卷(三至十)

440000－2542－0002167　PJ100663
經義述聞二十八卷　（清）王引之撰　清光緒十三年(1887)鴻寶齋石印本　六冊

440000－2542－0002168　PJ400653
蘭坡外集五卷續五卷　（清）郟談撰　清同治五年(1866)晉福堂刻本　一冊

440000－2542－0002169　PJ100664
愚一錄十二卷　（清）鄭獻甫著　清光緒刻本　二冊　存三卷(一至三)

440000－2542－0002170　PS201261
列女傳八卷　（漢）劉向撰　（清）梁端校注　清光緒十七年(1891)刻本　二冊

440000－2542－0002171　PJ400654
萬善花室文稾六卷續集一卷　（清）方履籛撰　清光緒九年(1883)江陰繆氏刻雲自在龕叢書本　一冊　存三卷(一至三)

440000－2542－0002172　PJ100665
經訓比義三卷　（清）黃以周述　清光緒二十二年(1896)南菁講舍刻本　一冊

440000－2542－0002173　PJ400655
衎石齋記事稾十卷　（清）錢儀吉撰　清道光十四年(1834)刻本　一冊　存二卷(一至二)

440000－2542－0002174　PS201263
列女傳十六卷　（漢）劉向撰　（明）汪氏增輯

（明）仇英繪圖　清乾隆四十四年（1779）刻本　五册　存十卷（一至十）

440000－2542－0002175　PS201264
古列女傳八卷　（漢）劉向撰　（明）黄魯曾贊　清光緒三年（1877）湖北崇文書局刻本　一册

440000－2542－0002176　PJ100669
經典釋文三十卷　（唐）陸德明撰　**考證三十卷**　（清）盧文弨撰　清同治十年（1871）刻本　十二册

440000－2542－0002177　PJ100672
經典釋文三十卷　（唐）陸德明撰　清康熙通志堂刻通志堂經解本　十册

440000－2542－0002178　PJ100673
經典釋文序錄一卷　（唐）陸德明撰　清刻本　一册

440000－2542－0002179　PJ100674
群經音辨七卷　（宋）賈昌朝撰　清光緒十年（1884）長洲蔣氏刻鐵華館叢書本　一册

440000－2542－0002180　PJ400656
小重山房詩續錄十二卷　（清）張祥河撰　清光緒元年（1875）華亭張氏刻本　四册　存十卷（朝天集一卷、關中集一卷、肆覲集一卷、藍橋集一卷、北山之什一卷、鶴在集一卷、來京集一卷、幾輔輶軒集一卷、怡園集一卷、福禄鴛鴦集一卷）

440000－2542－0002181　PJ400657
小重山房詩續錄十二卷　（清）張祥河撰　清光緒元年（1875）華亭張氏刻本　一册　存四卷（南山集一卷、鶴在集一卷、來京集一卷、畿輔輶軒集一卷）

440000－2542－0002182　PJ400658
小重山房初稿二十卷　（清）張祥河撰　清道光十年至三十年（1830－1850）刻本　三册　存十卷（詩一至三、十三至十六、十八至二十）

440000－2542－0002183　PJ400659
煙霞萬古樓詩選二卷　（清）王曇撰　清道光二十年（1840）刻本　一册

440000－2542－0002184　PJ100675
相臺書塾刊正九經三傳沿革例一卷　（宋）岳珂撰　清光緒三年（1877）湖北崇文書局刻本　一册

440000－2542－0002185　PJ100676
五經同異三卷　（清）顧炎武撰　清光緒十一年（1885）吴縣槐廬家塾刻本　三册

440000－2542－0002186　PJ100677
群經平議三十五卷　（清）俞樾撰　清同治刻本　十二册

440000－2542－0002187　PS201266
外國列女傳八卷　（清）陳壽彭譯　（清）薛紹徽編　清光緒三十二年（1906）江楚編譯局石印本　三册

440000－2542－0002188　PJ100680
經義述聞三十卷　（清）王引之著　清光緒二十一年（1895）上海鴻文書局石印皇清經解本　一册

440000－2542－0002189　PS201268
燕蘭小譜五卷　（清）安樂山樵（吴長元）吟　**海鷗小譜一卷**　（清）秋谷老人（趙執信）撰　清宣統三年（1911）長沙葉氏刻本　一册

440000－2542－0002190　PS201269
金匱秦門雙列傳一卷　（清）秦耀奎撰　清光緒十年（1884）寄暢園刻本　一册

440000－2542－0002191　PS201270
列女傳補註八卷敘錄一卷　（清）王照圓撰　清嘉慶十七年（1812）棲霞郝氏曬書堂刻本　五册

440000－2542－0002192　PJ100681
經傳釋詞補一卷　（清）孫經世撰　清光緒十四年（1888）長洲蔣氏心矩齋刻本　一册

440000－2542－0002193　PJ100682
經書字音辨要九卷　（清）楊名颺輯　清道光十年（1830）式好堂刻本　二册

440000－2542－0002194　PS201273

歷代名媛齒譜三卷　(清)易宗涒輯　清賜書堂刻本　三册

440000－2542－0002195　PJ100683
經傳考證八卷　(清)朱彬撰　清道光二年(1822)遊道堂刻本　二册

440000－2542－0002196　PJ100684
傳經表二卷通經表二卷　(清)洪亮吉撰　清光緒五年(1879)授經堂刻本　二册

440000－2542－0002197　PJ100685
石經考異二卷　(清)杭世駿撰　清刻本　一册

440000－2542－0002198　PJ400661
邃懷堂文集箋註十六卷　(清)袁翼撰　(清)朱舲箋註　清咸豐八年(1858)古唐朱氏古懽齋刻本　八册

440000－2542－0002199　PS201274
歷代名賢齒譜九卷　(清)易宗涒輯　清賜書堂刻本　十六册

440000－2542－0002200　PJ400662
龔定盦全集　(清)龔自珍撰　清光緒二十三年(1897)萬本書堂刻本　六册　存六種

440000－2542－0002201　PJ400663
定盦文集三卷定盦文集補四種定盦續集四卷　(清)龔自珍撰　清同治七年(1868)刻本　五册

440000－2542－0002202　PJ100689
字學舉隅一卷　(清)龍啓瑞撰　清同治十年(1871)刻本　一册

440000－2542－0002203　PS201275
史姓韻編六十四卷　(清)汪輝祖輯　(清)馮祖憲重校　清光緒十年(1884)慈谿耕餘樓書局鉛印本　十六册

440000－2542－0002204　PJ100690
說文解字十五卷標目一卷校字記一卷　(漢)許慎記　(宋)徐鉉校定　**說文通檢十四卷首一卷末一卷**　(清)黎永椿編　清同治十二年(1873)番禺陳昌治刻本　十册

440000－2542－0002205　PJ100692
說文釋例二十卷　(清)王筠學　清道光刻本　八册

440000－2542－0002206　PJ100693
說文釋例二卷　(清)江沅著　清咸豐元年(1851)江都李氏半畝園刻本　一册

440000－2542－0002207　PJ400667
小檀欒山館詩草四卷　(清)吳鳳樓撰　(清)吳槎編　清光緒九年(1883)吳氏刻本　四册

440000－2542－0002208　PJ400669
借間生詩三卷詞一卷　(清)汪遠孫撰　清道光二十年(1840)錢唐汪氏刻振綺堂遺書本　一册

440000－2542－0002209　PS200658
後漢書九十卷　(南朝宋)范曄撰　(唐)李賢注　**續漢書八志三十卷**　(晉)司馬彪續　(南朝梁)劉昭注補　清同治八年(1869)金陵書局刻本　十六册

440000－2542－0002210　PJ400670
槿花邨吟存一卷槿村樵唱一卷　(清)夏崑林撰　清道光十八年(1838)刻本　一册

440000－2542－0002211　PJ400672
小萬卷齋文藁二十四卷首一卷末一卷詩藁三十二卷詩續藁十二卷末一卷　(清)朱琦撰　清光緒十一年(1885)刻本　五册　存十七卷(文藁三至四、二十一至二十二,詩藁十七至二十,詩續藁五至十二,末一卷)

440000－2542－0002212　PJ100694
說文解字十五卷標目一卷　(漢)許慎記　(宋)徐鉉校定　**汲古閣說文解字校記一卷**　(清)張行孚撰　清光緒七年(1881)淮南書局刻本　五册

440000－2542－0002213　PJ100697
說文本經答問二卷　(清)鄭知同撰　清光緒十六年(1890)廣雅書局刻本　一册

440000－2542－0002214　PJ400677
輟耕吟稾詩存五卷　(清)倪偉人撰　清光緒

十六年(1890)章安官舍刻本　一册　存三卷(一至三)

440000－2542－0002215　PS201285
大清搢紳全書四卷　(清)榮祿堂編　清光緒三十年(1904)榮錄堂刻本　四册

440000－2542－0002216　PS201286
大清搢紳全書四卷　(清)榮祿堂編　清光緒三十年(1904)榮錄堂刻本　四册

440000－2542－0002217　PJ400682
白華山人詩集十六卷詩說二卷　(清)厲志撰　清光緒九年(1883)厲學潮刻本　四册

440000－2542－0002218　PJ100700
說文解字韻譜十卷　(宋)徐鉉撰　清同治三年(1864)吳縣馮桂芬刻本　二册

440000－2542－0002219　PJ100701
說文解字韻譜十卷　(宋)徐鉉撰　清同治三年(1864)吳縣馮桂芬刻本　二册

440000－2542－0002220　PJ100702
說文韻譜校五卷　(清)王筠撰　清光緒歸安姚氏刻咫進齋叢書本　四册

440000－2542－0002221　PJ100703
說文聲讀表七卷　(清)苗夔纂　清同治至光緒福山王懿榮刻天壤閣叢書本　二册

440000－2542－0002222　PJ400684
羅忠節公遺集八卷　(清)羅澤南撰　清咸豐至同治刻本　三册

440000－2542－0002223　PJ400685
綠蘿書屋遺集四卷附錄一卷　(清)羅文俊撰　**誦芬堂詩草一卷**　(清)羅廷琛撰　清光緒二十三年(1897)穗城刻本　三册

440000－2542－0002224　PJ400687
倚松閣詩鈔十五卷　(清)馮錫鏞撰　**淩虛閣詩草一卷淩虛閣試帖一卷**　(清)馮識宗撰　清同治九年(1870)刻本　四册

440000－2542－0002225　PJ400688
養余齋初集四卷二集四卷三集六卷　(清)柳樹芳撰　清道光二十七年(1847)刻本　四册

440000－2542－0002226　PJ100705
六書音均表五卷　(清)段玉裁記　清刻本　四册

440000－2542－0002227　PJ100708
說文段注訂補十四卷　(清)王紹蘭著　清光緒蕭山胡熽棻刻本　八册

440000－2542－0002228　PJ100709
說文逸字二卷　(清)鄭珍撰　**附錄一卷**　(清)鄭知同撰　清咸豐湖南經濟書堂刻本　一册

440000－2542－0002229　PJ100710
說文解字校錄十五卷　(清)鈕樹玉撰　清光緒十一年(1885)江蘇書局刻本　十四册

440000－2542－0002230　PJ400689
養余齋初集四卷二集四卷三集六卷　(清)柳樹芳撰　清道光二十七年(1847)刻本　四册

440000－2542－0002231　PJ400690
養余齋初集四卷二集四卷三集六卷　(清)柳樹芳撰　清道光二十七年(1847)刻本　一册　存四卷(初集四卷)

440000－2542－0002232　PS201298
晉書地理志新補正五卷　(清)畢沅撰　清光緒二十年(1894)廣雅書局刻本　一册

440000－2542－0002233　PJ400691
養素堂文集三十五卷首一卷　(清)張澍撰　清道光十七年(1837)刻本　十六册

440000－2542－0002234　PS201299
東晉疆域志四卷　(清)洪亮吉撰　清光緒廣雅書局刻本　一册　存二卷(三至四)

440000－2542－0002235　PS201300
歷代地理志韻編今釋二十卷　(清)李兆洛輯　清光緒二十四年(1898)掃葉山房石印本　二册

440000－2542－0002236　PS201301
新斠注地里志十六卷　(清)錢坫著　(清)徐松集釋　清同治十三年(1874)會稽章氏刻本　八册

440000－2542－0002237　PS201302

新斠注地里志十六卷　(清)錢坫著　(清)徐松集釋　清同治十三年(1874)會稽章氏刻本　八册

440000－2542－0002238　PJ100711

説文古籀補十四卷附録一卷　(清)吴大澂撰　清光緒二十四年(1898)刻本　二册

440000－2542－0002239　PS201303

元和郡縣圖志四十卷　(唐)李吉甫撰　**元和郡縣補志九卷**　(清)嚴觀輯　清光緒六年至八年(1880－1882)金陵書局刻本　八册

440000－2542－0002240　PJ100713

説文古籀補十四卷附録一卷　(清)吴大澂撰　清光緒十二年(1886)點石齋石印本　一册

440000－2542－0002241　PJ400696

介存齋詩六卷　(清)周濟撰　清光緒十八年(1892)周恭壽刻本　一册　存四卷(一至四)

440000－2542－0002242　PJ400697

雙白燕堂集唐詩二卷雙白燕堂詩八卷　(清)陸耀遹撰　清同治六年(1867)刻本　二册

440000－2542－0002243　PJ100716

六書故三十三卷六書通釋一卷　(元)戴侗著　清刻本　十二册

440000－2542－0002244　PS201304

元豐九域志十卷　(宋)王存等撰　清光緒福建刻武英殿聚珍版書本　八册

440000－2542－0002245　PJ400698

陶文毅公全集六十四卷首一卷末一卷　(清)陶澍撰　清道光二十年(1840)淮北士民公刻本　十八册　存四十八卷(二至三、八至三十六、四十至四十七、五十三至五十八、六十一至六十三)

440000－2542－0002246　PS201305

元豐九域志十卷　(宋)王存等撰　清光緒福建刻武英殿聚珍版書本　四册

440000－2542－0002247　PJ400700

敦蓺齋文存八卷外集一卷　(清)鄒漢勛撰　清光緒九年(1883)左宗棠刻本　二册

440000－2542－0002248　PS201306

輿地紀勝二百卷首一卷　(宋)王象之編　清咸豐五年(1855)南海伍氏粤雅堂刻本　二十三册　存一百八十六卷(一至一百八十五、首一卷)

440000－2542－0002249　PS201307

太平寰宇記二百卷目録二卷　(宋)樂史撰　清乾隆樂氏刻本　四十册

440000－2542－0002250　PS201309

天下郡國利病書一百二十卷　(清)顧炎武輯　(清)龍萬育訂　清敷文閣木活字印本　四十二册

440000－2542－0002251　PS201310

天下郡國利病書一百二十卷　(清)顧炎武輯　(清)龍萬育訂　清敷文閣木活字印本　四十六册

440000－2542－0002252　PS201312

天下郡國利病書一百二十卷　(清)顧炎武輯　(清)龍萬育訂　清石印本　三十三册

440000－2542－0002253　PJ100718

六書正譌五卷　(元)周伯琦編注　清同治五年(1866)大興邵氏惜古齋刻本　二册

440000－2542－0002254　PJ100719

説文字原一卷　(元)周伯琦編注　清刻本　一册

440000－2542－0002255　PJ100721

鐘鼎字源五卷　(清)汪立名撰　清光緒二年(1876)洞庭秦氏麟慶堂刻本　二册

440000－2542－0002256　PJ100722

隸辨八卷　(清)顧藹吉撰　清同治十二年(1873)漁古山房刻本　八册

440000－2542－0002257　PS201313

讀史方輿紀要一百三十卷附輿圖要覽四卷　(清)顧祖禹撰　(清)彭元瑞校訂　(清)龍萬育校刊　清敷文閣刻本　五十二册

440000－2542－0002258　PS201314

讀史方輿紀要一百三十卷附輿圖要覽四卷　(清)顧祖禹撰　(清)彭元瑞校訂　(清)龍萬育校刊　清敷文閣刻本　五十六册

440000－2542－0002259　PS201315
讀史方輿紀要一百三十卷附輿圖要覽四卷　(清)顧祖禹撰　(清)彭元瑞校訂　清光緒二十五年(1899)慎記書莊石印本　八册

440000－2542－0002260　PJ400701
陔南池館遺集二卷　(清)喬重禧撰　清咸豐元年(1851)上海徐氏刻春暉堂叢書本　一册

440000－2542－0002261　PJ400702
寶研齋詩鈔四卷　(清)花杰撰　清咸豐二年(1852)刻本　一册

440000－2542－0002262　PJ400703
求是齋文存二卷　(清)彭崧毓撰　(清)彭汝琮等録　清同治十一年(1872)養園刻本　一册　存一卷(上)

440000－2542－0002263　PJ400704
黄蓉石先生詩集三卷　(清)黄玉階撰　清光緒三十三年(1907)南海譚氏刻本　一册

440000－2542－0002264　PS201316
讀史方輿紀要一百三十卷附輿圖要覽四卷　(清)顧祖禹撰　(清)彭元瑞校訂　清石印本　二十五册　存一百二十一卷(十至一百三十)

440000－2542－0002265　PJ400705
樂志堂文集十八卷　(清)譚瑩撰　清咸豐九年(1859)吏隱園刻本　六册

440000－2542－0002266　PJ100728
名原二卷　(清)孫詒讓記　清光緒刻本　一册

440000－2542－0002267　PS201317
讀史方輿紀要(歷代地域形勢)九卷　(清)顧祖禹撰　清廣雅書局刻本　五册

440000－2542－0002268　PJ400706
陔南池館遺集二卷　(清)喬重禧撰　清咸豐元年(1851)上海徐氏刻春暉堂叢書本　一册　存一卷(二)

440000－2542－0002269　PJ400706－1
雙樹生詩草一卷　(清)林鎬撰　清咸豐元年(1851)上海徐氏刻春暉堂叢書本　一册

440000－2542－0002270　PJ400707
小石渠閣文集六卷　(清)林昌彝撰　清光緒五年(1879)福州海天琴舫刻本　二册

440000－2542－0002271　PS201318
廣輿記二十四卷　(明)陸應陽輯　(明)汪明際點閲　明崇禎刻本　二册　存六卷(一至二、十一至十四)

440000－2542－0002272　PS201318－1
廣輿記二十四卷　(明)陸應陽纂　(清)蔡方炳增輯　清刻本　九册　存十四卷(二至十、十四至十五、十八、二十三至二十四)

440000－2542－0002273　PJ100730
説文古本考十四卷　(清)沈濤纂　清光緒九年(1883)呉縣潘氏滂喜齋刻本　八册

440000－2542－0002274　PJ400708
滌非齋制藝僅存一卷　(清)薛湘撰　(清)曾國藩評點　清光緒五年(1879)曾福辰刻朱墨套印本　一册

440000－2542－0002275　PJ400711
退思齋詩存二卷　(清)卞士雲撰　清咸豐九年(1859)刻本　一册

440000－2542－0002276　PJ400712
受恆受漸齋集十二卷　(清)沈日富撰　清光緒十三年(1887)刻本　四册

440000－2542－0002277　PJ400713
訪粤集一卷　(清)戴熙著　清道光二十年(1840)廣州刻本　一册

440000－2542－0002278　PJ400714
經畬堂詩集一卷　(清)姚鎮撰　清光緒十六年(1890)浙江海寧姚仁甫刻本　一册

440000－2542－0002279　PJ400715
躬恥齋文鈔二十卷首一卷後編一卷　(清)宗稷辰撰　清咸豐至同治越峴山館刻本　一册

存二卷(六至七)

440000－2542－0002280　PS201319
大清一統志四百二十四卷　(清)和珅等纂修　清光緒二十八年(1902)上海寶善齋石印本　四十二册

440000－2542－0002281　PS201320
大清一統志四百二十四卷　(清)和珅等纂修　清光緒二十八年(1902)上海寶善齋石印本　三十五册

440000－2542－0002282　PS201321
大清一統志輯要五十卷　(清)洪亮吉撰　清光緒二十八年(1902)山左輿圖局石印本　六册

440000－2542－0002283　PJ100742
説文引經考證八卷　(清)陳瑑學　清同治十三年(1874)湖北崇文書局刻本　二册

440000－2542－0002284　PS201320－1
大清一統志四百二十四卷　(清)和珅等纂修　清光緒二十八年(1902)上海寶善齋石印本　八册　存七十六卷(二十四至三十四、四十九至六十三、二百四十九至二百五十六、二百七十五至三百四、三百七十八至三百八十九)

440000－2542－0002285　PS201322
乾隆府廳州縣圖志五十卷　(清)洪亮吉撰　清光緒五年(1879)授經堂刻本　十九册

440000－2542－0002286　PJ400723
長谿草堂文鈔二卷　(清)潘允喆撰　清光緒十二年(1886)春暉堂刻本　一册

440000－2542－0002287　PJ400724
小蓬壺仙館賦鈔一卷　(清)姚濟雯撰　清同治十一年(1872)刻本　一册

440000－2542－0002288　PS201325
吳越備史四卷補遺一卷　(宋)錢儼撰　(清)張海鵬訂　清嘉慶九年(1804)照曠閣刻本　六册

440000－2542－0002289　PJ400725
古微堂内集三卷外集七卷　(清)魏源著　清光緒四年(1878)淮南書局刻本　四册

440000－2542－0002290　PJ400726
鐵橋漫稿八卷　(清)嚴可均撰　清光緒十一年(1885)長洲蔣氏刻民國十四年(1925)文學山房重印心矩齋叢書本　四册

440000－2542－0002291　PJ400728
鐵橋漫稿八卷　(清)嚴可均撰　清光緒十一年(1885)長洲蔣氏刻民國十四年(1925)文學山房重印心矩齋叢書本　四册

440000－2542－0002292　PJ400729
兩當軒集二十卷　(清)黄景仁撰　**兩當軒集考異二卷**　(清)黄志述撰　**兩當軒集附録六卷**　(清)黄志述輯　清同治十二年(1873)集珍齋木活字印本　六册　存二十卷(兩當軒集二十卷)

440000－2542－0002293　PJ400730
兩當軒集二十二卷　(清)黄景仁撰　**兩當軒集考異二卷**　(清)黄志述撰　**兩當軒集附録四卷**　(清)黄志述輯　清光緒二年(1876)黄氏家塾刻本　六册

440000－2542－0002294　PJ100745
文字存真十五卷　(清)饒炯學　清光緒三十年(1904)饒氏達古軒刻本　五册

440000－2542－0002295　PS201329
歷代輿地沿革險要圖説一卷　楊守敬　(清)饒敦秩撰　清光緒三十年(1904)石印本　一册

440000－2542－0002296　PJ100748
集韻十卷　(宋)丁度修定　清光緒二年(1876)川東官舍刻本　五册

440000－2542－0002297　PS201330
歷代輿地沿革險要圖説一卷　楊守敬　(清)饒敦秩撰　(清)王尚德重繪　清光緒二十四年(1898)石印本　一册

440000－2542－0002298　PJ400731
胡文忠公遺集八十六卷首一卷　(清)胡林翼撰　(清)鄭敦謹　(清)曾國荃編輯　清同治

六年(1867)黃鶴樓刻本　二十八册　存七十四卷(十一至二十五、二十九至八十六,首一卷)

440000－2542－0002299　PS201331
歷代地理沿革圖一卷　(清)六嚴繪　(清)馬徵麟增輯　清同治十年(1871)金陵刻本　一册

440000－2542－0002300　PJ400733
曾文正公詩集三卷文集三卷　(清)曾國藩撰　清宣統元年(1909)上海著易堂鉛印本　四册

440000－2542－0002301　PS201332
鑑史輯要圖説一卷　(清)萬卓志繪　清光緒三十三年(1907)鉛印暨石印本　一册

440000－2542－0002302　PJ400735
曾文正公文鈔四卷　(清)曾國藩撰　(清)李瀚章編輯　清同治九年至宣統三年(1870－1911)刻本　三册

440000－2542－0002303　PJ400736
曾文正公文鈔四卷　(清)曾國藩撰　(清)李瀚章編輯　清同治九年至宣統三年(1870－1911)刻本　三册

440000－2542－0002304　PS201337
廣東圖二十三卷　(清)□□繪　清同治五年(1866)刻本　三册

440000－2542－0002305　PS201334
江蘇全省輿圖一卷　(清)諸可寶編　清光緒二十一年(1895)江蘇書局刻本　三册

440000－2542－0002306　PJ100749
韻府鉤沈五卷　(清)雷浚撰　清光緒刻本　四册

440000－2542－0002307　PJ100751
古今韻略五卷例言一卷　(清)邵長蘅撰　清康熙三十五年(1696)商丘宋犖刻本　十册

440000－2542－0002308　PJ100752
龍龕手鑑四卷　(遼)釋行均撰　清虚竹齋刻本　四册

440000－2542－0002309　PJ100753
欽定同文韻統六卷　(清)允祿等纂　清宣統二年(1910)理藩部刻本　五册

440000－2542－0002310　PS201338
欽定日下舊聞考一百六十卷　(清)朱彝尊原輯　(清)于敏中修　(清)竇光鼐纂　清刻本　四十八册　存一百五十六卷(一至一百五十六)

440000－2542－0002311　PS201339
營平二州地名記一卷　(清)顧炎武撰　清光緒十四年(1888)朱氏槐廬刻本　一册

440000－2542－0002312　PJ400737
曾文正公全集　(清)曾國藩撰　(清)李瀚章輯　清同治至光緒傳忠書局刻本　十三册　存三種

440000－2542－0002313　PS201341
續山東考古錄三十二卷首一卷　(清)葉圭綬述　(清)顧炎武撰　清光緒八年(1882)山東書局刻本　一册　存七卷(四至十)

440000－2542－0002314　PJ400738
曾文正公文集四卷詩集四卷　(清)曾國藩撰　(清)李瀚章編輯　清同治十三年(1874)傳忠書局刻曾文正公全集本　二册　存四卷(詩集四卷)

440000－2542－0002315　PJ100755
韻辨附文五卷　(清)沈兆霖撰　清同治十二年(1873)東川書院刻本　五册

440000－2542－0002316　PJ100757
經韻集字析解二卷拾遺一卷附編一卷補遺一卷　(清)彭良敞集註　清道光十三年(1833)刻本　二册

440000－2542－0002317　PJ100759
古今韻會舉要三十卷　(元)黄公紹編輯　(元)態忠舉要　清光緒九年(1883)淮南書局刻本　十册

440000－2542－0002318　PJ100761
御製全韻詩五卷　(清)高宗弘曆撰　清刻本

一册

440000－2542－0002319　PS201344

三吴舊語一卷　（明）顧苓譔　清光緒九年(1883)刻本　一册

440000－2542－0002320　PS201347

雲間據目抄五卷　（明）范濂撰　清鉛印本　一册　存三卷(三至五)

440000－2542－0002321　PJ400744

胡文忠公遺集十卷首一卷　（清）胡林翼撰　（清）厲雲官　（清）閻敬銘編輯　清同治七年(1868)刻本　八册

440000－2542－0002322　PS201350

會稽三賦註四卷　（宋）王十朋撰　（明）南逢吉註　（明）尹壇補註　清光緒二十二年(1896)刻惜陰軒叢書本　一册

440000－2542－0002323　PS201351

臨平記四卷附錄一卷　（清）沈謙輯　清光緒十年(1884)錢塘丁氏刻本　一册

440000－2542－0002324　PS201352

清波小志二卷　（清）徐逢吉輯　（清）陳景鐘訂　**清波小志補一卷**　（清）陳景鐘輯　清光緒七年(1881)竹書堂丁氏刻本　一册

440000－2542－0002325　PJ100762

佩文詩韻順讀廣解四卷首一卷　（清）史崇寬訂輯　清道光二年(1822)青邑文盛堂刻本　二册

440000－2542－0002326　PJ100765

古韻通説二十卷　（清）龍啟瑞撰　清光緒九年(1883)四川尊經書局刻本　三册

440000－2542－0002327　PS201354

江城舊事十六卷　（清）朱欒撰　清刻本　七册　缺二卷(三至四)

440000－2542－0002328　PS201355

金陵賦一卷　（清）程先甲著　清宣統二年(1910)刻本　一册

440000－2542－0002329　PJ400745

曾文正公家書十卷　（清）曾國藩撰　清光緒五年(1879)傳忠書局刻曾文正公全集本　十册

440000－2542－0002330　PJ400746

曾文正公家書十卷　（清）曾國藩撰　清光緒五年(1879)傳忠書局刻曾文正公全集本　四册　存四卷(七至十)

440000－2542－0002331　PJ400747

胡文忠公遺集八十六卷首一卷　（清）胡林翼撰　（清）曾國荃編輯　（清）胡鳳丹重編　清光緒二十七年(1901)上海圖書集成印書鉛印本　八册

440000－2542－0002332　PS201357

閩都記三十三卷　（明）王應山纂輯　清道光十一年(1831)求放心齋刻本　六册

440000－2542－0002333　PJ100772

李氏音鑑六卷　（清）李汝珍撰　**書目一卷**　（清）洪棣元撰　清同治七年(1868)木樨山房刻本　四册

440000－2542－0002334　PS201358

閩雜録異六卷　（清）郭柏蒼輯　清光緒十二年(1886)刻本　五册

440000－2542－0002335　PS201359

南海百咏一卷　（清）方信孺撰　清光緒八年(1882)學海堂刻本　一册

440000－2542－0002336　PJ400749

胡文忠公遺集三十四卷　（清）胡林翼撰　（清）鄭敦謹　（清）曾國荃編輯　清刻本　十册

440000－2542－0002337　PJ400751

柏堂集次編十三卷續編二十二卷後編二十二卷餘編八卷補存三卷柏堂遺書附錄一卷外編十二卷　（清）方宗誠撰　清光緒六年至十二年(1880－1886)刻柏堂遺書本　二十册

440000－2542－0002338　PJ400752

左文襄公書牘二十六卷説帖一卷　（清）左宗棠撰　清光緒十八年(1892)刻左文襄公全集本　二十六册

440000－2542－0002339　PJ400753
左文襄公書牘二十六卷說帖一卷　(清)左宗棠撰　清光緒十八年(1892)刻左文襄公全集本　二十一册　存二十二卷(一至三、六至十九、二十一、二十四至二十六,說帖一卷)

440000－2542－0002340　PJ400754
王壯武公遺集二十卷　(清)王鑫撰　清光緒湘鄉王氏刻本　八册　存十七卷(一至十五、十九至二十)

440000－2542－0002341　PS201360
南海百詠續編四卷　(清)樊封著　清道光九年(1829)刻本　二册

440000－2542－0002342　PS201362
沮江隨筆二卷　(清)朱錫綬撰　清光緒十六年(1890)刻本　一册

440000－2542－0002343　PS201363
廣東新語二十八卷　(清)屈大均撰　清刻本　三册　存八卷(一至二、六至八、二十六至二十八)

440000－2542－0002344　PJ400756
舒藝室詩存七卷索笑詞二卷　(清)張文虎撰　清光緒七年(1881)刻覆瓿集本　二册

440000－2542－0002345　PJ400757
舒藝室雜著乙編二卷　(清)張文虎撰　清光緒五年(1879)刻覆瓿集本　一册　存一卷(上)

440000－2542－0002346　PJ400758
鼠壤餘蔬一卷　(清)張文虎撰　清光緒十三年(1887)刻覆瓿集本　一册

440000－2542－0002347　PJ400759
舒藝室尺牘偶存一卷　(清)張文虎撰　清光緒十五年(1889)刻覆瓿集本　一册

440000－2542－0002348　PJ400761
補竹軒詩集三卷　(清)鮑源深撰　清光緒十年(1884)刻本　一册

440000－2542－0002349　PJ100775
諧聲補逸十四卷　(清)宋保學　清光緒十三年(1887)德化李氏木犀軒刻本　四册

440000－2542－0002350　PS201364
羊城古鈔八卷首一卷　(清)仇池石輯　清嘉慶十一年(1806)刻本　五册

440000－2542－0002351　PS201365
羊城古鈔八卷首一卷　(清)仇池石輯　清嘉慶十一年(1806)刻本　五册

440000－2542－0002352　PJ400762
周武壯公遺書九卷外集三卷別集一卷首一卷附錄一卷　(清)周盛傳撰　(清)周家駒編輯　清光緒三十一年(1905)金陵刻本　十册

440000－2542－0002353　PS201366
廣東考古輯要四十六卷　(清)周廣等輯　清光緒十九年(1893)刻本　十册

440000－2542－0002354　PJ400763
歸盦文稾八卷　(清)葉裕仁撰　清光緒八年(1882)蔣銘勳刻本　一册　存二卷(五至六)

440000－2542－0002355　PJ400764
彭剛直公詩集八卷　(清)彭玉麟撰　(清)俞樾輯　清光緒十七年(1891)蘇州俞氏刻本　二册

440000－2542－0002356　PJ400765
小蒼翠軒詩草二卷　(清)劉元璜撰　清同治五年(1866)刻本　一册

440000－2542－0002357　PS201367
黔史四卷　(清)猶法賢編　(清)熊湛英校刊　清光緒十四年(1888)刻本　一册

440000－2542－0002358　PJ400766
菘耘文鈔四卷　(清)季錫疇撰　清光緒五年(1879)刻本　一册

440000－2542－0002359　PS201368
粵西筆述一卷　(清)張祥河輯　清光緒二十二年(1896)桂林蔣存遠堂刻本　一册

440000－2542－0002360　PS201369－1
澳門記畧二卷首一卷末一卷　(清)印光任　(清)張汝霖纂修　清刻本　二册

440000－2542－0002361　PS201371

四川新設鑪霍屯志畧附錄一卷　（清）李之珂撰述　清光緒三十二年（1906）蓉城鉛印本　一冊

440000－2542－0002362　PS201372

黔書二卷　（清）田雯編　清刻本　二冊

440000－2542－0002363　PS201373

黔記四卷　（清）李宗昉撰　清道光十四年（1834）刻本　一冊

440000－2542－0002364　PJ400771

徵息齋遺詩二卷補遺一卷補錄一卷　（清）潘慎生撰　清宣統二年（1910）石印本　一冊

440000－2542－0002365　PS201374

滇考二卷　（清）馮甦編　清臨海宋氏刻本　二冊

440000－2542－0002366　PS201375

全滇紀要一卷　（清）雲南課吏館纂修　清光緒三十一年（1905）鉛印本　十冊

440000－2542－0002367　PJ100780

春秋經解十五卷　（宋）孫覺撰　清刻本　六冊

440000－2542－0002368　PS201379

西藏賦一卷　（清）和寧著　清嘉慶二年（1797）刻本　一冊

440000－2542－0002369　PJ100781

欽定禮記義疏八十二卷首一卷　（清）允祿等撰　清刻本　三十二冊　缺七卷（六十六至六十七、七十五至七十九）

440000－2542－0002370　PJ100783

爾雅疏十卷　（晉）郭璞注　（宋）邢昺校定　**校勘記十卷**　（清）阮元撰　（清）盧宣旬摘錄　清嘉慶二十年（1815）南昌府學刻道光六年（1826）南昌府學重校同治十二年（1873）江西書局重修本　六冊

440000－2542－0002371　PJ400773

退復軒文二卷　（清）錫縝撰　清光緒刻本　二冊

440000－2542－0002372　PJ400774

天開圖畫樓試帖四卷　（清）郭柏蔭撰　清同治七年（1868）武昌節署刻本　二冊

440000－2542－0002373　PJ400775

後冶堂制藝一卷　（清）豫錫之撰　清同治十一年（1872）刻本　四冊

440000－2542－0002374　PJ400776

小酉腴山館詩集八卷文集十二卷　（清）吳大廷撰　清光緒五年（1879）刻本　六冊

440000－2542－0002375　PJ400777

二知軒文存三十四卷　（清）方濬頤撰　清光緒四年（1878）刻本　八冊

440000－2542－0002376　PJ400778

梅窩詩鈔三卷詞鈔一卷遺稾一卷　（清）陳良玉撰　**梅窩詩補遺一卷**　（清）潘飛聲編　（清）黃裔鈔　清光緒元年（1875）南海黃劬學齋刻本　二冊

440000－2542－0002377　PJ100784

五禮通考二百六十二卷總目二卷首四卷　（清）秦蕙田編輯　清乾隆刻本　六十四冊

440000－2542－0002378　PS201381

西藏圖考八卷首一卷　（清）黃沛翹輯　清光緒十二年（1886）刻本　四冊

440000－2542－0002379　PJ100785

易漢學八卷　（清）惠棟學　清光緒二十二年（1896）彙文軒刻本　二冊

440000－2542－0002380　PJ400779

篤雲螭室詩錄六卷　（清）周文禾撰　清光緒十三年（1887）謝潤卿上海文藝齋刻本　四冊

440000－2542－0002381　PJ100786

詩所八卷　（清）李光地注　清刻本　三冊

440000－2542－0002382　PS201382

黑龍江述略六卷　（清）徐宗亮著　清光緒十七年（1891）徐氏觀自得齋刻本　一冊　存三卷（一至三）

440000－2542－0002383　PJ100787

儀禮集釋三十卷　（清）李如圭撰　清刻本

八册

440000－2542－0002384　PJ400780
毅齋遺集五卷　(清)方培濬撰　清光緒十二年(1886)刻柏堂遺書本　一册

440000－2542－0002385　PJ100788
家禮五卷附錄一卷新附一卷　(宋)朱熹撰　清同治四年(1865)吳氏望三益齋刻本　一册

440000－2542－0002386　PS201388
黑龍江外紀八卷　(清)西清撰　清光緒二十年(1894)刻本　二册

440000－2542－0002387　PJ100789
詩經精義四卷首一卷末一卷　(清)黄淦纂　清刻本　二册

440000－2542－0002388　PS201389
黑龍江外紀八卷　(清)西清撰　清光緒二十六年(1900)廣雅書局刻本　二册

440000－2542－0002389　PJ400783
養知書屋文集二十八卷　(清)郭嵩燾撰　清光緒十八年(1892)刻本　十二册

440000－2542－0002390　PJ400786
春在堂全書　(清)俞樾撰　清光緒刻本　三册　存九卷(尺牘一至五、楹聯錄一至三、四書文一)

440000－2542－0002391　PJ400787
夢柰詩稿一卷　(清)馮桂芬撰　清光緒二年(1876)馮氏刻本　一册

440000－2542－0002392　QT000688
西湖詩一卷　(清)汪志伊撰　清光緒刻本　與440000－2542－0007101合一册

440000－2542－0002393　PJ400788
養知書屋詩集十五卷　(清)郭嵩燾撰　清光緒十八年(1892)刻本　四册

440000－2542－0002394　PJ100793
尚書集注述疏三十二卷首一卷末二卷讀書堂答問一卷　(清)簡朝亮撰　清光緒刻本　二十四册

440000－2542－0002395　QT000689
翠微亭題名考一卷附錄一卷　(清)蔡名衡輯　清光緒十一年(1885)刻本　一册

440000－2542－0002396　PS201396
南宋古蹟攷二卷　(清)朱彭輯　清光緒七年(1881)武林丁氏刻本　一册

440000－2542－0002397　PJ100796
儀禮疏五十卷　(唐)賈公彥撰　**校勘記五十卷**　(清)阮元撰　(清)盧宣旬摘錄　清嘉慶二十年(1815)南昌府學刻道光六年(1826)南昌府學重校同治十二年(1873)江西書局重修本　十六册

440000－2542－0002398　PJ400792
曾惠敏公文集五卷　(清)曾紀澤撰　清光緒十九年(1893)江南製造總局鉛印本　二册

440000－2542－0002399　PS201397
南宋古蹟攷二卷　(清)朱彭輯　清光緒七年(1881)武林丁氏刻本　一册

440000－2542－0002400　PJ400789
李文忠公全集一百六十五卷首一卷　(清)李鴻章撰　清光緒三十一年(1905)金陵刻本　一百册

440000－2542－0002401　PS201398
歷代帝王宅京記二十卷　(清)顧炎武撰　清光緒十四年(1888)刻槐廬叢書本　二册　存八卷(四至十一)

440000－2542－0002402　PJ100797
大戴禮記十三卷　(漢)戴德撰　(北周)盧辯注　清刻本　三册

440000－2542－0002403　PS201399
歷代帝王宅京記二十卷　(清)顧炎武撰　清光緒十四年(1888)刻槐廬叢書本　二册　存六卷(一至六)

440000－2542－0002404　PJ400793
曾惠敏公文集五卷　(清)曾紀澤撰　清光緒十九年(1893)江南製造總局鉛印本　二册

440000－2542－0002405　PJ400794

歸樸齋詩鈔戊集二卷己集二卷 （清）曾紀澤撰 清光緒十九年（1893）江南製造總局鉛印本 二冊

440000－2542－0002406 PJ400796
歸樸齋詩鈔戊集二卷己集二卷 （清）曾紀澤撰 清光緒十九年（1893）江南製造總局鉛印本 二冊

440000－2542－0002407 PJ400795
花影吹笙詞鈔二卷小遊僊詞一卷 （清）葉英華著 **小遊僊詞一百首** （清）夢禪居士製 清光緒三年（1877）羊城刻本 一冊

440000－2542－0002408 PJ400808
庸庵文編四卷續編二卷文外編四卷海外文編四卷 （清）薛福成撰 清光緒十三年至二十一年（1887－1895）無錫薛氏刻庸庵全集本 十四冊

440000－2542－0002409 PJ400805
耕雲別墅詩集一卷 （清）鄔啟祚撰 清宣統刻本 一冊

440000－2542－0002410 PS201400
慧因寺志十二卷附錄一卷 （明）李翥輯 清光緒七年（1881）刻武林掌故叢編本 二冊

440000－2542－0002411 PJ100798
韓詩外傳十卷校注拾遺一卷 （漢）韓嬰撰 （清）周廷寀校注 清同治十二年（1873）粵東書局刻古經解彙函本 二冊

440000－2542－0002412 PS201401
西谿梵隱志四卷 （明）吳本泰輯 清光緒七年（1881）武林丁氏八千卷樓刻本 二冊

440000－2542－0002413 PJ100799
周易觀象十二卷 （清）李光地注 清刻本 三冊

440000－2542－0002414 PJ100801
附釋音周禮注疏四十二卷 （唐）賈公彥撰 **校勘記四十二卷** （清）阮元撰 （清）盧宣旬摘錄 清嘉慶二十年（1815）南昌府學刻道光六年（1826）南昌府學重校同治十二年（1873）江西書局重修本 二十冊

440000－2542－0002415 PS201402
西谿梵隱志四卷 （明）吳本泰輯 清光緒七年（1881）武林丁氏八千卷樓刻本 二冊 存三卷（一至二、四）

440000－2542－0002416 PS201403
西谿梵隱志四卷 （明）吳本泰輯 清光緒七年（1881）武林丁氏八千卷樓刻本 一冊 存二卷（三至四）

440000－2542－0002417 PZ301071
龍舒淨土文十卷首一卷末一卷 （宋）王日休撰 清光緒九年（1883）金陵刻經處刻本 與440000－2542－0003656合一冊

440000－2542－0002418 PJ100803
禮記章句四十九卷 （清）王夫之撰 清同治四年（1865）金陵節署刻船山遺書本 二十四冊

440000－2542－0002419 PJ100804
春秋紀傳五十一卷 （清）李鳳雛纂輯 清刻本 一冊 存五卷（二十一至二十五）

440000－2542－0002420 QT000982
書疑九卷 （宋）王柏撰 清同治八年（1869）永康胡氏退補齋刻金華叢書本 與440000－2542－0002486合一冊

440000－2542－0002421 PJ400809
庸庵文編四卷續編二卷文外編四卷海外文編四卷 （清）薛福成撰 清光緒十三年至二十一年（1887－1895）無錫薛氏刻庸庵全集本 十四冊

440000－2542－0002422 PS201405
武林靈隱寺誌八卷 （清）孫治初輯 （清）徐增重修 清光緒十四年（1888）錢塘丁氏嘉惠堂刻本 二冊

440000－2542－0002423 PS201406
增修雲林寺志八卷 （清）厲鶚撰 清光緒十四年（1888）刻本 一冊 存五卷（一至五）

440000－2542－0002424 PS201407

增修雲林寺志八卷　（清）厲鶚撰　清光緒十四年（1888）刻本　一冊　存五卷（一至五）

440000－2542－0002425　PS201408
武林理安寺志八卷　（清）釋實月輯　清光緒四年（1878）刻本　二冊　存五卷（一至五）

440000－2542－0002426　PJ100805
監本附音春秋穀梁注疏二十卷　（晉）范甯集解　（唐）楊士勛疏　**穀梁注疏校勘記二十卷**　（清）阮元撰　（清）盧宣旬摘錄　清嘉慶二十年（1815）南昌府學刻道光六年（1826）南昌府學重校同治十二年（1873）江西書局重修本　六冊

440000－2542－0002427　PJ100806
監本附音春秋公羊注疏二十八卷　（唐）賈公彥撰　**公羊注疏校勘記二十八卷**　（清）阮元撰　（清）盧宣旬摘錄　清嘉慶二十年（1815）南昌府學刻道光六年（1826）南昌府學重校同治十二年（1873）江西書局重修本　九冊

440000－2542－0002428　PJ100807
爾雅義疏三卷　（清）郝懿行學　清光緒十四年（1888）湖北官書處刻本　七冊

440000－2542－0002429　PJ100808
附釋音尚書注疏二十卷　（唐）賈公彥撰　**校勘記二十卷**　（清）阮元撰　（清）盧宣旬摘錄　清嘉慶二十年（1815）南昌府學刻道光六年（1826）南昌府學重校同治十二年（1873）江西書局重修本　十冊

440000－2542－0002430　PJ100809
儀禮正義四十卷　（清）胡培翬學　清咸豐二年（1852）蘇州湯晉苑局刻本　十冊

440000－2542－0002431　QT000689
杭府仁錢三學灑埽職一卷　（□）□□撰　清光緒十二年（1886）刻本　與440000－2542－0002395合一冊

440000－2542－0002432　PJ100810
儀禮十七卷監本正誤一卷石本誤字一卷　（漢）鄭玄注　（清）張爾歧句讀　清同治十一年（1872）山東書局刻十三經讀本附校刊記本　六冊

440000－2542－0002433　PJ100811
駁呂留良四書講義八卷　（清）朱軾等撰　清刻本　八冊

440000－2542－0002434　PJ100812
春秋繁露十七卷　（漢）董仲舒撰　（清）淩曙注　清嘉慶刻本　四冊

440000－2542－0002435　PJ100813
孝經注疏九卷　（宋）邢昺疏　**校勘記九卷**　（清）阮元撰　（清）盧宣旬摘錄　清嘉慶二十年（1815）南昌府學刻道光六年（1826）南昌府學重校同治十二年（1873）江西書局重修本　二冊

440000－2542－0002436　PJ100816
四書典林三十卷四書古人典林十二卷　（清）江永撰　清同治十二年（1873）古董一經室刻本　八冊

440000－2542－0002437　PS201409
文瀾閣志附錄一卷　（清）孫衣言撰　清刻本　一冊

440000－2542－0002438　PS201410
滄浪小志二卷　（清）宋犖編　清光緒十年（1884）江蘇書局刻本　一冊

440000－2542－0002439　PS201411
平山堂圖志十卷首一卷　（清）趙之壁編纂　清光緒二十一年（1895）刻本　四冊

440000－2542－0002440　PS201414
敕建淨慈寺志二十八卷首二卷末一卷　（清）釋際祥纂輯　清光緒十四年（1888）嘉惠堂丁氏刻本　八冊

440000－2542－0002441　PJ100817
春秋穀梁註疏二十卷　（晉）范甯集解　（唐）楊士勛疏　明崇禎八年（1635）古虞毛氏汲古閣刻十三經註疏本　四冊

440000－2542－0002442　PS201415
敕建淨慈寺志二十八卷首二卷末一卷　（清）釋際祥纂輯　清光緒十四年（1888）嘉惠堂丁

氏刻本　六冊　存二十卷(一至十、十九至二十四、二十六至二十八,末一卷)

440000－2542－0002443　PJ100819
四書朱子本義匯參四十三卷　(清)王步青輯　(清)王士釐編　清刻本　二十三冊　缺八卷(孟子七至十四)

440000－2542－0002444　PJ400812
桐城吳先生文集四卷　(清)吳汝綸撰　清光緒三十年(1904)王恩紱等刻桐城吳先生全集本　四冊

440000－2542－0002445　PJ400813
桐城吳先生文集四卷　(清)吳汝綸撰　清光緒三十年(1904)王恩紱等刻桐城吳先生全集本　四冊

440000－2542－0002446　PJ100820
周易通論四卷　(清)李光地撰　清刻本　二冊

440000－2542－0002447　PJ100821
周易兼義九卷　(三國魏)王弼　(晉)韓康伯注　(唐)孔穎達疏　**周易音義一卷**　(唐)陸德明撰　**周易注疏挍勘記九卷周易釋文挍勘記一卷**　(清)阮元撰　(清)盧宣旬摘錄　清嘉慶二十年(1815)南昌府學刻道光六年(1826)南昌府學重校同治十二年(1873)江西書局重修本　八冊

440000－2542－0002448　PJ400812－1
桐城吳先生詩集一卷　(清)吳汝綸撰　清光緒三十年(1904)王恩紱等刻桐城吳先生全集本　一冊

440000－2542－0002449　PS201417
雲棲紀事一卷附孝義無礙庵錄一卷　(清)□□輯　清光緒錢塘丁氏刻武林掌故叢編本　一冊

440000－2542－0002450　PS201418
雲棲紀事一卷附孝義無礙庵錄一卷　(清)□□輯　清光緒錢塘丁氏刻武林掌故叢編本　一冊

440000－2542－0002451　PS201419
重陽庵集一卷附刻一卷附錄一卷　(明)梅志暹編輯　(明)俞大彰重編　清光緒三年(1877)錢塘丁氏刻武林掌故叢編本　一冊

440000－2542－0002452　PS201419
西湖記述一卷　(明)袁宏道著　清光緒七年(1881)錢塘丁氏刻武林掌故叢編本　與440000－2542－0002451合一冊

440000－2542－0002453　PJ400816
交翠山房遺文一卷　(清)張集聲撰　清光緒二十年(1894)刻本　一冊

440000－2542－0002454　PS201420
武林元妙觀志四卷　(清)仰蘅編輯　清光緒七年(1881)刻本　一冊

440000－2542－0002455　PJ400817
亢藝堂集三卷　(清)孫廷璋撰　清同治至光緒吳縣潘氏京師刻滂喜齋叢書本　一冊

440000－2542－0002456　PS201421
城北天后宮志一卷　(清)丁午輯　清光緒七年(1881)錢塘丁氏刻本　一冊

440000－2542－0002457　PJ400819
亢藝堂集三卷　(清)孫廷璋撰　清同治至光緒吳縣潘氏京師刻滂喜齋叢書本　一冊

440000－2542－0002458　PS201422
龍井顯應胡公墓錄一卷　(清)丁午輯　清光緒中錢塘丁氏刻本　一冊

440000－2542－0002459　PJ400818
添丁小酉之廬詩草一卷附楚生文存一卷　(清)董良玉撰　清光緒三十二年(1906)會稽董氏取斯家塾刻董氏叢書本　一冊

440000－2542－0002460　PS201423
廣福廟志一卷　(清)唐恒九輯　清光緒三年(1877)刻本　一冊

440000－2542－0002461　PJ400818－1
梅山夢草一卷　(清)董良玉撰　清光緒三十二年(1906)會稽董氏取斯家塾刻董氏叢書本　一冊

440000－2542－0002462　PJ400818－2
天涯行乞圖題詞一卷　（清）董金鑑輯　清光緒三十二年（1906）會稽董氏取斯家塾刻董氏叢書本　一冊

440000－2542－0002463　PS201424
西湖林公祠墓誌一卷　（清）程鍾瑞撰　清同治八年（1869）刻本　一冊

440000－2542－0002464　SQ100030
禹貢錐指二十卷略例一卷禹貢圖一卷　（清）胡渭學　清康熙四十四年（1705）德清胡氏漱六軒刻本　十冊

440000－2542－0002465　PJ400820
漸西村人初集十三卷　（清）袁昶撰　清光緒二十年（1894）刻本　三冊

440000－2542－0002466　PJ100826
彖傳論二卷　（清）莊存與學　清光緒刻本　一冊

440000－2542－0002467　PJ100827
鄭氏周易注三卷　（宋）王應麟撰集　（清）惠棟增補　補遺一卷　（清）孫堂輯　清同治十二年（1873）粵東書局刻古經解彙函本　一冊

440000－2542－0002468　PJ100829
易經集解二卷易傳集解十卷　（清）孫星衍輯　清光緒二年（1876）廣陵雙梧書屋刻本　二冊

440000－2542－0002469　PJ400827
漸西村人詩十三卷　（清）袁昶撰　（清）瀨鄉樵隱編次　清光緒鉛印本　三冊

440000－2542－0002470　PJ100830
古樂經傳五卷　（清）李光地注　清刻本　三冊

440000－2542－0002471　PJ100831
尚書今古文注疏三十卷　（清）孫星衍撰　清嘉慶二十年（1815）陽湖孫氏冶城山館刻本　五冊　存二十六卷（一至二十六）

440000－2542－0002472　PJ100833
康熙字典十二集　（清）張玉書等撰　清光緒上海錦章書局石印本　十二冊

440000－2542－0002473　PJ100834
朱子論語集注訓詁考二卷　（清）潘衍桐輯　清光緒十七年（1891）浙江書局刻本　一冊

440000－2542－0002474　PJ400828
莘廬遺詩六卷遺著一卷遺詩補遺一卷遺詩附刻一卷　（清）淩泗撰　清宣統三年（1911）刻本　二冊

440000－2542－0002475　PJ100835
論語孔注辨僞二卷　（清）沈濤撰　清光緒刻本　一冊

440000－2542－0002476　PJ100832
欽定詩經傳說彙纂二十一卷首二卷詩序二卷　（清）王鴻緒等纂　清刻本　二十四冊

440000－2542－0002477　PJ400829
莘廬遺詩六卷遺著一卷遺詩補遺一卷遺詩附刻一卷　（清）淩泗撰　清宣統三年（1911）刻本　二冊

440000－2542－0002478　PJ400830
莘廬遺詩六卷遺著一卷遺詩補遺一卷遺詩附刻一卷　（清）淩泗撰　清宣統三年（1911）刻本　一冊　存六卷（莘廬遺詩六卷）

440000－2542－0002479　PJ400832
羅文恪公遺集謝恩摺一卷奏疏二卷　（清）羅惇衍撰　清同治至光緒刻本　三冊

440000－2542－0002480　PJ400833
柈湖文集十二卷首一卷　（清）吳敏樹撰　清光緒十九年（1893）思賢講舍刻本　三冊　存九卷（一至九）

440000－2542－0002481　PJ400834
倭文端公遺書十卷首二卷　（清）倭仁撰　清光緒三年（1877）粵東翰元樓刻本　六冊

440000－2542－0002482　PS201427
水經注四十卷首一卷　（北魏）酈道元撰　清光緒三年（1877）湖北崇文書局刻本　三冊　存十九卷（一至十三、三十六至四十，首一卷）

440000－2542－0002483　PJ400835

潛心堂集一卷 （清）桂文燦撰 清咸豐至光緒刻南海桂氏經學本 一册

440000－2542－0002484 PS201428
水經注四十卷首一卷末一卷附錄二卷 （北魏）酈道元撰 清光緒十八年（1892）思賢講舍刻本 十六册

440000－2542－0002485 PS201429
水經注四十卷首一卷末一卷附錄二卷 （北魏）酈道元撰 清光緒十八年（1892）思賢講舍刻本 十二册

440000－2542－0002486 QT000982
詩疑二卷 （宋）王柏撰 清同治八年（1869）永康胡氏退補齋刻金華叢書本 一册

440000－2542－0002487 QT000981
金華叢書 （清）胡鳳丹輯 清同治至光緒永康胡氏退補齋刻本 七册 存五種

440000－2542－0002488 QT000980
東萊呂氏古易一卷周易音訓二卷 （宋）呂祖謙撰 清同治至光緒永康胡氏退補齋刻金華叢書本 一册

440000－2542－0002489 QT000979
王忠文公集二十卷 （明）王禕撰 清同治九年（1870）永康胡氏退補齋刻金華叢書本 五册 存十卷（一、六至七、十至十六）

440000－2542－0002490 QT000978
左氏傳說二十卷首一卷 （宋）呂祖謙撰 清同治八年（1869）永康胡氏退補齋刻金華叢書本 一册 存四卷（一至三、首一卷）

440000－2542－0002491 QT000977
浦陽人物記二卷 （明）宋濂撰 清同治八年（1869）永康胡氏退補齋刻金華叢書本 一册

440000－2542－0002492 QT000976
少儀外傳二卷 （宋）呂祖謙撰 清同治九年（1870）永康胡氏退補齋刻金華叢書本 一册

440000－2542－0002493 QT000975
採輯歷朝詩話一卷六朝四家全集辨譌考異四卷手抱經堂群書拾補附錄一卷 （清）胡鳳丹輯 清同治九年（1870）永康胡氏退補齋刻六朝四家全集本 一册

440000－2542－0002494 QT001020
中國四千年開化史九章 中國少年編譯 清光緒三十二年（1906）成都局刻本 一册 存七章（一至七）

440000－2542－0002495 QT000974
駢文類纂四十六卷 王先謙輯 清光緒二十八年（1902）湖南思賢書局刻本 一册 存一卷（一）

440000－2542－0002496 QT000973
古今說海 （明）陸楫輯 清刻本 一册 存三種

440000－2542－0002497 QT000972
古文辭類纂七十四卷 （清）姚鼐輯 清光緒十年（1884）行素草堂刻本 一册

440000－2542－0002498 QT000970
玉函山房輯佚書 （清）馬國翰輯 清光緒九年（1883）長沙嫏嬛館刻本 二十八册 存二十八卷（九至十三、十四至二十六、二十九、五十一至五十七、九十七、一百）

440000－2542－0002499 QT001019
音韻日月燈六十卷首一卷 （明）呂維祺著 （明）呂維祜詮 明崇禎六年（1633）刻本 一册 存六卷（韻母五卷、首一卷）

440000－2542－0002500 PJ100879－1
喪禮經傳約一卷 （清）吳卓信學 清同治至光緒吳縣潘氏京師刻滂喜齋叢書本 與440000－2542－0002614合一册

440000－2542－0002501 QT000971
駢文類纂四十六卷 王先謙輯 清光緒二十八年（1902）湖南思賢書局刻本 一册 存三卷（三至五）

440000－2542－0002502 QT000968
鍊金新語一卷 （英國）奧斯呑著 （清）舒高第 （清）鄭昌棪譯 清光緒十七年（1891）江南機器制造總局鉛印本 二册

440000－2542－0002503　QT000967
行船免撞章程十八章附卷一卷　(英國)傅蘭雅　(清)鍾天緯譯　清光緒鉛印本　一冊　存十八章

440000－2542－0002504　QT000966
航海章程一卷　(美國)弗蘭克林纂　(清)鳳儀口譯　(清)徐家寶筆述　**航海章程初議紀錄一卷**　(美國)航海公會原本　(清)鳳儀口譯　(清)徐家寶筆述　清光緒江南機器制造總局刻本　一冊

440000－2542－0002505　QT000965
航海章程一卷　(美國)弗蘭克林纂　(清)鳳儀口譯　(清)徐家寶筆述　**航海章程初議紀錄一卷**　(美國)航海公會原本　(清)鳳儀口譯　(清)徐家寶筆述　清光緒江南機器制造總局刻本　一冊

440000－2542－0002506　QT000963
婁東雜著　(清)邵廷烈輯　清道光刻本　一冊　存九種

440000－2542－0002507　QT000964
保富述要一卷　(英國)布來德撰　(英國)傅蘭雅口譯　(清)徐家寶筆述　清光緒刻本　一冊

440000－2542－0002508　QT000960
靈樞經九卷　(清)張志聰集注　清康熙至雍正刻本　二冊　存三卷(七至九)

440000－2542－0002509　QT000959
航海簡法四卷　(英國)那麗撰　(美國)金楷理口譯　(清)王德均筆述　清光緒江南機器制造總局刻本　二冊　存四卷

440000－2542－0002510　QT000958
黄帝内經靈樞九卷　(清)黄以周等校　清同治至光緒刻本　一冊　存六卷(七至十二)

440000－2542－0002511　QT001015
易領四卷　(明)郝敬著　清刻本　一冊　存二卷(三至四)

440000－2542－0002512　QT000957
地府全記一卷　(□)□□撰　清刻本　一冊

440000－2542－0002513　QT001013
大事記十二卷通釋三卷解題十二卷　(宋)呂祖謙撰　(清)胡鳳丹輯　清同治十二年(1873)永康胡氏退補齋刻金華叢書本　十三冊

440000－2542－0002514　QT000954
西山先生真文忠公讀書記四十卷　(宋)真德秀撰　清同治三年(1864)刻本　六冊　存八卷(一、七、九至十、二十二、二十五至二十六、三十三)

440000－2542－0002515　QT000953
群書疑辨十二卷　(清)萬斯同纂　清嘉慶二十一年(1816)刻本　一冊　存三卷(一至三)

440000－2542－0002516　QT001016
竹柏山房十五種　(清)林春溥撰　清嘉慶至咸豐竹柏山房刻本　三冊　存五種

440000－2542－0002517　QT000952
群書疑辨十二卷　(清)萬斯同纂　清嘉慶二十一年(1816)刻本　一冊　存二卷(十一至十二)

440000－2542－0002518　QT000951
鍥旁註事類捷錄十五卷　(明)鄧志謨撰　清刻本　五冊　存十三卷(三至十五)

440000－2542－0002519　QT000950
毛詩注疏三十卷　(漢)鄭玄箋　(唐)陸德明音義　(唐)孔穎達疏　清同治十年(1871)廣東書局刻本　二冊　存五卷(二十六至三十)

440000－2542－0002520　QT001011
藝海珠塵　(清)吳省蘭輯　清嘉慶南匯吳氏聽彝堂刻本　二冊　存三種

440000－2542－0002521　QT000949
詩傳闡二十三卷　(明)鄒忠胤撰　明崇禎刻本　四冊　存十二卷(一至四、八至十二、十七至十八、二十二)

440000－2542－0002522　QT001012
藝海珠塵　(清)吳省蘭輯　清嘉慶南匯吳氏

聽彝堂刻本　六册　存十五種

440000－2542－0002523　QT000918
春秋左氏傳地名補注十二卷　(清)沈欽韓撰　清光緒刻本　與440000－2542－0002551合一册　存六卷(一至六)

440000－2542－0002524　QT000947
曼衍心漏三卷　(清)僵蠶子撰　清末刻本　一册

440000－2542－0002525　QT001010
重刊宜興縣志四卷首一卷　(清)阮升基撰　清嘉慶二年(1797)刻本　二册

440000－2542－0002526　QT000946
寰宇訪碑録十二卷訪碑録刊謬一卷　(清)孫星衍　(清)邢澍撰　羅振玉刊謬　清光緒吳縣朱記榮刻平津館叢書本　一册　存二卷(十二、刊謬一卷)

440000－2542－0002527　QT001009
平津館叢書　(清)孫星衍輯　清光緒十一年(1885)吳縣朱氏槐廬家塾刻本　三册　存五種

440000－2542－0002528　PJ402270
藝風堂文續集八卷外集一卷　繆荃孫撰　清宣統二年(1910)刻民國二年(1913)印本　四册

440000－2542－0002529　QT000944
夢粱録二十卷　(清)吳自牧著　清刻本　一册　存五卷(十二至十六)

440000－2542－0002530　QT000943
續龍文鞭影三卷　(清)賀鳴鸞撰　(清)賀緒蕃注　清同治八年(1869)刻本　一册　存一卷(上)

440000－2542－0002531　QT000942
淵鑑類函四百五十卷　(清)張英等撰　清刻本　一册　存四卷(四百四十四至四百四十七)

440000－2542－0002532　QT000941
浦江鄭氏旌義編二卷　(明)鄭濤輯　清刻本一册

440000－2542－0002533　QT000940
覆校穆天子傳六卷補遺一卷　(清)翟雲升撰　清道光十二年(1832)東萊翟氏五經歲徧齋刻本　一册

440000－2542－0002534　QT001006
浦陽殉節録二卷　(清)陳書　(清)樓簡編次　(清)朱紹珪纂輯　清光緒五年(1879)刻本　一册

440000－2542－0002535　QT000937
庸庵文續編二卷　(清)薛福成撰　清光緒十五年(1889)刻本　一册　存一卷(上)

440000－2542－0002536　QT001004
明史擥要八卷　(清)姚培謙　(清)張景星録　清刻本　三册

440000－2542－0002537　QT000930
古經解彙函　(清)鍾謙鈞等輯　清光緒石印本　一册　存四種

440000－2542－0002538　QT000928
小學考五十卷　(清)謝啟昆録　清末石印本　一册　存七卷(一至七)

440000－2542－0002539　QT000927
國朝杭郡詩輯十六卷　(清)吳顥彙録　清刻本　一册　存二卷(十五至十六)

440000－2542－0002540　QT000997
石門題跋二卷　(宋)釋德洪撰　(明)毛晉訂　清末石印本　一册

440000－2542－0002541　QT000926
英話註解一卷　(清)馮祖憲等著　清光緒二十年(1894)上海申昌書畫室影印本　一册

440000－2542－0002542　QT000925
英字入門一卷　(清)曹驤編譯　清光緒二十八年(1902)上海日新書莊石印本　一册

440000－2542－0002543　QT000995
欽定四庫全書總目二百卷首一卷　(清)紀昀等編　清刻本　一册　存一卷(一百九十七)

440000－2542－0002544　QT000996

御批歷代通鑑輯覽一百二十卷　(清)傅恆等撰　清末商務印書館鉛印本　一冊　存三卷(二十二至二十四)

440000－2542－0002545　QT000994

十朝東華錄五百二十五卷(天命朝至咸豐朝)附同治朝一百卷　王先謙撰　周潤蕃　周瀹蕃校　清光緒二十五年(1899)石印本　十八冊　存一百三十七卷(雍正朝十二至二十六、乾隆朝一至四十一、嘉慶朝一至五十、道光朝一至三十一)

440000－2542－0002546　QT000993

重編留青新集二十四卷　(清)馮善長編　清光緒三十四年(1908)上海廣益書局鉛印本　十四冊　存二十二卷(一至六,九至二十四)

440000－2542－0002547　QT000924

附釋音尚書注疏二十卷　(唐)孔穎達疏　清末袖海山房影印本　一冊　存十卷(一至十)

440000－2542－0002548　QT000922

四史勦說十六卷　(清)史珥著　清刻本　二冊　存四卷(三至四、九至十)

440000－2542－0002549　QT000920

春秋全經左傳句解八卷首一卷　(宋)朱申注釋　(明)孫鑛批點　清同治十年(1871)刻本　二冊　存六卷(一至五、首一卷)

440000－2542－0002550　QT000919

元朝名臣事略十五卷　(元)蘇天爵撰　清光緒二十年(1894)刻本　一冊　存三卷(一至三)

440000－2542－0002551　QT000918

王氏經說六卷　(清)王紹蘭撰　清光緒刻本　一冊　存三卷(一至三)

440000－2542－0002552　PJ400882－1

月來軒詩稾　(清)錢韞素撰　清宣統元年(1909)鉛印本　一冊

440000－2542－0002553　PJ100838

孟子註疏解經十四卷　(漢)趙岐注　(宋)孫奭疏　明崇禎六年(1633)古虞毛氏汲古閣刻十三經註疏本　四冊

440000－2542－0002554　PJ100839

尚書大傳四卷　(漢)伏勝撰　(漢)鄭玄注
尚書考異一卷尚書大傳補遺一卷續補遺一卷　(清)盧文弨學　清嘉慶五年(1800)愛日草廬刻本　四冊

440000－2542－0002555　PJ100840

禹貢指南四卷　(宋)毛晃輯　清光緒九年(1883)刻本　二冊

440000－2542－0002556　PJ100842

禮記六十一卷　(清)孫希旦集解　清咸豐十年(1860)瑞安孫氏盤穀艸堂刻永嘉叢書本　十六冊

440000－2542－0002557　PJ100844

附釋音毛詩注疏七十卷　(漢)毛亨傳　(漢)鄭玄箋　(唐)陸德明音義　(唐)孔穎達疏
毛詩注疏校勘記七十卷　(清)阮元撰　(清)盧宣旬摘錄　清嘉慶二十年(1815)南昌府學刻道光六年(1826)南昌府學重校同治十二年(1873)江西書局重修本　二十四冊

440000－2542－0002558　PJ100846

鄭氏詩箋禮注異義攷一卷　(清)桂文燦撰　清咸豐七年(1857)刻本　一冊

440000－2542－0002559　PJ100848

禮記注疏六十三卷　(漢)鄭玄注　(唐)孔穎達疏　清刻本　十冊

440000－2542－0002560　PJ100849

尚書詳解五十卷　(宋)陳經撰　清末刻本　八冊

440000－2542－0002561　PJ100850

春秋釋例十五卷　(晉)杜預撰　清刻本　六冊

440000－2542－0002562　PJ100851

新學僞經考十四卷　康有爲撰　清光緒十七年(1891)康氏萬木草堂廣州刻本　六冊

440000－2542－0002563　PJ100852

五經異義疏證三卷 (清)陳壽祺撰 清咸豐十年(1860)刻本 二冊

440000－2542－0002564 PJ100853
御纂周易折中二十二卷首一卷 (清)李光地撰 清光緒十九年(1893)淑芳閣刻本 十冊

440000－2542－0002565 PJ100854
詩總聞二十卷 (宋)王質撰 清刻本 三冊

440000－2542－0002566 PJ100855
左傳舊疏考正八卷 (清)劉文淇撰 清光緒三年(1877)湖北崇文書局刻本 四冊

440000－2542－0002567 PJ100856
禹貢本義一卷 楊守敬撰 清光緒三十二年(1906)刻本 一冊

440000－2542－0002568 PJ100857
禮記天算釋一卷 (清)孔廣牧撰 清光緒十五年(1889)廣雅書局刻本 一冊

440000－2542－0002569 PJ100859
石經考一卷 (清)萬斯同撰 清刻本 一冊

440000－2542－0002570 PJ100860
監本四書 (宋)朱熹撰 清武進陳氏亦園刻本 五冊 存四種

440000－2542－0002571 PJ100861
易經十二卷首一卷末一卷 (宋)朱熹本義 **音訓十二卷** (宋)呂祖謙撰 清同治四年(1865)金陵書局刻本 二冊

440000－2542－0002572 PJ100862
聲律通考十卷 (清)陳澧撰 清咸豐刻本 二冊

440000－2542－0002573 PJ400837
鮑太史詩集八卷 (清)鮑存曉撰 清光緒十二年(1886)刻本 二冊

440000－2542－0002574 PJ400838
復堂類集文四卷詩十一卷詞三卷 (清)譚獻撰 清光緒十一年(1885)仁和譚氏刻半厂叢書初編本 二冊 存四卷(文四卷)

440000－2542－0002575 PJ400839
復堂類集文四卷詩十一卷詞三卷 (清)譚獻撰 清光緒十一年(1885)仁和譚氏刻半厂叢書初編本 二冊 存四卷(文四卷)

440000－2542－0002576 PJ400840
復堂類集文四卷詩十一卷詞三卷 (清)譚獻撰 清光緒十一年(1885)仁和譚氏刻半厂叢書初編本 一冊 存二卷(文一至二)

440000－2542－0002577 PJ100863
禮記偶箋三卷 (清)萬斯大學 清刻本 一冊

440000－2542－0002578 PS201433
行水金鑑一百七十卷圖一卷 (清)傅澤洪撰 清雍正三年(1725)淮揚官署刻本 二冊 存十卷(七十至七十四、七十六至八十)

440000－2542－0002579 PS201434
行水金鑑一百七十卷圖一卷 (清)傅澤洪撰 清雍正三年(1725)淮揚官署刻本 十九冊 存九十一卷(十一至二十、三十六至五十、五十六至八十、一百二至一百六、一百二十六至一百三十五、一百四十一至一百五十、一百五十六至一百七十,圖一卷)

440000－2542－0002580 PJ100864
周易八卷首一卷末一卷 (宋)程頤傳 (宋)朱熹本義 (宋)呂祖謙音訓 清光緒十五年(1889)江南書局刻本 八冊

440000－2542－0002581 PJ400841
復堂類集詩十一卷詞三卷 (清)譚獻撰 清同治至光緒仁和譚氏刻半厂叢書初編本 二冊

440000－2542－0002582 PJ100867
論語十卷 (宋)朱熹集注 清同治十一年(1872)山東書局刻十三經讀本附校刊記本 二冊

440000－2542－0002583 PS201432
水經注釋四十卷附錄二卷刊誤十二卷 (清)趙一清撰 清光緒蛟川花雨樓張氏刻本 十冊 存三十三卷(二十至四十、附錄二卷、刊誤三至十二)

440000－2542－0002584　PS201435
水道提綱二十八卷　（清）齊召南編錄　清乾隆四十一年(1776)刻本　七册

440000－2542－0002585　PS201436
水道提綱二十八卷　（清）齊召南編錄　清光緒四年(1878)霞城精舍刻本　八册

440000－2542－0002586　PJ400842
琴隱園詩集三十六卷詞集四卷　（清）湯貽汾撰　清光緒元年(1875)刻本　十册

440000－2542－0002587　QT000917
國史考異六卷　（清）潘檉章撰　清光緒刻本　一册　存一卷(三)

440000－2542－0002588　PJ400846
退補齋詩鈔二十卷　（清）胡鳳丹撰　清同治永康胡氏退補齋刻本　一册　存六卷(七至十二)

440000－2542－0002589　PJ100870
春秋辨疑四卷　（宋）蕭楚撰　清刻武英殿聚珍版書本　一册

440000－2542－0002590　PJ400847
退補齋詩存十六卷首一卷　（清）胡鳳丹撰　清同治十二年(1873)鄂州寓廬刻本　四册

440000－2542－0002591　PJ100873
古文尚書冤詞平議二卷　（清）皮錫瑞著　清光緒二十二年(1896)思賢書局刻本　一册

440000－2542－0002592　PJ400848
退補齋詩存十六卷首一卷　（清）胡鳳丹撰　清同治十二年(1873)鄂州寓廬刻本　三册　存十三卷(一至十二、首一卷)

440000－2542－0002593　PJ100874
春秋地名辨異三卷　（清）吳省蘭輯　清刻本　一册　存二卷(上至中)

440000－2542－0002594　PJ100875
三禮通釋二百八十卷首一卷目錄三卷　（清）林昌彝學　清同治三年(1864)歷城毛氏廣州刻本　四十八册

440000－2542－0002595　PS201437
水道提綱二十八卷　（清）齊召南編錄　清光緒二十四年(1898)新化三味書室刻本　六册

440000－2542－0002596　PJ100876
春秋董氏學八卷　康有為學　清光緒上海大同譯書局刻本　六册

440000－2542－0002597　PJ100877
春秋攷十六卷　（宋）葉夢得撰　清刻武英殿聚珍版書本　四册

440000－2542－0002598　PJ400852
澹遠香齋雜存一卷　（清）李光漢撰　清同治刻本　一册

440000－2542－0002599　PJ100878
春秋公羊傳注疏二十八卷　（漢）何休學　清汲古閣刻本　六册

440000－2542－0002600　PS201439
捍海塘志一卷　（清）錢文瀚輯　清刻本　一册

440000－2542－0002601　PJ400853
味諫果齋集六卷文集二卷别集二卷外集一卷　（清）王汝金撰　（清）戴元謙編　清光緒八年(1882)刻本　四册　存五卷(味諫果齋集三、六,别集二卷,外集一卷)

440000－2542－0002602　PS201440
捍海塘志一卷　（清）錢文瀚輯　清刻本　一册

440000－2542－0002603　PJ400854
繡佛樓詩鈔一卷　（清）金蘭貞撰　清光緒二年(1876)刻本　一册

440000－2542－0002604　PS201441
都臺浦河工案牘一卷　謝元深　朱日宣編校　清宣統元年(1909)上海時中書局鉛印本　一册

440000－2542－0002605　PJ400855
冷吟仙館詩稿八卷　（清）左錫嘉撰　清光緒十七年(1891)刻本　四册

440000－2542－0002606　PJ400856
退補齋文存十二卷首一卷　（清）胡鳳丹撰

清同治十二年(1873)鄂州寓廬刻本　五册

440000－2542－0002607　PS201442
蜀水考四卷　(清)陳登龍述　(清)朱錫穀補注　(清)陳一津分疏　清刻本　一册　存二卷(一至二)

440000－2542－0002608　PJ400857
退補齋文存十二卷首一卷　(清)胡鳳丹撰　清同治十二年(1873)鄂州寓廬刻本　四册

440000－2542－0002609　PJ400858
退補齋文存十二卷首一卷　(清)胡鳳丹撰　清同治十二年(1873)鄂州寓廬刻本　三册　存十卷(三至十二)

440000－2542－0002610　PJ400858－1
退補齋文存十二卷首一卷　(清)胡鳳丹撰　清同治十二年(1873)鄂州寓廬刻本　二册　存五卷(五至六、十至十二)

440000－2542－0002611　PS201443
居濟一得八卷　(清)張伯行著　清同治五年(1866)福州正誼書局刻本　二册

440000－2542－0002612　PS201444
經野規畧三卷後集劉公政略一卷　(明)劉光復撰　(清)傅憕增訂　清同治五年(1866)刻本　四册

440000－2542－0002613　PS201445
上虞塘工紀畧二卷續一卷三續一卷　(清)連仲愚撰　清光緒十三年(1887)刻本　一册

440000－2542－0002614　PJ100879
公羊逸禮考徵一卷　(清)陳奂學　清同治至光緒吴縣潘氏京師刻滂喜齋叢書本　一册

440000－2542－0002615　PJ100880
春秋集注四十卷　(宋)高閌撰　清刻本　一册　存五卷(一至五)

440000－2542－0002616　PS201446
上虞縣五鄉水利本末二卷　(元)陳恬輯　清光緒九年(1883)刻本　二册

440000－2542－0002617　PJ100882
孟子註疏解經十四卷　(漢)趙岐注　(宋)孫奭疏　**校勘記十四卷**　(清)阮元撰　(清)盧宣旬摘錄　清嘉慶二十年(1815)南昌府學刻道光六年(1826)南昌府學重校同治十二年(1873)江西書局重修本　八册

440000－2542－0002618　PJ100883
儀禮識誤三卷　(宋)張淳撰　清刻本　一册

440000－2542－0002619　PJ100884
論語注疏解經二十卷　(三國魏)何晏集解　(宋)邢昺疏　**校勘記二十卷**　(清)阮元撰　(清)盧宣旬摘錄　清嘉慶二十年(1815)南昌府學刻道光六年(1826)南昌府學重校同治十二年(1873)江西書局重修本　六册

440000－2542－0002620　PJ400497
白田草堂存稿二十四卷　(清)王懋竑撰　**皇清勑授文林郎翰林院編修白田王公崇祀鄉賢錄**　(清)陳弘謀題　**皇清勑授文林郎翰林院編脩先生考王公府君行狀**　(清)王箴德等撰　清乾隆刻本　三册　存十一卷(十四至二十四)

440000－2542－0002621　PJ400498
白田草堂存稾八卷　(清)王懋竑撰　清光緒二十年(1894)廣雅書局刻本　一册　存五卷(一至五)

440000－2542－0002622　PJ400467
陳檢討集十二卷　(清)陳維崧撰　清康熙二十二年(1683)天黎閣刻本　一册

440000－2542－0002623　PJ400480
春酒堂文集一卷　(清)周容撰　清宣統二年(1910)國學扶輪社鉛印本　一册

440000－2542－0002624　PJ400499
道古堂全集七十七卷　(清)杭世駿撰　清乾隆四十一年(1776)刻光緒十四年(1888)泉唐汪氏振綺堂補刻本　十六册

440000－2542－0002625　PJ400473
道援堂詩集十三卷　(清)屈大均撰　清道光刻本　八册

440000－2542－0002626　PJ400469

二曲集二十六卷　(清)李顒撰　清康熙三十二年(1693)鄭重高爾公刻本　五冊　存十八卷(一至十八)

440000－2542－0002627　PJ400470
二曲集正編二十二卷外編六卷首一卷　(清)李顒撰　清光緒九年(1883)刻本　七冊　存二十七卷(一至十七、二十至二十二,外編六卷,首一卷)

440000－2542－0002628　PJ400492
觀瀾堂文集八卷　(清)曹章撰　清康熙四十六年至六十一年(1707－1722)古虞曹昌侯木活字印本　一冊

440000－2542－0002629　PJ400479
海日堂集七卷補遺一卷　(清)程可則撰　清道光五年(1825)程士偉刻本　四冊

440000－2542－0002630　PJ400475
陋軒詩十二卷　(清)吳嘉紀撰　**陋軒詩續二卷**　(清)吳嘉紀撰　(清)夏荃輯　清道光二十年至二十三年(1840－1843)泰州夏氏刻本　五冊

440000－2542－0002631　PJ400493
梅莊遺草六卷　(清)翁白撰　清嘉慶十七年(1812)留香室刻本　一冊

440000－2542－0002632　PJ400477
秋笳集八卷補遺一卷　(清)吳兆騫撰　清宣統三年(1911)順德鄧氏鉛印風雨樓叢書本　一冊　存三卷(一至三)

440000－2542－0002633　PJ400478
秋笳集八卷　(清)吳兆騫撰　清乾隆四十一年(1776)知止草堂刻本　二冊　存四卷(一至四)

440000－2542－0002634　PJ400494
秋水集三卷　(清)許旭撰　(清)王瑞系訂　清樹德堂刻本　一冊

440000－2542－0002635　PJ400486
邵青門全集三十卷附邵氏家錄二卷　(清)邵長蘅撰　清光緒二十三年(1897)武進盛氏思惠齋刻本　四冊

440000－2542－0002636　PJ400487
邵青門全集三十卷附邵氏家錄二卷　(清)邵長蘅撰　清光緒二十三年(1897)武進盛氏思惠齋刻本　四冊

440000－2542－0002637　PJ400488
邵青門全集三十卷附邵氏家錄二卷　(清)邵長蘅撰　清光緒二十三年(1897)武進盛氏思惠齋刻本　四冊

440000－2542－0002638　PJ400495
詩賦全集六卷　(清)徐文靖撰　(清)徐眘樞注　清乾隆志寧堂刻本　一冊

440000－2542－0002639　PJ400567
惜抱軒全集　(清)姚鼐撰　清同治五年(1866)省心閣刻本　四冊　存二種二十五卷(惜抱軒文集十六卷、七言今體詩鈔九卷)

440000－2542－0002640　PJ400485
漁洋山人精華録訓纂十卷　(清)王士禛撰　(清)惠棟訓纂　清乾隆紅豆齋刻本　十二冊

440000－2542－0002641　PJ400491
正誼堂續集八卷　(清)張伯行撰　(清)張朱霖編　清同治五年(1866)福州正誼堂書院刻正誼堂全書本　二冊

440000－2542－0002642　PJ100886
春秋左傳杜注三十卷首一卷　(清)姚培謙學　清光緒九年(1883)江南書局刻本　十冊

440000－2542－0002643　PS201447
上虞縣五鄉水利本末二卷　(元)陳恬輯　清光緒九年(1883)刻本　二冊

440000－2542－0002644　PS201448
峽江救生船志二卷圖考一卷　(清)程以輔等編　清光緒三年(1877)水師新副中營刻本　一冊　存一卷(圖考一卷)

440000－2542－0002645　PS201451
桑園圍志十七卷　(清)何如銓等纂修　清光緒十五年(1889)刻本　六冊

440000－2542－0002646　PS201452

泰山道里記一卷　（清）聶鈫撰　清道光六年（1826）雨山堂刻本　一册

440000－2542－0002647　PS201453
慧山記四卷　（明）釋圓顯輯　清同治七年（1868）刻本　一册　存二卷（一至二）

440000－2542－0002648　PS201454
盤山志十卷首一卷補遺四卷　（清）釋智樸纂輯　清同治十一年（1872）刻本　四册

440000－2542－0002649　PJ100891
説文解字十五卷標目一卷校字記一卷　（漢）許慎記　（宋）徐鉉校定　**説文通檢十四卷首一卷末一卷**　（清）黎永椿編　清同治十二年（1873）番禺陳昌治刻本　十册

440000－2542－0002650　PJ100909
欽定書經圖説五十卷　（清）孫家鼐等撰　清光緒三十一年（1905）内府石印本　十六册

440000－2542－0002651　PJ100908
説文解字繫傳四十卷　（五代）徐鍇傳釋　**説文解字校勘記三卷**　（清）祁寯藻撰　清光緒二年（1876）平江吴氏刻本　八册

440000－2542－0002652　PJ400859
市隱書屋詩稿五卷　（清）亢樹滋撰　清同治刻本　二册

440000－2542－0002653　PJ400860
許竹篔侍郎尺牘真蹟二卷　（清）許景澄撰　（清）盛沅輯　清光緒三十三年（1907）石印本　二册

440000－2542－0002654　PJ400861
許竹篔侍郎尺牘真蹟二卷　（清）許景澄撰　（清）盛沅輯　清光緒三十三年（1907）石印本　二册

440000－2542－0002655　PJ400862
拙尊園叢稿六卷　（清）黎庶昌撰　清光緒二十一年（1895）李光明莊刻本　四册

440000－2542－0002656　PJ400865
富文書舍東游紀略一卷　（清）李鳳翎撰　清刻本　一册

440000－2542－0002657　PJ400866
鶴鳴集六卷　（清）方績撰　清光緒十五年（1889）刻本　一册

440000－2542－0002658　PJ400869
遜學齋文鈔十卷　（清）孫衣言撰　清同治十二年（1873）刻本　四册

440000－2542－0002659　PJ400875
缶廬詩四卷別存一卷　吴俊卿撰　清光緒十九年（1893）刻本　一册

440000－2542－0002660　PJ400876
缶廬詩四卷別存一卷　吴俊卿撰　清光緒十九年（1893）刻本　一册

440000－2542－0002661　PJ400877
缶廬詩九卷　吴俊卿撰　清光緒至宣統刻本　一册　存一卷（九）

440000－2542－0002662　PJ400878
靈石山房詩草一卷續草一卷　（清）貴成撰　清同治七年（1868）刻本　一册

440000－2542－0002663　PJ400879
陳比部遺集三卷　（清）陳壽祺撰　清同治至光緒吴縣潘氏京師刻滂喜齋叢書本　一册

440000－2542－0002664　PJ400880
張文節公遺集二卷　（清）張洵撰　清同治至光緒吴縣潘氏京師刻滂喜齋叢書本　一册

440000－2542－0002665　PJ400881
韻雪廬詩草三卷　（清）周静儀撰　清光緒三十二年（1906）刻本　一册

440000－2542－0002666　PJ100902
文通十卷　（清）馬建忠撰　清光緒三十一年（1905）上海商務印書館鉛印本　三册

440000－2542－0002667　PJ100904
客話本字一卷附録一卷　（清）楊恭桓著　清光緒三十三年（1907）刻本　一册

440000－2542－0002668　PJ100905
正音咀華三卷續編一卷　（清）莎彝尊著　清刻本　一册

440000－2542－0002669　PZ300535
農務化學問答二卷　(英國)仲斯敦著　(英國)秀耀春口譯　(清)范熙庸筆述　清光緒二十五年(1899)江南制造總局刻本　二冊

440000－2542－0002670　PZ300536
泰西水法六卷　(意大利)熊三拔撰說　(明)徐光啟筆記　(清)席世臣校正　清嘉慶五年(1800)掃葉山房刻本　二冊

440000－2542－0002671　PJ400888
延秋吟館詩鈔四卷續鈔四卷　(清)張聯桂撰　清光緒十八年(1892)粵西節署刻本　二冊

440000－2542－0002672　PJ400889
靜妙山房遺集三卷靜妙山房詩集補遺一卷　(清)錢鈞伯撰　清光緒十六年(1890)刻本　一冊

440000－2542－0002673　PZ300537
農務土質論三卷圖說一卷　(美國)金福蘭格令希蘭撰　(美國)衛理口譯　(清)范熙庸筆述　清光緒二十六年(1900)江南制造局刻本　三冊

440000－2542－0002674　PJ400891
天外歸帆草一卷　(清)斌椿撰　清同治七年(1868)刻本　一冊

440000－2542－0002675　PZ300542
厩肥篇一卷　(美國)嗶耳撰　(清)胡濬康譯　清光緒北洋官報局石印本　一冊

440000－2542－0002676　PJ400882
優盋羅室詩稾一卷　(清)李尚暲撰　清宣統元年(1909)鉛印本　一冊

440000－2542－0002677　SQ300034
虞初新志二十卷　(清)張潮輯　清康熙張潮刻本　四冊

440000－2542－0002678　PZ300532
種植果樹新法六章　江雲章撰　清宣統元年(1909)山東提學司實業科石印本　一冊

440000－2542－0002679　PJ400883
張文節公遺集二卷　(清)張洵撰　清同治至光緒吳縣潘氏京師刻滂喜齋叢書本　一冊

440000－2542－0002680　PJ400883－1
亢藝堂集三卷　(清)孫廷璋撰　清同治至光緒吳縣潘氏京師刻滂喜齋叢書本　一冊

440000－2542－0002681　PJ400884
蕙西先生遺稿一卷　(清)邵懿辰撰　清同治至光緒吳縣潘氏京師刻滂喜齋叢書本　一冊

440000－2542－0002682　PJ400884－1
張文節公遺集二卷　(清)張洵撰　清同治至光緒吳縣潘氏京師刻滂喜齋叢書本　一冊

440000－2542－0002683　PJ400885
蕙西先生遺稿一卷　(清)邵懿辰撰　清同治至光緒吳縣潘氏京師刻滂喜齋叢書本　一冊

440000－2542－0002684　PJ400893
洗齋病學草擬存詩一卷　(清)踵息道人(胡壽頤)撰　(清)昨非居士編輯　清光緒十年(1884)浙江山陰胡氏刻本　一冊

440000－2542－0002685　PJ400897
緩雅堂駢體文八卷　(清)王詒壽撰　清光緒六年(1880)刻本　二冊

440000－2542－0002686　PJ400898
清芬閣文稿八卷　(清)朱采撰　清宣統三年(1911)刻本　二冊

440000－2542－0002687　PJ400899
緩雅堂駢體文八卷　(清)王詒壽撰　清光緒六年(1880)刻本　二冊

440000－2542－0002688　PZ300543
泰西農具及獸醫治療器械圖說一卷　(日本)駒場農學校撰　(日本)藤田豐八譯　清光緒上海農學會石印農學叢書本　一冊

440000－2542－0002689　PZ300546
牛乳新書二卷　(日本)河相大三述　(清)沈紘譯　**牧草圖說一卷**　(日本)農商務省農務局編　(清)周家樹譯　**臺灣人工孵化鴨卵法一卷**　(日本)木村利建撰　(清)薩端譯　**蜜蜂飼養法内篇一卷外篇一卷**　(日本)花房柳條著　(日本)藤田豐八譯　清光緒上海農學

會石印本　一册

440000－2542－0002690　PS201455
寶華山志十五卷首一卷　（清）劉名芳纂修　清刻本　四册

440000－2542－0002691　PS201456
爛柯山志十三卷　（清）鄭永禧補輯　清光緒三十三年（1907）刻本　三册

440000－2542－0002692　PZ300549
寶藏興焉十二卷　（英國）費而奔著　（英國）傅蘭雅口譯　（清）徐壽筆述　清光緒二十四年（1898）上海書局石印本　一册　存三卷（一至三）

440000－2542－0002693　PJ400901
百柱堂詩藁八卷　（清）王柏心撰　清同治十二年（1873）監利王氏刻本　二册

440000－2542－0002694　PJ400904
靜山詩草一卷　（清）毓壽撰　清同治十三年（1874）刻本　一册

440000－2542－0002695　PS201458
焦山志二十六卷首一卷　（清）吳雲輯　清同治十三年（1874）刻本　八册

440000－2542－0002696　PS201458－1
焦山續志八卷　（清）陳任暘輯　清光緒三十三年（1907）刻本　二册

440000－2542－0002697　PS201459
御覽孤山志一卷　（清）王復禮編輯　清光緒七年（1881）錢唐丁氏刻本　一册

440000－2542－0002698　PS201460
御覽孤山志一卷　（清）王復禮編輯　清光緒七年（1881）錢唐丁氏刻本　一册

440000－2542－0002699　PZ300553
直隸工藝志初編八卷　（清）周爾潤輯　清光緒三十三年（1907）北洋官報局鉛印本　四册　存四卷（報告類一至二、叢錄類一至二）

440000－2542－0002700　PZ300554
汽機中西名目表一卷　（清）江南機器製造總局編　清光緒江南機器製造總局鉛印本　一册

440000－2542－0002701　PJ400905
吟雲仙館詩稿一卷　（清）曾詠撰　清光緒十七年（1891）定襄官署刻本　一册

440000－2542－0002702　PZ300555
汽機發軔九卷附表一卷　（英國）美以納　（英國）白勞那撰　（英國）偉烈口譯　（清）徐壽筆述　清光緒江南製造局刻本　四册

440000－2542－0002703　PJ400906
荔村草堂詩續鈔一卷　（清）譚宗浚撰　清宣統二年（1910）京師刻本　一册

440000－2542－0002704　PJ400907
百尺樓百首詩鈔一卷　（清）陳次壬撰　清宣統三年（1911）刻本　一册

440000－2542－0002705　PJ400908
懺花盦詩鈔十卷　（清）宋澤元撰　清光緒八年（1882）刻本　二册

440000－2542－0002706　PJ400909
烟嶼樓詩集十八卷　（清）徐時棟撰　清同治六年（1867）虎胛山房葉氏刻本　一册　存九卷（一至九）

440000－2542－0002707　PJ400910
松夢寮詩稿六卷　（清）丁丙撰　清光緒二十五年（1899）刻本　二册

440000－2542－0002708　PS201463
蓮峰志五卷　（清）王夫之撰　清同治四年（1865）湘鄉曾氏金陵刻本　一册

440000－2542－0002709　PJ400911
松夢寮詩稿六卷　（清）丁丙撰　清光緒二十五年（1899）刻本　二册

440000－2542－0002710　PJ400912
松夢寮詩稿六卷　（清）丁丙撰　清光緒二十五年（1899）刻本　二册

440000－2542－0002711　PJ400913
松夢寮詩稿六卷　（清）丁丙撰　清光緒二十五年（1899）刻本　一册　存二卷（五至六）

440000－2542－0002712　PJ400915
于湖小集五卷　(清)芳郭鈍叟撰　清光緒二十二年(1896)水明樓刻本　三册

440000－2542－0002713　PZ300556
汽機必以十二卷首一卷附一卷　(英國)蒲而捺撰　(英國)傅蘭雅口譯　(清)徐建寅筆述　清光緒江南製造局刻本　一册　存一卷(附一卷)

440000－2542－0002714　PZ300559
井礦工程三卷　(英國)白爾捺輯　(英國)傅蘭雅口譯　(清)趙元益筆述　清光緒江南機器製造總局刻本　二册

440000－2542－0002715　PZ300116
井礦工程三卷　(英國)白爾捺輯　(英國)傅蘭雅口譯　(清)趙元益筆述　清光緒江南機器製造總局刻本　二册

440000－2542－0002716　PZ300560
鑄錢工藝三卷總論一卷圖一卷　(英國)傅蘭雅譯　(清)鍾天緯譯　清光緒江南機器製造總局鉛印本　二册

440000－2542－0002717　PZ300561
顏料篇三卷　(日本)江守襄吉郎編　(日本)藤田豐八譯　(清)汪振聲重編　清光緒江南製造局刻本　二册

440000－2542－0002718　PZ300562
銀鑛指南一卷圖一卷　(美國)亞倫著　(英國)傅蘭雅口譯　(清)應祖錫筆述　清光緒江南製造總局刻本　一册

440000－2542－0002719　PS201464
說嵩三十二卷　(清)景日昣撰　清康熙刻本　十二册

440000－2542－0002720　PZ300563
製羼金法二卷　(日本)橋本奇策著　(清)王季點譯　清光緒二十七年(1901)上海製造局刻本　二册

440000－2542－0002721　PZ300564
鍊石編三卷圖一卷　(英國)亨利黎特撰　(清)舒高第　(清)鄭昌棪譯　清光緒江南機器製造總局鉛印本　二册

440000－2542－0002722　PJ400916
王葵園四種　王先謙撰　清光緒至民國長沙王氏刻本　十五册　存三種三十七卷(文集一至十六、詩集一至十八、年譜一至三)

440000－2542－0002723　PJ400917
述菴詩零一卷　(清)林崧祁撰　清宣統元年(1909)鉛印本　一册

440000－2542－0002724　PS201466
莫愁湖志六卷首一卷　(清)馬士圖輯著　清光緒八年(1882)刻本　二册

440000－2542－0002725　PJ400918
述菴詩零一卷　(清)林崧祁撰　清宣統元年(1909)鉛印本　一册

440000－2542－0002726　PJ400919
天東驪唱一卷　(清)顧雲撰　清光緒十九年(1893)刻本　一册

440000－2542－0002727　PS201466－1
莫愁湖楹聯便覽不分卷　(清)釋壽安輯　清光緒五年(1879)刻本　一册

440000－2542－0002728　PJ400921
問湘樓駢文初稿四卷　(清)胡念修撰　清光緒二十二年(1896)鵠齋刻朱印本　一册　存二卷(三至四)

440000－2542－0002729　PS201467
莫愁湖志六卷首一卷　(清)馬士圖輯著　清光緒八年(1882)刻本　二册

440000－2542－0002730　PS201467－1
莫愁湖楹聯便覽不分卷　(清)釋壽安輯　清光緒五年(1879)刻本　一册

440000－2542－0002731　PS201468
莫愁湖志六卷首一卷　(清)馬士圖輯著　清光緒八年(1882)刻本　二册

440000－2542－0002732　PS201469
莫愁湖志六卷首一卷　(清)馬士圖輯著　清光緒八年(1882)刻本　一册　存二卷(五至

六）

440000－2542－0002733　PS201470

石鐘山志十六卷首一卷　（清）李成謀　（清）丁義方輯　清光緒九年（1883）聽濤眺雨軒刻本　七册　存十六卷（一至十五、首一卷）

440000－2542－0002734　PJ400925

朱強甫集三卷　（清）朱克柔撰　清光緒三十二年（1906）武昌刻本　一册

440000－2542－0002735　PJ400927

夢巢詩草二卷詩餘偶存一卷　（清）許秉辰撰　清光緒四年（1878）刻本　一册

440000－2542－0002736　PS201471

禹峡山志四卷　（清）孫繩祖纂修　清同治元年（1862）刻本　四册

440000－2542－0002737　PZ300565

鍊石編三卷圖一卷　（英國）亨利黎特撰　（清）舒高第　（清）鄭昌棪譯　清光緒江南機器製造總局鉛印本　二册

440000－2542－0002738　PS201474

西湖手鏡一卷　（清）季嬰輯補　清嘉慶十四年（1809）刻本　一册

440000－2542－0002739　PZ300557

工師雕斲正式魯班木經匠家鏡三卷首一卷附秘訣仙機一卷　（明）午榮彙編　（明）章嚴仝集　（明）周言校正　清咸豐十年（1860）崇德堂刻本　二册

440000－2542－0002740　PZ300566

工程致富論略十三卷首一卷圖一卷　（英國）瑪體生著　（英國）傅蘭雅　（清）鍾天緯譯　清光緒江南製造總局鉛印本　八册

440000－2542－0002741　PS201475

西湖遊覽志二十四卷志餘二十六卷　（明）田汝成撰　清光緒二十二年（1896）錢塘丁氏嘉惠堂刻本　六册　存二十七卷（志十五至二十四，志餘一至四、十一至二十、二十二至二十四）

440000－2542－0002742　PZ300567

工程致富論略十三卷首一卷圖一卷　（英國）瑪體生著　（英國）傅蘭雅　（清）鍾天緯譯　清光緒江南製造總局鉛印本　八册

440000－2542－0002743　PS201476

西湖遊覽志二十四卷志餘二十六卷　（明）田汝成撰　清光緒二十二年（1896）錢塘丁氏嘉惠堂刻本　七册　存三十九卷（志一至八、十五至二十四，志餘一至七、十一至二十四）

440000－2542－0002744　PJ400939

五山艸堂初編二卷　（清）龍令憲撰　清光緒三十四年（1908）刻本　一册

440000－2542－0002745　PJ400940

范伯子詩集十九卷　（清）姚永槩撰　清光緒三十四年（1908）刻本　四册

440000－2542－0002746　PJ400941

璞齋集七卷　（清）諸可實撰　清光緒二十二年（1896）刻本　二册　存六卷（一至六）

440000－2542－0002747　PZ300568

工程致富論略十三卷首一卷圖一卷　（英國）瑪體生著　（英國）傅蘭雅　（清）鍾天緯譯　清光緒江南製造總局鉛印本　八册

440000－2542－0002748　PS201477

西湖志四十八卷　（清）傅王露修　清雍正十三年（1735）刻本　十七册

440000－2542－0002749　PZ300569

金石識別十二卷　（美國）代那撰　（美國）瑪高溫口譯　（清）華蘅芳筆述　清光緒江南機器製造總局刻本　六册

440000－2542－0002750　PZ300570

端溪硯史三卷圖一卷　（清）吳蘭修編　清道光味菜廬木活字印本　一册

440000－2542－0002751　PZ300571

金石識別十二卷　（美國）代那撰　（美國）瑪高溫口譯　（清）華蘅芳筆述　清光緒江南機器製造總局刻本　六册

440000－2542－0002752　PS201480

徐霞客遊記十卷外編一卷補編一卷　（明）徐

宏祖著　（清）葉廷甲補輯　清嘉慶十三年（1808）刻本　十冊

440000－2542－0002753　PZ300572
遺珠貫索八卷　（清）張純照撰　清刻本　二冊　存四卷（三至六）

440000－2542－0002754　PZ300574
板橋雜記三卷　（清）余懷著　清光緒四年（1878）王氏弢園鉛印艷史叢鈔本　一冊

440000－2542－0002755　PZ300575
漫遊小鈔一卷　（清）魏坤撰　清光緒秀水孫氏望雲仙館刻本　一冊

440000－2542－0002756　PJ400945
小雅樓詩集六卷遺文二卷首一卷　（清）鄧方撰　清光緒二十六年（1900）廣州刻本　四冊

440000－2542－0002757　PS201481
徐霞客遊記十卷外編一卷補編一卷　（明）徐宏祖著　（清）葉廷甲補輯　清末鉛印本　八冊

440000－2542－0002758　PJ400948
復堂文續五卷　（清）胡念修輯　清光緒二十七年（1901）刻鵠齋刻本　四冊

440000－2542－0002759　PJ400949
禮堂詩鈔八卷　（清）沈大本撰　清刻本　二冊

440000－2542－0002760　PZ300576
涇林續記一卷　（清）周元暐撰　清光緒吳縣潘氏刻本　一冊

440000－2542－0002761　PZ300577
穆天子傳六卷附錄一卷　（晉）郭璞注　（清）洪頤煊校　清嘉慶十一年（1806）平津館刻本　一冊

440000－2542－0002762　PZ300578
世說新語六卷　（南朝宋）劉義慶撰　（南朝梁）劉孝標注　清光緒三年（1877）湖北崇文書局刻本　四冊

440000－2542－0002763　PZ300579
世說新語六卷　（南朝宋）劉義慶撰　（南朝梁）劉孝標注　清光緒三年（1877）湖北崇文書局刻本　二冊

440000－2542－0002764　PZ300580
秋燈叢話十八卷　（清）王槭著　清乾隆刻本　四冊　存十二卷（七至十八）

440000－2542－0002765　PJ400956
種樹軒詩草一卷　（清）郭長清撰　清光緒二十二年（1896）刻本　一冊

440000－2542－0002766　PS201483
鴻雪因緣圖記三集　（清）麟慶撰　清道光二十七年（1847）揚州刻本　六冊

440000－2542－0002767　PJ400957
種樹軒詩草一卷　（清）郭長清撰　清光緒二十二年（1896）刻本　一冊

440000－2542－0002768　PS201484
滿洲旅行記二卷　（日本）小越平隆著　（清）克齋譯　清光緒二十八年（1902）廣智書局鉛印本　二冊

440000－2542－0002769　PS201487
湖山雜詠一卷附錄一卷　（清）王緯著　清光緒二十年（1894）嘉惠堂丁氏刻本　一冊

440000－2542－0002770　PZ300581
春渚紀聞十卷　（宋）何薳撰　清嘉慶十六年（1811）祝氏留香室刻本　二冊　缺五卷（三至七）

440000－2542－0002771　PS201488
西湖遺事詩一卷　（清）朱彭撰　清光緒二十一年（1895）錢塘丁氏福州刻本　一冊

440000－2542－0002772　PS201489
西湖百詠一卷　（清）柴杰撰　清光緒七年（1881）刻武林掌故叢編本　一冊

440000－2542－0002773　PS201490
西湖百詠二卷　（宋）董嗣杲作　（明）陳贄和　清光緒七年（1881）錢塘丁氏刻本　一冊

440000－2542－0002774　PS201491
西湖韻事一卷附不繫園集一卷隨喜庵集一卷　（明）汪汝謙著　清光緒五年（1879）錢唐丁

氏八千卷樓刻本　一冊

440000－2542－0002775　PJ400960
琴厢吟草二卷　（清）孫清撰　清光緒十八年（1892）芳潤閣刻本　一冊

440000－2542－0002776　PS201491－1
流香一覽一卷　（清）釋明開輯著　清光緒六年（1880）刻武林掌故叢編本　與440000－2542－0002774合一冊

440000－2542－0002777　PJ400963
湖東第一山詩鈔五卷　（清）宋棠撰　清同治十二年（1873）刻本　一冊

440000－2542－0002778　PS201494
辛卯侍行記六卷　（清）陶保廉撰　清光緒二十三年（1897）養樹山房刻本　六冊

440000－2542－0002779　PS201495
出使英法義比四國日記六卷　（清）薛福成纂著　清光緒二十年（1894）孫谿校經堂刻本　六冊

440000－2542－0002780　PS201496
出使英法義比四國日記六卷　（清）薛福成纂著　清光緒石印本　三冊

440000－2542－0002781　PS201497
出使英法義比四國日記六卷　（清）薛福成纂著　清光緒十七年（1891）刻本　六冊

440000－2542－0002782　PS201498
出使英法義比四國日記六卷　（清）薛福成纂著　清光緒十七年（1891）刻本　六冊

440000－2542－0002783　PZ300592
酉陽雜俎二十卷續集十卷　（唐）段成式撰　（明）毛晉訂　清刻本　二冊

440000－2542－0002784　PJ400969
四魂集六卷　易順鼎撰　清光緒二十二年（1896）刻哭盦叢書本　二冊

440000－2542－0002785　PJ400970
丁戊之間行卷十卷　易順鼎撰　清光緒四年（1878）刻本　三冊

440000－2542－0002786　PZ300593
鑑誡錄十卷　（五代）何光遠編　清光緒三年（1877）湖北崇文書局刻本　二冊

440000－2542－0002787　PS201499
環遊地球新錄四卷　（清）李圭撰　清光緒刻本　二冊

440000－2542－0002788　PS201501
環遊地球新錄四卷　（清）李圭撰　清光緒十年（1884）甬上廣齋刻本　四冊

440000－2542－0002789　PS201500
東遊日記一卷　（清）蔣黼撰　清光緒至宣統刻本　一冊

440000－2542－0002790　PJ400972
畏廬文集一卷　林紓撰　清宣統二年（1910）上海商務印書館鉛印本　一冊

440000－2542－0002791　PS201503
出使日記續刻十卷　（清）薛福成撰　清光緒二十四年（1898）刻本　十冊

440000－2542－0002792　PS201504
出使美日祕崔日記十六卷　（清）崔國因撰　清光緒二十年（1894）鉛印本　十一冊　存十四卷（一至十四）

440000－2542－0002793　PS201505
四十日萬八千里之游記一卷　（清）管鳳龢撰　清宣統二年（1910）鉛印本　一冊

440000－2542－0002794　PZ300594
三水小牘二卷　（唐）皇甫枚撰　清乾隆餘姚盧氏抱經堂刻抱經堂叢書本　一冊

440000－2542－0002795　PZ300595
酉陽雜俎二十卷續集十卷　（唐）段成式撰　清光緒三年（1877）湖北崇文書局刻本　三冊

440000－2542－0002796　PZ300596
雲仙散錄十卷　（唐）馮贄撰　**札記一卷**　徐乃昌撰　清光緒三十年（1904）南陵徐氏刻隨盦徐氏叢書本　一冊

440000－2542－0002797　PZ300597
御覽闕史二卷　（唐）參寥子撰　清光緒三年

(1877)湖北崇文書局刻本　一册

440000－2542－0002798　PZ300598
鑑誡録十卷　(五代)何光遠編　清光緒三年(1877)湖北崇文書局刻本　一册

440000－2542－0002799　PS201506
歷代邊事彙鈔十二卷　(清)劉韞齋鑒定(清)朱克敬編輯　清光緒二十八年(1902)石印本　一册　存三卷(十至十二)

440000－2542－0002800　PS201507
皇朝藩部要略十八卷附表四卷　(清)祁韻士纂　清光緒十年(1884)浙江書局刻本　八册

440000－2542－0002801　PS201509
朔方備乘六十八卷首十二卷　(清)何秋濤撰　清光緒石印本　八册

440000－2542－0002802　PZ300602
右台仙館筆記十六卷　(清)俞樾撰　清光緒刻本　四册

440000－2542－0002803　PS201510
洋防輯要二十四卷　(清)嚴如熤輯　清刻本　十五册

440000－2542－0002804　PZ300603
右台仙館筆記十六卷　(清)俞樾撰　清光緒刻本　二册　存六卷(十一至十六)

440000－2542－0002805　PS201515
浙東籌防録四卷　(清)薛福成纂輯　清光緒十二年(1886)刻本　五册

440000－2542－0002806　PZ300604
靜娱亭筆記十二卷　(清)張培仁撰　清刻本　四册　存六卷(一至六)

440000－2542－0002807　PS201511
洋防輯要二十四卷　(清)嚴如熤輯　清刻本　十一册

440000－2542－0002808　PS201516
籌洋芻議一卷　(清)薛福成撰　清光緒十年(1884)刻本　一册

440000－2542－0002809　PS201517
浙東籌防録四卷　(清)薛福成纂輯　清光緒十二年(1886)刻本　四册

440000－2542－0002810　PJ400996
南海先生詩集十三卷　康有為撰　梁啓超手書　清宣統三年(1911)影印本　一册　存四卷(一至四)

440000－2542－0002811　PS201520
苗防備覽二十二卷　(清)嚴如熤撰　清道光二十三年(1843)刻本　一册　存二卷(十二至十三)

440000－2542－0002812　PS201522
海語三卷　(明)黄衷撰　清道光二十五年(1845)南海伍氏粤雅堂刻嶺南遺書本　一册

440000－2542－0002813　PZ300618
夷堅志甲志二十卷乙志二十卷丙志二十卷丁志二十卷　(宋)洪邁撰　清光緒五年(1879)吴興陸氏十萬卷樓刻本　八册

440000－2542－0002814　PS200235
歷代輿地圖一卷　楊守敬編　清光緒三十年至宣統三年(1904－1911)刻朱墨套印本　三十四册

440000－2542－0002815　PS201523
三省邊防備覽十四卷　(清)嚴如熤輯　清道光二年(1822)刻本　五册

440000－2542－0002816　PS201525
海國圖志一百卷首一卷　(清)魏源撰　清光緒二十一年(1895)上海書局石印本　十四册

440000－2542－0002817　PS201525－1
海國圖志續集二十五卷首一卷　(英國)麥高爾輯著　(美國)林樂知等譯　清光緒二十一年(1895)上海書局石印本　二册

440000－2542－0002818　PS201526
海國圖志一百卷首一卷　(清)魏源撰　清光緒二十四年(1898)文賢閣石印本　十四册

440000－2542－0002819　PS201526－1
海國圖志續集二十五卷首一卷　(英國)麥高爾輯著　(美國)林樂知等譯　清光緒二十四

年(1898)文賢閣石印本　二册

440000－2542－0002820　PS201527
海國圖志一百卷首一卷　(清)魏源撰　清光緒二十一年(1895)上海積山書局石印本　七册　存四十六卷(一至三、十三至三十六、五十七至六十二、七十四至八十、八十八至九十二,首一卷)

440000－2542－0002821　PS201527－1
海國圖志續集二十五卷首一卷　(英國)麥高爾輯著　(美國)林樂知等譯　清光緒二十四年(1898)文賢閣石印本　二册

440000－2542－0002822　PS201528
海國圖志一百卷首一卷　(清)魏源撰　清光緒二十一年(1895)上海積山書局石印本　二册　存十二卷(一至三、九十三至一百,首一卷)

440000－2542－0002823　PZ300619
山海經十八卷　(晉)郭璞傳　**山海經圖讚一卷**　(晉)郭璞纂　**山海經補註一卷**　(明)楊慎撰　清光緒元年(1875)湖北崇文書局刻本　三册

440000－2542－0002824　PS201529
瀛環志畧十卷　(清)徐繼畬輯著　清道光三十年(1850)刻本　七册

440000－2542－0002825　PZ300620
搜神記二十卷　(晉)干寶撰　清光緒元年(1875)湖北崇文書局刻本　一册　存十卷(一至十)

440000－2542－0002826　PZ300621
拾遺記十卷　(晉)王嘉撰　(南朝梁)蕭綺錄　清光緒元年(1875)湖北崇文書局刻本　一册

440000－2542－0002827　PZ300624
述異記二卷　(南朝梁)任昉撰　清光緒三十年(1904)南陵徐氏影宋刻隨盦徐氏叢書本　一册

440000－2542－0002828　PZ300625
聊齋志異新評十六卷　(清)蒲松齡著　(清)王士正評　(清)但明倫新評　清道光二十二年(1842)廣順但氏刻朱墨套印本　十六册

440000－2542－0002829　PZ300626
評注聊齋志異十六卷　(清)蒲松齡著　(清)王士正評　(清)呂湛恩註　(清)但明倫批　清刻朱墨套印本　八册　存八卷(九至十六)

440000－2542－0002830　QT000912
經學叢書　(清)桂文燦撰　清咸豐至光緒南海桂氏刻本　一册　存二種

440000－2542－0002831　PZ300627
聊齋志異新評十六卷　(清)蒲松齡著　(清)王士正評　(清)但明倫新評　清道光二十二年(1842)廣順但氏刻朱墨套印本　十二册　存十五卷(二至十六)

440000－2542－0002832　PZ300628
聊齋志異新評十六卷　(清)蒲松齡著　(清)王士正評　(清)但明倫新評　清道光二十二年(1842)廣順但氏刻朱墨套印本　十一册　存六卷(三至四、十二至十四、十六)

440000－2542－0002833　PZ300698
聊齋志異十六卷　(清)蒲松齡著　(清)王士正評　清刻本　一册　存二卷(十一至十二)

440000－2542－0002834　PS201532
五洲圖考一卷　(清)龔柴撰　(清)許彬續輯　清光緒二十四年(1898)上海徐家匯印書館鉛印本　二册

440000－2542－0002835　PS201533
五洲圖考一卷　(清)龔柴撰　(清)許彬編譯　清光緒二十八年(1902)上海徐家匯印書館鉛印本　二册

440000－2542－0002836　PS201534
五洲圖考一卷　(清)龔柴撰　(清)許彬編譯　清光緒二十八年(1902)上海徐家匯印書館鉛印本　四册

440000－2542－0002837　PS201535
五洲圖考一卷　(清)龔柴撰　(清)許彬編譯

清光緒二十八年(1902)上海徐家匯印書館鉛印本　二冊

440000－2542－0002838　PS201531

地球韻言四卷　(清)張士瀛編　清光緒李光明莊刻本　二冊

440000－2542－0002839　PS201536

地球韻言四卷　(清)張士瀛著　清光緒二十七年(1901)杭城有玉橋敬文齋刻本　二冊

440000－2542－0002840　PS201537

萬國輿地韻編一卷　(清)蛻學盦主人編　清光緒二十九年(1903)崇實書局石印本　五冊

440000－2542－0002841　PS201539

萬國地理統紀一卷　(日本)若原著　馬汝賢顧培基輯譯　清光緒二十八年(1902)勵學譯社鉛印本　一冊

440000－2542－0002842　PS201541

世界地理志六卷首一卷　(日本)中村五六編纂　(日本)頓野廣太郎修補　(日本)樋田保熙譯　清光緒二十八年(1902)上海金粟齋譯書社鉛印本　三冊

440000－2542－0002843　PZ300636

第一才子書繡像三國志演義六十卷一百二十回圖一卷　(明)羅本撰　(清)毛宗崗評　清光緒三十年(1904)上海商務印書館鉛印本　六冊　缺二回(一百五、一百二十)

440000－2542－0002844　PZ300637

繡像三國志演義六十卷一百二十回　(明)羅貫中撰　清光緒十六年(1890)上海書局石印本　十二冊　缺十回(九十九至一百八)

440000－2542－0002845　PZ300649

增評補像全圖金玉緣一百二十回首一卷　(清)曹雪芹撰　(清)高鶚續　清光緒十五年(1889)石印本　十五冊

440000－2542－0002846　PS201545

東洋史要二卷附圖一卷　(日本)桑原騭藏著　(清)樊炳清譯　清光緒二十五年(1899)東文學社石印本　四冊

440000－2542－0002847　PS201546

東洋史要二卷附圖一卷　(日本)桑原騭藏著　(清)樊炳清譯　清光緒二十五年(1899)東文學社石印本　三冊

440000－2542－0002848　PS201547

東洋史要二卷附圖一卷　(日本)桑原騭藏著　(清)樊炳清譯　清光緒二十五年(1899)東文學社石印本　二冊

440000－2542－0002849　QT000689

俞樓詩記一卷　(清)俞樾撰　清光緒刻本　與440000－2542－0002395合一冊

440000－2542－0002850　QT000910

劉武慎公遺書二十五卷　(清)劉長佑撰　清光緒二十六年(1900)鉛印本　五冊　存五卷(八、十六至十八、二十五)

440000－2542－0002851　PS201550

游歷日本圖經三十卷　(清)傅雲龍撰　清光緒十五年(1889)鉛印本　十四冊

440000－2542－0002852　PZ300650

增評補像全圖金玉緣一百二十回　(清)曹霑撰　(清)高鶚續　清末石印本　六冊

440000－2542－0002853　PS201553

琉球地理小志并補遺附說略一卷　(日本)中根淑等撰　(清)姚文棟譯　清光緒九年(1883)刻本　一冊

440000－2542－0002854　PS201554

彼得興俄記一卷　王樹枏撰　清光緒二十二年(1896)刻本　一冊

440000－2542－0002855　PS201555

萬國通史前編十卷　(英國)李思倫輯譯　(清)蔡爾康紀述　清光緒二十六年(1900)上海廣學會鉛印本　十冊

440000－2542－0002856　PS201556

萬國通史前編十卷　(英國)李思倫輯譯　(清)蔡爾康紀述　清光緒二十九年(1903)上海商務印書館鉛印本　十冊

440000－2542－0002857　PS201557

萬國通史前編十卷 （英國）李思倫輯譯 （清）蔡爾康紀述 清光緒二十九年（1903）上海商務印書館鉛印本 七冊 存七卷（一至四、六、九至十）

440000－2542－0002858 PS201558

萬國通史續編十卷 （英國）李思倫白約翰輯譯 （清）曹曾涵纂述 清光緒三十年（1904）上海廣學會鉛印本 十冊

440000－2542－0002859 PS201559

萬國史記二十卷 （日本）岡本監輔撰 清光緒二十七年（1901）上海兩宜齋石印本 二冊

440000－2542－0002860 PS201560

西國近事彙編九十六卷 （美國）金楷理口譯 （清）姚棻筆述 清光緒上海機器製造局刻本 三冊 存三卷（癸酉一至三）

440000－2542－0002861 PS201561

西國近事彙編九十六卷 （美國）金楷理口譯 （清）姚棻筆述 清光緒上海機器製造局刻本 二冊 存二卷（癸酉一至二）

440000－2542－0002862 PS201562

列國政要一百三十二卷首一卷 （清）戴鴻慈輯 （清）端方輯 清光緒三十三年（1907）石印本 九冊 存二十四卷（一至二十三、首一卷）

440000－2542－0002863 PZ300662

紅樓夢紀畧一卷 （清）青山山農輯 **紅樓夢廣義一卷** （清）青山山農撰 **紅樓夢論贊一卷** （清）讀花人戲編 清光緒刻本 一冊

440000－2542－0002864 PS201563

西國近事彙編九十六卷 （美國）金楷理口譯 清光緒上海機器製造局鉛印本 九十二冊 缺四卷（壬午一，癸未二、四，甲申三）

440000－2542－0002865 PS201564

西國近事彙編九十六卷 （美國）金楷理口譯 清光緒上海機器製造局鉛印本 三十九冊 存三十九卷（戊寅一至四，已卯一、四，丙戌三，丁亥二至四，戊子一、三至四，已丑一至四，庚寅一、四，辛卯一至二、四，壬辰一至四，甲午一至四，乙未一至四，戊戌一至四，已亥三）

440000－2542－0002866 PS201564－1

西國近事彙編九十六卷 （美國）金楷理口譯 清光緒上海機器製造局鉛印本 八冊 存八卷（丁亥四、甲午二至四、乙未一至四）

440000－2542－0002867 PJ401179

狀元策不分卷 （清）□□撰 清乾隆刻本 六冊 存六冊（康熙一至四、雍正一、乾隆一）

440000－2542－0002868 PJ401180

一簾花影樓試律詩一卷賦一卷 （清）朱鳳毛撰 清光緒十五年（1889）刻本 一冊

440000－2542－0002869 PS201565

續西國近事彙編二十八卷 （清）鍾天緯編 清光緒鉛印本 七冊

440000－2542－0002870 PS201566

朝鮮近世史二卷 （日本）林泰輔編 毛乃庸譯 清光緒教育世界出版社石印科學叢書本 一冊

440000－2542－0002871 PJ401182

稀齡祝雅一卷附自述百韻詩一卷 （清）黃炳垕等撰 清光緒十年（1884）刻本 一冊

440000－2542－0002872 PS201567

英俄印度交涉書一卷續編一卷 （英國）馬文著 （英國）羅亨利 （清）瞿昂來譯稿 清江南製造總局刻本 一冊

440000－2542－0002873 PJ401183

席翊卿先生七八十壽言一卷 （清）席錫蕃等撰 清宣統三年（1911）石印本 一冊

440000－2542－0002874 PJ401184

席翊卿先生七八十壽言一卷 （清）席錫蕃等撰 清宣統三年（1911）石印本 一冊

440000－2542－0002875 PZ300667

快心編初集十回二集十回三集十二回 （清）天花才子編輯 （清）四橋居士評點 清課花書屋刻本 十六冊

440000－2542－0002876 PZ300668

第一奇書野叟曝言二十卷一百五十二回　(清)夏敬渠撰　清光緒七年(1881)毘陵彙珍樓木活字印本　十九册

440000－2542－0002877　PJ401186
曲江淚痕集一卷　(清)張喬唐輯　清光緒三十二年(1906)上海著易堂鉛印本　一册

440000－2542－0002878　QT000908
三角數理十二卷　(英國)海麻士輯　(英國)傅蘭雅口譯　(清)華蘅芳筆述　清光緒江南製造局刻本　六册

440000－2542－0002879　PS201569
日本國志四十卷首一卷　(清)黄遵憲編纂　清光緒十六年(1890)羊城富文齋刻本　十册

440000－2542－0002880　QT000907
國朝賢媛類徵初編十二卷　(清)李桓輯　清光緒刻本　一册　存二卷(九至十)

440000－2542－0002881　PJ401191
建德尚書七十賜壽圖一卷附壽言　(清)劉文鳳等輯　清光緒三十三年(1907)刻本　一册

440000－2542－0002882　QT000905
大鶴山房全書　鄭文焯撰　清光緒刻民國彙印本　一册　存五種

440000－2542－0002883　QT000904
毛詩注疏三十卷　(漢)鄭玄箋　(唐)陸德明音義　(唐)孔穎達疏　清同治十年(1871)廣東書局刻本　一册　存二卷(三至四)

440000－2542－0002884　QT000903
健松齋集二十四卷　(清)方象瑛著　清康熙刻本　一册　存二卷(一至二)

440000－2542－0002885　PS201574
日本國志四十卷首一卷　(清)黄遵憲編纂　清光緒二十七年(1901)上海書局石印本　四册

440000－2542－0002886　PZ300677
燕山外史註釋二卷　(清)陳球著　(清)若駁子輯註　清宣統元年(1909)石印本　一册

440000－2542－0002887　PS201575
欽定四庫全書簡明目錄二十卷　(清)紀昀等編　清光緒二十年(1894)上海點石齋石印本　四册

440000－2542－0002888　QT000902
後漢書疏證三十卷　(清)沈欽韓撰　清光緒二十六年(1900)浙江官書局刻本　四册　存七卷(十三至十八、二十二)

440000－2542－0002889　PJ401193
對聯匯海十四卷　(清)邱日虹編輯　清光緒十八年(1892)文奎堂刻本　一册

440000－2542－0002890　PS201577
日本維新三十年史十二編附錄一編　(日本)東京博文館編輯　清光緒二十九年(1903)上海廣智書局鉛印本　四册　存九編(五至十二、附錄一卷)

440000－2542－0002891　QT000901
漢書疏證三十六卷　(清)沈欽韓撰　清光緒二十六年(1900)浙江官書局刻本　三册　存四卷(一至二、十三、二十六)

440000－2542－0002892　PS201579
日本維新三十年史十二編附錄一編　(日本)東京博文館編輯　清光緒二十九年(1903)上海廣智書局鉛印本　五册　存十一編(一至二、五至十二,附錄一卷)

440000－2542－0002893　PJ401196
文選六十卷　(南朝梁)蕭統撰　(唐)李善注　**文選考異十卷**　(清)胡克家撰　清嘉慶十四年(1809)鄱陽胡氏刻本　二十四册

440000－2542－0002894　PS201580
日本變法次第類攷三集二十五類　(清)程恩培集案　(清)程堯章譯述　清光緒二十八年(1902)政學譯社鉛印本　十二册

440000－2542－0002895　PS201581
日本變法次第類攷初集二十五類　(清)程恩培集案　(清)程堯章譯述　清光緒二十八年(1902)政學譯社鉛印本　八册

440000－2542－0002896　PS201582

日本維新三十年史十二編附錄一編 （日本）東京博文館編輯　清光緒二十八年(1902)上海廣智書局刻本　三冊　存九編(一至三、八至十二,附錄一卷)

440000－2542－0002897　PJ401197
文選六十卷 （南朝梁）蕭統撰　（唐）李善注　（清）葉樹藩參訂　清羊城翰墨園刻朱墨套印本　十二冊

440000－2542－0002898　PC500476
中外大畧四十八卷 （清）羅傳瑞撰集　清光緒二十三年(1897)東粤經韻樓鉛印本　十三冊

440000－2542－0002899　PJ401198
文選六十卷 （南朝梁）蕭統撰　（唐）李善注　（清）葉樹藩參訂　清乾隆三十七年(1772)海録軒刻朱墨套印本　十一冊　存五十四卷(一至二十三、三十至六十)

440000－2542－0002900　PZ300681
六韜六卷 （西周）呂望撰　清光緒二十四年(1898)杭城罹樽石印本　一冊　存四卷(一至四)

440000－2542－0002901　PS201586
日本議會史七期 （日本）工藤武重著　汪有齡譯　清光緒三十二年(1906)通州翰墨林編譯印書局鉛印本　一冊　存一期(六)

440000－2542－0002902　PS201587
俄國政俗通考三卷續編一卷 （美國）林樂知　任保羅譯　清末廣學會鉛印本　一冊

440000－2542－0002903　PS201588
俄國水師考一卷 （英國）百拉西撰　（英國）傅少蘭　（清）李嶽蘅譯　清光緒江南製造總局鉛印本　一冊

440000－2542－0002904　PS201589
俄國水師考一卷 （英國）百拉西撰　（英國）傅少蘭　（清）李嶽蘅譯　清光緒江南製造總局鉛印本　一冊

440000－2542－0002905　PS201583
日本統計類表要論十二卷 楊道霖述　清宣統元年(1909)鉛印本　三冊　存六卷(一至四、九至十)

440000－2542－0002906　PS201584
日本新史攬要七卷 （日本）石村貞一編輯　游瀛主人譯　清光緒石印本　二冊　存二卷(四至五)

440000－2542－0002907　PS201585
日本新史攬要七卷 （日本）石村貞一編輯　游瀛主人譯　清光緒二十五年(1899)石印本　七冊

440000－2542－0002908　PZ300687
孫子三卷 清光緒元年(1875)湖北崇文书局刻本　一冊

440000－2542－0002909　PZ300688
孫吴司馬灋附武經集要一卷 （清）孫星衍輯　清光緒十五年(1889)浙江書局刻本　一冊

440000－2542－0002910　PS201591
歐洲列國戰事本末二十二卷 王樹枏撰　清光緒二十八年(1902)中衛縣署刻本　六冊

440000－2542－0002911　PS201592
英國水師考一卷 （英國）巴那比　（美國）克理撰　（英國）傅蘭雅　（清）鍾天緯譯　清光緒江南製造總局鉛印本　二冊

440000－2542－0002912　PS201593
英國水師律例四卷 （英國）德麟　（英國）極福德撰　（清）舒高第等譯　清光緒江南製造總局鉛印本　二冊

440000－2542－0002913　PS201594
英國水師律例四卷 （英國）德麟　（英國）極福德撰　（清）舒高第等譯　清光緒江南製造總局鉛印本　二冊

440000－2542－0002914　PS201595
英國水師律例四卷 （英國）德麟　（英國）極福德撰　（清）舒高第等譯　清光緒江南製造總局鉛印本　二冊

440000－2542－0002915　PJ401201

文選六十卷　(南朝梁)蕭統撰　(唐)李善注　明琴川毛鳳苞氏汲古閣刻本　十一册　存五十五卷(六至六十)

440000－2542－0002916　PZ300697
兵法類案十三卷　(清)謝文洊彙纂　清刻本　二册　存二卷(十一至十二)

440000－2542－0002917　PJ401211
文選六十卷　(南朝梁)蕭統撰　(唐)李善注　**文選考異十卷**　(清)胡克家撰　清宣統三年(1911)上海會文堂粹記石印本　十六册

440000－2542－0002918　PS201596
四裔編年表四卷　(美國)林樂知　(清)嚴良勳譯　(清)李鳳苞彙編　清光緒二十三年(1897)石印本　四册

440000－2542－0002919　PS201597
法國水師考一卷　(美國)杜默能撰　(美國)羅亨利　(清)瞿昂來譯　清光緒江南製造總局鉛印本　一册

440000－2542－0002920　PS201598
法國水師考一卷　(美國)杜默能撰　(美國)羅亨利　(清)瞿昂來譯　清光緒江南製造總局鉛印本　一册

440000－2542－0002921　PS201599
德國海軍條議一卷　(清)徐建寅譯　清光緒十三年(1887)天津校錄石印本　一册

440000－2542－0002922　PS201602
美國水師考一卷　(英國)巴那比　(美國)克理撰　(英國)傅蘭雅　(清)鍾天緯譯　清光緒江南製造總局鉛印本　一册

440000－2542－0002923　PS201603
美國水師考一卷　(英國)巴那比　(美國)克理撰　(英國)傅蘭雅　(清)鍾天緯譯　清光緒江南製造總局鉛印本　一册

440000－2542－0002924　PS201600
德國海軍條議一卷　(清)徐建寅譯　清光緒十三年(1887)石印本　一册

440000－2542－0002925　PS201601
德國海軍條議一卷　(清)徐建寅譯　清光緒十三年(1887)石印本　一册

440000－2542－0002926　PS201604
歐美電信電話事業四卷　(日本)中山龍次著　李景銘　方兆鰲譯　清宣統二年(1910)郵傳部圖書通譯局鉛印本　一册

440000－2542－0002927　QT000900
春秋公羊注疏二十八卷　(漢)何休學　清刻本　三册　存十卷(一至十)

440000－2542－0002928　PZ300699
尉繚子二卷　清光緒元年(1875)湖北崇文书局刻本　一册

440000－2542－0002929　PS201605
法國新志四卷　(英國)該勒低輯　(英國)傅紹蘭口譯　潘松筆述　清光緒二十四年(1898)刻本　二册

440000－2542－0002930　PZ300700
守城錄四卷　(宋)陳規撰　清咸豐新昌莊肇麟刻長恩書室叢書本　一册

440000－2542－0002931　PZ300701
陣紀四卷　(明)何良臣撰　清咸豐新昌莊肇麟刻本　一册

440000－2542－0002932　PZ300702
兵鏡備考十三卷　(清)鄧廷羅纂輯　清安康張氏來鹿堂刻本　十三册

440000－2542－0002933　PZ300703
兵鏡或問二卷　(清)鄧廷羅纂輯　清安康張氏來鹿堂刻本　二册

440000－2542－0002934　PZ300704
戊笈談兵十卷首一卷　(清)汪紱錄　清光緒刻本　一册　存二卷(一、首一卷)

440000－2542－0002935　PS201606
法國新志四卷　(英國)該勒低輯　(英國)傅紹蘭口譯　潘松筆述　清光緒二十四年(1898)刻本　一册

440000－2542－0002936　PS201607
法國新志四卷　(英國)該勒低輯　(英國)傅

紹蘭口譯　潘松筆述　清光緒二十四年(1898)刻本　一册

440000－2542－0002937　PZ300705
四翼附編四卷　(清)戴彭述　清光緒二十一年(1895)皖江别墅刻本　一册

440000－2542－0002938　PZ300706
讀史兵略四十六卷　(清)胡林翼撰　清咸豐十一年(1861)武昌節署刻本　十六册

440000－2542－0002939　PZ300707
臨戰略範十三編　(清)賀忠良撰　清光緒三十二年(1906)北洋武備研究所石印本　一册

440000－2542－0002940　PZ300708
讀史兵略四十六卷　(清)胡林翼撰　清咸豐十一年(1861)武昌節署刻本　九册　存二十七卷(一至二十七)

440000－2542－0002941　PZ300711
臨時築壘學七章　(清)滕利芳編　(清)王文清修　清光緒三十三年(1907)北洋武備研究所石印本　一册

440000－2542－0002942　PJ401206
分類賦學雞蹠賦三十卷附擬古一卷　(清)張維城輯　清光緒鉛印本　六册　存二十八卷(四至三十、擬古一卷)

440000－2542－0002943　PJ401207
分類賦學雞跖集三十卷附擬古一卷目錄一卷　(清)張維城輯　清道光二十五年(1845)粲花吟館刻本　八册

440000－2542－0002944　PZ300712
軍官學堂教科書築城學海岸築城四章　(清)任衣洲譯　(清)仲孫光編　(清)段雲錦修　清光緒陸軍行營軍官學堂刻本　一册

440000－2542－0002945　PZ300713
槍法準繩一卷　(清)吳大澂撰　清光緒十年(1884)湖北撫署刻本　一册

440000－2542－0002946　PZ300714
聽黃鸝館外篇一卷　(清)魏邦翰撰　清光緒刻本　一册

440000－2542－0002947　PS201615
通典二百卷附考證一卷　(唐)杜佑纂　清光緒二十七年(1901)上海圖書集成局石印本　十六册

440000－2542－0002948　PZ300715
營工要覽四卷　(清)魏邦翰撰　清光緒江南製造總局鉛印本　二册

440000－2542－0002949　PZ300716
前敵須知四卷圖一卷　(清)舒高第　(清)鄭昌棪譯　清光緒江南製造總局鉛印本　五册

440000－2542－0002950　PZ300717
營城揭要二卷　(英國)傅蘭雅口譯　(清)徐壽筆述　清光緒江南製造總局刻本　二册

440000－2542－0002951　PS201616
通典二百卷附考證一卷　(唐)杜佑纂　清光緒二十二年(1896)浙江書局刻本　四十五册

440000－2542－0002952　PS201618
欽定續通典一百五十卷　(清)嵇璜等纂　清光緒二十七年(1901)上海圖書集成局鉛印本　十二册

440000－2542－0002953　PS201619
欽定續通典一百五十卷　(清)嵇璜等纂　清光緒二十七年(1901)上海圖書集成局鉛印本　十二册

440000－2542－0002954　PS201620
皇朝通典一百卷　(清)嵇璜等纂　清光緒二十七年(1901)上海圖書集成局鉛印本　十二册

440000－2542－0002955　PS201621
皇朝通典一百卷　(清)嵇璜等纂　清光緒八年(1882)浙江書局刻本　四十册

440000－2542－0002956　PS201622
欽定續通志六百四十卷　(清)嵇璜等纂　清光緒二十七年(1901)上海圖書集成局鉛印本　三十八册　缺三十一卷(八十四至一百十四)

440000－2542－0002957　PS201624

皇朝通志一百二十六卷 (清)嵇璜等纂 清光緒二十七年(1901)上海圖書集成局鉛印本 十二册

440000－2542－0002958 PS201625
文獻通考三百四十八卷 (元)馬端臨著 清光緒二十七年(1901)上海圖書集成局鉛印本 四十一册

440000－2542－0002959 PZ300718
英國定準軍藥書四編 (英國)陸軍水師部編纂 (清)舒高第譯 (清)汪振聲述 清光緒江南製造總局刻本 二册

440000－2542－0002960 PZ300719
鐵甲叢譚五卷圖一卷 (清)舒高第 (清)鄭昌棪譯 清光緒江南製造總局鉛印本 二册

440000－2542－0002961 PZ300720
高厚蒙求初集一卷二集一卷三集四卷四集二卷 (清)徐朝俊撰 清嘉慶十二年至二十年(1807－1815)雲間徐氏刻本 四册

440000－2542－0002962 PZ300721
五經算術二卷 (北周)甄鸞撰 (唐)李淳風注 清末刻本 一册

440000－2542－0002963 PZ300722
漢乾象術二卷 (清)李鋭述并注 清道光三年(1823)儀徵阮氏刻本 一册

440000－2542－0002964 PZ300723
製火藥法三卷 (英國)利稼孫 (英國)華得斯輯 (英國)傅蘭雅口譯 (清)丁樹棠筆述 清光緒江南製造總局刻本 一册

440000－2542－0002965 PZ300724
爆藥記要六卷 (美國)美國水雷局原書 (清)舒高第口譯 (清)趙元益筆述 清光緒江南製造總局刻本 一册

440000－2542－0002966 PZ300725
史記天官書補目一卷 (清)孫星衍撰 清光緒十三年(1887)廣雅書局刻本 一册

440000－2542－0002967 PZ300726
古經天象考十二卷圖説一卷 (清)雷學淇撰 清光緒二十年(1894)貴池劉世珩刻本 三册

440000－2542－0002968 PZ300727
談天十八卷首一卷附表一卷 (英國)侯失勒原本 (英國)韋烈亞力口譯 (清)李善蘭刪述 (清)徐建寅續述 清光緒江南製造總局刻本 四册

440000－2542－0002969 PZ300728
交食捷算四卷 (清)黃炳垕推測 清石印本 二册 存二卷(三至四)

440000－2542－0002970 PZ300729
交食捷算四卷 (清)黃炳垕撰述 清光緒十年(1884)刻本 一册

440000－2542－0002971 PZ300732
中星表一卷 (清)馮桂芬撰 清咸豐六年(1856)吳縣馮桂芬校邠廬刻本 一册

440000－2542－0002972 PZ300733
大清同治十一年歲次壬申航海通書一卷 (清)江南製造局譯改 清光緒江南製造局鉛印本 一册

440000－2542－0002973 PZ300734
大清同治十三年歲次甲戌航海通書一卷 (清)江南製造局譯改 清光緒江南製造局鉛印本 一册

440000－2542－0002974 PS201626
文獻通考二十四卷首一卷 (元)馬端臨著 清光緒十一年(1885)上海點石齋石印本 二十册

440000－2542－0002975 PZ300735
大清同治十年歲次辛未航海通書一卷 (清)江南製造局譯改 清光緒江南製造局鉛印本 一册

440000－2542－0002976 PZ300736
大清同治十年歲次辛未航海通書一卷 (清)江南製造局譯改 清光緒江南製造局鉛印本 一册

440000－2542－0002977 PZ300737

大清同治十年歲次辛未航海通書一卷 (清)江南製造局譯改 清光緒江南製造局鉛印本 一冊

440000－2542－0002978 PZ300738
大清光緒二十五年歲次己亥航海通書一卷 (清)江南製造局譯改 清光緒江南製造局鉛印本 一冊

440000－2542－0002979 PS201627
文獻通考二十四卷首一卷 (元)馬端臨著 清光緒十一年(1885)上海點石齋石印本 十九冊

440000－2542－0002980 PZ300739
防海新論十八卷 (德國)希理哈撰 (英國)傅蘭雅口譯 (清)華蘅芳筆述 清光緒江南製造總局刻本 六冊

440000－2542－0002981 PZ300740
大清光緒二十六年歲次庚子航海通書一卷 (清)江南製造局譯改 清光緒江南製造局鉛印本 一冊

440000－2542－0002982 PZ300741
大清光緒二十七年歲次辛丑航海通書一卷 (清)江南製造局譯改 清光緒江南製造局鉛印本 一冊

440000－2542－0002983 PZ300742
大清光緒二十九年歲次癸卯航海通書一卷 (清)江南製造局譯改 清光緒江南製造局鉛印本 一冊

440000－2542－0002984 PZ300743
大清光緒三十年歲次甲辰航海通書一卷 (清)江南製造局譯改 清光緒江南製造局鉛印本 一冊

440000－2542－0002985 PZ300744
大清光緒三十一年歲次乙巳航海通書一卷 (清)江南製造局譯改 清光緒江南製造局鉛印本 一冊

440000－2542－0002986 PZ300745
大清光緒三十二年歲次丙午航海通書一卷 (清)江南製造局譯改 清光緒江南製造局鉛印本 一冊

440000－2542－0002987 PS201628
欽定續文獻通考二百五十卷 (清)嵇璜等纂 清光緒二十七年(1901)上海圖書集成局鉛印本 二十四冊

440000－2542－0002988 PS201629
欽定續文獻通考二百五十卷 (清)嵇璜等纂 清光緒二十七年(1901)上海圖書集成局鉛印本 三十三冊 缺九卷(一百二十一至一百二十九)

440000－2542－0002989 PS201630
欽定續文獻通考二百五十卷 (清)嵇璜等纂 清光緒二十七年(1901)上海圖書集成局鉛印本 三十四冊

440000－2542－0002990 PJ401229
本事詩十二卷 (清)徐釚編輯 清光緒刻邵武徐氏叢書本 二冊 存六卷(四至六、十至十二)

440000－2542－0002991 PJ401230
本事詩十二卷 (清)徐釚編輯 清光緒刻邵武徐氏叢書本 一冊 存二卷(五至六)

440000－2542－0002992 PS201631
欽定續文獻通考二百五十卷 (清)嵇璜等纂 清光緒十三年(1887)浙江書局刻本 四十七冊 存九十一卷(二至九十二)

440000－2542－0002993 PJ401232
佩文齋詠物詩選四百八十六卷 (清)張玉書等輯 清康熙四十六年(1707)内府刻本 二十一冊

440000－2542－0002994 PS201632
皇朝文獻通考三百卷 (清)嵇璜等纂 清光緒二十七年(1901)上海圖書集成局鉛印本 四十冊

440000－2542－0002995 PS201633
皇朝文獻通考三百卷 (清)嵇璜等纂 清光緒八年(1882)浙江書局刻本 一百六十冊

440000－2542－0002996　PJ401233
近光集二十八卷　(清)汪士鋐編纂　(清)徐修仁参注　清康熙五十八年(1719)刻本　八册

440000－2542－0002997　PS201636
西漢會要七十卷　(宋)徐天麟撰　清福建刻武英殿聚珍版書本　九册

440000－2542－0002998　PS201637
西漢會要七十卷　(宋)徐天麟撰　清光緒十年(1884)江蘇書局刻本　七册

440000－2542－0002999　PS201638
西漢會要七十卷　(宋)徐天麟撰　清光緒十年(1884)江蘇書局刻本　十册

440000－2542－0003000　PZ300746
大清光緒三十二年歲次丙午航海通書一卷　(清)江南製造局譯改　清光緒江南製造局鉛印本　一册

440000－2542－0003001　PZ300747
大清光緒三十三年歲次丁未航海通書一卷　(清)江南製造局譯改　清光緒江南製造局鉛印本　一册

440000－2542－0003002　PS201639
東漢會要四十卷　(宋)徐天麟撰　清福建刻武英殿聚珍版書本　三册　存十六卷(十六至二十四、二十九至三十五)

440000－2542－0003003　PZ300748
大清光緒三十四年歲次戊申航海通書一卷　(清)江南製造局譯改　清光緒江南製造局鉛印本　一册

440000－2542－0003004　PZ300749
大清宣統元年歲次己酉航海通書一卷　(清)江南製造局譯改　清光緒江南製造局鉛印本　一册

440000－2542－0003005　PZ300750
大清宣統元年歲次己酉航海通書一卷　(清)江南製造局譯改　清光緒江南製造局鉛印本　一册

440000－2542－0003006　PS201640
東漢會要四十卷　(宋)徐天麟撰　清光緒十年(1884)江蘇書局刻本　八册

440000－2542－0003007　PJ401234
詠物詩選八卷　(清)俞琰輯　清雍正三年(1725)嘉善沈氏刻本　四册

440000－2542－0003008　PS201641
唐會要一百卷　(宋)王溥撰　清福建刻武英殿聚珍版書本　二十七册

440000－2542－0003009　PS201642
唐會要一百卷　(宋)王溥撰　清光緒十年(1884)江蘇書局刻本　二十四册

440000－2542－0003010　PJ401235
金詩選四卷　(清)顧奎光選輯　(清)陶玉禾參評　清乾隆十六年(1751)刻本　一册

440000－2542－0003011　PS201643
五代會要三十卷　(宋)王溥撰　清福建刻武英殿聚珍版書本　六册

440000－2542－0003012　PJ401235－1
元詩選六卷補遺一卷　(清)顧奎光選輯　(清)陶瀚　(清)陶玉禾參評　清乾隆十六年(1751)刻本　一册　存二卷(二至三)

440000－2542－0003013　PS201644
五代會要三十卷　(宋)王溥撰　清光緒十二年(1886)江蘇書局刻本　一册

440000－2542－0003014　PJ401236
古詩源十四卷　(清)沈德潛選　清光緒十八年(1892)湘南謝文盛堂刻本　三册　存三卷(一至三)

440000－2542－0003015　PJ401236－1
古詩源十四卷　(清)沈德潛選　清刻本　三册　存十一卷(四至十四)

440000－2542－0003016　PZ300024
揚子法言十三卷音義一卷　(漢)揚雄撰　(晉)李軌注　清光緒二年(1876)浙江書局刻本　一册

440000－2542－0003017　PZ300022

孔叢子二卷 (漢)孔鮒撰 清光緒元年(1875)湖北崇文書局刻本 一冊

440000－2542－0003018 PS201654
明會要八十卷 (清)龍文彬纂 清光緒廣雅書局刻本 二十八冊

440000－2542－0003019 PS201655
欽定大清會典一百卷 (清)允祹等纂 清光緒十九年(1893)上海圖書集成印書局鉛印本 八冊

440000－2542－0003020 PZ300291
韓非子評注二十卷 (□)□□撰 清嘉慶九年(1804)刻本 三冊

440000－2542－0003021 PJ401245
宋元明詩約鈔三百首 (清)朱梓 (清)冷昌言編輯 清江南李光明莊刻本 二冊

440000－2542－0003022 PS201656
欽定大清會典一百卷 (清)允祹等纂 清刻本 十六冊

440000－2542－0003023 PS201657
欽定大清會典一百卷首一卷 (清)崑岡等修 清光緒二十五年(1899)石印本 三十六冊

440000－2542－0003024 PS201659
欽定大清會典圖二百七十卷 (清)崑岡等纂 清光緒石印本 七十四冊

440000－2542－0003025 PZ300183
讀書雜志八十二卷餘編二卷 (清)王念孫撰 清同治九年(1870)金陵書局刻本 二十四冊

440000－2542－0003026 PS201658
欽定大清會典一百卷首一卷 (清)崑岡等撰 清光緒二十五年(1899)京師官書局石印本 二十四冊

440000－2542－0003027 PZ300025
新書十卷 (漢)賈誼撰 清光緒元年(1875)浙江書局刻本 二冊

440000－2542－0003028 PZ300185
癸巳存稿十五卷 (清)俞正燮撰 清道光二十八年(1848)靈石楊氏刻本 五冊 缺六卷(四至九)

440000－2542－0003029 PS201660
欽定大清會典事例一千二百二十卷首一卷 (清)崑岡等撰 清光緒三十四年(1908)商務印書館石印本 一百五十冊

440000－2542－0003030 PJ401247
十八家詩鈔二十八卷 (清)曾國藩纂 (清)李鴻章審訂 清刻本 十四冊 存十八卷(十至二十、二十二至二十八)

440000－2542－0003031 PS201661
欽定大清會典事例一千二百二十卷目錄八卷 (清)崑岡等撰 清光緒二十五年(1899)石印本 二百二十五冊 存七百七十四卷(四十三至五十三、一百五十二至一百九十三、三百二十九至三百八十、五百五十二至一千二百二十)

440000－2542－0003032 PZ300026
傅子一卷 (晉)傅玄撰 清刻武英殿聚珍版書本 一冊

440000－2542－0003033 PZ300027
傅子二卷本傳一卷附錄一卷 (晉)傅玄撰 (清)錢保塘輯 清光緒刻清風室叢刻本 一冊

440000－2542－0003034 PZ300186
癸巳存稿十五卷 (清)俞正燮撰 清光緒十年(1884)金陵書局刻本 一冊

440000－2542－0003035 PS201662
欽定大清會典事例一千二百二十卷目錄八卷 (清)崑岡等撰 清光緒二十五年(1899)石印本 一百五十八冊 存五百五十三卷(五百四十二至七百二十二、七百五十二至七百七十八、八百至八百三十七、八百八十七至一千十六、一千四十四至一千二百二十)

440000－2542－0003036 PS201663
欽定大清會典事例一千二百二十卷目錄八卷 (清)崑岡等撰 清光緒二十五年(1899)石印本 三百七十四冊 存一千一百九十九卷

(一至二百六、二百三十四至四百四十、四百四十三至一千二百二十,目錄八卷)

440000－2542－0003037　PZ300028
新序十卷　(漢)劉向撰　清光緒元年(1875)湖北崇文書局刻本　二册

440000－2542－0003038　PS201664
欽定大清會典事例一千二百二十卷目錄八卷　(清)崑岡等撰　清光緒二十五年(1899)石印本　九册　存三十三卷(六百九十一至七百三、九百四十三至九百六十二)

440000－2542－0003039　PZ300184
經史管窺一卷　(清)蕭曇撰　清道光沈楙惪世楷堂刻本　一册

440000－2542－0003040　PS200452
[光緒]常昭合志稿四十八卷首一卷末一卷　(清)鄭鍾祥　(清)張瀛修　(清)龐鴻文等纂　清光緒三十年(1904)木活字印本　十六册

440000－2542－0003041　PZ300031
張子正蒙注九卷　(清)王夫之撰　清同治四年(1865)湘鄉曾氏刻本　六册

440000－2542－0003042　PS201665
吾學錄初編二十四卷　(清)吳榮光述　清刻本　六册

440000－2542－0003043　PS201668
歷代文獻論略二十四卷　(清)嚴杏林編校　清光緒二十八年(1902)鉛印本　三册　存十九卷(六至二十四)

440000－2542－0003044　PS201669
大清通禮五十四卷　(清)李玉鳴等纂修　(清)穆克登額等續修　(清)恒泰等續纂　清光緒九年(1883)江蘇書局刻本　十二册

440000－2542－0003045　PJ401256
文苑英華辨證十卷拾遺一卷　(宋)彭叔夏撰　清光緒福建刻武英殿聚珍版書本　一册

440000－2542－0003046　PJ401257
忠雅堂評選四六法海八卷　(清)蔣士銓評選　清同治十三年(1874)任壽昌屈瑛光刻本　八册

440000－2542－0003047　PS201670
丁祭禮樂備考三卷　(清)邱之稑編　清道光二十年(1840)刻本　一册

440000－2542－0003048　PS201671
文廟丁祭譜一卷　(清)□□撰　清同治七年(1868)江蘇書局刻本　一册

440000－2542－0003049　PJ401258
張太史評選秦漢文範十三卷　(明)張溥評選　(清)吳偉業參訂　明末至清初刻本　三册　存十卷(四至十三)

440000－2542－0003050　PS201674
文廟通考六卷首一卷　(清)牛樹梅輯　清同治十一年(1872)浙江書局刻本　二册

440000－2542－0003051　PS201675
文廟上丁禮樂備考四卷　(清)吳祖昌等輯　清同治九年(1870)江右乙藜齋刻本　一册

440000－2542－0003052　PS201676
文廟通考六卷首一卷　(清)牛樹梅輯　清同治十一年(1872)浙江書局刻本　二册

440000－2542－0003053　PS201677
直省釋奠禮樂記六卷首一卷末一卷　(清)應寶時等輯　清同治十二年(1873)刻本　四册

440000－2542－0003054　PJ401259
東萊先生古文關鍵二卷　(宋)呂祖謙評　(宋)蔡文子注　(清)谢甘盤總校　清光緒二十四年(1898)滸灣尚友堂金記刻本　二册

440000－2542－0003055　PZ300136
聖諭十六條宣講集粹一卷　(清)聖祖玄燁撰　清光緒十四年(1888)雲泉仙館刻本　十八册

440000－2542－0003056　PZ300317
臣鑑錄二十卷　(清)蔣伊撰　清刻本　十册

440000－2542－0003057　PZ300138
人範須知六卷　(清)盛隆輯　清同治二年(1863)石竹山房刻本　六册

440000－2542－0003058　PZ300139
人範須知六卷　（清）盛隆輯　清同治二年（1863）石竹山房刻本　六册

440000－2542－0003059　PZ300140
勸孝編二卷　（清）桕湖居士輯　清光緒二十五年（1899）諸暨公善堂刻本　一册

440000－2542－0003060　PZ300141
曾文正公家訓二卷　（清）曾國藩撰　清光緒五年（1879）傳忠書局刻曾文正公全集本　二册

440000－2542－0003061　PJ401262
謝疊山先生文章軌範七卷　（宋）謝枋得輯注　清光緒上海著易堂石印本　一册

440000－2542－0003062　PZ300142
公侯鑒三卷　（清）柳林外史輯　清同治五年（1866）刻本　二册

440000－2542－0003063　PZ300143
孝弟圖説二卷　（清）倭仁編　清同治十三年（1874）武林有容齋刻本　二册

440000－2542－0003064　PZ300144
六事箴言一卷　（清）葉玉屏撰　清同治三年（1864）凝香草堂刻本　一册

440000－2542－0003065　PJ401264
古今文致十卷　（明）劉士鏻原選　（明）王宇增訂　清光緒十九年（1893）文玉山房刻朱墨套印本　六册

440000－2542－0003066　PS201678
廣東校士錄十卷　朱祖謀輯　清光緒三十年（1904）上海大成書局石印本　一册

440000－2542－0003067　PJ401265
古文淵鑒六十四卷　（清）徐乾學等編注　清刻本　四十册　存五十八卷（一至五十八）

440000－2542－0003068　PS201679
清秘述聞十六卷　（清）法式善編　清嘉慶刻本　五册　存十三卷（四至十六）

440000－2542－0003069　PJ401266
古文淵鑒六十四卷　（清）徐乾學等編注　清刻本　三十一册　存六十二卷（一至二十八、三十一至六十四）

440000－2542－0003070　PS201680
皇朝謚法考五卷續編一卷補編一卷　（清）鮑康輯　清同治三年（1864）刻本　四册

440000－2542－0003071　PJ401267
古文淵鑒六十四卷　（清）徐乾學等編注　清刻五色套印本　二十二册　存五十卷（十至十六、二十至四十五、四十八至六十四）

440000－2542－0003072　PJ401267－1
古文淵鑒六十四卷　（清）徐乾學等編注　清刻五色套印本　三册　存五卷（十六至十九、四十七）

440000－2542－0003073　SQ300010
芥子園畫傳五卷　（清）王概增輯編次　清康熙十八年（1679）李漁刻彩色套印本　五册

440000－2542－0003074　PS201682
皇朝謚法考五卷續編一卷補編一卷　（清）鮑康輯　清同治三年（1864）刻本　二册

440000－2542－0003075　PS201683
金華府正堂通飭八邑碑示不分卷　（□）□□撰　清末木活字印本　一册

440000－2542－0003076　PS201684
制服表一卷附制服成誦編一卷喪服通釋一卷　（清）周保珪撰　清光緒十三年（1887）武林紅蝠山房刻本　一册

440000－2542－0003077　PS201685
孔子升大祀考一卷　（清）陶士櫄　（清）侯學愈輯　清宣統三年（1911）藝文齋鉛印本　一册

440000－2542－0003078　PS201686
孔子升大祀考一卷　（清）陶士櫄　（清）侯學愈輯　清宣統三年（1911）藝文齋鉛印本　一册

440000－2542－0003079　PS201687
孔子升大祀考一卷　（清）陶士櫄　（清）侯學愈輯　清宣統三年（1911）藝文齋鉛印本

一册

440000－2542－0003080　PJ401272
古文觀止十二卷　(清)吳乘權　(清)吳大職手錄　清李光明莊刻本　六冊

440000－2542－0003081　PS201690
漢官六種十卷　(清)孫星衍校集　清刻本　一冊

440000－2542－0003082　PS201692
麟臺故事五卷首一卷末一卷拾遺二卷考異一卷　(宋)程俱撰　清福建刻武英殿聚珍版書本　一冊

440000－2542－0003083　PS201693
唐六典三十卷　(唐)玄宗撰　(唐)李林甫注　清光緒二十一年(1895)廣雅書局刻本　三冊　存十八卷(一至七、十五至二十、二十六至三十)

440000－2542－0003084　PS201694
唐六典三十卷　(唐)玄宗撰　(唐)李林甫注　清光緒二十一年(1895)廣雅書局刻本　一冊　存四卷(一至四)

440000－2542－0003085　PJ401273
唐宋八家文讀本三十卷首一卷　(清)沈德潛評點　(清)顧闇亭等編　清光緒二十四年(1898)上海江左書林石印本　三冊

440000－2542－0003086　PJ401274
古文觀止十二卷　(清)吳乘權　(清)吳大職手錄　清上海文淵山房刻本　六冊

440000－2542－0003087　PJ401275
古文觀止十二卷　(清)吳乘權　(清)吳大職手錄　清光緒二十九年(1903)善成堂刻本　六冊

440000－2542－0003088　PJ401276
古文觀止十二卷　(清)吳乘權　(清)吳大職手錄　清光緒九年(1883)刻本　六冊

440000－2542－0003089　PJ401277
御選唐宋文醇五十八卷　(清)高宗選　清光緒二十三年(1897)經綸元記刻本　二十四冊

440000－2542－0003090　PS201695
皇朝詞林典故六十四卷　(清)朱珪等編　清嘉慶刻本　三十二冊

440000－2542－0003091　PS201696
新譯列國歲計政要三編　(清)白作霖等譯　清光緒二十七年(1901)海上譯社鉛印本　十二冊

440000－2542－0003092　PS201697
新譯列國歲計政要三編　(清)白作霖等譯　清光緒二十七年(1901)海上譯社鉛印本　六冊

440000－2542－0003093　PJ401278
評註才子古文二十六卷　(清)王之績評註　(清)譚文昭等參訂　清刻本　八冊　存二十一卷(大家六至十七、歷朝一至九)

440000－2542－0003094　PJ401279
評註才子古文二十六卷　(清)王之績評註　(清)譚文昭等參訂　清文成堂書坊刻本　四冊

440000－2542－0003095　PZ300032
鹽鐵論十卷　(漢)桓寬撰　**考證一卷**　(清)張敦仁考證　清嘉慶十二年(1807)刻本　二冊

440000－2542－0003096　PZ300033
新書十卷　(漢)賈誼撰　清光緒元年(1875)湖北崇文書局刻本　二冊

440000－2542－0003097　PZ300034
揚子法言一卷　(漢)揚雄撰　清光緒元年(1875)湖北崇文書局刻本　一冊

440000－2542－0003098　PZ300035
潛夫論十卷　(漢)王符撰　清光緒元年(1875)湖北崇文書局刻本　二冊

440000－2542－0003099　PJ401281
古文辭類纂七十四卷　(清)姚鼐纂　清同治八年(1869)江蘇書局刻本　十一冊　存六十八卷(一至二十四、二十九至三十五、三十八至七十四)

440000－2542－0003100　PZ300036

文中子中說一卷　(隋)王通撰　清光緒元年(1875)湖北崇文書局刻本　一册

440000－2542－0003101　PZ300037

文中子中説十卷　(隋)王通撰　(宋)阮逸注　清嘉慶九年(1804)姑蘇聚文堂刻本　一册

440000－2542－0003102　PJ401282

古文辭類纂七十五卷　(清)姚鼐纂　清刻本　十二册

440000－2542－0003103　PZ300040

近思録十四卷　(清)江永集注　**考訂朱子世家一卷**　(清)江永著　清光緒十九年(1893)刻本　三册　缺六卷(九至十四)

440000－2542－0003104　PZ300292

管子二十四卷　(明)葛鼎訂閲　清刻本　二册

440000－2542－0003105　PZ300293

韓非子二十卷　清光緒元年(1875)湖北崇文書局刻本　四册

440000－2542－0003106　PJ401283

古文辭類纂七十四卷　(清)姚鼐纂集　**續古文辭類纂三十四卷**　王先謙纂集　清光緒三十三年(1907)上海商務印書館鉛印本　十二册

440000－2542－0003107　PJ100797－1

大戴禮記十三卷　(漢)戴德撰　清康熙刻本　一册

440000－2542－0003108　PJ401284

古文辭類纂七十四卷　(清)姚鼐纂集　**續古文辭類纂三十四卷**　王先謙纂集　清光緒十八年(1892)席氏埽葉山房刻本　二十册

440000－2542－0003109　PZ300294

管子二十四卷　(唐)房玄齡注　(唐)劉績增注　(明)朱長春通演　(明)沈鼎新　(明)朱養純參評　(明)朱養和輯　清刻本　四册　存十四卷(三至十二、十六至十九)

440000－2542－0003110　PZ300041

近思録十四卷　(清)江永集注　清刻本　三册　缺二卷(一至二)

440000－2542－0003111　PZ300295

管子二十四卷　清光緒元年(1875)湖北崇文書局刻本　四册

440000－2542－0003112　PZ300042

近思録十四卷　(清)茅星來集注　清道光三年(1823)刻本　二册

440000－2542－0003113　PZ300147

格言聯璧一卷　(清)金纓撰　清光緒二年(1876)上海翼化堂刻本　一册

440000－2542－0003114　PJ401288

六朝文絜四卷　(清)許槤評選　(清)朱鈞參校　清光緒三年(1877)白下刻朱墨套印本　一册

440000－2542－0003115　PZ300148

白虎通德論二卷　(漢)班固纂　(明)汪士漢校　明萬曆新安汪士漢居仁堂刻本　二册

440000－2542－0003116　PZ300299

韓非子纂二卷　(明)張榜輯　(明)吴貢校訂　明刻本　一册

440000－2542－0003117　PJ401290

古文詞畧二十四卷　(清)梅曾亮編輯　清光緒三十一年(1905)上海商務印書館鉛印本　四册

440000－2542－0003118　PJ401291

歸餘鈔四卷　(清)高嵣集評　清乾隆五十三年(1788)廣郡永邑培元堂楊氏刻高梅亭讀書叢鈔本　七册

440000－2542－0003119　PZ300160

獨斷一卷　(漢)蔡邕撰　清光緒元年(1875)湖北崇文書局刻本　一册

440000－2542－0003120　PZ300290

管子識誤一卷　(清)宋翔鳳記　清末石印本　一册

440000－2542－0003121　PJ401292

六朝文絜四卷　(清)許槤評選　(清)朱鈞參

校　清光緒三年(1877)讀有用書齋刻朱墨套印本　一冊

440000-2542-0003122　PJ401208
賦苑英華四卷　(清)顧有孝原編　(清)張拱乾選定　清康熙十八年(1679)刻本　三冊

440000-2542-0003123　PJ401209
律賦必以集二卷　(清)顧莼輯　清嘉慶十八年(1813)菊坡精舍刻本　二冊

440000-2542-0003124　PJ401216
文選集釋二十四卷　(清)朱珔集釋　清光緒元年(1875)朱氏梅村家塾刻本　七冊　存十三卷(四、十三至二十四)

440000-2542-0003125　PJ401215-1
昭明文選集成六十卷首二卷　(清)方廷珪評點　清乾隆三十二年(1767)倣范軒刻本　一冊　存四卷(四至七)

440000-2542-0003126　PJ401215
昭明文選集成六十卷首二卷　(清)方廷珪評點　清乾隆三十二年(1767)倣范軒刻本　十六冊　存三十卷(二至十一、十四至十八、二十一至二十二、二十六、三十一至三十六、五十至五十一、五十四至五十七)

440000-2542-0003127　PZ300303
韓非子識誤二卷　(清)顧廣圻撰　清嘉慶二十一年(1816)刻本　一冊

440000-2542-0003128　PZ300302
韓子粹言一卷　(唐)韓愈撰　(清)李光地輯　清道光刻本　二冊

440000-2542-0003129　PJ401306
漢魏六朝文繡四卷　(清)淩德編次　清光緒八年(1882)上海陳一鶚刻本　一冊　存二卷(三至四)

440000-2542-0003130　PJ401307
文繡續鈔一卷　(清)淩德編次　清光緒八年(1882)上海陳一鶚刻本　一冊

440000-2542-0003131　PJ401308
全上古三代秦漢三國晉南北朝文編目一百三卷　(清)蔣壑校寫　清光緒五年(1879)烏程蔣錫礽刻本　十四冊　存八十九卷(一至二十一、二十九至三十五、四十三至一百三)

440000-2542-0003132　PJ401309
經史百家雜鈔二十六卷首一卷　(清)曾國藩纂　(清)李鴻章校刊　清光緒二年(1876)傳忠書局刻本　十一冊　存十五卷(一至十五)

440000-2542-0003133　PJ401310
經史百家雜鈔二十六卷首一卷　(清)曾國藩纂　(清)李鴻章校刊　清光緒三十二年(1906)上海商務印書館鉛印本　十二冊

440000-2542-0003134　PJ401311
經史百家雜鈔二十六卷首一卷　(清)曾國藩纂　(清)李鴻章校刊　清光緒三十二年(1906)上海商務印書館鉛印本　六冊　存二十卷(一至十九、首一卷)

440000-2542-0003135　PS201713
廣東財政説明書十六卷　(清)廣東清理財政局編訂　清宣統二年(1910)鉛印本　十六冊

440000-2542-0003136　PS201715
廣西財政沿革利弊説明書十三卷　(元)劉庚先等編　清宣統二年(1910)鉛印本　五冊　存五卷(九至十三)

440000-2542-0003137　PS201716
江蘇甯屬清理財政局編造説明書三編　(清)江蘇甯屬清理財政局編　清宣統鉛印本　三冊

440000-2542-0003138　PJ401313
乾坤正氣集選鈔九十七卷　(清)吴焕采選　清光緒十三年(1887)古蓮花池刻本　三十二冊

440000-2542-0003139　PS201719
兩淮鹽法志一百六十卷　(清)□□撰　清刻本　四十二冊　缺五十八卷(一、四至五、三十一至三十二、四十七至五十二、七十七至八十二、八十六至九十、九十三至一百二十八)

440000-2542-0003140　PZ300751

大清宣統二年歲次庚戌航海通書一卷 （清）江南製造局譯改　清光緒江南製造局鉛印本　一冊

440000－2542－0003141　PZ300752

大清宣統二年歲次庚戌航海通書一卷 （清）江南製造局譯改　清光緒江南製造局鉛印本　一冊

440000－2542－0003142　PZ300753

大清宣統三年歲次辛亥航海通書一卷 （清）江南製造局譯改　清光緒江南製造局鉛印本　一冊

440000－2542－0003143　PS201720

欽定重修兩浙鹽法志三十卷首二卷 （清）延豐等纂修　清嘉慶七年（1802）刻本　二十四冊

440000－2542－0003144　PZ300754

天步真原選擇部一卷 （清）薛鳳祚校　**炁化遷流土木同度一卷** （波蘭）穆尼閣撰　（清）薛鳳祚譯　清康熙刻本　一冊

440000－2542－0003145　PZ300757

躔離引蒙二卷 （清）賈步緯算述　清光緒十八年（1892）刻本　二冊

440000－2542－0003146　PZ300756

曆學會通正集十二卷考徵部二十八卷致用部十六卷 （清）薛鳳祚撰　清康熙刻本　二十二冊

440000－2542－0003147　PS201722

兩廣鹽法志三十五卷首一卷 （清）阮元等修　（清）伍長華等纂　清道光十六年（1836）刻本　三十六冊

440000－2542－0003148　PZ300758

三統述詳說四卷 （清）陳澧撰　清光緒廣雅書局刻本　一冊

440000－2542－0003149　PS201723

約章成案匯覽甲篇十卷乙篇四十二卷 （清）北洋洋務局纂輯　清光緒三十一年（1905）上海點石齋石印本　四十六冊

440000－2542－0003150　PJ401317

駢文類纂四十六卷 王先謙纂集　清光緒二十八年（1902）湖南思賢書局刻本　二十四冊

440000－2542－0003151　PJ401318

駢文類纂四十六卷 王先謙纂集　清光緒二十八年（1902）湖南思賢書局刻本　十四冊　存二十五卷（一至七、十一至十五、二十一、三十、三十四至三十七、三十九至四十五）

440000－2542－0003152　PJ401319

古文筆法二十卷首一卷 （清）李扶九輯　清上海進步書局石印本　四冊

440000－2542－0003153　PJ401320

涵芬樓古今文鈔一百卷 吳曾祺纂錄　清宣統三年（1911）上海商務印書館鉛印本　九十四冊　存九十四卷（二至七十七、七十九至八十九、九十一、九十四至九十八、一百）

440000－2542－0003154　PZ300760

代數難題解法十六卷 （英國）倫德編輯　（英國）傅蘭雅口譯　（清）華蘅芳筆述　清光緒江南製造總局刻本　六冊

440000－2542－0003155　PZ300761

代數術二十五卷 （英國）華里司輯　（英國）傅蘭雅口譯　（清）華蘅芳筆述　清光緒江南製造總局刻本　六冊

440000－2542－0003156　PZ300762

勾股六術一卷 （清）項名達稿　**弧角拾遺一卷** （清）賈步緯撰　清道光刻本　一冊

440000－2542－0003157　PJ401326

古文選讀初編二卷 王維泰輯　清光緒三十三年（1907）鉛印本　二冊

440000－2542－0003158　PZ300763

御製數理精蘊上編五卷下編四十卷表八卷 （清）允祉等纂　清光緒江南製造總局鉛印本　一冊　存二卷（上編一至二）

440000－2542－0003159　PZ300764

代數難題解法十六卷 （英國）倫德編輯　（英國）傅蘭雅口譯　（清）華蘅芳筆述　清光

緒江南製造總局刻本　六册

440000－2542－0003160　PZ300765
代數術二十五卷　(英國)華里司輯　(英國)傅蘭雅口譯　(清)華蘅芳筆述　清光緒江南製造總局刻本　六册

440000－2542－0003161　PS201726
約章成案匯覽甲篇十卷乙篇四十二卷　(清)北洋洋務局纂輯　清光緒三十一年(1905)上海點石齋石印本　四十一册

440000－2542－0003162　PS201727
婁東荒政彙編一卷　(清)各局紳董彙輯　清道光四年(1824)刻本　一册

440000－2542－0003163　PZ300767
算書廿一種　(清)吳嘉善述　清同治十一年(1872)長沙丁氏古荷花池精舍刻本　四册　存二十一種

440000－2542－0003164　PZ300768
周髀算經二卷　(漢)趙君卿注　(北周)甄鸞重述　(唐)李淳風釋　**周髀算經音義一卷**　(唐)李籍撰　清刻本　一册

440000－2542－0003165　PS201728
婁東荒政彙編一卷　(清)各局紳董彙輯　清道光四年(1824)刻本　一册

440000－2542－0003166　PZ300769
九章算術九卷　(晉)劉徽注　(唐)李淳風注釋　**九章算術音義一卷**　(唐)李籍撰　清刻本　二册

440000－2542－0003167　PZ300770
孫子算經三卷　(唐)李淳風注釋　清刻武英殿聚珍版書　一册

440000－2542－0003168　PZ300770
海島算經一卷　(晉)劉徽撰　(唐)李淳風注釋　清刻武英殿聚珍版書　與440000－2542－0003167合一册

440000－2542－0003169　PZ300770
五曹算經五卷　(晉)劉徽撰　(唐)李淳風注釋　清刻武英殿聚珍版書　與440000－2542－0003167合一册

440000－2542－0003170　PZ300770
夏侯陽算經三卷　(□)夏侯陽撰　清刻武英殿聚珍版書　與440000－2542－0003167合一册

440000－2542－0003171　PS201730
各國交涉公法論三集十六卷附校勘記一卷附中西紀年一卷　(英國)費利摩羅巴德著　(英國)傅蘭雅口譯　(清)俞世爵筆述　清光緒二十四年(1898)江南機器制造總局鉛印本　十六册

440000－2542－0003172　PZ300043
朱子原訂近思錄十四卷　(清)江永集注　**考訂朱子世家一卷**　(清)江永著　清同治三年至五年(1864－1866)望三益齋刻本　四册

440000－2542－0003173　PS201731
萬國公法四卷　(美國)惠頓著　(美國)丁韙良　(清)何師孟譯　清同治三年(1864)刻本　三册

440000－2542－0003174　PZ300771
九數外錄一卷　(清)顧觀光撰　清光緒江南製造總局刻本　一册

440000－2542－0003175　PZ300772
代形合參三卷附卷一卷　(美國)羅密士原著　(美國)潘慎文譯文　(清)謝洪賚筆述　清光緒二十八年(1902)上海美華書館鉛印本　一册

440000－2542－0003176　PZ300773
代數備旨十章　(美國)狄考文選譯　(清)鄒立文　(清)生福維筆述　清光緒上海美華書館鉛印本　一册

440000－2542－0003177　PZ300044
大學衍義四十三卷　(宋)真德秀撰　清同治十三年(1874)金陵書局刻本　八册

440000－2542－0003178　PS201732
各國交涉便法論六卷　(英國)費利摩羅巴德著　(英國)傅蘭雅譯　(清)錢國祥校　清光

緒鉛印本　六册

440000－2542－0003179　PZ300775
數學精詳十一卷首一卷末一卷　(清)屈曾發輯　清同治十年(1871)學海堂刻本　一册

440000－2542－0003180　PZ300776
代數引蒙釋例一卷　(清)周毓英等述　清光緒刻本　一册

440000－2542－0003181　PZ300777
數學理九卷附一卷　(英國)棣麼甘撰　(英國)傅蘭雅口譯　(清)趙元益筆述　清光緒江南製造總局刻本　四册

440000－2542－0003182　PZ300045
大學衍義四十三卷　(宋)真德秀撰　清刻本　八册

440000－2542－0003183　PZ300778
算式集要四卷　(英國)哈司韋輯　(英國)傅蘭雅口譯　(清)江衡筆述　清光緒江南製造總局刻本　二册

440000－2542－0003184　PZ300046
大學衍義四十三卷　(宋)真德秀撰　清刻本　十册

440000－2542－0003185　PS201736
出使公牘十卷　(清)薛福成撰　清光緒二十四年(1898)刻本　十册

440000－2542－0003186　PS201737
東三省交涉輯要十二卷　(清)劉瑞霖擬定　(清)孫鳳翔　(清)趙崇蔭勘輯　清宣統二年(1910)鉛印本　六册

440000－2542－0003187　PZ300047
大學衍義四十三卷　(宋)真德秀彙輯　清刻本　八册

440000－2542－0003188　PS201739
教務紀略四卷首一卷末一卷　(清)李剛己撰　(清)魏家驊等修訂　清光緒三十一年(1905)南洋官報局刻本　五册

440000－2542－0003189　PZ300048
朱子原訂近思錄十四卷　(清)江永撰　(清)王鼎校次　清光緒二十五年(1899)浙江官書局刻本　四册

440000－2542－0003190　PS201740
教務紀略四卷首一卷末一卷　(清)李剛己撰　(清)魏家驊等修訂　清光緒三十一年(1905)南洋官報局刻本　四册

440000－2542－0003191　PZ300052
明夷待訪錄一卷　(清)黄宗羲著　清末石印本　一册

440000－2542－0003192　PZ300779
三角數理十二卷　(英國)海麻士輯　(英國)傅蘭雅口譯　(清)華蘅芳筆述　清光緒江南製造總局刻本　六册

440000－2542－0003193　PZ300780
三角數理十二卷　(英國)海麻士輯　(英國)傅蘭雅口譯　(清)華蘅芳筆述　清光緒江南製造總局刻本　一册　存六卷(一至六)

440000－2542－0003194　PZ300781
八線簡表一卷　(清)賈步緯校述　清光緒江南製造總局鉛印本　一册

440000－2542－0003195　PZ300783
堆垛術一卷　(清)張爔撰　清光緒二十九年(1903)刻本　一册

440000－2542－0003196　PZ300161
風俗通義十卷　(漢)應劭著　(漢)嚴于鈇閱　明末刻本　一册　存四卷(一至四)

440000－2542－0003197　PZ300782
對數表一卷　(清)賈步緯校述　清光緒江南製造總局鉛印本　四册

440000－2542－0003198　PJ401356
篋中集一卷　(唐)元結輯　**篋中集札記一卷**　徐乃昌撰　清光緒三十二年(1906)南陵徐氏刻隨盦徐氏叢書本　一册

440000－2542－0003199　PJ401357
才調集補註十卷　(清)殷元勳箋註　(清)宋邦綏補註　清光緒二十年(1894)江蘇書局刻本　三册　存八卷(三至十)

440000－2542－0003200　PZ300162
校訂困學紀聞三箋二十卷　(宋)王應麟撰　(清)何焯校　清紅杏山房刻本　五册　存十一卷(一至十一)

440000－2542－0003201　PJ401359
唐詩鼓吹十卷　(元)郝天挺注　(金)元好問輯　(元)廖文炳解　清乾隆二十七年(1762)刻本　三册

440000－2542－0003202　PJ401360
唐賢三昧集三卷　(清)王阮亭選本　(清)吳煊等輯註　(清)黄培芳評　清宣統二年(1910)淵古齋石印本　六册

440000－2542－0003203　PC500477
中外大畧四十八卷　(清)羅傳瑞撰集　清光緒二十三年(1897)東粵經韻樓鉛印本　二十六册

440000－2542－0003204　PZ300163
困學紀聞二十卷　(宋)王應麟撰　(清)汪垕校刊　清刻本　六册

440000－2542－0003205　PJ401361
全唐詩九百卷　(清)彭定求等編　清光緒十二年(1886)上海同文書局石印本　三十二册

440000－2542－0003206　PZ300053
論學酬答四卷　(清)陸世儀著　清同治十三年(1874)虞山顧氏刻小石山房叢書本　一册

440000－2542－0003207　PJ401362
唐人試帖四卷　(清)毛奇齡論定　(清)王錫等參釋　清康熙四十年至六十一年(1701－1722)刻本　一册

440000－2542－0003208　PZ300164
困學紀聞二十卷　(宋)王應麟撰　清乾隆三年(1738)祁門馬氏蕺書樓刻本　六册

440000－2542－0003209　PZ300054
胡敬齋先生居業錄四卷　(明)胡居仁撰　清同治八年(1869)劉氏傳經堂刻本　三册　存三卷(一至三)

440000－2542－0003210　PZ300165
困學紀聞注二十卷　(宋)王應麟撰　(清)翁元圻注　清道光五年(1825)杭州陸貞一愛日軒刻本　八册

440000－2542－0003211　PZ300055
薛子讀書錄鈔四卷　(清)潘世璜輯　清嘉慶刻本　一册

440000－2542－0003212　PZ300784
測地繪圖十一卷附一卷表一卷　(英國)富路瑪撰　(英國)傅蘭雅口譯　(清)徐壽筆述　清光緒江南製造總局刻本　四册

440000－2542－0003213　PS201746
通商約章類纂三十五卷首一卷　(清)張開運等纂輯　清光緒十八年(1892)廣東善後局刻本　二十册

440000－2542－0003214　PZ300785
繪地法原一卷附表一卷圖一卷　(英國)□□撰　(美國)金楷理口譯　(清)王德均筆述　清光緒江南製造總局刻本　一册

440000－2542－0003215　PZ300786
測地膚言一卷　(清)陶保廉述　清光緒十六年(1890)守拙軒刻本　一册

440000－2542－0003216　PZ300787
古籌算考釋六卷　勞乃宣學　清光緒十二年(1886)刻本　一册　存一卷(六)

440000－2542－0003217　PZ300788
古籌算考釋六卷　勞乃宣學　清光緒十二年(1886)刻本　六册

440000－2542－0003218　PZ300789
古籌算考釋續編八卷　勞乃宣學　清光緒二十六年(1900)刻本　六册　存二卷(五至六)

440000－2542－0003219　PJ401363
唐七律選四卷　(清)毛奇齡論定　(清)王錫等全輯　清康熙四十年至六十一年(1701－1722)刻本　一册

440000－2542－0003220　PS201750
通信要錄十三章　(日本)坂野鐵次郎著　方兆鰲譯述　清宣統元年(1909)郵傳部圖書通

譯局鉛印本　二冊

440000－2542－0003221　PJ401365
唐詩別裁集引典備註四卷　（清）沈德潛選　（清）俞汝昌增注　清道光十七年（1837）刻本　五冊

440000－2542－0003222　PJ401366
唐詩別裁集引典備註二十卷　（清）沈德潛選　（清）俞汝昌增注　清道光十八年（1838）刻本　十二冊

440000－2542－0003223　PZ300304
申子一卷　清光緒九年（1883）长沙娜嬛館刻本　一冊

440000－2542－0003224　PZ300305
盛世危言八卷　（清）鄭觀應著　清光緒二十六年（1900）倚鶴齋鉛印本　八冊

440000－2542－0003225　PZ300306
佐治芻言四百十八節　（英國）傅蘭雅口譯　（清）應祖錫筆述　清光緒江南製造總局刻本　三冊　存二百四十二節（一至二百四十二）

440000－2542－0003226　PZ300795
御製數理精蘊上編五卷下編四十卷表八卷　（清）允祉等纂　清光緒八年（1882）廣東藩司刻本　三十冊

440000－2542－0003227　QT000899
［光緒］湋安縣志十六卷首一卷　（清）李詩修　清光緒刻本　一冊　存二卷（十五至十六）

440000－2542－0003228　PZ300307
佐治芻言四百十八節　（英國）傅蘭雅口譯　（清）應祖錫筆述　清光緒江南製造總局刻本　三冊

440000－2542－0003229　PJ401373
古唐詩合解十六卷　（清）王堯衢注　（清）模宏遠等校　清雍正至宣統綠蔭鑑記刻本　六冊

440000－2542－0003230　PZ300308
佐治芻言四百十八節　（英國）傅蘭雅口譯　（清）應祖錫筆述　清光緒江南製造總局刻本　一冊

440000－2542－0003231　PZ300309
法律醫學二十四卷　（英國）該惠連　（英國）弗里愛撰　（英國）傅蘭雅口譯　（清）趙元益筆述　清光緒二十五年（1899）江南製造局刻本　十冊　存十五卷（一至十五）

440000－2542－0003232　PJ401375
唐詩近體四卷　（清）胡淵評選　清光緒十七年（1891）刻本　二冊

440000－2542－0003233　PZ300797
皇極經世緒言九卷首二卷　（宋）邵雍著　（清）劉斯組述　（清）黄粵洲註釋　（清）黄泰泉輯　清嘉慶善成堂刻本　七冊　缺三卷（五至七）

440000－2542－0003234　PJ401376
試體唐詩四卷　（清）毛張健編　清乾隆刻本　二冊

440000－2542－0003235　PJ401377
唐詩三百首六卷　（清）蘅塘退士手編　清光緒十八年（1892）善成瑞記刻本　二冊

440000－2542－0003236　PJ401378
唐詩三百首六卷　（清）蘅塘退士手編　清同治六年（1867）刻本　一冊

440000－2542－0003237　PJ401379
唐詩三百首六卷　（清）蘅塘退士手編　清慎修堂刻本　一冊

440000－2542－0003238　PZ300800
焦氏易林四卷　（漢）焦贛著　清刻本　四冊

440000－2542－0003239　PZ300801
焦氏易林四卷　（漢）焦贛著　清刻本　一冊　存一卷（二）

440000－2542－0003240　PZ300802
五行大義五卷　（隋）蕭吉撰　清光緒二十三年（1897）武進盛氏思惠齋刻本　一冊

440000－2542－0003241　PZ300803
焦氏易林四卷　（漢）焦贛撰　清光緒元年（1875）湖北崇文書局刻本　四冊

440000－2542－0003242　PZ300804
葬經内篇二卷　（晉）郭璞撰　清光緒三年(1877)湖北崇文書局刻本　一冊

440000－2542－0003243　PS201760
頒發條例一卷　（清）□□撰　清刻本　二百二十七冊

440000－2542－0003244　PS201763
粵東省例新纂八卷　（清）黄恩彤等纂　清道光二十六年(1846)刻本　三冊　存六卷(一至六)

440000－2542－0003245　PZ300805
重刊人子須知資孝地理心學統宗八卷　（明）徐善繼撰　清刻本　十六冊

440000－2542－0003246　PZ300808
天步真原人命部三卷　（波蘭）穆尼閣口譯（清）薛鳳祚編輯　清康熙刻本　二冊

440000－2542－0003247　PZ300813
增廣玉匣記通書六卷末一卷　（宋）皇甫牧撰　清光緒九年(1883)王文光齋刻本　二冊

440000－2542－0003248　PZ300814
勸學篇二卷　（清）張之洞撰　清光緒二十四年(1898)兩湖書院刻本　一冊

440000－2542－0003249　PZ300815
家庭講話三卷　（清）陸一亭家訓　（清）陸韜輯　清光緒十八年(1892)上海著易堂書局鉛印本　一冊

440000－2542－0003250　PZ300816
東坡題跋二卷　（宋）蘇軾撰　清同治十一年(1872)又賞齋刻本　二冊

440000－2542－0003251　PZ300818
訓俗遺規四卷　（清）陳弘謀編　清桂林陳氏培遠堂刻本　三冊

440000－2542－0003252　PZ300819
寓意錄四卷　（清）繆曰藻撰　清道光二十年(1840)上海徐氏刻春暉堂叢書本　二冊

440000－2542－0003253　PZ300820
庭訓格言一卷　（清）聖祖玄燁撰　（清）世宗胤禛編　清光緒七年(1881)廣仁堂刻本　一冊

440000－2542－0003254　PJ401392
唐詩三百首註疏六卷　（清）蘅塘退士手編（清）章燮注　（清）孫孝根校正　清道光十四年至三十年(1834－1850)刻本　六冊

440000－2542－0003255　PJ401393
唐四家詩集二十卷　（清）胡鳳丹輯　**唐四家詩集採輯歷朝詩話一卷附辨譌考異一卷**（清）胡鳳丹纂述　清同治九年(1870)退補齋刻本　四冊　存十七卷(王右丞集一至四,韋蘇州集一至十、附錄一卷,採輯歷朝詩話一卷、辨譌考異一卷)

440000－2542－0003256　PJ401398
文粹一百卷　（宋）姚鉉纂　清光緒十六年(1890)杭州許氏榆園刻本　十五冊　存八十卷(一至九、十四至二十五、三十九至四十二、四十六至一百)

440000－2542－0003257　PZ300830
桐陰論畫二卷首一卷畫訣一卷　（清）秦祖永著　清同治三年(1864)刻朱墨套印本　三冊

440000－2542－0003258　PJ401399
文粹補遺二十六卷　（清）郭麐纂　清光緒十六年(1890)杭州許氏榆園刻本　三冊

440000－2542－0003259　PJ401400
唐文粹補遺二十六卷　（清）郭麐纂　（清）金勇校　清光緒十一年(1885)江蘇書局刻本　四冊

440000－2542－0003260　PZ300056
思問錄内外篇二卷　（清）王夫之撰　清同治四年(1865)湘鄉曾氏刻本　二冊

440000－2542－0003261　PZ300187
癸巳存稿十五卷　（清）俞正燮撰　清光緒十年(1884)刻本　八冊

440000－2542－0003262　PS201761
大清新法令十三類附錄三種　（清）商務印書館編譯所編　清宣統二年(1910)商務印書館

鉛印本　十四冊

440000－2542－0003263　PZ300188
正譌八卷　（清）劉沆撰　清刻本　一冊　存一卷（八）

440000－2542－0003264　PS201762
大清新法令十三類附錄三種　（清）商務印書館編譯所編　清宣統二年（1910）商務印書館鉛印本　十六冊

440000－2542－0003265　PZ300057
小石山房叢書　（清）顧湘輯　清同治十三年（1874）虞山顧氏刻本　一冊　存三種

440000－2542－0003266　PZ300189
求闕齋讀書錄十卷　（清）曾國藩撰　清光緒二年（1876）傳忠書局刻本　四冊

440000－2542－0003267　PZ300190
東塾讀書記十五卷　（清）陳澧撰　清光緒刻本　五冊

440000－2542－0003268　PZ300191
老子道德經二卷　（三國魏）王弼注　清刻武英殿聚珍版書本　一冊

440000－2542－0003269　PZ300194
知聖篇二卷　廖平撰　清光緒二十八年（1902）刻本　二冊

440000－2542－0003270　PJ401402
欽定全唐文一千卷目錄三卷　（清）董誥等編　清嘉慶十九年至二十五年（1814－1820）內府刻本　四百冊

440000－2542－0003271　PZ300058
二曲集錄要四卷附錄一卷　（清）李顒撰　（清）倪元坦輯　清涵和堂刻本　一冊　存二卷（一至二）

440000－2542－0003272　PJ401403
唐駢體文鈔十七卷　（清）陳均輯　清同治番禺陳璞刻本　一冊　存三卷（三至五）

440000－2542－0003273　PJ401404
唐文拾遺七十二卷目錄八卷　（清）陸心源輯　清光緒刻本　八冊　存五十二卷（二十一至七十二）

440000－2542－0003274　PZ300834
高等師范學校附屬小學校圖書教授細目一卷　（日本）東京茗溪會編　清末石印本　一冊

440000－2542－0003275　PZ300195
知聖篇二卷　廖平撰　清宣統三年（1911）上海國學扶輪社鉛印本　一冊

440000－2542－0003276　PZ300196
煙嶼樓讀書志十六卷　（清）徐時棟撰　清末鉛印本　二冊　存四卷（十三至十六）

440000－2542－0003277　PS201764
粵東省例新纂八卷　（清）黃恩彤等纂　清刻本　六冊

440000－2542－0003278　PZ300197
老子道德經二卷　（三國魏）王弼注　清光緒元年（1875）湖北崇文書局刻本　一冊

440000－2542－0003279　PS201765
陝西甘肅新疆文武各官等支款章程不分卷　（清）□□撰　清光緒二十一年（1895）刻本　一冊　存一卷（陝西省卷上）

440000－2542－0003280　PZ300198
無邪堂答問五卷　（清）朱一新撰　清光緒二十一年（1895）廣雅書局刻本　五冊

440000－2542－0003281　PJ401405
唐文續拾十六卷　（清）陸心源輯　清光緒刻本　一冊　存八卷（一至八）

440000－2542－0003282　PS201766
新譯日本法規大全二十五類　南洋公學譯書院譯　清光緒三十三年（1907）商務印書館鉛印本　八十冊

440000－2542－0003283　PZ300059
呻吟語六卷　（明）呂坤撰　**呻吟語疑一卷**　（清）陸隴其撰　清刻本　五冊

440000－2542－0003284　PS201767
水師章程續編六卷　（英國）水師兵部原書　（美國）林樂知口譯　（清）鄭昌棪筆述　清光緒刻本　四冊

440000－2542－0003285　PZ300166

困學紀聞注二十卷　(宋)王應麟撰　(清)翁元圻注　清道光五年(1825)杭州陸貞一愛日軒刻本　十五册　存十九卷(二至二十)

440000－2542－0003286　PZ300067

志學録八卷　(清)方宗誠撰　清光緒三年(1877)刻本　二册

440000－2542－0003287　PZ300167

困學紀聞注二十卷　(宋)王應麟撰　(清)翁元圻注　清道光五年(1825)杭州陸貞一愛日軒刻本　十二册　存十八卷(二至七、九至二十)

440000－2542－0003288　PZ300168

慈溪黄氏日抄分類九十七卷　(宋)黄震撰　清乾隆三十三年(1768)刻本　二十八册

440000－2542－0003289　PZ300169

慈溪黄氏日抄分類讀史二卷　(宋)黄震撰　清光緒二十九年(1903)鉛印本　二册

440000－2542－0003290　PZ300170

通雅五十二卷首三卷　(明)方以智撰　清康熙五年(1666)刻本　十六册

440000－2542－0003291　PZ300840

芥子園畫傳三集六卷　(清)王概摹古　清光緒三十四年(1908)章福記書局石印本　二册

440000－2542－0003292　PZ300171

通雅五十二卷首三卷　(明)方以智撰　清康熙五年(1666)刻本　十五册　缺四卷(二十一至二十四)

440000－2542－0003293　PZ300172

通雅五十二卷首三卷　(明)方以智撰　清康熙五年(1666)刻本　十二册　缺二十六卷(一至十、十四至十八、二十三至二十四、二十七至二十八、三十二至三十七,首三)

440000－2542－0003294　PZ300173

援鶉堂筆記五十卷　(清)姚範撰　清道光十六年(1836)刻本　十六册

440000－2542－0003295　PS201772

三流道里表一卷　(清)刑部訂　清嘉慶十六年(1811)刻本　四册

440000－2542－0003296　PZ300849

髫白下王冶梅先生六十五石譜一卷　(清)蓬青繪　清光緒二十年(1894)繪本　一册

440000－2542－0003297　PS201775

大清律例四十七卷　(清)徐本等修　(清)唐紹祖等纂　清刻本　十三册　存四十卷(一至十、十八至四十七)

440000－2542－0003298　PJ401411

中州集十卷中州樂府一卷　(金)元好問集　清光緒七年(1881)讀書山房刻本　十一册

440000－2542－0003299　PJ401412

金文雅十六卷　(清)莊仲方編　清光緒十七年(1891)江蘇書局刻本　四册

440000－2542－0003300　PJ401413

金文最一百二十卷首一卷　(清)張金吾輯　清光緒八年(1882)粤雅堂刻本　十册　存四十七卷(六至十一、三十五至三十九、五十一至六十、八十六至一百、一百六至一百十一、一百十七至一百二十,首一卷)

440000－2542－0003301　PS201776

大清律例統纂集成四十卷附督捕則例二卷　(清)刑部訂　清同治十年(1871)刻本　二十二册　存三十七卷(一至三十七)

440000－2542－0003302　PS201777

大清現行刑律三十六卷附録二卷首一卷　(清)沈家本等編　清宣統二年(1910)鉛印本　十六册

440000－2542－0003303　PS201778

大清現行刑律案語一卷　(清)沈家本等編　清宣統鉛印本　十五册

440000－2542－0003304　PS201779

讀律琯朗一卷　(清)梁他山著　清光緒五年(1879)刻嘯園叢書本　一册

440000－2542－0003305　PS201781

秋審比照彙案二卷　(清)□□撰　清光緒圖

書集成局鉛印本　一冊

440000－2542－0003306　PS201782
秋審條款一卷　(清)廷杰　(清)沈家本編　清宣統二年(1910)鉛印本　一冊

440000－2542－0003307　PS201783
大清刑律草案二編　(清)修訂法律館編　清宣統二年(1910)鉛印本　一冊

440000－2542－0003308　PS201784
新刑律修正案彙錄一卷　勞乃宣輯　清宣統二年(1910)鉛印本　一冊

440000－2542－0003309　PS201785
讀律心得三卷蜀僚問答二卷附漁洋山人手鏡　(清)劉衡纂輯　**代直隸總督勸諭牧令文**　(清)黄輔辰撰　清同治九年(1870)刻本　一冊

440000－2542－0003310　PS201786
借鐸一卷　(清)郭鍾岳編　清光緒二十三年(1897)刻本　一冊

440000－2542－0003311　PS201787
刑案匯覽六十卷首一卷末一卷拾遺備考一卷　(清)祝慶祺編　清光緒圖書集成局鉛印本　二十八冊

440000－2542－0003312　PS201788
新增刑案匯覽十六卷首一卷　(清)潘文舫編　清光緒圖書集成局鉛印本　四冊

440000－2542－0003313　PZ300867
歷代畫史彙傳七十二卷首一卷附錄二卷　(清)彭蘊璨編　清刻本　四冊　缺五十九卷(一至十五、十九至四十一、四十五至五十四、五十九至六十五、六十九至七十二)

440000－2542－0003314　PZ300868
無聲詩史七卷　(清)姜紹書輯　清宣統二年(1910)上海瑞記書局石印本　六冊

440000－2542－0003315　PS201789
續增刑案匯覽十六卷　(清)祝慶祺編　清光緒圖書集成局鉛印本　八冊

440000－2542－0003316　PS201790
新刑律修正案彙錄一卷　勞乃宣輯　清宣統二年(1910)鉛印本　一冊

440000－2542－0003317　PS201791
新刑律修正案彙錄一卷　勞乃宣輯　清宣統二年(1910)鉛印本　一冊

440000－2542－0003318　PZ300199
道德經釋義二卷　(清)鄒學鯤撰　清嘉慶十四年(1809)埽中山房石印本　一冊　存一卷(一)

440000－2542－0003319　PZ300204
老子道德經解二卷　(明)釋德清撰　清光緒十二年(1886)金陵刻經處刻本　二冊

440000－2542－0003320　PJ401420
明文在一百卷　(清)薛熙纂　(清)何潔輯　清光緒十五年(1889)江蘇書局刻本　十冊

440000－2542－0003321　PJ401421
明文在一百卷　(清)薛熙纂　(清)何潔輯　清光緒十五年(1889)江蘇書局刻本　十冊

440000－2542－0003322　PJ401423
湖海詩傳四十六卷　(清)王昶輯　清同治四年(1865)綠蔭堂刻本　十七冊　存三十七卷(十至四十六)

440000－2542－0003323　PJ401424
國朝六家詩鈔八卷　(清)劉執玉選　清光緒十三年(1887)成都刻本　四冊

440000－2542－0003324　PJ401425
增註七家詩彙鈔七卷　(清)王廷紹撰　(清)張熙宇輯評　(清)王植桂輯註　清光緒十八年(1892)上海圖書集成印書局鉛印本　四冊

440000－2542－0003325　PZ300203
愚一錄十二卷　(清)鄭獻甫撰　清光緒二年(1876)刻本　六冊

440000－2542－0003326　PZ300205
老子道德經二卷　(漢)河上公章句　清光緒二十年(1894)湖南學庫山房元記書局刻本　二冊

440000－2542－0003327　PZ300206

老子道德經二卷 (三國魏)王弼注 (唐)陸德明音義 清光緒元年(1875)浙江書局刻本 一册

440000－2542－0003328 PZ300207
老子道德經二卷 (三國魏)王弼注 (唐)陸德明音義 清光緒元年(1875)浙江書局刻本 一册

440000－2542－0003329 PZ300208
斠補隅録十四卷 (清)蔣光煦輯校 清光緒九年(1883)别下齋刻本 二册

440000－2542－0003330 PZ300209
道德經釋義二卷 (清)純陽真人撰 清青雲樓刻本 二册

440000－2542－0003331 PZ300322
墨子六卷 (清)王念孫撰 清道光刻本 二册

440000－2542－0003332 PZ300211
老子衍一卷 (清)王夫之撰 清同治四年(1865)湘鄉曾氏刻本 一册

440000－2542－0003333 PZ300212
道德真經注四卷 (元)吳澄撰 清光緒元年(1875)湖北崇文書局刻本 二册

440000－2542－0003334 PC500478
萬物炊累室類稿甲編二種乙編一種外編二種 (清)沈同芳編纂 清宣統三年(1911)中國圖書公司鉛印本 五册

440000－2542－0003335 PJ401426
七家試帖輯註彙鈔九卷 (清)王廷紹撰 (清)張熙宇輯評 (清)王植桂輯註 清同治九年(1870)刻本 八册

440000－2542－0003336 PJ401427
欽定熙朝雅頌集一百六卷首集二十六卷餘集二卷 (清)鐵保纂輯 (清)法式善等編次 清刻本 十二册 存二十九卷(八十三至九十五、首集九至二十四)

440000－2542－0003337 PS201793
駁案新編三十二卷 (清)全士潮等撰 清光緒、宣統鉛印本 三册 存十三卷(九至十二、十六至二十、二十六至二十九)

440000－2542－0003338 PZ300873
南宋院畫錄八卷 (清)厲鶚輯 清光緒十年(1884)錢唐丁氏竹書堂刻武林掌故叢編本 四册

440000－2542－0003339 PS201792
定例彙編一百二十八卷 (清)顏希深訂 清光緒七年(1881)刻本 一百十七册 存九十四卷(九至四十一、六十八至一百二十八)

440000－2542－0003340 PZ300874
南宋院畫錄八卷 (清)厲鶚輯 清光緒十年(1884)錢唐丁氏竹書堂刻武林掌故叢編本 二册 存四卷(三至六)

440000－2542－0003341 PJ401436
國朝駢體正宗十二卷 (清)曾燠輯 清光緒十三年(1887)上海蜚英館石印本 二册 存四卷(一至四)

440000－2542－0003342 PJ401437
國朝駢體正宗十二卷 (清)曾燠輯 清光緒十三年(1887)上海蜚英館石印本 一册 存二卷(一至二)

440000－2542－0003343 PS201794
敘雪堂集一卷 (清)□□撰 清抄本 十二册

440000－2542－0003344 PJ401438
國朝駢體正宗十二卷 (清)曾燠輯 清嘉慶十一年(1806)刻本 六册

440000－2542－0003345 PJ401439
國朝駢體正宗十二卷 (清)曾燠輯 清嘉慶十一年(1806)刻本 二册 存六卷(一至三、十至十二)

440000－2542－0003346 PS201795
重刊補註洗冤錄集證六卷 (宋)宋慈撰 (清)王又槐增輯 (清)李觀瀾補輯 (清)阮其新補註 清道光二十七年(1847)刻四色套印本 五册

440000－2542－0003347　PJ401441
皇朝駢文類苑十四卷首一卷　(清)姚燮選　清光緒七年(1881)張壽榮刻本　十六册

440000－2542－0003348　PS201797
大清太宗文皇帝聖訓六卷　清乾隆四年(1739)武英殿刻本　一册

440000－2542－0003349　PJ401440
湖海文傳七十五卷　(清)王昶輯　清道光十七年(1837)刻同治五年(1866)重印本　十四册

440000－2542－0003350　PS201798
大清世祖章皇帝聖訓六卷　清乾隆四年(1739)武英殿刻本　一册

440000－2542－0003351　PJ401444
普天忠憤全集十四卷　(清)魯陽生編定　清光緒二十一年(1895)石印本　十二册

440000－2542－0003352　PJ401445
普天忠憤全集十四卷　(清)魯陽生編定　清光緒二十一年(1895)石印本　十二册

440000－2542－0003353　PJ401446
皇朝蓄艾文編八十卷　(清)于寶軒輯　清光緒二十九年(1903)上海官書局鉛印本　四十册

440000－2542－0003354　PJ401447
皇朝蓄艾文編八十卷　(清)于寶軒輯　清光緒二十九年(1903)上海官書局鉛印本　四十册

440000－2542－0003355　PJ401448
經心書院續集十二卷　(清)譚獻輯　清光緒二十一年(1895)湖北官書處刻本　六册

440000－2542－0003356　PZ300888
琴操二卷補遺一卷　(漢)蔡邕撰　(清)孫星衍校　清嘉慶十一年(1806)平津館刻平津館叢書本　一册

440000－2542－0003357　PS201801
硃批諭旨不分卷　(清)鄂爾泰　(清)張廷玉編次　清乾隆三年(1738)刻朱墨套印本　一百八册

440000－2542－0003358　PZ300889
集古印譜六卷　(明)王常編　(明)顧從德校　明萬曆三年(1575)武陵顧氏芸閣刻朱印本　一册　存一卷(四)

440000－2542－0003359　PS201799
大清世宗憲皇帝聖訓三十六卷　(清)世宗胤禛撰　清乾隆六年(1741)武英殿刻本　十二册

440000－2542－0003360　PZ300890
選集漢印分韻二卷　(清)袁日省原本　(清)查埔摹錄　**續集漢印分韻二卷**　(清)謝景卿纂　(清)查埔摹　清咸豐三年(1853)華亭查埔抄本　三册　缺一卷(續集上)

440000－2542－0003361　PS201800
硃批諭旨不分卷　(清)鄂爾泰　(清)張廷玉編次　清光緒十三年(1887)石印本　六十册

440000－2542－0003362　PS201802
硃批諭旨不分卷　(清)鄂爾泰　(清)張廷玉編次　清乾隆三年(1738)刻朱墨套印本　一百十一册

440000－2542－0003363　PZ300893
楚游印存一卷　(清)賈蒼注篆　清光緒二十八年(1902)鈐印本　一册

440000－2542－0003364　PS201803
高宗純皇帝聖訓三百卷　(清)高宗弘曆撰　清鉛印本　一百十八册

440000－2542－0003365　PS201804
大清宣宗效天符運立中體正至文聖武智勇仁慈儉勤孝敏成皇帝聖訓一百三十卷　(清)宣宗旻寧撰　清石印本　十一册

440000－2542－0003366　PZ300895
印隅四集　(清)陳選卿編　清光緒十一年(1885)海虞壺廬書屋石印本　四册

440000－2542－0003367　PS201805
大清文宗協天翊運執中垂謨懋德振武聖孝淵恭端仁寬敏顯皇帝聖訓一百十卷　(清)文宗

奕詝撰　清石印本　五册

440000－2542－0003368　PZ300174
蛾術編八十二卷　（清）王鳴盛撰　清道光二十一年（1841）世楷堂刻本　二十四册

440000－2542－0003369　PZ300175
濼源問答十二卷　（清）沈可培撰　清嘉慶二十年（1815）雪浪齋刻本　四册

440000－2542－0003370　PS201806
大清穆宗繼天開運受中居正保大定功聖智誠孝信敏恭寬毅皇帝聖訓一百六十卷　（清）清穆宗載淳撰　清光緒石印本　九册

440000－2542－0003371　PZ300070
跋南雷文定一卷　（清）方東樹撰　清光緒十六年（1890）刻本　一册

440000－2542－0003372　PS201807
諭摺彙存二十二卷　（清）□□編　清光緒二十九年（1903）上海慎記書莊石印本　二十四册

440000－2542－0003373　PS201808
唐陸宣公奏議讀本四卷首一卷　（唐）陸贄撰（清）汪銘謙編輯　清同治四年（1865）刻本二册

440000－2542－0003374　PZ300181
讀書雜志八十二卷餘編二卷　（清）王念孫撰清同治九年（1870）金陵書局刻本　二十六册　缺一卷（淮南内編雜志一）

440000－2542－0003375　PZ300071
未能錄二卷　（清）方東樹撰　清光緒十六年（1890）刻本　一册

440000－2542－0003376　PJ401079
微尚齋詩二卷雨屋深鐙詞一卷　汪兆鏞撰清宣統三年（1911）刻本　一册

440000－2542－0003377　PZ300072
進修譜一卷　（清）方東樹撰　清光緒十六年（1890）刻本　一册

440000－2542－0003378　PZ300073
向果微言二卷　（清）方東樹撰　清光緒十六年（1890）刻本　三册

440000－2542－0003379　PZ300074
山天衣聞一卷　（清）方東樹撰　清光緒十五年（1889）刻方植之全集本　一册

440000－2542－0003380　PZ300075
儒門語要六卷　（清）倪元坦輯著　清嘉慶刻本　一册

440000－2542－0003381　PZ300389
舒蓺室隨筆六卷　（清）張文虎撰　清同治十三年（1874）冶城賓館刻覆瓿集本　二册

440000－2542－0003382　PZ300077
徐註呂氏小兒語一卷　（明）呂得勝撰　（明）徐榮注　（明）徐傳善題　清同治六年（1867）上海大公文藝部石印本　一册

440000－2542－0003383　PZ300390
炳燭編四卷　（清）李賡芸撰　清同治十一年（1872）滂喜齋刻本　一册

440000－2542－0003384　PZ300391
炳燭編四卷　（清）李賡芸撰　清同治十一年（1872）滂喜齋刻本　二册

440000－2542－0003385　PZ300912
照相鏤板印圖法一卷　（美國）貝列尼撰（美國）衛理　（清）王汝譯　清光緒二十六年（1900）江南製造局刻本　一册

440000－2542－0003386　PZ300913
寄青霞館弈選八卷續編八卷　（清）王存善輯清光緒二十一年（1895）仁和王氏刻本　五册　存五卷（二、六，續五至七）

440000－2542－0003387　PS201810
孝肅奏議十卷附孝肅包公傳　（宋）包拯撰（清）李瀚章重刊　清同治二年（1863）刻本四册

440000－2542－0003388　PJ401093
藝風堂文集七卷外篇一卷　繆荃孫撰　清光緒二十六年（1900）刻二十七年（1901）印本四册

440000－2542－0003389　PJ401094

藝風堂文續集八卷外集一卷 繆荃孫撰 清宣統二年(1910)刻民國二年(1913)印本 四冊

440000-2542-0003390 PS201811
少保于公奏議十卷 (明)于謙撰 清光緒錢塘丁氏刻本 二冊 存四卷(一至二、七至八)

440000-2542-0003391 PS201812
少保于公奏議十卷 (明)于謙撰 清光緒錢塘丁氏刻本 八冊

440000-2542-0003392 PS201813
疏稿十卷 (明)熊廷弼著 清刻本 十冊

440000-2542-0003393 PZ300918
隨息居飲食譜七卷 (清)王士雄纂 清同治二年(1863)刻本 一冊

440000-2542-0003394 PZ300919
葡萄酒譜三卷 (清)曾仰東譯輯 清光緒上海農學會石印農學叢書本 一冊

440000-2542-0003395 PS201814
掖垣題稿二卷 (明)顧九思著 清同治刻本 二冊

440000-2542-0003396 PZ300920
二如亭群芳譜三十卷首一卷 (明)王象晉纂輯 清刻本 十八冊

440000-2542-0003397 PZ300921
秘傳花鏡六卷圖一卷 (清)陳淏子訂輯 清光緒三十年(1904)上海書局石印本 六冊

440000-2542-0003398 PS201815
兵垣奏議一卷 (明)陳子龍著 清光緒二十三年(1897)刻本 二冊

440000-2542-0003399 PS201817
問夜草七卷 (明)項應祥撰 清光緒十年(1884)刻本 四冊

440000-2542-0003400 PZ300925
植物名實圖攷三十八卷長編二十二卷 (清)吳其濬著 清道光刻民國山西官書局補修 1993年文物出版社印本 八十冊

440000-2542-0003401 PS201819
周給事垂光集一卷附錄一卷 (明)周璽撰 清光緒元年(1875)合肥張氏毓秀堂刻本 一冊

440000-2542-0003402 PZ300311
尹文子一卷 清光緒元年(1875)湖北崇文書局刻本 一冊

440000-2542-0003403 PS201820
皇清奏議六十八卷首一卷 (清)□□編 清刻本 四十八冊

440000-2542-0003404 PZ300929
圖注八十一難經辨真四卷 (戰國)秦越人著 (明)張世賢圖注 清刻本 二冊

440000-2542-0003405 PS201822/PS201824/PS201826
三公奏議 盛宣懷輯 清光緒二年(1876)武進盛氏思補樓刻本 二十冊 存三種

440000-2542-0003406 PZ300926
石頑老人診宗三昧一卷 (清)張璐撰 清刻本 一冊

440000-2542-0003407 PZ300314
穆勒名學八篇 (英國)穆勒約翰撰 (清)嚴複譯 清光緒三十一年(1905)金粟齋刻本 二冊 存六篇(三至八)

440000-2542-0003408 PZ300927
補注黃帝內經素問二十四卷靈樞十二卷 (唐)王冰注 **素問遺篇一卷** (宋)劉溫舒撰 清光緒三年(1877)浙江書局刻二十二子全書本 八冊

440000-2542-0003409 PS201821/PS201825/PS201827
三公奏議二十一卷 盛宣懷輯 清光緒二年(1876)武進盛氏思補樓刻本 二十冊

440000-2542-0003410 PZ300315
尸子二卷 (清)汪繼培輯 清光緒二十三年(1897)刻本 一冊

440000-2542-0003411 PZ300316

商君書五卷　(清)嚴萬里校　清光緒二十三年(1897)刻本　一冊

440000－2542－0003412　PZ300931
圖注八十一難經辨真四卷　(戰國)秦越人述　(明)蔡伯遴識　清刻本　一冊

440000－2542－0003413　PZ300934
圖註脈訣辨真四卷附方一卷　(晉)王叔和撰　(明)張世賢注　清刻本　二冊

440000－2542－0003414　PZ300937
傷寒纘論二卷　(清)張璐撰　清刻本　一冊　存一卷(下)

440000－2542－0003415　PZ300938
傷寒舌鑒一卷　(清)張登彙纂　清刻本　一冊

440000－2542－0003416　PZ300940
傷寒舌鑒一卷　(清)張登彙纂　清刻本　二冊

440000－2542－0003417　PZ300941
傷寒總病論六卷　(宋)龐安時撰　**傷寒論音訓一卷脩治藥法一卷**　(宋)董炳編　**重雕宋刻傷寒總病論札記一卷**　(清)黄丕烈撰　清道光三年(1823)吳門黄氏士禮居影宋刻士禮居黄氏叢書本　二冊

440000－2542－0003418　PS201828
船政奏議彙編五十一卷　(清)左宗棠等撰　清光緒至宣統刻本　二十冊

440000－2542－0003419　PS201829
沈文肅公政書七卷首一卷　(清)沈葆楨撰　清光緒六年(1880)刻本　六冊　存六卷(一至五、首一卷)

440000－2542－0003420　PZ300944
類證活人書二十二卷釋音一卷傷寒藥性一卷　(宋)朱肱著　(明)吳勉學校　清光緒十二年(1886)蘇州交通圖書館刻本　四冊

440000－2542－0003421　PS201830
劉中丞奏議二十卷　(清)劉蓉著　清光緒十一年(1885)思賢講舍刻本　十冊

440000－2542－0003422　PZ300947
内科新說二卷　(英國)合信著　(清)管茂材撰　清咸豐八年(1858)上海仁濟醫舘刻本　一冊

440000－2542－0003423　PZ300950
新刊外科正宗四卷　(明)陳實功纂著　(明)支允堅閱　清刻本　一冊　存一卷(一)

440000－2542－0003424　PZ300111
新刊外科正宗四卷　(明)陳實功撰　清刻本　二冊　存二卷(二、四)

440000－2542－0003425　PZ300112
新刊外科正宗四卷　(明)陳實功撰　清刻本　一冊　存一卷(三)

440000－2542－0003426　PZ300951
重訂外科正宗十二卷　(明)陳實功撰　清刻本　四冊

440000－2542－0003427　PZ300952
重訂外科正宗十二卷　(明)陳實功撰　清刻本　四冊

440000－2542－0003428　PS201831
郭侍郎奏疏十二卷　(清)郭嵩燾撰　清光緒十八年(1892)刻本　十二冊

440000－2542－0003429　PZ300954
臨陣傷科捷要四卷　(英國)帕脱編　(清)舒高第　(清)鄭昌棪譯　清光緒江南機器制造總局鉛印本　四冊

440000－2542－0003430　PS201832
郭侍郎奏疏十二卷　(清)郭嵩燾撰　清光緒十八年(1892)刻本　十二冊

440000－2542－0003431　PS201833
郭侍郎奏疏十二卷　(清)郭嵩燾撰　清光緒十八年(1892)刻本　十冊

440000－2542－0003432　PS201834
出使奏疏二卷　(清)薛福成撰　清光緒二十年(1894)刻本　二冊

440000－2542－0003433　PS201835
李肅毅伯奏議十三卷　(清)李鴻章撰　(清)

章洪鈞　(清)吳汝綸編輯　清光緒石印本　十三冊

440000－2542－0003434　PS201836
曾惠敏公奏疏六卷　(清)曾紀澤撰　清光緒十九年(1893)江南製造總局鉛印本　二冊　存四卷(三至六)

440000－2542－0003435　PZ300956
銀海精微四卷　(唐)孫思邈原輯　清經綸堂刻本　一冊

440000－2542－0003436　PJ401428
道咸同光四朝诗史甲集八卷首一卷　(清)孫雄輯　清宣統二年(1910)刻本　十冊

440000－2542－0003437　PJ401429
道咸同光四朝诗史乙集八卷　(清)孫雄輯　清宣統三年(1911)刻本　六冊

440000－2542－0003438　PJ401431
觀劇絕句三卷　(清)金德瑛撰　清光緒三十四年(1908)葉氏觀古堂刻本　一冊

440000－2542－0003439　PJ401431－1
木皮散人鼓詞一卷　(清)金德瑛撰　**萬古愁曲**　(清)歸莊撰　清光緒三十三年(1907)葉氏觀古堂刻本　一冊

440000－2542－0003440　PJ401430
篆江樓排律詩鈔四卷　(清)鄭詔輯　清道光五年(1825)溪上鄭爾齡刻本　一冊

440000－2542－0003441　PS201842
皇朝經世文編一百二十卷姓名總目二卷　(清)賀長齡輯　(清)魏源編次　清光緒十二年(1886)思補樓石印本　六十冊

440000－2542－0003442　PZ300963
幼科鐵鏡六卷　(清)夏鼎著　清刻本　二冊

440000－2542－0003443　PS201843
皇朝經世文編一百二十卷姓名總目二卷　(清)賀長齡輯　清光緒十三年(1887)上海點石齋石印本　十二冊

440000－2542－0003444　PS201845
皇朝經世文編一百二十卷姓名總目二卷　(清)賀長齡輯　清鉛印本　二十四冊

440000－2542－0003445　PS201846
皇朝經世文編一百二十卷姓名總目二卷　(清)賀長齡輯　清鉛印本　二十一冊

440000－2542－0003446　PS201847
皇朝經世文新增續編一百二十卷　(清)葛士濬輯　清鉛印本　二十三冊

440000－2542－0003447　PS201844
皇朝經世文編一百二十卷姓名總目二卷　(清)賀長齡輯　清同治十二年(1873)刻本　八十冊

440000－2542－0003448　PS201848
皇朝經世文續編一百二十卷姓名總目三卷　(清)盛康輯　清光緒二十三年(1897)武進盛氏思補樓刻本　八十冊

440000－2542－0003449　PS201849
皇朝經世文新編二十一卷　(清)麥仲華輯　清光緒二十四年(1898)上海譯書局石印本　二十四冊

440000－2542－0003450　PZ300964
增訂達生編一卷　(清)亟齋居士著　清刻本　一冊

440000－2542－0003451　PS201850
皇朝掌故彙編內編六十卷首一卷外編四十卷首一卷　(清)宋文蔚等纂　清光緒二十八年(1902)求實書社鉛印本　十八冊　存二十三卷(一、四、十三、五十五至五十六、首一卷,外編十三至二十、二十七至三十五)

440000－2542－0003452　PZ300966
幼科鐵鏡六卷　(清)夏鼎撰　清宣統元年(1909)鉛印本　一冊

440000－2542－0003453　PZ300967
達生編一卷　(清)亟齋居士編　(清)汪家駒增訂　清光緒三十一年(1905)上海時中書局鉛印本　一冊

440000－2542－0003454　PZ300969
女科輯要二卷　(清)沈堯封輯　(清)徐政杰

補注　清同治元年(1862)刻本　一册　存一卷(上)

440000－2542－0003455　PS201851
校邠廬抗議二卷　(清)馮桂芬著　清鉛印本　二册

440000－2542－0003456　PS201853
治浙成規八卷　(清)□□輯　清刻本　五册

440000－2542－0003457　PZ300971
增注達生編二卷　(清)亟齋居士著　(清)毛祥麟增注　清宣統元年(1909)石印本　一册

440000－2542－0003458　PZ300972
鼎锲幼幼集成六卷　(清)陳復正輯訂　清永州胡安定堂書局刻本　六册

440000－2542－0003459　PZ300973
詳注足本金鏡錄三卷附錄二卷　(明)翁仲仁著　(清)喬來初注釋　清光緒十四年(1888)上海陶務本堂刻本　四册

440000－2542－0003460　PZ300974
小兒藥證真訣三卷　(宋)錢乙撰　清刻本　二册

440000－2542－0003461　PZ300975
錢氏小兒藥證直訣三卷　(宋)錢乙撰　(宋)閻孝忠集　清光緒十八年(1892)姚江黄氏五桂樓刻本　二册

440000－2542－0003462　PS201854
閫政領要三卷　(清)□□撰　清刻本　一册

440000－2542－0003463　PS201855
問心齋學治雜錄二卷續錄四卷　(清)張聯桂撰　清光緒十一年(1885)刻本　六册

440000－2542－0003464　PS201856
治平六策不分卷　(清)薛福成撰　清光緒元年(1875)刻本　一册

440000－2542－0003465　PS201857
校邠廬抗議二卷　(清)馮桂芬著　清光緒十年(1884)刻本　二册

440000－2542－0003466　PZ300213
道德經達詁一卷　(清)胡薇元撰　清刻本　一册

440000－2542－0003467　PZ300214
道德真經注四卷　(元)吳澄撰　清光緒元年(1875)湖北崇文書局刻本　一册

440000－2542－0003468　PS201858
樊山政書二十卷　樊增祥撰　清宣統二年(1910)金陵湯明林聚珍書局鉛印本　十册

440000－2542－0003469　PZ300219
列子八卷　(晉)張湛注　清刻本　三册

440000－2542－0003470　PZ300977
幼童衛生編十二章附錄二章　(英國)傅蘭雅譯　清光緒二十年(1894)鉛印本　一册

440000－2542－0003471　PZ300224
列子二卷　清光緒元年(1875)湖北崇文書局刻本　一册

440000－2542－0003472　PS201862
秘書集十卷　(清)沈同芳撰　清宣統三年(1911)中國圖書公司鉛印本　二册

440000－2542－0003473　PZ300978
備急灸方一卷　(宋)聞人耆年撰　**鍼灸擇日編集一卷**　(明)全循義　(明)金義孫撰　清光緒十七年(1891)江寧藩署刻本　一册

440000－2542－0003474　PZ300981
痘疹正宗二卷　(清)宋麟祥著　清宣統三年(1911)上海廣益書局石印本　一册

440000－2542－0003475　PZ300982
天花精言六卷　(清)袁句撰　清刻本　二册

440000－2542－0003476　PZ300392
蕙櫋雜記一卷　(清)嚴元照撰　清光緒十一年(1885)新陽趙氏刻本　一册

440000－2542－0003477　PZ300393
愈愚錄六卷　(清)劉寶楠撰　清光緒十四年(1888)廣雅書局刻本　二册

440000－2542－0003478　PZ300323
墨子間詁十五卷　(清)孫詒讓撰　清光緒三

十三年(1907)刻本　三冊　存八卷(七至九、十一至十五)

440000－2542－0003479　PZ300394
讀書偶識八卷　(清)鄒漢勛撰　清光緒五年(1879)敦䕫齋刻本　一冊　存四卷(一至四)

440000－2542－0003480　PS201878
藏書紀事詩六卷　葉昌熾撰　清光緒二十三年(1897)長沙學校史署刻本　十一冊

440000－2542－0003481　SQ300035
宋稗類鈔八卷　(清)潘永因編輯　清康熙刻本　八冊

440000－2542－0003482　PS201879
藏書紀事詩七卷　葉昌熾撰　清宣統二年(1910)刻本　六冊

440000－2542－0003483　PS201885
金華文萃書目提要八卷　(清)胡鳳丹編纂　清同治八年(1869)金華胡氏退補齋刻本　二冊

440000－2542－0003484　PS201888
大清駐日本使署藏書目四卷首一卷　(清)胡惟德編輯　清宣統二年(1910)鉛印本　二冊

440000－2542－0003485　PS201903
孫氏祠堂書目内編四卷　(清)孫星衍撰　清光緒九年(1883)李氏木犀軒刻本　一冊

440000－2542－0003486　PZ300232
莊子十卷　(晉)郭象注　(唐)陸德明音義　清刻本　十冊

440000－2542－0003487　PZ300233
莊子全書十卷　(晉)郭象注　(唐)陸德明音義　清刻本　二冊　存四卷(七至十)

440000－2542－0003488　PS201911
彙刻書目二十卷　(清)顧修輯　清光緒十五年(1889)上海福瀛書局刻本　十冊

440000－2542－0003489　PZ300238
莊子内篇注四卷　(明)釋德清注　清光緒十四年(1888)金陵刻經處刻本　二冊

440000－2542－0003490　PZ300239
莊子南華真經十卷　(晉)郭象注　清刻本　三冊　存五卷(六至十)

440000－2542－0003491　PZ300240
古蒙莊子二卷　(明)王繼賢訂正　(明)吳宗儀校釋　清抄本　二冊

440000－2542－0003492　PZ300241
莊子郭註附評十卷　(晉)郭象注　(唐)陸德明音義　(清)閔齊伋評　清光緒十一年(1885)刻本　四冊

440000－2542－0003493　PZ300242
莊子因六卷　(清)林雲銘評述　清光緒六年(1880)白雲精舍刻本　六冊

440000－2542－0003494　PS201914
直齋書錄解題二十二卷　(宋)陳振孫撰　清福建刻武英殿聚珍版書本　六冊

440000－2542－0003495　PS201916
欽定天禄琳琅書目十卷　(清)于敏中等編
欽定天禄琳琅書目續編二十卷　(清)彭元瑞編　清光緒十年(1884)長沙王氏刻本　十冊

440000－2542－0003496　PS201917
欽定四庫全書總目二百卷首一卷　(清)永瑢等編　清同治七年(1868)廣東書局刻本　一百二十冊

440000－2542－0003497　PS201918
欽定四庫全書總目二百卷首一卷　(清)永瑢等撰　**四庫未收書目提要五卷**　(清)阮元撰　清光緒二十年(1894)上海點石齋石印本　二十冊

440000－2542－0003498　PS201919
欽定四庫全書簡明目錄二十卷　(清)紀昀等編　清刻本　十二冊

440000－2542－0003499　PS201922
鐵琴銅劍樓藏書目錄二十四卷　(清)瞿鏞撰　清光緒二十四年(1898)常熟瞿氏刻本　十冊

440000－2542－0003500　PS201923

善本書室藏書志四十卷附録一卷　（清）丁丙輯　清光緒二十七年（1901）錢塘丁氏刻本　十六冊

440000－2542－0003501　PS201925
士禮居藏書題跋記六卷　（清）黄丕烈撰（清）潘祖蔭輯　清光緒八年（1882）石印本　二冊

440000－2542－0003502　PS201924
善本書室藏書志四十卷附録一卷　（清）丁丙輯　清光緒二十七年（1901）錢塘丁氏刻本　十六冊

440000－2542－0003503　PS201920
士禮居藏書題跋記六卷　（清）黄丕烈撰（清）潘祖蔭輯　清光緒八年（1882）石印本　二冊

440000－2542－0003504　PS201928
金華文萃書目提要八卷　（清）胡鳳丹編纂　清同治八年（1869）金華胡氏退補齋刻本　二冊

440000－2542－0003505　PJ402756－1
學海堂二集二十二卷　（清）吴蘭修編　（清）啟秀山房訂　清道光十八年（1838）啟秀山房刻本　十冊

440000－2542－0003506　PS201949
平津館鑒藏記書籍三卷補遺一卷續編一卷（清）孫星衍撰　清道光二十年（1840）刻獨抱廬叢書本　二冊

440000－2542－0003507　PS201950
昭德先生郡齋讀書志二十卷　（宋）晁公武撰（宋）姚應績編　**附志一卷**　（宋）趙希弁輯　清光緒十年（1884）長沙王氏刻本　十冊

440000－2542－0003508　PZ300243
莊子因六卷　（清）林雲銘評述　清刻本　四冊

440000－2542－0003509　PZ300244
莊子解三十三卷　（清）王夫之撰　清同治四年（1865）湘鄉曾氏刻本　七冊

440000－2542－0003510　PZ300333
呂氏春秋二十六卷　（漢）高誘訓解　清乾隆五十三年（1788）刻本　五冊　存二十三卷（四至二十六）

440000－2542－0003511　PZ300395
舒藝室餘筆三卷　（清）張文虎撰　清光緒七年（1881）冶城賓館刻本　一冊

440000－2542－0003512　PZ300396
嫻藝軒襍箸一卷　（清）黄家岱撰　清光緒二十一年（1895）江蘇南菁講舍刻本　一冊

440000－2542－0003513　PZ300397
讀書雜識十二卷　（清）勞格撰　（清）丁寶書述　清光緒四年（1878）吴興丁氏刻月河精舍叢鈔本　六冊

440000－2542－0003514　PZ300398
食舊德齋雜著不分卷　（清）劉嶽雲撰　清光緒八年（1882）刻本　一冊

440000－2542－0003515　PZ300399
舒藝室隨筆六卷　（清）張文虎撰　清同治十三年（1874）冶城賓館刻覆瓿集本　二冊

440000－2542－0003516　PZ300400
舒藝室續筆一卷餘筆三卷　（清）張文虎撰　清光緒刻本　一冊

440000－2542－0003517　PZ300403
讒書五卷　（唐）羅隱撰　清光緒十二年（1886）邵武徐氏刻本　一冊

440000－2542－0003518　PZ300084
雙節堂庸訓六卷　（清）汪輝祖撰　清同治七年（1868）湖北崇文書局刻本　一冊

440000－2542－0003519　PZ300413
師友雜志一卷紫微雜説一卷　（宋）呂本中撰　清光緒三年（1877）歸安陸氏刻十萬卷樓叢書本　二冊

440000－2542－0003520　PZ300085
雙節堂庸訓六卷　（清）汪輝祖撰　清同治七年（1868）湖北崇文書局刻本　二冊

440000－2542－0003521　PZ300086

弟子職集解一卷 (清)莊述祖著 清光緒十二年(1886)吳縣朱氏槐廬家塾刻槐廬叢書本 一册

440000－2542－0003522 PZ300087
曾文正公雜著二卷 (清)曾國藩撰 清光緒二年(1876)傳忠書局刻本 二册

440000－2542－0003523 PZ300089
勸學篇二卷 (清)張之洞撰 清光緒二十四年(1898)小長廬館刻本 一册

440000－2542－0003524 PZ300090
勸學篇二卷 (清)張之洞撰 清光緒二十四年(1898)兩湖書院刻本 一册

440000－2542－0003525 PZ300091
勸學篇二卷 (清)張之洞撰 清光緒二十四年(1898)兩湖書院刻本 一册

440000－2542－0003526 PZ300329
尸子二卷尸子存疑一卷 (清)汪繼培輯 清嘉慶十七年(1812)蕭山陳氏湖海樓刻湖海樓叢書本 一册

440000－2542－0003527 PZ300330
尸子二卷尸子存疑一卷 (清)汪繼培輯 清湖海樓刻本 一册 缺一卷(尸子下)

440000－2542－0003528 PZ300331
尸子二卷 (清)孫星衍校集 清嘉慶蘭陵孫氏刻平津館叢書本 一册

440000－2542－0003529 PZ300252
通玄真經十二卷 (唐)徐靈府注 清光緒九年(1883)長洲蔣氏刻鐵華館叢書本 一册

440000－2542－0003530 PZ300332
尸子二卷 (清)孫星衍校集 清嘉慶蘭陵孫氏刻平津館叢書本 一册

440000－2542－0003531 PZ300334
呂子校補二卷 (清)梁玉繩撰 清光緒十二年(1886)朱氏家塾刻本 一册

440000－2542－0003532 PZ300335
呂氏春秋二十六卷 (秦)呂不韋撰 清光緒元年(1875)湖北崇文書局刻本 四册

440000－2542－0003533 PZ300257
文子纘義十二卷 (元)杜道堅撰 清光緒三年(1877)浙江書局刻本 二册

440000－2542－0003534 PZ300258
鶡冠子一卷 王闓運錄 清宣統三年(1911)刻本 一册

440000－2542－0003535 PZ300259
抱朴子内篇二十卷外篇五十卷 (晉)葛洪撰 清嘉慶十八年(1813)蘭陵孫氏刻平津館叢書本 六册

440000－2542－0003536 PZ300260
抱朴子内篇二十卷外篇五十卷 (晉)葛洪撰 清嘉慶十八年(1813)蘭陵孫氏刻平津館叢書本 四册

440000－2542－0003537 PZ300337
淮南子二十六卷 (漢)劉安撰 (漢)高誘注 清光緒二年(1876)浙江書局刻本 四册 存十四卷(四至十七)

440000－2542－0003538 PZ300338
淮南鴻烈解二十一卷 (漢)劉安著 (清)黄錫禧校 清乾隆五十六年(1791)金谿王氏刻增訂漢魏叢書本 四册

440000－2542－0003539 PZ300340
淮南鴻烈解二十一卷 (漢)劉安撰 清光緒元年(1875)湖北崇文書局刻本 四册

440000－2542－0003540 PZ300346
讀書雜誌八十二卷餘編二卷 (清)王念孫撰 清同治九年(1870)金陵書局刻本 五册 存二十三卷(淮南内篇一至二十二、漢隸拾遺一)

440000－2542－0003541 PZ300347
淮南天文訓補注二卷 (清)錢塘綴述 清道光八年(1828)刻本 一册 存一卷(下)

440000－2542－0003542 PZ300261
抱朴子内篇二十卷外篇五十卷 (晉)葛洪撰 清嘉慶十八年(1813)蘭陵孫氏刻平津館叢書本 四册

440000－2542－0003543　PZ300262

太上感應篇一卷　(清)惠棟箋注　清嘉慶十八年(1813)蘭陵孫氏刻本　一册

440000－2542－0003544　PZ300271

太上感應篇一卷　(清)惠棟箋注　清末石印本　一册

440000－2542－0003545　PZ300263

抱朴子内篇四卷　(晉)葛洪撰　清光緒元年(1875)湖北崇文書局刻本　二册

440000－2542－0003546　PZ300272

心經口氣解註一卷　(唐)吕巖撰　清刻本　一册

440000－2542－0003547　PZ300424

老學庵筆記十卷　(宋)陸遊撰　清光緒三年(1877)湖北崇文書局刻本　一册

440000－2542－0003548　PZ300092

勸學篇二卷　(清)張之洞撰　清光緒二十四年(1898)兩湖書院刻本　一册

440000－2542－0003549　PZ300093

勸學篇二卷　(清)張之洞撰　清光緒二十四年(1898)兩湖書院刻本　一册

440000－2542－0003550　PZ300094

勸學篇二卷　(清)張之洞撰　清光緒二十四年(1898)兩湖書院刻本　一册

440000－2542－0003551　PZ300095

勸學篇二卷　(清)張之洞撰　清光緒二十四年(1898)兩湖書院刻本　一册

440000－2542－0003552　PZ300096

勸學篇二卷　(清)張之洞撰　清光緒二十四年(1898)兩湖書院刻本　一册

440000－2542－0003553　PZ300097

勸學篇二卷　(清)張之洞撰　清光緒二十四年(1898)兩湖書院刻本　一册

440000－2542－0003554　SQ300036

觚賸八卷續編四卷　(清)鈕琇輯　清康熙四十一年(1702)臨野堂刻本　四册

440000－2542－0003555　PZ300098

勸學篇二卷　(清)張之洞撰　清光緒二十四年(1898)兩湖書院刻本　一册

440000－2542－0003556　PZ300099

勸學篇二卷　(清)張之洞撰　清光緒二十四年(1898)兩湖書院刻本　一册

440000－2542－0003557　PZ300100

勸學篇二卷　(清)張之洞撰　清光緒二十四年(1898)兩湖書院刻本　一册

440000－2542－0003558　PZ300101

輶軒語五卷　(清)張之洞撰　清光緒四年(1878)吴縣潘氏敏德堂刻本　一册

440000－2542－0003559　PZ300427

常州先哲遺書　(清)盛宣懷輯　清光緒盛氏思惠齋刻本　一册　存五種十四卷(景仰撮書一卷、宜齋野乘一卷、梁谿漫志十卷、萬柳溪邊舊話一卷、陽羨茗壺系一卷)

440000－2542－0003560　PZ300102

家塾準繩一卷　(清)于得與輯　(清)莊毓鋐摘錄　清同治十三年(1874)狀元第莊刻本　一册

440000－2542－0003561　PZ300273

天仙正理直論增註不分卷　(明)伍守陽撰　清咸豐五年(1855)刻本　一册

440000－2542－0003562　PZ300277

太上感應篇纘義二卷　(清)俞樾撰　清同治十一年(1872)德清俞氏刻本　一册

440000－2542－0003563　PZ300278

新刊道書全集　(明)閻鶴洲輯　明刻清補刻本　一册　存二十五種

440000－2542－0003564　PZ300279

太上感應篇直講一卷　(□)□□撰　清光緒二十三年(1897)刻本　一册

440000－2542－0003565　PZ300280

太上混元道德真經不分卷　(□)□□撰　清同治三年(1864)刻本　二册

440000－2542－0003566　PZ300284

太上混元道德真經不分卷　（清）八洞仙祖彙解　清宣統三年（1911）刻本　一册

440000－2542－0003567　PZ300285

太上感應篇註講證案彙編二卷　（□）□□撰　清道光十九年（1839）刻本　二册

440000－2542－0003568　PZ300493

策學備纂三十二卷　（清）吴熲炎輯　清光緒十四年（1888）上海點石齋石印本　四十八册

440000－2542－0003569　PZ300494

經餘必讀八卷續編八卷　（清）雷琳輯　清嘉慶八年（1803）大中堂刻本　八册

440000－2542－0003570　PZ300352

論衡三十卷　（漢）王充撰　清光緒二十年（1894）湖南藝文書局刻本　一册　存四卷（一至四）

440000－2542－0003571　PZ300353

元穆日記三卷　（清）杜俞撰　清光緒十二年（1886）刻本　一册

440000－2542－0003572　PZ300354

日知錄三十二卷　（清）顧炎武撰　清康熙三十四年（1695）刻本　十册　存二十八卷（三至七、十至三十二）

440000－2542－0003573　PZ300357

叔苴子八卷　（明）莊元臣撰　清光緒元年（1875）湖北崇文書局刻本　二册

440000－2542－0003574　PZ300358

日知錄之餘四卷　（清）顧炎武著　清宣統二年（1910）刻本　二册

440000－2542－0003575　PZ300428

猗覺寮雜記二卷　（宋）朱翌撰　清刻本　一册

440000－2542－0003576　PZ300500

惺夢集不分卷　（清）洛陽居士輯　清光緒三十四年（1908）刻本　一册

440000－2542－0003577　PZ300429

芥隱筆記一卷　（宋）龔頤正撰　清渤海高氏刻續知不足齋叢書本　一册

440000－2542－0003578　PZ300502

了凡四訓一卷　（明）袁黄撰　清末刻本　一册

440000－2542－0003579　PZ300432

鶴林玉露十六卷補遺一卷　（宋）羅大經撰　明刻清補修本　八册

440000－2542－0003580　PZ300505

公門果報錄一卷　（清）宋楚望撰　清光緒十八年（1892）江蘇書局刻本　一册

440000－2542－0003581　PZ300433

戒菴老人漫筆八卷　（明）李詡撰　清光緒二十二年（1896）武進盛氏刻本　二册

440000－2542－0003582　PZ300506

公門果報錄一卷　（清）宋楚望撰　清光緒十八年（1892）江蘇書局刻本　一册

440000－2542－0003583　PZ300435

棗林雜俎六集　（明）談遷撰　清宣統三年（1911）上海國學扶輪社刻適園叢書本　二册　存二集（聖、和）

440000－2542－0003584　PZ300507

國粹學報　（清）國粹學報社輯　清末鉛印本　十册　存三十五期（第一年第二至七、第二年第一至七、第三年五至八、第四年三至八、第五年五至八、第六年五至八、第七年五至八）

440000－2542－0003585　PZ300508

國粹學報　（清）國粹學報社輯　清末鉛印本　二十四册　存二十三期（第一年一至六，第二年一至七，第三年二、四、六至七，第四年一至四、六至七）

440000－2542－0003586　PZ300103

小學韻語一卷　（清）羅澤南著　清光緒五年（1879）江蘇書局刻本　一册

440000－2542－0003587　PZ300105

養正遺規二卷附補編一卷　（清）陳宏謀輯　（清）何延謙校　清培元堂刻本　二册

440000－2542－0003588　PZ300104

教女遺規三卷 (清)陳宏謀輯 (清)何延謙校 清培元堂刻本 一冊

440000－2542－0003589 PZ300106
小學考證一卷附小學釋文二卷 (清)尹嘉銓撰 清刻本 一冊

440000－2542－0003590 PZ300107
尹氏小學大全 (清)尹嘉銓撰 清刻本 五冊 存五種十五卷

440000－2542－0003591 PZ300108
尹氏小學大全 (清)尹嘉銓撰 清刻本 五冊 存五種十五卷

440000－2542－0003592 PZ300109
尹氏小學大全 (清)尹嘉銓撰 清刻本 五冊 存五種十五卷

440000－2542－0003593 PZ300121
人譜正篇一卷續篇一卷三篇一卷人譜類記增訂六卷 (明)劉宗周著 清光緒三年(1877)湖北崇文書局刻本 一冊

440000－2542－0003594 PZ300122
吾師錄一卷自監錄四卷 (明)黄淳耀著 清光緒二十五年(1899)番禺沈氏刻本 一冊

440000－2542－0003595 PZ300513
時務報 梁啓超等編 清光緒二十二年至二十三年(1896－1897)上海時務報館石印本 六冊

440000－2542－0003596 PZ300509
國學叢刊 羅振玉輯 清宣統三年(1911)石印本 二冊 存十三種

440000－2542－0003597 PZ300510
國學叢刊 羅振玉輯 清宣統三年(1911)石印本 三冊 存十一種

440000－2542－0003598 PZ300514
國風報 梁啓超編 清宣統二年至三年(1910－1911)鉛印本 四冊

440000－2542－0003599 PZ300515
農學初階一卷 (英國)華來思等著 (清)吳治儉譯 清光緒江南總農會石印農學叢刻本 二冊

440000－2542－0003600 PZ300516
農學論十一章 (清)張壽浯著 清光緒洋官報局石印本 一冊

440000－2542－0003601 PZ300517
農桑輯要七卷 (元)司農司撰 清刻武英殿聚珍版書本 二冊

440000－2542－0003602 PZ300518
農桑輯要七卷 (元)司農司撰 清刻武英殿聚珍版書本 一冊

440000－2542－0003603 PZ300520
蠶桑述要一卷 (清)俞墉輯 清同治十二年(1873)刻本 一冊

440000－2542－0003604 PZ300521
蠶桑說一卷 (清)沈練撰 清光緒十四年(1888)刻本 一冊

440000－2542－0003605 PZ300522
蠶桑說一卷 (清)沈練撰 清光緒十四年(1888)刻本 一冊

440000－2542－0003606 PZ300523
齊民要術十卷 (北魏)賈思勰撰 清光緒元年(1875)湖北崇文書局刻本 一冊 存四卷(四至七)

440000－2542－0003607 PZ300524
蠶桑輯要三卷 (清)沈秉成撰 清光緒二十二年(1896)江西書局刻本 一冊

440000－2542－0003608 PZ300525
蠶桑萃編十五卷 (清)衛杰編 清光緒二十六年(1900)蘭州官書局鉛印本 八冊

440000－2542－0003609 PZ300526
蠶桑備要一卷 (清)盛宣懷輯 清光緒二年(1876)思補樓刻本 一冊

440000－2542－0003610 PZ300527
蠶桑備要一卷 (清)盛宣懷輯 清光緒二年(1876)思補樓刻本 一冊

440000－2542－0003611 PZ300528

泰西育蠶新法十章　(美國)喇雷撰　(清)張坤德譯　清光緒二十四年(1898)石印本　一册

440000－2542－0003612　PZ300529
意大里蠶書十五章　(意大利)丹吐魯撰　(英國)傅蘭雅紹蘭口譯　(清)汪振聲筆述　(清)趙元益校録　清光緒二十四年(1898)江南製造局刻本　一册

440000－2542－0003613　PZ301005
張景岳新方湯頭一卷　(明)張介賓撰　(清)吴宏定編集　清道光二十三年(1843)富有堂刻本　一册

440000－2542－0003614　PZ301006
千金寶要六卷　(唐)孫思邈撰　(宋)郭思輯　清嘉慶十二年(1807)平津館孫氏刻本　一册

440000－2542－0003615　PZ301007
千金寶要六卷　(唐)孫思邈撰　(宋)郭思輯　清嘉慶十二年(1807)平津館孫氏刻本　一册

440000－2542－0003616　PZ300110
千金寶要六卷　(唐)孫思邈撰　(宋)郭思輯　清嘉慶十二年(1807)平津館孫氏刻本　一册

440000－2542－0003617　PZ301008
蘇沈良方八卷　(宋)蘇軾　(宋)沈括撰　(清)孫星華校勘　清光緒二十一年(1895)刻本　一册

440000－2542－0003618　PZ300443
戒菴老人漫筆八卷　(明)李詡撰　清光緒二十二年(1896)武進盛氏刻本　二册

440000－2542－0003619　PZ300444
戒菴老人漫筆八卷　(明)李詡撰　清光緒二十二年(1896)武進盛氏刻本　二册

440000－2542－0003620　PZ300448
廣陽雜記五卷　(清)劉獻廷撰　清光緒吴縣潘氏刻功順堂叢書本　五册

440000－2542－0003621　PZ301012
同仁堂藥目一卷　(清)同仁堂編　清光緒十五年(1889)刻本　一册

440000－2542－0003622　PZ301013
胡慶餘堂雪記一卷　(清)胡雪巖輯　清光緒三年(1877)刻本　一册

440000－2542－0003623　PZ300449
廣陽雜記五卷　(清)劉獻廷撰　清光緒吴縣潘氏刻功順堂叢書本　四册　缺一卷(二)

440000－2542－0003624　PZ301014
萬國藥方八卷　(美國)洪士提反譯　清光緒三十年(1904)石印本　四册

440000－2542－0003625　PZ301015
驗方新編十八卷　(清)李夢九編　清光緒三十一年(1905)鉛印本　一册

440000－2542－0003626　PZ301016
張同泰號丸散膏全録一卷　(清)張同泰號編　清嘉慶十八年(1813)刻本　一册

440000－2542－0003627　PZ301017
葛仙翁肘後備急方八卷　(晉)葛洪撰　(南朝梁)陶弘景補　(清)程永培校　清刻本　七册

440000－2542－0003628　PZ301018
千金翼方三十卷　(唐)孫思邈撰　(宋)林億等校正　清光緒四年(1878)影印本　八册

440000－2542－0003629　PZ301019
備急千金藥方三十卷　(唐)孫思邈撰　(宋)林億等校正　清光緒四年(1878)江戶醫學影印本　十二册

440000－2542－0003630　PZ301020
醫方論四卷　(清)費伯雄撰　清同治五年(1866)耕心堂刻本　二册

440000－2542－0003631　PZ301023
張氏醫通十六卷　(清)張璐撰　清刻本　十七册

440000－2542－0003632　PZ301024
張仲景金匱要略論註二十四卷　(清)徐彬撰

（清）朱緋校　清光緒五年（1879）刻本　六冊

440000－2542－0003633　PZ301025

華氏中藏經三卷　（漢）華佗撰　（清）孫星衍校　清嘉慶十三年（1808）平津館孫氏刻本　一冊

440000－2542－0003634　PZ301026

張仲景金匱要略論註二十四卷　（清）徐彬撰　清刻本　六冊

440000－2542－0003635　PZ301027

金匱心典三卷　（漢）張仲景著　（清）尤怡集註　清光緒七年（1881）刻本　三冊

440000－2542－0003636　PZ301028

醫宗金鑑九十卷　（清）吳謙撰　清刻本　二十四冊　缺五十二卷（十七至五十二、七十五至九十）

440000－2542－0003637　PZ301029

沈氏尊生書五種　（清）沈金鰲撰　清同治十三年（1874）湖北崇文書局刻本　二十三冊　存四種五十四卷（雜病源流三十卷，傷寒論綱目一至七、九至十六，婦科玉尺六卷，幼科釋謎四至六）

440000－2542－0003638　PZ301033

儒門醫學三卷　（英國）海得蘭撰　（英國）傅蘭雅口譯　（清）趙元益筆述　清末江南製造總局刻本　三冊

440000－2542－0003639　PZ301035

醫門棒喝四卷　（清）章楠撰　（清）田晉元評點　清同治六年（1867）聚文堂刻本　四冊

440000－2542－0003640　PZ301036

筆花醫鏡四卷　（清）江涵暾撰　清光緒十一年（1885）墨潤堂刻本　二冊

440000－2542－0003641　PZ301040

王氏醫案二卷續編八卷　（清）王士雄撰　清刻本　三冊

440000－2542－0003642　PZ301041

醫宗必讀十卷　（明）李中梓撰　清光緒六年（1880）掃葉山房刻本　五冊

440000－2542－0003643　PZ301043

古今醫案按十卷　（清）俞震輯　（清）李齡壽重較輯　清光緒九年（1883）吳江李氏刻本　十冊

440000－2542－0003644　PZ301048

全體新論十卷　（清）陳修堂撰　（英國）合信氏注　清咸豐元年（1851）刻海山仙館叢書本　二冊

440000－2542－0003645　PZ301049

全體圖說二卷　（英國）稻惟德譯　清光緒十年（1884）益智書會刻本　一冊

440000－2542－0003646　PZ301050

全體通考十八卷　（英國）德貞譯　清光緒十二年（1886）刻本　四冊

440000－2542－0003647　PZ301055

般若波羅蜜多心經一卷　（唐）釋玄奘譯　清光緒元年（1875）江北刻經處刻本　一冊

440000－2542－0003648　PZ301056

保全生命論一卷　（英國）古藍肥勒撰　（英國）秀耀春口譯　（清）趙元益筆述　清光緒二十七年（1901）上海製造局刻本　一冊

440000－2542－0003649　PZ301062

太陽經一卷太陰經一卷家堂經一卷灶司經一卷心經頭一卷心經尾一卷金剛神咒一卷　（□）□□撰　清光緒十九年（1893）刻本　一冊

440000－2542－0003650　PZ301064

大佛頂如來密因修正儀諸菩薩萬行首楞嚴經十卷　（唐）釋般刺密帝譯　清刻本　二冊

440000－2542－0003651　PZ301065

大佛頂如來密因修正儀諸菩薩萬行首楞嚴經十卷　（唐）釋般刺密帝譯　清同治八年（1869）金陵刻經處刻本　一冊　存五卷（六至十）

440000－2542－0003652　PZ301066

佛說七俱胝佛母准提大明陀羅尼經一卷

（唐）釋金剛智譯　清光緒八年（1882）金陵刻經處刻本　一冊

440000－2542－0003653　PZ301067
佛遺教經一卷　（後秦）釋鳩摩羅什譯　清同治九年（1870）金陵刻經處刻本　一冊

440000－2542－0003654　PZ301068
佛說八大人覺經一卷　（後秦）釋鳩摩羅什等譯　**佛說八大人覺經疏**　（漢）安世高譯　**二林居唱和詩**　（清）彭紹升撰　清光緒十一年（1885）金陵刻經處刻本　一冊

440000－2542－0003655　PZ301070
佛說無量壽經二卷　（三國魏）康僧鎧譯　清同治十三年（1874）金陵刻經處刻本　一冊

440000－2542－0003656　PZ301071
佛說阿彌陀經一卷　（後秦）釋鳩摩羅什譯　清光緒九年（1883）金陵刻經處刻本　一冊

440000－2542－0003657　PZ300451
梁氏筆記二十七卷　（清）梁章矩撰　清宣統三年（1911）上海掃葉山房石印本　八冊　存三種二十四卷

440000－2542－0003658　PZ300453
退菴隨筆二十二卷　（清）梁章鉅撰　清同治十一年（1872）刻本　八冊

440000－2542－0003659　PZ300455
歸田瑣記八卷　（清）梁章鉅撰　清道光二十五年（1845）刻本　四冊

440000－2542－0003660　PZ300456
蔗餘偶筆一卷　（清）方士淦撰　清同治十一年（1872）刻本　一冊

440000－2542－0003661　PZ301077
蘇悉地羯羅經四卷　（唐）輸迦波羅譯　清刻本　一冊

440000－2542－0003662　PZ300457
夢園叢說内篇六卷外篇八卷　（清）方濬頤撰　清同治十三年（1874）刻本　十冊

440000－2542－0003663　PZ300458
茶香室叢鈔二十三卷續鈔二十五卷三鈔二十九卷四鈔二十九卷　（清）俞樾撰　清光緒刻春在堂全書本　十七冊

440000－2542－0003664　PZ301083
大方廣圓覺修多羅了義經二卷　（唐）釋佛陀多羅譯　清同治十二年（1873）瑪瑙寺經房刻本　一冊

440000－2542－0003665　PJ100327
說文解字繫傳四十卷　（五代）徐鍇傳釋　清同治十二年（1873）粵東書局刻古經解彙函本　二冊　存十三卷（八至二十）

440000－2542－0003666　PS200550－1
東亞各港口岸志八篇　（日本）參謀本部編輯　清光緒二十八年（1902）上海廣智書局鉛印本　一冊

440000－2542－0003667　ZS000558
蠶書一卷　（宋）秦觀撰　清乾隆至道光長塘鮑氏刻知不足齋叢書本　與440000－2542－0000285合一冊

440000－2542－0003668　PZ301085
大威陀羅尼經二十卷　（隋）釋闍那崛多等譯　清刻本　四冊

440000－2542－0003669　PZ300459
竹葉亭雜記八卷　（清）姚元之撰　清光緒十九年（1893）桐城姚氏刻本　二冊

440000－2542－0003670　PZ300460
春在堂隨筆八卷　（清）俞樾撰　清同治至光緒刻春在堂全書本　二冊

440000－2542－0003671　PZ300461
橋西雜記一卷　（清）葉名灃撰　清同治十年（1871）滂喜齋刻本　一冊

440000－2542－0003672　PZ300462
橋西雜記一卷　（清）葉名灃撰　清同治十年（1871）滂喜齋刻本　一冊

440000－2542－0003673　PZ300463
蕉軒隨録十二卷　（清）方濬師撰　清同治十一年（1872）退一步齋刻本　十二冊

440000－2542－0003674　PZ301089

大方便佛報恩經七卷　(□)□□譯　清同治十一年(1872)金陵刻經處刻本　一冊

440000－2542－0003675　PZ301092
大乘阿毗達磨雜集論十六卷　(唐)釋玄奘譯　清宣統三年(1911)刻本　三冊

440000－2542－0003676　PZ300465
憶書六卷　(清)焦循撰　清光緒十年(1884)刻本　二冊

440000－2542－0003677　PZ301095
成唯識論述記六十卷　(唐)釋窺基撰　清光緒二十七年(1901)金陵刻經處刻本　二十冊

440000－2542－0003678　PZ300478
物理論一卷　(晉)楊泉撰　清嘉慶十年(1805)刻本　一冊

440000－2542－0003679　PZ300480
意林五卷　(唐)馬總撰　清刻武英殿聚珍版書本　一冊　存二卷(一至二)

440000－2542－0003680　PZ300481
意林五卷　(唐)馬總撰　清光緒三年(1877)湖北崇文書局刻本　二冊

440000－2542－0003681　PZ300482
意林五卷　(唐)馬總撰　清光緒三年(1877)湖北崇文書局刻本　一冊

440000－2542－0003682　PZ301102
佛說金剛般若波羅密經略疏二卷　(唐)釋智伊述　清光緒二十六年(1900)金陵刻經處刻本　與440000－2542－0006372合一冊

440000－2542－0003683　PZ300483
玉芝堂談薈三十六卷　(明)徐應秋撰　清光緒元年(1875)蒨園刻本　三十二冊

440000－2542－0003684　PZ300484
異聞益智叢錄三十四卷　(清)種蕉藝蘭生編　清光緒二十六年(1900)江南書局刻本　四冊　存二十卷(十五至三十四)

440000－2542－0003685　PZ300486
三字經訓詁一卷　(宋)王應麟撰　(清)王相注　清李光明莊刻本　一冊

440000－2542－0003686　PZ300487
物理小識十二卷　(明)方以智撰　清光緒十年(1884)寧靜堂刻本　六冊

440000－2542－0003687　PZ300489
聲律啓蒙三卷　(清)車萬育撰　清光緒二十年(1894)兩儀堂刻本　一冊

440000－2542－0003688　PZ300490
消暑隨筆四卷　(清)潘世恩輯　清道光二十年(1840)承啟堂刻本　二冊

440000－2542－0003689　PZ301117
大佛頂如來密因修證了義諸菩薩萬行首楞嚴經纂註十卷首一卷末一卷　(唐)釋般剌蜜諦譯　(明)釋真界纂註　清光緒三十四年(1908)金陵刻經處刻本　五冊

440000－2542－0003690　PZ301121
大佛頂首楞嚴經疏解蒙鈔六十卷　(明)蒙叟述　清光緒六年(1880)刻本　二十冊

440000－2542－0003691　PZ301123
相宗八要直解八卷　(明)釋智旭解　清同治九年(1870)金陵刻經處刻本　二冊

440000－2542－0003692　PZ301124
修習止觀生禪法要一卷六妙法門一卷　(唐)釋智顗述　清光緒十八年(1892)金陵刻經處刻本　一冊

440000－2542－0003693　PZ301125
八宗綱要二卷　(明)日僧凝然述　清宣統三年(1911)揚州藏經院刻本　一冊　存一卷(一)

440000－2542－0003694　PZ301126
相宗八要解八卷　(唐)釋玄奘譯　(明)釋明昱集解　清光緒二十八年(1902)金陵刻經處刻本　三冊

440000－2542－0003695　PZ301133
勸修淨土切要一卷　(清)真益願纂　清咸豐四年(1854)刻本　一冊

440000－2542－0003696　PJ401174
試律青雲集四卷　(清)楊逢春輯　清道光五

年(1825)刻本　四册

440000－2542－0003697　PJ401175

江左校士錄六卷　(清)黄體芳輯　清光緒十一年(1885)江陰節署刻本　六册

440000－2542－0003698　PJ401176

小題文迎機集一卷　(清)曹希煌編　清道光二十一年(1841)刻本　一册

440000－2542－0003699　PJ401471

盛湖詩萃十二卷　(清)王鯤輯　**盛湖詩萃續編四卷**　(清)王致望輯　清咸豐元年至七年(1851－1857)刻本　四册

440000－2542－0003700　PJ401177

試藝一卷　(清)林毓桂等撰　清光緒刻本　一册

440000－2542－0003701　PJ401178

匯學讀本四卷　(清)徐匯公塾編　清光緒十四年(1888)上海土山灣慈母堂鉛印本　四册

440000－2542－0003702　PJ401469

江蘇詩徵一百八十三卷　(清)王豫輯　清道光元年(1821)焦山海西庵詩徵閣刻本　三十三册

440000－2542－0003703　PJ401472

國朝松陵詩徵二十卷　(清)袁景輅編次　清乾隆三十二年(1767)刻本　三册　存九卷(一至九)

440000－2542－0003704　PJ401473

江左十五子詩選十五卷　(清)宋犖輯　清康熙刻本　一册　存六卷(十至十五)

440000－2542－0003705　PJ401474

江左十五子詩選十五卷　(清)宋犖輯　清康熙刻本　一册　存五卷(十一至十五)

440000－2542－0003706　PJ401475

崇川詩鈔彙存一百十四卷首八卷　(清)王藻輯　清咸豐七年(1857)有嘉樹軒刻本　二十册

440000－2542－0003707　PJ401476

崇川詩鈔彙存一百十四卷首八卷　(清)王藻輯　清咸豐七年(1857)有嘉樹軒刻本　五册　存三十九卷(崇川各家詩鈔彙存一至五、二十四至四十,首三至八,補遺四十至五十)

440000－2542－0003708　PJ401479

常州府八邑藝文志十卷　(清)盧文弨纂輯　清咸豐九年(1859)木活字印本　三册　存三卷(二、五至六)

440000－2542－0003709　PJ401477

近里同人詩存一卷　(清)徐子翔編輯　清光緒二十三年(1897)刻本　一册

440000－2542－0003710　PJ401480

國朝常州駢體文錄三十一卷附結一宧駢體文一卷　(清)屠寄輯　清光緒十六年(1890)刻本　七册

440000－2542－0003711　PJ401481

國朝常州駢體文錄三十一卷附結一宧駢體文一卷　(清)屠寄輯　清光緒十六年(1890)刻本　七册

440000－2542－0003712　PJ401482

國朝常州駢體文錄三十一卷附結一宧駢體文一卷　(清)屠寄輯　清光緒十六年(1890)刻本　四册　存十三卷(一至二、四至十一、十七至十九)

440000－2542－0003713　PJ401483

松陵文集初編四卷　陳去病纂輯　清宣統三年(1911)百尺樓叢書本　一册

440000－2542－0003714　PJ401488

浙西六家詩鈔六卷　(清)吴應和選　(清)馬洵選　清道光七年(1827)刻本　四册

440000－2542－0003715　PJ401489

國朝杭郡詩輯三十二卷　(清)吴顥原本　(清)吴振棫重編　清同治十三年(1874)丁氏刻本　九册

440000－2542－0003716　PJ401490

國朝杭郡詩續輯四十六卷　(清)吴振棫編　清同治十三年(1874)丁氏刻本　九册

440000－2542－0003717　PJ401491

國朝杭郡詩三輯一百卷　(清)丁申　(清)丁丙編　清光緒十九年(1893)刻本　二十六册　存六十四卷(二至六、十至二十、二十六至二十八、三十四至六十六、六十九至八十)

440000－2542－0003718　PJ401491－1
國朝杭郡詩三輯一百卷　(清)丁申　(清)丁丙編　清光緒十九年(1893)刻本　一册　存三卷(五十至五十二)

440000－2542－0003719　PJ401492
國朝湖州詩錄三十四卷　(清)陳焯原編　清道光十年(1830)刻本　十册　存二十九卷(三至二十二、二十六至三十四)

440000－2542－0003720　PJ401492－1
國朝湖州詩錄補編二卷　(清)鄭祖琛編次　清道光十一年(1831)刻本　一册

440000－2542－0003721　PJ401493
國朝湖州詩錄三十四卷　(清)陳焯原編　清道光十年(1830)刻本　五册　存十四卷(三至四、八至十、二十六至三十四)

440000－2542－0003722　PJ401494
國朝湖州詩續錄十六卷　(清)鄭佶編次　清道光十一年(1831)刻本　二册　存五卷(一至五)

440000－2542－0003723　PZ301135
淨土捷要一卷　(明)釋德清撰　清宣統二年(1910)鉛印本　一册

440000－2542－0003724　PZ301143
大慈恩寺三藏法師傳十卷　(唐)釋彥悰輯　清宣統元年(1909)刻本　三册

440000－2542－0003725　PZ301145
相宗史傳略錄一卷　(清)梅光羲編　清光緒刻本　一册

440000－2542－0003726　PZ301146
相宗史傳略錄一卷　(清)梅光羲編　清光緒刻本　一册

440000－2542－0003727　PJ401495
國朝嚴州詩錄八卷　(清)宗源瀚輯　清光緒二年(1876)刻本　一册

440000－2542－0003728　PJ401499
寧都三魏全集　(清)林時益編　清道光二十五年(1845)寧都謝庭綬紱園書塾刻本　二十四册　存五十一卷(魏叔子文集外編十八至二十二,魏叔子文集一至八,魏季子文集一至二、五至十六,魏昭士文集一至十,魏敬士文集一至八,魏興士文集一至六)

440000－2542－0003729　PJ401500
嶺南羣雅初集三卷二集三卷　(清)劉彬華輯　清嘉慶十八年(1813)玉壺山房刻本　八册

440000－2542－0003730　PJ401501
楚庭耆舊遺詩前集二十一卷後集二十一卷　(清)伍崇曜輯　清道光二十三年(1843)南海伍氏刻本　八册

440000－2542－0003731　PJ401502
嶺南三大家詩選二十四卷　(清)王隼選　清同治七年(1868)南海陳氏刻本　四册　存二十一卷(四至二十四)

440000－2542－0003732　SQ300037
寄園寄所寄十二卷　(清)趙吉士輯　清文德堂刻本　十二册

440000－2542－0003733　PJ401503
嶺南三大家詩選二十四卷　(清)王隼選　清同治七年(1868)南海陳氏刻本　五册

440000－2542－0003734　PJ401506
廣東文選四十卷　(清)屈大均選　清刻本　十四册　存三十四卷(七至四十)

440000－2542－0003735　PJ401507
學海堂集十六卷　(清)阮元編　(清)啟秀山房訂　清道光五年(1825)啟秀山房刻本　六册

440000－2542－0003736　PJ401509
學海堂四集二十八卷　(清)金錫齡編　(清)啟秀山房訂　清光緒十二年(1886)啟秀山房刻本　一册

440000－2542－0003737　PJ401513

學海堂集十六卷　(清)阮元編　(清)啟秀山房訂　清道光五年(1825)啟秀山房刻本　一册　存三卷(初集一至三)

440000－2542－0003738　QT000696
六通訂誤一卷　(清)席祐福撰　清光緒上海圖書集成局鉛印本　一册　存三種

440000－2542－0003739　PJ401510
學海堂二集二十二卷　(清)吴蘭修編　(清)啟秀山房訂　清道光十八年(1838)啟秀山房刻本　二册　存四卷(二集十二、十八至二十)

440000－2542－0003740　PJ401511
學海堂集十六卷　(清)阮元編　(清)啟秀山房訂　清道光五年(1825)啟秀山房刻本　一册　存二卷(初集三至四)

440000－2542－0003741　PJ401512
學海堂集十六卷　(清)阮元編　(清)啟秀山房訂　清道光五年(1825)啟秀山房刻本　三册　存九卷(初集四至八、十三至十六)

440000－2542－0003742　PZ301147
牟子一卷　(漢)牟融撰　(清)孫星衍校　清刻本　一册

440000－2542－0003743　PJ401514
粤十三家集一百八十二卷　(清)伍元薇輯　清道光二十年(1840)南海伍氏詩雪軒刻本　三十册

440000－2542－0003744　PJ401515
粤十三家集一百八十二卷　(清)伍元薇輯　清道光二十年(1840)南海伍氏詩雪軒刻本　二册　存十三卷(中洲草堂遺集十五至二十三、末一卷,六瑩堂二集一至三)

440000－2542－0003745　PZ301150
牟子一卷　(漢)牟融撰　清光緒元年(1875)湖北崇文書局刻本　一册

440000－2542－0003746　PJ401515－1
粤十三家集一百八十二卷　(清)伍元薇輯　清道光二十年(1840)南海伍氏詩雪軒刻本　一册　存三卷(六瑩堂二集四至六)

440000－2542－0003747　PZ301151
牟子一卷　(漢)牟融撰　清光緒元年(1875)湖北崇文書局刻本　一册

440000－2542－0003748　PZ301152
牟子一卷　(漢)牟融撰　清光緒元年(1875)湖北崇文書局刻本　一册

440000－2542－0003749　PJ401517
菊坡精舍集二十卷　(清)陳澧輯　清光緒二十三年(1897)羊城西湖街富文齋刻本　七册

440000－2542－0003750　PZ301153
戒殺放生文一卷　(明)釋袾宏撰並注　清光緒二十三年(1897)金陵刻經處刻本　一册

440000－2542－0003751　PZ301155
蓮池大師戒殺放生彙錄一卷　(明)釋袾宏撰　清刻本　一册

440000－2542－0003752　PZ300359
日知錄之餘四卷　(清)顧炎武著　清末石印本　一册　存二卷(一至二)

440000－2542－0003753　PJ401521
蜀秀集九卷　(清)譚宗浚編　清光緒五年(1879)成都試院刻本　十册

440000－2542－0003754　PJ401522
蜀秀集九卷　(清)譚宗浚編　清光緒五年(1879)成都試院刻本　八册

440000－2542－0003755　PZ300361
日知錄集釋三十二卷　(清)顧炎武著　**日知錄栞誤二卷續栞誤二卷**　(清)黄汝成撰　清同治八年(1869)廣州述古堂刻本　十五册　存三十二卷(日知錄集釋三十二卷)

440000－2542－0003756　PZ300362
日知錄集釋三十二卷　(清)顧炎武著　**日知錄栞誤二卷續栞誤二卷**　(清)黄汝成撰　清同治八年(1869)廣州述古堂刻本　十六册

440000－2542－0003757　PZ300365
諸子通考三卷　(清)孫德謙撰　清宣統二年(1910)鉛印本　三册

440000－2542－0003758　PJ401526
黔詩紀略三十三卷　(清)唐樹義審例　(清)黎兆勳採詩　(清)莫友芝傳證　清同治十二年(1873)遵義唐氏夢研齋金陵刻本　八冊

440000－2542－0003759　PZ300367
能改齋漫錄十八卷　(宋)吳曾撰　清刻本　二冊　缺八卷(六至十三)

440000－2542－0003760　PZ300368
日知錄刊誤兩卷續刊誤兩卷　(清)黃汝成撰　清同治三年(1864)刻本　一冊

440000－2542－0003761　PZ300371
夢溪筆談二十六卷　(宋)沈括撰　清光緒三十二年(1906)番禺陶氏愛廬刻本　四冊

440000－2542－0003762　PJ401528
金山姚氏二先生集四卷　(清)姚前樞　(清)姚前機撰　(清)張文虎輯　清光緒二年(1876)刻本　一冊

440000－2542－0003763　PJ401529
瑞芝山房文鈔八卷　(清)戴燮元輯　清光緒元年至三年(1875－1877)丹徒戴氏廣陵刻本　三冊　存三卷(三至五)

440000－2542－0003764　PJ401530
黃氏三世詩三卷　(清)黃炳垕輯　清光緒十五年(1889)留書種閣刻本　一冊

440000－2542－0003765　PZ301160
阿難解殺寶文一卷　(□)□□撰　清道光刻本　四冊

440000－2542－0003766　PJ401531
項城袁氏家集　丁振鐸輯　清宣統三年(1911)清芬閣鉛印本　五十六冊　存七種

440000－2542－0003767　PJ401532
項城袁氏家集　丁振鐸輯　清宣統三年(1911)清芬閣鉛印本　五十六冊　存七種

440000－2542－0003768　PJ401533
項城袁氏家集　丁振鐸輯　清宣統三年(1911)清芬閣鉛印本　七冊　存一種七卷(端敏公奏議六至十二)

440000－2542－0003769　PZ300376
西溪叢語二卷　(宋)姚寬輯　(明)毛晉訂　清刻本　一冊　存一卷(上)

440000－2542－0003770　PZ300377
學林十卷　(宋)王觀國撰　清嘉慶湖海樓刻本　三冊　存五卷(五至九)

440000－2542－0003771　PZ300378
考古質疑六卷　(宋)葉大慶撰　清嘉慶刻本　一冊

440000－2542－0003772　PZ300379
敬齋古今黈八卷　(元)李冶撰　清乾隆四十年(1775)刻本　一冊　存四卷(一至四)

440000－2542－0003773　PZ301166
止觀輔行傳宏決一卷　(唐)釋湛然撰　(清)湖濤錄　清同治八年(1869)刻本　一冊

440000－2542－0003774　PZ300380
日損齋筆記一卷　(元)黃溍撰　清同治九年(1870)永康胡氏退補齋刻金華叢書本　一冊

440000－2542－0003775　PZ300491
消暑隨筆四卷　(清)潘世恩撰　清道光甘泉黃氏刻清頌堂叢書本　二冊

440000－2542－0003776　PZ300124
菜根譚一卷　(明)洪應明著　(清)釋清鎔重校　清道光刻本　一冊

440000－2542－0003777　PZ300125
人譜正篇一卷續篇一卷三篇一卷人譜類記增訂六卷　(明)劉宗周著　清光緒三年(1877)湖北崇文書局刻本　二冊

440000－2542－0003778　PJ401534
五周先生集六卷　(清)周沐潤　(清)周悅修　(清)周星譼　(清)周星譽　(清)周星詒撰　清光緒二十九年(1903)水繪盦刻本　二冊

440000－2542－0003779　PZ300126
庭訓格言一卷　(清)聖祖玄燁撰　(清)清世宗胤禛編　清光緒七年(1881)廣仁堂刻本　一冊

440000－2542－0003780　PZ301207

北堂書鈔一百六十卷　（唐）虞世南撰　（清）孔廣陶校注　清光緒十四年（1888）孔氏三十有三萬卷堂刻本　十六册

440000－2542－0003781　PZ300127

庭訓格言一卷　（清）聖祖玄燁撰　（清）世宗胤禛編　清光緒七年（1881）廣仁堂刻本　一册

440000－2542－0003782　PZ300128

庭訓格言一卷　（清）聖祖玄燁撰　（清）世宗胤禛編　清光緒七年（1881）廣仁堂刻本　一册

440000－2542－0003783　PZ300129

庭訓格言一卷　（清）聖祖玄燁撰　（清）世宗胤禛編　清光緒七年（1881）廣仁堂刻本　一册

440000－2542－0003784　PZ300130

庭訓格言一卷　（清）聖祖玄燁撰　（清）世宗胤禛編　清光緒七年（1881）廣仁堂刻本　一册

440000－2542－0003785　PZ300131

聖諭廣訓直解一卷　（清）聖祖玄燁撰　（清）世宗胤禛廣訓　（清）□□直解　清光緒二十三年（1897）長白桐澤刻本　二册

440000－2542－0003786　PZ301208

北溪先生字義二卷補遺一卷嚴陵講義一卷　（宋）陳淳撰　清光緒二十三年（1897）雲間木活字印本　一册

440000－2542－0003787　PZ300132

聖諭廣訓一卷　（清）聖祖玄燁撰　（清）世宗胤禛廣訓　清光緒十二年（1886）廣仁堂刻本　一册

440000－2542－0003788　PZ301209

北溪先生字義二卷補遺一卷嚴陵講義一卷　（宋）陳淳撰　清光緒二十三年（1897）雲間木活字印本　一册

440000－2542－0003789　PZ300134

慎言集訓二卷　（明）敖英撰　清同治四年（1865）錢塘丁氏當歸草堂叢書本　一册

440000－2542－0003790　PZ300135

人譜一卷人譜類記二卷　（明）劉宗周撰　（清）洪正治校編　清光緒二十九年（1903）上海翼化堂刻本　二册

440000－2542－0003791　PZ301219

韻府羣玉二十卷　（元）陰時夫輯　（元）陰中夫註　（明）王元貞校正　明萬曆刻本　十册

440000－2542－0003792　QT000897

儒林宗派十六卷　（清）萬斯同撰　清宣統三年（1911）上海國學扶輪社鉛印本　一册　存八卷（九至十六）

440000－2542－0003793　PZ301221

增訂二三場羣書備考四卷　（明）袁黄著　（明）袁儼注　（明）沈世昌增　（明）徐行敏訂　明崇禎刻本　二册　存三卷（一至三）

440000－2542－0003794　PZ301216

玉海二百卷辭學指南四卷附刻十三種　（宋）王應麟撰　清光緒九年（1883）浙江書局刻本　一百二十二册

440000－2542－0003795　PZ301217

玉海二百卷辭學指南四卷附刻十三種　（宋）王應麟撰　清光緒九年（1883）浙江書局刻本　七十册　存一百三十四卷（六十四至一百二十四、一百二十八至二百）

440000－2542－0003796　PZ301218

玉海二百卷　（宋）王應麟撰　清刻本　四十一册　缺七十一卷（九十四至一百五十二、一百八十九至二百）

440000－2542－0003797　PZ301239

淵鑑類函四百五十卷目錄四卷　（清）張英等纂　清刻本　四十七册　缺二百九十五卷（一至六十四、一百十四至三百四十，目錄四卷）

440000－2542－0003798　PZ301240

淵鑑類函四百五十卷目錄四卷　（清）張英等

纂　清光緒十三年(1887)上海同文書局石印本　四十八册

440000－2542－0003799　PZ301241
淵鑑類函四百五十卷目錄四卷　(清)張英等纂　清刻本　三十一册　缺三百六十九卷(三至六、五十八至五十九、六十五至三百六十一、三百七十八至四百四十、四百四十八至四百五十)

440000－2542－0003800　PZ301243
淵鑑類函四百五十卷目錄四卷　(清)張英等纂　清同治至光緒南海孔氏三十有三萬卷堂刻本　一百五十八册　缺九卷(八十八至八十九、三百十三至三百十五,目錄四卷)

440000－2542－0003801　PZ301222
羣書備考六卷　(明)袁黄撰　(明)袁儼註釋　明崇禎以後刻本　一册　存二卷(五至六)

440000－2542－0003802　PZ301223
重訂二三場註釋羣書備考八卷　(明)袁黄著　(明)葉世儉增注　(明)嚴袛敬訂閲　明崇禎以後刻本　二册　存四卷(五至八)

440000－2542－0003803　PZ301224
增訂二三場羣書備考四卷　(明)袁黄著　(明)袁儼注　(明)沈世昌增　(明)徐行敏訂　明崇禎以後刻本　二册　存二卷(三至四)

440000－2542－0003804　PZ301225
增訂二三場羣書備考四卷　(明)袁黄著　(明)袁儼注　(明)沈世昌增　(明)徐行敏訂　明崇禎以後刻本　一册　存一卷(三)

440000－2542－0003805　PZ301226
增訂二三場羣書備考四卷　(明)袁黄著　(明)袁儼注　(明)沈世昌增　(明)徐行敏訂　明崇禎以後刻本　一册　存一卷(三)

440000－2542－0003806　PZ301246
增補事類統編九十三卷　(清)黄葆真輯　清道光敦好堂刻本　十四册　存四十七卷(四十七至九十三)

440000－2542－0003807　PZ301248
子史精華一百六十卷　(清)吳襄等纂修　清光緒十三年(1887)上海積山書局石印本　十册

440000－2542－0003808　PJ401543
二陳詩選四卷　(清)陳聖洛　(清)陳聖澤撰　清嘉慶十六年(1811)山滿樓刻本　二册

440000－2542－0003809　PJ401550
錢唐湖山勝概詩文二卷　(明)夏時撰　清光緒七年(1881)錢塘丁氏刻西湖集覽本　與440000－2542－0003812合一册

440000－2542－0003810　PJ401551
西湖韻事一卷附不繫園集一卷隨喜庵集一卷　(明)汪汝謙撰　清光緒五年(1879)刻武林掌故叢編本　與440000－2542－0003811合一册

440000－2542－0003811　PJ401551
西湖八社诗帖一卷　(明)祝时泰等輯　清光緒七年(1881)錢唐丁氏刻武林掌故叢編本　一册

440000－2542－0003812　PJ401550
西湖竹枝集一卷　(元)楊維楨輯　清光緒七年(1881)錢塘丁氏刻西湖集覽本　一册

440000－2542－0003813　PJ401549
鴛水聯唫二十集　(清)岳鴻慶集訂　(清)于源校字　清道光二十一年(1841)刻本　四册

440000－2542－0003814　PZ301249
子史精華一百六十卷　(清)吳襄等纂修　清光緒石印本　九册　存一百十六卷(一至一百、一百二十七至一百四十二)

440000－2542－0003815　PZ301250
子史精華一百六十卷　(清)吳襄等纂修　清刻本　三十七册　缺十一卷(九十一至九十四,一百七至一百九,一百三十一至一百三十四)

440000－2542－0003816　PZ301252
佩文韻府一百六卷韻府拾遺一百六卷　(清)

張玉書等編　清刻本　一百六十冊

440000－2542－0003817　PJ401553
耋齡酬唱一卷　（清）黄炳垕等撰　清光緒二十年(1894)刻本　一冊

440000－2542－0003818　PJ401554
名山福壽編一卷　徐琪輯　清光緒七年(1881)刻本　一冊

440000－2542－0003819　PZ301253
佩文韻府一百六卷韻府拾遺一百六卷　（清）張玉書等編　清刻本　五十六冊　存六十三卷(佩文韻府一至六十三)

440000－2542－0003820　PJ401555
半春唱和詩四卷　（清）符曾等撰　清乾隆元年(1736)刻本　一冊

440000－2542－0003821　PJ401556
于湖題襟集十卷　（清）袁昶輯　清光緒桐廬袁氏刻漸西村舍彙刻本　三冊　存六卷(黄公度詩一卷、施均父詩一卷、王六潭詩一卷、文一至三)

440000－2542－0003822　PJ401557
同聲集四卷　（清）徐基編　清康熙刻本　一冊　存二卷(三至四)

440000－2542－0003823　PJ401559
南湖唱和集　（清）章世豐輯錄　清光緒七年(1881)錢唐丁氏刻武林掌故叢編本　一冊

440000－2542－0003824　PJ401559－1
崇福寺志四卷　（清）朱文藻纂輯　**續崇福寺志**　（清）章庭棫纂輯　清光緒七年(1881)錢唐丁氏刻武林掌故叢編本　一冊

440000－2542－0003825　PJ401560
長谿社詩存五卷　（清）潘允喆輯　（清）潘逵吉校錄　清光緒十二年(1886)春暉堂刻本　一冊

440000－2542－0003826　PJ401561
冰泉唱和闰集一卷　金武祥輯　清光緒二十七年(1901)粟香室刻本　一冊

440000－2542－0003827　PJ401563
柳洲亭折柳詞一卷　（清）江峯青等撰　清光緒茸城顧文善齋刻本　一冊

440000－2542－0003828　PZ301168
般若綱要十卷　（清）葛鼎慧編　清光緒十二年(1886)刻本　四冊

440000－2542－0003829　PZ301169
蓮修必讀一卷　（清）釋觀如輯　清光緒十二年(1886)揚州藏經院刻本　一冊

440000－2542－0003830　PJ401572
百美新詠一卷集詠一卷圖傳一卷　（清）顔希源編撰　（清）王翽繪圖　清嘉慶集腋軒刻本　二冊　存二卷(百美新詠一卷、集詠一卷)

440000－2542－0003831　PZ301172
唐玄奘法師八識規矩母頌一卷　（唐）釋玄奘撰　（清）釋性起論釋　（清）釋善漳錄　清光緒三年(1877)刻本　一冊

440000－2542－0003832　PJ401573
石筍山房圖題詠集二卷　（清）何爕編次　清光緒三年(1877)城步學署刻本　一冊

440000－2542－0003833　PJ401573－1
石筍山房圖題詠集二卷　（清）何爕編次　清光緒三年(1877)城步學署刻本　一冊

440000－2542－0003834　PJ401576
當湖百詠一卷　（清）張雲錦撰　清宣統三年(1911)華雲閣木活字印本　一冊

440000－2542－0003835　PJ401577
火林負母圖題詞一卷　（清）李德儀等撰　清咸豐七年(1857)忠孝祠刻本　一冊

440000－2542－0003836　PJ401578
梅嶺課子圖題辭二卷　（清）傅振海編錄　清光緒刻本　一冊

440000－2542－0003837　PJ401579
慕萊堂題詠前刻一卷後刻一卷　（清）廖壽恒等撰　清光緒十七年(1891)刻本　一冊

440000－2542－0003838　PJ401581
泛槎圖一卷　（清）張寶撰並編繪　**續泛槎圖**　（清）張寶撰並編繪　**續泛槎圖三集**　（清）

張寶撰並編繪　**艤槎圖四集**　(清)張寶撰並編繪　清嘉慶至道光羊城尚古齋張太占刻本　六册

440000－2542－0003839　PZ300381
識小錄一卷　(清)王夫之撰　清同治四年(1865)刻本　一册

440000－2542－0003840　PZ300382
管城碩記三十卷　(清)徐文靖撰　清乾隆九年(1744)刻本　九册

440000－2542－0003841　PZ300383
訂譌雜錄十卷　(清)胡鳴玉述　清嘉慶十八年(1813)刻本　一册　存四卷(一至四)

440000－2542－0003842　PJ401582
勝朝越郡忠節名賢尺牘一卷　(清)莫繩孫輯　清光緒三年(1877)申報館鉛印本　一册

440000－2542－0003843　PJ401586
國朝名人書札二卷　(清)吳曾祺編輯　清宣統元年(1909)上海商務印書館鉛印本　四册

440000－2542－0003844　PZ300388
二初齋讀書記十卷　(清)倪思寬撰　清嘉慶八年(1803)刻本　二册

440000－2542－0003845　PJ401587
袖中書二卷　(清)俞樾撰　清光緒刻春在堂叢書本　一册

440000－2542－0003846　PJ401587－1
游藝錄二卷　(清)俞樾撰　清光緒刻春在堂叢書本　一册

440000－2542－0003847　PZ301256
佩文韻府一百六卷　(清)張玉書等編　清光緒十二年(1886)刻本　五十八册　存一百卷(一至一百)

440000－2542－0003848　PJ401588
國朝名人小簡二卷　(清)吳曾祺編纂　清宣統三年(1911)上海商務印書館鉛印本　二册

440000－2542－0003849　PZ301258
龍筋鳳髓判四卷　(唐)張鷟撰　(明)劉允鵬注　(清)陳春補正　清嘉慶十六年(1811)刻本　二册　存三卷(一至三)

440000－2542－0003850　PZ301260
廣博物志五十卷　(明)董斯張纂　(明)楊鶴訂　清乾隆二十六年(1761)刻本　三十六册

440000－2542－0003851　PZ301261
格致鏡原一百卷　(清)陳元龍撰　清光緒十四年(1888)石印本　十六册

440000－2542－0003852　PJ401596
繡梓尺牘雙魚十一卷　(清)陳繼儒評釋　清金閶書林葉啓元刻本　二册

440000－2542－0003853　PJ401597
新刻時用繪意雲箋四卷　(清)蔣守誠編輯　清刻本　一册

440000－2542－0003854　PJ401598
新刻時用繪意雲箋四卷　(清)蔣守誠編輯　清刻本　一册

440000－2542－0003855　PJ401599
新刻通用尺素見心集二卷　(清)汪文芳輯　清同治八年(1869)滬城文正堂善記刻本　一册

440000－2542－0003856　PJ401600
書契便蒙一卷　(清)南窗侍者撰　清光緒三十二年(1906)上海土山灣印書館鉛印本　一册

440000－2542－0003857　PZ301262
宋稗類鈔八卷　(清)潘永因編輯　(清)潘永圜訂定　清刻本　十册　存四卷(一至四)

440000－2542－0003858　PZ301263
宋稗類鈔八卷　(清)潘永因輯　(清)潘永圜校　清康熙刻本　八册

440000－2542－0003859　PZ300983
瘟疫條辨摘要一卷附一卷　(清)呂田輯　清光緒十五年(1889)浙江書局刻本　一册

440000－2542－0003860　PZ300984
溫病條辨六卷首一卷　(清)吳塘著　清道光十五年(1835)慈溪葉氏濬吾樓刻本　五册

440000－2542－0003861　PJ401641

粵謳一卷　（清）招子庸撰　清道光八年(1828)刻咸豐八年(1858)補刻廣州登雲閣印本　一册

440000－2542－0003862　PZ300985

溫熱經緯五卷　（清）王士雄纂　清同治十三年(1874)湖北崇文書局刻本　四册

440000－2542－0003863　PZ300986

銅人鍼灸經七卷　（□）□□撰　清光緒九年(1883)錢塘丁氏刻本　一册

440000－2542－0003864　PJ401642

文心雕龍十卷　（南朝梁）劉勰撰　（清）黄叔琳輯注　清乾隆養素堂刻本　五册　存六卷（一至三、五、九至十）

440000－2542－0003865　PZ300987

太乙神鍼一卷　（清）范毓纂　清咸豐抄本　一册

440000－2542－0003866　PJ401643

文心雕龍十卷　（南朝梁）劉勰撰　（清）黄叔琳輯注　清乾隆養素堂刻本　一册　存三卷（五至七）

440000－2542－0003867　PJ401644

文心雕龍十卷　（南朝梁）劉勰撰　（清）黄叔琳輯注　（清）紀昀評　清道光十三年(1833)兩廣節署刻朱墨套印本　四册

440000－2542－0003868　PJ401645

文心雕龍十卷　（南朝梁）劉勰撰　（清）黄叔琳輯注　（清）紀昀評　清道光十三年(1833)兩廣節署刻朱墨套印本　一册　存二卷（三至四）

440000－2542－0003869　PJ401646

文心雕龍十卷　（南朝梁）劉勰撰　（清）黄叔琳輯注　清乾隆養素堂刻本　一册　存六卷（五至十）

440000－2542－0003870　PJ401647

文心雕龍十卷　（南朝梁）劉勰撰　（清）黄叔琳輯注　清乾隆養素堂刻本　一册　存三卷（五至七）

440000－2542－0003871　PS201957

經義考三百卷目錄二卷　（清）朱彝尊錄　清嘉慶二十二年(1817)年秀水朱氏刻本　三十二册

440000－2542－0003872　PJ401648

文心雕龍十卷　（南朝梁）劉勰撰　清刻本　一册　存六卷（五至十）

440000－2542－0003873　PS201956

經義考三百卷目錄二卷　（清）朱彝尊錄　清光緒二十三年(1897)浙江書局刻本　四十四册

440000－2542－0003874　PZ300991

本經疏證十二卷本經續疏六卷本經序疏要八卷　（清）鄒澍學　清道光刻本　十六册

440000－2542－0003875　PZ300993

本經疏證十二卷本經續疏六卷本經序疏要八卷　（清）鄒澍學　清道光刻本　二十册

440000－2542－0003876　PZ300994

長沙藥解四卷　（清）黄元御著　清咸豐十年(1860)長沙徐氏燮和精舍刻本　一册　存二卷（三至四）

440000－2542－0003877　PJ401655

東瀛詩記二卷新定牙牌數一卷　（清）俞樾撰　清光緒九年(1883)刻本　一册

440000－2542－0003878　PS201958

小學考五十卷　（清）謝啟昆錄　清光緒十八年(1892)浙江書局刻本　二十册

440000－2542－0003879　PJ401657

緝雅堂詩話二卷　（清）潘衍桐撰　清光緒十七年(1891)杭州刻本　一册

440000－2542－0003880　PC500482－1

子書百家　（清）崇文書局輯　清光緒元年(1875)湖北崇文書局刻本　五册　存二種二十七卷（新序十卷、墨子十六卷附篇目考一卷）

440000－2542－0003881　PZ301177

金剛經感應分類輯要一卷　(清)王澤沍編　清刻本　一冊

440000－2542－0003882　PS201963
書目答問四卷古今人著述合刻叢書目一卷別錄一卷國朝著述諸家姓名略一卷　(清)張之洞撰　清宣統元年(1909)掃葉山房石印本　一冊

440000－2542－0003883　PS201964
東西學書錄二卷附錄一卷　(清)徐維則輯　清光緒二十五年(1899)石印本　三冊

440000－2542－0003884　PJ401658
柏堂讀書筆記十三卷　(清)方宗誠撰　清光緒三年至八年(1877－1882)桐城方氏刻柏堂遺書本　二冊　存八卷(論文章本原一至三、讀文雜記一卷、說詩章義一至三、陶詩真詮一卷)

440000－2542－0003885　PJ401661
星湄詩話二卷　(清)徐傳詩撰　清宣統三年(1911)新陽趙氏刻峭帆樓叢書本　二冊

440000－2542－0003886　PJ401662
僬餘叢話六卷　(清)郭麐撰　清道光九年(1829)刻本　一冊

440000－2542－0003887　PJ401663
僬餘叢話六卷　(清)郭麐撰　清道光九年(1829)刻本　一冊

440000－2542－0003888　PJ401664
鳴原堂論文二卷　(清)曾國藩撰　清同治十二年(1873)勵志齋刻本　二冊

440000－2542－0003889　PJ401669
中國文學指南二卷　(清)邵伯棠編輯　清宣統二年(1910)上海會文堂粹記石印本　二冊

440000－2542－0003890　PZ301394
古今注三卷　(晉)崔豹著　清刻本　一冊

440000－2542－0003891　PZ301394
博物志十卷　(晉)張華著　清刻本　與440000－2542－0003890合一冊

440000－2542－0003892　PZ301395
名學部甲八卷首一卷　(英國)穆勒約翰原本　嚴復翻譯　清光緒二十八年(1902)金粟齋鉛印本　一冊

440000－2542－0003893　PZ301400
讀書記疑十六卷　(清)王懋竑著　清同治十一年(1872)福建撫署刻本　六冊

440000－2542－0003894　PZ301401
讀書叢錄七卷　(清)洪頤煊撰　清光緒廣雅書局刻本　一冊

440000－2542－0003895　PZ301402
無邪堂答問五卷　(清)朱一新撰　清光緒二十一年(1895)廣雅書局刻本　五冊

440000－2542－0003896　PZ301404
晉宋書故一卷　(清)郝懿行著　清嘉慶刻曬書堂裸志本　一冊

440000－2542－0003897　PZ301405
古學記問錄十五卷　(清)吳蔚文編輯　清同治刻本　八冊

440000－2542－0003898　PZ301406
東萊呂紫微師友雜志一卷　(宋)呂本中撰　清光緒三年(1877)歸安陸氏刻十萬卷樓叢書本　一冊

440000－2542－0003899　PZ301406
東萊呂紫微雜說一卷　(宋)呂本中撰　清光緒二年(1876)歸安陸氏刻十萬卷樓叢書本　與440000－2542－0003898合一冊

440000－2542－0003900　PZ301407
讀書雜釋十四卷　(清)徐鼒學　清咸豐十一年(1861)刻本　三冊

440000－2542－0003901　PZ301408
讀書叢錄二十四卷　(清)洪頤煊撰　清道光二年(1822)廣州富文齋刻本　六冊

440000－2542－0003902　PZ301409
貽令堂雜俎一卷首一卷　(清)黃保康撰　清光緒刻本　一冊

440000－2542－0003903　PZ301413
思益堂日札十卷　(清)周壽昌撰　清光緒刻

本　三册

440000－2542－0003904　PZ301410
東湖叢記六卷　(清)蔣光煦撰　清光緒九年(1883)江陰繆氏刻雲自在龕叢書本　三册

440000－2542－0003905　PZ301415
韓門綴學五卷續編一卷　(清)汪師韓撰　清刻本　三册

440000－2542－0003906　PZ301416
句溪雜箸六卷　(清)陳立撰　清光緒十四年(1888)廣雅書局刻本　三册

440000－2542－0003907　PZ301414
古書疑義舉例七卷　(清)俞樾著　清光緒十四年(1888)南菁書院刻皇清經解續編本　二册

440000－2542－0003908　PS201982
留真譜初編十二卷　楊守敬編　清光緒二十七年(1901)宜都楊氏刻本　十册

440000－2542－0003909　PZ301420
淮南内篇二十二卷　(清)王念孫撰　清同治九年(1870)金陵書局刻讀書雜志本　四册

440000－2542－0003910　PZ301421
札迻十二卷　(清)孫詒讓撰　清光緒二十年(1894)瑞安孫氏籀高刻二十一年(1895)修補本　四册

440000－2542－0003911　PZ301423
麓澞薈錄十四卷爽鳩要錄二卷　(清)蔣超伯著　清同治五年(1866)刻本　八册

440000－2542－0003912　PZ301424
實存四卷　(清)胡式鈺撰　清道光刻本　二册

440000－2542－0003913　PZ301425
九九銷夏錄十四卷　(清)俞樾撰　清光緒十八年(1892)刻本　四册

440000－2542－0003914　PZ301426
定香亭筆談四卷　(清)阮元撰　清嘉慶五年(1800)刻文選樓叢書本　四册

440000－2542－0003915　PJ401690
砦溪詩話十卷　(宋)黄徹撰　清刻本　一册

440000－2542－0003916　PJ401691
砦溪詩話十卷　(宋)黄徹撰　清刻本　一册

440000－2542－0003917　PJ401692
唐詩紀事八十一卷　(宋)計有功撰　明末海虞毛氏汲古閣刻本　二册　存十二卷(四至八、六十六至七十二)

440000－2542－0003918　PJ401693
韻語陽秋二十卷　(宋)葛立方撰　**存餘堂詩話**　(明)朱承爵撰　**朱子儋墓志銘**　(明)文徵明撰　清光緒二十一年至二十四年(1895－1898)武進盛氏思惠齋刻常州先哲遺書本　一册

440000－2542－0003919　PJ401694
韻語陽秋二十卷　(宋)葛立方撰　**存餘堂詩話**　(明)朱承爵撰　**朱子儋墓志銘**　(明)文徵明撰　清光緒二十一年至二十四年(1895－1898)武進盛氏思惠齋刻常州先哲遺書本　一册

440000－2542－0003920　PZ301431
尺牘初桄二卷附二卷彙註一卷　(清)南窗待者編　清光緒上海慈母堂印書局鉛印本　四册

440000－2542－0003921　PZ301430
菽園贅談十四卷　邱煒萲輯箸　清光緒二十三年(1897)刻菽園箸書本　六册

440000－2542－0003922　PZ301268
天演論二卷　(英國)赫胥黎造論　嚴復達恉　清光緒二十七年(1901)刻本　一册

440000－2542－0003923　PZ301269
天演論二卷　(英國)赫胥黎造論　嚴復達恉　清光緒二十九年(1903)刻本　一册

440000－2542－0003924　PJ401688
歷代詩話　(清)何文煥輯　清乾隆刻本　一册　存二種二卷(木天禁語一卷、詩學禁臠一卷)

440000－2542－0003925　PZ301270

天演論二卷　（英國）赫胥黎造論　嚴復達恉　清光緒二十七年（1901）刻本　一冊

440000－2542－0003926　PZ301433

竹葉亭雜記八卷　（清）姚元之撰　清光緒十九年（1893）桐城姚氏刻本　四冊

440000－2542－0003927　PJ401695

詩藪内編六卷外編四卷雜編六卷　（明）胡應麟撰　清光緒二十二年（1896）廣雅書局刻本　二冊　存十卷（外編四卷、雜編六卷）

440000－2542－0003928　PZ301435

定湖筆談二卷附錄一卷　（清）黃景治撰　清道光六年（1826）刻本　二冊

440000－2542－0003929　PZ301436

南漘楛語八卷　（清）蔣超伯輯　清同治十年（1871）兩廣山房刻本　三冊

440000－2542－0003930　PS202107

補宋書食貨志一卷　（清）郝懿行撰　清嘉慶二十年（1815）曬書堂刻郝氏遺書本　與440000－2542－0004192合一冊

440000－2542－0003931　PJ401702

洪北江詩話六卷　（清）洪亮吉撰　清光緒三十四年（1908）上海埽葉山房石印本　二冊

440000－2542－0003932　PZ301438

談瀛錄六卷　（清）袁祖志撰　清光緒石印本　二冊

440000－2542－0003933　PZ301439

庸閒齋筆記十二卷自敘一卷　（清）陳其元撰　清光緒十五年（1889）上海檢古齋石印本　五冊

440000－2542－0003934　PZ301440

各國交涉便法論六卷　（英國）費利摩羅巴德著　（英國）傅蘭雅譯　（清）錢國祥校　清光緒二十四年（1898）上海書局石印本　六冊

440000－2542－0003935　PZ301276

格致彙編　（英國）傅蘭雅輯　清光緒二年（1876）刻本　三十一冊　存三百十二種

440000－2542－0003936　PZ301277

格物入門七卷　（美國）丁韙良著　清同治七年（1868）京都同文館刻本　七冊

440000－2542－0003937　PZ301278

格致小引一卷　（英國）赫施賚著　（英國）羅亨利　（清）瞿昂來譯　清刻本　一冊

440000－2542－0003938　PZ301280

物理學四卷　（日本）飯盛挺造編纂　（日本）丹波敬三　（日本）柴田承桂校補　（日本）藤田豐八譯　（清）王季烈重編　清光緒二十六年（1900）江南製造總局刻本　十二冊

440000－2542－0003939　PZ301281

聲學揭要十六章　（美國）赫士口譯　（清）朱葆琛筆述　（清）周文源校閱　清光緒二十四年（1898）美華書局刻本　一冊　存六章（一至六）

440000－2542－0003940　PZ301441

文海披沙八卷　（明）謝肇淛著　清光緒三年（1877）上海申報館鉛印本　二冊

440000－2542－0003941　PZ301282

電學圖說五卷　（英國）傅蘭雅譯　清光緒十三年（1887）益智書會刻本　一冊

440000－2542－0003942　PZ301284

熱學圖說二卷　（英國）傅蘭雅譯　清光緒十六年（1890）益智書會刻本　一冊

440000－2542－0003943　PZ301285

通物電光四卷　（美國）莫耳登撰　（英國）傅蘭雅口譯　（清）王季烈筆述　清光緒二十五年（1899）江南製造局刻本　一冊

440000－2542－0003944　PZ301286

通物電光四卷　（美國）莫耳登撰　（英國）傅蘭雅口譯　（清）王季烈筆述　清光緒二十五年（1899）江南製造局刻本　一冊

440000－2542－0003945　PZ301287

通物電光四卷　（美國）莫耳登撰　（英國）傅蘭雅口譯　（清）王季烈筆述　清光緒二十五年（1899）江南製造局刻本　一冊

440000－2542－0003946　PZ301288

物體遇熱改易記四卷　(英國)瓦特斯輯　(英國)傅蘭雅口譯　(清)徐壽筆述　(清)趙元益校錄　清光緒二十五年(1899)江南製造局刻本　二冊

440000－2542－0003947　PZ301289

聲學八卷　(美國)田大里著　(英國)傅蘭雅口譯　(清)徐建寅筆述　清同治十三年(1874)江南製造總局刻本　二冊

440000－2542－0003948　PJ401704

帶經堂詩話三十卷　(清)漁洋山人(王士禛)撰　清同治十二年(1873)廣州藏修堂刻本　十二冊

440000－2542－0003949　PZ301444

折獄龜鑑八卷　(宋)鄭克撰　清同治十年(1871)刻本　四冊

440000－2542－0003950　PZ301290

聲學八卷　(英國)田大里著　(英國)傅蘭雅口譯　(清)徐建寅筆述　清同治十三年(1874)江南製造總局刻本　二冊　存四卷(一至四)

440000－2542－0003951　PJ401705

乾嘉詩壇點將錄一卷　(清)舒位撰　清光緒至宣統長沙葉氏郎園刻雙楳景闇叢書本　一冊

440000－2542－0003952　PZ301254

佩文韻府一百六卷韻府拾遺一百六卷　(清)張玉書等編　清光緒十三年(1887)上海國文書局石印本　六十冊

440000－2542－0003953　PJ401706

五百石洞天揮塵十二卷　邱煒萲撰　清光緒二十五年(1899)閩漳邱氏廣東刻本　六冊

440000－2542－0003954　PJ401707

海天琴思錄八卷　(清)林昌彝輯　清同治三年(1864)刻本　四冊

440000－2542－0003955　PZ301255

佩文韻府一百六卷韻府拾遺一百六卷　(清)張玉書等編　清光緒十三年(1887)上海國文書局石印本　六十冊

440000－2542－0003956　PZ301344

理學逢源十二卷　(清)汪紱撰　清道光十八年(1838)敬業堂刻本　十二冊

440000－2542－0003957　PS202002

二銘草堂金石聚十六卷　(清)張德容著錄　清同治刻本　十一冊　存九卷(四至五、七至十、十二、十五至十六)

440000－2542－0003958　PZ301345

王心齋先生遺集五卷首一卷附錄六卷　(明)王艮撰　清宣統二年(1910)東堂袁氏鉛印本　六冊

440000－2542－0003959　PZ301347

羅豫章先生集十二卷　(宋)羅從彥撰　清光緒八年(1882)刻本　三冊

440000－2542－0003960　PZ301348

朱子不廢古訓説十六卷　(清)李中培撰　清道光二十三年(1843)四謙堂刻本　十冊

440000－2542－0003961　PZ301349

丁酉歲簡岸讀書草堂講學記聞一卷　(清)簡朝亮撰　清光緒二十三年(1897)抄本　一冊

440000－2542－0003962　PZ301350

人範六卷　(清)蔣元撰　清光緒二十七年(1901)廣雅書局刻本　一冊

440000－2542－0003963　PZ301351

輶軒語一卷　(清)張之洞撰　清光緒元年(1875)刻本　一冊

440000－2542－0003964　PZ301352

聖學格物通一百卷　(明)湛若水撰　清同治五年(1866)資政堂刻本　二十冊

440000－2542－0003965　PZ301353

止齋遺書十六卷　(清)黄俊苑撰　清光緒元年(1875)福州南本黄氏家塾刻本　四冊

440000－2542－0003966　PZ301354

弟子箴言十六卷　(清)胡達源撰　清光緒二十一年(1895)浦圻但氏刻本　四冊

440000－2542－0003967　PZ301355

薛子條貫篇十三卷續篇十三卷　(明)薛瑄撰　(清)戴楫編輯　清光緒十九年(1893)刻本　二册

440000－2542－0003968　PZ301356

讀書説四卷　(清)胡承諾撰　清道光十六年(1836)刻本　三册

440000－2542－0003969　PZ301357

繹志十九卷劄記一卷　(清)胡承諾撰　清光緒十七年(1891)三餘草堂刻本　六册

440000－2542－0003970　PZ301358

涇野子内篇二十七卷　(明)吕柟撰　清嘉慶三年(1798)刻本　十二册

440000－2542－0003971　PZ301359

松陽講義十二卷　(清)陸隴其撰　清光緒十三年(1887)固始張氏刻本　四册

440000－2542－0003972　PZ301454

夢園叢説内篇八卷外篇八卷　(清)方濬頤撰　清光緒刻本　六册

440000－2542－0003973　PS202009

語石十卷　葉昌熾撰　清宣統元年(1909)刻本　四册

440000－2542－0003974　PZ301457

讀未見書錄不分卷　(清)仲子日編　清嘉慶稿本　一册

440000－2542－0003975　PZ301459

佔畢叢談六卷勸學巵言一卷時文蠡測一卷　(清)袁守定撰　清光緒十二年(1886)刻本　四册

440000－2542－0003976　PZ301460

安舟襍鈔三十六卷　(清)蘇珥輯　清嘉慶十九年(1814)種德堂刻本　十册

440000－2542－0003977　PZ301461

福永堂彙鈔二卷　(清)賀瑞麟撰　清光緒鉛印本　二册

440000－2542－0003978　PZ301462

八旗箴一卷戒賭十條三字孝經一卷合璧四十頭一卷　(清)□□撰　清刻本　一册

440000－2542－0003979　PS202015

匋齋藏石記四十四卷首一卷附匋齋藏甎記二卷　(清)端方撰　清宣統元年(1909)石印本　十二册

440000－2542－0003980　PS202017

平津讀碑記八卷續記一卷　(清)洪頤煊撰　清嘉慶二十一年(1816)刻本　三册

440000－2542－0003981　PZ301463

日本變法由游俠義憤考一卷　(清)康同薇撰　清光緒二十四年(1898)上海大同譯書局石印本　一册

440000－2542－0003982　PZ301463

意大利興國俠士傳一卷　(日本)松井廣吉撰　(日本)橋本大郎譯　清光緒二十四年(1898)上海大同譯書局石印本　與440000－2542－0003981合一册

440000－2542－0003983　PS202018

語石十卷　葉昌熾撰　清宣統元年(1909)刻本　四册

440000－2542－0003984　PS202019

語石十卷　葉昌熾撰　清宣統元年(1909)刻本　四册

440000－2542－0003985　PZ301464

西學輯存六種　(清)王韜輯　清光緒淞隱廬鉛印本　二册

440000－2542－0003986　PZ301465

各國政藝通考六十卷　(清)王振輯　清光緒二十九年(1903)上海文盛堂石印本　二十四册

440000－2542－0003987　PZ301466

各國政藝通考六十卷　(清)王振輯　清光緒二十九年(1903)上海文盛堂石印本　二十四册

440000－2542－0003988　PZ301467

衛濟餘編五卷　(清)王松溪輯　清咸豐六年(1856)禪山翰選樓刻本　五册

440000－2542－0003989　PZ301468
新輯時務匯通不分卷　(清)李作棟撰　清光緒二十九年(1903)上海崇新書局石印本　三十二冊

440000－2542－0003990　PZ301469
光緒二十二年京報　(清)新聞報館編　清光緒二十二年(1896)上海新聞報館鉛印本　一冊

440000－2542－0003991　PZ301470
光緒十九年京報　(清)新聞報館編　清光緒十九年(1893)上海新聞報館鉛印本　一冊

440000－2542－0003992　PZ301471
時務通攷三十一卷首一卷　(清)杞廬主人撰　清光緒二十三年(1897)上海點石齋石印本　二十四冊

440000－2542－0003993　PJ401730
圍爐詩話六卷　(清)吳喬述　清道光四年(1824)三槐堂刻本　二冊

440000－2542－0003994　PJ401731
楹聯續話四卷　(清)梁章鉅輯　清道光二十六年(1846)刻本　二冊

440000－2542－0003995　PZ301474
庸行編八卷　(清)史典輯　清咸豐七年(1857)南昌吳氏素行堂刻本　八冊

440000－2542－0003996　PZ301475
歷代奸庸殷鑒錄三十二卷　(清)李漱蘭等撰　清光緒三十年(1904)上海開智社石印本　八冊

440000－2542－0003997　PJ401743
東坡樂府三卷　(宋)蘇軾撰　朱祖謀重編　清宣統三年(1911)吳興朱氏刻本　一冊　存一卷(一)

440000－2542－0003998　PZ301479
國學叢刊　羅振玉輯　清宣統三年(1911)石印本　二冊　存十種

440000－2542－0003999　PS202033
京畿金石考二卷　(清)孫星衍撰　清同治至光緒吳縣潘氏刻滂喜齋叢書本　一冊

440000－2542－0004000　PZ301292
光學圖說二卷　(英國)傅蘭雅譯　清光緒十六年(1890)益智書會刻本　一冊

440000－2542－0004001　PZ301291
電學綱目三十九章　(英國)田大里輯　(英國)傅蘭雅口譯　(清)周郇筆述　清光緒七年(1881)江南製造局刻本　一冊

440000－2542－0004002　PS202034
兩浙金石志十八卷　(清)阮元編錄　清光緒十六年(1890)浙江書局刻本　八冊　存十二卷(三至六、十至十七)

440000－2542－0004003　PS202034－1
兩浙金石志十八卷　(清)阮元編錄　清光緒十六年(1890)浙江書局刻本　一冊　存二卷(六至七)

440000－2542－0004004　PZ301293
光學揭要二卷　(美國)赫士口譯　(清)朱葆琛筆述　(清)周文源校閲　清光緒二十四年(1898)上海美華印書館鉛印本　一冊

440000－2542－0004005　PZ301184
一切經音義二十五卷　(唐)釋元應撰　清道光二十五年(1845)刻海山仙館叢書本　六冊

440000－2542－0004006　PZ301294
水學圖說二卷　(英國)傅蘭雅譯　清光緒十六年(1890)益智書會刻本　一冊

440000－2542－0004007　PZ301295
電學十卷　(英國)瑙挨德撰　(英國)傅蘭雅口譯　(清)徐建寅筆述　清光緒五年(1879)江南製造局刻本　一冊

440000－2542－0004008　PZ301296
光學二卷　(英國)田大里輯　(德國)金楷理口譯　(清)趙元益筆述　清同治九年(1870)江南機器製造總局刻本　二冊

440000－2542－0004009　PZ301298
化學分原八卷　(英國)蒲陸山撰　(英國)傅蘭雅口譯　(清)徐建寅筆述　清同治十一年

(1872)江南製造總局刻本　二册

440000－2542－0004010　PJ401754
吴梅村詞一卷　(清)吴偉業撰　清宣統二年(1910)上海掃葉山房石印本　一册

440000－2542－0004011　PZ301299
化學分原八卷　(英國)蒲陸山撰　(英國)傅蘭雅口譯　(清)徐建寅筆述　清同治十一年(1872)江南製造總局刻本　二册

440000－2542－0004012　PZ301300
化學分原八卷　(英國)蒲陸山撰　(英國)傅蘭雅口譯　(清)徐建寅筆述　清同治十一年(1872)江南製造總局刻本　二册

440000－2542－0004013　PZ301301
化學分原八卷　(英國)蒲陸山撰　(英國)傅蘭雅口譯　(清)徐建寅筆述　清同治十一年(1872)江南製造總局刻本　二册

440000－2542－0004014　PZ301185
新譯大方廣佛華嚴經音義二卷　(唐)釋慧苑撰　清末安吴吴子彬抄本　清吴子彬校　一册

440000－2542－0004015　PZ301302
化學鑒原六卷　(英國)韋而司撰　(英國)傅蘭雅口譯　(清)徐壽筆述　清同治十一年(1872)江南製造總局刻本　四册

440000－2542－0004016　PJ401764
愚鼓詞一卷　(清)王夫之撰　清同治四年(1865)湘鄉曾氏金陵節署刻本　一册

440000－2542－0004017　PZ301303
化學鑑原續編二十四卷　(英國)蒲陸山撰　(英國)傅蘭雅口譯　(清)徐壽筆述　清光緒元年(1875)江南製造總局刻本　五册　存十八卷(一至十八)

440000－2542－0004018　PZ301304
化學考質八卷　(德國)富里西尼烏司著　(英國)傅蘭雅口譯　(清)徐壽筆述　清光緒九年(1883)江南製造總局刻本　六册

440000－2542－0004019　PZ301305
化學考質八卷　(德國)富里西尼烏司著　(英國)傅蘭雅口譯　(清)徐壽筆述　清光緒九年(1883)江南製造總局刻本　六册

440000－2542－0004020　PZ301306
化學求數十五卷　(德國)富里西尼烏司著　(英國)傅蘭雅口譯　(清)徐壽筆譯　清光緒九年(1883)江南製造總局刻本　十三册　缺二卷(三至四)

440000－2542－0004021　PJ401768
彊邨詞前集一卷别集一卷　朱祖謀撰　清光緒至宣統刻本　一册

440000－2542－0004022　PZ301482
勸學篇書後一卷　(清)何啓　(清)胡禮垣撰　清光緒二十五年(1899)聚珍書樓鉛印本　一册

440000－2542－0004023　PJ401769
曝書亭集詞註七卷　(清)朱彝尊撰　(清)李富孫纂注　清嘉慶十九年(1814)校經廎刻本　二册

440000－2542－0004024　PZ301483
國粹學報　(清)國粹學報社輯　清末鉛印本　五十五册

440000－2542－0004025　PJ401770
眉緑樓詞八卷　(清)顧文彬撰　清光緒十年(1884)吴下刻本　三册

440000－2542－0004026　PJ401771
眉緑樓詞八卷　(清)顧文彬撰　清光緒十年(1884)吴下刻本　二册　存三卷(靈巖樵唱一卷、今雨吟一卷、跨鶴吹笙譜一卷)

440000－2542－0004027　PS202040
史通通釋二十卷附録一卷　(唐)劉知幾著　(清)浦起龍釋　清刻本　六册

440000－2542－0004028　PZ301487
外交報　(清)《外交報》社編　清光緒二十七年至二十八年(1901－1902)上海商務印書館鉛印本　八册　存八號(壬寅年一至八號)

440000－2542－0004029　PJ401774

花影吹笙詞鈔二卷小遊僊詞一卷 (清)葉英華撰　清光緒三年(1877)羊城刻本　一冊

440000－2542－0004030　PS202040－1
史通通釋二十卷 (唐)劉知幾著 (清)浦起龍釋　清翰墨園刻本　一冊　存三卷(一至三)

440000－2542－0004031　PJ401775
酒邊詞八卷 (清)謝章鋌撰　清光緒十五年(1889)福州刻賭棋山莊所著書本　二冊

440000－2542－0004032　PZ301488
國粹叢書第一集 (清)國學保存會輯　清光緒至宣統鉛印本　八冊　存十種

440000－2542－0004033　PJ401776
學文堂詩餘三卷 (清)陳玉堪撰　清光緒二十三年(1897)武進盛氏刻本　一冊

440000－2542－0004034　PS202043
史漢發明五卷 (清)傅澤鴻彙鈔　清光緒十八年(1892)刻本　一冊　存四卷(一至四)

440000－2542－0004035　PS202044
史通削繁四卷 (唐)劉知幾著 (清)紀昀削繁　清道光十三年(1833)兩廣節署刻朱墨套印本　四冊

440000－2542－0004036　PS202045
史通削繁四卷 (唐)劉知幾著 (清)紀昀削繁　清道光十三年(1833)兩廣節署刻朱墨套印本　四冊

440000－2542－0004037　PS202046
史目表二卷 (清)洪飴孫撰　清光緒四年(1878)啟秀山房刻本　一冊

440000－2542－0004038　PJ401777
笙月詞三卷 (清)王詒壽撰　清同治十一年(1872)杭州刻本　一冊

440000－2542－0004039　PS202047
史論一編四卷 (明)張溥著　清刻本　三冊　存三卷(二至四)

440000－2542－0004040　PS202048
歷代史論十二卷宋史論三卷元史論一卷 (明)張溥論正　**左傳史論二卷** (清)高士奇論正　**明史論四卷** (清)谷應泰論正　清刻本　三冊　存七卷(宋史論三卷、元史論一卷、左傳史論二卷、明史論一卷)

440000－2542－0004041　PS202049
讀通鑒論三十卷末一卷 (清)王夫之撰　清同治四年(1865)湘鄉曾氏金陵節署刻本　十冊　存十二卷(二十至三十、末一卷)

440000－2542－0004042　PS202050
章氏遺書二種本 (清)章學誠著　清道光十二年至十三年(1832－1833)章華紱刻本　五冊

440000－2542－0004043　PZ301490
湘學新報 (清)江標編　清光緒刻本　六冊

440000－2542－0004044　PZ301491
飲冰室壬寅藝報 梁啓超編　清光緒二十八年(1902)鉛印本　十二冊

440000－2542－0004045　PZ301492
癸卯新民叢報彙編 梁啓超編　清光緒二十九年(1903)新民報社鉛印本　三冊

440000－2542－0004046　PZ301494
清議報全編 梁啓超編　清光緒鉛印本　十六冊

440000－2542－0004047　PZ301307
植物須知六章 (英國)傅蘭雅著　清光緒二十四年(1898)上海格致書室刻本　一冊

440000－2542－0004048　PZ301308
地學須知六章 (英國)傅蘭雅著　清光緒九年(1883)刻本　一冊

440000－2542－0004049　PZ301309
地志啓蒙四卷 (英國)赫德輯 (英國)艾約瑟譯　清光緒二十二年(1896)上海著易堂鉛印本　一冊

440000－2542－0004050　PZ301310
實用分析術五章 (日本)山下脇人編次　虞和欽　虞和寅譯述　清光緒二十八年(1902)上海鑄古齋刻本　一冊

440000－2542－0004051　PZ301311
化學材料中西名目表一卷　(清)江南製造總局編　清光緒十年(1884)江南製造總局鉛印本　一册

440000－2542－0004052　PZ301361
蜀學編二卷　(清)方守道初輯　(清)高賡恩覆輯　清光緒二十七年(1901)錦江書局刻本　二册

440000－2542－0004053　PZ301312
化學材料中西名目表一卷　(清)江南製造總局編　清光緒十年(1884)江南製造總局鉛印本　一册

440000－2542－0004054　PZ301313
化學材料中西名目表一卷　(清)江南製造總局編　清光緒十年(1884)江南製造總局鉛印本　一册

440000－2542－0004055　PZ301314
金石表一卷　(美國)代那著　(美國)瑪高溫譯　清光緒九年(1883)江南製造總局鉛印本　一册

440000－2542－0004056　PZ301315
金石表一卷　(美國)代那著　(美國)瑪高溫譯　清光緒九年(1883)江南製造總局鉛印本　一册

440000－2542－0004057　PZ301364
理學宗傳二十六卷　(清)孫奇逢輯　(清)董紹舒校　清光緒七年(1881)無錫秦氏刻本　十二册

440000－2542－0004058　PZ301317
羣學肄言十六卷　(英國)斯賓塞爾造論　嚴復翻譯　清光緒二十九年(1903)上海文明編譯書局鉛印本　一册　存四卷(五至八)

440000－2542－0004059　PZ301365
北學編四卷　(清)魏一鼇輯　(清)尹會一訂　清道光二十四年(1844)刻本　二册

440000－2542－0004060　PZ301366
濂學編三卷　(清)黃嗣東撰　清光緒二十二年(1896)刻本　三册

440000－2542－0004061　PS202054
重刊讀史論畧一卷　(清)杜詔著　(清)胡鳳丹校　清同治六年(1867)退補齋刻本　一册

440000－2542－0004062　PZ301367
起黃二卷質顧一卷廣王二卷　(清)吳光耀撰　清宣統元年(1909)成都刻本　五册

440000－2542－0004063　PZ301368
金丹四百字解一卷　(宋)張紫陽撰　(清)劉一明注　清光緒九年(1883)一清道人刻本　一册

440000－2542－0004064　PZ301318
羣學肄言十六卷　(英國)斯賓塞爾造論　嚴復翻譯　清光緒二十九年(1903)上海文明編譯書局鉛印本　四册

440000－2542－0004065　PZ301319
羣學肄言十六卷　(英國)斯賓塞爾造論　嚴復翻譯　清光緒二十九年(1903)上海文明編譯書局鉛印本　一册　存五卷(一至五)

440000－2542－0004066　PS202055
讀宋鑑論三卷　(清)方宗誠述　清光緒三年(1877)刻柏堂遺書本　一册

440000－2542－0004067　PZ301320
羣學肄言十六卷　(英國)斯賓塞爾造論　嚴復翻譯　清光緒二十九年(1903)上海文明編譯書局鉛印本　四册

440000－2542－0004068　PZ301321
羣學肄言十六卷　(英國)斯賓塞爾造論　嚴復翻譯　清光緒二十九年(1903)上海文明編譯書局鉛印本　一册　存四卷(九至十二)

440000－2542－0004069　PZ301322
羣學肄言十六卷　(英國)斯賓塞爾著　嚴復翻譯　清光緒二十九年(1903)上海文明書局鉛印本　一册　存四卷(十三至十六)

440000－2542－0004070　PZ301369
老子翼八卷　(明)焦竑撰　清光緒二十一年(1895)漸西村舍刻本　四册

440000－2542－0004071　PZ301323
進化論十六章　（英國）泰勒撰　（清）任保羅譯　清光緒二十九年（1903）上海美華書館鉛印本　四册

440000－2542－0004072　PZ301370
悟真篇集注三卷首一卷末一卷　（宋）張伯端撰　（清）仇兆鰲集補　清刻本　三册

440000－2542－0004073　PZ301324
進化論十六章　（英國）泰勒撰　（清）任保羅譯　清光緒二十九年（1903）上海美華書館鉛印本　四册

440000－2542－0004074　PZ301325
原富五部　（英國）斯密亞丹撰　嚴復譯　清光緒二十七年（1901）南洋公學譯書院鉛印本　七册

440000－2542－0004075　PZ301191
聖年廣益十二編首一編　（法國）馮秉正譯述　清刻本　二十四册

440000－2542－0004076　PZ301192
煉獄考八卷　（清）李杕撰　清光緒三十一年（1905）上海慈母堂鉛印本　一册

440000－2542－0004077　PZ301193
地獄信證一卷　（清）沈則寬譯　清光緒二十七年（1901）上海慈母堂鉛印本　一册

440000－2542－0004078　PZ301195
訓慰神編一卷　（法國）殷弘緒譯　清同治十一年（1872）上海慈母堂刻本　一册

440000－2542－0004079　PS202056
宋論十五卷　（清）王夫之譔　清同治四年（1865）湘鄉曾氏金陵節署刻本　五册

440000－2542－0004080　PJ401800
御選歷代詩餘一百二十卷　（清）王奕清等編　清康熙四十六年（1707）刻本　二十二册　存七十三卷（七至十、十三至二十二、四十一至四十三、四十六至九十六、一百十二至一百十六）

440000－2542－0004081　PS202057
宋論十五卷　（清）王夫之譔　清同治四年（1865）湘鄉曾氏金陵節署刻本　五册

440000－2542－0004082　PJ401800－1
御選歷代詩餘一百二十卷　（清）王奕清等編　清康熙四十六年（1707）内府刻本　四册　存七卷（一、十至十一、四十三至四十六）

440000－2542－0004083　PS202058
讀史提要錄十二卷　（清）夏之蓉編　清道光二年（1822）刻本　六册

440000－2542－0004084　PJ401801
御選歷代詩餘一百二十卷　（清）王奕清等編　清康熙四十六年（1707）内府刻本　五册　存六卷（七、十至十一、八十、八十五至八十六）

440000－2542－0004085　PZ301502
時務報（光緒二十二年）　（清）時務報館編　清光緒二十二年（1896）石印本　六册

440000－2542－0004086　PZ301199
敬禮聖母月一卷　（法國）晃德蒞譯述　清同治元年（1862）上洋文藝堂趙氏刻本　一册

440000－2542－0004087　PS202063
史事備題論藪二十卷　（清）代耕齋同人編輯　清光緒二十九年（1903）上海書局石印本　十六册

440000－2542－0004088　PJ401805
篋中詞六卷續二卷　（清）譚獻纂錄　清光緒八年（1882）刻本　四册

440000－2542－0004089　PS202059
史林測義三十八卷　（清）計大受論　清刻本　六册

440000－2542－0004090　PJ401806
國朝常州詞錄三十一卷　繆荃孫校輯　清光緒二十二年（1896）江陰繆氏雲自在龕刻本　一册　存三卷（十至十二）

440000－2542－0004091　PZ301504
古今説海一百三十五種　（明）陸楫輯　清道光元年（1821）苕溪邵氏西山堂刻本　二十册

440000－2542－0004092　PZ301505
右台仙館筆記十二卷　（清）俞樾撰　清光緒刻本　四冊

440000－2542－0004093　PZ301506
遣愁集十二卷　（清）張貴勝纂輯　清刻本　六冊

440000－2542－0004094　PZ301507
楚史檮杌一卷　（清）汪士漢校　清刻本　與440000－2542－0004095合一冊

440000－2542－0004095　PZ301507
劍俠傳四卷　（唐）段成式撰　清初刻本　一冊

440000－2542－0004096　PJ401811
小檀欒室彙刻閨秀詞十集　（清）徐乃昌編　清光緒二十一年至二十二年（1895－1896）南陵徐乃昌刻本　十六冊　存八集（一至八）

440000－2542－0004097　PZ301508
新笑談一卷　（□）□□編　清光緒鉛印本　一冊

440000－2542－0004098　PZ301509
友會談藂二卷　（宋）上官融撰　清光緒八年（1882）歸安陸氏刻十萬卷樓叢書本　一冊

440000－2542－0004099　PJ401812
小檀欒室彙刻閨秀詞十集　（清）徐乃昌編　清光緒二十一年至二十二年（1895－1896）南陵徐乃昌刻本　十一冊　存七集（一至四、七至八、十）

440000－2542－0004100　PZ301510
宋瑣語一卷　（清）郝懿行撰　清嘉慶二十一年（1816）曬書堂刻郝氏遺書本　二冊

440000－2542－0004101　PS202067
十七史商榷一百卷　（清）王鳴盛譔　清光緒十九年（1893）廣雅書局刻本　十四冊

440000－2542－0004102　PZ301511
尾蔗叢談四卷　（清）李調元撰　清刻本　一冊

440000－2542－0004103　PJ401812－1
小檀欒室彙刻閨秀詞十集　（清）徐乃昌編　清光緒二十一年至二十二年（1895－1896）南陵徐乃昌刻本　一冊　存一集七種（第六集：金粟詞、澹僊詞、有誠堂詩餘、玉簫詞、芷衫詩餘、菊籬詞、哦月廔詩餘）

440000－2542－0004104　PS202068
十七史商榷一百卷　（清）王鳴盛譔　清光緒十九年（1893）廣雅書局刻本　十四冊

440000－2542－0004105　PS202069
廿二史劄記三十六卷補遺一卷　（清）趙翼撰　清嘉慶五年（1800）刻本　十冊　缺一卷（補遺一卷）

440000－2542－0004106　PS202070
廿二史劄記三十六卷首一卷補遺一卷　（清）趙翼撰　清光緒二十年（1894）廣雅書局刻本　八冊

440000－2542－0004107　PZ301517
池北偶談三卷　（清）王士禛著　清康熙刻本　一冊　存一卷（談藝一卷）

440000－2542－0004108　PJ401821
宋七家詞選七卷　（清）戈載輯　清宣統三年（1911）掃葉山房石印本　二冊

440000－2542－0004109　PZ301517
使琉球紀一卷　（清）張學禮撰　清康熙刻本　與440000－2542－0004107合一冊

440000－2542－0004110　PZ301517
閩小紀一卷　（明）周亮工撰　清康熙刻本　與440000－2542－0004107合一冊

440000－2542－0004111　PS202071
廿二史劄記三十六卷首一卷補遺一卷　（清）趙翼撰　清光緒二十年（1894）廣雅書局刻本　十冊

440000－2542－0004112　PZ301519
野記四卷　（明）祝允明纂　清同治十三年（1874）元和祝氏刻本　一冊

440000－2542－0004113　QT000894
泰西事物起原四卷　（日本）澁江保編纂

(清)傅運森譯補　清光緒文明書局鉛印本　二册

440000－2542－0004114　PS202073
國史考異六卷　(清)潘檉章撰　(清)吳炎訂　清刻本　一册　存二卷(一至二)

440000－2542－0004115　PS202075
三史拾遺五卷　(清)錢大昕撰　清光緒十年(1884)刻本　一册　存三卷(三至五)

440000－2542－0004116　PS202076
諸史考異十八卷　(清)洪頤煊撰　清光緒十五年(1889)廣雅書局刻本　三册

440000－2542－0004117　PJ401830
詞律拾遺八卷　(清)徐本立纂　清同治十二年(1873)吳下刻本　四册

440000－2542－0004118　PZ301521
汝南遺事二卷　(明)李本固撰　清嘉慶十三年(1808)昭文張海鵬刻借月山房彙鈔本　二册

440000－2542－0004119　PS202077
冬青館古宮詞三卷　(清)張鑑撰　清刻本　一册

440000－2542－0004120　PS202077－1
冬青館古宮詞三卷　(清)張鑑撰　清刻本　二册　存二卷(二至三)

440000－2542－0004121　PJ401837
白香詞譜箋四卷　(清)舒夢蘭原輯　(清)謝朝徵箋　(清)張蔭桓校　清光緒十一年(1885)仁和譚氏刻半廠叢書初編本　一册　存二卷(三至四)

440000－2542－0004122　PS202078
冬青館古宮詞三卷　(清)張鑑撰　清刻本　一册

440000－2542－0004123　PS202079
冬青館古宮詞三卷　(清)張鑑撰　清刻本　一册

440000－2542－0004124　PZ301528
耳食錄十二卷二編八卷　(清)樂鈞撰　清道光元年(1821)青芝山館刻本　八册

440000－2542－0004125　PZ301530
詳註聊齋志異圖詠十六卷　(清)蒲松齡撰　(清)呂湛恩注　清光緒十二年(1886)上海同文書局石印本　八册

440000－2542－0004126　PZ301531
幽夢影二卷　(清)張潮撰　清刻本　一册

440000－2542－0004127　PZ301532
明皇雜錄二卷補遺一卷　(唐)鄭處誨撰　**校勘記逸文一卷**　(清)錢熙祚撰　清道光刻守山閣叢書本　一册

440000－2542－0004128　PZ301533
大唐傳載一卷　(唐)□□撰　清道光刻守山閣叢書本　一册

440000－2542－0004129　PJ401838
第六才子書八卷附六才子西廂文一卷　(元)王實甫撰　清五車樓刻本　八册

440000－2542－0004130　PS202082
南宋襍事詩七卷　(清)沈嘉轍等輯　清乾隆刻本　二册

440000－2542－0004131　PZ301537
錢神誌七卷　(清)李世熊著　清道光六年(1826)活字印本　七册

440000－2542－0004132　PS202083
明史雜詠箋注四卷　(清)嚴遂成著　(清)嚴兆元箋注　清道光七年(1827)刻本　二册

440000－2542－0004133　PZ301538
遣愁集十二卷　(清)張貴勝纂輯　清刻本　四册

440000－2542－0004134　PS202084
明史雜詠箋注四卷　(清)嚴遂成著　(清)嚴兆元箋注　清道光七年(1827)刻本　二册

440000－2542－0004135　PZ301540
螢窗異草四編十六卷　(清)長白浩歌子著　清光緒石印本　八册

440000－2542－0004136　PZ301541

息影偶錄八卷　(清)張埏輯　清光緒八年(1882)翠筠山房刻本　四冊

440000－2542－0004137　PS202087
史記評林一百三十卷　(明)凌稚隆輯校　清光緒十年(1884)佩蘭堂刻本　二十四冊

440000－2542－0004138　PS202091
史記菁華錄六卷　(清)姚苧田撰　清光緒九年(1883)廣州翰墨園刻朱墨套印本　六冊

440000－2542－0004139　PZ301543
客牕偶筆四卷　(清)金捧閶著　清嘉慶刻本　六冊

440000－2542－0004140　PZ301544
潛園集錄十六卷　(清)屠倬編　清道光二年(1822)刻本　六冊

440000－2542－0004141　PJ401854
桃花扇傳奇二卷　(清)雲亭山人(孔尚任)編　清康熙三十八年至四十七年(1699－1708)西園刻本　二冊

440000－2542－0004142　PZ301326
財政四綱四卷　(清)錢恂撰　清光緒二十七年(1901)鉛印本　四冊

440000－2542－0004143　PZ301327
原富五部　(英國)斯密亞丹原本　嚴復翻譯　清光緒二十八年(1902)南洋公學翻譯院刻本　六冊

440000－2542－0004144　PZ301328
原富五部　(英國)斯密亞丹原本　嚴復翻譯　清光緒二十八年(1902)南洋公學翻譯院刻本　五冊

440000－2542－0004145　PZ301590
四雪草堂重訂通俗隋唐演義二十卷一百回　(清)沒世農夫彙編　清刻本　二十冊

440000－2542－0004146　PZ301330
保富述要一卷　(英國)布來德著　(英國)傅蘭雅口譯　(清)徐家寶筆述　清光緒二十二年(1896)江南製造總局刻本　二冊

440000－2542－0004147　PZ301592
新刻柳陰記三卷　(□)□□撰　清刻本　一冊

440000－2542－0004148　PZ301331
廣學類編十二卷　(英國)唐蘭孟編輯　(英國)李提摩太鑒定　(清)任廷旭譯　清光緒二十七年(1901)上海廣學會鉛印本　六冊

440000－2542－0004149　PZ301593
新刊全本劉晨採藥仙凡記四卷　(清)西堠居士訂　清刻本　一冊

440000－2542－0004150　PZ301332
家政學二卷　(日本)下田歌子著　(清)錢單譯述　清光緒二十八年(1902)鉛印本　二冊

440000－2542－0004151　PZ301595
太華山紫金鎮兩世修行劉香寶卷二卷　(□)□□撰　清刻本　一冊

440000－2542－0004152　PZ301596
紅樓夢圖詠四卷　(清)改琦繪　清光緒刻本　四冊

440000－2542－0004153　PJ401508－3
學海堂四集二十八卷　(清)金錫齡編　(清)啟秀山房訂　清光緒十二年(1886)啟秀山房刻本　十六冊

440000－2542－0004154　PZ301554
續同書八卷　(清)福申輯　清道光七年(1827)刻本　四冊

440000－2542－0004155　PJ401508－2
學海堂三集二十四卷　(清)張維屏編　(清)啟秀山房訂　清咸豐九年(1859)啟秀山房刻本　八冊

440000－2542－0004156　PJ401508－1
學海堂二集二十二卷　(清)吳蘭修編　(清)啟秀山房訂　清道光十八年(1838)啟秀山房刻本　十冊

440000－2542－0004157　PZ301719
植物名實圖考三十八卷長編二十二卷　(清)吳其濬著　清光緒六年(1880)山西濬文書局刻本　六十冊

440000－2542－0004158　PZ301335
孔子家語十卷　(三國魏)王肅注　清光緒二十四年(1898)刻本　四冊

440000－2542－0004159　PJ401507－3
學海堂四集二十八卷　(清)金錫齡編　(清)啟秀山房訂　清光緒十二年(1886)啟秀山房刻本　十六冊

440000－2542－0004160　PS202095
漢書補注一百卷首一卷　(漢)班固撰　(唐)顏師古注　王先謙補注　清光緒二十六年(1900)長沙王氏虛受堂刻本　三十二冊

440000－2542－0004161　PZ301337
賈子十六卷　(漢)賈誼撰　(清)王耕心次詁　清光緒二十九年(1903)龍樹精舍刻本　六冊

440000－2542－0004162　PS202131
國朝柔遠記二十卷　(清)王之春編　(清)彭玉麟定　清光緒十七年(1891)廣雅書局刻本　六冊

440000－2542－0004163　PZ301340
白虎通疏證十二卷　(清)陳立撰　清光緒元年(1875)淮南書局刻本　四冊

440000－2542－0004164　PZ301555
巾經纂二十卷　(清)宋宗元著　清光緒十六年(1890)刻本　四冊

440000－2542－0004165　PZ301557
鄺齋雜記八卷　(清)陳曇撰　清光緒十年(1884)廣雅堂刻本　二冊

440000－2542－0004166　PZ301558
峀艸堂三種九卷　(清)謝堃撰　清光緒六年(1880)刻本　六冊

440000－2542－0004167　PZ301559
北牕炙輠二卷　(宋)施彥執編　清嘉慶刻讀畫齋叢書本　一冊

440000－2542－0004168　PZ301560
青泥蓮花記十三卷圖一卷　(明)梅鼎祚編　清宣統二年(1910)北平自強書局石印本　四冊

440000－2542－0004169　PS202096
校漢書八表八卷　(清)夏燮撰　清光緒十六年(1890)刻本　六冊

440000－2542－0004170　PZ301562
南薰殿圖像攷二卷　(清)胡敬輯　清道光二十三年(1843)崇雅堂刻本　二冊

440000－2542－0004171　PS202097
前漢書一百卷　(漢)班固撰　(唐)顏師古注　清同治十二年(1873)嶺東使署刻本　十六冊

440000－2542－0004172　PS202100
漢書地理志校本二卷　(清)汪遠孫撰　清道光二十八年(1848)振綺堂刻本　一冊

440000－2542－0004173　PZ301563
韓江聞見錄十卷　(清)鄭昌時撰　清道光四年(1824)刻本　五冊

440000－2542－0004174　PS202101
人表考九卷　(清)梁玉繩撰　清光緒十四年(1888)廣雅書局刻本　五冊

440000－2542－0004175　PS202102
後漢書一百卷　(南朝宋)范曄撰　(唐)李賢注　**續漢書志三十卷**　(晉)司馬彪續撰　(南朝梁)劉昭注補　清同治十二年(1873)嶺東使署刻本　十六冊

440000－2542－0004176　PJ401507－2
學海堂三集二十四卷　(清)張維屏編　(清)啟秀山房訂　清咸豐九年(1859)啟秀山房刻本　八冊

440000－2542－0004177　PJ401507－1
學海堂二集二十二卷　(清)吳蘭修編　(清)啟秀山房訂　清道光十八年(1838)啟秀山房刻本　十冊

440000－2542－0004178　QT000835
國朝耆獻類徵初編四百八十四卷首二百四卷目錄二十卷通檢十卷　(清)李桓輯　清光緒十年至十六年(1884－1890)湘陰李氏刻本

十六册　存三十卷（一百二十一至一百二十二、一百八十七至一百八十八、一百九十三至一百九十四、一百九十七至一百九十八、二百十五至二百十六、二百十九至二百二十、二百三十九至二百四十、二百六十九至二百七十、三百三十五至三百三十六、三百四十九至三百五十、三百六十五至三百六十八、三百九十三至三百九十四、四百七十三至四百七十六）

440000－2542－0004179　QT000834
式訓堂叢書　（清）章壽康輯　清光緒會稽章氏刻本　四册　存四種

440000－2542－0004180　QT000833
湘軍志十六卷　王闓運撰　清光緒十二年（1886）成都墨香書屋刻本　二册　存八卷（四至六、十二至十六）

440000－2542－0004181　QT000832
湘軍志十六卷　王闓運撰　清光緒十二年（1886）成都墨香書屋刻本　一册　存五卷（十二至十六）

440000－2542－0004182　QT000831
湘軍志十六卷　王闓運撰　清光緒刻本　一册　存四卷（十三至十六）

440000－2542－0004183　PJ403024
仁山先生金文安公文集五卷　（宋）金履祥撰　清同治至光緒永康胡氏退補齋刻金華叢書本　二册

440000－2542－0004184　QT000830
湘軍記二十卷　（清）王定安撰　清光緒十五年（1889）江南書局刻本　一册　存二卷（十七至十八）

440000－2542－0004185　PJ403023
蒙齋集二十卷拾遺一卷　（宋）袁甫撰　清光緒福建刻武英殿聚珍版書本　十册

440000－2542－0004186　PS202104
漢書辨疑二十二卷　（清）錢大昭撰　清光緒十三年（1887）廣雅書局刻本　五册

440000－2542－0004187　QT000829
湘軍記二十卷　（清）王定安撰　清光緒十五年（1889）江南書局刻本　二册　存三卷（十五至十七）

440000－2542－0004188　PS202105
三國志證聞三卷　（清）錢儀吉撰　清光緒十一年（1885）江蘇書局刻本　一册

440000－2542－0004189　QT000828
湘軍記二十卷　（清）王定安撰　清光緒十五年（1889）江南書局刻本　三册　存六卷（十五至二十）

440000－2542－0004190　PS202106
南北史識小錄二十八卷　（清）沈名蓀　（清）朱昆田輯　（清）張應昌補正　清同治十年（1871）武林吳氏清來堂刻本　八册

440000－2542－0004191　QT000827
湘軍記二十卷　（清）王定安撰　清光緒十五年（1889）江南書局刻本　二册　存四卷（十四至十五、十七至十八）

440000－2542－0004192　PS202107
補宋書刑法志一卷　（清）郝懿行撰　清嘉慶二十年（1815）曬書堂刻郝氏遺書本　一册

440000－2542－0004193　PS202109
五代史記七十四卷　（宋）歐陽修撰　（宋）徐無黨注　（清）彭元瑞補注　清刻本　四十册

440000－2542－0004194　PJ403021
梁溪先生文集一百八十卷附錄一卷　（宋）李綱撰　清刻本　四十册

440000－2542－0004195　QT000826
植物學八卷　（英國）韋廉臣輯譯　（清）李善蘭筆述　清咸豐七年（1857）墨海書館刻本　一册

440000－2542－0004196　PZ301574
繡像西漢演義八卷一百回　（□）□□撰　清光緒十八年（1892）上海廣百宋齋鉛印本　六册

440000－2542－0004197　QT000825
金仙證論一卷　（清）柳華陽撰并注　清姑蘇

龔慶榮刻本　一冊

440000－2542－0004198　QT000824
學海堂集十六卷　（清）阮元編　（清）啟秀山房訂　清道光五年(1825)啟秀山房刻本　一冊　存四卷(十三至十六)

440000－2542－0004199　PZ301574－1
繡像東漢演義十卷一百二十六回　(□)□□撰　清光緒十八年(1892)上海廣百宋齋鉛印本　二冊

440000－2542－0004200　QT000823
地理末學三卷　（清）紀大奎撰　清嘉慶至咸豐刻本　一冊　存一卷(下)

440000－2542－0004201　QT000822
湘軍志十六卷　王闓運撰　清光緒刻本　一冊　存三卷(一至三)

440000－2542－0004202　QT000821
皇朝大事紀年二卷　（清）黃之焱編　清光緒石印本　一冊　存一卷(二)

440000－2542－0004203　QT000819
貴池先哲遺書一百八十六卷　（清）劉世珩輯　清光緒貴池劉氏唐石簃刻本　九冊　存十種

440000－2542－0004204　QT000818
春秋公羊經傳解詁十二卷　（漢）何休學　**重刊宋紹熙公羊傳注附音本校記一卷**　（清）魏彥撰　清道光四年(1824)揚州汪氏問禮堂刻本　一冊　存五卷(八至十二)

440000－2542－0004205　QT000817
諧聲補逸十四卷　（清）宋保學　清光緒十三年(1887)德化李氏木犀軒刻本　一冊　存九卷(六至十四)

440000－2542－0004206　PZ301227
增訂二三場羣書備考四卷　（明）袁黃著　（明）袁儼注　（明）沈世昌增　（明）徐行敏訂　明刻本　二冊　存二卷(三至四)

440000－2542－0004207　PZ301228
增訂二三場羣書備考四卷　（明）袁黃著　（明）袁儼注　（明）沈世昌增　（明）徐行敏訂　明刻本　二冊　存二卷(三至四)

440000－2542－0004208　PZ301229
增訂二三場羣書備考四卷　（明）袁黃著　（明）袁儼注　（明）沈世昌增　（明）徐行敏訂　明刻本　一冊　存一卷(二)

440000－2542－0004209　PS202110
新舊唐書互證二十卷　（清）趙紹祖撰　清光緒十七年(1891)廣雅書局刻本　四冊

440000－2542－0004210　PS202111
遼金元三史語解四十六卷　(□)□□撰　清光緒四年(1878)江蘇書局刻本　十冊

440000－2542－0004211　PJ403026
晞髪集十卷遺集二卷補一卷　（宋）謝翱撰　**天地間集一卷**　（宋）謝翱錄　**冬青樹引註一卷**　（宋）謝翱撰　（明）張丁注　**登西臺慟哭記註一卷**　（宋）謝翱撰　（明）張丁注　清光緒二年(1876)刻本　四冊

440000－2542－0004212　QT000816
儀禮要義五十卷　（宋）魏了翁撰　清光緒十年(1884)江蘇書局刻本　一冊　存七卷(四十四至五十)

440000－2542－0004213　QT000815
江西農工商礦紀略十六卷　（清）傅春官編　清光緒石印本　一冊

440000－2542－0004214　QT000813
康熙字典十二集　（清）張玉書等編　清末石印本　一冊　存二集(酉至戌)

440000－2542－0004215　PS202112
遼史一百十五卷　（元）托克托等修　清光緒二十九年(1903)上海點石齋石印本　六冊

440000－2542－0004216　ZS000911
御選唐宋文醇五十八卷　（清）高宗弘曆選輯　清光緒三年(1877)浙江書局刻本　二十冊

440000－2542－0004217　PS202113
金史一百三十五卷　（元）托克托等修　清光緒二十九年(1903)上海點石齋石印本　八冊

440000－2542－0004218　PJ100439
王氏音略一卷考證一卷　(清)王紹蘭撰　清光緒吳縣潘祖蔭刻功順堂叢書本　與440000－2542－0001845合一册

440000－2542－0004219　PS202116
元史二百十卷　(明)宋濂等修　清光緒二十九年(1903)上海點石齋石印本　十四册

440000－2542－0004220　PS202114
遼史拾遺二十四卷　(清)厲鶚撰　清光緒元年(1875)江蘇書局刻本　八册

440000－2542－0004221　PS202115
元史新編九十五卷　(清)魏源撰　清光緒三十一年(1905)邵陽魏氏慎微堂刻本　二十六册

440000－2542－0004222　QT000811
安徽金石略十卷　(清)趙紹祖輯　清光緒貴池劉氏刻本　一册　存三卷(一至三)

440000－2542－0004223　QT000810
重論文齋筆錄十二卷　(清)王端履撰　清會稽徐氏刻本　二册　存六卷(一至六)

440000－2542－0004224　QT000809
金史一百三十五卷附考證　(元)托克托等修　清同治十三年(1874)江蘇書局刻本　一册　存四卷(一至四)

440000－2542－0004225　QT000808
唐書二百二十五卷　(宋)歐陽修等撰　清刻本　一册　存八卷(一百十三至一百二十)

440000－2542－0004226　QT000807
陶文毅公全集六十四卷末一卷　(清)陶澍撰　清道光二十年(1840)淮北士民公刻本　一册　存三卷(十一至十三)

440000－2542－0004227　ZS000910
春秋十一卷綱領一卷　(宋)張洽集註　(清)十樵璘(何璘)讀　清光緒十年(1884)刻本　四册

440000－2542－0004228　QT000806
木犀軒叢書　李盛鐸輯　清光緒德化李氏木犀軒刻本　一册　存四種

440000－2542－0004229　QT000804
書傳音釋六卷首一卷末一卷　(元)鄒季友音釋　清刻本　一册　存一卷(首一卷)

440000－2542－0004230　QT000803
春在堂全書錄要一卷　(清)俞樾編　**春在堂全書校勘記一卷**　(清)蔡啟盛撰　清刻本　一册

440000－2542－0004231　PJ402953
苕溪漁隱叢話前集六十卷後集四十卷　(宋)胡仔纂集　清刻本　十一册　存九十一卷(前集一至二十、三十至六十,後集四十卷)

440000－2542－0004232　ZS000908
國語二十一卷札記一卷　(春秋)左丘明撰　(三國吳)韋昭注　(清)黃丕烈札記　清光緒二十二年(1896)上海鴻寶齋石印本　三册

440000－2542－0004233　PJ402950
國朝嶺南文鈔十八卷　(清)陳在謙評輯　清道光學海堂刻本　六册

440000－2542－0004234　PJ402949
廣陵詩事十卷　(清)阮元撰　清光緒十六年(1890)刻本　二册

440000－2542－0004235　PJ402947
何義門先生家書四卷　(清)何焯撰　(清)吳蔭培編　清宣統元年(1909)平江吳氏廣州刻本　二册

440000－2542－0004236　PJ402946
義門先生集十二卷附錄一卷　(清)何焯撰　(清)韓崇等同輯　**義門弟子姓氏錄一卷**　(清)屠鍾(蘇)傳鈔　清宣統元年(1909)平江吳氏廣州刻本　四册

440000－2542－0004237　PS202117
元史譯文證補三十卷　(清)洪鈞撰　清光緒二十三年(1897)刻本　四册

440000－2542－0004238　PJ402945
續刻受祺堂文集四卷　(清)李因篤著　清道光十年(1830)楊浚刻本　四册

440000－2542－0004239　PJ402944

受祺堂文集四卷　（清）李因篤著　（清）馮雲杏編次　清道光七年（1827）刻本　四冊

440000－2542－0004240　PJ402943

嚴太僕先生集十二卷尾一卷　（清）嚴虞惇著　**皇清誥授中憲大夫太僕寺少卿嚴思菴先生墓表**　（清）楊緝武撰　清光緒九年（1883）常熟西涇草堂嚴氏刻本　四冊

440000－2542－0004241　ZS000906

戰國策三十三卷札記三卷　（漢）高誘注　（清）黄丕烈札記　清光緒二十二年（1896）上海鴻寶齋石印本　五冊

440000－2542－0004242　QT000802

繹史一百六十卷世系圖一卷年表一卷　（清）馬驌撰　清刻本　十冊　存三十六卷（一至十二、二十至二十二、二十四、六十二至七十、八十一至八十五、八十九至九十三、九十五）

440000－2542－0004243　QT000787

紹興府學堂課藝六卷　（清）徐錫麟編　清光緒石印本　二冊

440000－2542－0004244　PZ301577

新鐫批評繡像後西遊記四十回　（清）□□撰　清刻本　十二冊

440000－2542－0004245　PZ301578

第一奇書野叟曝言二十卷一百五十四回　（清）夏敬渠撰　清光緒二十八年（1902）廣東書局石印本　十九冊

440000－2542－0004246　PZ301579

異説後唐傳三集薛丁山征西樊梨花全傳十卷八十八回　（清）中都逸叟編　清刻本　九冊

440000－2542－0004247　QT000796

蒙學課本地球歌韻四卷　（清）張士瀛編　清光緒二十七年（1901）上海藻文書局石印本　一冊　存二卷（三至四）

440000－2542－0004248　ZS000902

書目答問四卷古今人著述合刻叢書目一卷別録一卷國朝著述諸家姓名略一卷　（清）張之洞撰　清石印本　二冊

440000－2542－0004249　PZ301581

丞相魏公譚訓十卷　（宋）蘇象先編　清道光十年（1830）刻本　一冊

440000－2542－0004250　QT000786

附釋音周禮注疏十二卷　（漢）鄭玄注　（唐）賈公彥疏　**校勘記二十卷**　（清）阮元撰　（清）盧宣旬摘錄　清光緒十三年（1887）上海點石齋影印本　一冊　存二卷（五至六）

440000－2542－0004251　QT000785

周易兼義四卷　（唐）孔穎達正義　（三國魏）王弼注　**周易音義一卷**　（唐）陸德明撰　**校勘記二十卷**　（清）阮元撰　（清）盧宣旬摘錄　清光緒十三年（1887）上海點石齋影印本　一冊

440000－2542－0004252　PZ301582

增評補像全圖金玉緣一百二十回　（清）曹雪芹撰　清光緒三十四年（1908）求不負齋石印本　十六冊

440000－2542－0004253　QT000784

附釋音尚書注疏四卷　（唐）孔穎達撰　**校勘記二十卷**　（清）阮元撰　（清）盧宣旬摘錄　清光緒十三年（1887）上海點石齋影印本　一冊

440000－2542－0004254　ZS000901

欽定四庫全書簡明目錄二十卷　（清）紀昀等編　清光緒十五年（1889）石印本　三冊　存十七卷（一至十七）

440000－2542－0004255　PZ301583

續英烈全傳五卷三十四回　（清）空谷老人編次　清光緒八年（1882）英秀堂刻本　六冊

440000－2542－0004256　QT000782

聖諭廣訓合律講議全書一卷　（清）李衛撰　清雍正刻本　一冊

440000－2542－0004257　QT000781

相地探金石法四卷　（英國）喝爾勃特喀格司著　（清）王汝譯　清光緒江南製造局刻本

四册

440000－2542－0004258　QT000780
説郛　(元)陶宗儀編　清刻本　一册　存十七種

440000－2542－0004259　QT000778
康熙字典十二集　(清)張玉書等編　清末石印本　八册

440000－2542－0004260　PS202122
滿漢名臣傳八十卷　(清)國史館編　清刻本　八十册

440000－2542－0004261　PS202123
貳臣傳十二卷　(清)國史館繕本　清刻本　十册

440000－2542－0004262　PS202123－1
貳臣傳十二卷　(清)國史館繕本　清刻本　四册

440000－2542－0004263　PS202124
逆臣傳四卷　(清)國史館繕本　清刻本　二册

440000－2542－0004264　PZ301586
西遊真詮一百回　(清)陳士斌詮解　清光緒十年(1884)校經山房刻本　二十册

440000－2542－0004265　PZ301588
四大奇書第一種(三國志演義)十九卷一百二十回圖一卷　(明)羅貫中撰　(清)毛宗崗評　清刻本　二十二册

440000－2542－0004266　QT000776
滿洲名臣傳四十八卷　(清)國史館輯　清抄本　七册

440000－2542－0004267　PZ301721
大佛頂如來密因修證了義諸菩薩萬行首楞嚴經十卷　(唐)釋般剌密帝　(唐)釋彌伽釋迦譯　(明)房融筆授　清同治八年(1869)金陵刻經處刻本　二册

440000－2542－0004268　QT000774
經籍纂詁一百六卷首一卷　(清)阮元撰　清刻本　一册　存四卷(七十七至八十)

440000－2542－0004269　PJ402936
宛湄書屋文鈔八卷遺詩後集二卷續錄一卷附錄一卷　(清)李光廷撰　清光緒四年(1878)端溪書院刻本　四册

440000－2542－0004270　PJ402933
鐵橋漫稿八卷　(清)嚴可均撰　清光緒十一年(1885)長洲蔣氏刻民國十四年(1925)文學山房重印心矩齋叢書本　四册

440000－2542－0004271　PJ402932
揅經室文集十八卷　(清)阮元撰　清嘉慶十二年(1807)阮元刻本　八册　存十二卷(一至十二)

440000－2542－0004272　PS202132
綱鑑會纂三十九卷首一卷　(明)王世貞編　清光緒二十五年(1899)上海美華書局石印本　九册

440000－2542－0004273　PJ402931
戴東原集十二卷附年譜一卷覆校札記一卷　(清)戴震撰　清宣統二年(1910)渭南嚴氏孝義家塾成都刻本　六册

440000－2542－0004274　PS202133
明通鑑九十卷首一卷目錄二十卷前編四卷坿編六卷　(清)夏燮編輯　清同治十二年(1873)宜黄官廨刻本　四十八册

440000－2542－0004275　PZ301599
新續全本劉辰採藥仙凡記二集四卷　(清)西堠居士訂　清刻本　一册

440000－2542－0004276　PJ402930
潛研堂文集五十卷詩集十卷續集五卷　(清)錢大昕撰　清嘉慶十一年(1806)刻本　十六册

440000－2542－0004277　PJ402927
孫淵如先生全集二十三卷　(清)孫星衍撰　清光緒十一年至二十年(1885－1894)湖南思賢書局刻本　十册

440000－2542－0004278　PJ402924
曝書亭集外詩八卷　(清)馮登府編輯　(清)

朱墨林輯　清嘉慶二十二年(1817)刻道光二年(1822)印本　二册

440000-2542-0004279　PJ402923
道古堂文集四十六卷詩集二十六卷　(清)杭世駿撰　清乾隆五十五年(1790)刻本　二十册

440000-2542-0004280　PZ301600
陰陽扇後代臥龍太子走國前集六卷後集六卷　(清)□□撰　清刻本　二册

440000-2542-0004281　PJ402922
林和靖詩集四卷拾遺一卷　(宋)林逋撰　清同治十二年(1873)長洲朱氏刻本　一册

440000-2542-0004282　PJ402913
李長吉集四卷外集一卷　(唐)李賀撰　(明)黄淳耀評　(清)黎簡批點　清光緒十八年(1892)葉衍蘭羊城刻朱墨套印本　二册

440000-2542-0004283　PJ402920
宋范文正忠宣二公全集　(宋)范仲淹　(宋)范純仁撰　清宣統二年(1910)鄱福保刻本　十六册　存七十三卷(范文正公文集二十卷、别集四卷、政府奏議二卷、尺牘三卷、年譜一卷、年譜補遺一卷、言行拾遺事錄四卷、鄱陽遺事錄一卷、遺蹟一卷、義莊規矩一卷、褒賢集五卷、補編五卷,范忠宣公文集二十卷、奏議二卷、遺文一卷、附錄一卷、補編一卷)

440000-2542-0004284　PJ402919
曲江集考證二卷　(清)溫汝适撰　清嘉慶二十二年(1817)刻本　二册

440000-2542-0004285　PJ100183-1
禮記增訂旁訓六卷　(清)張氏重校　清道光十六年(1836)同文堂刻本　三册　存三卷(四至六)

440000-2542-0004286　QT000768
武林掌故叢編　(清)丁丙輯　清光緒錢塘丁氏嘉惠堂刻本　二十册　存十二種

440000-2542-0004287　PJ100182-1
禮記十卷　(元)陳澔集説　清刻本　二册　存二卷(九至十)

440000-2542-0004288　PS202135
元經薛氏傳十卷　(隋)王通撰　(宋)阮逸注　清嘉慶元年(1796)掃葉山房刻本　一册

440000-2542-0004289　PS202136
中興小紀四十卷　(宋)熊克撰　清光緒十七年(1891)廣雅書局刻本　六册

440000-2542-0004290　PZ301604
新抄秦雪梅三元記八回　(清)□□撰　清嘉慶三年(1798)王世禄抄本　一册

440000-2542-0004291　QT000761
山右石刻叢編四十卷　(清)胡聘之撰　清光緒二十五年(1899)刻本　一册　存三卷(二至四)

440000-2542-0004292　QT000760
唐鑑二十四卷　(宋)范祖禹撰　(宋)呂祖謙音註　清同治永康胡氏退補齋刻本　一册　存六卷(六至十一)

440000-2542-0004293　QT000759
易大義補一卷　(清)桂文燦撰　清光緒十九年(1893)刻本　一册

440000-2542-0004294　QT000758
大明一統名勝志二百八卷目錄一卷　(明)曹學佺撰　明崇禎刻本　一册　存二卷(福州府志勝一至二)

440000-2542-0004295　QT000757
中國史要四編　(日本)日本普通教育研究會編　(清)羅福成譯　清光緒石印本　一册

440000-2542-0004296　ZS000738
海上見聞錄二卷　(清)鷺島道人夢蓀編　清宣統三年(1911)上海商務印書館鉛印痛史本　一册

440000-2542-0004297　PS202137
三朝北盟會編二百五十卷首一卷校勘記二卷補遺一卷　(宋)徐夢莘編集　清光緒四年(1878)鉛印本　四十册

440000-2542-0004298　QT000754

越絕書十五卷　(漢)袁康撰　**札記一卷**　(清)錢培名撰　清光緒刻本　一百七葉(未裝訂)

440000－2542－0004299　QT000753
光緒通商綜覈表一卷　(清)錢恂撰　清光緒刻本　與440000－2542－0004301合一冊

440000－2542－0004300　PS202139
建炎以來繫年要錄二百卷　(宋)李心傳撰　清光緒五年至八年(1879－1882)仁壽蕭氏刻本　六十冊

440000－2542－0004301　QT000753
中外交涉類要表一卷　(清)錢恂撰　清光緒刻本　一冊

440000－2542－0004302　PZ301610
新刻清唱拘碎靈芝記四卷　(清)□□撰　清光緒七年(1881)刻本　一冊

440000－2542－0004303　PZ301611
新刻正紫霞杯南音四卷　(清)□□撰　清芹香閣刻本　一冊

440000－2542－0004304　PZ301612
毒蛇牙傳奇不分卷　(英國)愛爾琴著　(清)□□譯　清宣統元年(1909)稿本　一冊

440000－2542－0004305　PZ301613
黑奴籲天錄四卷　(美國)斯土活著　林紓(清)魏易譯　清光緒三十年(1904)文明書局刻本　一冊

440000－2542－0004306　PZ301614
新譯西洋兵書五種　(清)張香濤鑒定　清光緒二十年(1894)望三益齋刻本　十四冊

440000－2542－0004307　QT000752
三才紀要一卷　(□)□□撰　清刻本　一冊

440000－2542－0004308　QT000751
桯史十五卷　(宋)岳珂撰　明刻本　一冊　存六卷(一至六)

440000－2542－0004309　PZ301615
重刊武經七書彙解七卷首一卷末一卷　(清)朱墉輯　清光緒二年(1876)索綽絡氏刻本　十冊

440000－2542－0004310　PS202141
歷代通鑑纂要九十二卷　(明)李東陽等纂　清光緒二十三年(1897)廣雅書局刻本　四十八冊

440000－2542－0004311　PZ301617
武備輯要六卷　(清)許學范撰　清咸豐二年(1852)錢塘許乃釗刻本　一冊

440000－2542－0004312　QT000749
武林靈隱寺誌八卷　(清)孫治　(清)徐增撰　清刻本　一冊　存一卷(八)

440000－2542－0004313　QT000748
廉石居藏書記二卷　(清)孫星衍撰　(清)陳宗彝編次　清刻本　一冊

440000－2542－0004314　QT000747
衡工事例五卷　(□)□□撰　清刻本　與440000－2542－0004315合一冊

440000－2542－0004315　QT000747
續增武陟事例五卷　(□)□□撰　清刻本　一冊

440000－2542－0004316　PZ301619
權制八卷　(清)陳澹然述　清光緒二十六年(1900)長沙徐崇立刻本　六冊

440000－2542－0004317　QT000746
武林元妙觀志四卷　(清)仰蘅編輯　清刻本　一冊　存三卷(一至三)

440000－2542－0004318　PS202142
竹書紀年校正十四卷　(南朝梁)沈約注　(清)郝懿行校注　清光緒五年(1879)東路廳署刻本　二冊

440000－2542－0004319　QT000745
東洋史要二卷　(日本)桑原騭藏著　(清)樊炳清譯　清末刻本　一冊　存一卷(二)

440000－2542－0004320　QT000743
元明清史略五卷　(日本)石村貞一編次　清末石印本　一冊　存一卷(五)

440000－2542－0004321　QT000742
東洋史要二卷　（日本）桑原隲藏著　（清）樊炳清譯　清光緒鉛印本　一册　存一卷（上）

440000－2542－0004322　PS202143
東萊先生音注唐鑑二十四卷　（宋）范祖禹撰　（宋）呂祖謙注　清光緒十八年（1892）浙江書局刻本　四册

440000－2542－0004323　PS202145
皇朝政典挈要八卷　（日本）增田貢著　（清）毛淦補編　（清）汪厚昌等訂正　清光緒二十八年（1902）石印本　四册

440000－2542－0004324　PJ400841－1
復堂類集詩十一卷詞三卷　（清）譚獻撰　清同治至光緒仁和譚氏刻半廠叢書初編本　一册　存四卷（詩五至八）

440000－2542－0004325　PS202148
資治通鑑地理今釋十六卷　（清）吴熙載譔　清光緒二十三年（1897）廣東經史閣刻本　四册

440000－2542－0004326　PZ301621
圜天圖説三卷　（清）李明徹述　清嘉慶二十四年（1819）松梅軒刻本　三册

440000－2542－0004327　PZ301622
中西算學合訂三編　（清）晏聯奎學　清光緒十五年（1889）知不足軒刻本　九册

440000－2542－0004328　PZ301623
三統曆算式一卷釋例一卷　（清）方楷撰　清光緒刻本　一册

440000－2542－0004329　PZ301624
白芙堂算學叢書　（清）丁取忠輯　清同治至光緒長沙古荷花池精舍刻本　三十册　存四十八種

440000－2542－0004330　PZ301625
算經十書　（清）孔繼涵輯　清光緒十六年（1890）刻本　五册

440000－2542－0004331　PZ301626
兩湖書院課程二卷附一卷表一卷　（清）兩湖書院編　清光緒二十四年（1898）兩湖書院刻本　四册

440000－2542－0004332　PZ301627
則古昔齋算學十一種　（清）李善蘭撰　清同治六年（1867）刻本　六册

440000－2542－0004333　QT000734
墨磨軒刼餘賸草一卷　（清）王學修撰　清光緒鉛印本　一册

440000－2542－0004334　PZ301628
御製數理精藴上編五卷下編四十卷表八卷　（清）允祉等纂　清光緒十四年（1888）上海慎記書局石印本　一册　存五卷（上編五卷）

440000－2542－0004335　PZ301629
代數學十三卷首一卷　（英國）棣麼甘撰　（英國）偉烈亞力口譯　（清）李善蘭筆受　清咸豐九年（1859）鉛印本　二册

440000－2542－0004336　PZ301630
董方立遺書五種　（清）董祐誠撰　清道光刻本　一册

440000－2542－0004337　PZ301631
代微積拾級十八卷　（美國）羅密士撰　（英國）偉烈亞力口譯　（清）李善蘭筆述　清咸豐九年（1859）刻本　三册

440000－2542－0004338　PS202149
鑑撮四卷附讀史論略一卷　（清）曠敏本編　清刻本　五册

440000－2542－0004339　PZ301632
數學精詳十一卷首一卷末一卷　（清）屈曾發輯　清光緒十六年（1890）刻本　五册

440000－2542－0004340　PZ301633
代數術二十五卷　（英國）華里司輯　（英國）傅蘭雅口譯　（清）華蘅芳筆述　清光緒刻本　六册

440000－2542－0004341　PS202150
史存三十卷　（清）劉沅輯　清道光二十七年（1847）刻本　十六册

440000－2542－0004342　PZ301634

代數難題解法十六卷 （英國）倫德編輯 （英國）傅蘭雅口譯 （清）華蘅芳筆述 清光緒刻本 一冊 存四卷（十三至十六）

440000－2542－0004343 PZ301635
代數通藝錄十六卷 （清）方愷撰 清光緒二十二年（1896）廣州尺棰別館刻本 五冊

440000－2542－0004344 PS202151
尺木堂綱鑑易知錄九十二卷明鑑易知錄十五卷 （清）吳乘權等輯 清光緒二十七年（1901）商務印書館鉛印本 十六冊

440000－2542－0004345 QT000737
山薑詩選二十卷 （清）田雯撰 清刻本 一冊 存二卷（一至二）

440000－2542－0004346 QT000736
潛志樓初集七十卷 （清）陳沖著 清刻本 一冊 存一卷（一）

440000－2542－0004347 QT000731
社會學二卷六章 （日本）岸本能武太著 章炳麟譯 清光緒二十八年（1902）上海廣智書局鉛印本 二冊

440000－2542－0004348 QT000729
詞林韻釋一卷 （□）□□撰 清光緒二十九年（1903）南陵徐氏小檀欒室影宋刻本 一冊

440000－2542－0004349 QT000727
嶺南遺書 （清）伍元薇 （清）伍崇曜輯 清道光至同治廣東伍氏粵雅堂文字歡娱室刻本 一冊 存六種

440000－2542－0004350 QT000726
樵隱昔寱二十卷 （清）平步青纂 清光緒刻本 一冊 存一卷（二十）

440000－2542－0004351 QT000723
古微堂内集三卷外集七卷 （清）魏源著 清光緒四年（1878）淮南書局刻本 一冊 存三卷（内集三卷）

440000－2542－0004352 QT000724
夢跡圖一卷 （清）寶琳繪 清光緒元年（1875）上海點石齋石印本 一冊

440000－2542－0004353 QT000722
永嘉先生八面鋒十三卷 （宋）陳傅良撰 清嘉慶刻本 一冊 存七卷（一至七）

440000－2542－0004354 QT000720
寄報章程附電編 （□）□□撰 清刻本 一冊

440000－2542－0004355 PZ301636
三角數理十二卷 （英國）海麻士輯 （英國）傅蘭雅口譯 （清）華蘅芳筆述 清光緒二十二年（1896）上海璣衡堂石印本 十二冊

440000－2542－0004356 PZ301637
量法須知一卷 （英國）傅蘭雅著 清光緒十三年（1887）刻格致須知本 一冊

440000－2542－0004357 QT000719
洞庭遊草四卷 （清）陳大謨等撰 清刻本 一冊

440000－2542－0004358 QT000718
洞庭遊草四卷 （清）陳大謨等撰 清刻本 一冊

440000－2542－0004359 QT000717
飛鴻閣琴意二卷 （清）趙函撰 清道光刻本 一冊

440000－2542－0004360 QT000839
會心堂綱鑑鈔畧十八卷 （清）周煒輯 清刻本 三冊 存十二卷（七至十八）

440000－2542－0004361 QT000715
上蔡先生語錄三卷 （宋）謝良佐撰 （清）張伯行重訂 清刻本 一冊

440000－2542－0004362 QT000713
樓居小草一卷 （清）袁杼撰 清刻本 一冊

440000－2542－0004363 PZ301638
形學備旨十卷 （美國）狄考文選譯 （清）鄒立文筆述 （清）劉永錫參閱 清光緒十一年（1885）刻二十八年（1902）印本 二冊

440000－2542－0004364 PS202152
歷朝紀事本末九種 （清）朱記榮輯 清光緒二十八年（1902）上海捷記書局石印本 四十

二册

440000－2542－0004365　QT000712
丁君松生家傳一卷　（清）俞樾撰　**行狀一卷**　（清）顧浩撰　清光緒刻本　一册

440000－2542－0004366　PZ301639
代形合參三卷附卷一卷　（美國）羅密士原著　（美國）潘慎文譯　清光緒二十四年（1898）上海美華書館鉛印本　一册

440000－2542－0004367　QT000711
唐文恪公文集十六卷　（明）唐文獻著　清道光唐天溥刻本　一册　存三卷（十至十二）

440000－2542－0004368　PZ301640
圓錐曲線一卷　（美國）路密司撰　（美國）求德生選譯　（清）劉維師筆述　清光緒十九年（1893）上海美華書館鉛印本　一册

440000－2542－0004369　PS202153
七朝紀事本末　（清）高士奇等編纂　清光緒二十六年（1900）廣雅書局刻本　一百五册　存七種

440000－2542－0004370　PZ301641
算式集要四卷　（英國）哈司韋輯　（英國）傅蘭雅口譯　（清）江衡筆述　清光緒江南製造局刻本　二册

440000－2542－0004371　ZS000558
耕織圖詩一卷附一卷　（宋）樓璹撰　清乾隆至道光長塘鮑氏刻知不足齋叢書本　與440000－2542－0000285合一册

440000－2542－0004372　QT000706
唐書二百二十五卷　（宋）歐陽修等撰　清末石印本　一册　存二十卷（十一至三十）

440000－2542－0004373　PZ301642
太乙照神經三卷神相證驗百條二卷　（清）劉學誠輯　清光緒五年（1879）刻述古叢鈔本　五册

440000－2542－0004374　QT000705
唐書二百二十五卷　（宋）歐陽修等撰　清刻本　一册　存七卷（一百三至一百九）

440000－2542－0004375　PZ301643
素因數表一卷　崔朝慶編　清光緒三十三年（1907）翰墨林書局石印本　一册

440000－2542－0004376　QT000704
春秋左傳注疏六十卷末一卷　（晉）杜預注　（唐）陸德明音義　（唐）孔穎達疏　清同治十年（1871）刻本　一册　存三卷（三十三至三十五）

440000－2542－0004377　QT000702
註陸宣公奏議十五卷　（宋）郎曄撰　清光緒四年（1878）吳興陸氏十萬卷樓刻本　一册　存九卷（七至十五）

440000－2542－0004378　QT000701
南宋院畫錄八卷　（清）厲鶚輯　清光緒刻本　一册　存二卷（七至八）

440000－2542－0004379　PZ301644
球面三角法四編附一編　（□）□□譯　清宣統石印本　一册

440000－2542－0004380　QT000699
日本維新三十年史十二編　（日本）東京博文館編輯　清光緒上海廣智書局鉛印本　一册　存三編（八至十）

440000－2542－0004381　PZ300118
球面三角法四編附一編　（□）□□譯　清宣統石印本　一册

440000－2542－0004382　QT000700
東城雜記二卷　（清）厲鶚撰　清光緒刻本　一册　存一卷（下）

440000－2542－0004383　PZ301645
對數表一卷　（美國）赫士口譯　（清）朱葆琛筆述　清宣統二年（1910）上海美華書館鉛印本　一册

440000－2542－0004384　PS202155
歐洲列國戰事本末二十二卷　王樹枏撰　清光緒二十八年（1902）中衛縣署刻本　六册

440000－2542－0004385　PZ300117
對數表一卷　（美國）赫士口譯　（清）朱葆琛

筆述　清光緒二十四年(1898)上海美華書館鉛印本　一册

440000－2542－0004386　PS202155－1
歐洲族類源流畧五卷　王樹枏撰　清光緒二十八年(1902)中衛縣署刻本　二册

440000－2542－0004387　PS202156
皇朝藩部要略十八卷　(清)祁韻士纂　(清)毛嶽生編次　(清)宋景昌等校寫　**皇朝藩部世系表四卷**　(清)祁韻士纂　(清)宋景昌增輯　(清)徐松重訂　清道光二十六年(1846)刻本　八册

440000－2542－0004388　PS202157
東方兵事紀略六卷　(清)姚錫光撰　清光緒二十三年(1897)刻本　一册　存三卷(一至三)

440000－2542－0004389　PS202158
續明紀事本末十八卷首一卷　(清)倪在田輯　清光緒二十九年(1903)育英學社鉛印本　六册

440000－2542－0004390　PS202159
普法戰紀二十卷　(清)張宗良口譯　(清)王韜撰輯　清光緒二十一年(1895)刻本　十册

440000－2542－0004391　PJ402003
樂府新編陽春白雪前集五卷後集五卷　(元)楊朝英選集　清光緒三十一年(1905)南陵徐氏刻隨盦叢書本　一册

440000－2542－0004392　PS202160
遼史紀事本末四十卷首一卷　(清)李有棠編纂　清光緒二十五年(1899)上海書局石印本　四册

440000－2542－0004393　PZ301647
賞奇軒四種合編　(□)□□編　清刻本　四册

440000－2542－0004394　PS202160－1
金史紀事本末五十二卷首一卷　(清)李有棠編纂　清光緒二十五年(1899)上海書局石印本　四册

440000－2542－0004395　PZ301649
佩文齋書畫譜一百卷　(清)孫岳頒等編　清光緒九年(1883)上海同文書局石印本　十六册

440000－2542－0004396　PS202161
中東戰紀本末初編八卷首一卷末一卷續編四卷首一卷末一卷三編四卷　(美國)林樂知著譯　(清)蔡爾康纂輯　清光緒二十二年至二十六年(1896－1900)上海圖書集成局鉛印本　十六册

440000－2542－0004397　PZ301650
詩中畫一卷停雲小憩畫賸一卷　(清)馬濤繪　清光緒十一年(1885)上海會文堂書局石印本　一册

440000－2542－0004398　PJ402007
綴白裘十二集　(清)玩花主人輯　(清)錢德蒼增輯　清道光三年(1823)刻本　四册　存四集(二、七至八、十)

440000－2542－0004399　PJ402008
繪圖綴白裘十二集　(清)玩花主人輯　(清)錢德蒼增輯　清光緒三十四年(1908)石印本　八册　存九集(三至八、十至十二)

440000－2542－0004400　PS202162
皇朝武功紀盛四卷　(清)趙翼撰　清嘉慶四年(1799)桐川顧氏刻本　二册

440000－2542－0004401　PZ301652
西清劄記四卷　(清)胡敬輯　清刻胡氏三種本　二册

440000－2542－0004402　PZ301654
嶽雪樓書畫錄五卷　(清)孔廣陶編　清光緒十五年(1889)南海孔氏三十有三萬卷堂刻本　五册

440000－2542－0004403　PZ301722
海錯百一錄五卷　(清)郭柏蒼撰　清光緒十二年(1886)刻本　三册

440000－2542－0004404　PZ301723
蜂衙小記一卷　(清)郝懿行撰　清光緒五年

(1879)東路廳署刻本　一冊

440000－2542－0004405　PZ301656
書法正傳四卷　(清)蔣和撰　清光緒八年(1882)刻本　一冊

440000－2542－0004406　PZ301657
篆學瑣著　(清)顧湘輯　清道光二十年(1840)海虞顧氏刻本　十二冊　存三十種

440000－2542－0004407　PZ301725
大方廣佛華嚴經疏鈔會本二百二十卷　(唐)釋實叉難陀譯　(唐)釋澄觀述　清南京刻經處刻本　六十冊

440000－2542－0004408　PZ301658
書學南鍼六卷　(清)錢湘編校　清道光元年(1821)刻本　四冊

440000－2542－0004409　PZ301726
神僧傳九卷　(明)朱棣輯　清宣統元年(1909)常州天寧寺刻經處刻本　二冊

440000－2542－0004410　PS202169
西魏書二十四卷附錄一卷敘錄一卷　(清)謝啟昆撰　清光緒九年(1883)樹經堂刻本　六冊

440000－2542－0004411　PZ301665
寶繪錄二十卷　(明)張泰階訂　清知不足齋刻本　五冊

440000－2542－0004412　PS202172
支那通史四卷　(日本)那珂通世編　清光緒二十五年(1899)東文學社石印本　五冊

440000－2542－0004413　PZ301666
習苦齋畫絮十卷　(清)戴熙記　清光緒十九年(1893)刻民國九年(1920)印本　四冊

440000－2542－0004414　PZ301776
奇耦典彙三十六卷　(清)梅自馨編　清同治十二年(1873)敦厚堂刻本　二十冊

440000－2542－0004415　PS202174
國語校注本三種　(清)汪遠孫撰　清道光二十六年(1846)汪氏振綺堂刻本　六冊

440000－2542－0004416　PZ301771
策學備纂三十三卷總目三十二卷　(清)吳穎炎輯　清光緒二十年(1894)袖海山房石印本　三十冊

440000－2542－0004417　PZ301778
小知錄十二卷　(清)陸鳳藻輯　清同治十二年(1873)淮南書局刻本　四冊

440000－2542－0004418　PZ301779
蛾迷集十六卷　(清)陸庭學輯　清嘉慶二十年(1815)六君子齋刻本　四冊

440000－2542－0004419　PS202175
潛菴先生擬明史稿二十卷　(清)湯斌擬　(清)田蘭芳評　清同治九年(1870)刻本　十二冊

440000－2542－0004420　PZ301669
穰梨館過眼錄四十卷　(清)陸心源編　清光緒十七年(1891)吳興陸氏刻潛園總集本　十冊

440000－2542－0004421　PS202177
尚史七十卷　(清)李鍇撰　清刻本　二十一冊

440000－2542－0004422　PS202179
續後漢書四十二卷音義四卷附義例　(宋)蕭常譔　**重刻續後漢書札記一卷**　(清)郁松年譔　清道光二十一年(1841)刻本　五冊

440000－2542－0004423　PZ301677
澄蘭室古緣萃錄十八卷　(清)邵松年輯　清光緒三十年(1904)上海鴻文書局石印本　六冊

440000－2542－0004424　PZ301678
過雲樓書畫記十卷附錄一卷　(清)顧文彬撰　清光緒蘇州鐵瓶巷刻本　四冊

440000－2542－0004425　PS202180
世本十卷　(清)秦嘉謨輯補　清嘉慶二十三年(1818)琳琅仙館刻本　六冊

440000－2542－0004426　PJ402039
曲話二卷　(清)李調元撰　清嘉慶十四年

(1809)刻函海本　一册

440000－2542－0004427　PZ301685
國朝畫徵録三卷續録二卷　(清)張庚著　清同治八年(1869)刻本　二册

440000－2542－0004428　PS202184
南唐書合刻四十八卷附音釋一卷　(清)蔣國祥　(清)蔣國祚校　清同治十三年(1874)三餘書屋補刻本　六册

440000－2542－0004429　PS202187
元書一百二卷首一卷　(清)曾廉譔　清宣統三年(1911)層漪堂刻本　二十册

440000－2542－0004430　PS202188
明季北略二十四卷　(清)計六奇編輯　清光緒十三年(1887)上海圖書集成印書局鉛印本　六册

440000－2542－0004431　PJ402043
天問補註一卷　(清)毛奇齡稿　清康熙李塨等刻西河合集本　一册

440000－2542－0004432　PZ301688
國朝書畫家筆録四卷　(清)竇鎮輯　清宣統三年(1911)文學山房木活字印本　四册

440000－2542－0004433　PJ402044
離騷經章句義疏一卷　(清)張象津著　清道光九年(1829)刻十六年(1836)補刻白雲山房集本　一册

440000－2542－0004434　PZ301689
蓼懷堂琴譜不分卷　(清)雲志高訂　清刻本　四册

440000－2542－0004435　PJ402045
離騷箋二卷　(清)龔景瀚撰　清光緒三年(1877)湖北崇文書局刻崇文書局匯刻書本　一册

440000－2542－0004436　PJ402046
離騷彙訂一卷附屈子雜文一卷　(清)王邦采彙訂　清光緒二十六年(1900)廣雅書局刻本　三册

440000－2542－0004437　PS202190
大義覺迷録四卷　(清)世宗胤禛撰　清抄本　四册

440000－2542－0004438　PS202191
從征圖記一卷　(清)唐訓方撰　清光緒十七年(1891)刻本　四册

440000－2542－0004439　PZ301681
國朝書人輯略十一卷首一卷　(清)震鈞輯　清光緒三十四年(1908)刻本　四册

440000－2542－0004440　PZ301692
皇言定聲録八卷　(清)毛奇齡撰　清康熙刻本　一册

440000－2542－0004441　PZ301697
西清續鑑甲編二十卷附一卷　(清)王杰等輯　清宣統二年(1910)涵芬樓影印本　四十二册

440000－2542－0004442　PJ402049
楚辭十七卷　(漢)劉向編集　(漢)王逸章句　清光緒十七年(1891)三餘草堂刻湖北叢書本　二册

440000－2542－0004443　PJ402050
屈賦微二卷　馬其昶撰　清光緒三十二年(1906)合肥李氏鉛印集虚草堂叢書甲集本　一册

440000－2542－0004444　PS202194
明季南畧十八卷　(清)計六奇編輯　清都城琉璃廠半松居士木活字印本　六册

440000－2542－0004445　PJ402055
諸葛忠武侯文集六卷首一卷　(三國蜀)諸葛亮撰　(清)張澍編輯　**諸葛忠武侯故事五卷**　(清)張澍纂輯　清嘉慶十七年(1812)張氏刻本　八册

440000－2542－0004446　PZ301374
南華眞經正義内篇一卷外篇二卷雜篇一卷識余三卷　(清)陳壽昌輯　清光緒十九年(1893)怡顔齋刻本　四册

440000－2542－0004447　PZ301703
西清古鑑四十卷錢録十六卷　(清)梁詩正等

編纂　清光緒三十四年(1908)集成圖書公司石印本　二十四冊

440000－2542－0004448　PZ301704
西清古鑑四十卷錢錄十六卷　(清)梁詩正等編纂　清刻本　二十四冊

440000－2542－0004449　PJ402061
庾子山集十六卷　(北周)庾信撰　(清)倪璠註釋　**庾子山年譜一卷**　(清)倪璠編　**庾集總釋一卷**　(清)倪璠撰　清道光十九年(1839)刻本　十二冊

440000－2542－0004450　PZ301378
歷代仙史八卷　(清)王建章纂輯　清光緒七年(1881)常熟抱芳閣刻本　三冊

440000－2542－0004451　PS202196
元秘史山川地名攷十二卷　(清)施世杰撰　清光緒二十三年(1897)刻本　一冊

440000－2542－0004452　PZ301379
歷代仙史八卷　(清)王建章纂輯　清光緒七年(1881)常熟抱芳閣刻本　六冊

440000－2542－0004453　PS202197
建康實錄二十卷附校勘一卷　(唐)許嵩撰　清光緒二十八年(1902)金陵甘氏刻本　六冊

440000－2542－0004454　PJ402063
江文通文集十卷　(南朝梁)江淹著　(明)汪士賢校　明萬曆、天啟汪士賢刻本　三冊

440000－2542－0004455　PZ301380
繪像列仙傳四卷　(明)洪應明輯　清光緒十三年(1887)掃葉山房刻本　四冊

440000－2542－0004456　PZ301381
管子地員篇注四卷　(清)王紹蘭撰　清光緒十七年(1891)寄虹山館刻本　二冊

440000－2542－0004457　PZ301709
陶務圖說一卷　(清)李邦衛繪記　清刻本　一冊

440000－2542－0004458　PS202199
靖康紀聞一卷　(宋)丁特起編次　(清)張海鵬校訂　**靖康紀聞拾遺一卷**　(清)江曾祁訂　(清)張海鵬梓　清嘉慶十年(1805)照曠閣刻本　一冊

440000－2542－0004459　PS202201
元朝征緬錄一卷　(元)□□纂　(清)錢熙祚校　清刻本　一冊

440000－2542－0004460　PZ301386
新政全書十二編　(清)何啟　(清)胡禮垣編　清光緒二十八年(1902)上海華氏石印本　六冊

440000－2542－0004461　PZ301390
時事昌言四卷　(清)湯震撰　清光緒十六年(1890)刻本　四冊

440000－2542－0004462　PZ301391
分類洋務經濟時事新論六卷　(英國)李提摩太著　清光緒二十年(1894)長白史隱仙館刻本　六冊

440000－2542－0004463　PS202203
庚辛泣杭錄十六卷　(清)丁丙輯　清光緒二十一年(1895)錢塘丁氏刻本　六冊

440000－2542－0004464　PS202204
六朝事蹟編類十四卷　(宋)張敦頤譔　清光緒十三年(1887)實章閣刻本　四冊

440000－2542－0004465　PJ402065
張說之文集二十五卷補遺五卷　(唐)張說撰　清光緒三十一年(1905)仁和朱氏結一廬刻朱氏賸餘叢書本　四冊

440000－2542－0004466　PS202206
東觀奏記三卷　(唐)裴庭裕撰　清抄本　一冊

440000－2542－0004467　PJ402068
韋蘇州集十卷　(唐)韋應物撰　清宣統三年(1911)石印本　四冊

440000－2542－0004468　PS202207
普天忠憤集十四卷首一卷　(清)孔廣德編　清光緒二十一年(1895)石印本　十二冊

440000－2542－0004469　PJ402069
李義山詩文集詳註十二卷　(唐)李商隱撰

(清)馮浩編注　清同治七年(1868)刻本　八冊

440000－2542－0004470　PJ402070
李義山詩集三卷　(唐)李商隱撰　(清)朱鶴齡箋註　(清)沈厚塽輯評　清同治九年(1870)廣州倅署刻三色套印本　四冊

440000－2542－0004471　PS202208
二申野錄八卷　(清)孫之騄輯　清同治六年(1867)吟香館刻本　四冊

440000－2542－0004472　PS202210
征剿紀畧四卷　(清)尹樂亭撰　清光緒抄本　四冊

440000－2542－0004473　PS202211
繡像剿逆圖考二卷　(清)□□撰　**李秀成供一卷續供一卷**　(清)□□編　清光緒十八年(1892)上海書局石印本　二冊

440000－2542－0004474　PS202212
拳匪紀略八卷前編二卷後編二卷　(清)僑析生等輯　清光緒二十九年(1903)石印本　一冊

440000－2542－0004475　PS202213
南天痕二十六卷附錄一卷　(清)凌雪纂修　(清)汪成教等校訂　清宣統二年(1910)上海復古社鉛印本　六冊

440000－2542－0004476　PS202215
西南紀事十二卷　(清)邵廷采撰　清光緒十年(1884)邵武徐氏刻本　二冊

440000－2542－0004477　PS202216
西南紀事十二卷　(清)邵廷采撰　清光緒十年(1884)邵武徐氏刻本　二冊

440000－2542－0004478　PS202217
東南紀事十二卷　(清)邵廷采撰　清光緒邵武徐氏刻本　二冊

440000－2542－0004479　PS202218
也是錄一卷　(清)自非逸史(鄧凱)編　清刻本　一冊

440000－2542－0004480　PZ301732
中峯祖燈錄五卷　(元)趙孟頫撰　清刻本　三冊

440000－2542－0004481　PZ301733
居士傳五十六卷　(清)知歸子(彭紹昇)撰　清刻本　四冊

440000－2542－0004482　PZ301734
高僧傳三集三十卷　(宋)釋贊寧等撰　清光緒十三年(1887)江北刻經處刻本　六冊

440000－2542－0004483　PZ301735
釋氏稽古略四卷　(元)釋覺岸撰　清光緒十二年(1886)刻本　五冊

440000－2542－0004484　PZ301736
南嶽正宗道影四卷　(清)釋守一編　清光緒六年(1880)蘇州瑪瑙經房刻本　四冊

440000－2542－0004485　PS202228
中西紀事二十四卷首一卷　(清)江上蹇叟(夏燮)撰　清同治七年(1868)刻本　六冊

440000－2542－0004486　PS202222
保越錄一卷　(元)徐勉之著　清同治刻本　一冊

440000－2542－0004487　PZ301737
閱藏知津四十四卷　(清)釋智旭匯集　清光緒十八年(1892)金陵刻經處刻本　十冊

440000－2542－0004488　PZ301392
廣治平略三十六卷　(清)蔡方炳撰　清刻本　十六冊

440000－2542－0004489　PJ402071
李太白文集三十卷　(唐)李白撰　清光緒元年(1875)湖北崇文書局刻本　四冊

440000－2542－0004490　PJ402072
李文公集十八卷補遺一卷附錄一卷　(唐)李翱撰　清光緒元年(1875)南海馮焌光刻本　二冊

440000－2542－0004491　PJ402073
李長吉歌詩四卷首一卷外集一卷　(唐)李賀撰　(清)王琦彙解　清宣統元年(1909)上海掃葉山房石印本　四冊

440000－2542－0004492　PZ301795
困學紀聞注二十卷　（宋）王應麟撰　（清）翁元圻輯注　清光緒十五年（1889）汝東資善堂刻本　十六冊

440000－2542－0004493　PS202225
平定粵匪紀略十八卷附記四卷　（清）杜文瀾等編　清光緒七年（1881）刻本　八冊

440000－2542－0004494　PJ402074
協律鉤元四卷外集一卷　（唐）李賀撰　（清）陳本禮箋註　清嘉慶刻本　五冊

440000－2542－0004495　PZ301796
困學紀聞注二十卷　（宋）王應麟撰　（清）翁元圻注　清道光五年（1825）守福堂刻本　十四冊

440000－2542－0004496　PS202226
平定粵匪紀略十八卷附記四卷　（清）杜文瀾等編　清光緒七年（1881）刻本　四冊

440000－2542－0004497　PZ300700
歷代兵制八卷　（宋）陳傅良撰　清咸豐新昌莊肇麟刻長恩書室叢書本　與440000－2542－0002930合一冊

440000－2542－0004498　PS202227
求野錄一卷　（明）客溪樵隱（鄧凱）編　清刻本　一冊

440000－2542－0004499　PJ402075
新刊權載之文集五十卷　（唐）權德輿撰　清嘉慶十一年（1806）刻本　八冊

440000－2542－0004500　PZ301741
佛祖歷代通載三十六卷　（元）釋念常輯　清咸豐八年（1858）廣東長壽寺刻本　九冊

440000－2542－0004501　PZ301800
十駕齋養新錄二十卷餘錄三卷　（清）錢大昕撰　清光緒二年（1876）浙江書局刻本　八冊

440000－2542－0004502　PZ301743
萬松老人評唱天童覺和尚頌古從容庵錄十卷　（元）釋離知錄　清光緒七年（1881）姑蘇刻經處刻本　三冊

440000－2542－0004503　PZ301801
困學紀聞二十卷　（宋）王應麟撰　清乾隆三年（1738）祁門馬氏蔹書樓刻本　六冊

440000－2542－0004504　PS202229
中西紀事二十四卷　（清）江上蹇叟（夏燮）撰　清光緒二十三年（1897）石印本　八冊

440000－2542－0004505　PS202230
台灣外記二卷　（清）江東旭著　清光緒三十三年（1907）上海均益圖書公司鉛印本　二冊

440000－2542－0004506　PS202232
國史考異六卷　（清）潘檉章撰　（清）吳炎訂　清刻本　四冊

440000－2542－0004507　PZ301804
嶺南遺書　（清）伍元薇　（清）伍崇曜輯　清道光至同治廣東伍氏粵雅堂文字歡娛室刻本　一冊　存七種

440000－2542－0004508　PS202239
元朝秘史注十五卷　（清）李文田注　清光緒二十二年（1896）通隱堂刻本　四冊

440000－2542－0004509　PJ402076
莆陽黃御史集二卷別錄一卷附錄一卷　（唐）黃滔撰　清光緒十年（1884）福山王氏刻天壤閣叢書本　二冊

440000－2542－0004510　PJ402077
歲寒堂讀杜二十卷　（清）范輦雲輯　（清）范玉琨校　清道光二十四年（1844）蘇州范氏刻本　八冊

440000－2542－0004511　PJ402078
杜工部草堂詩箋二十二卷　（唐）杜甫撰　（宋）魯訔編次　（宋）蔡夢弼會箋　**杜工部草堂詩話二卷**　（宋）蔡夢弼集錄　**杜工部［甫］草堂詩年譜二卷**　（宋）趙子櫟撰　清光緒元年（1875）巴陵方氏碧琳琅館刻本　四冊

440000－2542－0004512　PS202271
平浙紀略十六卷　（清）秦緗業等撰　清同治十二年（1873）浙江書局刻本　四冊

440000－2542－0004513　PS202243

粵匪始末紀畧二卷　(清)杏花樵子編輯　(清)踏歌道人參訂　清抄本　二冊

440000－2542－0004514　PS202244
思痛記二卷　(清)李圭撰　清光緒六年(1880)刻本　一冊

440000－2542－0004515　PS202245
蜀碧四卷　(清)彭遵泗編　清肇經堂刻本　二冊

440000－2542－0004516　PJ402080
韓文故十三卷首一卷　(唐)韓愈撰　(清)高澍然編　清道光十六年(1836)抑快軒刻本　十冊

440000－2542－0004517　PS202247
東牟守城紀略附東牟守城詩　(清)戴燮元撰　清同治八年(1869)刻本　一冊

440000－2542－0004518　PJ402081
昌黎先生詩增注證訛十一卷年譜一卷　(唐)韓愈撰　(清)黄鉞增注證訛　(清)顧嗣立刪補　清咸豐七年(1857)四明鮑氏刻本　四冊

440000－2542－0004519　PJ402082
張宣公全集　(宋)張栻撰　清光緒十七年(1891)刻本　十二冊

440000－2542－0004520　PJ402083
廬陵宋丞相信國公文忠烈先生全集十六卷附錄一卷　(宋)文天祥撰　(清)文有焕等編輯重梓　清雍正三年(1725)五桂堂刻道光印本　八冊

440000－2542－0004521　PJ402084
河南先生文集二十七卷附錄一卷　(宋)尹洙撰　清宣統二年(1910)守政書局木活字印本　四冊

440000－2542－0004522　PJ402085
道鄉先生文集四十卷補遺一卷附錄一卷年譜一卷　(宋)鄒浩撰　清同治九年(1870)南海鄒氏永誅堂刻本　六冊

440000－2542－0004523　PJ402088
宋李忠定文集三十九卷　(宋)李綱著　清光緒三十四年(1908)湘鄉愛日堂刻本　八冊

440000－2542－0004524　PS202254
魚皛彙刻三種　(清)魚皛居士輯　清咸豐十一年(1861)刻本　四冊

440000－2542－0004525　PS202257
行朝錄十二卷末一卷　(清)黄宗羲撰　清光緒十九年(1893)刻本　二冊

440000－2542－0004526　PJ402092
安陽集五十卷家傳十卷別錄三卷遺事一卷　(宋)韓琦著　(清)黄邦寧重編　清乾隆四年(1739)刻三十五年(1770)黄邦寧重修刻本　七冊

440000－2542－0004527　PJ402093
嘉祐集二十卷　(宋)蘇洵著　清道光十二年至十三年(1832－1833)刻三蘇全集本　四冊

440000－2542－0004528　PJ402094
東坡集八十四卷目錄二卷　(宋)蘇軾著　清道光十二年至十三年(1832－1833)刻三蘇全集本　三十二冊

440000－2542－0004529　PJ402095
蘇文忠公詩集擇粹十八卷　(宋)蘇軾撰　(清)紀昀批閱　(清)趙古農擇　清嘉慶二十二年(1817)五羊抱影吟軒刻本　六冊

440000－2542－0004530　PJ402096
蘇詩查注補正四卷　(清)沈欽韓撰　清光緒二十年(1894)廣雅書局刻本　二冊

440000－2542－0004531　PJ402097
杜清獻公集十九卷首一卷末一卷　(宋)杜範著　清光緒六年(1880)刻本　六冊

440000－2542－0004532　PJ402098
翠微南征錄十一卷　(宋)華岳著　(清)郎遂編次　清光緒二十六年(1900)貴池劉氏唐石簃刻本　一冊

440000－2542－0004533　PJ402099
昌黎先生集考異十卷　(宋)朱熹撰　清光緒十一年(1885)新陽趙氏刻本　二冊

440000－2542－0004534　PJ402101

胡少師總集六卷首一卷 (宋)胡舜陟著 (清)胡培翬編輯 **胡少師總集附錄一卷** (宋)胡舜申撰 清同治二年(1863)胡肇智刻本 二冊

440000－2542－0004535 PJ402102
淮海集四十卷首一卷後集六卷 (宋)秦觀著 (明)徐渭評 清同治十二年(1873)刻本 八冊

440000－2542－0004536 PJ402103
武夷新集二十卷附逸詩文一卷 (宋)楊億撰 清嘉慶十六年(1811)留香室刻本 五冊

440000－2542－0004537 PZ301805
四種遺規十卷 (清)陳弘謀輯 清嘉慶十五年(1810)震復堂刻本 五冊

440000－2542－0004538 PZ301806
陔餘叢考四十三卷 (清)趙翼撰 清乾隆五十五年(1790)刻甌北全集本 十二冊

440000－2542－0004539 PS202272
嘯亭雜錄八卷續錄二卷 (清)汲修主人(昭槤)著 清刻本 十冊

440000－2542－0004540 PZ301808
近思錄十四卷 (清)江永集注 **考訂朱子世家一卷** (清)江永著 清光緒二十七年(1901)益元局刻本 四冊

440000－2542－0004541 PZ301813
困學紀聞集證二十卷首一卷末一卷 (宋)王應麟撰 (清)萬蔚亭輯 清刻本 十二冊

440000－2542－0004542 PZ301815
十駕齋養新錄二十卷餘錄三卷 (清)錢大昕撰 清嘉慶刻本 六冊

440000－2542－0004543 PS202276
鄂國金佗粹編二十八卷續編三十卷 (宋)岳珂編 清光緒九年(1883)浙江書局刻本 八冊

440000－2542－0004544 PS202278
建炎維揚遺錄一卷建炎復辟記一卷 (宋)□□纂 (清)江曾祁訂 (清)張海鵬梓 清嘉慶十年(1805)照曠閣刻本 一冊

440000－2542－0004545 PS202279
蜀龜鑑七卷首一卷 (清)劉景伯輯 清宣統三年(1911)刻本 四冊

440000－2542－0004546 PS202280
隋煬雜編五種 (南朝宋)劉義慶等撰 清刻本 一冊

440000－2542－0004547 PS202283
郎潛紀聞十四卷 (清)陳康祺著 清光緒十年(1884)刻本 四冊

440000－2542－0004548 PS202283－1
燕下鄉脞錄十六卷 (清)陳康祺著 清光緒十一年(1885)刻本 四冊

440000－2542－0004549 PS202285
荊駝逸史 (清)陳湖逸士編 清刻本 三十二冊 存五十一種

440000－2542－0004550 PJ402107
白石道人詩集二卷詩說一卷集外詩一卷附錄一卷附錄補遺一卷詩詞評論一卷詩詞評論補遺一卷逸事一卷逸事補遺一卷 (宋)姜夔著 清光緒十年(1884)娛園刻本 一冊

440000－2542－0004551 PJ402108
舒文靖公類稾四卷附錄三卷 (宋)舒璘著 (清)徐時棟輯校 清同治十一年(1872)刻本 四冊

440000－2542－0004552 PJ402115
欒城集四十八卷目錄二卷後集二十四卷三集十卷應詔集十二卷 (宋)蘇轍著 清道光十二年(1832)眉州三蘇祠刻三蘇全集本 二十冊

440000－2542－0004553 QT000891
五代史記纂誤續補六卷 (清)吳光耀撰 清光緒十四年(1888)江夏吳氏刻本 三冊 存三卷(四至六)

440000－2542－0004554 PJ402116
至正集八十一卷附錄一卷 (元)許有壬著 清宣統三年(1911)聊城鄒氏石印本 十冊

440000－2542－0004555　PJ402117
元遺山先生集四十卷首一卷新樂府四卷續夷堅志四卷　(金)元好問著　(清)張穆校　**遺山先生集附錄一卷**　(清)華希閔等輯　**遺山先生集補載一卷**　(清)施國祁　(清)張穆輯　**元遺山先生[好問]年譜二卷**　(清)凌廷堪編　**元遺山先生年譜一卷**　(清)施國祁訂　**元遺山先生年譜一卷**　(清)翁方綱編　清光緒八年(1882)京都翰文齋書坊刻本　十六冊

440000－2542－0004556　PS202295
靖逆記六卷　(清)蘭簃外史(盛大士)纂　清嘉慶八年(1803)刻本　一冊

440000－2542－0004557　PS202296
明季稗史彙編十六種二十七卷　(清)留雲居士輯　清光緒二十二年(1896)上海圖書集成局鉛印本　六冊

440000－2542－0004558　PC500575－2
元詩選癸集十卷　(清)顧嗣立輯　清嘉慶席氏掃葉山房刻光緒補刻本　七冊　缺一卷(戊集)

440000－2542－0004559　PS202298
明季稗史彙編十六種二十七卷　(清)留雲居士輯　清末都城琉璃廠刻本　十冊

440000－2542－0004560　PS202299
鮑爵軍門戰功紀畧一卷　(清)金國鈞等纂輯　清同治六年(1867)刻本　一冊

440000－2542－0004561　PS202301
辛巳泣蘄錄一卷附錄一卷　(宋)赵與衮撰　清光緒三十二年(1906)上海國學保存會鉛印本　一冊

440000－2542－0004562　PJ402118
清容居士集五十卷札記一卷　(元)袁桷撰　清道光二十年(1840)上海郁氏刻宜稼堂叢書本　十六冊

440000－2542－0004563　PJ402119
雁門集六卷補遺一卷倡和錄一卷　(元)薩都剌著　(清)薩龍光輯　清宣統二年(1910)薩嘉曦刻本　四冊

440000－2542－0004564　PS202300
義和拳教門源流考一卷　勞乃宣撰　清光緒二十五年(1899)刻本　一冊

440000－2542－0004565　PS202303
十九世紀外交史十七章　(日本)平田久著　張相譯　清光緒二十八年(1902)杭州史學齋刻本　四冊

440000－2542－0004566　PZ301746
雲棲大師遺稿三卷　(明)釋袾宏著　清光緒二十五年(1899)金陵刻經處刻本　二冊

440000－2542－0004567　PZ301747
竹窗隨筆三卷　(明)釋袾宏撰　清光緒二十四年(1898)金陵刻經處刻本　三冊

440000－2542－0004568　PJ402123
繪像第六才子書西廂記八卷　(元)王實甫著　清光緒十年(1884)廣州刻朱墨套印本　八冊

440000－2542－0004569　PJ402124
增像第六才子書五卷首一卷　(元)王實甫著　清光緒三十二年(1906)石印本　二冊

440000－2542－0004570　PJ402125
此宜閣增訂金批西廂四卷首一卷　(元)王實甫著　(清)金人瑞批　清此宜閣刻朱墨套印本　六冊

440000－2542－0004571　PS202309
元寇紀略二卷　(日本)大橋順著　**黑韃事略一卷**　(宋)彭大雅撰　(宋)徐霆疏證　清光緒二十九年(1903)江蘇通州翰墨林編譯印書局鉛印本　一冊

440000－2542－0004572　PZ301751
景教碑文紀事考正三卷　(清)楊榮鋕撰　清光緒二十一年(1895)楊大本堂刻本　三冊

440000－2542－0004573　PZ301752
基督實錄二卷　(英國)韋廉臣撰　清光緒二十四年(1898)上海美華書館刻本　一冊

440000－2542－0004574　PJ402128
六如居士全集七卷補遺一卷　(明)唐寅著

清刻本　二册

440000－2542－0004575　PS202315

讀史提要錄十二卷　(清)夏之蓉編　清道光二年(1822)刻本　四册

440000－2542－0004576　PJ402129

高子遺書十二卷附錄一卷　(明)高攀龍著　**年譜一卷**　(明)華允誠編　清光緒二年(1876)周士錦刻本　八册

440000－2542－0004577　PS202316

史闕十四卷　(清)張岱纂　(清)鄭佶編　清道光四年(1824)刻本　四册

440000－2542－0004578　PJ402131

瞎堂詩集二十卷首一卷　(清)釋函昰著　(清)釋今毬編　清刻本　四册

440000－2542－0004579　PJ402132

霍文敏公全集十卷首一卷補遺一卷石頭錄八卷　(明)霍韜著　(明)霍與瑕手輯　(明)霍尚守添註　清同治元年(1862)刻本　十六册

440000－2542－0004580　PS202317

重刊史鑑節要便讀六卷　(清)鮑東里編輯　清同治十二年(1873)羊城運署刻本　二册

440000－2542－0004581　PJ402133

楊園先生全集　(清)張履祥著　清嘉慶二十三年(1818)刻本　五册　存十七種

440000－2542－0004582　PJ402134

新刻張太岳先生文集四十七卷　(明)張居正著　清刻本　十六册

440000－2542－0004583　PJ402137

熊襄愍公集十卷首一卷末一卷　(明)熊廷弼著　清嘉慶十八年(1813)退補齋刻本　十册

440000－2542－0004584　PJ402139

明大司馬盧公集十二卷首一卷　(明)盧象昇撰　**明大司馬雙印記一卷**　(清)陳任暘撰　清光緒元年(1875)刻三十四年(1908)補刻本　十册

440000－2542－0004585　PJ402142

始豐藁十四卷補遺一卷附錄一卷　(明)徐一夔著　清光緒二十年(1894)錢塘丁氏嘉惠堂刻本　四册

440000－2542－0004586　PJ402141

五百四峯堂詩鈔二十五卷　(清)黎簡著　清廣州儒雅堂刻本　八册

440000－2542－0004587　PS202318

讀史鏡古編三十二卷　(清)潘世恩輯　清同治十三年(1874)冶城飛霞閣刻本　六册

440000－2542－0004588　PJ402146

南園後五先生詩二十五卷首一卷南園花信詩一卷　(清)熊繹祖輯　清同治九年(1870)南海陳氏樵山草堂刻本　一册　存五卷(梁蘭汀詩七至十一)

440000－2542－0004589　PS202319

鑑史提綱四卷　(元)潘榮原本　(清)盧文錦註識　清嘉慶十三年(1808)刻本　四册

440000－2542－0004590　PS202320

古事比五十二卷　(清)方中德輯著　清光緒十三年(1887)上海點石齋石印本　四幅

440000－2542－0004591　PS202321

九通提要十二卷　(清)柴紹炳纂　清光緒二十八年(1902)上海泰東時務譯印局鉛印本　三册

440000－2542－0004592　PS202322

史姓韻編六十四卷　(清)汪輝祖輯　(清)馮祖憲重校　清光緒十年(1884)慈谿耕餘樓書局鉛印本　十六册

440000－2542－0004593　PS202323

分類歷代通鑑輯覽六十四卷終一卷　(清)陳善纂　清光緒二十九年(1903)點石齋書局石印本　十六册

440000－2542－0004594　PS202324

史畧八十七卷　(清)朱堃輯　清光緒二十五年(1899)萬本書局朱墨套印本　十六册

440000－2542－0004595　PS202325

最新中國歷史教科書四卷　姚祖義編纂　清

光緒三十二年(1906)商務印書館鉛印本　二册

440000－2542－0004596　PS202326
最新中國歷史教科書四卷　姚祖義編纂　清光緒三十四年(1908)商務印書館鉛印本　一册　存一卷(三)

440000－2542－0004597　PS202327
廣東鄉土史教科書二卷附錄一卷　黄佛頤編　清光緒三十二年(1906)粤城時中學校刻本　三册

440000－2542－0004598　PS202328
廣東鄉土史教科書二卷附錄一卷　黄佛頤編　清光緒三十二年(1906)粤城時中學校刻本　三册

440000－2542－0004599　PJ402149
偶然堂遺集三卷附錄一卷　(明)梁元柱著　**明朝列大夫陝西布政司參議森瑯公[梁元柱]年譜一卷**　(清)梁廷枏撰　清嘉慶二十五年(1820)梁廷枏刻本　一册

440000－2542－0004600　PJ402150
亦玉堂稿十卷　(明)沈鯉著　清嘉慶十二年(1807)刻本　四册

440000－2542－0004601　PJ402152
徧行堂集十六卷　(清)釋今釋著　清宣統三年(1911)上海國學扶輪社鉛印本　八册

440000－2542－0004602　PJ402153
湛甘泉先生文集三十二卷　(明)湛若水著　清同治刻本　十册

440000－2542－0004603　PJ402155
寒支初集十卷首一卷　(明)李世熊著　(明)李向旻編次　清同治十三年(1874)刻本　六册

440000－2542－0004604　PJ402156
寒支二集四卷　(明)李世熊著　清同治十三年(1874)刻本　二册

440000－2542－0004605　PJ402158
懷麓堂文藁三十卷　(明)李東陽著　清刻本　十册

440000－2542－0004606　PS202330
初等小學中國歷史教科書　(清)□□編　清光緒刻本　一册　存一卷(中編)

440000－2542－0004607　PS202331
皇朝紀略一卷　(清)何琪編輯　清光緒二十七年(1901)越郡北鄉學堂刻本　一册

440000－2542－0004608　PJ402159
李文莊公全集十卷　(明)李騰芳著　清光緒二年(1876)湘潭高塘李氏祠刻本　十册

440000－2542－0004609　PS202332
四裔編年表四卷　(美國)林樂知　(清)嚴良勳譯　(清)李鳳苞彙編　清光緒二十三年(1897)石印本　四册

440000－2542－0004610　PS202336
紀元編三卷末一卷　(清)李兆洛撰　(清)六承如集錄　清同治十年(1871)合肥李氏刻本　二册

440000－2542－0004611　PS202337
古史考年異同表二卷後説一卷　(清)林春溥著　清道光十八年(1838)竹柏山房刻本　一册

440000－2542－0004612　PJ402160
黄漳浦集五十卷首一卷目錄二卷　(明)黄道周撰　(清)陳壽祺編　**年譜二卷**　(明)莊起儔編　清光緒至宣統鉛印本　十六册

440000－2542－0004613　PS202338
紀元通攷十二卷　(清)葉維庚撰　清同治十年(1871)刻本　四册

440000－2542－0004614　PZ302043
御刻三希堂石渠寶笈法帖　(清)梁詩正編　清光緒二十年(1894)蜚英館石印本　四册

440000－2542－0004615　PS202339
九通政要表十六卷　(清)孫榮編　清光緒三十二年(1906)瀘州學正署刻本　十幅

440000－2542－0004616　PJ402162
重刻天傭子全集十卷首一卷末一卷年譜一卷

(明)艾南英著　(清)艾為珖等編輯　(清)蔡元鳳等編訂　清道光十六年(1836)艾舟刻本　十册

440000－2542－0004617　PJ402164
息壤集三卷　(元)趙烱然著　清嘉慶二十年(1815)湘雪軒刻本　二册

440000－2542－0004618　PZ301756
格物測算八卷　(美國)丁韙良撰　清光緒九年(1883)刻本　八册

440000－2542－0004619　PZ301755
格致匯編　(英國)傅蘭雅輯譯　清光緒六年(1880)江南製造總局鉛印本　七册　存一百三十五種

440000－2542－0004620　PS200529
最新地理教科書四卷　(清)謝洪賚編纂　清光緒三十四年(1908)商務印書館鉛印本　一册　存一卷(三)

440000－2542－0004621　PZ301817
行素齋雜記二卷　(清)繼昌撰　清光緒二十七年(1901)湖南臬署刻本　二册

440000－2542－0004622　PJ402166
史忠正公集四卷首一卷末一卷　(明)史可法著　(明)史山清輯　清咸豐六年(1856)史兆霖刻本　二册

440000－2542－0004623　PJ402168
咸陟堂文集五十七卷　(清)釋成鷲著　清道光二十五年(1845)刻本　二十二册

440000－2542－0004624　PJ402169
康齋先生集十二卷首一卷　(明)吳與弼著　清道光十五年(1835)刻本　六册

440000－2542－0004625　PJ402170
顧亭林先生詩箋注十七卷首一卷　(清)顧炎武撰　(清)徐嘉輯注　**顧詩箋注校補一卷**　(清)李詳等撰　清光緒二十三年(1897)徐氏味靜齋刻本　六册

440000－2542－0004626　PZ301762
金石識别十二卷　(美國)代那撰　(美國)瑪高溫口譯　(清)華蘅芳筆述　清光緒江南機器製造總局刻本　六册

440000－2542－0004627　PZ301822
袁氏世範三卷集事詩箋一卷　(宋)袁采撰　清乾隆五十五年(1790)長塘鮑氏刻知不足齋叢書本　二册

440000－2542－0004628　PJ402171
區太史詩集二十七卷　(明)區大相著　清道光十年(1830)刻本　四册

440000－2542－0004629　PS202343
歷代帝王世系圖一卷　(清)□□編　清宣統二年(1910)陸軍部印刷處石印本　一册

440000－2542－0004630　PZ301823
群書拾補三十九種　(清)盧文弨校補　清光緒十三年(1887)上海蜚英館石印本　八册

440000－2542－0004631　PJ402172
嶧桐文集十卷　(明)劉城著　清光緒二十六年(1900)刻貴池二妙集本　二册

440000－2542－0004632　PJ402174
陳巖野先生全集四卷　(明)陳邦彥著　(清)溫汝能校輯　清嘉慶十年(1805)刻本　四册

440000－2542－0004633　PJ402175
邱文莊公集十卷　(明)邱濬撰　(清)邱名邦重編　清同治十年(1871)刻邱海二公合集本　六册

440000－2542－0004634　PS202344
廿四史三表三種十九卷　(清)段長基述　(清)段搢書編　清光緒元年(1875)紅杏山房刻本　二十四册

440000－2542－0004635　PJ402176
歐崙山集六卷　(明)歐大任撰　**歐崙山詩六卷**　(明)陳暹等編　清同治九年(1870)南海陳氏樵山草堂刻南園前後五先生詩本　一册　缺四卷(一至四)

440000－2542－0004636　PS202345
宋遼金元四史朔閏攷二卷　(清)錢大昕纂　清長沙龍氏家塾刻本　一册

440000－2542－0004637　PS202350

李鴻章十二章　飲冰室主人(梁啓超)著　清光緒二十七年至三十年(1901－1904)石印本　一册

440000－2542－0004638　PS202351

陸清獻公莅嘉遺蹟三卷　(清)黄維玉編輯　清同治六年(1867)上海道署刻本　一册

440000－2542－0004639　PS202351－1

陸清獻公治嘉格言一卷　(清)陸隴其著　清同治七年(1868)上海道署刻本　一册

440000－2542－0004640　PS202353

石林遺事三卷附録一卷　葉德輝編撰　清宣統三年(1911)刻本　二册

440000－2542－0004641　PJ402177

寒邨詩文選三十六卷　(清)鄭梁著　(清)黄宗羲鑒定　清康熙紫蟾山房刻本　二十册

440000－2542－0004642　PJ402178

牡丹亭還魂記八卷　(明)湯顯祖編　清芥子園刻本　四册

440000－2542－0004643　PJ402179

牡丹亭還魂記八卷　(明)湯顯祖編　清芥子園刻本　八册

440000－2542－0004644　PJ402180

寶綸堂詩鈔六卷文鈔八卷　(清)齊召南撰　清光緒十三年(1887)金峩山館刻本　四册

440000－2542－0004645　PS202357

王先謙自定年譜三卷　王先謙撰　清光緒三十四年(1908)長沙王氏刻本　三册

440000－2542－0004646　PJ402181

鐵船樂府二卷鐵船詩鈔二十卷　(清)方元鵾著　清道光十六年至宣統三年(1836－1911)芥舟書屋刻本　四册

440000－2542－0004647　PJ402182

陶山詩録十二卷　(清)唐仲冕著　清嘉慶十六年(1811)江南通州酌民言堂刻本　六册

440000－2542－0004648　PJ402183

志學録八卷續録三卷　(清)方宗誠述　清光緒三年至十一年(1877－1885)刻本　三册

440000－2542－0004649　PS202360

顔習齋先生言行録二卷　(清)鍾錂纂　清光緒刻本　一册

440000－2542－0004650　PJ402190

望溪先生集外文十卷　(清)方苞著　(清)戴鈞衡編　**方望溪先生年譜一卷附録一卷**　(清)蘇惇元輯　清刻本　四册

440000－2542－0004651　PS202363

求闕齋弟子記三十二卷　(清)王定安譔　清光緒二年(1876)都門琉璃廠龍文齋刻本　十六册

440000－2542－0004652　PJ402191

儀衛軒文集十二卷外集一卷詩集五卷遺書一卷大意尊聞三卷附録一卷　(清)方東樹著　**方儀衛先生年譜一卷**　(清)鄭福照輯　清同治七年(1868)刻本　十六册

440000－2542－0004653　PJ402192

聽雲樓詩鈔十卷補遺一卷　(清)譚敬昭著　(清)李岳等輯　清道光二年(1822)刻本　四册

440000－2542－0004654　PJ402193

虚一齋集五卷　(清)莊培因著　清光緒九年(1883)刻本　一册

440000－2542－0004655　PJ402194

復堂類集文四卷詩十一卷詞三卷　(清)譚獻著　清同治至光緒仁和譚氏刻半廠叢書初編本　二册　存九卷(詩一至九)

440000－2542－0004656　PJ402195

賭棋山莊所著書　(清)謝章鋌撰　清光緒至民國刻本　三十三册　存七十五卷(文集一至七、文續一至二、文又續一至二、詩集一至十四、詞一至八、餘集一至五、説文閩音通一至二、詞話一至十二、詞話續一至五、圍爐瑣憶一卷、籐陰客□一卷、稗販雜録一卷、課餘偶録一至四、課餘偶録續一至五、校刻東嵐謝氏明詩略一至四、勸學淺語一卷、八十壽言一卷)

440000－2542－0004657　PS202369
顧亭林先生[炎武]年譜一卷　(清)張穆編　清道光二十四年(1844)刻本　一册

440000－2542－0004658　PZ301764
羣學肄言十六卷　(英國)斯賓塞爾造論　嚴復翻譯　清光緒二十九年(1903)上海文明編譯書局鉛印本　四册

440000－2542－0004659　PZ301765
財政四綱四卷　(清)錢恂撰　清光緒二十七年(1901)石印本　二册　存二卷(貨幣一卷、銀行一卷)

440000－2542－0004660　SQ300038
遂昌雜錄一卷　(元)鄭元祐撰　明末刻清補刻本　一册

440000－2542－0004661　PJ402196
雲臥山莊詩集八卷首末各一卷家訓二卷末一卷　(清)郭崑燾著　清光緒十一年(1885)湘陰郭氏岵瞻堂刻本　四册

440000－2542－0004662　PZ301768
重訂事類賦三十卷　(宋)吳淑撰注　(明)華麟祥校刊　清道光七年(1827)無錫劍光閣刻本　三十一册

440000－2542－0004663　PJ402201
施愚山先生學餘文集二十八卷　(清)施閏章著　(清)施彦淳等錄緝　清宣統三年(1911)上海國學扶輪社石印本　三册

440000－2542－0004664　PZ301769
增補白眉故事十卷　(明)許以忠集　清光緒二年(1876)經濟堂刻本　五册

440000－2542－0004665　PZ301770
記事珠十卷　(清)張以謙撰　清同治十三年(1874)刻本　十册

440000－2542－0004666　PS202373
還讀我書室老人[董恂]手訂年譜二卷　(清)董恂撰　清光緒十八年(1892)刻本　二册

440000－2542－0004667　PZ301341
續近思錄十四卷　(清)張伯行集解　(清)楊浚總校　清同治九年(1870)福州正誼書院刻本　六册

440000－2542－0004668　PZ301342
廣近思錄十四卷　(清)張伯行輯　(清)柳椿　(清)陳紹濂校　清同治五年(1866)福州正誼書院刻本　六册

440000－2542－0004669　PZ301343
朱子語類一百四十卷　(宋)黎靖德輯　清同治十一年(1872)應元書院刻本　三十三册

440000－2542－0004670　PZ301825
老學庵筆記二卷　(宋)陸游撰　清宣統三年(1911)掃葉山房石印本　一册

440000－2542－0004671　PS202374
十五家年譜叢書　(清)楊希閔編　清光緒三年(1877)刻揚州書林陳履恒補刻本　十六册　存十五種

440000－2542－0004672　PZ301826
元城語錄解三卷行錄解一卷　(明)王崇慶撰　清光緒十四年(1888)長沙惜陰書局刻本　一册

440000－2542－0004673　PZ301828
菰中隨筆不分卷　(清)顧炎武撰　清聯興堂馮烘記刻本　一册

440000－2542－0004674　PJ402203
平養堂文編十卷　(清)王龍文著　清宣統三年(1911)思賢書局刻本　四册

440000－2542－0004675　PJ402204
函雅堂集二十四卷　(清)王詠霓著　清光緒二十二年(1896)刻本　八册

440000－2542－0004676　PZ301829
淳化帖集釋十卷　(清)徐朝弼撰　清嘉慶八年(1803)問心堂刻本　一册

440000－2542－0004677　PZ301830
新語二卷　(漢)陸賈撰　清光緒元年(1875)湖北崇文書局刻本　一册

440000－2542－0004678　PS203240
皇朝經世文三編八十卷　(清)陳忠倚輯　清

光緒二十四年(1898)寶文書局刻本　十六冊

440000－2542－0004679　PS202379
王船山先生[夫之]年譜二卷　(清)劉毓崧編　清光緒十二年(1886)江南書局刻本　二冊

440000－2542－0004680　PJ402205－1
虛受堂書札二卷　王先謙著　清光緒三十三年(1907)刻本　二冊

440000－2542－0004681　PS202382
編次陳白沙先生[獻章]年譜二卷白沙門人考一卷白沙叢考一卷　(清)阮榕齡編　清咸豐元年(1851)新會阮氏夢菊堂刻本　四冊

440000－2542－0004682　PJ402206
南雪草堂詩鈔三卷　(清)石經著　清咸豐二年(1852)刻本　一冊

440000－2542－0004683　PS202384
孔子編年四卷孟子編年四卷　(清)狄子奇撰　清光緒十三年(1887)浙江書局刻本　二冊

440000－2542－0004684　PJ402208
松石齋詩續集八卷外集四卷　(清)王家齊著　清同治二年(1863)廣州刻本　三冊

440000－2542－0004685　PJ402209
嶺草偶存四卷　(清)王福堃著　清咸豐五年(1855)粵東省城楊正文堂刻本　二冊

440000－2542－0004686　PZ301772
精選黃眉故事十卷　(明)鄧志謨彙編　清光緒三年(1877)經濟堂刻本　八冊

440000－2542－0004687　PZ301773
稱謂錄三十二卷　(清)梁章鉅撰　(清)梁恭辰校刊　清光緒元年至十年(1875－1884)杭州賈景文齋刻本　八冊

440000－2542－0004688　PJ402211
清嘯閣詩草十六卷嶽游草一卷湘湄驪唱一卷　(清)夏獻雲著　清光緒十八年(1892)刻本　二冊

440000－2542－0004689　PS203557
陶齋臧石記四十四卷　(清)端方撰　清宣統元年(1909)刻本　十二冊

440000－2542－0004690　PJ402212
嚴太僕先生集十二卷　(清)嚴虞惇著　**皇清誥授中憲大夫太僕寺少卿嚴思菴先生墓表**　(清)楊繩武撰　清光緒十年(1884)常熟本宅刻本　二冊

440000－2542－0004691　PS203558
小腆紀年坿攷二十卷　(清)徐鼒撰　清光緒十二年(1886)扶桑使廨鉛印本　八冊

440000－2542－0004692　PZ301774
太平御覽一千卷　(宋)李昉等撰　清光緒十八年(1892)南海李氏刻本　一百二十冊

440000－2542－0004693　PJ402213
弢園文錄外編十二卷　(清)王韜著　清光緒九年(1883)弢園老民刻本　四冊

440000－2542－0004694　PJ402214
百柱堂全集五十三卷　(清)王柏心著　清光緒二十四年(1898)成山唐氏刻本　十六冊

440000－2542－0004695　PS202389
于公祠墓錄十卷首一卷末一卷　(清)丁丙輯　清光緒二十六年(1900)丁氏刻本　六冊

440000－2542－0004696　PJ402214－1
彤雲閣遺稿二卷　(清)王家仕著　清光緒二十四年(1898)成山唐氏刻本　一冊

440000－2542－0004697　PJ402215
漆室吟八卷壬癸編一卷　(清)王柏心著　清同治二年(1863)監利王氏刻本　二冊

440000－2542－0004698　PS203653
直齋書錄解題二十二卷　(宋)陳振孫撰　清光緒九年(1883)江蘇書局刻本　六冊

440000－2542－0004699　PS203562
寶刻叢編二十卷　(宋)陳思纂次　清光緒十四年(1888)吳興陸氏十萬卷樓刻本　十冊

440000－2542－0004700　PS203564
石鼓文釋存一卷　(清)張燕昌述　清光緒二十二年(1896)聚學軒刻本　一冊

440000－2542－0004701　PS203565
恒軒所見所藏吉金錄一卷　(清)吳大澂輯

清光緒十一年(1885)吳縣吳氏刻本　二冊

440000－2542－0004702　PS203566
金石摘十卷　(清)陈善墀輯　清光緒二年(1876)刻本　六冊　缺四卷(七至十)

440000－2542－0004703　PS203569
鐵路彙攷十三卷　(美國)柯理集　(英國)傅蘭雅口譯　(清)潘松筆述　清光緒二十五年(1899)江南製造總局刻本　四冊

440000－2542－0004704　PS203570
高麗史略十二卷　(□)□□纂　清抄本　二冊

440000－2542－0004705　PS203571
書目答問四卷古今人著述合刻叢書目一卷別錄一卷國朝著述諸家姓名略一卷　(清)張之洞撰　清光緒四年(1878)上海淞隱閣鉛印本　四冊

440000－2542－0004706　PS202395
花甲閒談十六卷首一卷　(清)張維屏撰　(清)葉夢草繪　清道光十九年(1839)刻本　四冊

440000－2542－0004707　PS203579
皕宋樓藏書源流攷一卷　(日本)島田翰撰　清光緒三十三年(1907)刻本　一冊

440000－2542－0004708　PS202396
聖賢像贊三卷　(明)吕維祺編　(清)孔憲蘭重修　清光緒四年(1878)刻本　四冊

440000－2542－0004709　PS202397
練川名人畫象四卷附二卷續編三卷　(清)程祖慶編　清光緒四年(1878)刻本　二冊

440000－2542－0004710　PJ402217
南海集二卷　(清)王士禛著　清康熙刻本　二冊

440000－2542－0004711　PS202398
練川名人畫象續編三卷　(清)程祖慶編　清光緒四年(1878)刻本　一冊

440000－2542－0004712　PS202399
聖廟祀典圖攷五卷附孔孟聖跡圖　(清)顧沅輯　清道光六年(1826)刻本　四冊

440000－2542－0004713　PS202400
古聖賢像傳畧十六卷　(清)顧沅輯　清道光十年(1830)刻本　五冊

440000－2542－0004714　PS202401
吳郡名賢圖傳贊二十卷　(清)顧沅輯　清道光九年(1829)長洲顧氏刻本　六冊

440000－2542－0004715　PJ402220
舒蓺室隨筆六卷續筆一卷餘筆三卷雜著甲編二卷乙編二卷賸稿一卷詩存七卷索笑詞二卷　(清)張文虎著　**存希閣詩錄一卷**　(清)繆徵甲著　**夢蟾樓詩錄一卷**　(清)劉壽萱著　清刻本　六冊

440000－2542－0004716　PJ402221
閏榻先生集三十卷　(清)張望著　(清)萬承風　(清)王子音校　清嘉慶十六年(1811)刻本　八冊

440000－2542－0004717　PZ301780
天中記六十卷　(明)陳耀文編　清光緒四年(1878)聽雨山房刻本　六十冊

440000－2542－0004718　PZ301782
佩文韻府一百六卷　(清)張玉書等編　清末石印本　一百九十九冊　缺序目錄冊

440000－2542－0004719　PZ301783
詩韻珠璣五卷　(清)余照輯　清嘉慶五年(1800)刻本　二冊

440000－2542－0004720　PJ402222
澄懷園文存十五卷　(清)張廷玉著　清光緒十七年(1891)張紹文刻本　八冊

440000－2542－0004721　PZ301785
詩韻全璧五卷　(清)□□輯　**虚字韻藪一卷**　(清)潘維城輯　清光緒二十二年(1896)上海積山書局石印本　五冊

440000－2542－0004722　PZ301786
史學叢書　(清)□□輯　清光緒二十五年(1899)上海文瀾書局石印本　三十二冊　存四十二種

440000－2542－0004723　PZ301787

御定駢字類編二百四十卷　(清)張廷玉等編　清光緒十三年(1887)上海同文書局石印本　四十八册

440000－2542－0004724　PJ402225

怡亭文集二十卷詩集六卷　(清)張紳著　清道光十三年(1833)刻本　八册

440000－2542－0004725　PZ301788

子書廿五種　清光緒三十年(1904)上海育文書局石印本　十五册　缺董氏春秋

440000－2542－0004726　PJ402226

寒松閣詩八卷　(清)張鳴珂著　清光緒十九年(1893)嘉興張氏刻寒松閣集本　二册

440000－2542－0004727　PZ301789

廿一子全書　清嘉慶十五年(1810)三槐堂刻本　四册　存二十一種

440000－2542－0004728　QT000890

聖母淨配聖若瑟傳一卷　(法國)馬若瑟述　清同治十一年(1872)慈母堂刻本　一册

440000－2542－0004729　PJ402228

知悔齋詩稿八卷續稿一卷　(清)張士寬著　清同治三年(1864)粤東省城富文齋刻本　二册

440000－2542－0004730　PJ402230

張亨甫文集六卷　(清)張際亮著　清孔慶衢刻張亨甫全集本　二册

440000－2542－0004731　PJ402231

躬厚堂雜文八卷　(清)張金鏞著　清光緒四年(1878)刻本　二册

440000－2542－0004732　PJ402232

遜學齋文鈔十卷　(清)孫衣言著　清同治十二年(1873)刻本　三册

440000－2542－0004733　PS202416

南海鶴園冼氏家譜九卷首二卷末二卷　(清)冼寶幹撰　清宣統二年(1910)刻本　四册

440000－2542－0004734　PS202417

瀛舟筆談十二卷首一卷　(清)阮亨記　清嘉慶刻本　六册

440000－2542－0004735　PJ402233

河海崑崙錄四卷　裴景福著　清宣統元年(1909)上海文明書局鉛印本　四册

440000－2542－0004736　PJ402234

積石文稾十八卷詩存四卷鱠餘編一卷　(清)張履著　**南池唱和詩存一卷**　(清)張海珊等著　清光緒二十年(1894)刻本　八册

440000－2542－0004737　PS202419

歷代名臣言行錄二十四卷　(清)朱桓編輯　清嘉慶刻本　二十册

440000－2542－0004738　PJ402235

松壽集八卷　(清)覺羅廷奭著　清同治二年(1863)嬾雲窩刻本　二册

440000－2542－0004739　PS202420

歷代名臣傳三十五卷首一卷續編五卷首一卷　(清)朱軾　(清)蔡世遠訂　(清)張江等分纂　清刻本　十六册

440000－2542－0004740　PS202421

歷代循吏傳八卷首一卷　(清)朱軾　(清)蔡世遠訂　(清)張福昶等分纂　清同治三年(1864)刻本　四册

440000－2542－0004741　PJ402237

天真閣集卷外集六卷　(清)孫原湘著　清光緒十七年(1891)強氏南皐草廬刻本　十一册

440000－2542－0004742　PS202423

文獻徵存錄十卷　(清)錢林輯　(清)王藻原編　清咸豐八年(1858)有嘉樹軒刻本　十册

440000－2542－0004743　PS202424

文獻徵存錄十卷　(清)錢林輯　(清)王藻原編　清咸豐八年(1858)有嘉樹軒刻本　十册

440000－2542－0004744　PJ402241

託素齋文集六卷　(清)黎士弘著　清光緒二十五年(1899)汀州東壁軒木活字印本　四册

440000－2542－0004745　PJ402242

東洲草堂文鈔二十卷　(清)何紹基著　清光緒刻本　五册

440000－2542－0004746　PS203241
中國江海險要圖志五卷　（清）陳壽彭編譯　清光緒二十六年（1900）經世文社石印本　五冊

440000－2542－0004747　PS203242
環遊地球新錄四卷　（清）李圭撰　清光緒四年（1878）鉛印本　四冊

440000－2542－0004748　PS203243
皇朝經世文新編三十二卷　（清）麥仲華輯　清光緒二十七年（1901）上海書局石印本　五冊

440000－2542－0004749　PS203244
日本雜事詩二卷　（清）黃遵憲撰　清光緒五年（1879）天南遯窟鉛印本　一冊

440000－2542－0004750　PS202425
國朝先正事畧六十卷　（清）李元度纂　清光緒二十二年（1896）上海文盛書局石印本　八幅

440000－2542－0004751　PS203246
東遊日記一卷　（清）黃慶澄撰　清光緒二十年（1894）刻本　一冊

440000－2542－0004752　PS203247
丙午扶桑遊記三卷　（清）吳蔭培輯　清光緒三十二年（1906）刻本　一冊

440000－2542－0004753　PS203248
使東述略一卷　（清）何如璋輯　清鉛印本　一冊

440000－2542－0004754　PS203743
皇朝輿地略一卷　（清）六承如節編　清刻本　一冊

440000－2542－0004755　PS203249
考察政治日記一卷　（清）載澤輯　清光緒三十四年（1908）鉛印本　一冊

440000－2542－0004756　PS203250
遊歷英屬地加納大圖經八卷　（清）傅雲龍撰　清光緒二十八年（1902）石印本　二冊

440000－2542－0004757　PS203252
曾惠敏公使西日記二卷　（清）曾紀澤撰　清光緒十九年（1893）江西製造總局鉛印本　一冊

440000－2542－0004758　PZ301791
諸子彙函二十六卷　（明）歸有光輯　明天啟五年（1625）刻本　二十四冊

440000－2542－0004759　PJ402243
悔餘菴詩稿十三卷文稿九卷樂府四卷衲蘇集二卷餘辛集三卷　（清）何栻著　清同治四年（1865）鳩江戎幄刻本　十二冊

440000－2542－0004760　PS202427
國朝名臣言行錄十六卷　（清）王炳燮撰　清光緒十一年（1885）津河廣仁堂刻本　六冊

440000－2542－0004761　PS203255
琉球地理小志并補遺附說略一卷　（日本）中根淑等撰　（清）姚文棟譯　清光緒九年（1883）刻本　一冊

440000－2542－0004762　PS203256
漢書西域傳補注二卷　（清）徐松撰　清光緒二十年（1894）廣州廣雅書局刻本　一冊

440000－2542－0004763　PJ402244
嗚鶴堂文集十卷詩集十一卷　（清）任源祥著　清光緒十五年（1889）刻本　六冊

440000－2542－0004764　PJ402245
清芬樓遺藁四卷　（清）任啟運著　清光緒十四年（1888）家塾刻本　二冊

440000－2542－0004765　PJ402246
倭文端公遺書八卷首二卷末一卷　（清）倭仁著　清光緒元年（1875）六安求我齋刻本　四冊

440000－2542－0004766　PS202428
宋名臣言行錄前集十卷後集十四卷續集八卷別集二十六卷外集十七卷　（宋）朱熹撰　（宋）李幼武續纂　清道光二十二年（1842）刻本　二十四冊

440000－2542－0004767　PJ402247
儲遯菴文集十二卷　（清）儲方慶著　清光緒

二年(1876)刻本　四册

440000－2542－0004768　PJ402248

在陸草堂文集六卷　(清)儲欣著　清光緒十七年(1891)刻本　三册

440000－2542－0004769　PS203257

歷代帝王年表十四卷　(清)齊召南編　(清)阮福續編　**帝王廟謚年諱譜一卷**　(清)陸費墀編　清道光四年(1824)小琅嬛仙館刻本　二册

440000－2542－0004770　PJ402249

霜紅龕集四十卷　(清)傅山著　**附録三卷**　(清)丁寶銓輯　**傅青主先生[山]年譜一卷**　(清)丁寶銓輯　清宣統三年(1911)山陽丁氏刻本　十二册

440000－2542－0004771　PS203259

續黔書八卷　(清)張澍輯　清光緒十五年(1889)貴陽熊氏刻本　一册

440000－2542－0004772　PS203261

輿地廣記三十八卷　(宋)歐陽忞撰　清光緒福建刻武英殿聚珍版書本　四册

440000－2542－0004773　PS202429

宋名臣言行録前集十卷後集十四卷續集八卷別集二十六卷外集十七卷　(宋)朱熹撰　(宋)李幼武續纂　清同治七年(1868)刻本　十二册

440000－2542－0004774　PS203264

黑龍江外紀八卷　(清)西清撰　清光緒二十年(1894)漸西村舍刻本　二册

440000－2542－0004775　PS203265

水經注圖一卷附録一卷　(清)汪士鐸撰　清咸豐刻本　一册

440000－2542－0004776　PS203266

洋防輯要二十四卷　(清)嚴如熤輯　清刻本　十八册

440000－2542－0004777　PS203270

皇朝經世文續編一百二十卷姓名總目三卷　(清)葛士濬輯　清光緒十四年(1888)圖書集成局鉛印本　二十四册

440000－2542－0004778　PS203271

英軺日記十二卷　載振撰　清光緒二十九年(1903)上海文明書局鉛印本　四册

440000－2542－0004779　PS203272

漢西域圖考七卷首一卷　(清)李光廷撰　清同治九年(1870)刻本　四册

440000－2542－0004780　PS203274

庸盦尚書奏議十六卷　(清)陳夔龍撰　(清)俞陛雲編　清宣統三年(1911)鉛印本　八册

440000－2542－0004781　PS203275

日本國志四十卷首一卷　(清)黄遵憲編纂　清光緒二十二年(1896)富文齋刻本　十四册

440000－2542－0004782　PS202431

福建列傳八卷　(清)□□撰　清刻本　四册

440000－2542－0004783　PS202432

姑蘇名賢小記二卷　(明)文震孟論次　清光緒八年(1882)長洲蔣氏心矩齋刻本　二册

440000－2542－0004784　PJ402253

養素堂文集三十五卷首一卷　(清)張澍著　清道光十七年(1837)刻本　十二册

440000－2542－0004785　PJ402254

廣雅堂詩集四卷　(清)張之洞著　(清)紀鉅維編次　清末順德龍氏刻朱印本　二册

440000－2542－0004786　PS202436

中州人物考八卷　(清)孫奇逢輯　(清)王元鏕　(清)孫立雅編　清道光二十四年(1844)刻本　八册

440000－2542－0004787　PS202437

畿輔人物考八卷　(清)孫奇逢輯　(清)高鐈　(清)孫立雅編　清同治八年(1869)兼山堂刻本　七册

440000－2542－0004788　PJ402255

知足齋文集六卷　(清)朱珪著　清嘉慶刻本　三册

440000－2542－0004789　PJ402256

妙吉祥室詩鈔十三卷詩餘一卷附詞餘一卷雜存一卷　(清)朱葵之著　清光緒十年(1884)刻本　四册

440000－2542－0004790　PS202439
兩浙名賢錄六十二卷　(明)徐象梅譔　清光緒二十六年(1900)浙江書局刻本　二十册

440000－2542－0004791　QT000557
[光緒]慶元縣志十二卷首一卷　(清)林步瀛　(清)史恩緯修　(清)史恩緒等纂　清光緒三年(1877)刻本　二册　存三卷(二至三、九)

440000－2542－0004792　PS203655
欽定四庫全書簡明目錄二十卷　(清)紀昀等編　清刻本　六册

440000－2542－0004793　PJ402257
拙盦叢稿　(清)朱一新著　清光緒二十二年(1896)順德龍氏葆真堂刻本　四册　存六種九卷(佩絃齋文存三卷、駢文存一卷、詩存一卷、佩絃齋試帖存一卷、律賦存一卷、雜存二卷)

440000－2542－0004794　PS203657
東南紀事十二卷　(清)邵廷采撰　清光緒邵武徐氏刻本　二册

440000－2542－0004795　PJ402258
嶺南集鈔一卷　(清)程含章著　(清)李長榮輯　清咸豐十一年(1861)廣州萃文堂刻本　一册

440000－2542－0004796　PJ402259
魏季子文集十六卷　(清)魏禮著　(清)魏禧訂　清康熙易堂刻寧都三魏全集本　八册

440000－2542－0004797　PJ402260
四憶堂詩集六卷　(清)侯方域著　(清)賈開宗等選註　清刻本　二册

440000－2542－0004798　PJ402262
南江札記四卷　(清)邵晉涵著　清嘉慶八年(1803)面水層軒刻本　二册

440000－2542－0004799　PS202446
金陵通傳四十五卷補遺四卷　(清)陳作霖纂述　金陵通傳姓名韻一卷編續金陵通傳一卷補傳一卷　陳詒紱輯　清光緒三十年(1904)瑞華館刻民國七年(1918)增刻本　十册

440000－2542－0004800　PJ402263
南江文鈔十二卷　(清)邵晉涵著　清嘉慶八年(1803)面水層軒刻本　四册　存四卷(一至四)

440000－2542－0004801　PS203659
永曆實錄二十六卷　(清)王夫之譔　清同治四年(1865)湘鄉曾氏金陵節署刻船山遺書本　三册

440000－2542－0004802　PS203660
戡定新疆記八卷　(清)魏光燾撰　清光緒二十五年(1899)鉛印本　四册

440000－2542－0004803　PJ402264－402267
魯氏遺著　(清)魯一同著　清咸豐元年至九年(1851－1859)山陽魯氏刻本　九册　存十四卷(通甫類藁四卷、續編二卷、通父詩存四卷、詩存之餘二卷、補過軒四書文一卷、右軍[王羲之]年譜一卷)

440000－2542－0004804　PJ402268
繆武烈公遺集六卷首一卷　(清)繆梓著　清光緒七年(1881)溧陽繆氏刻本　四册

440000－2542－0004805　PS203661
南天痕二十六卷附錄一卷　(清)凌雪纂修　(清)汪成教等校訂　清宣統二年(1910)上海復古社鉛印本　六册

440000－2542－0004806　PJ402269
藝風堂文集七卷外篇一卷　繆荃孫撰　清光緒二十六年(1900)刻二十七年(1901)印本　四册

440000－2542－0004807　PJ402271
耕雲別墅詩集一卷　(清)鄔啟祚著　清宣統刻本　一册

440000－2542－0004808　PS203662
鴉片事畧二卷　(清)李圭撰　清光緒二十一

年(1895)海寧州署刻本　二冊

440000－2542－0004809　PS202452
東越儒林後傳一卷東越文苑後傳一卷　(清)陳壽祺撰　清刻本　一冊

440000－2542－0004810　PS203664
歸潛志十四卷　(金)劉祁撰　清乾隆四十四年(1779)武英殿刻本　一冊

440000－2542－0004811　PS203665
靖康紀聞一卷　(宋)丁特起編次　(清)張海鵬校訂　**靖康紀聞拾遺一卷**　(清)江曾祁訂　(清)張海鵬梓　清嘉慶十年(1805)照曠閣刻本　一冊

440000－2542－0004812　PJ402272
退遂齋詩鈔八卷　(清)倪鴻著　清光緒七年(1881)泉州刻本　四冊

440000－2542－0004813　PJ402272－1
退遂齋詩續集四卷　(清)倪鴻著　清光緒十年(1884)濟南刻本　二冊

440000－2542－0004814　PJ402273
紀文達公遺集三十二卷　(清)紀昀著　(清)紀樹馨編校　清嘉慶十七年(1812)紀樹馥刻本　十二冊

440000－2542－0004815　PJ402274
壺園詩鈔選十卷附五代新樂府一卷　(清)徐寶善著　(清)顧南雅等選定　清道光十八年(1838)刻本　一冊

440000－2542－0004816　PJ402275
壺園詩外集六卷　(清)徐寶善著　清道光刻本　一冊

440000－2542－0004817　PJ402276
未灰齋文集八卷外集一卷　(清)徐鼒著　清咸豐十一年(1861)刻本　四冊

440000－2542－0004818　PJ402278
懷古田舍詩節鈔六卷　(清)徐榮著　清同治三年(1864)錦城刻本　六冊

440000－2542－0004819　PS202456
廉吏傳三卷續編一卷高士傳續編二卷　(明)張允掄著　(清)張丙嘉輯　清光緒二十二年(1896)刻本　四冊

440000－2542－0004820　QT000889
聖母淨配聖若瑟傳一卷　(法國)馬若瑟述　清同治十一年(1872)慈母堂刻本　一冊

440000－2542－0004821　PJ402280
憺園全集三十六卷　(清)徐乾學著　清光緒九年(1883)嘉興金吳瀾刻本　八冊

440000－2542－0004822　QT000888
頤壽老人[錢寶琛]年譜二卷　(清)錢寶琛訂　(清)錢鼎銘　(清)錢鼒銘注　清同治刻本　一冊

440000－2542－0004823　PJ402281
悔過齋文集七卷附劄記續集七卷附補遺一卷　(清)顧廣譽撰　清光緒三年(1877)刻本　四冊

440000－2542－0004824　PJ402283
實事求是齋遺藁四卷　(清)汪廷珍著　清刻本　四冊

440000－2542－0004825　PS202459
疇人傳四十六卷　(清)阮元撰　**續傳六卷**　(清)羅士琳續補　清光緒八年(1882)海鹽張氏常惺齋刻本　十二冊

440000－2542－0004826　PS203750
讀史方輿紀要一百三十卷附輿圖要覽四卷　(清)顧祖禹撰　(清)彭元瑞校定　清刻本　六十六冊

440000－2542－0004827　PJ402284
隨山館叢稾四卷　(清)汪瑔著　清光緒刻隨山館全集本　一冊　存二卷(一至二)

440000－2542－0004828　PJ402285
雙池文集十卷　(清)汪紱著　清道光十四年(1834)刻汪雙池先生叢書本　六冊

440000－2542－0004829　PS202461
廣列女傳二十卷附存一卷　(清)劉開纂　清光緒十年(1884)皖城刻本　四冊

440000－2542－0004830　PJ402286

思適齋集十八卷　(清)顧千里著　清道光二十九年(1849)上海徐渭仁刻本　四冊

440000－2542－0004831　PS202458
廣印人傳十六卷補遺一卷　葉銘輯　清宣統二年(1910)刻本　四冊

440000－2542－0004832　PJ402287
汪子文錄十卷　(清)汪縉著　(清)彭紹升錄　清光緒刻民國三年(1914)蘇州瑪瑙經房印本　二冊

440000－2542－0004833　PS202464
三史同名錄四十卷　(清)汪輝祖輯　(清)汪繼培補　清光緒廣雅書局刻本　六冊

440000－2542－0004834　PJ402288
葆沖書屋集四卷外集二卷詩餘一卷　(清)汪如洋著　清刻本　一冊

440000－2542－0004835　PJ402289
顯志堂稿十二卷　(清)馮桂芬著　清光緒二年(1876)校邠廬刻本　六冊

440000－2542－0004836　PS202465
補疑年錄四卷　(清)錢椒編　清光緒六年(1880)吳興陸氏刻本　一冊

440000－2542－0004837　PS202469
勝朝殉揚錄三卷　(清)劉寶楠輯　清同治十年(1871)淮南書局刻本　二冊

440000－2542－0004838　QT000887
古今合璧事類備要前集六十九卷後集八十一卷續集五十六卷別集九十四卷外集六十六卷　(宋)謝維新編　明嘉靖三衢夏氏刻本　二冊　存十三卷(後集二十二至二十六、四十六至五十三)

440000－2542－0004839　PS202470
勝朝殉揚錄三卷　(清)劉寶楠輯　清同治十年(1871)淮南書局刻本　二冊

440000－2542－0004840　PJ402290
校邠廬抗議二卷　(清)馮桂芬著　**校邠廬抗議別論一卷**　(清)陳鼎著　清光緒二十三年(1897)聚豐坊刻本　三冊

440000－2542－0004841　PJ402291
正頤堂文集六卷詩集十六卷附編一卷　(清)江權著　清乾隆四十二年(1777)新安江氏刻本　六冊

440000－2542－0004842　PJ402292
夢甦齋詩集六卷　(清)江國霖著　清咸豐十年(1860)刻本　二冊

440000－2542－0004843　PS202473
國朝御史題名一卷　(清)黃玉圃編輯　清刻本　二冊

440000－2542－0004844　PS202572
約章分類輯要三十八卷首一卷　(清)蔡乃煌總纂　(清)羅維翰等編校　清光緒二十七年(1901)上海緯文閣石印本　三十三冊

440000－2542－0004845　PS203670
渚宮舊事五卷　(唐)余知古撰　清嘉慶十九年(1814)刻本　一冊

440000－2542－0004846　PS202474
九史同姓名略七十二卷補遺四卷　(清)汪輝祖撰　清光緒二十三年(1897)廣雅書局刻本　十二冊

440000－2542－0004847　PJ402293
汪梅村先生集十二卷外集一卷　(清)汪士鐸著　清光緒七年(1881)刻本　四冊

440000－2542－0004848　PJ402294
悔翁詩鈔十五卷補遺一卷詩餘五卷　(清)汪士鐸著　清光緒上元吳氏銅鼓軒刻民國二十四年(1935)燕京大學圖書館補刻本　六冊

440000－2542－0004849　PS203671
建炎進退志四卷時政記三卷　(宋)李綱著　清光緒十年(1884)邵武徐氏刻本　一冊

440000－2542－0004850　PS203673
平定粵匪紀略十八卷附記四卷　(清)杜文瀾等編　清同治十年(1871)京都聚珍齋木活字印本　七冊　缺四卷(附記四卷)

440000－2542－0004851　PS200249
鼓山志十四卷首一卷　(清)黃任修輯　(清)

張伯謨条訂　清乾隆刻本　六冊

440000－2542－0004852　PJ402296
雅安書屋文集二卷詩集四卷　(清)程汪㮄著　清道光二十四年(1844)刻本　四冊

440000－2542－0004853　QT000886
古今合璧事類備要前集六十九卷後集八十一卷續集五十六卷别集九十四卷外集六十六卷　(宋)謝維新編　明嘉靖三衢夏氏刻本　七冊　存三十四卷(别集十一至十三、十八至三十八、六十五至七十四)

440000－2542－0004854　PJ402298
小羅浮草堂詩集四十卷　(清)馮敏昌著　清嘉慶十六年(1811)刻本　八冊

440000－2542－0004855　PJ402299
小羅浮草堂詩集四十卷　(清)馮敏昌著　清嘉慶十六年(1811)刻本　七冊

440000－2542－0004856　PJ402300
養一齋集二十六卷首一卷　(清)潘德輿著　清道光刻本　八冊

440000－2542－0004857　PJ402300－1
養一齋四書文一卷　(清)潘德輿著　清道光刻本　四冊

440000－2542－0004858　PJ402300－2
養一齋試帖一卷　(清)潘德輿著　清道光刻本　一冊

440000－2542－0004859　PJ402300－3
養一齋詞三卷　(清)潘德輿著　清咸豐刻本　一冊

440000－2542－0004860　PJ402300－4
養一齋劄記九卷　(清)潘德輿著　清同治刻本　三冊

440000－2542－0004861　PS202478
三續疑年録十卷　(清)陸心源編　清光緒五年(1879)刻本　三冊

440000－2542－0004862　PS202479
滿洲軍機大臣題名一卷滿洲軍機章京題名一卷漢軍機章京題名一卷　(清)吴榮光編　清刻本　一冊

440000－2542－0004863　PJ402301
南海潘思園贈公遺稿拾存三卷　(清)潘進著　清光緒四年至六年(1878－1880)刻本　一冊

440000－2542－0004864　PS202480
疑年録四卷　(清)錢大昕編　(清)吴修校　清嘉慶十八年(1813)刻本　一冊

440000－2542－0004865　PJ402303
遂初堂文集十二卷　(清)潘耒著　清刻本　十二冊

440000－2542－0004866　PS202481
續疑年録四卷　(清)吴修編　清嘉慶十七年(1812)刻本　一冊

440000－2542－0004867　PS202482
歷代同姓名録二十三卷首一卷　(清)劉長華纂輯　清同治十年(1871)刻本　六冊

440000－2542－0004868　PJ402304
釀蜜集四卷　(清)浦起龍著　(清)浦錫齡校　清光緒二十七年(1901)静寄東軒家塾刻本　四冊

440000－2542－0004869　PJ402305
頻羅庵遺集十六卷　(清)梁同書著　清光緒十三年(1887)蛟川修綆山莊刻本　六冊

440000－2542－0004870　PJ402306
小祇陀盦詩鈔四卷　(清)沈世良著　清同治二年(1863)刻本　二冊

440000－2542－0004871　PS202485
咸豐以來功臣别傳三十卷　(清)朱孔彰撰　清光緒二十四年(1898)漸學廬石印本　六冊

440000－2542－0004872　PS202487
元祐黨人傳十卷　(清)陸心源纂　清光緒十五年(1889)刻本　三冊

440000－2542－0004873　PS202488
中興將帥别傳三十卷續編六卷　(清)朱孔彰譔　清光緒二十三年(1897)江寧刻本　五冊

440000－2542－0004874　PS202489

中興將帥別傳續編六卷　(清)朱孔彰譔　清光緒三十二年(1906)江寧刻本　二冊

440000－2542－0004875　PJ402307

補讀書齋遺稾十卷附年譜一卷　(清)沈維鐈著　清光緒元年(1875)粵東羊城富文齋刻本　五冊

440000－2542－0004876　PJ402308

海雅堂全集九十二卷　(清)凌揚藻著　清刻本　九冊　缺四十卷(藥洲花農蠡勺編四十卷)

440000－2542－0004877　PJ402309

筠坡吟草二卷　(清)沈用霖著　清光緒十五年(1889)羊城刻本　一冊

440000－2542－0004878　PJ402310

金源紀事詩八卷　(清)湯運泰著　(清)湯顯業等註　清嘉慶十八年(1813)刻本　四冊

440000－2542－0004879　PS202495

江南別錄一卷　(宋)陳彭年撰　清嘉慶十三年(1808)刻墨海金壺本　一冊

440000－2542－0004880　PJ402311

懷清堂集二十卷　(清)湯右曾著　清嘉慶十五年(1810)刻本　六冊

440000－2542－0004881　PS202496

江表志三卷　(宋)鄭文寶著　清嘉慶十三年(1808)刻墨海金壺本　一冊

440000－2542－0004882　PJ100680

經傳釋詞十卷　(清)王引之著　清光緒二十一年(1895)上海鴻文書局石印皇清經解本　與440000－2542－0002188合一冊

440000－2542－0004883　PJ100545

蒼頡篇一卷　(三國魏)張揖　(晉)郭璞解詁　清光緒九年(1883)長沙嫏嬛館刻玉函山房輯佚書本　與440000－2542－0001966合一冊

440000－2542－0004884　PJ402312

縵╳亭集三十二卷後集十二卷　(清)祁寯藻著　清咸豐六年(1856)刻本　六冊

440000－2542－0004885　PJ402313

琴隱園詩集三十六卷詞集四卷　(清)湯貽汾著　清光緒元年(1875)刻本　八冊

440000－2542－0004886　PJ402314

天岳山館文鈔四十卷　(清)李元度著　清光緒六年(1880)爽谿精舍刻本　十六冊

440000－2542－0004887　PJ402315

好雲樓初集二十八卷首一卷　(清)李聯琇著　清咸豐十一年(1861)恩養堂刻本　四冊

440000－2542－0004888　ZS000311－1

經訓比義三卷　(清)黃以周述　清光緒二十二年(1896)南菁講舍刻本　二冊

440000－2542－0004889　PS200844

明史三百三十二卷目錄四卷　(清)張廷玉等修　清刻本　五十一冊　存三百卷(一至二十四、二十八至二百八十五、二百九十一至三百、三百八至三百十一、三百二十至三百二十三)

440000－2542－0004890　PJ402317

邃懷堂文集箋註十六卷　(清)袁翼撰　(清)朱舲箋註　清咸豐八年(1858)古唐朱氏古懽齋刻本　五冊

440000－2542－0004891　PS200843

明史三百三十二卷目錄四卷　(清)張廷玉等修　清光緒三年(1877)湖北崇文書局刻本　七十七冊　缺十六卷(一至八、一百二十四至一百二十八、二百五十六至二百五十八)

440000－2542－0004892　PS200842

明史三百三十二卷目錄四卷　(清)張廷玉等修　清光緒三年(1877)湖北崇文書局刻本　六十三冊　存二百六十卷(一至一百八十六、二百五十九至三百三十二)

440000－2542－0004893　PS200845

明史三百三十二卷目錄四卷　(清)張廷玉等修　清光緒三年(1877)湖北崇文書局刻本　三十六冊　存一百五十八卷(一至一百五十

四、目錄四卷)

440000－2542－0004894　PJ402319
望古齋集十二卷　(清)李繼白著　清順治蘇州辰山堂刻本　五册

440000－2542－0004895　PJ402320
養一齋文集二十卷李養一先生詩集四卷賦一卷詩餘一卷　(清)李兆洛著　清光緒四年至八年(1878－1882)江陰刻本　十册

440000－2542－0004896　PS203674
金石屑不分卷附編一卷　(清)張廷濟藏　(清)鮑昌熙摹　清光緒二年至七年(1876－1881)刻本　四册

440000－2542－0004897　PJ402322
紅豆村人詩稿十四卷　(清)袁樹著　清乾隆至嘉慶刻本　三册

440000－2542－0004898　PS203676
二銘草堂金石聚十六卷　(清)張德容著錄　清同治刻本　十六册

440000－2542－0004899　PJ402324
小漕樓詩集四卷　(清)袁梓貴著　清光緒十一年(1885)端州怡園梁氏刻本　四册

440000－2542－0004900　PS203677
辛巳泣蘄錄一卷附錄一卷　(宋)赵與衮撰　清光緒三十二年(1906)上海國學保存會鉛印本　一册

440000－2542－0004901　PS202508
九通分類總纂二百四十卷　(清)汪鐘霖纂校　清光緒二十八年(1902)上海文瀾書局石印本　六十九册

440000－2542－0004902　PS203679
嘯亭雜錄十卷續錄三卷　(清)汲修主人(昭槤)撰　清宣統元年(1909)上海中國圖書公司鉛印本　四册

440000－2542－0004903　PS203681
山東軍興紀畧十四卷　(清)張曜撰　清光緒上海申報館鉛印本　六册

440000－2542－0004904　PS202511
直省釋奠禮樂記六卷首一卷末一卷　(清)應寶時等輯　清同治十二年(1873)刻本　四册

440000－2542－0004905　PJ402329
二曲集四十六卷　(清)李顒著　清光緒三年(1877)石泉彭懋謙小皋氏刻本　八册

440000－2542－0004906　PJ402330
宛湄書屋文鈔八卷遺詩後集二卷續錄一卷附錄一卷　(清)李光廷著　清光緒四年(1878)端溪書院刻本　二册　存八卷(宛湄書屋文鈔八卷)

440000－2542－0004907　PS203686
淮軍平捻記十二卷　(清)周世澄撰　清刻本　六册

440000－2542－0004908　PJ402331
宛湄書屋遺詩前集二卷後集二卷續錄一卷附錄一卷　(清)李光廷著　清光緒八年(1882)刻本　一册

440000－2542－0004909　PJ402332
西漚全集十卷　(清)李惺著　(清)童棫等編輯　清同治七年(1868)天瑞堂刻本　八册

440000－2542－0004910　PS203688
平定粵匪紀略十八卷附記四卷　(清)杜文瀾等編　清同治十年(1871)京都聚珍齋木活字印本　八册　缺五卷(十八、附記四卷)

440000－2542－0004911　PS203689
貞觀政要十卷　(唐)吳兢輯　(元)戈直集論　(清)席世臣考訂　清南沙席氏掃葉山房刻本　四册

440000－2542－0004912　PS203690
聖安紀事二卷　(清)顧炎武撰　清光緒十一年(1885)上海掃葉山房刻本　一册

440000－2542－0004913　PS203691
中西紀事二十四卷首一卷　(清)江上蹇叟(夏燮)撰　清同治七年(1868)刻本　六册

440000－2542－0004914　PS203693
南疆繹史勘本三十卷首二卷摭遺十八卷卹謚攷八卷　(清)溫睿臨原本　(清)古高易氏

（李瑶）勘定　清末都城琉璃廠半松居士刻本　十二册

440000－2542－0004915　PS202513
國朝兩浙科名錄一卷　（清）黄安綬纂輯　清刻遞修本　二册

440000－2542－0004916　PS202514
文廟備考八卷　（清）趙映奎輯　（清）趙詢補刊　清道光二十七年（1847）德聚堂刻本　四册

440000－2542－0004917　PJ402333
中復堂遺稿五卷續編二卷附錄一卷　（清）姚瑩著　清同治六年（1867）姚濬昌安福縣署刻中復堂全集本　三册

440000－2542－0004918　PJ402334
歸樸龕叢稿十二卷續編四卷　（清）彭藴章著　清同治刻彭文敬公全集本　四册

440000－2542－0004919　PS202517
皇朝聖師考七卷首一卷　（清）鄭曉如述　清同治八年（1869）華文堂刻本　三册

440000－2542－0004920　PJ402335
鶴和樓制義二卷補編一卷　（清）彭藴章著　清同治刻彭文敬公全集本　二册

440000－2542－0004921　PS202518
文廟祀典考五十卷首一卷　（清）龐鍾璐編輯　清光緒四年（1878）龐氏家刻本　八册

440000－2542－0004922　PJ402336
晚學齋文集十二卷　（清）姚椿著　清咸豐刻本　四册

440000－2542－0004923　PS202519
漢晉迄明謚彙考十卷首一卷　（清）劉長華纂輯　清光緒八年（1882）刻本　四册

440000－2542－0004924　PJ402337
詩義堂集二卷　（清）彭輅著　清道光三十年（1850）刻本　一册

440000－2542－0004925　PS203695
西清古鑑四十卷錢錄十六卷　（清）梁詩正等編纂　清光緒十四年（1888）上海鴻文書局石印本　二十四册

440000－2542－0004926　PS203696
金石萃編一百六十卷　（清）王昶撰　清嘉慶十年（1805）刻同治十年（1871）修補本　六十六册

440000－2542－0004927　PS203697
平定關隴紀畧十三卷　（清）易孔昭等纂輯　清光緒十三年（1887）刻本　十册

440000－2542－0004928　PS202520
帝王廟謚年諱譜一卷　（清）陸費墀輯　清揚州阮福刻本　一册

440000－2542－0004929　PS203698
國語校注本三種　（清）汪遠孫撰　清道光二十六年（1846）汪氏振綺堂刻本　六册

440000－2542－0004930　PS202521
光緒庚子辛丑恩正併科浙江鄉試錄　（清）□□輯　清光緒刻本　十五册

440000－2542－0004931　PS203700
武王克殷日記一卷　（清）林春溥撰　清嘉慶至咸豐侯官林春溥竹柏山房刻本　一册

440000－2542－0004932　PJ402342
詩義堂後集六卷首一卷昨夢齋文集四卷天問閣外集一卷高要金石略四卷　（清）彭泰來著　清刻本　八册

440000－2542－0004933　PJ402343
訪粵集一卷　（清）戴熙著　清道光二十年（1840）廣州刻本　一册

440000－2542－0004934　PS203702
崇禎朝記事四卷　（明）李遜之撰　清光緒二十二年（1896）武進盛氏刻本　二册

440000－2542－0004935　PS202522
國朝虞陽科名錄四卷　（清）王元鍾輯　清咸豐元年（1851）清暉書屋刻本　四册

440000－2542－0004936　PJ402344
裘文達公詩集十八卷　（清）裘曰修著　清同治十一年（1872）刻本　三册

440000－2542－0004937　PS202523
同治癸酉科浙江鄉試硃卷　(清)□□輯　清同治至光緒刻本　一册

440000－2542－0004938　PS203703
戰國策三十三卷　(漢)高誘注　**重刻剡川姚氏本戰國策札記三卷**　(清)黄丕烈撰　清同治八年(1869)湖北崇文書局刻本　五册

440000－2542－0004939　PS203705
元史二百十卷目錄二卷附考證　(明)宋濂等修　清光緒十年(1884)上海同文書局石印本　五十一册　存一百一卷(一至一百一)

440000－2542－0004940　PJ402345
香屑集十八卷首一卷末一卷　(清)黄之雋集唐　(清)陳邦直校注　清廣州九經閣刻本　六册

440000－2542－0004941　PJ402347
妙香齋詩集四卷　(清)趙德懋著　(清)趙嘉肇重輯　清光緒十一年(1885)三原縣署刻本　二册

440000－2542－0004942　PS202526
槐廳載筆二十卷　(清)法式善編　清嘉慶四年(1799)刻本　六册

440000－2542－0004943　PJ402351
酌雅齋文集一卷附汲雅山館詩鈔一卷　(清)彭希鄭著　(清)彭蘊章編次　清光緒十年(1884)刻本　一册

440000－2542－0004944　PJ402352
翠巖室文稿存二卷續刻一卷詩鈔五卷　(清)韓弼元著　清光緒二十六年(1900)刻本　四册

440000－2542－0004945　PS202527
清秘述聞十六卷　(清)法式善編　清嘉慶刻本　四册

440000－2542－0004946　PS202529
鶴徵錄八卷首一卷　(清)李集輯　(清)李富孫續輯　**鶴徵後錄十二卷首一卷**　(清)李富孫輯　清同治十一年(1872)刻本　六册

440000－2542－0004947　PS203408
北征錄一卷　(明)金幼孜撰　明嘉靖二十三年(1544)陸楫儼山書院刻本　一册

440000－2542－0004948　PS203706
大清搢紳全書四卷　(清)松竹齋編　清光緒十五年(1889)松竹齋刻本　四册

440000－2542－0004949　PS203707
滿洲名臣傳四十八卷　(清)國史館編　清刻本　四十八册

440000－2542－0004950　PS203708
漢名臣傳三十二卷　(清)國史館輯　清京都琉璃廠榮錦書坊刻本　三十二册

440000－2542－0004951　PS203714
補寰宇訪碑錄五卷　(清)趙之謙撰　清光緒十二年(1886)吳縣朱氏槐廬刻本　二册

440000－2542－0004952　PS203715
寰宇訪碑錄十二卷　(清)孫星衍　(清)邢澍撰　清光緒刻行素草堂金石叢書本　五册

440000－2542－0004953　PS203716
語石十卷　葉昌熾撰　清宣統元年(1909)蘇城徐元圃徐稺圃刻本　四册

440000－2542－0004954　PS203720
明史三百三十二卷目錄四卷　(清)張廷玉等修　清光緒二十九年(1903)五洲同文局石印本　一百十二册

440000－2542－0004955　PS203724
史通削繁四卷　(唐)劉知幾撰　(清)紀昀削繁　清道光十三年(1833)兩廣節署刻朱墨套印本　四册

440000－2542－0004956　PS203726
元朝名臣事略十五卷　(元)蘇天爵撰　清光緒二十五年(1899)廣雅書局刻本　四册

440000－2542－0004957　PS203710
水經注四十卷　(北魏)酈道元撰　(清)戴震校刊　清刻本　十四册

440000－2542－0004958　PJ402353
策軒文編六卷　(清)蔣寶誠著　清宣統元年

(1909)刻本　四册

440000－2542－0004959　PJ402356
隨緣集四卷　(清)釋慈海草稿　清道光二十六年(1846)刻本　一册

440000－2542－0004960　PJ402357
壯懷堂詩初稿十卷　(清)林直著　清咸豐六年(1856)福州刻本　四册

440000－2542－0004961　PS202530
欽定科場條例六十卷首一卷續增科場條例一卷　(清)詹鴻謨等纂　清光緒刻本　四十六册

440000－2542－0004962　PS203735
通典二百卷附考證一卷　(唐)杜祐撰　清光緒二十八年(1902)上海鴻寶書局石印本　十二册

440000－2542－0004963　PS202531
國朝題名碑録附明題名碑録一卷　(清)李周望輯　清光緒刻本　十四册

440000－2542－0004964　PS203737
金史一百三十五卷附欽定金國語解一卷　(元)托克托等修　清同治十三年(1874)江蘇書局刻本　二十册

440000－2542－0004965　PS202533
明貢舉考略二卷　(清)黄崇蘭輯　清光緒八年(1882)文英堂刻本　一册

440000－2542－0004966　PS203762
歷代女師表一卷　(清)葉逢時撰　(清)劉鼎銘彙校　(清)柳浦補校　清光緒二十八年(1902)浙西不足主人石印本　一册

440000－2542－0004967　PS202534
國朝貢舉考畧四卷　(清)黄崇蘭纂　(清)趙學曾續編　清光緒刻本　三册

440000－2542－0004968　PS202535
國朝貢舉考畧三卷　(清)黄崇蘭輯　清道光二年(1822)經義堂刻本　一册

440000－2542－0004969　PS203763
欽定續文獻通考二百五十卷　(清)嵇璜等纂　清光緒二十八年(1902)上海鴻寶書局石印本　二十四册

440000－2542－0004970　PS203764
水道提綱二十八卷　(清)齊召南撰　清光緒五年(1879)宏達堂刻本　六册

440000－2542－0004971　PS203765
水經注釋四十卷首一卷附録二卷刊誤十二卷　(漢)桑欽撰　(北魏)酈道元注　(清)趙一清釋　清乾隆五十九年(1794)仁和趙氏小山堂刻本　二十二册

440000－2542－0004972　PS203767
水道提綱二十八卷　(清)齊召南撰　清光緒十七年(1891)湖南崇德書局刻本　八册

440000－2542－0004973　PJ402359
承恩堂詩集九卷　(清)恩錫著　清同治十三年(1874)袁江節署刻本　四册

440000－2542－0004974　PS202536
己未詞科録十二卷首一卷　(清)秦瀛輯　清光緒十四年(1888)刻本　六册

440000－2542－0004975　PJ402360
理堂文集十卷外集一卷附録一卷　(清)韓夢周著　清道光三年(1823)静恒書屋刻本　四册

440000－2542－0004976　PS203766
水道提綱二十八卷　(清)齊召南撰　清乾隆四十一年(1776)杭州齊式遷刻本　四册

440000－2542－0004977　PJ402361
挹甕齋詩草三卷　(清)蔡蕙清著　清咸豐元年(1851)刻本　三册

440000－2542－0004978　PS202537
國朝東莞題名録九卷　(清)蘇澤東纂輯　清光緒十六年(1890)刻本　四册

440000－2542－0004979　PJ402363
忠雅堂詩集二十七卷補遺二卷詞集二卷文集十二卷　(清)蔣士銓著　清同治九年(1870)成都楊會元堂刻本　十二册

440000－2542－0004980　PS203769

輿地廣記三十八卷　(宋)歐陽忞撰　清光緒福建刻武英殿聚珍版書本　八册

440000－2542－0004981　PS203772
高僧傳初集十五卷二集四十卷三集三十卷四集六卷　(南朝梁)釋慧皎等撰　清光緒十年至十八年(1884－1892)揚州江北刻經處刻本　二十册

440000－2542－0004982　PS203774
通志二百卷　(宋)鄭樵撰　清光緒二十八年(1902)上海鴻寶書局石印本　四十册

440000－2542－0004983　PS203776
皇朝通典一百卷　(清)嵇璜等纂　清光緒二十七年(1901)上海圖書集成局鉛印本　十二册

440000－2542－0004984　PS203771
海國圖志一百卷首一卷　(清)魏源撰　清光緒二十一年(1895)上海積山書局石印本　十六册

440000－2542－0004985　PS203777
海國圖志一百卷首一卷　(清)魏源撰　清光緒六年(1880)邵陽急當務齋刻本　三十二册

440000－2542－0004986　PS203778
天下郡國利病書一百二十卷　(清)顧炎武輯　(清)龍萬育訂　清光緒二十七年(1901)上海圖書集成局鉛印本　二十八册

440000－2542－0004987　PS203779
歷代史論十二卷宋史論三卷元史論一卷　(明)張溥論正　(清)孫琮評　**左傳史論二卷**　(清)高士奇論正　**明史論四卷**　(清)谷應泰論正　清刻本　十册

440000－2542－0004988　PS202541
石渠餘紀六卷　(清)王慶雲述　清光緒刻本　六册

440000－2542－0004989　PS203781
歷代通鑑纂要九十二卷　(明)李東陽等纂　清光緒二十三年(1897)廣雅書局刻本　四十八册　缺二卷(六至七)

440000－2542－0004990　PS203782
唐書二百二十五卷　(宋)歐陽修　(宋)宋祁撰　清光緒十年(1884)上海同文書局石印本　五十册

440000－2542－0004991　PS203784
元朝秘史十卷　(元)□□撰　清光緒三十四年(1908)葉德輝觀古堂刻本　六册

440000－2542－0004992　PJ402364
藤香館詩刪存四卷　(清)薛時雨著　清光緒五年(1879)刻本　二册

440000－2542－0004993　PJ402365
有不為齋詩鈔四卷　(清)楊道生著　清同治四年(1865)沛上刻本　一册

440000－2542－0004994　PS203785
元朝秘史注十五卷　(清)李文田注　清光緒二十二年(1896)通隱堂刻本　四册

440000－2542－0004995　PJ402367
讀白華草堂詩初集九卷二集十二卷苜蓿集八卷　(清)黃釗著　清道光刻本　八册

440000－2542－0004996　PJ402371
耐菴詩存三卷　(清)賀長齡著　清咸豐十一年(1861)刻本　一册

440000－2542－0004997　PS203787
古玉圖考不分卷　(清)吳大澂編　清光緒十五年(1889)上海同文書局石印本　四册

440000－2542－0004998　PS202543
大清搢紳全書四卷　(清)榮祿堂編　清光緒十二年(1886)榮祿堂刻本　四册

440000－2542－0004999　PJ402372
芙蓉山館詩鈔八卷補鈔一卷詞鈔二卷移箏詞一卷拗蓮詞一卷文鈔一卷　(清)楊芳燦著　清刻本　二册

440000－2542－0005000　PS203789
美國水師考一卷　(英國)巴那比　(美國)克理撰　(英國)傅蘭雅　(清)鍾天緯譯　清光緒江南製造總局鉛印本　一册

440000－2542－0005001　PJ402373

楊勇慤公詩存一卷首一卷　（清）楊岳斌著
楊勇慤公詩存釋文　（清）楊正儀釋文　清光緒二十一年至三十年（1895－1904）問竹軒刻本　一冊

440000－2542－0005002　PS202543－1
大清中樞備覽二卷　（清）榮祿堂編　清光緒十二年（1886）榮祿堂刻本　二冊

440000－2542－0005003　PS203791
國語二十一卷　（三國吳）韋氏（韋昭）解　校刊明道本韋氏解國語札記　（清）黄丕烈撰
國語明道本攷異四卷　（清）汪遠孫撰　清光緒三年（1877）永康退補齋刻本　一冊　存七卷（十一至十七）

440000－2542－0005004　PS203794
大清中外壹統輿圖三十卷首一卷中一卷　（清）鄒世詒等編　（清）李廷簫增訂　清同治二年（1863）湖北新繁嚴樹森刻本　十八冊　存十八卷（北一至八、南二至十，首一卷）

440000－2542－0005005　PJ402374
鴻桷堂詩集五卷附梅花四體詩一卷文鈔一卷附信天翁家訓一卷鴻桷堂集附錄一卷　（清）胡方著　清同治三年（1864）劬學齋刻本　四冊

440000－2542－0005006　PJ402375
石笥山房文集六卷補遺一卷詩集十一卷詩餘一卷詩集補遺二卷續補遺二卷　（清）胡天游著　清咸豐二年（1852）刻本　九冊

440000－2542－0005007　PJ402376
八指頭陀詩集十卷詞附存一卷詩集補遺一卷雜文一卷　（清）釋敬安著　清光緒二十四年（1898）刻本　二冊

440000－2542－0005008　PJ402377
肖巖文鈔四卷　（清）趙良霨著　清刻本　二冊

440000－2542－0005009　PS202546
安瀾紀要二卷　（清）徐端撰　清道光二十二年（1842）刻本　一冊

440000－2542－0005010　PS203795
說文解字注三十二卷　（清）段玉裁撰　清光緒十四年（1888）上海蜚英館石印本　七冊

440000－2542－0005011　PS203796
日游瑣識一卷　（清）李寶淦撰　清光緒三十二年（1906）鉛印本　一冊

440000－2542－0005012　PS202547
牧令書二十三卷　（清）徐棟輯　清光緒十九年（1893）刻本　十八冊

440000－2542－0005013　PS202547－1
保甲書四卷　（清）徐棟輯　清道光二十八年（1848）刻本　三冊

440000－2542－0005014　PS203798
歐洲族類源流畧五卷　王樹枏撰　清光緒二十八年（1902）中衛縣署刻本　一冊

440000－2542－0005015　PS202548
牧令書二十三卷　（清）徐棟輯　清同治四年（1865）刻本　十七冊

440000－2542－0005016　PS202548－1
保甲書四卷　（清）徐棟輯　清道光十七年（1837）刻本　三冊

440000－2542－0005017　PS202549
學仕錄十六卷　（清）戴肇辰輯　清同治六年（1867）刻本　八冊

440000－2542－0005018　PS203803
晉太康三年地記一卷王隱晉書地道記一卷晉書地理志新補正五卷　（清）畢沅輯　清乾隆四十六年至四十九年（1781－1784）刻經訓堂叢書本　一冊

440000－2542－0005019　PS203805
六房須知冊一卷　（清）廣東等處提刑按察使司兼管驛傳事編　清抄本　一冊

440000－2542－0005020　PS203806
皇清經解一千四百卷　（清）阮元輯　清光緒十三年（1887）上海書局石印本　六冊

440000－2542－0005021　PS202550
浙江海運全案重編八卷　（清）□□編　清同

治至宣統刻本　六册

440000－2542－0005022　PJ402378
省齋全集十二卷　(清)牛樹梅著　清同治十三年(1874)刻本　六册

440000－2542－0005023　PJ402379
虹橋老屋遺稿文四卷　(清)秦緗業著　清光緒十五年(1889)刻本　二册

440000－2542－0005024　PJ402380
涵村詩集十卷　(清)秦文超著　清光緒六年(1880)刻本　五册

440000－2542－0005025　PJ100827
陸氏周易述一卷　(三國吳)陸績撰　(明)姚士麟輯　(清)孫堂增補　清同治十二年(1873)粵東書局刻古經解匯函本　與440000－2542－0002467合一册

440000－2542－0005026　PS202553
兩浙宦游紀略一卷　(清)戴槃撰　清同治七年(1868)刻本　四册

440000－2542－0005027　PJ402381
俞俞齋文稿初集四卷詩稿初集二卷詩餘一卷　(清)史念祖著　清光緒三十二年(1906)廣陵刻本　六册

440000－2542－0005028　PS200797
舊唐書二百卷　(五代)劉昫撰　**考證二百卷**　(清)沈德潛考證　清光緒十年(1884)上海同文書局石印本　四十八册

440000－2542－0005029　PS202554
畿輔河道水利叢書八種附一種　(清)吳邦慶輯　清道光四年(1824)益津吳氏刻本　十册

440000－2542－0005030　PS201311
天下郡國利病書一百二十卷　(清)顧炎武輯　(清)龍萬育訂　清敷文閣木活字印本　四十册

440000－2542－0005031　PS200249－1
浮山小志三卷首一卷　(清)黄培芳撰　清嘉慶十八年(1813)廣州富文齋刻本　一册

440000－2542－0005032　PJ402382
紫荊吟館詩集四卷　(清)曹秉哲著　清光緒二十五年(1899)刻本　二册

440000－2542－0005033　PJ402383
曇雲閣詩集八卷附錄二卷外集一卷詩集補遺一卷　(清)曹楙堅著　清光緒三年(1877)曼陀羅館刻本　三册

440000－2542－0005034　PJ402384
寫韻軒小藁二卷　(清)曹貞秀著　清嘉慶九年(1804)刻本　二册

440000－2542－0005035　PJ402385
復盦類稿八卷續稿四卷外稿二卷公牘四卷　(清)曹允源著　清光緒二十八年(1902)刻本　五册

440000－2542－0005036　PJ402386
鬻字齋詩畧四卷　(清)曹允源著　清光緒二十三年(1897)刻本　一册

440000－2542－0005037　PS200712
宋書一百卷　(南朝梁)沈約撰　清同治十一年(1872)金陵書局刻本　十六册

440000－2542－0005038　PS200713
宋書一百卷　(南朝梁)沈約撰　明末清初刻本　二十四册

440000－2542－0005039　PJ402387
多歲堂詩集四卷載賡集二卷附試律詩集一卷賦集一卷　(清)成書著　清道光刻本　四册

440000－2542－0005040　PS203759
金石續編二十一卷首一卷　(清)陸耀遹著　清光緒十九年(1893)上海醉六堂石印本　六册

440000－2542－0005041　PS203757
續瀛環志略初編一卷　(清)世增譯　(清)顧錫爵述　清光緒二十八年(1902)無錫傳經樓石印本　四册

440000－2542－0005042　PS203758
瀛環志略十卷　(清)徐繼畬撰　清同治十三年(1874)香海書局鉛印本　六册

440000－2542－0005043　PS203760

欽定續通志六百四十卷 （清）嵇璜等纂 清光緒二十七年(1901)上海圖書集成局鉛印本 六十冊

440000－2542－0005044 PS202560
救荒活民書十二卷 （宋）董煨編著 （元）張光大新增 （明）朱熊補遺 清道光十六年(1836)苕溪江氏刻本 四冊

440000－2542－0005045 PS202561
欽定康濟錄四卷 （清）陸曾禹撰 （清）倪國璉厘正 清同治八年(1869)崇文書局刻本 四冊

440000－2542－0005046 PS202562
籌濟編三十二卷首一卷 （清）楊景仁輯 清光緒五年(1879)粵東藩署刻本 六冊

440000－2542－0005047 PS203389
福惠全書三十二卷 （清）黃六鴻著 清刻本 十冊

440000－2542－0005048 PS203390
出使美日祕崔日記十六卷 （清）崔國因撰 清光緒二十年(1894)鉛印本 十二冊

440000－2542－0005049 PS203391
漢書評林一百卷 （明）凌稚隆輯 清光緒十七年(1891)星沙養翮書齋刻本 四十冊

440000－2542－0005050 PJ402388
初月樓文鈔十卷詩鈔四卷 （清）吳德旋著 （清）周家楣訂 清光緒十年(1884)宜興周家楣刻本 四冊

440000－2542－0005051 PS203392
大清法規大全正編一百五十九卷續編一百四十卷 （清）北京政學社編 清宣統石印本 六十六冊

440000－2542－0005052 PJ402389
擕雪堂文集四卷 （清）吳可讀著 （清）楊慶生箋注 清光緒二十六年(1900)浙江書局刻本 四冊

440000－2542－0005053 PJ402390
粵臺徵雅錄一卷 （清）羅元煥著 清道光三十年(1850)南海伍氏刻嶺南遺書本 一冊

440000－2542－0005054 PS203394
歷代名臣奏議三百二十卷 （明）楊士奇等輯 清聚英堂刻本 六十七冊

440000－2542－0005055 PJ402391
曼陀羅花室文三卷 （清）吳翊寅著 清光緒二十四年(1898)廣雅書局刻本 三冊

440000－2542－0005056 PZ302265
書法正宗四卷 （清）蔣和撰 清刻本 一冊 存二卷(三至四)

440000－2542－0005057 PJ402392
罘罳草堂詩集四卷 （清）隆觀易著 清光緒五年(1879)長沙刻本 二冊

440000－2542－0005058 PJ402393
香蘇山館古體詩鈔十七卷今體詩鈔十九卷 （清）吳嵩梁著 清嘉慶至道光刻本 六冊

440000－2542－0005059 PJ402394
求自得之室文鈔十二卷 （清）吳嘉賓著 清同治五年(1866)廣州刻本 五冊

440000－2542－0005060 PS202567
歷代都江堰功小傳二卷 （清）錢茂輯 清宣統三年(1911)刻本 一冊

440000－2542－0005061 PS203396
遼史拾遺二十四卷 （清）厲鶚撰 清光緒元年(1875)江蘇書局刻本 八冊

440000－2542－0005062 PJ402395
尚絅廬詩存二卷求自得之室文鈔十二卷 （清）吳嘉賓著 清同治五年(1866)廣州刻本 六冊

440000－2542－0005063 PS203398
英法俄德四國志略四卷 （清）沈敦和撰 清光緒十八年(1892)四明耳學廬刻本 二冊

440000－2542－0005064 PS203401
東西洋考十二卷 （明）張燮撰 清刻本 四冊

440000－2542－0005065 PS203403

欽定遼史語解十卷 (清)□□編 清道光四年(1824)刻本 四册

440000－2542－0005066 PS203404
後漢書補表八卷 (清)錢大昭撰 清光緒十七年(1891)廣雅書局刻本 五册

440000－2542－0005067 PS203406
魏書一百十四卷 (北齊)魏收撰 清光緒二十九年(1903)五洲同文局石印本 二十四册

440000－2542－0005068 PS202573
德國陸軍紀略四卷 (清)許景澄撰 (清)梁鼎芬校 清光緒三十一年(1905)刻朱印本 一册

440000－2542－0005069 PS202574
江南製造局記十卷首一卷附録一卷 (清)魏允恭輯 清光緒三十一年(1905)上海文寶書局石印本 十册

440000－2542－0005070 PS203411
黔南職方紀略九卷 (清)羅繞典輯 清道光二十七年(1847)貴州羅繞典刻本 四册

440000－2542－0005071 PJ402399
潄六山房全集十一卷 (清)吳昆田著 清光緒清河吳氏刻本 五册 存九卷(一至九)

440000－2542－0005072 PJ402400
柈湖文集十二卷首一卷 (清)吳敏樹著 清光緒十九年(1893)思賢講舍刻本 四册

440000－2542－0005073 PJ402401
歸盦文稟八卷 (清)葉裕仁著 清光緒八年(1882)蔣銘勳刻本 四册

440000－2542－0005074 PS203413
乾隆府廳州縣圖志五十卷 (清)洪亮吉撰 清光緒五年(1879)授經堂刻本 十二册

440000－2542－0005075 PS203414
南齊書五十九卷附考證 (南朝梁)蕭子顯撰 清光緒二十九年(1903)五洲同文局石印本 八册

440000－2542－0005076 PS203415
梁書五十六卷附考證 (唐)姚思廉撰 清光緒十四年(1888)上海圖書集成印書局鉛印本 四册

440000－2542－0005077 PS203416
軌政紀要次編三卷 (清)陳宗藩編 清光緒三十三年(1907)郵傳部圖書通譯局鉛印本 二册

440000－2542－0005078 PS203417
軌政紀要初編九卷 (清)陳毅編 清光緒三十三年(1907)郵傳部圖書通譯局鉛印本 四册

440000－2542－0005079 PS203419
陳書三十六卷附考證 (唐)姚思廉撰 清光緒二十九年(1903)五洲同方局石印本 六册

440000－2542－0005080 PS203422
重刊救荒補遺書二卷 (宋)董煟編 (元)張光大新增 (明)朱熊補遺 (明)王崇慶釋斷 清同治八年(1869)楚北崇文書局刻本 二册

440000－2542－0005081 PS203423
元史本證五十卷 (清)汪輝祖撰 (清)汪繼培補 (清)王士濟校 清光緒十五年(1889)徐氏鑄學齋刻本 五册

440000－2542－0005082 PS203426
曾文正公手書日記一卷 (清)曾國藩撰 清宣統元年(1909)中國圖書公司石印本 四十册

440000－2542－0005083 QT000559
[康熙]臨海縣志十五卷首一卷 (清)洪若臯編輯 清刻本 一册 存二卷(八至九)

440000－2542－0005084 PS203428
三國郡縣表八卷 (清)吳增僅編 清光緒二十二年(1896)盱眙吳氏木活字印本 四册

440000－2542－0005085 PS203429
史記注補正一卷 (明)方苞撰 清光緒二十年(1894)廣雅書局刻本 一册

440000－2542－0005086 PS203430
欽定金史語解十二卷 (清)□□編 清道光

四年(1824)刻本　四册

440000－2542－0005087　PJ402403
惺諟齋初稿十卷　喻長霖著　清宣統三年(1911)鉛印本　三册

440000－2542－0005088　PJ402404
一勺亭文鈔一卷　(清)喻同模著　**素業堂雜著一卷**　(清)喻化鵠　清同治十二年(1873)刻本　一册

440000－2542－0005089　PJ402405
樫華館雜錄一卷附錄一卷　(清)路德著　清光緒七年(1881)刻本　一册

440000－2542－0005090　PS203435
舊唐書疑義四卷　(清)張道撰　清光緒七年(1881)刻本　二册

440000－2542－0005091　PS202577
防海輯要十八卷首一卷　(清)俞昌會編輯　清道光二十二年(1842)刻本　十册

440000－2542－0005092　PJ402406
揅經室一集十四卷二集八卷三集五卷四集十三卷續集十一卷再續集五卷外集五卷　(清)阮元著　清道光三年(1823)刻本　二十四册

440000－2542－0005093　PS203437
三國志考證八卷　(清)潘眉撰　清光緒十五年(1889)廣雅書局刻民國印廣雅叢書本　一册　存四卷(一至四)

440000－2542－0005094　PS202578
歷代兵制八卷　(宋)陳傅良撰　清道光二十四年(1844)刻本　一册

440000－2542－0005095　PJ402407
孟塗文集十卷　(清)劉開著　清道光六年(1826)桐城姚氏檗山草堂刻本　二册

440000－2542－0005096　PS203438
補三國疆域志二卷　(清)洪亮吉撰　清光緒十七年(1891)廣雅書局刻本　一册

440000－2542－0005097　PS202579
三省邊防備覽十四卷　(清)嚴如熤輯　清道光二年(1822)刻本　六册

440000－2542－0005098　PJ402408
燕窗摘稿一卷附望雲亭稿一卷梧江近草一卷　(清)龎穎著　清刻本　二册

440000－2542－0005099　PS203439
史記正譌三卷　(清)王元啟撰　清光緒十七年(1891)廣雅書局刻本　一册

440000－2542－0005100　PS203440
漢書人表考校補一卷　(清)蔡雲撰　清光緒廣雅書局刻本　一册

440000－2542－0005101　PS203442
兩漢書注考證二卷　(清)何若瑤撰　清光緒二十年(1894)廣雅書局刻本　一册

440000－2542－0005102　PS203445
駐粵八旗志二十四卷　(清)長善纂　(清)韓錦元繪　清光緒五年(1879)廣州翰文堂刻本　十二册

440000－2542－0005103　PS203446
欽定續通典一百五十卷　(清)嵇璜等纂　清光緒二十八年(1902)上海圖書集成局鉛印本　十二册

440000－2542－0005104　PS203448
美國憲法纂釋二十一卷　(美國)海麗生著　(清)舒高第口譯　(清)鄭昌棪筆述　清光緒三十三年(1907)江南製造局刻本　二册

440000－2542－0005105　PS203450
曾惠敏公遺集十七卷　(清)曾紀澤撰　清光緒十九年(1893)江南製造總局刻本　三册

440000－2542－0005106　PS203451
北史一百卷　(唐)李延壽撰　清光緒二十九年(1903)五洲同文局石印本　二十四册

440000－2542－0005107　PS203452
遼史一百十五卷附考證　(元)托克托等修　清同治十二年(1873)江蘇書局刻本　十二册

440000－2542－0005108　PS203454
史記志疑三十六卷　(清)梁玉繩撰　清光緒十三年(1887)廣雅書局刻本　十四册

440000－2542－0005109　PS203456

舊五代史一百五十卷目録二卷附考證 （宋）薛居正等撰 清同治十一年(1872)湖北崇文書局刻本 十六册

440000－2542－0005110 PS203457
前漢書一百卷附考證 （漢）班固撰 （唐）顔師古注 （清）齊召南 等考證 清光緒十年(1884)上海同文書局石印本 三十二册

440000－2542－0005111 PS203458
遼史拾遺二十四卷 （清）厲鶚撰 清道光元年(1821)錢塘汪氏振綺堂刻本 十六册

440000－2542－0005112 PS203459
前漢紀三十卷 （漢）荀悦撰 清光緒二年(1876)嶺南學海堂刻本 七册

440000－2542－0005113 PS203462
晉書校勘記五卷 （清）周家禄撰 清光緒十四年(1888)廣雅書局刻本 一册

440000－2542－0005114 PS203463
後漢書一百卷 （南朝宋）范曄撰 （唐）李賢注 清同治八年(1869)金陵書局刻本 十六册

440000－2542－0005115 PS203464
癸卯東瀛觀兵記一卷 （清）□□撰 清光緒二十九年(1903)鉛印本 一册

440000－2542－0005116 PS203465
西畺交涉志要六卷 鍾鏞撰 金梁校訂 清宣統元年(1909)鉛印本 二册

440000－2542－0005117 PS203466
宋州郡志校勘記一卷 （清）成孺撰 清光緒十四年(1888)廣雅書局刻本 一册

440000－2542－0005118 PS203468
與伊藤陸奥往來照會 （清）□□撰 清光緒至宣統石印本 一册

440000－2542－0005119 PJ402411
劉禮部集十一卷 （清）劉逢禄著 **附鱗石文鈔一卷** （清）劉承寵撰 清道光十年(1830)思誤齋刻本 六册

440000－2542－0005120 PJ402412
養晦堂文集十卷 （清）劉蓉著 清光緒三年(1877)思賢講舍刻本 四册

440000－2542－0005121 PJ402413
槐軒雜著四卷 （清）劉沅著 清咸豐十一年(1861)虚受齋刻本 四册

440000－2542－0005122 PS202580
大清新法令十三類附録三種 商務印書館編譯所編 清宣統元年(1909)商務印書館鉛印本 二十册

440000－2542－0005123 PS203470
廣東武備學堂試辦簡要章程一卷 （清）□□撰 清刻本 一册

440000－2542－0005124 PJ402416
尚絅堂詩集五十二卷詞集二卷駢體文二卷 （清）劉嗣綰著 清道光六年(1826)大樹園刻本 十册

440000－2542－0005125 PS202581
三流道里表一卷 （清）刑部訂 清嘉慶十六年(1811)刻本 四册

440000－2542－0005126 PJ402417
三魚堂文集十二卷外集六卷附録二卷日記十卷賸言十二卷讀禮志疑一卷 （清）陸隴其著 **年譜一卷** （清）吴光酉編次 （清）陸宸徵等輯 清同治七年(1868)武林薇署刻本 十二册

440000－2542－0005127 PS203471
各國條款條約章程 （清）總理衙門編 清光緒刻本 一册

440000－2542－0005128 PS203473
五代史纂誤三卷 （宋）吴縝撰 清刻本 一册

440000－2542－0005129 PS203460
五代史記七十四卷 （宋）歐陽修撰 （宋）徐無黨注 （清）彭元瑞補注 清刻本 四十册

440000－2542－0005130 PS203480
欽定元史語解二十四卷 （清）□□編 清道光四年(1824)刻本 四册

440000－2542－0005131　PS203481
十國春秋一百十六卷　(清)吳任臣撰　清嘉慶昭文周氏刻本　二十册

440000－2542－0005132　PS203482
宋書一百卷　(南朝梁)沈約撰　清光緒十四年(1888)上海圖書集成印書局鉛印本　十二册

440000－2542－0005133　PS203484
明史考證攟逸四十二卷　(清)王頌蔚撰　清吳興劉氏嘉業堂刻本　九册

440000－2542－0005134　PS203485
三國志六十五卷　(晉)陳壽撰　(南朝宋)裴松之注　清同治九年(1870)金陵書局刻本　八册

440000－2542－0005135　PS203486
後漢紀三十卷　(晉)袁宏撰　清光緒二年(1876)嶺南學海堂刻本　八册

440000－2542－0005136　PS203489
舊唐書二百卷　(五代)劉昫撰　清光緒二十九年(1903)五洲同文局石印本　四十八册

440000－2542－0005137　PS203490
史記評林一百三十卷　(明)凌稚隆輯校　清光緒十年(1884)佩蘭堂刻本　三十二册

440000－2542－0005138　PS203493
開禧德安守城錄一卷　(宋)王致遠編　清瑞安孫氏詒善祠塾刻本　一册

440000－2542－0005139　PS203495
粵氛紀事十三卷　(清)謝山居士輯　清同治八年(1869)當塗夏燮刻本　六册

440000－2542－0005140　PS203498
湘軍志十六卷　王闓運撰　清光緒刻本　四册

440000－2542－0005141　PS203499
廿二史劄記三十六卷首一卷補遺一卷　(清)趙翼撰　清光緒二十年(1894)廣雅書局刻本　十册

440000－2542－0005142　PS203501
南海百詠續編四卷　(清)樊封著　清道光二十九年(1849)李定源等刻本　二册

440000－2542－0005143　PZ302276
名賢手札八卷　(清)郭慶藩輯　清光緒十年(1884)湘陰郭氏岵瞻堂刻本　一册　存二卷(駱文忠公手札一卷、曾文正公手札一卷)

440000－2542－0005144　PS203502
羊城古鈔八卷首一卷　(清)仇池石輯　清嘉慶十一年(1806)刻本　五册

440000－2542－0005145　PS203503
康輶紀行十六卷　(清)姚瑩撰　清刻本　六册

440000－2542－0005146　PS203508
金石索十二卷首一卷　(清)馮雲鵬　(清)馮雲鵷輯　清光緒三十三年(1907)上海文新局石印本　十六册

440000－2542－0005147　PS203504
蕩平髮逆圖記二十二卷首一卷　(清)杜文瀾撰　清光緒十七年(1891)上海書局石印本　四册

440000－2542－0005148　PS203505
霆軍紀略十六卷　(清)陳昌輯　清光緒八年(1882)申報館鉛印本　六册

440000－2542－0005149　PS203506
唐語林八卷　(宋)王讜撰　清刻本　六册

440000－2542－0005150　PS203509
金石萃編一百六十卷　(清)王昶撰　清光緒十九年(1893)上海醉六堂石印本　十八册

440000－2542－0005151　PS203512
明季北略二十四卷　(清)計六奇編輯　清末都城琉璃廠半松居士刻本　十册

440000－2542－0005152　PS203513
國語二十一卷　(三國吳)韋氏(韋昭)解　**校刊明道本韋氏解國語札記**　(清)黃丕烈撰　**國語明道本攷異四卷**　(清)汪遠孫撰　清同治八年(1869)湖北崇文書局刻本　五册

440000－2542－0005153　PS202275

欽定大清會典八十卷 (清)托津等纂 清嘉慶二十三年(1818)武英殿刻本 三十四册 存七十一卷(十至八十)

440000－2542－0005154 PS203517

野獲編三十卷補遺四卷首一卷 (明)沈德符著 (清)錢枋輯 清道光七年(1827)姚氏扶荔山房刻同治八年(1869)補刻本 二十四册

440000－2542－0005155 PS203515

隋書八十五卷 (唐)魏徵等撰 清光緒二十九年(1903)五洲同文局石印本 二十四册

440000－2542－0005156 PS203516

周書五十卷 (唐)令狐德棻撰 清光緒二十九年(1903)五洲同文局石印本 八册

440000－2542－0005157 PS203518

封泥考略十卷 (清)吳式芬 (清)陳介祺輯 清光緒三十年(1904)上海石印本 十册

440000－2542－0005158 PS203519

金石錄三十卷 (宋)趙明誠撰 清光緒十三年(1887)刻槐廬叢書本 四册

440000－2542－0005159 PS203521

金石錄補二十七卷 (清)葉奕苞著 清光緒十三年(1887)刻槐廬叢書本 二册

440000－2542－0005160 PS203524

南史八十卷 (唐)李延壽撰 清光緒二十九年(1903)五洲同文局石印本 二十册

440000－2542－0005161 PS203526

史通通釋二十卷附錄一卷 (唐)劉知幾撰 (清)浦起龍釋 清光緒十一年(1885)刻本 八册

440000－2542－0005162 PS203528

山右石刻叢編四十卷 (清)胡聘之撰 清光緒二十五年(1899)刻本 二十三册

440000－2542－0005163 PS203529

望堂金石文字 楊守敬編 清同治九年至光緒三年(1870－1877)宜都楊守敬飛青閣刻本 六册

440000－2542－0005164 PS203530

小蓬萊閣金石文字一卷 (清)黃易輯 清道光十四年(1834)石墨軒刻本 六册

440000－2542－0005165 PS203531

蒼崖先生金石例十卷 (元)潘昂霄撰 清光緒三十四年(1908)南陵徐乃昌刻本 二册

440000－2542－0005166 PS203532

十七史商榷一百卷 (清)王鳴盛撰 清光緒六年(1880)太原王氏刻本 二十册

440000－2542－0005167 PS203533

諸史考異十八卷 (清)洪頤煊撰 清光緒十五年(1889)廣雅書局刻本 三册

440000－2542－0005168 PJ100782

漢隸字源五卷碑目一卷 (宋)婁機撰 清光緒三年(1877)姚氏咫進齋刻本 一册 存一卷(上聲一卷)

440000－2542－0005169 PS203535

鐵琴銅劍樓藏書目錄二十四卷 (清)瞿鏞撰 清光緒五年(1879)常熟瞿氏罟里家塾刻本 十册

440000－2542－0005170 PJ401424－1

國朝六家詩鈔八卷 (清)劉執玉輯 清抄本 一册

440000－2542－0005171 PS203537

陶齋吉金錄八卷 (清)端方輯 清光緒三十四年(1908)金陵石印本 十七册

440000－2542－0005172 PS203540

諸史拾遺五卷 (清)錢大昕撰 清光緒長沙龍氏家塾刻本 二册

440000－2542－0005173 PS203541

金石三例三種 (元)潘昂霄等撰 (清)王芑孫評 清光緒四年(1878)南海馮氏讀有用書齋刻朱墨套印本 四册

440000－2542－0005174 PS203542

張叔未解元所藏金石文字一卷 (清)張廷濟藏 (清)嚴荄編 清光緒十年(1884)四會嚴氏鶴緣齋石印本 二册

440000－2542－0005175 PS203544

金石略三卷　(宋)鄭樵撰　清光緒三十年(1904)會稽董氏取斯堂刻本　一冊　存二卷(中至下)

440000－2542－0005176　PS200959
各省府州廳縣異名錄一卷　(清)管斯駿錄　清光緒十二年(1886)管可壽齋刻本　一冊

440000－2542－0005177　PS203546
唐書直筆四卷　(宋)吕夏卿撰　清同治八年(1869)刻本　一冊

440000－2542－0005178　PS203547
積古齋鐘鼎彝器款識十卷　(清)阮元藏　(清)朱為弼編　清光緒五年(1879)刻本　四冊　存七卷(四至十)

440000－2542－0005179　PS203548
兩浙金石志十八卷　(清)阮元編錄　清光緒十六年(1890)浙江書局刻本　十冊

440000－2542－0005180　PS203550
隋經籍志考證十三卷　(清)章宗源撰　清光緒三年(1877)湖北崇文書局刻本　四冊

440000－2542－0005181　PS203551
攈古錄金文三卷　(清)吳式芬輯　清光緒二十一年(1895)刻本　九冊

440000－2542－0005182　PS203555
平津讀碑記八卷　(清)洪頤煊撰　清光緒十年(1884)吳縣朱氏槐廬刻本　四冊

440000－2542－0005183　PS203097
明史竊一百五卷　(明)尹守衡著　清光緒十二年(1886)東莞縣署刻本　十八冊

440000－2542－0005184　PS203102
東觀漢記二十四卷　(漢)劉珍等撰　清福建刻武英殿聚珍版書本　二冊

440000－2542－0005185　PS203098
皇朝一統輿地全圖一卷　(清)六承如節編　(清)欽乃軒主人增　清光緒二十年(1894)上海鴻寶齋石印本　二冊

440000－2542－0005186　PS203103
元史類編四十二卷　(清)邵遠平撰　清乾隆六十年(1795)掃葉山房刻本　九冊

440000－2542－0005187　PS203104
天下山河兩戒考十四卷　(清)徐文靖注　清光緒二年(1876)鍾良駿刻本　五冊

440000－2542－0005188　PS203105
越事備考十二卷　(清)劉名譽編輯　清光緒二十一年(1895)慕盦氏桂林刻本　四冊　存十二卷(奏議一至三、芻言一至六、案畧一至二,首一卷)

440000－2542－0005189　PS202375
文獻通考三百四十八卷　(元)馬端臨著　清光緒二十七年(1901)上海圖書集成局石印本　三冊　存二十八卷(二十八至三十三、一百五十七至一百六十四、二百十一至二百二十四)

440000－2542－0005190　PS203106
南宋書六十八卷　(明)錢士升撰　清嘉慶二年(1797)南沙席世臣掃葉山房刻本　六冊

440000－2542－0005191　PS203107
春秋紀傳五十一卷　(清)李鳳雛纂輯　清光緒二十一年(1895)刻本　十冊　缺六卷(七至十二)

440000－2542－0005192　PS203108
全滇紀要一卷　(清)雲南課吏館纂修　清光緒三十一年(1905)鉛印本　十冊

440000－2542－0005193　PS203110
羅景山臺灣海防並開山日記一卷　(清)羅大春撰　清石印本　一冊

440000－2542－0005194　PJ100910
小學考五十卷　(清)謝啓昆撰　清光緒十四年(1888)浙江書局刻本　五冊　存十二卷(二十五至三十六)

440000－2542－0005195　PS203111
節相壯遊日錄二卷　(清)桃溪漁隱　(清)惺新盦主輯　清光緒二十二年(1896)刻本　一冊

440000－2542－0005196　PS203112

西遊日記一卷　(清)蔣煦撰　清光緒三十一年(1905)鉛印本　一冊

440000－2542－0005197　PS203116
水經注四十卷補遺一卷附錄二卷　(北魏)酈道元撰　(清)全祖望校　清光緒十四年(1888)刻本　十六冊

440000－2542－0005198　PS203118
吳越春秋十卷　(漢)趙曄撰　(宋)徐天祐音注　清光緒三十二年(1906)南陵徐氏刻本　二冊

440000－2542－0005199　PS203119
皇朝輿地圖一卷　(清)□□編　清刻本　一冊

440000－2542－0005200　PS203120
大清一統志表一卷　(清)徐午校　清刻本　四冊

440000－2542－0005201　PS203831
西洋朝貢典錄三卷　(明)黄省曾撰　清道光刻本　一冊

440000－2542－0005202　PS203122
越南地輿圖說六卷首一卷　(清)盛慶紱纂輯　清光緒九年(1883)永新盛氏求忠堂刻本　二冊

440000－2542－0005203　PS203123
遊歷巴西圖經十卷　(清)傅雲龍撰　清光緒二十八年(1902)石印本　二冊

440000－2542－0005204　PS200951－1
元祕史李注補正十五卷　(清)高寶銓撰　清光緒二十八年(1902)刻本　一冊　存八卷(八至十五)

440000－2542－0005205　PS203124
遊歷秘魯圖經四卷　(清)傅雲龍撰　清光緒二十八年(1902)石印本　二冊

440000－2542－0005206　PS203126
籌藏芻議一卷　姚錫光撰　清光緒三十四年(1908)刻本　一冊

440000－2542－0005207　PS203128
海道圖說十五卷　(英國)金約翰輯　(英國)傅蘭雅口譯　(清)王德均筆述　清光緒江南製造總局刻本　十冊

440000－2542－0005208　PS203130
元史氏族表三卷　(清)錢大昕著　清同治江蘇書局刻本　二冊

440000－2542－0005209　PS203131
東晉疆域志四卷　(清)洪亮吉撰　清光緒四年(1878)授經堂刻本　二冊

440000－2542－0005210　PS203132
平定雲南回匪方略五十卷　(清)奕訢纂　清光緒二十二年(1896)鉛印本　六冊

440000－2542－0005211　PS202640
敬慎堂公牘六卷　(清)沈秉堃撰　清光緒二十五年(1899)江昜官署刻本　六冊

440000－2542－0005212　PS203134
史鑑節要便讀六卷　(清)鮑東里編輯　清同治六年(1867)姑胥刻本　二冊

440000－2542－0005213　PS203136
史畧八十七卷　(清)朱堃輯　清光緒二十五年(1899)萬本書局刻朱墨套印本　十六冊

440000－2542－0005214　PS203137
歷代史表五十九卷　(清)萬斯同撰　清光緒十五年(1889)廣雅書局刻本　六冊

440000－2542－0005215　PS203138
廣東新語二十八卷　(清)屈大均撰　清水天閣刻本　十二冊

440000－2542－0005216　PS203140
歷代沿革表三卷　(清)段長基撰　清同治味古書房刻本　六冊

440000－2542－0005217　PJ402418
儀顧堂集二十卷　(清)陸心源撰　清光緒二十四年(1898)刻本　六冊

440000－2542－0005218　PS203141
歷代沿革表三卷　(清)段長基撰　清同治味古書房刻本　四冊

440000－2542－0005219　PJ402419
切問齋集十二卷首一卷　(清)陸燿著　清光緒十八年(1892)江蘇書局刻本　三冊

440000－2542－0005220　PS203139
皇朝藩部要略十八卷附表四卷　(清)祁韻士撰　(清)毛嶽生編次　(清)宋景昌校寫　清光緒十年(1884)浙江書局刻本　八冊

440000－2542－0005221　PJ402420
尺岡草堂遺詩八卷遺文四卷　(清)陳璞著　清光緒十五年(1889)刻本　六冊

440000－2542－0005222　PS203142
中亞洲俄屬遊記二卷　(英國)蘭士德撰　(清)莫鎮藩譯　清光緒鉛印本　二冊

440000－2542－0005223　PS203143
增定課兒鑑畧妥註善本五卷　(明)李廷機撰　(清)鄒聖脉原訂　**卷五**　(清)鄒聖脉補　(清)邱羣重校　清刻本　二冊

440000－2542－0005224　PJ402421
紫竹山房詩集十二卷文集二十卷　(清)陳兆侖著　**年譜一卷**　(清)陳玉繩編次　清嘉慶刻本　十冊

440000－2542－0005225　PS203144
前漢匈奴表一卷附錄一卷　(清)雷浚　(清)汪之昌輯　清光緒十六年至二十二年(1890－1896)刻學古堂日記本　二冊

440000－2542－0005226　PS203145
蜀水考四卷　(清)陳登龍撰　(清)朱錫穀補注　(清)陳一津分疏　清光緒五年(1879)綿竹楊氏清泉精舍刻本　二冊

440000－2542－0005227　PJ402422
陳交甫先生遺書　(清)陳遇夫著　清光緒二十四年(1898)刻本　七冊　存四種

440000－2542－0005228　PS203146
廣東圖二十三卷　(清)□□編　清同治五年(1866)刻本　三冊

440000－2542－0005229　PS203148
歷代地理沿革圖一卷　(清)六嚴繪　(清)馬徵麟增輯　清同治十年(1871)金陵刻本　一冊

440000－2542－0005230　PJ402423
覆瓿雜著一卷　(清)陳本直著　清刻本　一冊

440000－2542－0005231　PS203149
籌洋芻議一卷　(清)薛福成撰　清光緒十年(1884)刻本　一冊

440000－2542－0005232　PS203150
澳門記畧二卷首一卷末一卷　(清)印光任　(清)張汝霖纂修　清嘉慶五年(1800)江寧藩署刻本　二冊

440000－2542－0005233　PJ402424
十誦齋集六卷　(清)周天度著　**小十誦寮詩存二卷**　(清)周南著　清光緒十一年(1885)刻本　三冊

440000－2542－0005234　PS203151
硃批諭旨不分卷　(清)鄂爾泰　(清)張廷玉編次　(清)劉統勳　(清)楊炳校對　清光緒十三年(1887)石版二色彩印本　六十冊

440000－2542－0005235　PJ402425
邱邦士文集十八卷　(清)邱維屏著　清光緒元年(1875)周鬱文刻本　五冊

440000－2542－0005236　PS203153
廬山志十五卷　(清)毛德琦纂　清宣統二年(1910)刻本　十五冊

440000－2542－0005237　PS203154
古史紀年十四卷　(清)林春溥撰　清道光十七年(1837)竹柏山房刻本　五冊

440000－2542－0005238　QT000567
嚴陵集九卷　(宋)董棻編　清光緒刻本　一冊　存四卷(六至九)

440000－2542－0005239　PS203156
西夏紀事本末三十六卷　(清)張鑑撰　清光緒十一年(1885)金陵刻本　二冊　缺十六卷(一至十六)

440000－2542－0005240　PS203157

竹書紀年二卷　(南朝梁)沈約注　清光緒六年(1880)三餘堂刻本　一册

440000－2542－0005241　PJ402427
所託山房詩集四卷首三卷　(清)周遐桃著　(清)簡朝亮編　清光緒刻本　一册

440000－2542－0005242　PJ402428
傳魯堂詩第二集二卷　(清)周錫恩著　清光緒二十年(1894)京師刻本　一册

440000－2542－0005243　PS203159
晉畧六十六卷　(清)周濟撰　清光緒二年(1876)味雋齋刻本　十册

440000－2542－0005244　PS203232
十六國春秋一百卷　(北魏)崔鴻撰　清乾隆四十六年(1781)仁和汪氏刻本　二十册

440000－2542－0005245　PS203160
皇清開國方畧三十二卷　(清)阿桂等纂修　清刻本　十六册

440000－2542－0005246　PJ402429
東南樵草堂詩鈔四卷　(清)單玉騏著　(清)單維棪編　清光緒十二年(1886)刻本　二册

440000－2542－0005247　PS203162
重訂路史全本四十七卷　(宋)羅泌輯　清嘉慶六年(1801)西山堂刻本　二十四册

440000－2542－0005248　PJ402430
東南樵草堂詩鈔四卷　(清)單玉騏著　(清)單維棪編　清光緒十二年(1886)刻本　二册

440000－2542－0005249　PS203163
通鑑釋文辯誤十二卷　(元)胡三省輯著　(明)陳仁錫訂校　明陳仁錫刻本　二册

440000－2542－0005250　PJ402431
靜廉齋詩集二十四卷　(清)金甡著　清嘉慶二十五年(1820)刻本　六册

440000－2542－0005251　PS203161
歷代輿地沿革險要圖一卷　楊守敬　(清)饒敦秩撰　清光緒五年(1879)東湖饒氏朱墨套印本　一册

440000－2542－0005252　PS203164
水經注四十卷　(北魏)酈道元撰　清刻本　十册

440000－2542－0005253　PS203167
竹書紀年統箋十二卷雜述一卷前編一卷　(南朝梁)沈約附注　(清)徐文靖統箋　(清)馬陽等校訂　清光緒三年(1877)浙江書局刻本　四册

440000－2542－0005254　PS203168
戰國紀年六卷　(清)林春溥撰　清道光十八年(1838)竹柏山房刻本　三册

440000－2542－0005255　PS203169
資治通鑑綱目前編十八卷　(宋)金履祥撰　清光緒七年(1881)山東書局刻本　十六册

440000－2542－0005256　PS203170
綱鑑正史約三十六卷　(明)顧錫疇原編　(清)陳宏謀增訂　清同治八年(1869)浙江書局刻本　二十册

440000－2542－0005257　PS203171
史存三十卷　(清)劉沅撰　清咸豐六年(1856)致福樓刻本　二十四册

440000－2542－0005258　PS203173
三國紀年表一卷五代紀年表一卷　(清)周嘉猷撰　清光緒六年(1880)刻本　一册

440000－2542－0005259　PS203174
廣東考古輯要四十六卷　(清)周廣等輯　清光緒十九年(1893)刻本　十册

440000－2542－0005260　PS203175
南漢文字略四卷叢錄二卷　(清)梁廷枏輯　清刻本　二册

440000－2542－0005261　PS203177
大金國志四十卷　(宋)宇文懋昭撰　清掃葉山房刻本　一册　存六卷(一至六)

440000－2542－0005262　PJ402435
曾文正公全集　(清)曾國藩撰　(清)李瀚章輯　清同治至光緒傳忠書局刻本　一百二十八册　存十三種

440000－2542－0005263　PS203178
南漢書十八卷考異十八卷　(清)梁廷枏撰　清刻本　六册

440000－2542－0005264　PS203179
唐鑑二十四卷　(宋)范祖禹撰　(宋)吕祖謙注　(清)胡鳳丹考異　清同治十年(1871)永康胡氏退補齋刻金華叢書本　四册

440000－2542－0005265　PS203180
元書一百二卷　(清)曾廉撰　清宣統三年(1911)層漪堂刻本　二十册

440000－2542－0005266　PS203182
新疆山脈圖志六卷　王樹枏撰　清宣統元年(1909)陶廬刻本　十册

440000－2542－0005267　PJ402436
賞雨茅屋詩集十六卷　(清)曾燠著　清道光三年(1823)刻本　四册

440000－2542－0005268　PJ402437
錢頤壽中丞全集　(清)錢寶琛著　清同治至光緒刻本　十二册　存五種

440000－2542－0005269　PS203318
水經注西南諸水考三卷　(清)陳澧撰　清光緒廣雅書局刻本　一册

440000－2542－0005270　PJ402439
甘泉鄉人稿二十四卷　(清)錢泰吉著　清同治十一年(1872)嘉興錢氏刻光緒十一年(1885)嘉興錢氏補刻本　五册

440000－2542－0005271　PS203188
七國地理考七卷　(清)顧觀光撰　清光緒五年(1879)刻本　三册

440000－2542－0005272　PJ402440
存素堂詩稿十三卷　(清)錢寶琛著　清同治七年(1868)刻本　一册

440000－2542－0005273　PS203189
東瀛識略八卷　(清)丁紹儀撰　清同治十二年(1873)福州吴玉田刻本　二册

440000－2542－0005274　PS203190
黔書二卷　(清)田雯編　清刻本　二册

440000－2542－0005275　PS203192
自強學齋治平十議　(清)□□編　清光緒二十三年(1897)文瑞樓刻本　十二册

440000－2542－0005276　PS203193
三省邊防備覽十四卷　(清)嚴如熤輯　清光緒八年(1882)三魚書屋刻本　八册

440000－2542－0005277　PS203194
水經釋地八卷　(清)孔繼涵撰　清光緒南陵徐乃昌刻本　二册

440000－2542－0005278　PS203195
水經注箋刊誤十二卷　(清)趙一清撰　清刻本　四册　存八卷(三至十)

440000－2542－0005279　PJ402442
持雅堂全集　(清)尚鎔著　清道光高安蕭氏刻本　十册　存六種

440000－2542－0005280　PS203197
漢志水道疏證四卷　(清)洪頤煊撰　清光緒十八年(1892)廣雅書局刻本　一册

440000－2542－0005281　PS203197
晉書地理志新補正五卷　(清)畢沅撰　清光緒二十年(1894)廣雅書局刻本　與440000－2542－0005280合一册

440000－2542－0005282　PS203198
出使日記續刻十卷　(清)薛福成撰　清光緒二十四年(1898)刻本　十册

440000－2542－0005283　PJ402443
巢經巢遺文五卷鼂氏為鍾圖說一卷　(清)鄭珍著　清光緒十九年至二十年(1893－1894)貴築高氏資州官廨刻本　三册

440000－2542－0005284　PS203199
讀史方輿紀要一百三十卷附輿圖要覽四卷　(清)顧祖禹撰　清光緒二十五年(1899)新化三味室刻本　六十册

440000－2542－0005285　PS203201
歷代邊事彙鈔十二卷　(清)劉韞齋鑒定　(清)朱克敬編輯　清光緒二十八年(1902)上海捷記書局石印本　三册

440000－2542－0005286　PS203200
五洲屬國紀畧四卷　(清)沈林一撰　清光緒二十四年(1898)鉛印本　四冊

440000－2542－0005287　PS203202
海國圖志一百卷首一卷　(清)魏源撰　清光緒二年(1876)平慶涇固道署刻本　二十四冊

440000－2542－0005288　PS203204
西藏圖考八卷首一卷　(清)黄沛翹輯　清光緒二十三年(1897)刻本　四冊

440000－2542－0005289　PJ402444
板橋集六卷　(清)鄭燮著　清刻本　四冊

440000－2542－0005290　PS203205
歷代地理志韻編今釋二十卷　(清)李兆洛輯　清光緒元年(1875)羊城馬氏集益堂刻本　十冊

440000－2542－0005291　PJ402445
甌香館集十二卷補遺詩一卷補遺畫跋一卷附錄一卷　(清)惲格著　(清)蔣光煦輯　清光緒七年(1881)刻本　四冊

440000－2542－0005292　PS203206
會稽三賦四卷　(宋)王十朋撰　清嘉慶十七年(1812)蕭山陳氏湖海樓刻本　一冊

440000－2542－0005293　PS203212
越史畧三卷　(越南)□□撰　(清)錢熙祚校　清道光二十四年(1844)金山錢氏刻本　一冊

440000－2542－0005294　PS203211
斐洲遊記四卷　(英國)施登萊撰　(清)虚白齋主譯　清光緒二十六年(1900)上海中西書室鉛印本　一冊

440000－2542－0005295　PS203208
西征日記一卷　(清)汪筱村撰　清光緒二十六年(1900)刻本　一冊

440000－2542－0005296　PS203207
廣東輿地圖說十四卷　(清)李翰章修　(清)廖廷相纂　清宣統元年(1909)廣東參謀處鉛印本　四冊

440000－2542－0005297　PS203209
廣東海圖說一卷　(清)張之洞撰　清光緒十五年(1889)廣雅書局刻本　一冊

440000－2542－0005298　PS203216
黔記四卷　(清)李宗昉撰　清光緒十五年(1889)貴陽熊湛英刻本　一冊

440000－2542－0005299　PS203218
黔語二卷　(清)吳振棫撰　清咸豐四年(1854)刻本　一冊

440000－2542－0005300　PS203220
越中先賢祠目序例一卷　(清)李慈銘撰　清光緒十一年(1885)虎坊橋越祠刻本　一冊

440000－2542－0005301　PS203221
廣東圖說九十二卷首一卷　(清)毛鴻賓修　(清)桂文燦纂　清同治九年至十年(1870－1871)萃文堂刻本　十八冊

440000－2542－0005302　PS203222
蒙古游牧記十六卷　(清)張穆撰　清同治六年(1867)壽陽祁氏刻本　四冊

440000－2542－0005303　PJ402450
雨屋深鐙詞一卷續稿一卷三編一卷　汪兆鏞著　清宣統至民國鉛印本　一冊

440000－2542－0005304　PS203223
歷代帝王宅京記二十卷　(清)顧炎武撰　清光緒十四年(1888)刻槐廬叢書本　五冊

440000－2542－0005305　PJ402453
楞華室詞鈔二卷　(清)沈世良著　清咸豐四年(1854)刻本　一冊

440000－2542－0005306　PS203224
苗防備覽二十二卷　(清)嚴如熤撰　清道光二十三年(1843)刻本　八冊

440000－2542－0005307　PJ402454
秋夢盦詞鈔二卷續一卷　(清)葉衍蘭著　清光緒十六年(1890)羊城刻本　一冊

440000－2542－0005308　PS203225
行水金鑑一百七十卷圖一卷　(清)傅澤洪撰　清雍正三年(1725)淮陽官署刻本　三十

六冊

440000－2542－0005309　PS203226
出使英法義比四國日記六卷　(清)薛福成纂著　清光緒十八年(1892)刻本　六冊

440000－2542－0005310　PJ402455
珂雪詞二卷　(清)曹貞吉著　清刻本　二冊

440000－2542－0005311　PS203227
籌蒙芻議二卷　(清)姚錫光撰　清光緒三十四年(1908)刻本　二冊

440000－2542－0005312　PJ402456
花簾詞一卷　(清)吳藻著　清光緒十年(1884)如皋冒氏刻林下雅音集本　一冊

440000－2542－0005313　PS203228
辛卯侍行記六卷　(清)陶保廉撰　清光緒二十三年(1897)養樹山房刻本　六冊

440000－2542－0005314　PJ402457
香南雪北詞一卷　(清)吳藻著　清光緒十年(1884)如皋冒氏刻林下雅音集本　一冊

440000－2542－0005315　PS203229
歷代統紀表十三卷　(清)段長基編　清同治四年(1865)味古山房刻本　十四冊

440000－2542－0005316　PS203230
長江圖說十二卷　(清)馬徵麟撰　清同治十年(1871)湖北崇文書局刻本　五冊

440000－2542－0005317　PS203233
西湖志四十八卷　(清)李衛修　(清)傅王露纂　清光緒四年(1878)浙江書局刻本　二十冊

440000－2542－0005318　PJ402459
慎鸞交傳奇二卷　(清)李漁編次　(清)匡廬居士、雲間木叟合評　清康熙刻笠翁傳奇十種本　四冊

440000－2542－0005319　PS203234
湖南方物志八卷　(清)黃本驥撰　清道光二十六年(1846)甯鄉黃本驥三長物齋刻本　一冊

440000－2542－0005320　PJ402460
芙蓉碣傳奇二卷　(清)張雲驤填詞　(清)王以慜評點　(清)吳孝緒按拍　清光緒九年(1883)刻本　一冊

440000－2542－0005321　PS203237
皇朝經世文編一百二十卷姓名總目二卷　(清)賀長齡輯　(清)魏源編次　清光緒十二年(1886)思補樓石印本　五十八冊

440000－2542－0005322　PS203238
皇朝經世文統編一百二十卷　(清)□□輯　清光緒二十七年(1901)上海慎記石印本　四十冊

440000－2542－0005323　PJ402462
桃花扇四卷首一卷　(清)孔尚任編　清光緒二十一年(1895)蘭雪堂刻本　四冊

440000－2542－0005324　PJ402464
海虬記傳奇二卷　(清)陳烺填詞　(清)宗山校正　清光緒十七年(1891)刻玉獅堂十種曲本　二冊

440000－2542－0005325　PS203276
方輿紀要簡覽三十四卷　(清)顧祖禹原本　(清)潘鐸輯錄　清咸豐八年(1858)紅杏書屋刻本　十六冊

440000－2542－0005326　PS203277
曾文公正奏疏文鈔合刊六卷　(清)曾國藩撰　清同治十二年(1873)金陵書局刻本　二冊

440000－2542－0005327　PS203278
海語三卷　(明)黃衷撰　清道光元年(1821)嘉應吳蘭修刻本　一冊

440000－2542－0005328　PS203280
元豐九域志十卷　(宋)王存等撰　清光緒八年(1882)金陵書局刻本　四冊

440000－2542－0005329　PS203281
元和郡縣志四十卷　(唐)李吉甫撰　清道光二十七年(1847)福建陳慶偕刻本　八冊

440000－2542－0005330　PS203283
柬埔寨以北探路記十五卷　(法國)晃西士加

尼撰　清光緒十年(1884)鉛印本　十五冊

440000－2542－0005331　PS203284
朔方備乘六十八卷首十二卷　(清)何秋濤撰　清咸豐十年(1860)刻本　二十四冊

440000－2542－0005332　PS203286
曾文正公大事記四卷　(清)王定安撰　清刻本　三冊

440000－2542－0005333　PS203287
出使公牘十卷　(清)薛福成撰　清光緒二十四年(1898)刻本　八冊

440000－2542－0005334　PS203288
皇朝經世文續編一百二十卷姓名總目三卷　(清)盛康輯　清光緒二十三年(1897)武進盛氏思補樓刻本　八十冊

440000－2542－0005335　PS203295
魏鄭公諫錄五卷　(唐)王方慶輯　(清)王先恭校注　清光緒九年(1883)長沙王氏刻本　二冊

440000－2542－0005336　PS203298
台灣戰紀二卷　(清)洪棄父撰　清光緒鉛印本　二冊

440000－2542－0005337　PS203302
程梓庭行狀一卷　(清)程枚功撰　清刻本　一冊

440000－2542－0005338　PS203491
今水經一卷　(清)黃宗羲撰　清光緒三年(1877)湖北崇文書局刻本　一冊

440000－2542－0005339　PS203304
寧古塔記畧一卷　(清)吳桭臣撰　清光緒二十一年(1895)桐廬袁昶浙西村舍刻本　一冊

440000－2542－0005340　PS203330
拳匪紀略八卷前編二卷後編二卷　(清)僑析生輯　清光緒二十七年(1901)石印本　六冊

440000－2542－0005341　PS203310
張文襄公榮哀錄十卷　(清)□□輯　清宣統北京集成圖書公司鉛印本　三冊

440000－2542－0005342　PS203313
平浙紀略十六卷　(清)秦緗業等撰　清同治十二年(1873)浙江書局刻本　四冊

440000－2542－0005343　PS203317
劉襄勤史傳稿一卷　(清)何維樸輯　清宣統石印本　一冊

440000－2542－0005344　PS203322
平臺紀畧一卷　(清)藍鼎元撰　(清)王者輔評　清雍正十年(1732)王者輔刻本　一冊

440000－2542－0005345　PS203328
中朝故事一卷　(五代)尉遲偓撰　清光緒南陵徐乃昌刻本　一冊

440000－2542－0005346　PS203329
二申野錄八卷　(清)孫之騄輯　清刻本　四冊

440000－2542－0005347　PS203332
尚史七十卷　(清)李鍇撰　清刻本　三冊　缺三十六卷(一至三十六)

440000－2542－0005348　PS203333
國朝柔遠記二十卷　(清)王之春編　(清)彭玉麟定　清光緒十七年(1891)廣雅書局刻本　八冊

440000－2542－0005349　PS203344
劉武慎公[長佑]年譜三卷　(清)鄧輔綸　(清)王政慈編　清光緒二十六年(1900)鉛印本　二冊

440000－2542－0005350　PS203336
十一朝聖武記二十卷　張謇編　清光緒二十九年(1903)上海鴻寶齋石印本　六冊

440000－2542－0005351　PS203346
思痛記二卷　(清)李圭撰　清光緒六年(1880)師一齋刻本　一冊

440000－2542－0005352　PS203337
浙東籌防錄四卷　(清)薛福成纂輯　清光緒十二年(1886)刻本　三冊

440000－2542－0005353　PS203338
韓魏公言行錄一卷　(清)崔廷璋編　清光緒

十三年(1887)刻本　一冊

440000－2542－0005354　PS203347
元史紀事本末二十七卷　(明)陳邦瞻編輯　(明)張溥論正　清光緒十四年(1888)廣雅書局刻本　四冊

440000－2542－0005355　PS203340
明季南畧十八卷　(清)計六奇編輯　清都城琉璃廠半松居士刻本　十二冊

440000－2542－0005356　PS203341
左文襄公[宗棠]年譜十卷　(清)羅正鈞纂　清光緒二十三年(1897)湘陰左氏刻本　十冊

440000－2542－0005357　PS203348
金史紀事本末五十二卷首一卷　(清)李有棠編纂　清光緒二十七年(1901)廣雅書局刻本　六冊

440000－2542－0005358　PS203351
拳禍記二編　(清)李杕著　清光緒三十一年(1905)上海土山灣印書館鉛印本　一冊

440000－2542－0005359　PS203352
武軍紀略二卷　(清)周達武撰　清光緒十八年(1892)蛻園刻本　一冊

440000－2542－0005360　PS203355
遼史紀事本末四十卷首一卷　(清)李有棠編纂　清光緒二十六年(1900)廣雅書局刻本　四冊

440000－2542－0005361　PS203359
綏寇紀略十二卷補遺三卷　(清)吳偉業纂輯　(清)鄒漪原訂　清嘉慶九年(1804)昭文張海鵬照曠閣刻本　六冊

440000－2542－0005362　PS203362
曾文正公[國藩]年譜十二卷　(清)李瀚章編　清光緒二年(1876)傳忠書局刻本　四冊

440000－2542－0005363　PS203364
戊戌政變記九卷　梁啓超撰　清鉛印本　三冊

440000－2542－0005364　PS203365
九朝野記四卷　(明)祝允明撰　清宣統三年(1911)時中書局鉛印本　二冊

440000－2542－0005365　PS203366
欽定滿洲源流考二十卷　(清)阿桂等纂　清光緒三十年(1904)中西書局石印本　四冊

440000－2542－0005366　PS203368
明宮史八卷　(明)劉若愚編　清宣統二年至三年(1910－1911)上海國學扶輪社鉛印本　一冊

440000－2542－0005367　PS203369
西南紀事十二卷　(清)邵廷采撰　清光緒十年(1884)邵武徐氏刻本　一冊

440000－2542－0005368　PS203370
明季實錄一卷　(清)顧炎武撰　清光緒十四年(1888)吳縣朱氏槐廬家塾刻本　一冊

440000－2542－0005369　PS203372
綏服紀畧圖詩一卷　(清)松筠著　清嘉慶十六年(1811)程振甲刻本　一冊

440000－2542－0005370　PS203373
北夢瑣言二十卷　(宋)孫光憲纂集　清乾隆二十一年(1756)盧見曾雅雨堂刻本　一冊　存五卷(十六至二十)

440000－2542－0005371　PS203376
武夷山志二十四卷首一卷　(清)董天工編　清道光二十六年(1846)籍溪羅氏五夫尺木軒刻本　十二冊

440000－2542－0005372　PS203377
宋史翼四十卷　(清)陸心源輯　清光緒刻本　十冊

440000－2542－0005373　PS203378
南北史識小錄二十八卷　(清)沈名蓀　(清)朱昆田輯　(清)張應昌補正　清同治十年(1871)武林吳氏清來堂刻本　六冊

440000－2542－0005374　PS203379
使俄草八卷　(清)王之春撰　清光緒二十一年(1895)上海文藝齋刻本　四冊

440000－2542－0005375　PS203381
十六國春秋輯補一百卷　(清)湯球撰　清光

緒二十一年(1895)廣雅書局刻本　十册

440000－2542－0005376　PS203382

北齊書五十卷　(唐)李百藥撰　清光緒十年(1884)上海同文書局石印本　八册

440000－2542－0005377　PS203384

光緒政要三十四卷　(清)沈桐生輯　清宣統元年(1909)上海崇義堂石印本　三十册

440000－2542－0005378　PS203385

中東戰紀本末初編八卷首一卷末一卷續編四卷　(美國)林樂知著譯　(清)蔡爾康纂輯　清光緒二十二年(1896)上海廣學會鉛印本　十二册

440000－2542－0005379　PS203387

俄游彙編十二卷　(清)繆祐孫編　清光緒十五年(1889)上海秀文書局石印本　四册

440000－2542－0005380　PS203388

三洲日記八卷　(清)張蔭桓撰　清光緒三十二年(1906)上海石印本　八册

440000－2542－0005381　PS203581

商考信錄二卷　(清)崔述撰　清光緒五年(1879)刻畿輔叢書本　一册

440000－2542－0005382　PS203582

補上古考信錄二卷　(清)崔述撰　清光緒五年(1879)刻畿輔叢書本　一册

440000－2542－0005383　PS203583

唐虞考信錄四卷　(清)崔述撰　清光緒五年(1879)刻畿輔叢書本　一册

440000－2542－0005384　PS203584

夏考信錄二卷　(清)崔述撰　清光緒五年(1879)刻畿輔叢書本　一册

440000－2542－0005385　PS203585

豐鎬考信別錄三卷　(清)崔述撰　清光緒五年(1879)刻畿輔叢書本　一册

440000－2542－0005386　PS203586

京畿金石考二卷　(清)孫星衍撰　清同治至光緒吳縣潘氏刻滂喜齋叢書本　一册

440000－2542－0005387　PS203587

舊唐書經籍志二卷　(五代)劉昫編　清光緒九年(1883)鎮海張壽榮刻本　一册

440000－2542－0005388　PS202605

左恪靖伯奏稿三十八卷　(清)左宗棠撰　清同治七年(1868)刻本　三十二册

440000－2542－0005389　PS203592

古玉圖考不分卷　(清)吳大澂編　清光緒十五年(1889)上海同文書局石印本　四册

440000－2542－0005390　PS203594

古泉匯五集六十四卷　(清)李佐賢編輯　清同治三年(1864)利津李氏石泉書屋刻本　二十册

440000－2542－0005391　PS203596

清儀閣金石題識四卷　(清)張廷濟撰　陳其榮輯　清光緒二十年(1894)石埭徐士愷觀自得齋刻本　四册

440000－2542－0005392　QT000568

續古文苑二十卷　(清)孫星衍編　清嘉慶刻本　一册　存三卷(六至八)

440000－2542－0005393　PS203606

集古錄目五卷　(宋)歐陽棐撰　(清)黃本驥輯　清光緒吳縣朱記榮槐廬刻本　二册

440000－2542－0005394　PS203607

古刻叢鈔一卷　(明)陶宗儀撰　(清)孫星衍重編　清嘉慶蘭陵孫氏刻本　一册

440000－2542－0005395　PS203608

集古錄跋尾十卷　(宋)歐陽修撰　清光緒十三年(1887)刻槐廬叢書本　一册　存四卷(一至四)

440000－2542－0005396　PS203616

豐鎬考信錄八卷　(清)崔述撰　清光緒五年(1879)刻畿輔叢書本　四册

440000－2542－0005397　PS203618

關中金石記八卷　(清)畢沅撰　清光緒三十四年(1908)渭南嚴氏刻本　四册

440000－2542－0005398　PS203622

涑水記聞十六卷補遺一卷 （宋）司馬光撰　清光緒三年（1877）湖北崇文書局刻本　四冊

440000－2542－0005399　PS203626
豫軍紀略十二卷 （清）尹耕雲　（清）李汝鈞纂　清光緒三年（1877）上海申報館鉛印本　四冊

440000－2542－0005400　PS203646
鼎湖山慶雲寺志八卷 （清）丁易修　（清）釋成鷲纂　清刻本　四冊

440000－2542－0005401　PS203629
杭郡庠得表忠觀碑記事一卷 （清）余懋棅輯　清光緒七年（1881）錢塘丁丙嘉惠堂刻本　一冊

440000－2542－0005402　PS203632
漢石例六卷 （清）劉寶楠撰　清光緒吳縣朱記榮槐廬刻本　一冊　存三卷（四至六）

440000－2542－0005403　PS203633
金石綜例四卷 （清）馮登府撰　清光緒吳縣朱記榮槐廬刻本　一冊

440000－2542－0005404　PS203634
金石例補二卷 （清）郭麐撰　清光緒吳縣朱記榮槐廬刻本　一冊

440000－2542－0005405　PS203636
欽定蒙古源流八卷 （清）小徹辰薩囊撰（清）陸錫熊等纂　清刻本　四冊

440000－2542－0005406　PS203641
金石文字記六卷 （清）顧炎武撰　清刻本　三冊

440000－2542－0005407　PS203647
清儀閣題跋四卷 （清）張廷濟撰　清光緒十九年（1893）丁立誠刻本　二冊

440000－2542－0005408　PS203648
金石苑六卷 （清）劉喜海撰　清道光二十五年（1845）東武劉喜海來鳳堂刻本　六冊

440000－2542－0005409　PS202586
清雍正上諭內閣一百五十九卷 （清）允錄等編　（清）弘晝續編　清刻本　三十二冊

440000－2542－0005410　PS203650
西清續鑑甲編二十卷附一卷 （清）王杰等輯　清宣統二年（1910）涵芬樓影印本　四十二冊

440000－2542－0005411　PS202900
資治通鑑後編校勘記十五卷 （清）夏振武撰　清光緒二十四年（1898）富陽夏氏刻本　四冊

440000－2542－0005412　PS202901
宋季三朝政要六卷 （宋）□□撰　（清）錢熙祚輯　清道光二十四年（1844）金山錢氏刻本　一冊

440000－2542－0005413　PS202902
宋名臣言行錄前集十卷後集十四卷續集八卷別集二十六卷外集十七卷 （宋）朱熹撰（宋）李幼武續纂　清道光元年（1821）洪氏歙縣績學堂刻本　十六冊

440000－2542－0005414　PS202903
遼史紀事本末四十卷首一卷末一卷 （清）李有棠編纂　清光緒二十九年（1903）李栘鄂樓刻本　八冊

440000－2542－0005415　PS202904
金史紀事本末五十二卷首一卷末一卷 （清）李有棠編纂　清光緒二十九年（1903）李栘鄂樓刻本　十二冊

440000－2542－0005416　PS202906
輿地廣記三十八卷 （宋）歐陽忞撰　**校勘輿地廣記札記二卷** （清）黃丕烈撰　清光緒六年（1880）金陵書局刻本　五冊

440000－2542－0005417　PS202587
變法奏議叢鈔不分卷 （清）□□輯　清光緒至宣統石印本　四冊

440000－2542－0005418　PS202908
金石萃編補正四卷 （清）方履籛撰　清光緒二十年（1894）上海醉六堂石印本　四冊

440000－2542－0005419　PS202909
金石萃編一百六十卷 （清）王昶撰　清光緒

十九年(1893)上海寶善石印本　十八冊

440000－2542－0005420　PS202911
廿二史劄記三十六卷首一卷補遺一卷　(清)趙翼撰　清光緒二十年(1894)廣雅書局刻本　十冊

440000－2542－0005421　PS202912
南宋雜事詩七卷　(清)沈嘉轍等輯　清同治十一年(1872)淮南書局刻本　四冊

440000－2542－0005422　PS202591
戊戌奏稿一卷　康有為撰　清宣統三年(1911)鉛印本　一冊

440000－2542－0005423　PS202913
歷代史論十二卷宋史論三卷元史論一卷　(明)張溥論正　**左傳史論二卷**　(明)高士奇論正　**明史論四卷**　(清)谷應泰論正　清刻朱墨套印本　九冊　缺三卷(歷代史論一至三)

440000－2542－0005424　PS202914
金石錄三十卷　(宋)趙明誠編著　清乾隆二十七年(1762)雅雨堂刻本　六冊

440000－2542－0005425　PS202915
文昌雜錄六卷　(宋)龐元英撰　清乾隆二十一年(1756)雅雨堂刻本　一冊

440000－2542－0005426　PS202918
湖山便覽十二卷　(清)翟灝　(清)翟瀚輯　清光緒元年(1875)槐蔭堂王氏刻本　六冊

440000－2542－0005427　PS202920
烏桓紀行一卷　侯鴻鑑撰　清宣統三年(1911)鉛印本　一冊

440000－2542－0005428　PS202926
平山堂圖志十卷首一卷　(清)趙之壁編　清光緒九年(1883)歐陽利見刻本　四冊

440000－2542－0005429　PS202927
海國圖志一百卷首一卷　(清)魏源撰　清光緒二年(1876)平慶涇固道署刻本　十八冊

440000－2542－0005430　PS202934
宋元學案一百卷首一卷攷畧一卷　(清)黃宗羲撰　(清)黃百家纂輯　(清)全祖望修訂　清光緒五年(1879)長沙寄廬刻本　四十冊

440000－2542－0005431　PS202938
萬國史記二十卷　(日本)岡本監輔撰　清光緒五年(1879)上海申報館鉛印本　十冊

440000－2542－0005432　PS202592
丁文誠公奏稿二十六卷首一卷　(清)丁寶楨撰　清光緒二十二年(1896)南海羅氏刻本　二十七冊

440000－2542－0005433　PS202939
萬國史記二十卷　(日本)岡本監輔撰　清光緒二十四年(1898)上海書局石印本　四冊

440000－2542－0005434　PS202943
天下郡國利病書一百二十卷　(清)顧炎武輯　(清)龍萬育訂　清光緒五年(1879)蜀南桐華書屋薛氏家塾刻本　五十冊

440000－2542－0005435　PS202942
海國圖志六十卷　(清)魏源撰　清道光二十九年(1849)古微堂刻本　十七冊

440000－2542－0005436　PS202593
奏議初編十二卷　(清)張之洞撰　仰止廬主輯　清光緒二十七年(1901)上海圖書集成印書局鉛印本　六冊

440000－2542－0005437　PS202944
明通鑑九十卷首一卷前編四卷坿編六卷　(清)夏燮編輯　清光緒二十三年(1897)湖北官書處刻本　四十冊

440000－2542－0005438　PS202594
明臣奏議十二卷首一卷　(清)孫桐生編輯　清光緒十七年(1891)四影閣刻本　四冊

440000－2542－0005439　PS202947
新校資治通鑑敘錄三卷　(清)胡元常輯　清光緒十七年(1891)長沙楊氏刻本　一冊

440000－2542－0005440　PS202951
資治通鑑補二百九十四卷　(宋)司馬光撰　(元)胡三省音注　(明)嚴衍補　清光緒二年(1876)思補樓刻本　八十冊

440000－2542－0005441　PS202954

便宜小效略存二卷　(清)賀宗章撰　清光緒二十七年(1901)雲南書局刻本　二册

440000－2542－0005442　PS202955

李中丞奏議一卷居易堂詩集二卷　(清)李發甲撰　清同治七年(1868)刻本　一册

440000－2542－0005443　PS202959

熙朝政紀八卷　(清)王慶雲述　清光緒二十八年(1902)上海廣益書局石印本　四册

440000－2542－0005444　PS202960

唐律疏議三十卷　(唐)長孫無忌撰　清光緒十六年(1890)京師刻本　十二册

440000－2542－0005445　PS202962

五大洲百一十國秘笈四卷　(清)明鏡裹人編次　(清)求是室主校對　清光緒二十八年(1902)鉛印本　二册

440000－2542－0005446　PS202964

林文忠公奏議六卷　(清)林則徐撰　清光緒二年(1876)盛氏思補樓刻本　六册

440000－2542－0005447　PS202965

李肅毅伯奏議十三卷　(清)李鴻章撰　(清)章洪鈞　(清)吳汝綸編輯　清光緒石印本　十三册

440000－2542－0005448　PS202970

公車上書記一卷　康有為撰　哀時老人輯　清光緒二十一年(1895)上海石印書局石印本　一册

440000－2542－0005449　PS202973

校邠廬抗議二卷　(清)馮桂芬撰　清光緒十年(1884)刻本　二册

440000－2542－0005450　PS202973

英俄印度交涉書一卷續編一卷　(英國)馬文著　(英國)羅亨利　(清)瞿昂來譯　清江南製造總局刻本　一册

440000－2542－0005451　PS202974

五洲圖考一卷　(清)龔柴撰　(清)許彬編譯　清光緒二十八年(1902)上海徐家滙印書館鉛印本　四册

440000－2542－0005452　QT000885

絕妙好詞箋七卷　(宋)周密原輯　(清)查爲仁　(清)厲鶚箋　**續鈔一卷**　(清)余集輯　**又續鈔一卷**　(清)徐楙輯　清刻本　四册

440000－2542－0005453　PS202976

宦桂稟牘一卷　(清)周紹濂撰　清光緒木活字印本　一册

440000－2542－0005454　PS202597

駱文忠公奏稿十卷　(清)駱秉章撰　清光緒十七年(1891)刻本　十册

440000－2542－0005455　PS202978

御選明臣奏議四十卷　(清)蔡新等輯　清刻本　六册

440000－2542－0005456　PS202979

江南製造局記十卷首一卷附錄一卷　(清)魏允恭輯　清光緒三十一年(1905)上海文寶書局石印本　三册　存三卷(二、五至六)

440000－2542－0005457　PS202980

出使公牘十卷　(清)薛福成撰　清光緒二十四年(1898)刻本　八册

440000－2542－0005458　PS202981

劉中丞奏議二十卷　(清)劉蓉撰　清光緒十一年(1885)思賢講舍刻本　十册

440000－2542－0005459　PS202983

大清聖祖仁皇帝聖訓六十卷　(清)聖祖玄燁撰　清光緒鉛印本　十七册

440000－2542－0005460　PS202984

中外和約不分卷　(清)□□輯　清光緒元年(1875)徐兆麟鉛印本　二册

440000－2542－0005461　PS202599

王益吾所刻書五種　王先謙輯　清光緒九年(1883)長沙王氏刻本　六册

440000－2542－0005462　PS202985

曾文正公奏議八卷補選一卷　(清)曾國藩撰　清同治思補樓刻本　八册

440000－2542－0005463　PS202986

沈文肅公政書七卷首一卷　（清）沈葆楨撰　清光緒六年（1880）吳門節署刻本　七册

440000－2542－0005464　PS202987

明臣奏議十二卷首一卷　（清）孫桐生編　清光緒十七年（1891）四影閣刻本　六册

440000－2542－0005465　PS202988

岑襄勤公奏稿三十卷　（清）岑毓英撰　清光緒二十三年（1897）武昌督糧官署止複園刻本　三十册

440000－2542－0005466　PS202991

樊山政書二十卷　樊增祥撰　清宣統二年（1910）金陵湯明林聚珍書局鉛印本　十册

440000－2542－0005467　PS202992

曾文正公奏議十卷補編四卷首一卷　（清）曾國藩撰　清同治十三年（1874）上海醉六堂刻本　十四册

440000－2542－0005468　PS202601

寒松堂全集四卷　（清）魏象樞著　清光緒二十五年（1899）刻本　四册

440000－2542－0005469　PS202994

林文忠公政書三十七卷　（清）林則徐撰　清侯官林氏刻本　八册

440000－2542－0005470　PS202996

包孝肅公奏議十卷　（宋）包拯撰　清同治二年（1863）合肥李瀚章刻本　四册

440000－2542－0005471　PS202998

彭剛直公奏稿八卷　（清）彭玉麟撰　清光緒十七年（1891）德清俞樾吳下刻本　六册

440000－2542－0005472　PS203003

光緒乙巳年交涉要覽六卷　（清）北洋洋務局纂輯　清光緒三十三年（1907）北洋洋務局鉛印本　六册

440000－2542－0005473　PS203004

從政遺規二卷　（清）陳弘謀輯　清乾隆七年（1742）培遠堂刻本　二册

440000－2542－0005474　PS203005

在官法戒錄四卷　（清）陳宏謀輯　清刻本　二册

440000－2542－0005475　PS203006

通商表四卷　（清）楊楷等輯　清光緒二十一年（1895）海昌官廨刻本　二册

440000－2542－0005476　PS203008

郵傳部接辦粵漢川漢鐵路借款及分別接收各路股款始末記一卷　（清）□□撰　清宣統元年（1909）鉛印本　一册

440000－2542－0005477　PS203009

清秘述聞十六卷　（清）法式善　（清）錢維福編　清光緒十四年（1888）浙江錢氏刻本　八册

440000－2542－0005478　PS203010

實政錄七卷　（明）呂坤著　清道光七年（1827）開封府署刻本　六册

440000－2542－0005479　PS203013

大唐西域記十二卷　（唐）釋玄奘譯　（唐）釋辯機撰　清宣統元年（1909）常州天寧寺刻本　四册

440000－2542－0005480　PS203018

通商約章類纂三十五卷首一卷　（清）張開運等纂輯　清光緒十二年（1886）天津官書局刻本　二十册

440000－2542－0005481　PS203014

出使奏疏二卷　（清）薛福成撰　清光緒二十年（1894）刻本　二册

440000－2542－0005482　PS203015

折獄龜鑑八卷　（宋）鄭克輯　（清）許槤重輯　清道光十七年（1837）來鹿堂刻本　二册

440000－2542－0005483　PS203016

寄報章程一卷　（清）□□撰　清光緒鉛印本　一册

440000－2542－0005484　PS203017

求闕齋日記類鈔二卷　（清）曾國藩撰　（清）王啟原輯　清光緒二年（1876）傳忠書局刻本　二册

440000－2542－0005485　PS203019

通商約章類纂三十五卷首一卷　(清)張開運等纂輯　清光緒十八年(1892)廣東善後局刻本　二十册

440000－2542－0005486　PS203021

左文襄公奏疏初編三十八卷續編七十六卷三編六卷　(清)左宗棠撰　清光緒十六年(1890)上海圖書集成局鉛印本　二十册

440000－2542－0005487　PS203023

唐六典三十卷　(唐)玄宗李隆基撰　(唐)李林甫奉敕注　清掃葉山房刻本　四册

440000－2542－0005488　PS203024

中外條約易檢錄六十五類附税則簡要一卷　(清)張荃輯　清光緒刻本　四册

440000－2542－0005489　PS203025

石林奏議十五卷　(宋)葉夢得撰　清光緒十一年(1885)吳興陸氏皕宋樓刻本　四册

440000－2542－0005490　PS203026

欽定中樞政考十六卷　(清)尹繼善等修　(清)觀光等纂　清武英殿刻本　十册

440000－2542－0005491　PS203027

皇朝掌故彙編内編六十卷首一卷外編四十卷首一卷　(清)宋文蔚等纂　清光緒二十八年(1902)求實書社鉛印本　六十册

440000－2542－0005492　PS203028

胡文忠公奏議六卷　(清)胡林翼撰　清光緒木活字印本　六册

440000－2542－0005493　PS202606

袁太常戊戌條陳一卷　(清)袁昶撰　清光緒二十八年(1902)鉛印本　一册

440000－2542－0005494　PS203031

靳文襄公奏疏八卷　(清)靳輔撰　(清)靳治豫編　清遼陽靳氏刻本　八册

440000－2542－0005495　PS203032

大清通禮五十四卷　(清)李玉鳴等纂修　(清)穆克登額等續修　(清)恒泰等續纂　清光緒九年(1883)江蘇書局刻本　十二册

440000－2542－0005496　PS203033

通鑑長編紀事本末一百五十卷　(宋)楊仲良撰　清光緒十九年(1893)廣雅書局刻本　二十四册

440000－2542－0005497　PS203034

聖武記十四卷　(清)魏源撰　清道光二十六年(1846)刻本　九册

440000－2542－0005498　QT000883

玉譜類編四卷　(清)徐壽基編輯　清光緒十五年(1889)源陽官署刻本　一册　存一卷(一)

440000－2542－0005499　PS203038

御製人臣儆心錄一卷　(清)世祖福臨撰　清刻本　一册

440000－2542－0005500　PS203040

周書十卷　(清)朱右曾集訓校釋　清光緒三年(1877)湖北崇文書局刻本　二册

440000－2542－0005501　PS202602

李忠定集一百八卷　(宋)李綱撰　清光緒二十九年(1903)湖南愛日堂刻本　十三册

440000－2542－0005502　PS202603

李鴻章奏稿不分卷　(清)兩淮京報局編　清咸豐二年(1852)刻本　七册

440000－2542－0005503　PS202604

袁太常奏稿一卷　(清)袁昶撰　清末木活字印本　一册

440000－2542－0005504　PS202607

彭剛直公奏稿四卷　(清)彭玉麟撰　清光緒二十八年(1902)石印本　四册

440000－2542－0005505　PS202610

石林奏議十五卷附校勘記　(宋)葉夢得撰　清光緒十一年(1885)吳興陸氏皕宋樓刻本　六册

440000－2542－0005506　PS202611

許國公奏議四卷　(宋)吳潛著　清刻本　二册

440000－2542－0005507　PS202613

江楚會奏變法摺三摺 (清)劉坤一 (清)張之洞撰 清光緒二十七年(1901)兩湖書院刻本 一冊

440000－2542－0005508 PS202616
同治中興京外奏議約編八卷 (清)陳弢輯 清光緒元年(1875)篋劍囊琴之室刻本 八冊

440000－2542－0005509 PS202619
錢敏肅公奏疏七卷 (清)錢鼎銘撰 清光緒六年(1880)刻本 四冊

440000－2542－0005510 PS202629
撫吳公牘五十卷 (清)丁禹生(日昌)撰 (清)林達泉校刊 清光緒三年(1877)刻本 六冊

440000－2542－0005511 PS202636
守岐公牘彙存三種 (清)張兆棟撰 清光緒四年(1878)刻本 四冊

440000－2542－0005512 PS202637
徐雨峰中丞勘語四卷 (清)徐士林撰 清光緒三十二年(1906)刻本 四冊

440000－2542－0005513 PS202638
不慊齋漫存十二卷 (清)徐賡陛撰 清光緒三十一年(1905)刻本 十二冊

440000－2542－0005514 PZ302348
阿毗達磨品類足論十八卷 (唐)釋玄奘譯 清刻本 一冊 存五卷(一至五)

440000－2542－0005515 PS202642
北洋公牘類纂二十五卷 (清)甘厚慈輯 清光緒三十三年(1907)鉛印本 二十冊

440000－2542－0005516 PS202643
曾忠襄公批牘五卷 (清)曾國荃撰 (清)蕭榮爵等編輯 清光緒二十九年(1903)刻本 四冊

440000－2542－0005517 PS202643－1
曾忠襄公榮哀錄二卷 (清)蕭榮爵等編輯 清光緒二十九年(1903)刻本 二冊

440000－2542－0005518 PS202647
金雞談薈十四卷首一卷 (清)歐陽利見撰 清光緒十五年(1889)刻本 四冊

440000－2542－0005519 PS202648
秀山公牘五卷 (清)吳光耀撰 清光緒二十九年(1903)刻本 三冊 存三卷(一至三)

440000－2542－0005520 PJ402689
文選補遺四十卷 (宋)陳仁子輯 (宋)譚紹烈纂類 清道光二十五年(1845)刻本 十二冊

440000－2542－0005521 PS202726
求古精舍金石圖四卷 (清)陳經撰 清嘉慶十八年(1813)烏程陳氏說劍樓刻本 六冊

440000－2542－0005522 PS202652
書目答問四卷古今人著述合刻叢書目一卷別錄一卷國朝著述諸家姓名略一卷 (清)張之洞撰 清刻本 一冊

440000－2542－0005523 PS202750
山左金石志二十四卷 (清)畢沅 (清)阮元撰 清嘉慶二年(1797)儀征阮氏小琅嬛仙館刻本 八冊

440000－2542－0005524 PS202653
開有益齋讀書志六卷金石文字記一卷續讀書志一卷 (清)朱緒曾撰 清光緒六年(1880)刻本 四冊

440000－2542－0005525 PS202727
張叔未解元所藏金石文字一卷 (清)張廷濟藏 (清)嚴荄編 清光緒十年(1884)四會嚴氏鶴緣齋石印本 二冊

440000－2542－0005526 PS202728
筠清館金石文字五卷 (清)吳榮光撰 清道光二十二年(1842)南海吳氏刻本 三冊

440000－2542－0005527 PS202729
激素飛青閣摹刻古碑一卷 楊守敬輯 清同治至光緒宜都楊氏激素飛青閣刻本 四冊

440000－2542－0005528 PS202732
金石摘十卷 (清)陳善墀輯 清同治十二年(1873)瀏陽縣學之不求甚解齋刻本 十冊

440000－2542－0005529 PS202735

栝蒼金石志補遺四卷　(清)鄒柏森輯　清光緒貴池劉世珩刻本　一册

440000－2542－0005530　PS202733
金石續編二十一卷首一卷　(清)陸耀遹纂　(清)陸增祥校訂　清同治十三年(1874)毗陵陸氏雙白燕堂刻本　十六册

440000－2542－0005531　PS202736
安陽縣金石錄十二卷　(清)武億著　清嘉慶二十四年(1819)鐵嶺貴泰刻本　四册

440000－2542－0005532　PS202737
隨軒金石文字一卷　(清)徐渭仁輯　清道光上海徐渭仁刻本　四册

440000－2542－0005533　PS202740
湖北金石詩一卷　(清)嚴觀撰　清道光刻本　一册

440000－2542－0005534　PS202743
京畿金石考二卷　(清)孫星衍撰　清同治至光緒吴縣潘氏刻滂喜齋叢書本　一册

440000－2542－0005535　PS202744
粵東金石略九卷首一卷九曜石考二卷　(清)翁方綱撰　清光緒十七年(1891)廣州石經堂書局石印本　四册

440000－2542－0005536　PJ402466
藏園九種曲　(清)蔣士銓著　清刻本　六册　存九種

440000－2542－0005537　PJ402467
補天石傳奇八種八卷　(清)鍊情子填詞　(清)吹鐵簫人正譜　清道光十七年(1837)刻本　八册

440000－2542－0005538　PS202662
補後漢書藝文志一卷攷十卷　(清)曾樸纂　清光緒二十一年(1895)刻本　六册

440000－2542－0005539　PS202741
關中金石文字存逸考十二卷首一卷　(清)毛鳳枝撰　清光緒二十七年(1901)會稽顧氏江西萍鄉縣署刻本　五册

440000－2542－0005540　PJ402468
硃批小題正鵠三集　(清)李元度編輯　清光緒二十年(1894)刻朱墨套印本　六册

440000－2542－0005541　PS202742
山右金石錄三卷　(清)夏寶晉纂　清光緒歸安石氏古歡閣刻本　一册

440000－2542－0005542　PS202745
栝蒼金石志十二卷續栝蒼金石志四卷　(清)李遇孫輯　(清)鄒柏森校補　清同治十三年(1874)浙江處州府署刻本　六册

440000－2542－0005543　PJ402469
國朝名文約編不分卷　(清)陳詩編　清刻本　五册

440000－2542－0005544　PS202663
元史藝文志四卷氏族表三卷　(清)錢大昕補　清嘉慶十一年(1806)刻本　三册

440000－2542－0005545　PS202748
江甯金石記八卷待訪目二卷　(清)嚴觀輯　清宣統二年(1910)江蘇編譯書局刻本　二册

440000－2542－0005546　PS202749
莆陽金石初編二卷　(清)劉尚文編　清光緒二十六年(1900)刻本　一册

440000－2542－0005547　PS202751
集古錄跋尾十卷　(宋)歐陽修著　清光緒十三年(1887)刻槐廬叢書本　二册

440000－2542－0005548　PS202754
兩罍軒彝器圖釋十二卷　(清)吳雲撰　清同治十一年(1872)歸安吳氏兩罍軒刻本　六册

440000－2542－0005549　PS202678
藝風藏書記八卷　繆荃孫撰　清光緒二十六年(1900)刻本　二册

440000－2542－0005550　PS202678－1
藝風藏書記八卷　繆荃孫撰　清光緒二十六年(1900)刻本　二册

440000－2542－0005551　PS202764
歷代鐘鼎彝器款識法帖二十卷　(宋)薛尚功撰　清刻本　四册

440000－2542－0005552　PS202767
積古齋鐘鼎彝器款識十卷　（清）阮元編錄　清刻本　四册

440000－2542－0005553　PS202684
宋元舊本書經眼錄三卷附錄二卷　（清）莫友芝撰　清同治十二年（1873）刻本　一册

440000－2542－0005554　PS202768
積古齋鐘鼎彝器款識十卷　（清）阮元編錄　清刻本　三册

440000－2542－0005555　PS202690
廣雅書院藏書目錄七卷　（清）廖廷相編　清光緒二十七年（1901）刻本　二册

440000－2542－0005556　PS202691
涵芬樓藏書目錄一卷　（清）□□編　清宣統三年（1911）鉛印本　一册

440000－2542－0005557　PS202775
古今錢略三十二卷首一卷末一卷　（清）倪模述　清光緒五年（1879）望江倪氏兩彊勉齋刻本　十二册

440000－2542－0005558　PS202702
彙刻書目初編十卷續編二卷　（清）顧修編　清光緒元年（1875）刻本　十三册

440000－2542－0005559　PS202778
古泉叢話三卷　（清）戴熙撰　清同治十一年（1872）吳縣潘氏滂喜齋刻本　一册

440000－2542－0005560　PS202779
泉布統誌九卷首一卷附錄一卷　（清）孟麟撰　清道光十四年（1834）會稽孟氏刻本　二十四册

440000－2542－0005561　PS203047
繹史一百六十卷世系圖一卷年表一卷　（清）馬驌撰　清同治七年（1868）刻本　三十四册

440000－2542－0005562　PS202780
蜀碑記十卷　（宋）王象之撰　**蜀碑記補十卷**　（清）李調元撰　清光緒八年（1882）樂道齋刻本　一册

440000－2542－0005563　PS202782
寰宇訪碑錄十二卷　（清）孫星衍　（清）邢澍撰　清光緒九年（1883）江蘇書局刻本　四册

440000－2542－0005564　PS202783
補寰宇訪碑錄五卷失編一卷　（清）趙之謙纂集　清光緒十二年（1886）吳縣朱氏槐廬刻孫谿朱氏金石叢書本　一册

440000－2542－0005565　PS202787
寶刻叢編二十卷　（宋）陳思纂次　清光緒十四年（1888）吳興陸氏十萬卷樓刻本　六册

440000－2542－0005566　PS202791
石經彙函十種　（清）王秉恩輯　清光緒十六年（1890）四川尊經書局刻本　十二册

440000－2542－0005567　PS202793
歷代石經略二卷　（清）桂馥著　清光緒九年（1883）海豐吳氏陳州郡齋刻本　二册

440000－2542－0005568　PS202801
紅崖碑釋文一卷　（清）鄒漢勛撰　清光緒刻本　一册

440000－2542－0005569　PS202807
寶古堂重考古玉圖二卷　（元）朱德潤撰　明萬曆三十一年（1603）刻本　一册

440000－2542－0005570　PS202808
碑版文廣例十卷　（清）王芑孫輯　清道光刻本　一册

440000－2542－0005571　PS202809
金石三例三種　（元）潘昂霄等撰　（清）王芑孫評　清光緒四年（1878）南海馮氏讀有用書齋刻朱墨套印本　四册

440000－2542－0005572　PS202718
粵西金石略十五卷　（清）謝啟昆撰　清嘉慶六年（1801）刻本　四册

440000－2542－0005573　PS202723
藝風堂金石文字目十八卷　繆荃孫收藏　清光緒三十二年（1906）刻本　七册

440000－2542－0005574　PS202724
二銘草堂金石聚十六卷　（清）張德容著錄　清同治刻本　十六册

440000－2542－0005575　PS203041
左傳紀事本末五十三卷　（清）高士奇撰　清同治十二年（1873）江西書局刻本　十二册

440000－2542－0005576　PS202845
史通通釋二十卷附録一卷　（唐）劉知幾撰　（清）浦起龍釋　清光緒十一年（1885）刻本　八册

440000－2542－0005577　PS203044
七家後漢書二十一卷　（清）汪文臺輯　（清）汪茂德重校　清光緒二十八年（1902）刻本　六册

440000－2542－0005578　PS203048
續後漢書九十卷　（元）郝經撰　清刻本　二十四册

440000－2542－0005579　PJ402534
弟一生修梅花館詞六卷附存悔詞一卷　況周儀著　清光緒十八年（1892）刻蕙風叢書本　一册

440000－2542－0005580　PJ402534－1
香海棠館詞話一卷　況周儀著　清光緒十八年（1892）刻蕙風叢書本　一册

440000－2542－0005581　PC500499
董方立遺書九種　（清）董祐誠撰　清同治八年（1869）董貽清刻本　四册　存十六卷

440000－2542－0005582　PJ402887
晁具茨先生詩集十五卷　（宋）晁沖之撰　清道光二十七年（1847）海山仙館刻本　一册

440000－2542－0005583　PJ402883
嶺南三大家詩選二十四卷　（清）王隼選　清同治七年（1868）南海陳氏刻本　六册

440000－2542－0005584　PJ402791
歷朝詞綜一百六卷　（清）朱彝尊　（清）王昶輯　清光緒二十八年（1902）金匱浦氏刻本　二十册

440000－2542－0005585　QT000882
魏書一百十四卷　（北齊）魏收撰　清光緒十年（1884）上海同文書局石印本　一册　存五卷（七十至七十四）

440000－2542－0005586　PS203054
李氏五種合栞　（清）李兆洛編　清光緒二十四年（1898）掃葉山房石印本　十册

440000－2542－0005587　PJ402792
宋元名家詞　（清）江標輯　清光緒二十一年（1895）湖南思賢書局刻本　四册　存十五種

440000－2542－0005588　PC500429
石經彙函　（清）王秉恩輯　清光緒九年（1883）元尚居刻本　十二册　存十種

440000－2542－0005589　PS202836
鳴沙石室祕錄一卷　羅振玉撰　清宣統國粹學報社鉛印本　一册

440000－2542－0005590　PS202838
千甓亭古塼圖釋二十卷　（清）陸心源編　清光緒十七年（1891）吳興陸氏影印本　四册

440000－2542－0005591　PJ402542
古詩直解十二卷首一卷　（明）葉羲昂著　明萬曆建陽雙峰堂刻本　一册

440000－2542－0005592　PJ402543
宛鄰書屋古詩録十二卷　（清）張琦輯　清同治八年（1869）刻本　四册

440000－2542－0005593　PJ402544
玉臺新詠十卷　（南朝陳）徐陵編　（清）吳兆宜注　（清）程琰刪補　清光緒五年（1879）宏達堂刻本　六册

440000－2542－0005594　PS203057
華陽國志十二卷　（晉）常璩撰　**補華陽國志三州郡縣目録一卷**　（清）廖寅撰　清光緒四年（1878）二西山房刻本　四册

440000－2542－0005595　PJ402546
漢詩統箋四卷　（清）陳本禮箋訂　清嘉慶十五年（1810）刻本　二册

440000－2542－0005596　PJ402547
六朝文絜四卷　（清）許槤評選　（清）朱鈞參校　清刻朱墨套印本　二册

440000－2542－0005597　PJ402551
唐賢三昧集三卷　(清)王士禎編　清康熙刻本　三册

440000－2542－0005598　PJ402552
唐賢三昧集三卷　(清)王士禎選本　(清)吴煊　(清)胡棠輯註　(清)黄培芳評　清光緒九年(1883)廣州翰墨園刻朱墨套印本　三册

440000－2542－0005599　PS203061
天下郡國利病書一百二十卷　(清)顧炎武輯　(清)龍萬育訂　清光緒五年(1879)蜀南桐花書屋薛氏家塾刻本　八十册

440000－2542－0005600　PS202847
史通削繁四卷　(唐)劉知幾著　(清)紀昀削繁　清光緒元年(1875)崇文書局刻本　四册

440000－2542－0005601　PS202848
于文定公讀史漫錄二十卷　(明)于慎行撰　(清)黄恩彤参訂　清道光二十六年(1846)存素齋刻本　六册

440000－2542－0005602　PS202850
諸史考異十八卷　(清)洪頤煊撰　清光緒十五年(1889)廣雅書局刻本　三册

440000－2542－0005603　PC500575－1
元詩選三集八卷　(清)顧嗣立輯　清康熙長洲顧氏秀野草堂刻本　四册　存三卷(庚集、辛集、壬集)

440000－2542－0005604　PS203065
御批歷代通鑑輯覽一百二十卷　(清)傅恒等撰　清光緒二十五年(1899)新化三味堂刻本　六十四册

440000－2542－0005605　PJ402557
重訂唐詩别裁集二十卷　(清)沈德潛選　清刻本　十册

440000－2542－0005606　PS202852
新輯分類史論大成十九卷首一卷　(清)海濱行素生編輯　清光緒二十八年(1902)醉六堂書林石印本　十册

440000－2542－0005607　PJ402558
唐人三家集二十八卷　(清)秦恩復輯　清宣統三年(1911)上海藏古圖書舘影印本　四册　存十六卷(駱賓王文集一至十、考異一卷，呂衡州文集一至五)

440000－2542－0005608　PS202853
歷代史論十二卷宋史論三卷元史論一卷　(明)張溥論正　**左傳史論二卷**　(明)高士奇論正　**明史論四卷**　(清)谷應泰論正　清光緒十一年(1885)粤東文陞閣刻朱墨套印本　八册

440000－2542－0005609　PS202854
求己錄三卷　(明)蘆涇遯士編　清光緒二十八年(1902)上海書局石印本　二册

440000－2542－0005610　PS202855
新輯分類史論續編大成十六卷　(清)醉六堂主輯　清光緒二十九年(1903)上海醉六堂石印本　八册

440000－2542－0005611　PS202856
浙江四大家史論合編三卷　(清)李蔭鑾編　清光緒二十八年(1902)浙江督學刻本　四册

440000－2542－0005612　PS202857
史案二十卷　(清)吴裕垂撰　清光緒六年(1880)刻本　四册

440000－2542－0005613　PS202859
讀史賸言四卷　(清)秦篤輝著　清光緒十七年(1891)三餘草堂刻本　一册

440000－2542－0005614　PS202860
宋陳亮酌古論一卷　(宋)陳亮撰　清木活字印本　一册

440000－2542－0005615　PS203067
復堂日記八卷　(清)譚獻撰　清光緒十三年(1887)刻本　一册　存五卷(四至八)

440000－2542－0005616　PS202861
史懷二十卷　(明)鍾惺述　清光緒十七年(1891)三餘草堂刻本　五册

440000－2542－0005617　PJ401513－1
學海堂二集二十二卷　(清)吴蘭修編　(清)

敵秀山房訂　清道光十八年(1838)敵秀山房刻本　二册　存四卷(六至八、十一)

440000－2542－0005618　PS203068
明紀六十卷　(清)陳鶴撰　(清)陳克家參訂　清刻本　十册　存三十卷(十六至四十五)

440000－2542－0005619　PJ402559
才調集補註十卷　(清)馮默庵　(清)馮鈍吟評閲　(清)殷元勳箋註　(清)宋邦綏補註　清乾隆五十八年(1793)思補堂刻本　五册

440000－2542－0005620　PJ402560
松陵集十卷　(唐)皮日休　(唐)陸龜蒙著　明毛氏汲古閣刻本　四册

440000－2542－0005621　PS203071
東華録三十二卷(天命朝至乾隆朝)　(清)蔣良騏編　清刻本　十册

440000－2542－0005622　PS203072
元祐黨人傳十卷　(清)陸心源纂　清光緒十五年(1889)刻本　四册

440000－2542－0005623　PS203073
曾惠敏公使西日記二卷　(清)曾紀澤撰　清光緒十九年(1893)江南製造總局鉛印本　一册

440000－2542－0005624　PJ402561
歷朝詩約選九十三卷　(清)劉大櫆纂　清光緒二十一年至二十三年(1895－1897)文徵閣刻本　二十二册

440000－2542－0005625　PJ402563
南宋雜事詩七卷　(清)沈嘉轍輯　清刻本　二册

440000－2542－0005626　PJ402564
明三十家詩選初集八卷二集八卷　(清)汪端輯　清道光二年(1822)刻本　八册

440000－2542－0005627　PS203074
列仙傳二卷　(漢)劉向撰　**疑仙傳三卷**　(宋)隱夫玉簡撰　**列仙傳校譌**　(清)徐立方校　**列仙傳補校**　(清)董金鑑輯　清咸豐三年(1853)刻本　一册

440000－2542－0005628　PS202867
明宫詞一卷　(清)程嗣章著　清宣統石印本　一册

440000－2542－0005629　PS202868
牧菴雜紀六卷　(清)徐一麟著　清光緒二十五年(1899)居易山房刻本　四册

440000－2542－0005630　PS202869
南朝評詠二卷　李步青稿　清光緒十八年(1892)丹徒李步青稿本　二册

440000－2542－0005631　PS203075
續碑傳集八十六卷首二卷　繆荃孫纂録　清宣統二年(1910)江楚編譯書局刻本　二十四册

440000－2542－0005632　PS202870
宫詞三卷元宫詞一卷　(明)毛晉輯　明末清初汲古閣刻本　二册

440000－2542－0005633　PJ402567
列朝詩集六集八十一卷　(清)錢謙益選　清宣統二年(1910)上海神州國光社鉛印本　四十四册

440000－2542－0005634　PS203076
高士傳三卷　(晉)皇甫謐著　清光緒三年(1877)湖北崇文書局刻本　一册

440000－2542－0005635　PS202871
三家宫詞三卷　(明)毛晉輯　清光緒五年(1879)受經堂刻本　一册

440000－2542－0005636　PS203077
宋名臣言行録前集十卷後集十四卷續集八卷別集二十六卷外集十七卷　(宋)朱熹等纂集　(宋)李幼武續纂　(宋)李衡校正　清同治七年(1868)刻本　十二册

440000－2542－0005637　PJ402569
湖海詩傳四十六卷　(清)王昶輯　清同治四年(1865)蘇州綠蔭堂刻本　十二册

440000－2542－0005638　PS202872
全史宫詞二十卷　(清)史夢蘭撰　清咸豐六年(1856)樂亭史氏刻本　四册

440000－2542－0005639　PS202873
明宮雜詠二十卷　（清）饒智元撰　清光緒十九年（1893）刻本　四册

440000－2542－0005640　PJ402571
國朝詩鐸二十六卷首一卷　（清）張應昌選輯　清同治八年（1869）永康應氏秀芷堂刻本　六册

440000－2542－0005641　PS202874
李氏五種　（清）李兆洛輯　清光緒十四年（1888）埽葉山房刻本　八册

440000－2542－0005642　PS203078
古列女傳八卷　（漢）劉向著　（明）黄魯曾贊　清光緒三年（1877）湖北崇文書局刻本　二册

440000－2542－0005643　PS202876
讀史方輿紀要一百三十卷附輿圖要覽四卷　（清）顧祖禹撰　清道光成都龍萬育燮堂刻本　五十册

440000－2542－0005644　PS202877
九通分類總纂二百四十卷　（清）汪鍾霖纂校　清光緒二十八年（1902）上海文瀾書局石印本　八十册

440000－2542－0005645　PS203084
請纓日記十卷　（清）唐景崧撰　清光緒十九年（1893）刻本　四册

440000－2542－0005646　PJ402572
道咸同光四朝詩史甲集八卷首一卷　孫雄輯　清宣統三年（1911）刻本　五册

440000－2542－0005647　PS203084－1
得一山房詩集二卷　（清）唐懋功撰　清光緒十九年（1893）刻本　一册

440000－2542－0005648　PS203085
史外八卷　（清）汪有典著　清同治四年（1865）刻本　八册

440000－2542－0005649　PJ402574
重訂唐詩別裁集二十卷　（清）沈德潛選　清刻本　六册

440000－2542－0005650　PJ402574－1
宋詩別裁集八卷　（清）張景星等點閲　清刻本　二册

440000－2542－0005651　PJ402574－2
元詩別裁集八卷補遺一卷　（清）張景星等點閲　清刻本　二册

440000－2542－0005652　PJ402574－3
明詩別裁集十二卷　（清）沈德潛　（清）周準輯　清刻本　四册

440000－2542－0005653　PJ402574－4
欽定國朝詩別裁集三十二卷　（清）沈德潛纂評　清刻本　十二册

440000－2542－0005654　PS203089
碑傳集一百六十卷首二卷末二卷　（清）錢儀吉纂録　清光緒十九年（1893）刻本　三十册

440000－2542－0005655　PJ402575
欽定國朝詩別裁集三十二卷　（清）沈德潛纂評　清乾隆二十六年（1761）刻本　十六册

440000－2542－0005656　PS203091
文獻通考三百四十八卷　（元）馬端臨著　清光緒二十七年（1901）上海圖書集成局石印本　四十四册

440000－2542－0005657　PJ402577
詩羣六卷　沈宗畸輯　清光緒至宣統國學粹編社鉛印晨風閣叢書甲集本　一册

440000－2542－0005658　PS202881
端溪硯史三卷　（清）吳蘭修編　清道光三十年（1850）南海伍氏粵雅堂刻本　一册

440000－2542－0005659　PJ402578
印須集八卷續集六卷又續六卷附女士詩録一卷　（清）吳翌鳳輯　清嘉慶十九年（1814）刻本　十册

440000－2542－0005660　PS202887
宋稗類鈔八卷　（清）潘永因輯　清刻本　八册

440000－2542－0005661　PJ402581
古唐詩合解十二卷附四卷　（清）王堯衢注

(清)李楧　(清)李桓校　清光緒二十年(1894)京都文成堂刻本　四冊

440000－2542－0005662　PJ402585
御選唐宋詩醇四十七卷目錄二卷　(清)高宗弘曆選　清乾隆二十五年(1760)珊城遺安堂刻朱墨套印本　二十二冊

440000－2542－0005663　PJ402746
德州田氏叢書　(清)田雯等撰　清康熙至乾隆刻本　二十六冊　存十三種

440000－2542－0005664　PJ402796
國朝常州詞錄三十一卷　繆荃孫輯　清光緒二十二年(1896)雲自在龕刻本　十冊

440000－2542－0005665　PC500431
古微書三十六卷　(明)孫瑴輯　清光緒十四年(1888)刻本　六冊　存三十六卷

440000－2542－0005666　PS203095
聖武記十四卷　(清)魏源撰　清道光二十四年(1844)刻本　十冊

440000－2542－0005667　PS203096
讀史方輿紀要一百三十卷附輿圖要覽四卷　(清)顧祖禹撰　清光緒五年(1879)蜀南薛氏桐華書屋刻本　八十冊

440000－2542－0005668　PC500344
春在堂全書　(清)俞樾撰　清光緒刻本　八十冊　存二十八種

440000－2542－0005669　PC500342
劉武慎公遺書二十五卷　(清)劉長佑撰　清光緒二十六年(1900)鉛印本　二十八冊　存五種

440000－2542－0005670　PJ402586
回文類聚四卷　(清)桑世昌纂　**織錦回文圖**　(清)玉山仙史摹集　**回文類聚續編十卷**　(清)朱象賢集　清刻本　三冊

440000－2542－0005671　PS202892
洪北江先生[亮吉]年譜一卷　(清)呂培等編次　清光緒刻本　一冊

440000－2542－0005672　PJ402588
詩論四卷　(清)汪薇輯　清同治六年(1867)呂氏柳塘書屋刻本　四冊

440000－2542－0005673　PS202893
朱子[熹]年譜四卷考異四卷附錄二卷　(清)王懋竑編　清光緒九年(1883)武昌書局刻本　四冊

440000－2542－0005674　PC500432
苗氏說文四種　(清)苗夔撰　清道光至咸豐壽陽祁氏漢磚亭刻本　四冊

440000－2542－0005675　PS202894
朱子[熹]年譜四卷考異四卷附錄二卷　(清)王懋竑編　清乾隆寶應王氏白田草堂刻本　四冊

440000－2542－0005676　PJ402874
項城袁氏家集　丁振鐸輯　清宣統三年(1911)清芬閣鉛印本　五十六冊　存七種

440000－2542－0005677　PC500343
劉武慎公全集二十九卷首一卷　(清)劉長佑撰　清光緒刻本　十八冊　存二十四卷

440000－2542－0005678　PS202895
南唐書十八卷　(宋)陸游撰　**音釋一卷**　(元)戚光撰　清養雲書屋木活字印本　三冊

440000－2542－0005679　PC500433
小學類編　(清)李祖望輯　清咸豐至光緒江都李氏半畝園刻本　七冊　存六種

440000－2542－0005680　PS202896
南宋書六十八卷　(明)錢士升撰　清嘉慶二年(1797)南沙席氏掃葉山房刻本　八冊

440000－2542－0005681　PS202899
資治通鑑後編一百八十四卷　(清)徐乾學編集　清刻本　四十八冊

440000－2542－0005682　PS202898
東都事略一百三十卷　(宋)王偁撰　清抄本　十六冊

440000－2542－0005683　PJ402594
鍾伯敬先生訂補千家詩二卷　(清)鍾惺訂補　清光緒六年(1880)翼經堂刻本　一冊

440000－2542－0005684　PJ402596

江蘇詩徵一百八十三卷　(清)王豫輯　清道光三年(1823)焦山海西庵詩徵閣刻本　四十冊

440000－2542－0005685　PJ402956

廿一史彈詞注十一卷　(明)楊慎編註　(清)張三異增定　清乾隆五十一年(1786)刻本　八冊

440000－2542－0005686　PJ402954

宋詩紀事補遺一百卷　(清)陸心源輯　清光緒十九年(1893)刻本　二十六冊

440000－2542－0005687　PJ402875

石湖詞一卷補遺一卷　(宋)范成大著　**和石湖詞一卷**　(宋)陳三聘撰　清乾隆至道光長塘鮑氏刻知不足齋叢書本　一冊

440000－2542－0005688　PJ402960

楊忠愍公集四卷　(清)楊繼盛著　清道光二十三年(1843)刻本　四冊

440000－2542－0005689　PJ402875

花外集(碧山樂府)一卷　(宋)王沂孫撰　清乾隆至道光長塘鮑氏刻知不足齋叢書本　一冊

440000－2542－0005690　PJ402598

國朝金陵詩徵四十八卷　(清)朱緒曾編　清光緒十三年(1887)刻本　十六冊

440000－2542－0005691　PJ402599

金陵詩徵四十四卷　(清)朱緒曾編　清光緒十八年(1892)刻本　十冊

440000－2542－0005692　PJ402601

徐州二遺民集　馮煦輯　清光緒十九年(1893)刻本　五冊

440000－2542－0005693　PJ402602

徐州詩徵八卷　(清)桂中行輯　清光緒十七年(1891)刻本　四冊

440000－2542－0005694　PC500015

漢魏叢書　(清)王謨輯　清刻本　八十八冊　存六十八種

440000－2542－0005695　PJ402607

越風三十卷　(清)商盤評選　(清)王大治編輯　清乾隆三十七年(1772)王大治刻嘉慶十六年(1811)徐兆印本　十五冊

440000－2542－0005696　PJ402604

吳興詩存初集八卷二集十四卷三集六卷四集二十卷　(清)陸心源輯　清光緒十六年(1890)刻本　十六冊

440000－2542－0005697　PJ402605

續金陵詩徵六卷　(清)朱緒曾編　清光緒二十年(1894)刻本　六冊

440000－2542－0005698　PJ402879

宗忠簡公集八卷首一卷　(宋)宗澤著　(宋)樓昉編　(清)陳坡合訂　(清)宗燠修　清咸豐元年(1851)江西鄒耀廷刻本　四冊

440000－2542－0005699　PJ402880

趙清獻公集十卷　(宋)趙抃撰　明刻清光緒三年(1877)補版印本　四冊

440000－2542－0005700　PC500035

武英殿聚珍版全書　(清)高宗弘曆敕輯　清光緒二十五年(1899)廣雅書局刻本　七百九十七冊　存一百四十二種

440000－2542－0005701　PJ402881

危學士全集十四卷　(明)危素著　清道光六年(1826)芳樹園刻本　八冊

440000－2542－0005702　PJ402959

少室山房筆叢四十八卷　(明)胡應麟撰　清光緒二十二年(1896)刻本　十冊

440000－2542－0005703　PJ402957

古文苑二十一卷　(宋)章樵注　清光緒十二年(1886)江蘇書局刻本　四冊

440000－2542－0005704　PJ402958

黃漳浦集五十卷首一卷目錄二卷　(明)黃道周撰　(清)陳壽祺編　**年譜二卷**　(明)莊起儔編　清道光十年(1830)刻本　二十四冊

440000－2542－0005705　PJ402882

湛園未定稿六卷　(清)姜宸英撰　清刻本

四冊

440000－2542－0005706　PJ402961
熊襄愍公尺牘四卷　(明)熊廷弼撰　清光緒三十四年(1908)刻本　四冊

440000－2542－0005707　PC500036
武英殿聚珍版全書　(清)高宗弘曆敕輯　清同治十三年(1874)江西書局刻本　二百二十八冊　存六十二種

440000－2542－0005708　PC500037
鏡煙堂十種　(清)紀昀撰　清乾隆嵩山書院刻本　十四冊　存十種

440000－2542－0005709　PC500434
許學叢書　張炳翔輯　清光緒長洲張氏儀鄦廬刻本　二十四冊　存十四種

440000－2542－0005710　PJ402608
梅里詩輯二十八卷　(清)許燦編　**續梅里詩輯十二卷補遺一卷**　(清)沈愛蓮編　清道光三十年(1850)嘉興縣齋刻本　六冊

440000－2542－0005711　PC500345
春在堂全書　(清)俞樾撰　清光緒刻本　四十八冊　存十三種

440000－2542－0005712　PC500346
春在堂全書　(清)俞樾撰　清光緒刻本　九十八冊　存二十二種

440000－2542－0005713　PJ402609
西泠五布衣遺著　(清)丁丙輯　清同治至光緒錢唐丁氏當歸草堂刻本　七冊　存十種二十二卷(硯林詩集一至四、臨江鄉人詩一至四、柳州遺稿一至二、冬花庵燼餘稿一至三、冬心先生集一至四、續集一卷、三體詩一卷、自度曲一卷、雜著一卷、隨筆一卷)

440000－2542－0005714　PJ402798
六十種曲　(明)毛晉輯　清道光二十五年(1845)刻本　六十冊

440000－2542－0005715　PC500349
庸盦全集六種　(清)薛福成撰　清光緒二十三年(1897)上海醉六堂石印本　十二冊

440000－2542－0005716　PC500350
適園叢稿　(清)袁學瀾撰　清同治香溪艸堂刻本　六冊　存十二卷

440000－2542－0005717　PJ402610
乍浦集詠十六卷　(清)沈筠編錄　清道光二十六年(1846)刻本　一冊　存八卷(一至八)

440000－2542－0005718　PC500351
儆季雜著五種　(清)黃以周撰　清光緒二十年(1894)江蘇南菁講舍刻本　五冊

440000－2542－0005719　PJ402612
續檇李詩繫四十卷　(清)胡昌基輯　清宣統三年(1911)刻本　二十冊

440000－2542－0005720　PJ402613
國朝杭郡詩輯三十二卷　(清)吳顥原本　(清)吳振棫重編　清同治十三年(1874)丁氏刻本　九冊

440000－2542－0005721　PJ402614
國朝杭郡詩續輯四十六卷　(清)吳振棫編　清光緒二年(1876)丁氏刻本　十三冊

440000－2542－0005722　PC500354
志學齋集　(清)徐壽基撰　清光緒十三年(1887)刻本　十冊　存七種

440000－2542－0005723　PC500440
音學五書　(清)顧炎武撰　清光緒十六年(1890)思賢講舍刻本　十二冊　存五種

440000－2542－0005724　PJ402886
學海堂集十六卷　(清)阮元編　(清)啟秀山房訂　清道光五年(1825)啟秀山房刻本　六冊

440000－2542－0005725　PJ402615
兩浙輶軒錄四十卷補遺十卷　(清)阮元訂　清光緒十六年(1890)浙江書局刻本　三十二冊

440000－2542－0005726　PJ402619
沅湘耆舊集前編四十卷　(清)鄧顯鶴編　清道光二十四年(1844)新化鄧氏小九華山樓刻本　五冊

440000－2542－0005727　PC500042
函海　(清)李調元輯　清乾隆綿州李氏萬卷樓刻嘉慶十四年(1809)綿州李鼎元重校道光五年(1825)綿州李朝夔補刻本　一百六十冊　存一百四十七種

440000－2542－0005728　PC500014
漢魏叢書　(清)王謨輯　清刻本　六十冊　存八十六種

440000－2542－0005729　PJ402620
沅湘耆舊集二百卷　(清)鄧顯鶴編輯　(清)沈道寬校訂　清道光二十三年(1843)新化鄧氏南村草堂刻本　三十五冊

440000－2542－0005730　PJ402621
國朝蜀詩畧十二卷　(清)張沆輯錄　(清)蔡壽祺删訂　清咸豐七年(1857)京師刻本　二冊

440000－2542－0005731　PC500043
經訓堂叢書二十一種　(清)畢沅輯　清光緒十三年(1887)大同書局石印本　二十冊

440000－2542－0005732　PJ402622
國朝全蜀詩鈔六十四卷　(清)孫桐生選輯　清光緒五年(1879)長沙刻本　十六冊

440000－2542－0005733　PJ402623
滇南詩畧四十七卷　(清)袁文典　(清)袁文揆纂輯　清光緒二十六年(1900)刻本　二十四冊

440000－2542－0005734　PJ402625
國朝畿輔詩傳六十卷　(清)陶樑輯　(清)崔旭校　清道光十九年(1839)刻本　十六冊

440000－2542－0005735　PJ402626
國朝畿輔詩傳六十卷　(清)陶樑輯　(清)崔旭校　清道光十九年(1839)刻本　十六冊

440000－2542－0005736　PJ402627
嶺南三大家詩選二十四卷　(清)王隼選　清同治七年(1868)南海陳氏刻本　五冊

440000－2542－0005737　PJ402628
嶺南三大家詩選二十四卷　(清)王隼選　清同治七年(1868)南海陳氏刻本　四冊

440000－2542－0005738　PJ402629
台山懷舊集十二卷　(清)張廷俊選　**同懷集一卷**　(清)盧錫埰選　清嘉慶元年(1796)適□堂刻本　四冊

440000－2542－0005739　PC500044
經訓堂叢書　(清)畢沅輯　清乾隆四十八年(1783)刻本　十八冊　存十種

440000－2542－0005740　PC500016
漢魏叢書　(清)王謨輯　清刻本　四十冊　存二十七種

440000－2542－0005741　PC500019
漢魏叢書　(清)王謨輯　清光緒六年(1880)述古山莊刻本　七十七冊　存九十種

440000－2542－0005742　PC500441
丁酉圃叢書　(清)丁顯撰　清光緒刻本　八冊　存三種

440000－2542－0005743　PC500355
志學齋集　(清)徐壽基撰　清光緒十三年(1887)刻本　十冊　存七種

440000－2542－0005744　PJ402631
梅水詩傳十卷　(清)張煜南　(清)張鴻南輯刊　(清)張芝田　(清)劉燕勳編訂　清光緒二十七年(1901)刻本　十冊

440000－2542－0005745　PJ402632
嶠西詩鈔二十一卷　(清)張鵬展纂　清道光二年(1822)刻本　五冊

440000－2542－0005746　PC500356
海嶽軒叢刻　(清)杜俞撰　清光緒三十三年(1907)蘇省刷印總局鉛印本　八冊　存九種

440000－2542－0005747　PC500046
龍威祕書一百六十八種　(清)馬俊良輯　清乾隆五十九年至嘉慶元年(1794－1796)石門馬氏大西山房刻本　八十冊

440000－2542－0005748　PJ402747
鄭少谷先生全集二十四卷首一卷　(明)鄭善夫著　清道光四年(1824)桑苧古園刻本

十冊

440000－2542－0005749　PJ402748
海豐吳氏文存四卷　（清）吳重熹輯　清刻本　二冊

440000－2542－0005750　PJ402749
陸氏傳家集四卷附序二卷　（清）陸文衡著　（清）陸乃普輯　清同治十一年（1872）義經堂刻本　四冊

440000－2542－0005751　QT001126
皇清經解　（清）阮元輯　清光緒十三年（1887）上海書局石印本　五十七冊　存一百六十九種

440000－2542－0005752　PJ402962
楊忠烈公文集十卷補遺一卷　（明）楊漣撰　**表忠錄一卷**　（清）楊淳第編次　清道光十三年（1833）楊光峻等刻本　十冊　存十卷（一至十，表忠錄存前半部分；缺卷首諸序、小傳、明史本傳等）

440000－2542－0005753　PC500499－1
董方立遺書九種　（清）董祐誠撰　清同治八年（1869）董貽清刻本　一冊　存七卷（割圜連比例術圖解三卷、橢圜求周術一卷、斜弧三邊求角補術一卷、堆垜求積術一卷、三統術衍補一卷）

440000－2542－0005754　PJ402891－1
草窗詞二卷補二卷　（宋）周密撰　清乾隆至道光長塘鮑氏刻知不足齋叢書本　一冊

440000－2542－0005755　PC500610
隨園三十六種　（清）袁枚撰　清光緒十八年（1892）上海圖書集成印書局鉛印本　五十冊　存三十六種

440000－2542－0005756　PC500502
巾箱小品　（清）□□輯　清華韻軒刻本　八冊　存十三種

440000－2542－0005757　PJ402890
指南後錄三卷　（宋）文天祥撰　清光緒崇文書局刻正覺樓叢刻本　一冊

440000－2542－0005758　PJ402895
孫可之文集二卷　（唐）孫樵撰　清宣統二年（1910）木活字印本　二冊

440000－2542－0005759　PJ402894
昆陵集十六卷拾遺一卷　（宋）張守撰　清光緒福建刻武英殿聚珍版書本　六冊　存十六卷（昆陵集十六卷）

440000－2542－0005760　PJ402891
陽春集一卷　（宋）米友仁撰　清乾隆至道光長塘鮑氏刻知不足齋叢書本　一冊

440000－2542－0005761　PJ402963
從野堂存稿八卷外集一卷　（明）繆昌期著　清同治十三年（1874）海陵別業刻光緒七年（1881）繆之鎔補刻本　四冊

440000－2542－0005762　PJ402896
增訂徐文定公集六卷　（明）徐光啟撰　（清）徐允希輯　清宣統元年（1909）鉛印本　四冊

440000－2542－0005763　PJ402964
祠部集三十五卷　（宋）強至撰　清光緒廣雅書局刻武英殿聚珍版書本　十冊

440000－2542－0005764　QT000005
國家學五卷　（德國）伯崙智理著　清光緒三十四年（1908）鉛印本　二冊

440000－2542－0005765　PJ402966
湛然居士集十四卷　（元）耶律楚材撰　清光緒二十一年（1895）刻本　四冊

440000－2542－0005766　PJ402898
虛受堂文集十六卷　王先謙撰　清宣統二年（1910）上海國學書社石印本　六冊

440000－2542－0005767　PJ402965
彭城集四十卷　（宋）劉攽撰　清刻本　八冊

440000－2542－0005768　PJ402899
赤城集十八卷　（宋）林表民輯　清嘉慶至道光臨海宋氏刻台州叢書本　四冊

440000－2542－0005769　PC500049
平津館叢書十集三十八種　（清）孫星衍輯　清光緒十一年（1885）吳縣朱氏槐廬家塾刻本

五十冊

440000－2542－0005770　PJ402635

楚庭耆舊遺詩續集三十二卷　(清)伍崇曜輯　清道光三十年(1850)南海伍氏刻本　五冊

440000－2542－0005771　PC500026

秘書廿一種　(清)汪士漢輯　清刻本　八冊

440000－2542－0005772　PJ402636

楚庭耆舊遺詩前集二十一卷　(清)伍崇曜輯　清道光二十三年(1843)南海伍氏刻本　八冊

440000－2542－0005773　PC500027

秘書廿一種　(清)汪士漢輯　清刻本　十二冊

440000－2542－0005774　PJ402637

海雲禪藻集四卷　(清)徐作霖　(清)黄蠡編　清道光十年(1830)刻本　四冊

440000－2542－0005775　PC500028

昭代叢書　(清)張潮等輯　清道光吳江沈氏世楷堂刻本　一百七十二冊　存五百六十三種

440000－2542－0005776　PJ402638

國朝嶺海詩鈔二十四卷　(清)凌揚藻評輯　清道光六年(1826)刻本　十六冊

440000－2542－0005777　PJ402642

梅水匯靈集八卷　(清)胡曦輯　(清)羅師揚等校　清光緒十二年(1886)鉛印本　五冊

440000－2542－0005778　PJ402799

乾隆精刊帶圖傳奇十四種　(元)高明等撰　清刻本　五冊　存四種(一、三、八至九)

440000－2542－0005779　PJ402644

國朝全閩詩錄初集二十一卷續十一卷　(清)鄭杰輯　清光緒八年(1882)刻本　十二冊

440000－2542－0005780　PC500029

正誼堂全書　(清)張伯行輯　清同治福州正誼書院刻本　二百十九冊　存六十三種

440000－2542－0005781　PJ402649

新安先集二十卷　(清)朱之榛輯　清同治十三年(1874)蘇州刻本　四冊

440000－2542－0005782　PJ402650

番禺潘氏詩畧　(清)潘儀增編　(清)潘飛聲校　清光緒二十年(1894)刻本　四冊　存二十三種

440000－2542－0005783　PJ402651

錫山秦氏詩鈔前集八卷今集十卷首一卷　(清)秦彬輯　清道光十九年(1839)刻本　四冊

440000－2542－0005784　PJ402652

海豐吳氏詩存四卷　(清)吳重憙輯　清光緒十年(1884)刻本　四冊

440000－2542－0005785　PC500055

正誼齋叢書　(清)汪昌序輯　清道光二十年(1840)汪氏刻本　二十二冊　存六種

440000－2542－0005786　PC500056

惜陰軒叢書　(清)李錫齡輯　清道光十四年至二十六年(1834－1846)刻咸豐八年(1858)宏道書院增刻本　一百十五冊　存三十三種

440000－2542－0005787　PC500057

惜陰軒叢書　(清)李錫齡輯　清道光十四年至二十六年(1834－1846)刻咸豐八年(1858)宏道書院增刻本　一百五冊　存三十一種

440000－2542－0005788　PC500058

惜陰軒叢書　(清)李錫齡輯　清光緒二十二年(1896)長沙刻本　五十四冊　存六種

440000－2542－0005789　PC500126

觀古堂彙刻書　葉德輝輯　清光緒二十八年(1902)湘潭葉氏郎園刻本　二十六冊　存三十三種

440000－2542－0005790　PJ402655

百美新詠一卷集詠一卷圖傳一卷　(清)顏希源編撰　(清)王翽繪圖　清嘉慶義盛堂刻本　四冊

440000－2542－0005791　PC500127

雙楳景闇叢書　葉德輝輯　清光緒至宣統長

沙葉氏郎園刻本　四冊　存五種

440000－2542－0005792　PJ402657
慕萊堂詩文徵存十卷　(清)李維翰編　清光緒二十一年(1895)刻本　四冊

440000－2542－0005793　PC500137
晨風閣叢書　沈宗畸輯　清宣統元年(1909)番禺沈氏刻本　十四冊　存二十二種

440000－2542－0005794　PC500061
春暉堂叢書　(清)徐渭仁輯　清道光至咸豐上海徐氏刻同治補刻本　十四冊　存十一種

440000－2542－0005795　PJ402658
壽蘇集初編一卷　(清)李長榮輯　清光緒元年(1875)羊城柳堂刻本　一冊

440000－2542－0005796　PJ402659
續刻三水關紀事和詩一卷　(清)高璞岑輯　清光緒三十一年(1905)刻本　一冊

440000－2542－0005797　PJ402660
御定歷代題畫詩類一百二十卷　(清)陳邦彥編　清嘉慶二十二年(1817)刻本　六十冊

440000－2542－0005798　PJ402661
圖詠遺芬六卷　(清)俞旦輯　清光緒二十一年(1895)婺源俞氏清蔭堂刻本　一冊

440000－2542－0005799　PJ402662
文粹一百卷補遺二十六卷　(宋)姚鉉纂　**文粹補遺二十六卷**　(清)郭麐纂　清光緒十六年(1890)杭州許氏榆園刻本　二十冊

440000－2542－0005800　PJ402664
三唐人集三十四卷　(清)馮焌光輯　清光緒元年至二年(1875－1876)讀有用書齋刻本　六冊

440000－2542－0005801　PC500138
晨風閣叢書　沈宗畸輯　清宣統元年(1909)番禺沈氏刻本　十六冊　存二十二種

440000－2542－0005802　PC500139
晨風閣叢書　沈宗畸輯　清宣統元年(1909)番禺沈氏刻本　八冊　存二十二種

440000－2542－0005803　PC500140
晨風閣叢書　沈宗畸輯　清光緒三十四年至宣統三年(1908－1911)國學萃編社鉛印本　二十冊　存五十種

440000－2542－0005804　PC500141
暢園叢書甲函　(清)張邁輯　清光緒二十年(1894)始豐張氏四明刻本　四冊　存五種

440000－2542－0005805　PC500141－1
能一編二卷　(清)金安清輯　清光緒二十年(1894)始豐張氏四明刻本　一冊　存一卷(上)

440000－2542－0005806　PC500142
政藝叢書壬寅全書　鄧實輯　清光緒二十九年(1903)石印本　二十二冊　存二十二種

440000－2542－0005807　PJ402665
唐文拾遺七十二卷續拾十六卷目錄八卷　(清)陸心源輯　清光緒十四年(1888)刻本　三十八冊

440000－2542－0005808　PC500142－1
政藝通報　上海政藝通報社輯　清光緒鉛印本　三十五冊　存五十三種

440000－2542－0005809　PJ402666
唐文續拾十六卷　(清)陸心源輯　清光緒刻本　四冊

440000－2542－0005810　PC500143
西政叢書　(清)求自強齋主人輯　清光緒二十三年(1897)慎記書莊石印本　三十二冊　存三十三種

440000－2542－0005811　PC500144
西政叢書　(清)求自強齋主人輯　清光緒二十三年(1897)慎記書莊石印本　三十二冊　存三十三種

440000－2542－0005812　PJ402751
貴池二妙集五十一卷　(清)劉世珩編　清光緒二十五年(1899)刻本　九冊　存四十七卷(一至四十七)

440000－2542－0005813　PJ402752

尊經書院初集十二卷　王闓運編　清光緒十一年(1885)尊經書局刻本　十二册

440000－2542－0005814　PJ402754
尊經書院二集八卷　(清)伍肇齡閱選　(清)岳森參訂　清光緒十七年(1891)尊經書局刻本　六册

440000－2542－0005815　PJ402968
羅豫章先生集十二卷首一卷末一卷　(宋)羅從彥撰　清光緒九年(1883)刻本　四册

440000－2542－0005816　PC500145
富強齋叢書續全集　(清)袁俊德編　清光緒二十七年(1901)上海小倉山房石印本　六十册　存一百二十九種

440000－2542－0005817　PJ402753
學古堂日記　(清)雷浚　(清)汪之昌輯　清光緒十六年至二十二年(1890－1896)刻本　十五册　存四十五種

440000－2542－0005818　PJ402669
金文最一百二十卷首一卷　(清)張金吾輯　清光緒八年(1882)粵雅堂刻本　十八册

440000－2542－0005819　PC500146
富強齋叢書全集　(清)袁俊德編　清光緒二十五年(1899)上海小倉山房石印本　三十册　存八十二種

440000－2542－0005820　PJ402755
詁經精舍文集十四卷　(清)阮元訂　清嘉慶六年(1801)揚州阮氏琅嬛仙館刻本　八册

440000－2542－0005821　PJ402670
金文雅十六卷　(清)莊仲方編　清光緒十七年(1891)江蘇書局刻本　四册

440000－2542－0005822　PC500146－1
富強齋叢書全集　(清)袁俊德編　清光緒二十五年(1899)上海小倉山房石印本　三十二册　存八十二種

440000－2542－0005823　PJ402756
學海堂集十六卷　(清)阮元編　(清)啟秀山房訂　清道光五年(1825)啟秀山房刻本　六册

440000－2542－0005824　PJ402757
菊坡精舍集二十卷首一卷　(清)陳澧編　(清)廖廷相重訂　清光緒二十三年(1897)廣州富文齋刻本　七册

440000－2542－0005825　PJ402671
元文類七十卷目錄三卷　(元)蘇天爵編　清光緒十五年(1889)江蘇書局刻本　十册

440000－2542－0005826　PJ402672
南宋文範七十卷外編四卷作者考二卷　(清)莊仲方編　清光緒十四年(1888)江蘇書局刻本　十六册

440000－2542－0005827　PJ402969
楊龜山先生集四十二卷首一卷末一卷　(宋)楊時撰　清光緒九年(1883)刻本　十册

440000－2542－0005828　PJ402758
十二石齋叢錄七卷　(清)梁九圖輯　(清)梁思問錄　清道光二十八年(1848)刻本　三册

440000－2542－0005829　PJ402763
名賢手札一卷　(清)郭慶藩輯　清光緒十年(1884)郭氏岵瞻堂刻本　二册

440000－2542－0005830　PC500147
西學啟蒙十六種　(英國)艾約瑟譯　(清)赫鷺賓編　清光緒二十四年(1898)上海圖書集成印書局鉛印本　十一册　存十一種

440000－2542－0005831　PC500069
海山仙館叢書　(清)潘仕成輯　清道光至咸豐番禺潘氏刻光緒補刻本　一百二十册　存五十五種

440000－2542－0005832　PC500148
新學大叢書　梁啓超編　清光緒二十九年(1903)上海積山喬記書局石印本　三十二册　存一百二十卷

440000－2542－0005833　PJ402674
湖海文傳七十五卷　(清)王昶輯　清道光十七年(1837)經訓堂刻同治五年(1866)印本　十四册

440000－2542－0005834　PC500070

海山仙館叢書　(清)潘仕成輯　清道光至咸豐番禺潘氏刻光緒補刻本　一百十一册　存五十一種

440000－2542－0005835　PC500150

十種古逸書　(清)茆泮林輯　清道光二十二年(1842)梅瑞軒刻本　二册

440000－2542－0005836　PJ402971

南軒文集四十四卷　(宋)張栻撰　清咸豐四年(1854)刻本　十六册

440000－2542－0005837　PJ402900

濂洛風雅六卷　(宋)金履祥撰　清光緒十三年(1887)刻率祖堂叢書本　二册

440000－2542－0005838　PJ402973

虞道園集十八卷　(元)虞集著　清康熙三十年至四十年(1691－1701)刻本　十册

440000－2542－0005839　PJ402974

虞道園集十八卷　(元)虞集著　清康熙三十年至四十年(1691－1701)刻本　六册

440000－2542－0005840　PJ402975

許文正公遺書十二卷首一卷末一卷　(元)許衡撰　清光緒十三年(1887)刻本　四册

440000－2542－0005841　PJ402903

范文正公尺牘三卷年譜一卷補遺一卷　(宋)范仲淹撰　清歲寒堂刻本　一册

440000－2542－0005842　PJ402904

艮齋先生薛常州浪語集三十五卷　(宋)薛季宣撰　清同治十年(1871)金陵書局刻本　六册

440000－2542－0005843　PJ402905

嶺南集八卷　(清)杭世駿撰　清光緒七年(1881)學海堂刻本　二册

440000－2542－0005844　PJ402977

水雲邨吟稾十二卷首一卷末一卷　(元)劉壎撰　(清)劉凝箋注　清道光十年(1830)刻本　六册

440000－2542－0005845　PC500071

連筠簃叢書十二種一百十一卷　(清)楊尚文輯　清道光二十八年(1848)靈石楊氏刻本　二十六册

440000－2542－0005846　PC500072

敏果齋七種　(清)許乃釗輯　清道光錢塘許氏刻本　十四册　存六種

440000－2542－0005847　PC500153

國粹叢書第二集　(清)國學保存會編　清光緒三十二年至三十四年(1906－1908)國學保存會鉛印本　十五册　存九種

440000－2542－0005848　PC500154

國粹叢書第三集　(清)國學保存會編　清光緒三十二年至三十四年(1906－1908)國學保存會鉛印本　十八册　存十六種

440000－2542－0005849　PJ402767

三名臣書牘四卷　(清)何天柱輯　(清)曾國藩等著　清宣統元年(1909)上海廣智書局鉛印本　四册　存十四種

440000－2542－0005850　PJ402768

新鐫元墨二宜不分卷　(清)袁銑輯　清道光十四年(1834)刻本　一册

440000－2542－0005851　PC500074

格致叢書　(清)徐建寅編次　清光緒二十七年(1901)石印本　十一册　存一百八種

440000－2542－0005852　PJ402769

評選四六法海八卷　(清)蔣士銓評選　清光緒十年(1884)深柳讀書堂刻本　八册

440000－2542－0005853　PJ402770

評選四六法海八卷首一卷　(清)蔣士銓評選　清同治十三年(1874)省城西湖街藏珍閣刻本　八册

440000－2542－0005854　PJ402771

八家四六文註八卷附目錄一卷　(清)吳鼒選　(清)許貞幹註　(清)孫星衍等著　**八家四六文補註**　(清)陳衍補註　清光緒十八年(1892)上海圖書集成印書局鉛印本　八册

440000－2542－0005855　PC500075

藝海珠塵 (清)吳省蘭輯 清嘉慶南匯吳氏聽彝堂刻本 二十四冊 存五十二種

440000－2542－0005856 PJ402773
殿試策不分卷 (清)榮錦堂輯 清乾隆五十二年至六十年(1787－1795)刻本 十二冊

440000－2542－0005857 PC500155
風雨樓秘笈留真 鄧實輯編 清宣統至民國順德鄧氏風雨樓影印本 十冊 存十種

440000－2542－0005858 PC500076
藝海珠塵 (清)吳省蘭輯 清嘉慶南匯吳氏聽彝堂刻本 四冊 存八種

440000－2542－0005859 PC500077
粵雅堂叢書 (清)伍崇曜輯 清道光至光緒南海伍氏刻本 四百冊 存一百八十五種

440000－2542－0005860 PC500078
粵雅堂叢書 (清)伍崇曜輯 清道光至光緒南海伍氏刻本 二百八十九冊 存一百二十二種

440000－2542－0005861 PJ402677
篷窗隨錄十四卷續錄二卷附錄二卷 (清)沈兆澐輯 清咸豐七年(1857)刻本 十四冊

440000－2542－0005862 PJ402679
國朝文錄八十二卷 (清)姚椿輯 清咸豐元年(1851)終南山館刻本 二十四冊

440000－2542－0005863 PJ402678
詞科掌錄十七卷餘話七卷 (清)杭世駿編輯 清刻本 八冊

440000－2542－0005864 PC500164
峭帆樓叢書 趙詒琛輯 清宣統三年至民國八年(1911－1919)峭帆樓刻本 十七冊 存十八種

440000－2542－0005865 PJ402680
皇朝經世文編一百二十卷姓名總目二卷 (清)賀長齡輯 清光緒二十四年(1898)上海宏文閣鉛印本 二十二冊

440000－2542－0005866 PC500079
粵雅堂叢書初編十集 (清)伍崇曜輯 清道光至光緒南海伍氏刻本 一百八十三冊 存六十三種(初編六十種、三編三種)

440000－2542－0005867 PJ403002
羅鄂州小集六卷附羅郢州遺文一卷 (宋)羅願撰 **羅郢州遺文一卷** (宋)羅頌撰 清光緒十九年(1893)黟縣李氏刻本 三冊

440000－2542－0005868 PJ402978
歐陽文公圭齋集十五卷首一卷附錄一卷 (元)歐陽玄撰 清道光十四年(1834)棣餘山房刻本 六冊

440000－2542－0005869 PJ402682
增廣留青新集二十四卷 (清)伊□□輯 (清)陳牧增輯 清光緒十四年(1888)上海源記書局石印本 十二冊

440000－2542－0005870 PC500080
粵雅堂叢書 (清)伍崇曜輯 清道光至光緒南海伍氏刻本 三百七十九冊 存一百六十七種

440000－2542－0005871 PJ403005
晁具茨先生詩集十五卷 (宋)晁沖之撰 清同治七年(1868)武林聚文堂刻本 二冊

440000－2542－0005872 PC500081
粵雅堂叢書 (清)伍崇曜輯 清道光至光緒南海伍氏刻本 一百五十七冊 存七十八種

440000－2542－0005873 PJ403003
羅鄂州小集六卷附羅郢州遺文一卷 (宋)羅願撰 **羅郢州遺文一卷** (宋)羅頌撰 清道光至光緒間南海伍氏刻粵雅堂叢書本 二冊

440000－2542－0005874 QT000880
市隱書屋文稾十一卷 (清)亢樹滋撰 清光緒刻本 一冊 存六卷(六至十一)

440000－2542－0005875 PJ402979
夏節愍全集十卷首一卷末一卷補遺一卷續補遺一卷 (明)夏完淳撰 (清)莊師洛輯 (清)陳均等編 清嘉慶十二年(1807)刻同治八年(1869)補刻本 二冊

440000－2542－0005876 PJ403006

學易集八卷　（宋）劉跂撰　清同治十三年(1874)刻本　二册

440000－2542－0005877　PJ402980
陶菴集二十二卷首一卷末一卷　（明）黃淳耀撰　清光緒十八年(1892)刻本　五册

440000－2542－0005878　PJ402681
八旗文經五十六卷作者考三卷敘録一卷　(清)盛昱輯　清光緒二十七年(1901)武昌刻朱印本　七册

440000－2542－0005879　PC500647
唐代叢書　(清)陳蓮塘編　清刻本　二十册　存一百六十四種

440000－2542－0005880　PC500082
長恩書室叢書甲集十種乙集九種　(清)莊肇麟輯　清咸豐四年(1854)新昌莊氏過客軒刻本　八册　存十九種

440000－2542－0005881　SQ300039
清異録二卷　(宋)陶穀撰　清康熙四十七年(1708)陳氏瀫六閣刻雍正至乾隆印本　二册

440000－2542－0005882　PJ402982
金忠節公文集八卷　(明)金聲撰　清道光七年(1827)刻本　四册

440000－2542－0005883　PJ402685
陸陳二先生文鈔十二卷　(清)葉裕仁編次　清同治九年(1870)合肥蒯德模刻本　四册

440000－2542－0005884　PC500169
張氏適園叢書初集　張鈞衡輯　清宣統三年(1911)上海國學扶輪社鉛印本　十一册　存七種

440000－2542－0005885　PC500170
張氏適園叢書初集　張鈞衡輯　清宣統三年(1911)上海國學扶輪社鉛印本　八册　存三種

440000－2542－0005886　PJ402687
重訂文選集評十五卷　(清)于光華編　清嘉慶八年(1803)刻本　十六册

440000－2542－0005887　PJ402688
文選理學權輿八卷　(清)汪師韓著　**文選李注補正四卷理學權輿一卷考異四卷**　(清)孫志祖輯　清光緒十五年(1889)刻本　八册

440000－2542－0005888　ZS000311－2
子思内篇五卷外篇二卷　(漢)鄭玄注　(清)黃以周輯解　清光緒南菁書院刻本　二册

440000－2542－0005889　PJ402984
壯悔堂文集十卷首一卷　(清)侯方域著　清宣統元年(1909)鉛印本　四册

440000－2542－0005890　PJ402985
蘇文忠公詩集五十卷　(宋)蘇軾撰　(清)紀昀評點　清同治八年(1869)韞玉山房刻朱墨套印本(粤東省城翰墨園藏板)　十二册

440000－2542－0005891　PJ402908
呂東萊先生文集二十卷首一卷　(宋)呂祖謙撰　(清)王崇炳編輯　清同治七年(1868)永康胡氏退補齋刻金華文萃本　十册

440000－2542－0005892　PJ402907
甘泉鄉人稿二十四卷　(清)錢泰吉撰　**皇清敕授修職郎誥封朝議大夫顯考警石府君年譜一卷**　(清)曾國藩撰　**郃農偶吟稿一卷**　(清)錢炳森撰　清同治十一年(1872)嘉興錢氏刻本　六册

440000－2542－0005893　PJ402986
郝文忠公陵川文集三十九卷　(元)郝經撰　(清)王鏐編訂　清乾隆三年(1738)刻本　十册

440000－2542－0005894　PJ403041
安陽集五十卷家傳十卷别録三卷遺事一卷　(宋)韓琦著　(清)黃邦寧重編　清乾隆四年(1739)刻三十五年(1770)黃邦寧重修刻本　十册

440000－2542－0005895　PJ403039
王臨川全集一百卷　(宋)王安石撰　清光緒九年(1883)小岯山館刻本　二十册

440000－2542－0005896　QT000569
經義考三百卷目錄二卷　(清)朱彝尊編　清

光緒二十三年(1897)浙江書局刻本　一册　存四卷(二百九十五至二百九十八)

440000－2542－0005897　PJ402987
趙文敏公松雪齋全集十卷外集一卷續集一卷　(元)赵孟頫撰　(清)曹培廉校　清康熙五十二年(1713)刻本　六册

440000－2542－0005898　PJ402989
白沙子全集六卷首一卷附錄一卷　(明)陳獻章著　(清)顧嗣協校正　(清)何九疇重編　清康熙刻本　六册

440000－2542－0005899　PJ402690
謝疊山先生文章軌範七卷　(宋)謝枋得輯注　清刻朱墨套印本　四册

440000－2542－0005900　PJ402783
宋四家詞選一卷　(清)周濟輯　清末刻本　一册

440000－2542－0005901　PJ402789
詞選二卷　(清)張惠言錄　**茗柯詞一卷**　(清)張惠言填　**立山詞一卷**　(清)張琦撰　**續詞選二卷**　(清)董毅錄　**詞選附錄一卷**　(清)鄭善長輯　清光緒四年(1878)鄂渚刻本　一册

440000－2542－0005902　PJ402691
漢魏六朝一百三家集　(明)張溥編　清光緒五年(1879)信述堂刻本　九十八册　存一百三種

440000－2542－0005903　PJ402692
東萊集註類編觀瀾文集甲集二十五卷乙集二十五卷丙集二十卷　(宋)林之奇編　**東萊集注古文觀瀾文集附考三卷**　(清)方功惠撰　清光緒十年(1884)碧琳琅館刻本　六册

440000－2542－0005904　PJ402693
東萊先生古文關鍵二卷　(宋)呂祖謙評　(宋)蔡文子注　(清)徐樹屏考異　清光緒元年(1875)粵東番禺韓氏經畬草堂刻本　二册

440000－2542－0005905　PJ402990
太史升菴全集八十一卷　(明)楊慎撰　(明)楊有仁錄　(明)陳大科校　(清)周參元重刊　清乾隆六十年(1795)刻本　二十册

440000－2542－0005906　QT000879
元城語錄解三卷行錄解一卷　(明)王崇慶著　清光緒二十二年(1896)刻本　一册　存三卷

440000－2542－0005907　QT000864
金華叢書　(清)胡鳳丹輯　清同治至光緒永康胡氏退補齋刻本　六册　存四種

440000－2542－0005908　QT000865
金華叢書　(清)胡鳳丹輯　清同治至光緒永康胡氏退補齋刻本　三册　存三種

440000－2542－0005909　QT000866
金華叢書　(清)胡鳳丹輯　清同治至光緒永康胡氏退補齋刻本　十二册　存八種

440000－2542－0005910　QT000867
譯林　林紓等編　清光緒二十七年(1901)上海商務印書館鉛印本　二册

440000－2542－0005911　PJ402847
南野堂筆記十二卷　(清)吳文溥撰　清嘉慶元年(1796)刻本　八册

440000－2542－0005912　PJ402849
彙纂詩法度鍼三十三卷首一卷　(清)徐文弼輯　清刻本　四册

440000－2542－0005913　PJ402850
全唐詩話八卷　(宋)尤袤輯　(清)孫濤訂　清刻本　四册

440000－2542－0005914　PJ402853
明詩紀事甲籤三十卷乙籤二十二卷丙籤十二卷丁籤十七卷　(清)陳田輯　清光緒二十五年至三十三年(1899－1907)陳氏聽詩齋刻本　十六册

440000－2542－0005915　PJ402854
眉山詩案廣證六卷　(清)張鑑撰　清光緒十年(1884)江蘇書局刻本　二册

440000－2542－0005916　PJ402820
瀛奎律髓刊誤四十九卷　(元)方回編　(清)

紀昀批點　清嘉慶五年(1800)雙桂堂刻本　八册

440000－2542－0005917　PJ402855
閩川閨秀詩話四卷　(清)梁章鉅撰　清道光二十九年(1849)梅姓師古齋刻本　一册

440000－2542－0005918　PJ402857
廣陵詩事十卷　(清)阮元撰　清光緒十六年(1890)京師揚州會館刻本　二册

440000－2542－0005919　PJ402821
聲調三譜四卷　(清)王祖源輯　清光緒八年(1882)福山王氏四川刻本　一册

440000－2542－0005920　PJ402858
全浙詩話五十四卷　(清)陶元藻輯　清嘉慶元年(1796)怡雲閣刻本　十二册

440000－2542－0005921　PJ402859
詞苑叢談十二卷　(清)徐釚撰　清道光二十七年(1847)刻本　四册

440000－2542－0005922　PJ402860
白雨齋詞話八卷詩鈔一卷詞存一卷　(清)陳廷焯著　清光緒二十年(1894)刻本　四册

440000－2542－0005923　PJ402822
詩人玉屑二十卷　(宋)魏慶之輯　清古松堂刻本　十二册

440000－2542－0005924　PJ403034
居僧錄六卷首一卷　(宋)蘇軾撰　清光緒二十一年(1895)刻本　四册

440000－2542－0005925　PJ403035
浮沚集九卷　(宋)周行巳撰　清光緒福建刻武英殿聚珍版書本　三册

440000－2542－0005926　PJ403036
茶山集八卷　(宋)曾幾撰　清刻本　二册

440000－2542－0005927　PJ403037
毘陵集十六卷補遺一卷附錄一卷　(宋)張守撰　清光緒二十一年(1895)武進盛氏思惠齋刻常州先哲遺書本　四册

440000－2542－0005928　PJ403038
宛陵先生文集六十卷　(宋)梅堯臣撰　清宣統二年(1910)滬上石印本　十册

440000－2542－0005929　PJ403040
艮齋先生薛常州浪語集三十五卷　(宋)薛季宣撰　清同治十年(1871)金陵局刻本　六册

440000－2542－0005930　PJ403043
東坡集四十卷　(宋)蘇軾撰　清光緒至宣統寶華盦鉛印本　四十八册

440000－2542－0005931　PJ402929
六一居士全集錄五卷外集錄二卷　(宋)歐陽修撰　(清)儲欣錄　清刻本　十二册

440000－2542－0005932　PJ403001
淮海集十七卷後集二卷詞一卷　(宋)秦觀撰　**宋秦少游淮海集補遺一卷**　(清)王敬之茆泮林纂輯　**淮海集附纂三卷**　(清)王敬之茆泮林　金長福纂輯　清道光十七年(1837)年刻二十一年(1841)補刻本　五册　存十七卷(淮海集十七卷)

440000－2542－0005933　PJ403000
蘇子美文集六卷詩集四卷　(宋)蘇舜欽撰　清同治六年(1867)刻本　二册

440000－2542－0005934　PJ402999
趙清獻公集十卷　(宋)趙抃撰　明末刻本　四册

440000－2542－0005935　PJ402998
淮海集十七卷後集二卷詞一卷　(宋)秦觀撰　**宋秦少游淮海集補遺一卷**　(清)王敬之茆泮林纂輯　清道光十七年(1837)刻本　六册

440000－2542－0005936　PJ402993
復初齋文集三十五卷首一卷　(清)翁方綱撰　清光緒三年(1877)同文圖書館石印本　十册

440000－2542－0005937　PJ402996
豫章先生遺文十二卷　(宋)黄庭堅撰　清宣統三年(1911)如皋祝氏刻本　六册

440000－2542－0005938　PJ402995

後山先生集二十四卷首一卷 （宋）陳師道撰 清光緒十一年（1885）番禺陶福祥刻本 六册

440000－2542－0005939 PJ402994
霜紅龕集四十卷 （清）傅山撰 （清）張廷鑑（清）張廷銓拾遺 （清）劉霦補輯 清咸豐四年（1854）壽陽王行恕刻本 六册

440000－2542－0005940 PJ402992
南山全集十六卷 （清）戴名世撰 清光緒二十一年（1895）印鴻堂木活字印本 八册

440000－2542－0005941 PJ402991
忠雅堂文集十二卷 （清）蔣士銓撰 清嘉慶二十一年（1816）刻本 六册

440000－2542－0005942 PJ403008
徐文公集三十卷 （宋）徐鉉撰 清南陵徐乃昌刻本 十册

440000－2542－0005943 PJ403007
春卿遺稿一卷續編一卷補遺一卷附公姪之翰之奇遺稿一卷附傳一卷 （宋）蔣堂撰 清光緒二十一年（1895）武進盛氏刻朱印本 一册

440000－2542－0005944 PJ403009
返生香一卷附集一卷 （明）葉小鸞撰 清光緒二十二年（1896）書香閣刻本 二册

440000－2542－0005945 PZ300114
漁磯漫鈔十卷 （清）雷琳等輯 清同治十年（1871）刻本 四册

440000－2542－0005946 SQ300041
西青散記四卷 （清）史震林撰 清乾隆二年（1737）三餘堂刻本 四册

440000－2542－0005947 PC500658
明季稗史彙編 （清）留雲居士輯 清都城琉璃廠留雲居士刻本 十册 存十六種

440000－2542－0005948 PJ403010
乾坤正氣集二十卷 （清）顧沅輯 清道光二十三年（1843）長洲顧氏藝海樓刻本 十六册

440000－2542－0005949 PJ403012
朱九江先生集十卷首四卷 （清）朱次琦撰 清光緒二十三年（1897）讀書草堂刻本 四册

440000－2542－0005950 PC500084
當歸草堂叢書 （清）丁丙輯 清同治錢唐丁氏刻本 五册 存八種

440000－2542－0005951 PC500085
滂喜齋叢書 （清）潘祖蔭輯 清同治至光緒吳縣潘氏京師刻本 三十二册 存五十四種

440000－2542－0005952 PC500086
功順堂叢書 （清）潘祖蔭輯 清光緒吳縣潘氏刻本 三十二册 存十八種

440000－2542－0005953 PJ402861
戲曲攷原一卷 王國維撰 清宣統元年（1909）刻晨風閣叢書本 一册

440000－2542－0005954 PC500087
小石山房叢書 （清）顧湘輯 清同治十三年（1874）虞山顧氏刻本 十六册 存三十八種

440000－2542－0005955 PC500088
小石山房叢書 （清）顧湘輯 清同治十三年（1874）虞山顧氏刻本 二册 存四種四卷（韋庵經說一卷、吳門耆舊記一卷、松窗快筆一卷、海虞畫苑略一卷）

440000－2542－0005956 PJ402863
制義叢話二十四卷 （清）梁章鉅撰 清咸豐九年（1859）刻本 八册

440000－2542－0005957 PJ402697
續古文苑二十卷 （清）孫星衍撰 清光緒十一年（1885）吳縣朱氏槐廬家塾刻平津館叢書本 八册

440000－2542－0005958 PJ402698
唐宋八大家類選十四卷 （清）儲欣評 清光緒十八年（1892）湖北官書處刻本 六册

440000－2542－0005959 PJ402867
談藝珠叢 （清）王啟原輯 清光緒十一年（1885）長沙玉尺山房刻本 十二册 存二十七種

440000－2542－0005960 PC500089
式訓堂叢書 （清）章壽康輯 清光緒會稽章

氏刻本　二十四册　存二十八種

440000－2542－0005961　PC500090

十萬卷樓叢書　(清)陸心源輯　清光緒歸安陸氏刻本　一百二十册　存五十種

440000－2542－0005962　PJ402701

乾坤正氣集　(清)潘錫恩輯　清道光二十八年(1848)涇縣潘氏袁江節署求是齋刻同治五年(1866)新建吳坤修皖江印本　二百册　存一百一種

440000－2542－0005963　PC500093

月河精舍叢鈔　(清)丁寶書輯　清光緒六年(1880)苕溪丁氏刻本　八册　存四種

440000－2542－0005964　PC500183

陶隱居集一卷　(南朝梁)陶弘景撰　清刻本　一册

440000－2542－0005965　PC500259

嶺南遺書　(清)伍元薇　(清)伍崇曜輯　清道光至同治廣東伍氏粵雅堂文字歡娱室刻本　六十册　存六十種

440000－2542－0005966　PC500096

心矩齋叢書三種　(清)蔣鳳藻輯　清光緒長洲蔣氏刻本　六册

440000－2542－0005967　PC500260

嶺南遺書　(清)伍元薇　(清)伍崇曜輯　清道光至同治廣東伍氏粵雅堂文字歡娱室刻本　七十册　存六十種

440000－2542－0005968　PC500260－1

嶺南遺書　(清)伍元薇　(清)伍崇曜輯　清道光至同治廣東伍氏粵雅堂文字歡娱室刻本　九册　存六種

440000－2542－0005969　PC500263

叢睦汪氏遺書　(清)汪簠輯　清光緒十二年(1886)錢塘汪氏刻本　三十二册　存十九種

440000－2542－0005970　PC500095

半厂叢書初編　(清)譚獻輯　清光緒仁和譚氏刻本　十六册　存十一種

440000－2542－0005971　PC500097

咫進齋叢書　(清)姚覲元輯　清光緒九年(1883)歸安姚氏刻本　二十二册　存三十四種

440000－2542－0005972　PC500098

咫進齋叢書　(清)姚覲元輯　清光緒九年(1883)歸安姚氏刻本　二十四册　存三十五種

440000－2542－0005973　PJ402702

古文眉詮七十九卷　(清)浦起龍論次　清光緒二十四年(1898)嶺南良產書屋刻本　二十册

440000－2542－0005974　PJ402703

右文堂詳訂古文評註全集十卷　(清)過珙　(清)黄越評選　清同治十三年(1874)刻本　十册　存九卷(一至七、九至十)

440000－2542－0005975　PC500265

富陽夏氏叢刻　(清)夏震武　(清)夏鼎武撰　清光緒刻民國九年(1920)浙江圖書館印本　四册　存八種

440000－2542－0005976　PC500266

富陽夏氏叢刻　(清)夏震武　(清)夏鼎武撰　清光緒刻民國九年(1920)浙江圖書館印本　四册　存八種

440000－2542－0005977　PC500267

河南程氏全書　(宋)程顥　(宋)程頤撰　清同治十年(1871)六安求我齋刻本　十六册　存六種

440000－2542－0005978　PJ402704

新較刻詳訂古文評註全集十卷　(清)過珙　(清)黄越評選　清宣統二年(1910)麟書閣石印本　十册

440000－2542－0005979　PJ402707

金石文鈔八卷續鈔二卷　(清)趙紹祖輯　清光緒二年(1876)刻本　十册

440000－2542－0005980　PC500099

鐵華館叢書　(清)蔣鳳藻輯　清光緒長洲蔣氏刻本　六册　存六種

440000－2542－0005981　PC500102

古逸叢書二十六種　(清)黎庶昌輯　清光緒遵義黎氏日本東京使署影刻本　六十冊

440000－2542－0005982　PC500100

鐵華館叢書　(清)蔣鳳藻輯　清光緒長洲蔣氏刻本　四冊　存四種

440000－2542－0005983　PC500101

古逸叢書二十六種　(清)黎庶昌輯　清光緒遵義黎氏日本東京使署影刻本　四十四冊

440000－2542－0005984　PC500102－1

古逸叢書二十六種　(清)黎庶昌輯　清光緒遵義黎氏日本東京使署影刻本　四冊　存三種

440000－2542－0005985　PJ402837

耕雲别墅詩話一卷　(清)鄔啟祚著　鄔慶時校刊　清宣統三年(1911)刻本　一冊

440000－2542－0005986　PJ402709

御選唐宋文醇五十八卷　(清)高宗弘曆選　清乾隆三年(1738)武英殿刻朱墨套印本　十八冊

440000－2542－0005987　PC500271

存齋雜纂　(清)陸心源編　清光緒刻本　四冊　存二種

440000－2542－0005988　PC500272

白石道人四種　(宋)姜夔撰　清同治十年(1871)桂林倪鴻刻本　二冊　存十種

440000－2542－0005989　PC500273

金華唐氏遺書　(宋)唐仲友撰　清宣統三年(1911)金華教育分會石印本　四冊　存五種

440000－2542－0005990　PC500274

王文成公全書三十八卷　(明)王守仁撰　(明)謝廷杰編　清同治至光緒浙江書局刻本　二十四冊

440000－2542－0005991　PJ402710

涵芬樓古今文鈔一百卷　吳曾祺纂錄　清宣統三年(1911)上海商務印書館鉛印本　一百冊

440000－2542－0005992　PJ402836

筠石山房詩話鈔六卷　(清)楊霈輯　清道光二十七年(1847)粵東糧道署刻本　四冊

440000－2542－0005993　PJ402835

詩學要言三卷　(清)鄔启祚纂　鄔慶時校刊　清宣統三年(1911)刻本　一冊

440000－2542－0005994　PJ402838

分類詩話六卷　(清)王士禛著　(清)喻端士編　清同治十三年(1874)盱南三餘書屋刻本　一冊　存三卷(一至三)

440000－2542－0005995　PJ402839

歲寒堂詩話二卷　(宋)張戒撰　(清)于鼎校勘　清刻本　一冊

440000－2542－0005996　PJ402840

蘇亭詩話六卷　(清)張道撰　清同治五年(1866)刻本　一冊

440000－2542－0005997　PJ100510

漢隸字源五卷碑目一卷　(宋)婁機撰　清光緒三年(1877)姚氏咫進齋刻本　二冊　存二卷(下平聲一卷、入聲一卷)

440000－2542－0005998　PJ100359

漢隸字源五卷碑目一卷　(宋)婁機撰　清光緒三年(1877)姚氏咫進齋刻本　一冊　存一卷(下平聲一卷)

440000－2542－0005999　PJ403013

蘇學士文集十六卷　(宋)蘇舜欽撰　清宣統三年(1911)北京龍文閣書局石印本　六冊

440000－2542－0006000　PJ403014

蘇子美文集六卷詩集四卷　(宋)蘇舜欽撰　清同治六年(1867)刻本　四冊

440000－2542－0006001　PJ402916

朱九江先生集十卷首四卷　(清)朱次琦撰　清光緒二十三年(1897)讀書草堂刻本　四冊

440000－2542－0006002　PJ403015

羅鄂州小集六卷附羅郢州遺文一卷　(宋)羅願撰　**羅郢州遺文一卷**　(宋)羅頌撰　清光緒十九年(1893)黟縣李氏刻本　二冊

440000－2542－0006003　PJ403016
姑溪居士文集五十卷後集二十卷　(宋)李之儀撰　**附錄一卷校勘記一卷**　(清)吳對撰　清宣統三年(1911)金陵督糧道署刻本　八冊

440000－2542－0006004　PJ403017
岳忠武王全集八卷首一卷末一卷　(宋)岳飛撰　(清)黃邦寧纂　清道光二十七年(1847)揚州刻本　四冊

440000－2542－0006005　PJ403018
岳忠武王全集八卷首一卷末一卷　(宋)岳飛撰　(清)黃邦寧纂　清光緒十二年(1886)上海簡玉山房刻本　四冊

440000－2542－0006006　PC500505
十子全書　(清)浙江書局輯　清光緒浙江書局刻本　二十三冊　存七種八十七卷(揚子法言十三卷、文中子中說十卷、淮南子六至二十一、管子三至二十四、列子五至八、鶡冠子三卷、韓非子一至十六附顧千里識誤三卷)

440000－2542－0006007　SQ300063
世說新語補二十卷附釋名一卷　(南朝宋)劉義慶撰　(南朝梁)劉孝標注　(明)何良俊增　(明)王世貞刪　(清)黃汝琳補訂　清乾隆二十七年(1762)茂清書屋刻本　四冊

440000－2542－0006008　PC500113
嘯園叢書　(清)葛元煦輯　清光緒九年(1883)仁和葛元煕嘯園刻本　三十六冊　存五十八種

440000－2542－0006009　PC500114
南菁書院叢書　王先謙輯　清光緒十四年(1888)江陰南菁書院刻本　四十冊　存四十一種

440000－2542－0006010　PC500116
佚存叢書　(日本)林衡輯　清光緒八年(1882)滬上黃氏木活字印本　七冊　存五種

440000－2542－0006011　PJ402834
納書楹曲譜全集二十二卷　(清)葉堂　(清)王文治輯　清乾隆五十七年至五十九年(1792－1794)倆綆山房刻本　二十二冊

440000－2542－0006012　PC500117
榆園叢刻　(清)許增輯　清同治至光緒刻本　十六冊　存二十八種

440000－2542－0006013　PJ402842
十二石山齋詩話八卷　(清)梁九圖撰　清道光二十六年(1846)廣東順德梁氏十二石山齋刻本　四冊

440000－2542－0006014　PJ402841
靜志居詩話二十四卷　(清)朱彝尊著　(清)扶荔山房編　清嘉慶二十四年(1819)扶荔山房刻本　十冊

440000－2542－0006015　PJ402843
十二石山齋詩話八卷　(清)梁九圖著　(清)梁思問校　清同治五年(1866)刻本　二冊　存四卷(一至四)

440000－2542－0006016　PC500118
娛園叢刻十種　(清)許增輯　清光緒十五年(1889)刻本　九冊

440000－2542－0006017　PJ402845
射鷹樓詩話二十四卷　(明)林昌彝輯　清咸豐元年(1851)刻本　六冊

440000－2542－0006018　PC500278
梨洲遺著彙刊　(清)黃宗羲撰　(清)薛鳳昌編　清宣統二年(1910)時中書局鉛印本　二十冊　存二十七種

440000－2542－0006019　PC500280
重訂楊園先生全集三十二卷年譜一卷　(清)張履祥撰　(清)蘇惇元輯　清同治十年(1871)江蘇書局刻本　十六冊

440000－2542－0006020　PC500119
娛園叢刻十種　(清)許增輯　清光緒十五年(1889)刻本　二冊　存九種

440000－2542－0006021　PC500120
崇文書局彙刻書　(清)崇文書局輯　清光緒三年(1877)湖北崇文書局刻本　七十八冊　存三十一種

440000－2542－0006022　PC500121

正覺樓叢刻　(清)崇文書局輯　清光緒湖北崇文書局刻本　三十六册　存二十六種

440000－2542－0006023　PC500281
顧亭林先生遺書十種　(清)顧炎武撰　清蓬瀛閣刻本　八册

440000－2542－0006024　PJ402714
東甌先正文錄十五卷補遺一卷　(清)陳遇春編輯　清道光刻本　十五册

440000－2542－0006025　PJ402715
天下才子必讀書十五卷　(清)金聖歎批　清宣統二年(1910)上海國學進化社石印本　三册

440000－2542－0006026　PC500122
藕香零拾三十九種　繆荃孫輯　清光緒至宣統刻本　三十二册

440000－2542－0006027　PC500124
槐廬叢書　(清)朱記榮輯　清光緒吳縣朱氏槐廬家塾刻本　七十四册　存四十五種

440000－2542－0006028　PJ402717
八代文粹二百二十卷目錄十八卷　(清)簡燊(清)陳崇哲編　清光緒十一年(1885)富順攷雋堂刻本　六十册

440000－2542－0006029　PJ402718
粵東詞鈔　(清)許玉彬　(清)沈世良輯　**粵東詞鈔二編**　(清)楊永衍輯　**粵東詞鈔三編**　(清)潘飛聲輯　清道光二十九年至光緒十九年(1849－1893)刻本　十册

440000－2542－0006030　PJ402719
常郡八邑藝文志十二卷　(清)盧文弨纂定　清光緒十六年(1890)刻本　十六册

440000－2542－0006031　PC500282
顧亭林先生遺書十種　(清)顧炎武撰　清蓬瀛閣刻本　六册　存七種

440000－2542－0006032　PJ402720
松陵文錄二十四卷　(清)淩淦輯　清同治十三年(1874)刻民國九年(1920)補刻本　九册

440000－2542－0006033　PC500285
船山遺書二百八十八卷　(清)王夫之撰　清同治四年(1865)湘鄉曾氏金陵節署刻本　四十八册　存十八種

440000－2542－0006034　PC500286
船山遺書二百八十八卷　(清)王夫之撰　清同治四年(1865)湘鄉曾氏金陵節署刻本　十九册　存二十四種

440000－2542－0006035　PC500287
王船山先生經史論八種　(清)王夫之撰　清光緒二十七年(1901)簡青書局石印本　八册

440000－2542－0006036　PJ402722
國朝金陵文鈔十六卷首一卷末一卷　(清)陳作霖等輯　清光緒二十三年(1897)刻本　八册

440000－2542－0006037　PJ402724
湖南文徵一百九十卷補編一卷首一卷目錄六卷姓氏傳四卷　(清)羅汝懷輯　清同治八年(1869)刻本　一百册

440000－2542－0006038　PC500288
湯文正公全集　(清)湯斌撰　清同治九年(1870)刻本　四十册　存五種

440000－2542－0006039　QT000698
西漢會要七十卷　(宋)徐天麟撰　清光緒五年(1879)嶺南學海堂刻本　三册　存十九卷(一至五、二十九至三十三、五十至五十八)

440000－2542－0006040　PC500290
榕村全書　(清)李光地撰　清刻本　六册　存二十八卷

440000－2542－0006041　PC500292
抗希堂十六種全書　(清)方苞撰　清光緒二十四年(1898)嫏嬛閣木活字印本　六十四册

440000－2542－0006042　PC500291
朱文端公藏書　(清)朱軾撰　清光緒二十三年(1897)刻本　五十五册　存十種

440000－2542－0006043　PC500293
鹿洲全集　(清)藍鼎元撰　清雍正刻光緒五年(1879)藍謙修補本　二十四册　存八種

440000－2542－0006044　PC500414
味經齋遺書　(清)莊存與撰　清刻本　九冊　存七種

440000－2542－0006045　PC500295
叢睦汪氏遺書　(清)汪箎輯　清光緒十二年(1886)錢塘汪氏刻本　五冊　存五種

440000－2542－0006046　PJ402726
升菴全蜀藝文志六十四卷首一卷　(明)楊慎原本　(清)譚言藹重校　清嘉慶二十二年(1817)刻本　十六冊

440000－2542－0006047　PC500135
隨盦徐氏叢書十種　徐乃昌輯　清光緒南陵徐氏刻本　十二冊

440000－2542－0006048　PJ402728
國朝中州名賢集十卷首一卷末一卷　(清)黄舒昺編　清光緒十九年(1893)中州明道書院刻本　六冊

440000－2542－0006049　PC500129
積學齋叢書　徐乃昌輯　清光緒南陵徐氏刻本　二十冊　存二十種

440000－2542－0006050　PJ402729
廣東文獻四集　(清)羅學鵬編輯　清嘉慶二十二年(1817)春暉堂刻本　十四冊　存二十六卷(初集一至四、七至八、十四至十八,二集一至八,四集十九、二十一至二十六)

440000－2542－0006051　PC500130
積學齋叢書　徐乃昌輯　清光緒南陵徐氏刻本　十六冊　存二十種

440000－2542－0006052　PJ402731
國朝嶺南文鈔十八卷　(清)陳在謙評輯　清末廣州富文齋刻本　六冊

440000－2542－0006053　PC500298－1
古愚老人消夏錄　(清)汪汲撰　清乾隆至嘉慶古愚山房刻本　二十四冊　存十七種

440000－2542－0006054　PC500299
甌北全集　(清)趙翼撰　清光緒三年(1877)滇南唐氏刻本　五十六冊　存七種

440000－2542－0006055　PC500300
潛研堂全書　(清)錢大昕撰　清光緒十年(1884)長沙龍氏家塾刻本　四十冊　存二十一種

440000－2542－0006056　PJ402731－1
國朝嶺南文鈔十八卷　(清)陳在謙評輯　清末廣州富文齋刻本　六冊

440000－2542－0006057　PC500301
惜抱軒全集　(清)姚鼐撰　清同治五年(1866)省心閣刻本　二十冊　存十三種

440000－2542－0006058　PC500301－1
惜抱軒遺書三種　(清)姚鼐撰　清光緒五年(1879)桐城徐氏刻本　四冊

440000－2542－0006059　PC500133
懷豳雜俎叢書十二種　徐乃昌輯　清光緒至宣統南陵徐氏刻本　十冊

440000－2542－0006060　PC500134
懷豳雜俎叢書十二種　徐乃昌輯　清光緒至宣統南陵徐氏刻本　十冊

440000－2542－0006061　PC500136
隨盦徐氏叢書十種　徐乃昌輯　清光緒南陵徐氏刻本　十冊

440000－2542－0006062　PJ402912
松心詩錄十卷首一卷　(清)張維屏撰　(清)李長榮編校　(清)趙惟濂校刊　清咸豐十年(1860)羊城刻本　二冊

440000－2542－0006063　PC500415
皇清經解一千四百卷首一卷續刻八卷　(清)阮元輯　清道光九年(1829)廣東學海堂刻咸豐十一年(1861)補刻本　三百六十冊

440000－2542－0006064　PJ402732
狄雲行館偶刊一卷　(清)王家璧撰　清刻本　二冊

440000－2542－0006065　PC500307
授堂遺書　(清)武億撰　清道光二十三年(1843)偃師武氏刻本　十六冊　存八種

440000－2542－0006066　PC500416

皇清經解一千四百卷首一卷續刻八卷　(清)阮元輯　清道光九年(1829)廣東學海堂刻咸豐十一年(1861)補刻本　三百六十册

440000－2542－0006067　PC500308
授經堂重刊遺集　(清)洪亮吉撰　清光緒三年(1877)刻本　五十四册　存二百二十二卷

440000－2542－0006068　PC500309
劉氏遺書八卷　(清)劉台拱撰　清光緒十五年(1889)廣雅書局刻本　二册

440000－2542－0006069　PC500311
邃雅堂集十卷文集續編一卷　(清)姚文田撰　清道光江陰學使者署刻本　十册

440000－2542－0006070　PC500310
顨軒孔氏所著書　(清)孔廣森撰　清嘉慶刻本　十册　存六十卷

440000－2542－0006071　PC500417
皇清經解一百九十卷正訛一卷　(清)阮元輯　清光緒十一年(1885)上海點石齋石印本　十八册　存一百六十三卷

440000－2542－0006072　ZS000738－1
鹿樵紀聞三卷　(清)梅村野史(吴偉業)撰　清宣統三年(1911)上海商務印書館鉛印痛史本　一册

440000－2542－0006073　PJ402734
朱氏傳芳集八卷首一卷　(清)朱次琦哀輯　(清)朱宗琦編次　清刻本　三册

440000－2542－0006074　PC500418
皇清經解一千四百卷首一卷續刻八卷　(清)阮元輯　清道光九年(1829)廣東學海堂刻咸豐十一年(1861)補刻本　七十二册　存三百三卷(六百至七百二、八百七十至一千六十九)

440000－2542－0006075　PC500312
焦氏叢書　(清)焦循撰　清光緒二年(1876)刻本　四十册　存一百二十四卷

440000－2542－0006076　PC500313
讀易樓合刻　(清)倪元坦編　清道光十年(1830)刻本　一册　存四種

440000－2542－0006077　PC500314
靈芬館全集　(清)郭麐撰　清嘉慶至道光刻本　二十四册　存十種

440000－2542－0006078　PC500315
槐軒全書　(清)劉沅撰　清光緒刻本　十五册　存八種

440000－2542－0006079　PJ402735
寧都三魏全集　(清)林時益編　清道光二十五年(1845)寧都謝庭綬紱園書塾刻本　四十四册　存七種七十三卷(魏叔子文集外篇一至二十二、日錄一至三、詩集一至八、魏季子文集一至十六、附魏興士文集一至六、魏昭士文集一至十、魏敬士文集一至八)

440000－2542－0006080　PC500316
竹柏山房十五種　(清)林春溥撰　清道光至咸豐刻本　四十册

440000－2542－0006081　PC500419
皇清經解續編一千四百三十卷　王先謙輯　清光緒十四年(1888)南菁書院刻本　一百六十册　存七百十八卷(七百十一至一千二百三十二、一千二百三十五至一千四百三十)

440000－2542－0006082　PC500421
鄭氏佚書　(漢)鄭玄撰　(清)袁鈞校補　清光緒十四年(1888)浙江書局刻本　十册　存二十三種

440000－2542－0006083　PJ402737
吴興長橋沈氏家集　沈家本輯　清宣統元年(1909)刻本　十二册　存五種

440000－2542－0006084　PJ402738
沈氏三先生文集六十二卷附錄一卷　(宋)□□輯　清光緒二十二年(1896)浙江書局刻本　四册　存六十二卷(文集六十二卷)

440000－2542－0006085　PC500317
安吴四種　(清)包世臣撰　清光緒十四年(1888)刻本　十六册　存三十六卷

440000－2542－0006086　PC500318

二思堂叢書　(清)梁章鉅撰　清光緒元年(1875)浙江書局刻本　十六冊　存六種

440000－2542－0006087　PC500319
求志堂存稿彙編　(清)馮元耀　(清)周恭壽彙次　清光緒十八年(1892)刻本　三冊　存八種

440000　－　2542　－　0006088　PJ402739－PJ402742
長洲彭氏家集　(清)彭祖賢輯　清同治至光緒刻本　二十一冊　存八十九卷(南畇詩稾二十七卷、文稾十二卷、南畇老人[彭定求]自訂年譜一卷,二林居集二十四卷,芝庭先生集十八卷、附錄一卷,測海集六卷)

440000－2542－0006089　PC500320
得一齋雜著四種　(清)黄楙材撰　清光緒十二年(1886)夢花軒刻本　二冊　存四種

440000－2542－0006090　PC500321
棣懷堂隨筆十一卷首一卷末一卷雲湖合編一卷　(清)李象鵾撰　清同治十三年(1874)刻本　八冊

440000－2542－0006091　PC500322
景紫堂全書　(清)夏炘撰　清咸豐至同治刻本　十四冊　存八種

440000－2542－0006092　PC500420
皇清經解續編一千四百三十卷　王先謙輯　清光緒十四年(1888)南菁書院刻本　一百六十冊　存七百五卷(三百三十四至五百十九、七百十一至八百八十七、一千八十八至一千三百四十九、一千三百五十一至一千四百三十)

440000－2542－0006093　PC500422
鄭氏佚書四種　(漢)鄭玄撰　(清)袁鈞學　清光緒十年(1884)四明觀稼樓刻本　四冊　存四種

440000－2542－0006094　PC500326
武陵山人遺書　(清)顧觀光撰　清光緒九年(1883)獨山莫祥芝刻本　八冊　存十二種

440000－2542－0006095　PC500327
武陵山人遺書　(清)顧觀光撰　清光緒九年(1883)獨山莫祥芝刻本　八冊　存十二種

440000－2542－0006096　PC500328
武陵山人遺書　(清)顧觀光撰　清光緒九年(1883)獨山莫祥芝刻本　七冊　存十二種

440000－2542－0006097　PC500329
武陵山人遺書　(清)顧觀光撰　清光緒九年(1883)獨山莫祥芝刻本　七冊　存十一種

440000－2542－0006098　PC500330
武陵山人遺書　(清)顧觀光撰　清光緒九年(1883)獨山莫祥芝刻本　十冊　存十二種

440000－2542－0006099　PC500333
羅忠節公遺集　(清)羅澤南撰　清咸豐至同治刻本　八冊　存七種

440000－2542－0006100　PC500334
番禺陳氏東塾叢書初函四種附一種　(清)陳澧撰　清咸豐至光緒刻本　十冊

440000－2542－0006101　PC500423
新鐫經苑　(清)錢儀吉輯　清道光至咸豐大樑書院刻同治七年(1868)王儒行等印本　五十九冊　存二十五種

440000－2542－0006102　PJ402743
安吉施氏遺著　(清)戴翊清　(清)朱廷爕輯　清光緒十七年(1891)刻本　二冊　存五種

440000－2542－0006103　PC500424
古經解彙函　(清)鍾謙鈞等輯　清同治十二年(1873)粤東書局刻本　六十八冊

440000－2542－0006104　PC500425
增補五經備旨萃精　(清)鄒聖脈纂輯　(清)鄒廷猷編次　清光緒十一年(1885)韞玉山房刻本　十八冊　存五種

440000－2542－0006105　PC500426
讀書堂叢刻　簡朝亮撰　清光緒至民國刻本　四十冊　存三種

440000－2542－0006106　PC500427
漢魏二十一家易注　(清)孫堂輯　清嘉慶四

年(1799)平湖孫氏映雪草堂刻本　六册　存二十一種

440000－2542－0006107　PC500335
番禺陳氏東塾叢書初函四種附一種　(清)陳澧撰　清咸豐至光緒刻本　九册

440000－2542－0006108　PC500337
觀古閣叢刻　(清)鮑康編　清同治至光緒歙鮑氏刻本　五册　存六種

440000－2542－0006109　PC500338
獨山莫氏郘亭叢書　(清)莫友芝撰　清咸豐至光緒影山草堂刻民國三十三年至三十五年(1944－1946)揚州書林陳履恒補刻本　二十六册　存七種

440000－2542－0006110　PC500339
獨山莫氏郘亭叢書　(清)莫友芝撰　清咸豐至光緒影山草堂刻民國三十三年至三十五年(1944－1946)揚州書林陳履恒補刻本　二十六册　存七種

440000－2542－0006111　PC500340
雷刻四種　(清)雷浚撰　清光緒十年(1884)吳縣雷氏刻本　六册　存四種

440000－2542－0006112　PC500341
柏堂遺書　(清)方宗誠撰　清光緒桐城方氏志學堂刻本　十八册　存十種

440000－2542－0006113　PC500442
姚氏叢刻　(清)姚覲元輯　清光緒二年(1876)川東官舍刻本　三十册　存三種

440000－2542－0006114　PC500357
如諫果室叢刻四種　(清)王延釗撰　清光緒三十四年(1908)京師益森書館鉛印本　一册

440000－2542－0006115　PC500359
劬書室遺集十六卷　(清)金錫齡撰　清光緒二十一年(1895)刻本　五册

440000－2542－0006116　PC500446
二十四史　清光緒十年(1884)上海同文書局影印本　七百四册　存二十四種

440000－2542－0006117　PC500364
蕙風叢書　況周頤撰　清光緒刻本　十二册　存七種

440000－2542－0006118　PC500365
蕙風叢書　況周頤撰　清光緒刻本　二册　存一種

440000－2542－0006119　PC500368
觀古堂所著書　葉德輝撰　清光緒至民國長沙葉氏刻本　十四册　存十五種

440000－2542－0006120　PC500369
陶廬叢稿　王樹枏撰　清光緒至民國刻本　八册　存四種

440000－2542－0006121　PC500370
大鶴山房全書　鄭文焯撰　清光緒至民國刻民國蘇州交通圖書館印本　八册　存十種

440000－2542－0006122　PC500450
勝朝遺事初編六卷二編八卷　(清)吳彌光輯　(清)宋澤元重訂　清光緒九年(1883)山陰宋澤元懺華盦刻本　十七册　存五十種

440000－2542－0006123　PC500373
哭盦叢書　(清)易順鼎撰　清光緒刻本　十四册　存三十種

440000－2542－0006124　PC500451
荊駝逸史　(清)陳湖逸士輯　清刻本　三十二册　存五十種

440000－2542－0006125　PC500468
小方壺齋輿地叢鈔十二帙　(清)王錫祺輯　清光緒十七年(1891)鉛印本　六十四册　存六十四卷

440000－2542－0006126　PC500452
荊駝逸史　(清)陳湖逸士輯　清刻本　二十四册　存五十種

440000－2542－0006127　PC500453
明季稗史彙編　(清)留雲居士輯　清都城琉璃廠刻本　八册　存十六種

440000－2542－0006128　PC500454
明季稗史彙編　(清)留雲居士輯　清光緒二十二年(1896)上海圖書集成局鉛印本　六册

存十六種

440000－2542－0006129　PC500456
明季稗史彙編　(清)留雲居士輯　清刻本　十四冊　存十六種

440000－2542－0006130　PC500466
李氏五種合刊　(清)李兆洛撰　清光緒十四年(1888)上海掃葉山房刻本　十二冊　存二十八卷

440000－2542－0006131　PC500400
十三經注疏附考證　(清)鍾謙鈞等輯　清同治十年(1871)廣東書局刻本　一百二十冊　存十三種

440000－2542－0006132　PS200237
禹貢會箋十二卷禹貢山水總目一卷圖一卷　(清)徐文靖箋　(清)趙弁訂　清光緒二年(1876)刻本　三冊

440000－2542－0006133　PC500401
十三經注疏附考證　(清)鍾謙鈞等輯　清同治十年(1871)廣東書局刻本　五十冊　存十二種

440000－2542－0006134　PC500402
宋本十三經注疏校勘記　(清)阮元撰　(清)盧宣旬摘錄　**校勘記識語四卷**　(清)汪文臺撰　清光緒十三年(1887)上海脈望仙館石印本　三十二冊　存十三種

440000－2542－0006135　PC500468－1
小方壺齋輿地叢鈔第九帙　(清)王錫祺輯　清光緒十七年(1891)鉛印本　一冊　存一卷(四十三)

440000－2542－0006136　PC500403
宋本十三經注疏校勘記　(清)阮元撰　(清)盧宣旬摘錄　**校勘記識語四卷**　(清)汪文臺撰　清光緒十三年(1887)上海脈望仙館石印本　三十二冊　存十三種

440000－2542－0006137　PC500403－1
周易正義九卷　(唐)孔穎達撰　**周易音義一卷**　(唐)陸德明撰　**校勘記**　(清)阮元撰　(清)盧宣旬摘錄　清光緒十三年(1887)上海脈望仙館石印本　一冊

440000－2542－0006138　PC500405
宋本十三經注疏校勘記　(清)阮元撰　(清)盧宣旬摘錄　**校勘記識語四卷**　(清)汪文臺撰　清光緒袖海山房石印本　二十八冊　存十三種

440000－2542－0006139　PC500404
十三經注疏校勘記　(清)阮元撰　(清)盧宣旬摘錄　**校勘記識語四卷**　(清)汪文臺撰　清光緒二十三年(1897)點石齋石印本　十三冊　存六種

440000－2542－0006140　PC500407
十三經注疏校勘記　(清)阮元撰　清刻本　十九冊　存十一種

440000－2542－0006141　PC500408
十三經注疏　(清)丁寶楨輯　清同治十一年(1872)山東書局刻民國十四年(1925)印本　四十一冊　存十三種

440000－2542－0006142　PC500409
十三經注疏　(清)丁寶楨輯　清同治十一年(1872)山東書局刻民國十四年(1925)印本　十六冊　存六種

440000－2542－0006143　PC500480
行素草堂金石叢書　(清)朱記榮輯　清光緒吳縣朱氏刻十四年(1888)匯印本　四十冊　存十六種

440000－2542－0006144　PC500411
御纂七經　(清)李光地等編　清光緒三十年(1904)上海育文書局石印本　十三冊　存七種

440000－2542－0006145　PC500412
御纂五經　(清)李光地等編　清光緒上海拜石山房石印本　十二冊　存五種

440000－2542－0006146　PC500482
子書百家　(清)崇文書局輯　清光緒元年(1875)湖北崇文書局刻本　九十三冊　存九

十七種

440000－2542－0006147　PC500481
廿二子全書　(清)王纕堂輯　清道光十三年(1833)王氏棠蔭館刻本　四冊　存二十二種

440000－2542－0006148　PC500607
河南二程全書　(宋)程顥　(宋)程頤撰　清光緒三十四年(1908)滄雅局刻本　二十冊　存七種

440000－2542－0006149　PC500608
真西山全集　(宋)真德秀撰　清同治刻本　一百冊　存六種

440000－2542－0006150　PC500609
亭林遺書　(清)顧炎武撰　清刻本　四冊　存九種

440000－2542－0006151　PC500628
北徼彙編　(清)何秋濤編錄　清同治四年(1865)刻本　三冊　存十九種

440000－2542－0006152　PC500627
中外地輿圖説集成一百三十卷首一卷　(清)同康廬主人輯　清光緒二十年(1894)上海積石書局石印本　二十三冊

440000－2542－0006153　PC500485
二十二子　(清)浙江書局輯　清光緒浙江書局刻本　八十二冊　存二十二種

440000－2542－0006154　PC500486
二十二子　(清)浙江書局輯　清光緒浙江書局刻本　六十五冊　存十七種

440000－2542－0006155　PC500500
董方立遺書九種　(清)董祐誠撰　清道光十年(1830)刻本　三冊　存十六卷

440000－2542－0006156　PC500499－2
移華館駢體文二卷　(清)董基誠撰　清咸豐九年(1859)刻本　一冊

440000－2542－0006157　PC500611
唐宋十大家全集錄　(清)儲欣輯　清光緒八年(1882)江蘇書局刻本　三十二冊　存十種

440000－2542－0006158　PC500615
咸淳遺事二卷　(宋)□□撰　清道光刻本　一冊

440000－2542－0006159　PC500620
勝朝遺事初編六卷二編八卷　(清)吳彌光輯　清光緒九年(1883)山陰宋澤元懺花盦刻本　二十四冊

440000－2542－0006160　PC500622
歷朝紀事本末九種　(清)丁立鈞編　清光緒二十九年(1903)文盛書局石印本　四十一冊　存九種

440000－2542－0006161　PC500501
中西算學叢書初編　(清)四明求敏齋主人輯　清光緒二十二年(1896)上海鴻寶齋石印本　二十八冊　存九十二卷

440000－2542－0006162　PC500654
問影樓輿地叢書　(清)胡思敬輯　清光緒三十四年(1908)新昌胡氏鉛印本　五冊　存十五種

440000－2542－0006163　QT000872
化學考質八卷　(德國)富里西尼烏司著　(英國)傅蘭雅口譯　(清)徐壽筆述　清光緒石印本　一冊　存五卷(四至八)

440000－2542－0006164　PC500512
醫學十書　(清)陳璞編　清光緒七年(1881)羊城雲林閣刻本　十六冊　存二十二卷

440000－2542－0006165　QT000869
漢書一百二十卷　(漢)班固撰　(唐)顏師古注　清同治八年(1869)金陵書局刻本　七冊　存四十卷(五十五至九十一、九十八至一百)

440000－2542－0006166　PC500504
古今説部叢書　國學扶輪社輯　清宣統至民國上海國學扶輪社鉛印本　六十冊　存二百四十五種

440000－2542－0006167　PC500516
美術叢書十集　鄧實輯　清宣統三年(1911)

上海神州國光社鉛印本　五冊　存十三種（初集第二輯十一種、三集第七輯明畫錄一卷一種、四集第二輯絲繡筆記卷下一種）

440000－2542－0006168　PC500660
五種遺規　（清）陳弘謀輯　清光緒二十一年（1895）浙江書局刻本　十冊　存五種

440000－2542－0006169　PC500661
石經彙函　（清）王秉恩輯　清光緒九年（1883）元尚居刻本　十二冊　存十種

440000－2542－0006170　ZS000008
毛詩二十卷詩譜一卷音義三卷　（漢）毛亨傳　（漢）鄭玄箋　（唐）陸德明音義　清同治十一年（1872）江南書局刻本　六冊

440000－2542－0006171　ZS000005
書疑九卷　（宋）王柏撰　清同治八年（1869）永康胡氏退補齋刻金華叢書本　一冊　存四卷（一至四）

440000－2542－0006172　ZS000006
增修東萊書說三十五卷首一卷　（宋）呂祖謙撰　（宋）時瀾增修　清同治八年（1869）永康胡氏退補齋刻金華叢書本　六冊　存二十九卷（七至三十五）

440000－2542－0006173　ZS000002
周易費氏學八卷敘錄一卷　馬其昶撰　清光緒合肥李氏刻集虛草堂叢書本　三冊

440000－2542－0006174　ZS000013
禮記訓纂四十九卷　（清）朱彬輯　清咸豐六年（1856）朱念祖刻本　十冊

440000－2542－0006175　ZS000009
詩疑二卷　（宋）王柏撰　清同治八年（1869）永康胡氏退補齋刻金華叢書本　一冊

440000－2542－0006176　PC500665
皇清經解一千四百卷首一卷續刻八卷　（清）阮元輯　清道光九年（1829）廣東學海堂刻咸豐十一年（1861）補刻本　三百五冊　存一千三百四卷

440000－2542－0006177　ZS000026
董子春秋繁露十七卷　（漢）董仲舒撰　清光緒二年（1876）浙江書局刻本　二冊

440000－2542－0006178　ZS000023
爾雅郭注義疏三卷　（清）郝懿行學　清同治四年（1865）刻光緒七年（1881）印本　八冊

440000－2542－0006179　ZS000016
禮說十四卷　（清）惠士奇撰　清嘉慶三年（1798）蘭陔書屋刻本　六冊

440000－2542－0006180　ZS000020
論語十卷　（三國魏）何晏集解　清光緒八年（1882）楊守敬刻古逸叢書本　四冊

440000－2542－0006181　ZS000024
三訂四書辨疑二十二卷補一卷　（清）張江輯　清光緒十三年（1887）大文書局鉛印本　四冊

440000－2542－0006182　ZS000029
釋名疏證八卷補遺一卷續釋名一卷　（漢）劉熙撰　（清）畢沅疏證　清光緒九年（1883）刻本　二冊

440000－2542－0006183　ZS000028
說文外編十六卷　（清）雷浚撰　**說文辨疑一卷**　（清）顧廣圻撰　**劉氏碎金一卷**　（清）劉禧延撰　清光緒二年（1876）刻本　五冊

440000－2542－0006184　ZS000027
說文徐氏新補新附攷證一卷　（清）錢大昭撰　清光緒南陵徐氏刻積學齋叢書本　二冊

440000－2542－0006185　ZS000017
五禮通考二百六十二卷總目二卷首四卷　（清）秦蕙田編輯　清光緒六年（1880）江蘇書局刻本　一百冊

440000－2542－0006186　ZS000022
孝經注疏九卷　（唐）玄宗李隆基注　（宋）邢昺疏　**孝經注疏校勘記九卷**　（清）阮元撰　（清）盧宣旬摘錄　清光緒十八年（1892）湖南寶慶務本書局刻本　二冊

440000－2542－0006187　ZS000033
說文通檢十四卷首一卷末一卷　（清）黎永椿

編　清光緒二年(1876)崇文書局刻本　二冊

440000－2542－0006188　ZS000031
輶軒使者絕代語釋別國方言箋疏十三卷　(清)錢繹撰　**校勘記一卷**　(清)何翰章撰　清光緒十六年(1890)廣雅書局刻本　四冊

440000－2542－0006189　PC500519
稗海七十種三百四十六卷　(明)商濬輯　明萬曆會稽商氏半埜堂刻清康熙振鷺堂重編補刻本　九十四冊　存三百四十四卷

440000－2542－0006190　ZS000034
大廣益會玉篇三十卷　(南朝梁)顧野王撰　(宋)陳彭年重修　**玉篇校刊札記一卷**　(清)鄧顯鶴述　清道光三十年(1850)鄧氏刻本　四冊

440000－2542－0006191　ZS000035
説文發疑六卷　(清)張行孚述　清光緒九年(1883)刻本　三冊

440000－2542－0006192　ZS000036
文字發凡一卷　(清)龍志澤編輯　清光緒三十一年(1905)廣智書局鉛印本　二冊

440000－2542－0006193　ZS000007
書古文訓十六卷　(宋)薛季宣撰　(清)納蘭成德校訂　清康熙十九年(1680)通志堂刻通志堂經解本　四冊

440000－2542－0006194　PC500670
左文襄公全集　(清)左宗棠撰　清光緒十六年(1890)刻本　一百十八冊　存十二種

440000－2542－0006195　PC500667
藕香零拾　繆荃孫輯　清光緒二十二年至宣統二年(1896－1910)江陰繆氏刻本　二十七冊　存三十八種

440000－2542－0006196　PC500519－1
稗海七十種三百四十六卷　(明)商濬輯　明萬曆會稽商氏半埜堂刻清康熙振鷺堂重編補刻本　十九冊　存八十七卷(睽車志六卷、桯史七至十五、隨隱漫錄五卷、楓窗小牘二卷、耕祿藁一卷、厚德錄四卷、西溪叢語二卷、野客叢書三十卷附錄一卷、螢雪叢說二卷、孫公談圃三卷、許彥周詩話一卷、後山居士詩話一卷、齊東野語二十卷)

440000－2542－0006197　ZS000011
儀禮十七卷　(清)吳廷華章句　清乾隆五十九年(1794)金閶書業堂刻本　四冊

440000－2542－0006198　PC500523
香豔叢書　(清)蟲天子輯　清宣統元年至民國三年(1909－1914)上海國學扶輪社、中國圖書公司和記鉛印本　五十七冊　存六十一卷

440000－2542－0006199　PC500413
通志堂經解　(清)納蘭成德輯　清同治十二年(1873)粵東書局刻本　四百五十六冊　存一百三十五種

440000－2542－0006200　PC500524
香豔叢書　(清)蟲天子輯　清宣統元年至民國三年(1909－1914)上海國學扶輪社、中國圖書公司和記鉛印本　二十二冊　存十三集二十二卷(第二集二、四,第三集一、四,第四集一至三,第五集一至二、四,第六集一至二、四,第八集二、第十集一至二,第十三集三,第十四集四,第十五集二,第十六集二,第十八集三,第二十集四)

440000－2542－0006201　PC500591
陳定生先生遺書三種　(清)陳貞慧撰　清光緒二十一年(1895)盛氏思惠齋刻朱印本　一冊　存三種

440000－2542－0006202　PC500525
香豔叢書　(清)蟲天子輯　清宣統元年至民國三年(1909－1914)上海國學扶輪社、中國圖書公司和記鉛印本　八冊　存八卷(第一集二,第二集四,第三集一、四,第四集三,第五集一,第六集一,第十集二)

440000－2542－0006203　PC500525－1
香豔叢書　(清)蟲天子輯　清宣統元年至民國三年(1909－1914)上海國學扶輪社、中國圖書公司和記鉛印本　一冊　存一卷(第五

集一)

440000－2542－0006204　ZS000172－1
徹悟禪師語録二卷　(清)釋了亮等集　清同治十年(1871)金陵刻本　一册

440000－2542－0006205　PJ402609－1
樊榭山房集外詩三卷　(清)厲鶚撰　清同治十三年(1874)錢唐丁氏刻本　一册

440000－2542－0006206　PJ402609－2
半巖廬遺詩二卷　(清)邵懿辰撰　清同治十三年(1874)錢唐丁氏刻本　一册

440000－2542－0006207　ZS000183－1
補訂新譯大方廣佛華嚴經音義二卷　(唐)釋慧苑述　清同治八年(1869)刻本　一册

440000－2542－0006208　PC500529
唐代叢書　(清)王文誥輯　清嘉慶十一年(1806)刻本　十二册　存三十七卷(初集十九卷、二集十八卷)

440000－2542－0006209　PC500579
明四子詩集　(清)嚴嶽蓮輯　清光緒渭南嚴氏刻本　二十八册　存四種

440000－2542－0006210　PC500576
元人選元詩五種　(清)范氏輯　清光緒三十四年(1908)連平范氏雙魚室刻本　六册　存五種

440000－2542－0006211　PC500575
元詩選十卷首一卷二集八卷三集八卷　(清)顧嗣立輯　清康熙長洲顧氏秀野草堂刻本　五册　存九卷(初集甲、辛、己,二集己、庚,三集丙、戊、己,首一卷)

440000－2542－0006212　PC500578
邱海二公合集　(清)焦映漢輯　清同治十年(1871)邱氏可繼堂刻本　十册　存二種十六卷(邱文莊公集十卷、海忠介公集六卷)

440000－2542－0006213　SQ300047
河洛理數七卷　(宋)陳摶著　(明)史應選重訂　清康熙奎壁堂刻本　四册

440000－2542－0006214　PC500533
豔史叢鈔　(清)淞北玉鲂生(王韜)輯　清光緒四年(1878)弢園鉛印本　三册　存六種十三卷(吳門畫舫續録三卷、續板橋雜記三卷、畫舫餘談一卷、白門新柳記一卷補記一卷附記一卷、十洲春語二卷、竹西花事小錄一卷)

440000－2542－0006215　PC500567
漢魏六朝名家集　丁福保輯　清宣統三年(1911)鉛印本　三十册　存一百十種

440000－2542－0006216　PC500569
初唐四傑集　(清)項家達輯　清同治十二年(1873)鄒氏蕺雅居刻本　八册　存四種

440000－2542－0006217　PC500568
唐人三家集　(清)秦恩復輯　清嘉慶至道光江都秦氏石研齋刻本　四册　存三種

440000－2542－0006218　PC500552
西泠詞萃六種　(清)丁丙輯　清光緒十一年至十三年(1885－1887)錢唐丁氏刻本　四册

440000－2542－0006219　PC500554
詞學叢書六種　(清)秦恩復輯　清刻本　十册

440000－2542－0006220　PS200252
韓江記八卷　(清)林大川輯注　清咸豐七年(1857)鈞月山房潮州刻本　三册

440000－2542－0006221　PC500541
徐州二遺民集十卷　馮煦輯　清光緒十九年(1893)刻本　五册

440000－2542－0006222　PC500542
徐州二遺民集十卷　馮煦輯　清光緒十九年(1893)刻本　五册

440000－2542－0006223　PC500543
徐州二遺民集十卷　馮煦輯　清光緒十九年(1893)刻本　五册

440000－2542－0006224　PC500544
海鹽張氏涉園叢刻　張元濟輯　清宣統三年(1911)上海商務印書館鉛印本　四册　存八種

440000－2542－0006225　PC500545

海虞三陶先生集合刻　(清)楊沂孫編　清光緒七年(1881)刻本　八冊　存四種

440000－2542－0006226　PS201116
安定言行錄二卷　(清)汪藻撰　清同治十一年(1872)刻本　一冊

440000－2542－0006227　PS201114
孔子編年五卷　(宋)胡仔撰　清同治九年(1870)刻本　二冊

440000－2542－0006228　PS201109
歷代帝王年表三卷　(清)齊召南編　清刻本　二冊　存二卷(二至三)

440000－2542－0006229　PS201106
歷代史表五十九卷　(清)萬斯同撰　清光緒十五年(1889)廣雅書局刻本　六冊

440000－2542－0006230　PS201115
陸清獻公涖嘉遺蹟三卷　(清)黃維玉編輯　清同治六年(1867)上海道署刻本　一冊

440000－2542－0006231　PS201103
南北史識小錄二十八卷　(清)沈名蓀　(清)朱昆田原輯　(清)張應昌補正　清同治十年(1871)武林吳氏清來堂刻本　十二冊

440000－2542－0006232　PS201108
廿一史四譜五十四卷　(清)沈炳震鈔　清同治十年(1871)吳氏清來堂刻本　十六冊

440000－2542－0006233　PS201102
全史類編二百三十三卷　(清)萬懷蓼輯　清焦雨軒抄本　二百三十四冊

440000－2542－0006234　PS201105
史鑑節要便讀六卷　(清)鮑東里編輯　清同治十二年(1873)崇文書局刻本　四冊

440000－2542－0006235　PS201104
史鑑節要便讀六卷　(清)鮑東里編輯　清光緒元年(1875)崇文書局刻本　二冊

440000－2542－0006236　PS201110
晏子春秋七卷　(春秋)晏嬰撰　**校勘記二卷**　(清)黄以周記　**音義二卷**　(清)孫星衍撰　清刻本　四冊

440000－2542－0006237　PS201107
御定歷代紀事年表一百卷　(清)王之樞纂　清刻本　五十六冊　存五十三卷(十一至十二、十四至十七、二十至三十、三十五至五十、八十一至一百)

440000－2542－0006238　QT000868
切問齋文鈔三十卷　(清)陸燿輯　清同治八年(1869)刻本　一冊　存一卷(一)

440000－2542－0006239　PS200659
後漢書九十卷　(南朝宋)范曄撰　(唐)李賢注　**續漢書八志三十卷**　(晉)司馬彪續　(南朝梁)劉昭注補　清同治八年(1869)金陵書局刻本　十六冊

440000－2542－0006240　PS200660
後漢書九十卷　(南朝宋)范曄撰　(唐)李賢注　**續漢書八志三十卷**　(晉)司馬彪續　(南朝梁)劉昭注補　清同治八年(1869)金陵書局刻本　十六冊

440000－2542－0006241　PS200661
後漢書九十卷　(南朝宋)范曄撰　(唐)李賢注　清同治八年(1869)金陵書局刻本　十四冊

440000－2542－0006242　PS200662
後漢書九十卷　(南朝宋)范曄撰　(唐)李賢注　清同治八年(1869)金陵書局刻本　十四冊

440000－2542－0006243　PS200663
後漢書九十卷　(南朝宋)范曄撰　(唐)李賢注　**續漢書八志三十卷**　(晉)司馬彪續　(南朝梁)劉昭注補　清同治八年(1869)金陵書局刻本　十二冊　缺二十九卷(三十二至六十)

440000－2542－0006244　PS200667
後漢書九十卷　(南朝宋)范曄撰　(唐)李賢注　**續漢書八志三十卷**　(晉)司馬彪續志　(南朝梁)劉昭注補　清光緒十三年(1887)金陵書局刻本　十六冊

440000－2542－0006245　PS200668

後漢書九十卷　(南朝宋)范曄撰　(唐)李賢注　**續漢書八志三十卷**　(晉)司馬彪續志(南朝梁)劉昭注補　清光緒十三年(1887)金陵書局刻本　十三册　存八十五卷(後漢書一至八十五)

440000－2542－0006246　PS200669
後漢書九十卷　(南朝宋)范曄撰　(唐)李賢注　**續漢書八志三十卷**　(晉)司馬彪續志(南朝梁)劉昭注補　清光緒十三年(1887)金陵書局刻本　十二册　缺三十六卷(五至十、續漢書八志三十卷)

440000－2542－0006247　PS200670
後漢書九十卷　(南朝宋)范曄撰　(唐)李賢注　**續漢書八志三十卷**　(晉)司馬彪續志(南朝梁)劉昭注補　清光緒十三年(1887)金陵書局刻本　八册　缺五十三卷(一至五十三)

440000－2542－0006248　PS200673
後漢書一百二十卷附考證　(南朝宋)范曄撰　(唐)李賢注　(南朝梁)劉昭補志　清光緒三十年(1904)武林竹簡齋石印本　八册

440000－2542－0006249　PS200685
後漢書注又補一卷　(清)沈銘彝撰　清光緒十四年(1888)廣雅書局刻本　一册

440000－2542－0006250　PS200686
後漢書注又補一卷　(清)沈銘彝撰　清光緒十四年(1888)廣雅書局刻本　一册

440000－2542－0006251　PS200690
三國志六十五卷　(晉)陳壽撰　(南朝宋)裴松之注　清同治九年(1870)金陵書局刻本　八册

440000－2542－0006252　PS200691
三國志六十五卷　(晉)陳壽撰　(南朝宋)裴松之注　清同治九年(1870)金陵書局刻本　四册　存四十一卷(二十五至六十五)

440000－2542－0006253　PS200692
三國志六十五卷　(晉)陳壽撰　(南朝宋)裴松之注　清同治九年(1870)金陵書局刻本　六册

440000－2542－0006254　PS200696
三國志六十五卷　(晉)陳壽撰　(南朝宋)裴松之注　清光緒十年(1884)上海同文書局石印本　十三册　存五十九卷(一至五十九)

440000－2542－0006255　PS200236
禹貢易知編十二卷　(清)李慎儒輯　清光緒二十五年(1899)丹徒李慎儒刻本　四册

440000－2542－0006256　SQ100006
禹貢錐指二十卷略例一卷禹貢圖一卷　(清)胡渭學　清康熙四十四年(1705)德清胡氏漱六軒刻本　八册

440000－2542－0006257　PS200702
晉書一百三十卷　(唐)太宗李世民撰　**晉書音義三卷**　(唐)何超撰　清同治十年(1871)金陵書局刻本　二十册

440000－2542－0006258　PS200703
晉書一百三十卷　(唐)太宗李世民撰　**晉書音義三卷**　(唐)何超撰　清同治十年(1871)金陵書局刻本　二十册

440000－2542－0006259　PS200244
華嶽志八卷首一卷　(清)李榕纂輯　清道光十一年(1831)楊翼武刻光緒九年(1883)楊昌濬補刻本　四册

440000－2542－0006260　PS200704
晉書一百三十卷　(唐)太宗李世民撰　**晉書音義三卷**　(唐)何超撰　清同治十年(1871)金陵書局刻本　二十册

440000－2542－0006261　PS200250
龍虎山志十六卷　(清)婁近垣重輯　清乾隆五年(1740)刻本　十四册

440000－2542－0006262　QT000862
古文周易參同契註八卷　(清)袁仁林注　清光緒十四年(1888)長沙惜陰書局刻本　二册

440000－2542－0006263　PS200245
武夷山志二十四卷首一卷　(清)董天工編

清道光二十六年(1846)籍溪羅氏五夫尺木軒刻本　八冊

440000－2542－0006264　PS201949－1
皕宋樓藏書志一百二十卷續志四卷　(清)陸心源編　清光緒八年(1882)十萬卷樓刻本　二十四冊

440000－2542－0006265　PS200719
南齊書五十九卷　(南朝梁)蕭子顯撰　清同治十三年(1874)金陵書局刻本　四冊

440000－2542－0006266　PS200720
南齊書五十九卷　(南朝梁)蕭子顯撰　清同治十三年(1874)金陵書局刻本　五冊　存四十七卷(一至四十七)

440000－2542－0006267　PS200721
南齊書五十九卷　(南朝梁)蕭子顯撰　清同治十三年(1874)金陵書局刻本　六冊

440000－2542－0006268　PS200727
梁書五十六卷　(唐)姚思廉撰　清同治十三年(1874)金陵書局刻本　四冊

440000－2542－0006269　PS200726
梁書五十六卷　(唐)姚思廉撰　清同治十三年(1874)金陵書局刻本　四冊

440000－2542－0006270　PS200728
梁書五十六卷　(唐)姚思廉撰　清同治十三年(1874)金陵書局刻本　六冊

440000－2542－0006271　PS200736
陳書三十六卷　(唐)姚思廉撰　清同治十一年(1872)金陵書局刻本　二冊

440000－2542－0006272　PS200737
陳書三十六卷　(唐)姚思廉撰　清同治十一年(1872)金陵書局刻本　四冊

440000－2542－0006273　PS200247
禹貢川澤考二卷　(清)桂文燦撰　清光緒十二年(1886)利華印務局廣州鉛印本　一冊

440000－2542－0006274　PS200753
北齊書五十卷　(唐)李百藥撰　**附考證**　(清)陳浩等考證　清光緒二十九年(1903)五洲同文局石印本　八冊

440000－2542－0006275　PS200761
隋書八十五卷附考證　(唐)魏徵等撰　清光緒十年(1884)上海同文書局石印本　七冊　存三十四卷(四十六至六十六,六十九至八十一)

440000－2542－0006276　PS200759
周書五十卷　(唐)令狐德棻撰　清同治十三年(1874)金陵書局刻本　六冊

440000－2542－0006277　PS200763
隋書八十五卷　(唐)魏徵等撰　清同治十年(1871)淮南書局刻本　十二冊

440000－2542－0006278　PS200764
隋書八十五卷　(唐)魏徵等撰　清同治十年(1871)淮南書局刻本　十二冊

440000－2542－0006279　PS200765
隋書八十五卷　(唐)魏徵等撰　清同治十年(1871)淮南書局刻本　十二冊　存四十卷(一至十一、二十四至三十六、四十二至五十七)

440000－2542－0006280　PS200754
北齊書五十卷　(唐)李百藥撰　清同治十三年(1874)金陵書局刻本　四冊

440000－2542－0006281　PS200755
北齊書五十卷　(唐)李百藥撰　清同治十一年(1872)金陵書局刻本　六冊

440000－2542－0006282　PS200770
南史八十卷　(唐)李延壽撰　清同治十一年(1872)金陵書局刻本　十二冊

440000－2542－0006283　PS200771
南史八十卷　(唐)李延壽撰　清同治十一年(1872)金陵書局刻本　十二冊

440000－2542－0006284　PS200772
南史八十卷　(唐)李延壽撰　清同治十一年(1872)金陵書局刻本　十六冊

440000－2542－0006285　PS200773
南史八十卷　(唐)李延壽撰　清同治十一年

(1872)金陵書局刻本　六册　存四十卷(四十一至八十)

440000－2542－0006286　PS200776
南史八十卷　(唐)李延壽撰　清古吳書業趙氏刻本　十六册

440000－2542－0006287　PS203694－1
帶經堂書目五卷附録一卷　(清)孫樹杓編次　清宣統三年(1911)順德鄧氏鉛印本　三册

440000－2542－0006288　QT000861
左傳史論二卷　(清)高士奇論正　清光緒刻本　一册

440000－2542－0006289　QT000859
宋李忠定擬制詔四卷　(宋)李綱撰　清光緒二十九年(1903)愛日堂刻本　一册

440000－2542－0006290　PS200766
隋書八十五卷　(唐)魏徵等撰　清同治十年(1871)淮南書局刻本　十二册

440000－2542－0006291　PS200779
北史一百卷　(唐)李延壽撰　清同治十一年(1872)金陵書局刻本　二十册

440000－2542－0006292　PS200780
北史一百卷　(唐)李延壽撰　清同治十一年(1872)金陵書局刻本　二十册

440000－2542－0006293　QT000856
晉書一百三十卷　(唐)房玄齡等撰　明萬曆周若年刻本　二册　存三卷(五十一至五十三)

440000－2542－0006294　PS200781
北史一百卷　(唐)李延壽撰　清同治十一年(1872)金陵書局刻本　二十册

440000－2542－0006295　PS200782
北史一百卷　(唐)李延壽撰　清同治十一年(1872)金陵書局刻本　十册　存五十五卷(四十六至一百)

440000－2542－0006296　PS200783
北史一百卷　(唐)李延壽撰　清同治十一年(1872)金陵書局刻本　二十册

440000－2542－0006297　PS200800
唐書二百二十五卷　(宋)歐陽修　(宋)宋祁撰　明末毛氏汲古閣刻本　五十册

440000－2542－0006298　PS200740
魏書一百十四卷　(北齊)魏收撰　明末清初汲古閣刻本　十八册　存八十四卷(三十一至一百十四)

440000－2542－0006299　PS200816
五代史七十四卷　(宋)歐陽修撰　(宋)徐無黨注　清同治十一年(1872)湖北崇文書局刻本　六册　存五十一卷(二十四至七十四)

440000－2542－0006300　PS200741
魏書一百十四卷　(北齊)魏收撰　清同治十一年(1872)金陵書局刻本　二十册

440000－2542－0006301　PS200823
遼史一百十五卷　(元)托克托等修　清同治十二年(1873)江蘇書局刻本　十二册

440000－2542－0006302　PS200742
魏書一百十四卷　(北齊)魏收撰　清同治十一年(1872)金陵書局刻本　二十册

440000－2542－0006303　PS200748
魏書一百十四卷　(北齊)魏收撰　清同治十一年(1872)金陵書局刻本　五册　存三十卷(一至三十)

440000－2542－0006304　PS200830
金史一百三十五卷　(元)托克托等修　清同治十三年(1874)江蘇書局刻本　十九册　存一百三十一卷(五至一百三十五)

440000－2542－0006305　PS200831
金史一百三十五卷　(元)托克托等修　清同治十三年(1874)江蘇書局刻本　十五册　存一百二十六卷(一至十九、二十九至一百三十五)

440000－2542－0006306　PS200746
魏書一百十四卷　(北齊)魏收撰　清同治十一年(1872)金陵書局刻本　十册

440000－2542－0006307　PS200832

金史一百三十五卷附欽定金國語解一卷　(元)托克托等修　清同治十三年(1874)江蘇書局刻本　二十册

440000－2542－0006308　PS200749
魏書一百十四卷　(北齊)魏收撰　清光緒二十九年(1903)五洲同文局石印本　二十四册

440000－2542－0006309　PS200750
魏書一百十四卷　(北齊)魏收撰　清光緒十年(1884)上海同文書局石印本　二十一册　存九十七卷(一至十九、三十至六十九、七十五至一百五、一百七至一百十三)

440000－2542－0006310　PS200751
魏書校勘記一卷　王先謙編　清光緒十七年(1891)廣雅書局刻本　一册

440000－2542－0006311　PS200789
北史一百卷　(唐)李延壽撰　明末清初汲古閣刻本　六册　存二十九卷(七十二至一百)

440000－2542－0006312　PS200790
舊唐書二百卷　(五代)劉昫撰　清同治十一年(1872)浙江書局刻本　四十册

440000－2542－0006313　PS200791
舊唐書二百卷　(五代)劉昫撰　清同治十一年(1872)浙江書局刻本　四十册

440000－2542－0006314　PS200793
舊唐書二百卷　(五代)劉昫撰　清同治十一年(1872)浙江書局刻本　四十册

440000－2542－0006315　PS200794
舊唐書二百卷　(五代)劉昫撰　清同治十一年(1872)浙江書局刻本　三十七册

440000－2542－0006316　PS200847
明史三百三十二卷目錄四卷　(清)張廷玉等修　清刻本(卷一至四抄配)　三十四册　存一百三十二卷(一至三十九、七十三至七十五、一百二十至一百七十七、二百十六至二百四十三,目錄四卷)

440000－2542－0006317　PS200860
資治通鑑目錄三十卷　(宋)司馬光編集　清同治八年(1869)江蘇書局刻本　九册　存二十七卷(一至九、十三至三十)

440000－2542－0006318　PS200864
資治通鑑補二百九十四卷　(宋)司馬光撰　(元)胡三省音注　(明)嚴衍補　清光緒二年(1876)思補樓刻本　八十册

440000－2542－0006319　PS200866
續資治通鑑二百二十卷　(清)畢沅編集　清同治八年(1869)江蘇書局補刻鎮洋畢氏本　五十五册　缺二十卷(八至十一、二十六至三十、三十六至三十九、一百七十九至一百八十二、二百十八至二百二十)

440000－2542－0006320　PS200881
御批歷代通鑑輯覽一百二十卷　(清)傅恒等撰　清同治十三年(1874)湖南書局刻本　五十七册

440000－2542－0006321　PS200882
御批歷代通鑑輯覽一百二十卷　(清)傅恒等撰　清同治十三年(1874)湖南書局刻本　五十六册　存一百十六卷(一至一百十六)

440000－2542－0006322　PS200899
續資治通鑑長編五百二十卷目錄二卷　(宋)李燾撰　清光緒七年(1881)浙江書局刻本　六十九册　存三百七十三卷(十三至五十、五十五至一百五、一百十至一百七十四、一百七十九至一百九十九、三百八至四百四十、四百四十四至四百八十三、四百八十九至四百九十六、五百至五百十六)

440000－2542－0006323　PS200798
舊唐書二百卷　(五代)劉昫撰　**考證二百卷**　(清)沈德潛考證　清光緒十四年(1888)上海圖書集成印書局鉛印本　十册

440000－2542－0006324　PS200802
唐書二百二十五卷　(宋)歐陽修　(宋)宋祁撰　清同治十二年(1873)浙江書局刻本　四十册

440000－2542－0006325　PS200803
唐書二百二十五卷　(宋)歐陽修　(宋)宋祁

撰　清同治十二年(1873)浙江書局刻本　三十九册

440000－2542－0006326　PS200804
唐書二百二十五卷　(宋)歐陽修　(宋)宋祁撰　清同治十二年(1873)浙江書局刻本　四十册

440000－2542－0006327　PS200805
唐書二百二十五卷　(宋)歐陽修　(宋)宋祁撰　清同治十二年(1873)浙江書局刻本　三十九册　存二百十九卷(一至四十一、四十八至二百二十五)

440000－2542－0006328　PS200806
唐書二百二十五卷　(宋)歐陽修　(宋)宋祁撰　清同治十二年(1873)浙江書局刻本　二十五册

440000－2542－0006329　PS200807
唐書二百二十五卷　(宋)歐陽修　(宋)宋祁撰　清同治十二年(1873)浙江書局刻本　二十二册　存一百五十八卷(一至三、七十一至二百二十五)

440000－2542－0006330　PS200909
東華錄一百二十卷(天命朝至道光朝)　王先謙撰　周潤蕃　周瀹蕃校　清光緒石印本　六十册

440000－2542－0006331　PS200711
宋書一百卷　(南朝梁)沈約撰　清同治十一年(1872)金陵書局刻本　十六册

440000－2542－0006332　SQ200001
唐書二百二十五卷　(宋)歐陽修　(宋)宋祁撰　清古吳書業趙氏刻本　四十八册

440000－2542－0006333　PS200910
東華錄一百二十卷(天命朝至道光朝)　王先謙撰　周潤蕃　周瀹蕃校　清光緒石印本　四十九册　缺二十二卷(順治朝七、康熙朝一至二十一)

440000－2542－0006334　PS200914
東華續錄六十九卷(咸豐朝)　(清)潘頤福編　(清)盧秉政校　清光緒十八年(1892)上海圖書集成印書局鉛印本　十六册

440000－2542－0006335　PS200917
東華續錄一百卷(同治朝)　王先謙編　(清)張式恭校　清光緒二十五年(1899)公記書莊石印本　八册

440000－2542－0006336　PS200714
宋書一百卷　(南朝梁)沈約撰　明末清初刻本　五册　存二十八卷(二十五至二十九、三十四至五十六)

440000－2542－0006337　PS200743
魏書一百十四卷　(北齊)魏收撰　清同治十一年(1872)金陵書局刻本　二十二册

440000－2542－0006338　PS200744
魏書一百十四卷　(北齊)魏收撰　清同治十一年(1872)金陵書局刻本　二十四册

440000－2542－0006339　PS200745
魏書一百十四卷　(北齊)魏收撰　清同治十一年(1872)金陵書局刻本　二十册

440000－2542－0006340　PS200746－1
魏書一百十四卷　(北齊)魏收撰　清同治十一年(1872)金陵書局刻本　二十册

440000－2542－0006341　PS200817
宋史四百九十六卷目錄三卷　(元)脱脱撰　清光緒元年(1875)浙江書局刻本　一百册

440000－2542－0006342　PS200818
宋史四百九十六卷目錄三卷　(元)脱脱撰　清光緒元年(1875)浙江書局刻本　七十九册

440000－2542－0006343　PS200819
宋史四百九十六卷目錄三卷　(元)脱脱撰　清光緒元年(1875)浙江書局刻本　九十七册

440000－2542－0006344　PS200616
史記一百三十卷　(漢)司馬遷撰　(南朝宋)裴駰集解　(唐)司馬貞索引　(唐)張守節正義　**附考證**　(清)陳浩校刊　**補史記一卷**　(唐)司馬貞補撰并注　清光緒十八年(1892)武林竹簡齋石印本　八册

440000－2542－0006345　PS200622
史記一百三十卷　(漢)司馬遷撰　(南朝宋)裴駰集解　(唐)司馬貞索引　(唐)張守節正義　(明)陳仁錫評　**附考證**　(清)陳浩校刊　**三皇本紀一卷**　(唐)司馬貞撰并注　明崇禎刻本　十七册　缺四卷(三十九至四十二)

440000－2542－0006346　PS200623
史記一百三十卷　(漢)司馬遷撰　(南朝宋)裴駰集解　(唐)司馬貞索引　(唐)張守節正義　清刻本　十六册　存六十五卷(一至六十五)

440000－2542－0006347　SQ300042
御製天元玉曆祥異賦六卷　(□)□□撰　明清彩繪本　六册

440000－2542－0006348　PS200054
[光緒]重修安徽通志三百五十卷補遺十卷　(清)吳坤修等修　(清)何紹基　(清)楊沂孫纂　清光緒四年(1878)刻本　一百十八册

440000－2542－0006349　PS200954
明史藁三百十卷目錄三卷　(清)王鴻緒編撰　清敬慎堂刻本　三十二册　存一百五十七卷(列传三十八至四十四、五十一至九十八、一百四至二百五)

440000－2542－0006350　PS200955
明史藁三百十卷目錄三卷　(清)王鴻緒編撰　清敬慎堂刻本　六十四册

440000－2542－0006351　PS200971
戰國策三十三卷　(漢)高誘注　**重刻剡川姚氏本戰國策札記三卷**　(清)黃丕烈撰　清同治八年(1869)湖北崇文書局刻本　五册

440000－2542－0006352　PS200088－1
[同治]景寧縣志十四卷首一卷末一卷　(清)周杰修　(清)嚴用光　(清)葉篤貞纂　清同治十二年(1873)刻本　二册　存三卷(二至三、十三)

440000－2542－0006353　PS200238
水經注疏要刪四十卷　楊守敬撰　清光緒三十一年(1905)觀海堂刻本　六册

440000－2542－0006354　PS200239
水道提綱二十八卷　(清)齊召南編錄　清光緒七年(1881)文瑞樓鉛印本　七册　存二十五卷(一至十八、二十二至二十八)

440000－2542－0006355　PS200254
太湖備考續編四卷　(清)鄭言紹輯　清光緒二十九年(1903)刻本　四册

440000－2542－0006356　PS200255
京口山水志十八卷首一卷末一卷　(清)楊棨譔　清道光二十四年(1844)刻本　六册

440000－2542－0006357　PS200257
大清一統志四百二十四卷　(清)和珅等纂修　清光緒二十八年(1902)上海寶善齋石印本　六十册

440000－2542－0006358　PS200258
皇朝輿地畧一卷　(清)六承如節編　清刻本　一册

440000－2542－0006359　PS200259
東晉南北朝輿地表二十八卷　(清)徐文范譔　清光緒二十四年(1898)廣雅書局刻本　六册

440000－2542－0006360　PS200260
皇朝輿地沿革攷一卷　(清)逅天著述　清光緒二十八年(1902)上海廣智書局鉛印本　一册

440000－2542－0006361　PS200261
三國疆域志補注十九卷首一卷　(清)洪亮吉譔　(清)謝鐘英補注　清光緒二十四年(1898)刻本　八册

440000－2542－0006362　PS200262
東晉疆域志四卷　(清)洪亮吉學　清嘉慶元年(1796)刻本　二册

440000－2542－0006363　PS200263
晉太康三年地記一卷王隱晉書地道記一卷　(清)畢沅撰　清光緒二十一年(1895)廣雅書局刻民國印廣雅叢書本　一册

440000－2542－0006364　PS200266

歷代地理韻編今釋二十卷皇朝輿地韻編二卷 （清）李兆洛輯 （清）六嚴等編集 **歷代地理韻編今釋校勘記一卷皇朝輿地韻編校勘記一卷地志韻編唐志補闕正誤考異一卷** （清）馬貞榆撰 清光緒元年（1875）羊城馬氏集益堂刻本 十冊

440000－2542－0006365 PS200263－1
王隱晉書地道記一卷 （清）畢沅撰 清光緒二十年（1894）廣雅書局刻本 一冊

440000－2542－0006366 QT000858
編譯普通教育百科全書 （清）東華譯書社編譯 清光緒石印本 四十八冊 存二十二種

440000－2542－0006367 QT000855
水經注四十卷首一卷 （北魏）酈道元撰 清光緒三年（1877）湖北崇文書局刻本 三冊 存二十二卷（十四至三十五）

440000－2542－0006368 PS200267
皇朝輿地韻編二卷 （清）李兆洛輯 （清）六嚴等編集 **皇朝輿地韻編校勘記一卷地志韻編唐志補闕正誤考異一卷** （清）馬貞榆撰 清刻本 一冊

440000－2542－0006369 PS200268
輿地廣記三十八卷 （宋）歐陽忞撰 **校勘輿地廣記札記二卷** （清）黄丕烈撰 清嘉慶十七年（1812）刻本 四冊

440000－2542－0006370 PS200269
新斠注地理志十六卷 （清）錢坫著 （清）徐松集釋 清同治十三年（1874）刻本 八冊

440000－2542－0006371 PS200270
廣輿記二十四卷 （明）陸應陽纂 （清）蔡方炳增輯 清刻本 十一冊 存十四卷（二至八、十五至二十一）

440000－2542－0006372 PZ301102
般若波羅密多心經略疏一卷 （唐）釋法藏述 清同治八年（1869）金陵刻經處刻本 一冊

440000－2542－0006373 SQ300056
杜韓詩句集韻三卷 （清）汪文柏輯 清康熙四十五年（1706）刻本 三冊

440000－2542－0006374 SQ300048
洴澼百金方十四卷 （清）袁宮桂編次 清道光二十年（1840）陳階平刻本 五冊

440000－2542－0006375 SQ300043
御選語錄十九卷 （清）世宗胤禛輯 清雍正十一年（1733）内府刻本 十四冊

440000－2542－0006376 SQ300044
御製揀魔辨異錄八卷 （清）世宗胤禛輯 清雍正十一年（1733）内府刻本 四冊

440000－2542－0006377 SQ300045
山法全書二卷三世墓圖記一卷忠肝集摘要一卷水法圖一卷 （清）葉泰輯 （清）高其倬批註 清乾隆六年（1741）高書勳刻本 二冊

440000－2542－0006378 SQ300050
庚子銷夏記八卷閒者軒帖考一卷 （清）孫承澤撰 清乾隆二十六年（1761）鮑廷博、鄭弗人刻本 五冊

440000－2542－0006379 SQ300049
無聲詩史七卷 （清）姜紹書輯 清康熙五十九年（1720）李光暎刻本 二冊

440000－2542－0006380 SQ300052
事物異名錄四十卷 （清）厲荃原輯 （清）關槐增纂 清乾隆五十三年（1788）刻本 十二冊

440000－2542－0006381 SQ300051
詩律武庫十五卷後集十五卷 （宋）呂祖謙編 清康熙五十四年（1715）鄭尚忠刻本 四冊

440000－2542－0006382 SQ300053
欽定元王惲承華事略補圖六卷 （元）王惲撰 （清）徐郙等補圖 清光緒内府刻本 一冊

440000－2542－0006383 SQ300054
類書纂要三十三卷 （清）周魯輯 清康熙三年（1664）侯杲刻本 二十四冊

440000－2542－0006384 SQ300055
三才藻異三十三卷 （清）屠粹忠著 清乾隆二十八年（1763）栩園刻本 三十二冊

440000－2542－0006385　SQ400001
杜詩詳註二十五卷首一卷諸家詠杜二卷
（清）仇兆鰲輯註　清康熙刻本　十四冊

440000－2542－0006386　SQ400002
玉谿生詩箋註三卷首一卷樊南文集箋註八卷首一卷　（唐）李商隱撰　（清）馮浩編訂　清乾隆四十五年（1780）德聚堂刻嘉慶馮寶圻增補同治七年（1868）修補本　八冊

440000－2542－0006387　SQ400003
杜詩論文五十六卷　（清）吳見思注　清康熙十一年（1672）岱淵堂刻本　十二冊

440000－2542－0006388　SQ400004
曾文定公全集二十卷首一卷末一卷　（清）彭期編訂　清康熙三十一年（1692）彭期刻三十六年（1697）補刻本　十四冊

440000－2542－0006389　SQ400005
曾文定公全集二十卷首一卷末一卷　（清）彭期編訂　清康熙三十一年（1692）彭期刻三十六年（1697）補刻本　十二冊

440000－2542－0006390　SQ400006
施註蘇詩四十二卷總目二卷　（宋）施元之註　（清）邵長蘅等刪補　**東坡［蘇軾］年譜一卷**　（宋）王宗稷編　（清）邵長蘅重訂　**蘇詩續補遺二卷**　（清）馮景補註　**王註正譌一卷**　（清）邵長蘅撰　清康熙三十八年（1699）刻本　二十七冊

440000－2542－0006391　SQ400020
御製詩集十卷二集十卷　（清）高士奇編次　（清）宋犖校刊　清康熙四十二年（1703）宋犖刻本　四冊

440000－2542－0006392　PJ400309－1
西山先生真文忠公文集五十五卷目錄二卷
（宋）真德秀撰　（明）楊鶚重脩　清同治三年（1864）拱極堂刻本　二十八冊

440000－2542－0006393　SQ400008
仁山先生金文安公文集五卷　（宋）董尊編輯　清雍正九年（1731）金律刻本　一冊　存二卷（一至二）

440000－2542－0006394　SQ400009
鐵厓樂府註十卷詠史註八卷逸編註八卷
（元）楊維楨著　（清）樓卜瀍註　清乾隆三十九年（1774）聯桂堂刻本　十二冊

440000－2542－0006395　SQ400011
白沙子全集六卷首一卷附錄一卷　（明）陳獻章撰　清康熙四十九年（1710）何九疇刻本　四冊　存四卷（一至四）

440000－2542－0006396　SQ400010
太史升菴全集八十一卷目錄二卷年譜一卷
（明）楊慎著　清乾隆六十年（1795）周參元刻本　二十四冊

440000－2542－0006397　SQ400012
海忠介先生備忘集十卷　（明）海瑞著　（清）朱子虛編輯　清康熙二十七年（1688）海廷芳刻本　六冊

440000－2542－0006398　SQ400158
白沙子全集十卷首一卷末一卷白沙子古詩教解二卷　（明）陳獻章撰　清乾隆三十六年（1771）碧玉樓刻本　十冊

440000－2542－0006399　SM400039/SM400016－1
馮用韞先生北海集四十六卷　（明）馮琦撰　明萬曆林有麟刻本　十冊　存四十三卷（一、五至四十六）

440000－2542－0006400　SQ400013
鬲津草堂詩六卷鬲津草堂乃了集一卷　（清）田霢撰　**水東草堂詩一卷**　（清）田需撰　**安德明詩選遺一卷**　（清）田同之撰　**有懷堂文集一卷有懷堂詩集一卷**　（清）田肇麗撰　清康熙至乾隆刻本　三冊

440000－2542－0006401　SQ400015
朱栢廬先生媿訥集十二卷附載一卷　（清）朱用純撰　清雍正三年（1725）吳廷章刻本　四冊

440000－2542－0006402　SQ400016
施愚山先生學餘文集二十八卷　（清）施閏章著　（清）施彥淳　（清）施彥恪錄輯　清康熙

四十七年(1708)曹寅刻本　七冊

440000－2542－0006403　SQ400163
曝書亭集詩註二十二卷年譜一卷　(清)楊謙纂　清乾隆刻本　四冊　存十一卷(一至二、十二至十四、十九至二十四)

440000－2542－0006404　SQ400017
曝書亭詩錄箋注十二卷　(清)朱彝尊撰　(清)江浩然箋注　清乾隆三十年(1765)江壎刻本　十二冊

440000－2542－0006405　SQ400018
曝書亭集八十卷　(清)朱彝尊撰　清康熙五十三年(1714)朱稻孫刻本　十冊　存六十四卷(一至六十四)

440000－2542－0006406　SQ400019
榕村全集四十卷別集五卷　(清)李光地撰　清乾隆元年(1736)李清植刻本　十五冊

440000－2542－0006407　SQ400021
飴山文集十二卷附錄二卷　(清)趙執信撰　清乾隆三十九年(1774)因園刻本　六冊

440000－2542－0006408　SQ400021－1
飴山詩集二十卷　(清)趙執信撰　清乾隆十七年(1752)刻本　七冊

440000－2542－0006409　SQ400021－2
談龍錄一卷　(清)趙執信撰　清乾隆三十九年(1774)刻本　一冊

440000－2542－0006410　SQ400021－2
聲調譜三卷　(清)趙執信撰　(清)趙執端輯錄　清乾隆刻本　與440000－2542－0006409合一冊

440000－2542－0006411　SQ400022
白田草堂存稿二十四卷崇祀鄉賢錄四卷行狀一卷　(清)王懋竑著　清乾隆刻本　六冊

440000－2542－0006412　SQ400023
白田草堂存稿二十四卷崇祀鄉賢錄四卷行狀一卷　(清)王懋竑著　清乾隆刻本　四冊

440000－2542－0006413　SQ400025
二希堂文集十一卷首一卷　(清)蔡世遠撰　清雍正十年(1732)刻本　五冊

440000－2542－0006414　SQ400024
二希堂文集十一卷首一卷　(清)蔡世遠撰　清乾隆二十二年(1757)刻本　四冊　存七卷(三至五、八至十一)

440000－2542－0006415　SQ400026
文檄四十八卷　(清)陳宏謀著　(清)陳鍾珂　(清)陳蘭森編　清刻本　與440000－2542－0000768合一冊　缺二卷(一至二)

440000－2542－0006416　SQ400027
繡虎軒尺牘八卷二集八卷三集八卷　(清)曹煜著　清康熙傳萬堂刻本　六冊

440000－2542－0006417　SQ400028
六湖先生遺集十二卷　(清)張文瑞著　清乾隆孝友堂刻本　二冊

440000－2542－0006418　SQ400029
弢甫集十四卷　(清)桑調元撰　清乾隆蘭陔草堂刻本　一冊　存七卷(一至七)

440000－2542－0006419　SQ400030
小樹軒詩集八卷　(清)金虞撰　清乾隆五十四年(1789)金式士刻本　一冊　存四卷(一至四)

440000－2542－0006420　SQ400032
三華文集二卷　(清)梁機撰　清抄本　二冊

440000－2542－0006421　SQ400031
泊鷗山房集三十八卷　(清)陶元藻撰　清乾隆衡河草堂刻本　十二冊

440000－2542－0006422　SQ200049
西洋朝貢典錄三卷　(明)黃省曾撰　清道光曾釗抄本　一冊

440000－2542－0006423　PJ400078
讀杜心解六卷首二卷　(清)浦起龍講解　清雍正三年(1725)寧我齋刻本　四冊

440000－2542－0006424　SQ400058
重刊校正笠澤藂書四卷補遺一卷續補遺一卷　(唐)陸龜蒙撰　清雍正九年(1731)大疊山房刻本　二冊

440000－2542－0006425 SQ400059
羅昭諫集八卷 （唐）羅隱著 清康熙九年（1670）張瓚刻道光四年（1824）吳墉補刻本 四冊

440000－2542－0006426 SQ400060
晞髮集十卷遺集二卷補一卷 （宋）謝翱撰 **天地間集一卷** （宋）謝翱輯 **冬青樹引注一卷登西臺慟哭記注一卷** （宋）謝翱撰 （明）張丁註 清康熙四十一年（1702）陸大業刻本 二冊

440000－2542－0006427 SQ400062
司馬文正公傳家集八十卷目錄二卷年譜一卷附錄一卷 （清）陳弘謀輯 清乾隆六年（1741）陳弘謀刻本 十二冊

440000－2542－0006428 SQ400063
宋宗忠簡公集八卷 （明）熊人霖原訂 （清）王廷曾重編 清康熙三十年（1691）王廷曾刻乾隆二十六年（1761）趙弘信印本 四冊

440000－2542－0006429 SQ400064
水雲集一卷附錄三卷 （宋）汪元量著 清乾隆三十年（1765）鮑氏知不足齋刻本 一冊

440000－2542－0006430 SQ400065
宋端明殿學士蔡忠惠公文集三十六卷 （宋）蔡襄撰 清乾隆五年（1740）蔡廷魁刻本 八冊

440000－2542－0006431 SQ400066
蘇文忠公海外集四卷 （清）王時宇重校 **年譜一卷** （宋）王宗稷編 清乾隆四十年（1775）稽古堂刻本 四冊

440000－2542－0006432 SQ400067
范文正公忠宣公全集 （宋）范仲淹 （宋）范純仁撰 （清）范能濬編 清康熙四十六年（1707）范時崇刻本 六冊 存二種

440000－2542－0006433 SQ400069
東坡先生編年詩補註五十卷年表一卷蘇詩補註采輯書目一卷 （清）查慎行補註 清乾隆二十六年（1761）香雨齋刻本 十四冊

440000－2542－0006434 SQ400068
蓮香集五卷 （明）彭日貞輯 清乾隆三十年（1765）西城艸堂刻本 二冊

440000－2542－0006435 SQ400073
鄒公願學集八卷 （明）鄒元標著 清乾隆十二年（1747）特恩堂刻本 八冊

440000－2542－0006436 SQ400072
武溪集二十卷首一卷 （宋）余靖著 （清）高登科校 清嘉慶十八年（1813）芸香堂刻本 四冊

440000－2542－0006437 SQ400071
羅鄂州小集六卷遺文一卷 （清）程哲輯錄 清康熙五十二年（1713）程氏七略書堂刻本 一冊

440000－2542－0006438 SQ400070
梅花字字香前集一卷後集一卷 （元）郭豫亨撰 清抄本 一冊

440000－2542－0006439 SQ400074
宋學士全集三十二卷附錄一卷 （明）宋濂撰 （清）彭始摶訂正 清康熙四十八年（1709）彭始摶刻本 三十二冊

440000－2542－0006440 SQ400075
文清公薛先生文集二十四卷 （明）薛瑄撰 清雍正十二年（1734）薛氏合族刻本 十二冊

440000－2542－0006441 SQ400076
吳淵潁先生集十二卷 （清）王邦采 （清）王繩曾箋 清康熙六十年（1721）林養堂刻本 六冊

440000－2542－0006442 SQ400077
漁洋山人文略十四卷 （清）王士禛撰 清康熙刻雍正印本 三冊

440000－2542－0006443 SQ400078
世德堂文集四卷 （清）王鉞著 清康熙刻本 四冊

440000－2542－0006444 SQ400079
漁洋山人精華錄十卷 （清）林佶編 清康熙刻本 四冊

440000－2542－0006445　SQ400080
蠶尾集十卷　(清)王士禛撰　清康熙刻雍正印本　十冊

440000－2542－0006446　SQ400081
著老書堂集八卷詞一卷　(清)張世進撰　清乾隆刻本　四冊

440000－2542－0006447　SQ400082
嘯竹堂集十六卷　(清)王錫著　清乾隆二十二年(1757)刻本　六冊

440000－2542－0006448　SQ400083
愛日堂文集八卷詩集二卷外集一卷　(清)孫宗彝著　**年譜一卷**　(清)孫弓安輯　清乾隆三十五年(1770)孫仝邵刻同治九年(1870)高郵趙氏補刻本　五冊

440000－2542－0006449　SQ400084
膽餘軒集八卷　(清)孫光祀著　清康熙刻本　八冊

440000－2542－0006450　SQ400086
安序堂文鈔三十卷　(清)毛際可著　清康熙刻本　八冊

440000－2542－0006451　SQ400088
野水閒鷗館詩鈔一卷　(清)倪鴻撰　清同治十年(1871)稿本　一冊

440000－2542－0006452　SQ400087
染指集六卷　(清)程式如撰　清抄本　一冊

440000－2542－0006453　SQ400089
志寧堂稿六卷　(清)徐文靖著　清乾隆志寧堂刻乾隆以後修補本　一冊

440000－2542－0006454　SQ400090
邵子湘全集　(清)邵長蘅撰　清康熙青門草堂刻光緒二十二年(1896)李超瓊印本　八冊　存三種三十卷(青門簏稾十六卷、青門旅稾六卷、青門賸稾八卷)

440000－2542－0006455　PZ300027
物理論一卷　(晉)楊泉撰　(清)孫星衍集校　(清)錢保塘重校　清光緒刻清風室叢刻本　與440000－2542－0003033合一冊

440000－2542－0006456　PZ300121－1
人譜類記增訂六卷　(明)劉宗周著　清光緒三年(1877)湖北崇文書局刻本　一冊　存二卷(五至六)

440000－2542－0006457　SQ400091
魏叔子文鈔十二卷　(清)魏禧撰　(清)宋犖　(清)許汝霖選　清康熙三十三年(1694)刻本　四冊

440000－2542－0006458　SQ400092
西陂類稿五十卷　(清)宋犖撰　清康熙毛扆宋懷金高岑刻本　十六冊

440000－2542－0006459　SQ400094
漁莊詩艸六卷　(清)沈堡撰　清康熙刻本　三冊

440000－2542－0006460　SQ400095
雙桐圃詩鈔不分卷　(清)潘恕撰　清咸豐稿本　三冊

440000－2542－0006461　SQ400093
萬松山房詩鈔五卷　(清)潘正亨撰　清抄本　一冊

440000－2542－0006462　SQ400096
佳山堂詩集十卷詩二集九卷　(清)馮溥著　清康熙古吳朱士儒刻本　八冊

440000－2542－0006463　SQ400100
燼餘集一卷珠江雜泳一卷　(清)湯廷英撰　清光緒湯寶鋆抄本　一冊

440000－2542－0006464　SQ400097
槐塘詩稿十六卷文稿四卷　(清)汪沆著　清乾隆五十一年(1786)刻本　三冊

440000－2542－0006465　SQ400099
沈歸愚詩文全集　(清)沈德潛撰　清乾隆教忠堂刻本　二十四冊　存八種

440000－2542－0006466　SQ400101
貫珠四集二十二卷首一卷　(清)李文燦著　清乾隆李琯朗刻本　四冊

440000－2542－0006467　SQ400102
果堂集十二卷　(清)沈彤著　清乾隆刻本

二册

440000－2542－0006468　SQ400103
銅鼓書堂遺稾三十二卷　（清）查禮撰　清乾隆查淳刻本　四册

440000－2542－0006469　SQ400104
笠翁一家言全集十六卷　（清）李漁著　清雍正芥子園刻本　十八册

440000－2542－0006470　SQ400106
查浦詩鈔十二卷　（清）查嗣瑮撰　清康熙六十一年（1722）查慎行刻本　四册

440000－2542－0006471　SQ400105
懷園集李詩八卷杜詩八卷　（清）車萬育著　清康熙刻本　四册

440000－2542－0006472　SQ400107
敬業堂詩集五十卷續集六卷　（清）查慎行撰　清康熙五十八年（1719）刻雍正增刻本　二十六册

440000－2542－0006473　SQ400110
南野堂詩集六卷首一卷　（清）吴文溥撰　清乾隆五十九年（1794）刻本　四册

440000－2542－0006474　SQ400108
甘莊恪公全集十六卷附錄一卷　（清）甘汝來著　清乾隆五十六年（1791）甘立德、甘立猷刻本　四册

440000－2542－0006475　SQ400109
范忠貞公文集五卷首一卷　（清）范承謨撰　清康熙四十七年（1708）圖爾泰刻本　六册

440000－2542－0006476　SQ400111
宦游訪蘇吟草不分卷公餘吟草不分卷　（清）吴蓉紳撰　清同治抄本　一册

440000－2542－0006477　SQ400113
有懷堂文稿二十二卷詩稿六卷　（清）韓菼撰　清康熙四十二年（1703）刻本　八册

440000－2542－0006478　SQ400112
含薰詩三卷　（清）吴楷著　清乾隆十年（1745）刻本　一册

440000－2542－0006479　SQ400114
街南文集二十卷續集七卷　（清）吴肅公著　清康熙二十八年（1689）吴承勵刻本　十册

440000－2542－0006480　SQ400034
泊鷗山房集三十八卷　（清）陶元藻撰　清乾隆衡河草堂刻本　八册

440000－2542－0006481　SQ400035
切問齋集十六卷　（清）陸燿著　清乾隆五十七年（1792）暉吉堂刻本　八册

440000－2542－0006482　SQ400033
虚白齋存稾十二卷　（清）吴壽昌撰　清乾隆五十五年（1790）刻本　一册　存二卷（十一至十二）

440000－2542－0006483　SQ400036
詠物詩選註釋八卷　（清）俞琰輯　（清）易開緡　（清）孫洊鳴註　清乾隆三十八年（1773）經國堂刻本　四册

440000－2542－0006484　SQ400037
古文雅正十四卷　（清）蔡世遠選評　清雍正三年（1725）念修堂刻本　六册

440000－2542－0006485　SQ400038
古文眉詮七十九卷　（清）浦起龍論次　清乾隆六年（1741）三吴書院刻本　十五册　存七十四卷（一至七十四）

440000－2542－0006486　PJ403033
宋王忠文公文集五十卷目錄四卷　（宋）王十朋撰　（清）唐傳鉎重編　**梅溪王忠文公年譜一卷**　（清）徐炯文编　清光緒二年（1876）刻本　十六册

440000－2542－0006487　SQ400040
御定全唐詩錄一百卷全唐詩人年表一卷　（清）徐倬　（清）徐元正校刊　清康熙四十五年（1706）揚州詩局刻本　三十二册

440000－2542－0006488　SQ200079
金石錄三十卷　（宋）趙明誠撰　清乾隆二十七年（1762）盧見曾刻雅雨堂叢書本　六册

440000－2542－0006489　SQ400041

唐人五言長律清麗集六卷 (清)徐日璉 (清)沈士駿輯 清乾隆二十二年(1757)刻本 二冊

440000－2542－0006490 SQ400043
兩漢策要十二卷 (宋)陶叔獻輯 (清)張朝樂校閲 清乾隆五十六年(1791)吳門近文齋刻本 六冊 存九卷(二、四至十一)

440000－2542－0006491 SQ400042
宋十五家詩選十六卷 (清)陳訏輯 清康熙三十二年(1693)刻本 五冊 存八卷(宛陵詩選一卷、廬陵詩選一卷、東坡詩選一卷、欒城詩選一卷、山谷詩選一卷、石湖詩選一卷、劍南詩選二卷)

440000－2542－0006492 SQ400044
明詩綜一百卷 (清)朱彝尊録 (清)汪森等緝評 清康熙刻本 二十冊

440000－2542－0006493 SQ400046
國朝詩別裁集三十六卷 (清)沈德潛纂評 (清)蔣重光等輯 清乾隆二十四年(1759)蔣重光刻本 十二冊

440000－2542－0006494 SQ400048
幽谷鶯聲六卷 (清)王蘇輯 清乾隆五十三年(1788)刻本 一冊 存三卷(一至三)

440000－2542－0006495 SQ400047
鳳池集十卷 (清)沈玉亮集録 (清)吳陳琰集録 清康熙四十四年(1705)刻本 三冊

440000－2542－0006496 SQ400049
歷科廷試狀元策十卷總考一卷 (明)焦竑編集 (清)胡任輿增訂 清雍正十一年(1733)懷德堂刻本 六冊

440000－2542－0006497 SQ400050
宋詩紀事一百卷 (清)厲鶚 (清)馬曰琯輯 清乾隆十一年(1746)樊榭山房刻本 二十四冊

440000－2542－0006498 SQ400051
山中白雲詞八卷附録一卷樂府指迷一卷 (宋)張炎著 清康熙六十一年(1722)曹炳曾刻本 二冊 存七卷(一至二、四至八)

440000－2542－0006499 SQ400052
山中白雲詞八卷附録一卷 (宋)張炎著 清康熙六十一年(1722)曹炳曾刻本 二冊

440000－2542－0006500 SQ400053
楚辭燈四卷 (清)林雲銘論述 **附楚懷襄二王在位事蹟考一卷** (清)林雲銘纂編 **屈原列傳一卷** (漢)史馬遷撰 清康熙三十六年(1697)挹奎樓刻本 二冊

440000－2542－0006501 SQ400054
碧雲集三卷 (五代)李中撰 清康熙四十一年(1702)席氏琴川書屋刻本 二冊

440000－2542－0006502 SQ400055
杜工部五言詩選直解三卷七言詩選直解二卷 (清)范廷謀注釋 **杜工部[甫]年譜一卷** (清)范廷謀訂 **舊唐書杜甫傳一卷** (五代)劉昫撰 清雍正範氏稼石堂刻本 五冊

440000－2542－0006503 SQ400056
杜詩集説二十卷目録二十卷外詩一卷附録一卷 (清)江浩然纂輯 **杜工部[甫]年譜一卷** (清)朱鶴齡撰 清乾隆四十三年(1778)惇裕堂刻本 十二冊

440000－2542－0006504 PJ402080－1
讀韓記疑十卷首一卷 (唐)韓愈撰 (清)王元啓著 清嘉慶五年(1800)王尚玨刻本 四冊

440000－2542－0006505 SQ400057
杜詩偶評四卷 (清)沈德潛纂 清乾隆十二年(1747)賦閑草堂刻本 四冊

440000－2542－0006506 SQ400132
五言詩十七卷 (清)王士禛選本 (清)聞人倓箋 清乾隆芷蘭堂刻本 四冊

440000－2542－0006507 QT000011
資治通鑑二百九十四卷 (宋)司馬光編集 (元)胡三省音註 清光緒十四年(1888)長沙楊氏刻本 一冊 存三卷(一百三至一百五)

440000－2542－0006508 QT000013

史記一百三十卷 (漢)司馬遷撰述 (明)鄧以讃輯評 明刻本 五冊 存十卷(十一至十六、十九至二十二)

440000－2542－0006509 QT000854
人譜正篇一卷續篇一卷三篇一卷人譜類記增訂六卷 (明)劉宗周著 清光緒三年(1877)湖北崇文書局刻本 一冊 存五卷(一至五)

440000－2542－0006510 QT000015
宋史翼四十卷 (清)陸心源輯 清光緒歸安陸氏十萬卷樓刻本 一冊 存四卷(一至四)

440000－2542－0006511 QT000017
京師大學堂史學科講義五章 (清)屠寄撰 清光緒鉛印本 一冊

440000－2542－0006512 QT000017
京師大學堂萬國史講義二章 (日本)服部宇之吉講述 清光緒刻本 與440000－2542－0006511合一冊

440000－2542－0006513 QT000018
宋史四百九十六卷目錄三卷 (元)脱脱撰 清光緒元年(1875)浙江書局刻本 一冊 存六卷(四百三十四至四百三十九)

440000－2542－0006514 QT000019
晉諸公别傳一卷 (清)湯球輯 清光緒廣雅書局刻本 一冊

440000－2542－0006515 QT000020
晉書輯本九種 (清)湯球輯 清光緒廣雅書局刻本 二冊 存七種

440000－2542－0006516 QT000021
元史氏族表三卷 (清)錢大昕撰 清光緒二十年(1894)廣雅書局刻本 一冊 存一卷(一)

440000－2542－0006517 ZS000795
十眉謠一卷 (清)徐士俊著 清乾隆刻昭代叢書本 一冊

440000－2542－0006518 ZS000795
岕茶彙抄一卷 (清)冒襄著 清乾隆刻昭代叢書本 與440000－2542－0006517合一冊

440000－2542－0006519 ZS000795
蘭言一卷 (清)冒襄著 清乾隆刻昭代叢書本 與440000－2542－0006517合一冊

440000－2542－0006520 ZS000795
硯林一卷 (清)余懷著 清乾隆刻昭代叢書本 與440000－2542－0006517合一冊

440000－2542－0006521 QT000027
識字一隅十卷 (清)胡鳳丹輯 清退補齋刻本 一冊 存五卷(六至十)

440000－2542－0006522 QT000028
蒙學讀本漢字母音釋二卷 (清)楊敦頤纂 (清)楊錫驥編述 (清)李培鍔加釋 清光緒三十年(1904)石印本 一冊 存一卷(上)

440000－2542－0006523 QT000029
輶軒使者絕代語釋别國方言箋疏十三卷 (清)錢繹撰集 清刻本 二冊 存八卷(四至十一)

440000－2542－0006524 QT000032
藝海珠塵 (清)吳省蘭輯 清嘉慶南匯吳氏聽彝堂刻本 八冊 存十四種

440000－2542－0006525 QT000033
藝海珠塵 (清)吳省蘭輯 清嘉慶南匯吳氏聽彝堂刻本 三冊 存三種

440000－2542－0006526 QT000034
藝海珠塵 (清)吳省蘭輯 清嘉慶南匯吳氏聽彝堂刻本 三冊 存三種

440000－2542－0006527 QT000035
天問略一卷 (葡萄牙)陽瑪諾答 清嘉慶南匯吳氏聽彝堂刻本 一冊

440000－2542－0006528 QT000036
十朝東華錄五百二十五卷(天命朝至咸豐朝)附同治朝一百卷 王先謙撰 周潤蕃 周瀹蕃校 清光緒二十五年(1899)石印本 四十六冊 存三百八十九卷(天命朝四卷、天聰朝十一卷、崇德朝八卷、順治朝三十六卷、康熙朝一百十卷、雍正朝一至十二、乾隆朝四十二至一百二十、道光朝三十二至六十、咸豐朝一

百卷）

440000－2542－0006529　QT000039

明末紀事補遺十卷　（清）三餘氏輯　清刻本　一册　存二卷（四至五）

440000－2542－0006530　QT000042

行水金鑑一百七十五卷首一卷　（清）傅澤洪撰　清雍正三年（1725）淮揚官署刻本　一册　存五卷（一至五）

440000－2542－0006531　QT000043

潛菴先生擬明史稿二十卷　（清）湯斌擬　（清）田蘭芳評　清同治刻本　一册　存三卷（六至八）

440000－2542－0006532　QT000044

無聲詩史七卷　（清）姜紹書輯　清宣統二年（1910）上海瑞記書局石印本　一册　存一卷（一）

440000－2542－0006533　QT000045

增修現行常例一卷　（□）□□撰　清同治刻本　一册

440000－2542－0006534　QT000049

前漢書一百卷　（漢）班固撰　（唐）顏師古注　清光緒十三年（1887）金陵書局刻本　一册　存二卷（二十七至二十八）

440000－2542－0006535　QT000050

費氏古易訂文十二卷　王樹枏撰　清光緒十七年（1891）文莫室刻本　一册　存六卷（七至十二）

440000－2542－0006536　QT000051

龍門書院讀書日記不分卷　（清）不著撰者　清稿本　二册

440000－2542－0006537　QT000052

甘肅防勇練軍營制餉章一卷　（□）□□撰　清刻本　一册

440000－2542－0006538　QT000053

文獻通考三百四十八卷　（元）馬端臨著　明崇禎刻本　九册　存三十二卷（一百五十九至一百九十）

440000－2542－0006539　QT000054

周易兼義九卷　（三國魏）王弼註　（唐）孔穎達正義　清刻本　四册

440000－2542－0006540　QT000055

書目答問四卷古今人著述合刻叢書目一卷別録一卷國朝著述諸家姓名略一卷　（清）張之洞撰　清光緒刻本　一册

440000－2542－0006541　QT000056

儀禮十七卷　（漢）鄭玄注　（清）張爾岐句讀　清宣統元年（1909）學部圖書局石印本　一册　存一卷（十七）

440000－2542－0006542　QT000057

四益館經學叢書　（清）廖平撰　清光緒十二年（1886）刻本　一册　存二種

440000－2542－0006543　QT000061

海國圖志一百卷　（清）魏源輯　清光緒二十一年（1895）上海積山書局石印本　二册　存十五卷（十一至十八、十九至二十五）

440000－2542－0006544　QT000062

後漢書一百二十卷附考證　（南朝宋）范曄撰　（唐）李賢注　清光緒石印本　二册　存四卷（一、一百十一至一百十三）

440000－2542－0006545　QT000065

藝海珠塵　（清）吳省蘭輯　清嘉慶南匯吳氏聽彝堂刻本　一册　存四種

440000－2542－0006546　QT000066

元朝名臣事略十五卷　（元）蘇天爵撰　清刻本　一册　存五卷（十一至十五）

440000－2542－0006547　QT000070

周易姚氏學十六卷首一卷　（清）姚配中撰　清光緒三年（1877）湖北崇文書局刻本　一册　存二卷（十五至十六）

440000－2542－0006548　QT000073

群書拾補三十七卷　（清）盧文弨撰　清光緒十五年（1889）徐氏鑄學齋刻本　一册　存十一卷（四至十四）

440000－2542－0006549　QT000074

書經六卷　(宋)蔡沈集傳　清同治至光緒刻本　二册　存三卷(四至六)

440000－2542－0006550　QT000075
周易通解四卷　(清)楊以迥釋　清光緒二十年(1894)刻本　二册　存二卷(二至三)

440000－2542－0006551　QT000076
書經六卷首一卷末一卷　(宋)蔡沈集傳　清刻本　二册　存四卷(一至三、首一卷)

440000－2542－0006552　QT000079
經傳釋詞十卷　(清)王引之著　清光緒二十一年(1895)上海鴻文書局石印皇清經解本　一册

440000－2542－0006553　QT000080
春在堂詞錄三卷　(清)俞樾撰　清刻本　一册

440000－2542－0006554　QT000081
續古文苑二十卷　(清)孫星衍撰　清光緒十一年(1885)吴縣朱氏槐廬家塾刻平津館叢書本　一册　存四卷(十四至十七)

440000－2542－0006555　QT000082
平津館叢書　(清)孫星衍輯　清光緒十一年(1885)吴縣朱氏槐廬家塾刻本　六册　存十五種

440000－2542－0006556　QT000083
寰宇訪碑録十二卷訪碑録刊謬一卷　(清)孫星衍　(清)邢澍撰　羅振玉刊謬　清光緒吴縣朱記榮刻平津館叢書本　一册　存一卷(十二)

440000－2542－0006557　QT000084
爾雅注疏十一卷　(晉)郭璞注　(唐)陸德明音義　(宋)邢昺疏　清同治刻本　二册　存三卷(一至三)

440000－2542－0006558　QT000085
京師大學堂倫理學講義二十一章　(清)張鶴齡講述　清光緒鉛印本　一册

440000－2542－0006559　QT000085
京師大學堂經學科講義十一章　(清)王舟瑶講述　清光緒鉛印本　與440000－2542－0006558合一册

440000－2542－0006560　QT000086
京師大學堂心理學講義三章　(日本)服部宇之吉講述　清光緒鉛印本　一册

440000－2542－0006561　QT000087
京師大學堂掌故學講義一章　(清)楊道霖撰　清光緒鉛印本　一册

440000－2542－0006562　QT000088
心學三卷　(清)傅金銓彙編　清道光刻本　一册

440000－2542－0006563　QT000089
日本維新三十年史十二編　(日本)東京博文館編輯　清光緒鉛印本　一册　存二編(十一至十二)

440000－2542－0006564　QT000090
艮齋先生薛常州浪語集三十五卷　(宋)薛季宣撰　清同治瑞安孫氏詒善祠塾刻本　一册　存二卷(三十四至三十五)

440000－2542－0006565　QT000091
爾雅郭注義疏二十卷　(清)郝懿行學　清刻本　二册　存九卷(中四至八、下四至七)

440000－2542－0006566　QT000092
禮記增訂旁訓六卷　(清)徐立綱撰　清刻本　六册

440000－2542－0006567　QT000093
禮記三十卷　(明)徐師曾集註　明末刻本　一册　存四卷(二十七至三十)

440000－2542－0006568　QT000094
深衣釋例三卷　(清)任大椿撰　清刻本　一册

440000－2542－0006569　QT000095
釋繒一卷　(清)任大椿撰　清刻本　一册

440000－2542－0006570　QT000096
四子書　(宋)朱熹撰　清光緒江南製造總局刻本　一册　存三種

440000－2542－0006571　QT000097
四子書　(宋)朱熹撰　清光緒江南製造總局刻本　一册　存二種

440000－2542－0006572　QT000098
元張文忠公歸田類稿二十卷附録一卷　(元)張養浩撰　清刻本　一册　存三卷(三至五)

440000－2542－0006573　QT000099
建平存藁三卷　(清)周化南編次　清光緒刻本　一册

440000－2542－0006574　QT000100
陸詩芟一卷　(宋)陸游著　清刻本　一册

440000－2542－0006575　QT000100
梅詩芟一卷　(宋)梅堯臣著　清刻本　一册

440000－2542－0006576　QT000102
古易音訓二卷　(清)宋咸熙輯　清光緒刻本　一册

440000－2542－0006577　QT000102
傳經表一卷　(清)畢沅撰　清光緒四年(1878)會稽章氏刻本　一册

440000－2542－0006578　QT000103
史學薪傳八卷　(□)□□撰　清刻本　八册

440000－2542－0006579　QT000104
遠春樓讀經筆存二卷　(清)汪科爵撰　清光緒十二年(1886)錢塘汪氏刻本　一册

440000－2542－0006580　QT000105
遠春樓四史筆存四卷　(清)汪科爵輯　清光緒十二年(1886)錢塘汪氏刻本　二册

440000－2542－0006581　QT000106
徵信録二卷　(清)汪季銘輯　清光緒十二年(1886)錢塘汪氏刻本　一册

440000－2542－0006582　QT000106
註陸宣公奏議十五卷　(宋)郎曄注　清光緒四年(1878)吳興陸氏十萬卷樓刻本　一册　存九卷(七至十五)

440000－2542－0006583　QT000108
月河精舍叢鈔　(清)丁寶書編　清光緒吳興丁氏刻本　二册　存三種

440000－2542－0006584　QT000109
敦艮吉齋文鈔四卷　(清)徐子苓撰　清光緒三十二年(1906)集虚草堂刻本　一册　存一卷(二)

440000－2542－0006585　QT000110
湖船録一卷　(清)厲鶚輯　清同治九年(1870)胡氏退補齋刻本　一册

440000－2542－0006586　QT000110
眠雲石齋梅花詩草一卷　(清)石華居士撰　清同治刻本　一册

440000－2542－0006587　QT000110
劫餘試帖詩一卷　(清)路鋆初稿　清同治刻本　一册

440000－2542－0006588　QT000110
芝程試賦偶存草一卷　(清)孫縉撰　清刻本　一册

440000－2542－0006589　QT000111
娱親雅言六卷　(清)嚴元照撰　清光緒十年(1884)吳興陸氏刻本　一册　存四卷(一至四)

440000－2542－0006590　QT000112
小石山房叢書　(清)顧湘輯　清同治十三年(1874)虞山顧氏刻本　三册　存八種

440000－2542－0006591　QT000113
通雅齋叢稿八種八卷　(清)成本璞撰　清宣統元年(1909)刻本　一册　存三種

440000－2542－0006592　QT000114
湘輶叢刻十三卷　(清)吳樹梅撰　清光緒二十六年(1900)長沙節署刻本　二册　存四卷(一至二、六至七)

440000－2542－0006593　QT000115
唐宋八大家文選　(清)蔡方炳評定　清康熙刻本　十九册　存八種

440000－2542－0006594　QT000120
韋蘇州集十卷　(唐)韋應物撰　(清)胡鳳丹輯　清同治九年(1870)胡氏退補齋刻本　一

冊　存四卷(四至七)

440000－2542－0006595　QT000121
韋蘇州集十卷　(唐)韋應物撰　(清)胡鳳丹輯　清同治九年(1870)胡氏退補齋刻本　一冊　存六卷(五至十)

440000－2542－0006596　QT000122
艮齋先生薛常州浪語集三十五卷　(宋)薛季宣撰　清同治瑞安孫氏詒善祠塾刻本　一冊　存六卷(二十二至二十七)

440000－2542－0006597　QT000123
柯山集五十卷　(宋)張耒撰　清光緒十九年(1893)刻本　一冊　存五卷(三十六至四十)

440000－2542－0006598　QT000124
正心修身編　(□)□□撰　清光緒石竹山房石印本　一冊　存六種

440000－2542－0006599　QT000125
梁武帝御製集二卷　(南朝梁)武帝蕭衍撰　(明)張溥閱　清光緒刻本　一冊　存一卷(二)

440000－2542－0006600　QT000126
學仕錄十六卷　(清)戴肇辰輯　清同治六年(1867)刻本　一冊　存二卷(三至四)

440000－2542－0006601　QT000127
重刊九皇新經註解三卷　(唐)呂嵒注　清同治二年(1863)刻本　一冊　存一卷(上)

440000－2542－0006602　QT000128
傷寒懸解十四卷　(清)黃元御著　清咸豐十年(1860)燮和精舍刻本　一冊　存三卷(五至七)

440000－2542－0006603　QT000129
救人良方不分卷　(清)秀耀春撰　清光緒十七年(1891)上海美華書館鉛印本　一冊

440000－2542－0006604　QT000131
聖配規案不分卷　(意大利)亞弟盎郎述　清同治四年(1865)刻本　一冊

440000－2542－0006605　PJ401469－1
全閩明詩傳五十五卷　(清)郭柏蒼錄刊　清光緒十五年(1889)侯官郭氏閩山沁泉山館刻本　二十八冊

440000－2542－0006606　QT000133
禮記天算釋一卷　(清)孔廣牧撰　清光緒九年(1883)歸安姚氏刻咫進齋叢書本　一冊

440000－2542－0006607　QT000133
孝經一卷　(漢)鄭玄注　(清)嚴可均輯　清光緒八年(1882)刻本　與440000－2542－0006606合一冊

440000－2542－0006608　QT000133
爾雅補郭二卷　(清)翟灝學　清光緒八年(1882)刻本　與440000－2542－0006606合一冊

440000－2542－0006609　PJ402640－1
粵東三子詩鈔十四卷首一卷　(清)黃玉階編　清道光二十二年(1842)刻本　四冊

440000－2542－0006610　QT000134
遜敏堂叢書　(清)黃秩模輯　清道光至咸豐宜黃黃氏仙屏書屋木活字印本　一冊　存六種

440000－2542－0006611　QT000135
經史百家簡編二卷　(清)曾國藩纂　清光緒十三年(1887)蔣氏求實齋刻本　一冊　存一卷(上)

440000－2542－0006612　QT000136
美史紀事本末八卷首一卷末一卷　(美國)姜甯氏著　(清)章宗元輯譯　清光緒二十九年(1903)求我齋刻本　一冊　存五卷(一至四、首一卷)

440000－2542－0006613　QT000137
聖域述聞二十八卷　(清)黃本驥編　清道光黃氏三長物齋刻本　一冊　存五卷(十九至二十三)

440000－2542－0006614　QT000138
金石錄三十卷　(宋)趙明誠編著　清道光黃氏三長物齋刻本　一冊　存八卷(八至十五)

440000－2542－0006615　QT000139

逐敏堂叢書 （清）黄秩模輯 清道光至咸豐宜黄黄氏仙屏書屋木活字印本 一册 存九種

440000－2542－0006616 QT000140

選勝堂四書融注全解四十二卷 （清）楊監文手輯 清光緒南湖何德潤鈔本 四册 存九卷（十一至十三、十七至十八、三十五至三十六、四十一至四十二）

440000－2542－0006617 QT000141

漢儒通義七卷 （清）陳澧撰集 清刻本 一册 存三卷（一至三）

440000－2542－0006618 QT000145

晏子春秋八卷 清光緒元年（1875）湖北崇文書局刻子書百家本 一册 存三卷（一至三）

440000－2542－0006619 QT000151

歷代名臣傳節錄三十卷 （清）蕭培元錄訂 清同治九年（1870）完顔崇厚雲蔭堂刻本 三册 存十二卷（七至十八）

440000－2542－0006620 QT000152

帝王經世圖譜十六卷 （宋）唐仲友撰 清同治十二年（1873）永康胡氏退補齋刻金華叢書本 一册 存二卷（八至九）

440000－2542－0006621 QT000157

周易鄭注十二卷 （漢）鄭玄撰 **敘錄一卷** （清）臧庸撰 清嘉慶二十四年（1819）刻本 一册

440000－2542－0006622 QT000158

吴園周易解九卷附錄一卷 （宋）張根撰 清刻本 一册 存六卷（五至九、附錄一卷）

440000－2542－0006623 QT000159

爾雅三卷 （晉）郭璞注 （唐）陸德明音義 清光緒二十一年（1895）金陵書局刻本 一册 存一卷（上）

440000－2542－0006624 QT000160

擴古錄金文三卷 （清）吳式芬撰 清光緒刻本 一册 存一卷（二）

440000－2542－0006625 QT000161

六一題跋十一卷 （宋）歐陽修撰 清刻本 一册 存一卷（五）

440000－2542－0006626 SQ300011

芥子園畫傳二集不分卷 （清）王概等摹古 清乾隆四十七年（1782）書業堂刻彩色套印本 四册

440000－2542－0006627 SQ300057

新增說文韻府群玉二十卷 （元）陰時夫編輯 （元）陰中夫編註 清三讓堂刻本 十九册

440000－2542－0006628 SQ400007

松雪齋集十卷外集一卷 （元）趙孟頫撰 清康熙清德堂刻本 八册

440000－2542－0006629 SQ400014

屏山先生文集二十卷首一卷 （宋）劉子翬著 （宋）朱熹校正 （宋）胡憲參閱 （宋）劉玶編次 （明）劉日旭等重訂 清初刻本 六册

440000－2542－0006630 SQ400039

滄浮子詩鈔十卷逃莽詩草十卷 （清）徐豫貞著 （清）鄧漢儀 （清）黄雲選 清康熙刻本 四册

440000－2542－0006631 SQ400142

古文淵鑒六十四卷 （清）徐乾學等編注 清刻五色套印本 四十册

440000－2542－0006632 SQ400156

何大復先生集三十八卷附錄一卷 （明）何景明撰 清乾隆刻本 二十四册

440000－2542－0006633 SQ400157

泰泉集六十卷 （明）黎民表編次 清康熙二十一年（1682）黄逵卿等刻本 二十二册

440000－2542－0006634 QT000162

欽定禮記義疏八十二卷首一卷 （清）允祿等輯 清刻本 一册 存二卷（四十八至四十九）

440000－2542－0006635 QT000163

孝經注疏九卷 （宋）邢昺注疏 **校勘記** （清）阮元撰 （清）盧宣旬摘錄 清刻本 一

冊　存六卷(四至九)

440000－2542－0006636　SM100001
孝經一卷　(明)余時英集義　**孝經刊誤一卷**　(宋)朱熹撰　明天啓四年(1624)餘紹祿等刻本　二冊

440000－2542－0006637　SM100002
廣韻五卷　(宋)陳彭年等撰　明内府刻本　五冊

440000－2542－0006638　SM100003
禮記十卷　(元)陳澔集說　明正統十二年(1447)司禮監刻本　八冊

440000－2542－0006639　SM100004
周易十卷上下篇義一卷易五贊一卷筮儀一卷易說綱領一卷　(宋)程頤傳　(宋)朱熹本義　明正統十二年(1447)司禮監刻本　五冊

440000－2542－0006640　SM100005
詩傳大全二十卷圖一卷綱領一卷　(明)胡廣等輯　**詩傳序一卷**　(宋)朱熹撰　明内府刻本　十二冊

440000－2542－0006641　SM100006
四書集註大全四十二卷　(宋)朱熹集註　(明)胡廣等輯　明刻本　十八冊　缺九卷(孟子集註大全六至十四)

440000－2542－0006642　SM100007
古今韻會舉要小補三十卷　(明)方日升編輯　(明)李維楨校正　明萬曆三十四年(1606)周士顯刻本　十冊

440000－2542－0006643　SM100008
孟子二卷　(宋)蘇洵批點　明萬曆四十五年(1617)閔齊伋刻朱墨套印本　二冊

440000－2542－0006644　SM100009
洪武正韻十卷　(明)宋濂編　(明)楊時偉補箋　明崇禎四年(1631)申用楙刻本　十冊

440000－2542－0006645　SM100010
爾雅翼三十二卷　(宋)羅願撰　(元)洪焱祖釋　明萬曆三十三年(1605)羅文瑞刻天啟至崇禎羅朗遞修重訂本　六冊

440000－2542－0006646　SM100011
漢隸字源五卷碑目一卷附字一卷　(宋)婁機撰　明末毛氏汲古閣刻本　六冊

440000－2542－0006647　SM200001
史記一百三十卷　(漢)司馬遷撰　(南朝宋)裴駰集解　(唐)司馬貞索隱　(唐)張守節正義　明萬曆三年(1575)刻本　一冊　存五卷(三十八至四十二)

440000－2542－0006648　SM200002
史記一百三十卷　(漢)司馬遷撰　(南朝宋)裴駰集解　(唐)司馬貞索隱　(唐)張守節正義　明嘉靖刻本　一冊　存二卷(四十四至四十五)

440000－2542－0006649　SM200003
史記纂二十四卷　(漢)司馬遷撰　(明)凌稚隆輯　明萬曆凌稚隆刻朱墨套印本　二十四冊

440000－2542－0006650　SM200004
前漢書一百卷　(漢)班固撰　明德藩最樂軒刻本　十三冊　存七十卷(一至十五、三十一至五十四、六十二至八十五、九十二至九十八)

440000－2542－0006651　SM200005
前漢書一百卷　(漢)班固撰　明嘉靖八年(1529)刻本　三冊　存十六卷(二十六至二十七、三十七至五十)

440000－2542－0006652　SM200006
班馬異同三十五卷　(宋)倪思撰　(宋)劉辰翁評　明嘉靖十六年(1537)李元陽刻本　十二冊

440000－2542－0006653　SM200007
班馬異同三十五卷　(宋)倪思撰　(宋)劉辰翁評　明刻本　四冊

440000－2542－0006654　SM200008
西漢書疏六卷　(明)吳國倫校　明嘉靖三十七年(1558)吳國倫刻秦漢書疏本　三冊　存五卷(一、三至六)

440000－2542－0006655　SM200009
東漢書疏九卷　(明)吴國倫校　明嘉靖三十七年(1558)吴國倫刻秦漢書疏本　五册

440000－2542－0006656　SM200010
月令廣義二十四卷首一卷附録一卷　(明)馮應京纂輯　(明)戴任增釋　(明)李登參訂　明萬曆陳邦泰刻本　十册

440000－2542－0006657　SM200011
史記索隱三十卷　(漢)司馬遷　(唐)司馬貞撰　明末毛氏汲古閣刻本　二册

440000－2542－0006658　SM200012
增定史記纂不分卷　(漢)司馬遷撰　(明)凌稚隆校閲　明萬曆四十八年(1620)刻本　八册

440000－2542－0006659　SM200014
通鑑紀事本末四十二卷　(宋)袁樞撰　明萬曆三十四年(1606)黄吉士刻本　四十二册

440000－2542－0006660　SM200015
季漢書六十卷答問一卷正論一卷　(明)謝陛撰　明末鍾人傑刻本　十册

440000－2542－0006661　SM200016
國語二十一卷　(三國吴)韋昭解　(宋)宋庠補音　(明)穆文熙編纂　明萬曆劉懷恕等刻本　六册

440000－2542－0006662　SM200017
戰國策十卷　(宋)鮑彪校注　(元)吴師道注　(明)穆文熙編纂　明萬曆劉懷恕等刻本　八册

440000－2542－0006663　SM200018
正藏書六十卷　(明)李贄輯著　明汪修能刻本　十八册

440000－2542－0006664　SM200019
續藏書二十七卷　(明)李贄輯著　(明)陳仁錫評　明天啟三年(1623)刻本　八册

440000－2542－0006665　SM200020
重訂古史全本六十卷　(宋)蘇轍著　(明)吴弘基　(明)吴思穆訂　明刻本　六册

440000－2542－0006666　SM200021
皇明通紀法傳全録二十八卷　(明)陳建輯　(明)高汝栻閲　明刻本　四册　存四卷(二十五至二十八)

440000－2542－0006667　SM200022
避戎夜話二卷　(宋)石茂良撰　明嘉靖十八年至二十年(1539－1541)顧氏大石山房刻顧氏明朝四十家小説本　一册

440000－2542－0006668　SM200023
春秋列傳五卷　(明)劉節重編　明嘉靖刻本　八册

440000－2542－0006669　SM200024
蘇米志林三卷　(明)毛晉輯　明天啓五年(1625)毛氏緑君亭刻本　六册

440000－2542－0006670　SM200025
三遷志六卷　(明)吕元善撰　(明)費增輯　明萬曆刻本　四册

440000－2542－0006671　SM200026
蘇長公外紀十六卷　(明)王世貞編　明刻本　八册

440000－2542－0006672　SM200027
聖門志六卷　(明)吕元善輯　明天啓五年(1625)刻本　七册

440000－2542－0006673　SM200028
西征記一卷　(宋)盧襄撰　明嘉靖十八年至二十年(1539－1541)顧氏大石山房刻顧氏明朝四十家小説本　一册

440000－2542－0006674　SM200029
大明會典一百八十卷　(明)徐溥等纂修　明正德刻本　五册　存二十一卷(三十七至三十九、九十六至一百八、一百七十六至一百八十)

440000－2542－0006675　SM200030
通典二百卷　(唐)杜佑撰　明刻本　四十册

440000－2542－0006676　SM200031
文獻通考三百四十八卷　(元)馬端臨著　明嘉靖三年(1524)司禮監刻本　一百册

440000－2542－0006677　SM200032

古今廉鑑八卷　(明)喬懋敬撰　明萬曆九年(1581)兩淮都轉運監使司刻本　四册

440000－2542－0006678　SM200033

寶古堂重修考古圖十卷　(宋)呂大臨撰　(元)羅更翁考訂　明萬曆三十一年(1603)刻本　五册

440000－2542－0006679　SM300001

三子口義十五卷　(宋)林希逸撰　(明)張四維校　明萬曆二年(1574)敬義堂刻本　十六册

440000－2542－0006680　SM300002

鶡冠子三卷　(宋)陸佃解　(明)王宇等評　明天啓五年(1625)朱氏花齋刻本　一册

440000－2542－0006681　SM300003

合刻管韓二子四十四卷　(明)葛鼎等訂閱　明崇禎十一年(1638)葛鼎刻本　二册　存十卷(韩子一至五、十六至二十)

440000－2542－0006682　QT000853

周易姚氏學十六卷首一卷　(清)姚配中撰　清光緒三年(1877)湖北崇文書局刻本　一册　存三卷(一至二、首一卷)

440000－2542－0006683　SM300005

陳眉公太平清話四卷　(明)陳繼儒撰　明萬曆刻本　一册

440000－2542－0006684　SM300007

六祖大師法寶壇經一卷　(唐)釋惠能說　(唐)釋法海等錄　明萬曆刻本　二册

440000－2542－0006685　SM300008

二如亭群芳譜二十九卷首一卷　(明)王象晉纂輯　(明)陳繼儒等校　明末刻本　二十四册

440000－2542－0006686　SM300009

唐宋白孔六帖一百卷目錄二卷　(唐)白居易　(宋)孔傳輯　明刻本(卷一、卷四至五、卷七、卷四十、卷五十六、卷六十九、卷七十六、卷八十四至八十五、卷八十八,目錄二卷爲補配)　五十一册

440000－2542－0006687　SM300010

古今合璧事類備要前集六十九卷後集八十一卷續集五十六卷別集九十四卷外集六十六卷　(宋)謝維新編　明刻本　三册　存八卷(後集十三至十六、二十二至二十五)

440000－2542－0006688　SM300011

博物典彙二十卷　(明)黄道周撰　明末刻本　六册　存十八卷(一至五、七至十五、十七至二十)

440000－2542－0006689　QT000852

浙省釐務各詳案彙刊四卷　(清)浙省釐捐總局編　清光緒刻本　一册

440000－2542－0006690　SM300013

荀子二十卷　(唐)楊倞註　明桐陰書屋刻六子書本　八册

440000－2542－0006691　SM300014

秘傳天祿閣寓言外史八卷　(漢)黃憲著　(宋)韓淯評　(明)王鰲校　(明)江應晨重校　明嘉靖刻本　四册

440000－2542－0006692　SM300015

合刻諸名家評點老莊會解九卷首二卷　(明)潘基慶集註　明楊小閩刻本　八册

440000－2542－0006693　SM300016

南華真經十卷　(晉)郭象註　(唐)陸德明音義　明嘉靖世德堂刻六子書本　十二册

440000－2542－0006694　SM300017

管子二十四卷　(明)趙用賢等評點　明萬曆四十八年(1620)淩汝亨刻朱墨套印本　十册

440000－2542－0006695　SM300018

淮南鴻烈解二十一卷　(漢)劉安撰　(漢)高誘註　(明)茅坤等評　明末張烒如刻本　六册

440000－2542－0006696　QT000851

廣百川學海一百三十種一百五十六卷　(明)馮可賓輯　明刻本　三册　存二十四種

440000－2542－0006697　SM300019

公孫龍子三卷　(宋)謝希深註　(明)梁杰訂　明末刻本　一册

440000－2542－0006698　SM300020
餘冬序録六十五卷　(明)何孟春撰述　(明)何仲方編輯　明嘉靖七年(1528)郴州何氏家塾刻本　十三册

440000－2542－0006699　SM300021
容齋隨筆十六卷續筆十六卷三筆十六卷四筆十六卷五筆十卷　(宋)洪邁撰　明崇禎馬元調刻本　二十八册

440000－2542－0006700　SM300022
西溪叢語二卷　(宋)姚寬輯　(明)毛晉訂　明崇禎汲古閣刻本　四册

440000－2542－0006701　SM300023
縣笥瑣探一卷　(明)劉昌欽纂　明正德至嘉靖陽山顧氏家塾刻本　一册

440000－2542－0006702　SM300024
瑩雪叢説二卷　(宋)俞成撰　明刻本　一册

440000－2542－0006703　SM300025
野客叢書三十卷附録一卷　(宋)王楙著　(明)商維濬校　明刻本　十二册

440000－2542－0006704　SM300026
喻林一百二十卷　(明)徐元太編輯　明萬曆四十三年(1615)徐元太刻本(卷一至四為抄配)　十六册

440000－2542－0006705　SM300027
小窗别紀四卷　(明)吴從先評選　明刻小窗四紀本　八册

440000－2542－0006706　SM300028
宋人百家一百四十一帙　(□)□□輯　明刻本　十六册

440000－2542－0006707　SM300029
雙槐歲抄十卷　(明)黄瑜撰　明嘉靖二十八年(1549)寶書堂刻本　三册

440000－2542－0006708　SM300030
泊如齋重修宣和博古圖録三十卷　(宋)王黼等撰　明萬曆十六年(1588)泊如齋刻本　十二册

440000－2542－0006709　SM300031
新增格古要論十三卷　(明)曹昭著　(明)王佐校增　明黄正位刻本　八册

440000－2542－0006710　SM300032
高僧傳十三卷　(南朝梁)釋慧皎撰　明萬曆三十九年(1611)徑山寂照庵刻本　三册

440000－2542－0006711　SM300033
續高僧傳四十卷　(唐)釋道宣撰　明萬曆十九年至三十九年(1591－1611)徑山寂照庵刻本　八册

440000－2542－0006712　QT000850
大事記解題十二卷　(宋)吕祖謙撰　清同治木活字印本　二册　存一卷(十二)

440000－2542－0006713　QT000164
附釋音禮記注疏六十三卷　(唐)孔穎達撰　(唐)陸德明釋文　**校勘記**　(清)阮元撰　(清)盧宣旬摘録　清刻本　八册　存十二卷(一至十二)

440000－2542－0006714　SM300034
初學記三十卷　(唐)徐堅等撰　明萬曆二十五年至二十六年(1597－1598)陳大科刻本　二十四册

440000－2542－0006715　SM300035
新編古今事文類聚前集六十卷後集五十卷續集二十八卷别集三十二卷　(宋)祝穆編集　**新編古今事文類聚新集三十六卷外集十五卷**　(元)富大用編集　明嘉靖四十年(1561)楊歸仁刻本(新集目録為抄配)　三十二册

440000－2542－0006716　SM300036
潛確居類書一百二十卷　(明)陳仁錫纂輯　明崇禎映雪草堂刻本　五十册

440000－2542－0006717　SM300037
名義考十二卷　(明)周祈著　明萬曆十七年(1589)黄中色刻本　六册

440000－2542－0006718　SM300038
唐類函二百卷目録二卷　(明)俞安期彙纂

(明)徐顯卿校訂　明萬曆三十一年(1603)刻四十六年(1618)重修本　四十冊

440000－2542－0006719　SM300006
錦綉萬花谷前集四十卷後集四十卷　(□)□□輯　明嘉靖刻本(卷首序及卷一至三為抄配)　三十二冊

440000－2542－0006720　SM400001
荷亭文集十卷　(明)盧格著　明崇禎十三年(1640)盧迪刻本　二冊

440000－2542－0006721　SM400002
庾開府集二卷　(北周)庾信著　(明)張溥閲　明婁東張氏刻本　四冊

440000－2542－0006722　SM400003
鐫李相國九我先生評選蘇文彙精六卷　(明)李廷機評選　(明)陳繼儒參評　明師儉堂蕭少衢刻本　六冊

440000－2542－0006723　SM400004
劉須溪先生記鈔八卷　(宋)劉辰翁著　明天啓三年(1623)楊讖西刻本　四冊

440000－2542－0006724　SM400005
徐文長文集三十卷　(明)袁宏道評點　明萬曆刻本　十二冊

440000－2542－0006725　SM400006
徐文長逸稿二十四卷畸譜一卷　(明)張汝霖等評選　(明)張維城較輯　明天啓三年(1623)張維城刻本　六冊

440000－2542－0006726　SM400007
六臣註文選六十卷　(南朝梁)蕭統撰　(唐)李善等註　明嘉靖潘惟時、潘惟德刻本　六十冊

440000－2542－0006727　SM400008
六家文選六十卷　(南朝梁)蕭統撰　明嘉靖十三年至二十八年(1534－1549)袁褧嘉趣堂刻本　二十冊

440000－2542－0006728　SM400009
傅鶉觚集一卷　(晉)傅玄著　(明)張溥閲　明刻漢魏六朝一百三家集本　一冊

440000－2542－0006729　SM400010
增定評註唐詩正聲十二卷　(明)高棅編　(明)郭濬點定　明天啓六年(1626)郭濬刻本　六冊

440000－2542－0006730　SM400011
元文類七十卷目錄三卷　(元)蘇元爵編次　(元)王守誠校訂　明末修德堂刻本(卷首序及目錄卷之一至之十、正文卷之三十一葉一至三十五、卷之七十末葉為抄配)　十六冊

440000－2542－0006731　SM400012
古逸書三十卷首一卷後卷一卷　(明)潘基慶選註　明萬曆刻本　二十冊

440000－2542－0006732　SM400013
楚辭五卷九歌圖一卷　(漢)王逸章句　(宋)朱熹集注　(明)來欽之述注　(明)陳洪綬繪　明崇禎黄象彝等刻本　二冊

440000－2542－0006733　SM400014
楚辭二卷　(戰國)屈原　(戰國)宋玉　(漢)賈誼等撰　明萬曆四十八年(1620)閔齊伋刻朱墨套印本(書名、目錄葉一正面爲黄文寬補配)　二冊

440000－2542－0006734　SM400015
楚辭十七卷附錄一卷　(漢)劉向編集　(漢)王逸章句　(明)馮紹祖校正　明萬曆十四年(1586)三樂齋刻本　四冊

440000－2542－0006735　SM400016
楚辭八卷總評一卷　(宋)朱熹集註　(明)沈雲翔輯評　明崇禎十年(1637)吳郡八詠樓刻本　四冊

440000－2542－0006736　SM400017
唐李長吉詩集四卷外詩集一卷附錄一卷　(明)徐渭　(明)董懋策批註　明萬曆四十一年(1613)刻本　三冊

440000－2542－0006737　SM400018
分類補註李太白詩二十五卷　(宋)楊齊賢集註　(元)蕭士贇補註　(明)許自昌校　**李翰林李太白[白]年譜一卷**　(宋)薛仲邕編　明萬曆三十年(1602)許自昌刻本　二十三冊

440000－2542－0006738　SM400019

東坡文選二十卷　（明）鍾惺定　明刻本　四册

440000－2542－0006739　SM400020

片玉詞二卷補遺一卷　（宋）周邦彦撰　明汲古閣刻本　二册

440000－2542－0006740　SM400021

栖碧先生黄楊集三卷補遺一卷　（元）華幼武撰　**黄楊集附録一卷**　（明）俞貞木等撰　明崇禎十四年(1641)華允誠刻本　一册

440000－2542－0006741　SM400022

重刊荆川先生文集十七卷　（明）唐順之撰　明萬曆元年(1573)純白齋刻本　十二册

440000－2542－0006742　SM400023

陽明先生文録五卷文録外集九卷別録十卷　（明）王守仁撰　（明）钱德洪　（明）王畿編次　（明）唐堯臣校正　明嘉靖三十六年(1557)胡宗憲刻本　二十四册

440000－2542－0006743　SM400025

馮少墟集二十二卷　（明）馮從吾著　明萬曆四十年(1612)畢懋康刻天啓元年(1621)馮嘉年增修本　八册

440000－2542－0006744　SM400026

解學士全集十二卷　（明）周延儒閲　（明）陸鳳翀定　**［解縉］年譜二卷**　（明）解桐録　明萬曆三十五年至三十八年(1607－1610)晏良棨刻本　十二册

440000－2542－0006745　SM400028

太師誠意伯劉文成公集十八卷　（明）樊獻科編次　明嘉靖三十五年(1556)樊獻科刻本　八册

440000－2542－0006746　SM400029

牧齋初學集一百十卷　（清）錢謙益撰　明崇禎十六年(1643)瞿式耜刻本　二十册

440000－2542－0006747　SM400031

秦漢文八卷　（明）胡纘宗輯　明嘉靖二十二年(1543)程良錫刻本　四册

440000－2542－0006748　SM400032

元人集十種六十二卷　（明）毛晉編　明崇禎十一年(1638)毛氏汲古閣刻清初增刻本　三册　存九卷(金臺集一至二,玉山草堂集一至二、集外詩一,薩天錫詩集下、集外詩一,翠寒集一,啽囈集一)

440000－2542－0006749　SM400033

重挍正唐文粹一百卷　（宋）姚鉉纂　明嘉靖六年(1527)張大輪刻本　十四册

440000－2542－0006750　SM400034

西山先生真文忠公文章正宗二十四卷　（宋）真德秀撰　明正德十五年(1520)馬卿刻本　二十六册

440000－2542－0006751　SM400035

新安文獻志一百卷先賢事略二卷目録二卷　（明）程敏政彙集　（明）洪文衡等重訂　明萬曆刻本(有多處補版)　四十册　存一百二卷(新安文獻志一百卷、目録二卷)

440000－2542－0006752　SM400036

蘇雋五卷　（明）王鳳翔編梓　（明）湯賓尹檢評　明萬曆刻本　十六册

440000－2542－0006753　SM400037

冰川詩式十卷　（明）梁橋著　（明）梁相校　明萬曆三十八年(1610)刻本　八册

440000－2542－0006754　SM400038

草堂詩餘正集六卷　（明）顧從敬類選　（明）沈際飛評正　**草堂詩餘新集五卷**　（明）沈際飛評選　（明）錢允治原編　**草堂詩餘別集四卷**　（明）沈際飛選評　（明）秦士奇訂定　**草堂詩餘續集二卷**　（明）長湖外史類輯　（明）天羽居士評箋　明末刻本　八册

440000－2542－0006755　SM500001

玉海二百卷附刻十四種　（宋）王應麟撰　元刻明補刻本　四十八册　存十三種(附刻:詩考一卷、詩地理考六卷、漢藝文志考證十卷、通鑑地理通釋十四卷、漢制考四卷、周易鄭康成注一卷、姓氏急就篇二卷、急就篇四卷、周書王會一卷、踐阼篇集解一卷、小學紺珠十

卷、六經天文篇二卷、通鑒答問五卷)

440000－2542－0006756　SM500002
尚白齋鐫陳眉公訂正秘笈十七種四十九卷　(明)陳繼儒編　明萬曆沈氏尚白齋刻本　三十六冊

440000－2542－0006757　SM500003
快書五十種五十卷　(明)閔景賢纂　(明)何偉然訂　明天啟六年(1626)快堂刻本(序、卷六至十一、卷十八至二十六、卷五十末三葉為手鈔補配)　十二冊

440000－2542－0006758　QT000165
繹史一百六十卷世系圖一卷年表一卷　(清)馬驌撰　清刻本　八冊　存二十八卷(十四至十九、二十六至三十、九十六至一百四、一百十二至一百十五、一百三十六至一百三十九)

440000－2542－0006759　QT000166
繹史一百六十卷世系圖一卷年表一卷　(清)馬驌撰　清刻本　二冊　存十四卷(一百十二至一百十八、一百二十七至一百三十三)

440000－2542－0006760　QT000167
繹史一百六十卷世系圖一卷年表一卷　(清)馬驌撰　清刻本　四冊　存十七卷(一百十五至一百二十二、一百三十三至一百三十七、一百四十七、一百五十三至一百五十五)

440000－2542－0006761　QT000174
太乙舟文集八卷　(清)陳用光撰　清道光刻本　一冊　存一卷(五)

440000－2542－0006762　QT000175
春秋左傳注疏六十卷末一卷　(晉)杜預注　(唐)陸德明音義　(唐)孔穎達疏　清同治十年(1871)刻本　一冊　存二卷(一至二)

440000－2542－0006763　QT000176
春秋左傳注疏六十卷末一卷　(晉)杜預注　(唐)陸德明音義　(唐)孔穎達疏　清同治十年(1871)刻本　七冊　存二十卷(一、三至九、十九至二十四、四十三至四十五、五十五至五十七)

440000－2542－0006764　QT000849
天一閣見存書目四卷首一卷末一卷　(清)薛福成編次　清光緒十五年(1889)無錫薛氏刻本　一冊　存一卷(末一卷)

440000－2542－0006765　QT000848
閣學公公牘十卷首一卷　(清)袁保齡撰　清宣統三年(1911)清芬閣鉛印本　一冊　存一卷(四)

440000－2542－0006766　PJ400806
王孟調明經西鳧草一卷　(清)王星諴撰　清同治至光緒吳縣潘氏京師刻滂喜齋叢書本　一冊

440000－2542－0006767　QT000184
古文辭類纂七十四卷　(清)姚鼐纂集　**續古文辭類纂三十四卷**　王先謙纂集　清光緒三十三年(1907)上海商務印書館鉛印本　一冊　存七卷(六十一至六十七)

440000－2542－0006768　QT000187
續古文辭類纂三十四卷　王先謙輯　清光緒商務印書館鉛印本　一冊　存二卷(十至十一)

440000－2542－0006769　QT000190
勸學篇二卷　(清)張之洞撰　清光緒二十四年(1898)兩湖書院刻本　一冊

440000－2542－0006770　QT000191
折獄龜鑑八卷　(宋)鄭克輯　(清)胡文炳校訂　清光緒刻本　一冊　存四卷(五至八)

440000－2542－0006771　QT000192
二程文集十二卷　(宋)程顥　(宋)程頤撰　(清)張伯行訂　清同治福州正誼書院刻本　二冊　存七卷(一至七)

440000－2542－0006772　QT000193
周濂溪先生全集　(宋)周敦頤撰　(清)張伯行編輯　清同治福州正誼書院刻本　一冊　存三卷(十一至十三)

440000－2542－0006773　QT000194
三楚新錄三卷　(宋)周羽翀撰　清道光元年

(1821)苕溪邵氏酉山堂刻古今說海本　一册

440000－2542－0006774　QT000194
溪蠻叢笑一卷　(宋)朱輔撰　清道光元年(1821)苕溪邵氏酉山堂刻古今說海本　與440000－2542－0006773合一册

440000－2542－0006775　QT000194
遼志一卷　(宋)葉隆禮撰　清道光元年(1821)苕溪邵氏酉山堂刻古今說海本　與440000－2542－0006773合一册

440000－2542－0006776　QT000194
金志一卷　(宋)宇文懋昭撰　清道光元年(1821)苕溪邵氏酉山堂刻古今說海本　與440000－2542－0006773合一册

440000－2542－0006777　QT000195
杭氏七種　(清)杭世駿撰　清乾隆刻本　一册　存三種

440000－2542－0006778　QT000198
萬國公報　(清)萬國公報館編　清光緒上海美華書館鉛印本　七册　存七卷(九十六至一百、一百四至一百五)

440000－2542－0006779　QT000199
九通分類總纂二百四十卷　(清)汪鍾霖纂校　清光緒二十八年(1902)上海文瀾書局石印本　二十五册　存八十三卷(十五至十七、四十二至四十三、四十七至六十九、九十五至九十八、一百五至一百八、一百十一至一百三十三、一百四十六至一百五十二、二百八至二百九、二百十二至二百十五、二十二十七至二百三十七)

440000－2542－0006780　QT000200
十朝東華錄五百二十五卷附同治朝一百卷　王先謙撰　周潤蕃　周瀹蕃校　清光緒二十五年(1899)石印本　三十四册　存五百二十五卷(天命朝四卷、天聰朝十一卷、崇德朝八卷、順治朝三十六卷、康熙朝一百十卷、雍正朝一至二十六、乾隆朝一百二十卷、嘉慶朝五十卷、道光朝六十卷、咸豐朝一百卷)

440000－2542－0006781　QT000201
求古精舍金石圖四卷　(清)陳經撰　清嘉慶烏程陳氏說劍樓刻本　一册　存一卷(一)

440000－2542－0006782　QT000204
玉函山房輯佚書　(清)馬國翰輯　清光緒十年(1884)楚南書局刻本　十二册　存七十二種

440000－2542－0006783　QT000205
幾何原本六卷首六卷　(意大利)利瑪竇口譯　(明)徐光啟筆受　清道光二十七年(1847)潘氏海山仙館刻本　二册　存三卷(一、四至五)

440000－2542－0006784　QT000206
夏小正一卷　(□)□□撰　清刻本　一册

440000－2542－0006785　QT000207
明刑弼教錄六卷　(清)王祖源纂輯　清光緒六年(1880)刻天壤閣叢書本　一册

440000－2542－0006786　QT000208
明刑弼教錄六卷　(清)王祖源纂輯　清光緒六年(1880)刻天壤閣叢書本　一册

440000－2542－0006787　QT000209
說文聲讀表七卷　(清)苗夔撰　清刻本　一册　存五卷(三至七)

440000－2542－0006788　QT000210
急就篇四卷　(唐)顏師古注　(宋)王應麟補注　清光緒刻本　一册　存二卷(三至四)

440000－2542－0006789　QT000211
弟子職一卷　(清)許瀚撰　清光緒刻本　一册

440000－2542－0006790　QT000212
夏小正正義一卷　(清)王筠撰　清光緒五年(1879)福山王氏刻本　一册

440000－2542－0006791　QT000213
聲調三譜四卷　(清)王祖源輯　清光緒福山王氏刻本　一册

440000－2542－0006792　QT000215
定例彙編一百五十二卷　(清)□□編　清刻本　一册　存一卷(乾隆四十四年一卷)

440000－2542－0006793　QT000216
定例彙編一百五十二卷　（清）□□編　清刻本　一冊　存一卷（乾隆六十年一卷）

440000－2542－0006794　QT000217
明治法制史三編　（日本）清浦奎吾著　清光緒二十九年（1903）上海商務印書館鉛印政學叢書本　一冊

440000－2542－0006795　PJ400807
王孟調明經西鳧草一卷　（清）王星諴撰　清同治至光緒吳縣潘氏京師刻滂喜齋叢書本　一冊

440000－2542－0006796　PJ400805－1
智因閣詩集一卷　（清）鄔寶珍撰　清宣統刻本　與440000－2542－0002409合一冊

440000－2542－0006797　QT000231
海東逸史十八卷　（清）翁洲老民手稿　清光緒邵武徐氏刻本　一冊　存九卷（一至九）

440000－2542－0006798　QT000232
西湖志四十八卷　（清）李衛等纂修　清刻本　二冊　存四卷（三至四、四十一至四十二）

440000－2542－0006799　QT000233
廣東輿地圖說十四卷　（清）廖廷相等纂　清光緒鉛印本　一冊　存四卷（五至八）

440000－2542－0006800　QT000234
分疆錄十二卷首一卷　（清）林鶚纂輯　（清）林用霖續編　清光緒四年（1878）浙甌梅師古齋刻本　二冊　存七卷（一至六、首一卷）

440000－2542－0006801　QT000235
曾文正公大事記四卷　（清）王定安著　清光緒二年（1876）傳忠書局刻本　一冊　存一卷（一）

440000－2542－0006802　QT000237
西洋史要四卷　（日本）小川銀次郎著　（清）樊炳清　（清）薩端譯　清光緒二十九年（1903）金粟齋鉛印本　一冊　存二卷（一至二）

440000－2542－0006803　QT000238
傅蘭雅歷覽記略一卷　（英國）傅蘭雅著　（清）徐壽筆述　清光緒鉛印本　一冊

440000－2542－0006804　QT000240
歐洲族類源流略五卷　王樹枏撰　清光緒二十八年（1902）刻本　一冊　存二卷（四至五）

440000－2542－0006805　QT000241
東三省交涉輯要十二卷　（清）劉瑞霖擬定　（清）孫鳳翔　（清）趙崇蔭勘輯　清宣統二年（1910）鉛印本　二冊　存一卷（五）

440000－2542－0006806　QT000242
廣智報　（清）廣智報局編　清光緒二十四年（1898）鉛印本　三冊　存三冊（光緒二十四年二十、二十二至二十三）

440000－2542－0006807　QT000243
萬國公法四卷　（美國）惠頓著　（美國）丁韙良譯　清刻本　一冊　存一卷（四）

440000－2542－0006808　QT000245
廣東圖說九十二卷首一卷廣東圖二十三卷　（清）毛鴻賓等修　（清）桂文燦等纂　清刻本　二冊　存二十五卷（圖說五十五至六十、圖三至二十一）

440000－2542－0006809　QT000246
江西全省輿圖十四卷首一卷　（清）朱兆麟等編　清末石印本　四冊　存四卷（八至九、十三至十四）

440000－2542－0006810　QT000250
西湖游覽志餘二十六卷　（明）田汝成撰　清光緒刻本　二冊　存六卷（二至三、十八至二十一）

440000－2542－0006811　QT000251
［萬曆］錢塘縣志十卷　（明）聶心湯輯　清光緒十九年（1893）武林丁氏刻本　一冊　存二卷（一至二）

440000－2542－0006812　QT000252
皇清經解一千四百卷首一卷續刻八卷　（清）阮元輯　清道光九年（1829）廣東學海堂刻咸豐十一年（1861）補刻本　二冊　存十二卷

（一至十二）

440000－2542－0006813　QT000253

四時幽賞錄一卷　（明）高濂著　清光緒錢塘丁氏嘉惠堂刻本　一册

440000－2542－0006814　QT000253

浙鹺紀事一卷附錄一卷　（明）葉永盛著　清光緒錢塘丁氏嘉惠堂刻本　與440000－2542－0006813合一册

440000－2542－0006815　QT000253

西湖小史一卷　（清）李鼎著　清光緒錢塘丁氏嘉惠堂刻本　與440000－2542－0006813合一册

440000－2542－0006816　QT000254

西泠遊記一卷　（明）王紹傳著　清光緒二十一年（1895）錢塘丁氏嘉惠堂刻本　一册

440000－2542－0006817　QT000255

原強一卷　嚴復撰　清光緒二十七年（1901）南昌讀有用書齋刻本　一册

440000－2542－0006818　QT000256

上今上皇帝萬言書一卷　嚴復撰　清光緒二十七年（1901）南昌讀有用書齋刻本　一册

440000－2542－0006819　QT000258

盾墨拾餘十四卷首一卷　（清）易順鼎撰　清光緒二十二年（1896）刻本　一册　存二卷（一至二）

440000－2542－0006820　QT000259

太乙舟文集八卷　（清）陳用光撰　清道光刻本　一册　存一卷（四）

440000－2542－0006821　QT000260

端綺集二十八卷　（清）黃奭輯　清道光刻本　一册　存五卷（三至七）

440000－2542－0006822　QT000261

集陶詩一卷　（清）吳永和撰　**集陶註一卷**　（清）吳傑　（清）黃奭撰　清道光刻本　一册

440000－2542－0006823　QT000261

青霞仙館詩錄一卷　（清）王城撰　清道光刻本　與440000－2542－0006822合一册

440000－2542－0006824　QT000262

端綺集二十八卷　（清）黃奭輯　清道光刻本　二册

440000－2542－0006825　QT000267

養蒙針度五卷　（清）潘子聲撰　清刻本　一册

440000－2542－0006826　QT000266

與舍弟書十六通一卷　（清）鄭燮著　清刻本　一册

440000－2542－0006827　ZS000311－3

軍禮司馬灋考徵二卷　（清）黃以周撰　清光緒十八年（1892）定海黃氏試館刻本　一册

440000－2542－0006828　QT000276

鄭工新例一卷　（清）戶部編　清光緒刻本　一册

440000－2542－0006829　QT000530

金陵朱氏家集　（清）朱緒曾輯　清道光二十年（1840）刻本　一册　存七種

440000－2542－0006830　ZS000519

攷辨隨筆二卷　（清）黃定宜著　清道光二十七年（1847）萍鄉文晟刻本　一册

440000－2542－0006831　QT000532

易義闡四卷附錄一卷　（清）韓松纂輯　清刻本　一册　存二卷（三至四）

440000－2542－0006832　QT000533

北夢瑣言二十卷逸文四卷　（宋）孫光憲纂集　清光緒江陰繆荃孫刻本　一册　存六卷（十九至二十、逸文四卷）

440000－2542－0006833　QT000534

毛詩傳箋通釋三十二卷　（清）馬瑞辰撰　清光緒十四年（1888）廣雅書局刻本　一册　存二卷（十八至十九）

440000－2542－0006834　QT000535

金石文字辨異十二卷　（清）邢澍編　清光緒貴池劉世珩刻本　三册　存四卷（一至三、十二）

440000－2542－0006835　QT000536

中等日本文典譯釋初編十章　(日本)三土忠造著　清光緒二十七年(1901)教育改良會影印本　一册

440000－2542－0006836　ZS000501
霆軍紀略十六卷　(清)陳昌編輯　清光緒八年(1882)申報館鉛印本　七册　存十四卷(一至十四)

440000－2542－0006837　SQ100012
孝經大義一卷　(元)董鼎注　清康熙十九年(1680)通志堂刻通志堂經解本　與440000－2542－0000941合一册

440000－2542－0006838　SQ100008
春秋大事表五十卷春秋輿圖一卷附錄一卷　(清)顧棟高纂輯　清乾隆萬卷樓刻本　二十册

440000－2542－0006839　SQ100012
孝經注解一卷　(唐)玄宗李隆基注　(宋)司馬光指解　(宋)范祖禹說　清康熙十九年(1680)通志堂刻通志堂經解本　與440000－2542－0000941合一册

440000－2542－0006840　ZS000616
黔書四卷　(清)田雯撰　清光緒元年(1875)刻粵雅堂叢書本　二册

440000－2542－0006841　ZS000616－1
續黔書八卷　(清)張澍撰　清光緒元年(1875)刻粵雅堂叢書本　一册

440000－2542－0006842　ZS000616－2
續談助五卷　(宋)晁載之輯　清同治十三年(1874)刻粵雅堂叢書本　二册

440000－2542－0006843　ZS000502
高僧傳十三卷　(南朝梁)釋慧皎撰　清道光二十七年(1847)刻本　四册

440000－2542－0006844　ZS000567
火攻挈要三卷圖一卷　(德國)湯若望撰　清道光二十七年(1847)刻本　一册

440000－2542－0006845　ZS000585
續三十五舉一卷　(清)黄子高撰　清光緒三年(1877)刻本　與440000－2542－0000175合一册

440000－2542－0006846　ZS000606
周禮注疏小箋五卷　(清)曾釗學　清光緒十二年(1886)刻本　二册

440000－2542－0006847　QT000277
涇西書屋詩稿四卷　(清)汪元爵撰　清道光十七年(1837)清頌堂刻本　一册　存二卷(一至二)

440000－2542－0006848　QT000284
董氏叢書　(清)董金鑑輯　清光緒三十二年(1906)會稽董氏取斯家塾刻本　三册　存六種

440000－2542－0006849　QT000285
會稽明董文簡公中峯集十二卷首一卷附錄三卷　(明)董玘撰　清光緒三十二年(1906)會稽董氏取斯家塾刻董氏叢書本　一册　存一卷(一)

440000－2542－0006850　QT000286
會稽明董文簡公中峯集十二卷首一卷附錄三卷　(明)董玘撰　清光緒三十二年(1906)會稽董氏取斯家塾刻董氏叢書本　一册　存一卷(一)

440000－2542－0006851　QT000287
尚書誼略二十八卷敘錄一卷　(清)姚永樸撰　清光緒桐城姚氏集虚草堂刻本　三册　存二十三卷(六至二十八)

440000－2542－0006852　ZS000635
和林詩一卷　(清)李文田撰　清光緒二十三年(1897)會稽施氏鄦鄭學廬刻本　與440000－2542－0000254合一册

440000－2542－0006853　ZS000636
元祕史山川地名考十二卷　(清)施世杰撰　清光緒二十三年(1897)會稽施氏鄦鄭學廬刻本　二册

440000－2542－0006854　ZS000612
海語三卷　(明)黃衷　(清)吳蘭修撰　清道

光二十五年(1845)刻本　一冊

440000－2542－0006855　PJ400806－1
啗敢覽館稿一卷　(清)曹應鐘撰　清同治至光緒吳縣潘氏京師刻滂喜齋叢書本　與440000－2542－0006766合一冊

440000－2542－0006856　QT000295
餘山先生遺書十卷附一卷　(清)勞史撰　清刻本　一冊　存五卷(一至五)

440000－2542－0006857　QT000296
鬬杯堂詩集一卷　(清)陳瀏撰　清宣統二年(1910)鉛印本　一冊

440000－2542－0006858　QT000296
杯隱堂詩集一卷　(清)陳瀏撰　清宣統二年(1910)鉛印本　與440000－2542－0006857合一冊

440000－2542－0006859　QT000296
杯史一卷　(清)陳瀏撰　清宣統二年(1910)鉛印本　與440000－2542－0006857合一冊

440000－2542－0006860　QT000301
與壻遺言一卷　(清)黄保康撰　清宣統三年(1911)南海黄氏刻霄鵬先生遺著本　一冊

440000－2542－0006861　QT000303
寶婺碎金一卷　(清)盧標編輯　清道光十九年(1839)刻本　一冊

440000－2542－0006862　QT000303
說陶一卷　(清)盧標撰錄　清道光刻本　與440000－2542－0006861合一冊

440000－2542－0006863　QT000303
緱城漫鈔三卷　(清)盧標編輯　清道光十八年(1838)刻本　與440000－2542－0006861合一冊

440000－2542－0006864　QT000304
岱翠集二卷　(□)□□撰　清康熙刻本　一冊

440000－2542－0006865　QT000847
逆臣傳四卷　(清)國史館編　清刻本　一冊　存二卷(三至四)

440000－2542－0006866　QT000305
高陽地落成修禊詩五卷　(清)周凱輯　清道光刻本　一冊

440000－2542－0006867　QT000307
貞白堂詩鈔三種　(清)恩錫輯　清同治刻本　一冊

440000－2542－0006868　QT000308
蘇蕾錄一卷　(清)謝家福等編　清刻本　一冊

440000－2542－0006869　QT000309
水心先生別集十六卷　(宋)葉適撰　清同治九年(1870)瑞安孫氏刻本　一冊　存四卷(一至四)

440000－2542－0006870　QT000310
宋學士全集三十二卷補遺八卷附錄二卷　(明)宋濂撰　清同治十三年(1874)永康胡氏退補齋刻金華叢書本　一冊　存一卷(二十五)

440000－2542－0006871　QT000313
易傳十七卷　(唐)李鼎祚集解　**經典釋文周易音義一卷**　(唐)陸德明音義　清光緒十四年(1888)上海點石齋石印本　一冊

440000－2542－0006872　QT000314
詩韻集成十卷詞林典腋一卷　(清)余照輯　清刻本　三冊　存六卷(一至三、八至十)

440000－2542－0006873　QT000315
張季子說鹽不分卷　張謇撰　清宣統鉛印本　一冊

440000－2542－0006874　QT000316
洋務經濟通攷十六卷　(清)應祖錫纂定　清光緒二十四年(1898)上海鴻寶齋石印本　一冊　存二卷(十五至十六)

440000－2542－0006875　QT000318
奏定城鎮鄉地方自治并選舉章程六章　(□)□□撰　清光緒中國圖書公司鉛印本　一冊

440000－2542－0006876　QT000323
沈文肅公政書七卷首一卷　(清)沈葆楨撰

清光緒六年(1880)吳門節署木活字印本　一冊　存二卷(六至七)

440000－2542－0006877　QT000325
光緒朝海關大宗進出貨價表不分卷　(清)張庸編　清宣統三年(1911)翰墨林書局鉛印本　一冊

440000－2542－0006878　QT000326
光緒朝海關大宗進出貨價表不分卷　(清)張庸編　清宣統三年(1911)翰墨林書局鉛印本　一冊

440000－2542－0006879　QT000328
清波小志二卷　(清)徐逢吉輯　**清波小志補一卷**　(明)陳景鐘輯　清光緒七年(1881)竹書堂丁氏刻本　一冊

440000－2542－0006880　QT000329
貿易須知一卷　(清)王秉元著　清光緒十八年(1892)三緘室主刻本　一冊

440000－2542－0006881　QT000336
花國劇談二卷　(清)玉魫生撰　清光緒鉛印本　與440000－2542－0000922合一冊

440000－2542－0006882　QT000352
繹史一百六十卷世系圖一卷年表一卷　(清)馬驌撰　清刻本　十二冊　存五十卷(二十四至二十六、四十四至四十九、五十五至六十九、八十九至九十二、九十五、一百二至一百十五、一百五十四至一百六十)

440000－2542－0006883　QT000352
繹史一百六十卷世系圖一卷年表一卷　(清)馬驌撰　清刻本　五冊　存二十八卷(一百五至一百十一、一百十三至一百三十三)

440000－2542－0006884　ZS000311－4
僘季雜說一卷　(清)黃以周撰　清光緒刻本　一冊

440000－2542－0006885　SQ400098
擲餘堂吟草不分卷　(清)江仲瑜撰　清咸豐稿本　四冊

440000－2542－0006886　SQ400085
敬恕堂存稿八卷　(清)耿介撰　清康熙十七年(1678)麗澤堂刻本　一冊

440000－2542－0006887　QT000846
欽定明鑑二十四卷　(清)托津等撰　清刻本　三冊　存九卷(三至五、九至十四)

440000－2542－0006888　QT000367
繹史一百六十卷世系圖一卷年表一卷　(清)馬驌撰　清刻本　十五冊　存五十五卷(一至五、二十四、一百四至一百九、一百十二至一百二十六、一百三十三至一百六十)

440000－2542－0006889　QT000368
繹史一百六十卷世系圖一卷年表一卷　(清)馬驌撰　清刻本　十冊　存五十四卷(二十一至四十九、五十七至七十九、一百四十九、一百五十一)

440000－2542－0006890　QT000369
繹史一百六十卷世系圖一卷年表一卷　(清)馬驌撰　清刻本　九冊　存八十八卷(二十三至三十八、四十四至八十八、一百四至一百十二、一百四十三至一百六十)

440000－2542－0006891　QT000372
拿破崙本紀四十二章　(英國)洛加德著　(清)林紓　(清)魏易譯　清光緒鉛印本　四冊

440000－2542－0006892　QT000373
漢志水道疏證四卷　(清)洪頤煊撰　清光緒十三年(1887)長洲蔣鳳藻心矩齋刻本　一冊　存二卷(一至二)

440000－2542－0006893　QT000374
重刊補註洗冤錄集證六卷　(宋)宋慈撰　(清)王又槐增輯　(清)李觀瀾補輯　(清)阮其新補註　清道光二十四年(1844)刻四色套印本　五冊

440000－2542－0006894　QT000375
洗冤錄摭遺二卷　(清)葛元煦撰　清刻本　一冊

440000－2542－0006895　QT000376

連氏義田事略三卷　(明)連芳撰　清光緒十四年(1888)刻本　一冊

440000－2542－0006896　QT000377
蘭閨寶錄六卷　(清)惲珠輯　清道光十一年(1831)刻本　五冊

440000－2542－0006897　QT000378
王梅溪先生會稽三賦四卷　(宋)王十朋撰　(明)南逢吉注　(明)周炳曾增注　清康熙刻本　一冊

440000－2542－0006898　QT000380
麟臺故事五卷首一卷末一卷拾遺二卷考異一卷　(宋)程俱撰　清福建刻武英殿聚珍版書本　一冊

440000－2542－0006899　QT000381
公法總論一卷　(英國)羅柏村著　(英國)傅蘭雅　(清)汪振聲譯　清光緒江南製造局鉛印本　一冊

440000－2542－0006900　QT000382
重刊補註洗冤錄集證六卷　(宋)宋慈撰　(清)王又槐增輯　(清)李觀瀾補輯　(清)阮其新補註　清道光二十四年(1844)刻四色套印本　二冊　存二卷(三至四)

440000－2542－0006901　QT000383
補註洗冤錄集證四卷作吏要言一卷　(宋)宋慈撰　(清)王又槐集證　清道光二十三年(1843)刻三色套印本　一冊　存二卷(一至二)

440000－2542－0006902　QT000845
續編資治宋元綱目大全二十七卷　(明)商輅等撰　明刻本　二冊　存二卷(二至三)

440000－2542－0006903　QT000386
竹谿稿六卷附錄一卷　(元)呂溥撰　清刻本　一冊

440000－2542－0006904　QT000387
蜀學編二卷　(清)方守道初輯　(清)高賡恩復輯　清光緒二十七年(1901)刻本　一冊　存一卷(一)

440000－2542－0006905　QT000391
洗冤錄詳義四卷首一卷　(清)許槤編校　清光緒二年(1876)錢唐葛氏嘯園刻本　四冊

440000－2542－0006906　QT000392
大清光緒新法令十三類　(清)商務印書館編譯所編　清宣統鉛印本　三冊　存二類(一至二)

440000－2542－0006907　QT000393
大清光緒新法令十三類　(清)商務印書館編譯所編　清宣統鉛印本　四冊　存三類(一至三)

440000－2542－0006908　QT000394
大清一統志五百卷　(清)蔣廷錫等編　清末石印本　七冊　存四十六卷(二百九至二百三十六、二百五十七至二百七十四)

440000－2542－0006909　QT000395
欽定大清會典事例一百卷　(清)崑岡等編　清刻本　一冊　存一卷(乾隆三十一年一卷)

440000－2542－0006910　QT000396
張文襄公榮哀錄十卷　(□)□□撰　清宣統北京集成圖書公司鉛印本　一冊　存二卷(一至二)

440000－2542－0006911　QT000397
甘肅省文職各官額數支款章程一卷　(清)□□撰　清刻本　一冊

440000－2542－0006912　SQ400162
曝書亭集詩註二十二卷年譜一卷　(清)楊謙纂　清乾隆刻本　八冊

440000－2542－0006913　QT000400
石鐘山志十六卷首一卷　(清)李成謀　(清)丁義方輯　清光緒刻本　一冊　存一卷(十六)

440000－2542－0006914　QT000402
刪訂唐詩解二十四卷　(清)唐汝詢選釋　清康熙刻本　一冊　存五卷(四至八)

440000－2542－0006915　QT000404
明季南畧十八卷　(清)計六奇編輯　清都城

琉璃廠半松居士活字印本　一册　存二卷(九至十)

440000－2542－0006916　QT000405
漢官儀三卷　(宋)劉攽撰　清光緒八年(1882)歸安陸氏十萬卷樓刻本　一册

440000－2542－0006917　QT000406
西國近事彙編四卷　(美國)金楷理口譯　(清)姚棻筆述　清光緒刻本　一册　存一卷(三)

440000－2542－0006918　QT000407
皇清奏議六十八卷首一卷　(清)琴川居士編輯　清刻本　一册　存一卷(一)

440000－2542－0006919　QT000408
說鈴　(清)吳震方編　清康熙刻本　七册　存十七種

440000－2542－0006920　QT000410
輿地紀勝二百卷　(宋)王象之編　清咸豐五年(1855)南海伍氏粤雅堂刻本　一册　存七卷(一百八十六至一百九十二)

440000－2542－0006921　QT000412
千奇萬妙一卷　(比利時)赫爾瞻　(清)朱飛輯　清光緒二十九年(1903)上海土山灣慈母堂印書局鉛印本　一册

440000－2542－0006922　QT000413
陝西省綠營兵額餉章一卷　(清)□□撰　清刻本　一册

440000－2542－0006923　QT000415
常州先哲遺書　(清)盛宣懷輯　清光緒盛氏思惠齋刻本　八册　存二十七種

440000－2542－0006924　QT000416
新疆文職各官員額數支款章程一卷　(清)□□撰　清刻本　一册

440000－2542－0006925　QT000417
史記一百三十卷附考證　(漢)司馬遷撰　(南朝宋)裴駰集解　(唐)司馬貞索隱　(唐)張守節正義　清光緒十年(1884)上海同文書局石印本　二十六册

440000－2542－0006926　QT000418
文獻通考三百四十八卷　(元)馬端臨著　清咸豐崇仁謝氏刻本　十八册　存五十六卷(一百至一百十九、一百五十七至一百九十二)

440000－2542－0006927　QT000430
玉溪生詩說二卷　(清)紀昀編　清光緒十三年(1887)吳縣朱氏行素草堂刻本　一册　存一卷(上)

440000－2542－0006928　QT000431
廣川書跋十卷　(宋)董逌著　清光緒十三年(1887)吳縣朱氏行素草堂刻本　二册

440000－2542－0006929　QT000433
檀几叢書五十卷　(清)王晫輯　清康熙霞舉堂刻本　二册　存十一卷(一至四、二十六至三十二)

440000－2542－0006930　QT000434
檀几叢書五十卷　(清)王晫輯　清康熙霞舉堂刻本　二册　存十七卷(二十一至三十七)

440000－2542－0006931　QT000435
明宫雜詠二十卷　(清)饒智元撰　清光緒湘淥館刻本　三册　存十卷(十一至二十)

440000－2542－0006932　QT000436
求古錄一卷　(清)顧炎武撰　清光緒十四年(1888)吳縣朱氏槐廬刻本　一册

440000－2542－0006933　QT000437
平津讀碑記八卷　(清)洪頤煊撰　清光緒吳縣朱記榮刻平津館叢書本　一册　存二卷(一至二)

440000－2542－0006934　QT000438
金石錄補二十七卷　(清)葉奕苞著　清光緒十三年(1887)刻槐廬叢書本　一册　存七卷(十七至二十三)

440000－2542－0006935　QT000439
金石錄補二十七卷　(清)葉奕苞著　清咸豐蔣氏刻涉聞梓舊本　一册　存五卷(二十三至二十七)

440000－2542－0006936　QT000440
小休息齋詩存一卷　(清)戴家麟撰　清光緒八年(1882)刻本　一冊

440000－2542－0006937　QT000443
沈隱侯集二卷　(南朝梁)沈約撰　清刻本　一冊　存一卷(一)

440000－2542－0006938　QT000444
五松園文稿一卷　(清)孫星衍撰　清光緒十二年(1886)吳縣朱氏槐廬家塾刻槐廬叢書本　一冊

440000－2542－0006939　QT000444
嘉穀堂集一卷　(清)孫星衍撰　清光緒十二年(1886)吳縣朱氏槐廬家塾刻槐廬叢書本　與440000－2542－0006938合一冊

440000－2542－0006940　QT000445
山東考古錄一卷　(清)顧炎武著　清光緒十一年(1885)吳縣孫谿槐廬家塾刻本　一冊

440000－2542－0006941　QT000445
京東考古錄一卷　(清)顧炎武著　清光緒十一年(1885)吳縣孫谿槐廬家塾刻本　與440000－2542－0006940合一冊

440000－2542－0006942　QT000445
亭林雜錄一卷　(清)顧炎武著　清光緒十一年(1885)吳縣孫谿槐廬家塾刻本　與440000－2542－0006940合一冊

440000－2542－0006943　QT000446
會心堂綱鑑鈔略十八卷　(清)周煒輯　清嘉慶十八年(1813)書三味樓刻本　一冊　存六卷(一至六)

440000－2542－0006944　QT000447
東南紀事十二卷　(清)邵廷采撰　清光緒邵武徐氏刻本　二冊

440000－2542－0006945　QT000448
小石山房叢書　(清)顧湘輯　清同治十三年(1874)虞山顧氏刻本　二冊　存四種

440000－2542－0006946　QT000449
平桂紀略四卷　(清)蘇鳳文撰　清光緒十五年(1889)刻本　一冊　存二卷(一至二)

440000－2542－0006947　QT000450
何博士備論二卷　(宋)何去非撰　清光緒元年(1875)崇文書局刻本　一冊

440000－2542－0006948　QT000450
宋丞相李忠定公輔政本末一卷　(宋)何去非撰　清光緒元年(1875)崇文書局刻本　與440000－2542－0006947合一冊

440000－2542－0006949　QT000451
繹史摭遺十八卷　(明)李瑤編　清刻本　一冊　存三卷(十一至十三)

440000－2542－0006950　QT000452
詩辨說一卷　(清)趙悳編　清光緒十三年(1887)吳縣朱氏家塾刻槐廬叢書本　一冊

440000－2542－0006951　QT000452
饗禮補亡一卷　(清)諸錦補　清光緒十三年(1887)吳縣朱氏家塾刻槐廬叢書本　與440000－2542－0006951合一冊

440000－2542－0006952　QT000452
公羊逸禮考徵一卷　(清)陳奐學　清光緒十年(1884)吳縣朱氏家塾刻槐廬叢書本　與440000－2542－0006951合一冊

440000－2542－0006953　QT000455
易問六卷　(清)紀大奎撰　清刻本　一冊　存四卷(三至六)

440000－2542－0006954　QT000456
周禮注疏四十二卷　(漢)鄭玄注　(唐)陸德明音義　(唐)賈公彥疏　清刻本　一冊　存三卷(三十一至三十三)

440000－2542－0006955　QT000457
常州先哲遺書　(清)盛宣懷輯　清光緒盛氏思惠齋刻本　五冊　存十種

440000－2542－0006956　QT000458
天子肆獻祼饋食禮纂四卷　(清)任啓運撰　清光緒十四年(1888)刻本　一冊　存二卷(一至二)

440000－2542－0006957　QT000459

六禮或問十二卷　(清)汪紱著　清光緒二十一年(1895)刻本　一冊　存二卷(一至二)

440000－2542－0006958　QT000461
滇南文略四十七卷首一卷　(清)袁文揆　(清)張登瀛纂　清光緒二十六年(1900)刻本　二十四冊

440000－2542－0006959　QT000462
雪鴻小記一卷補遺一卷　(清)珠泉居士著　清光緒四年(1878)鉛印本　一冊

440000－2542－0006960　QT000462
秦淮畫舫錄二卷　(清)捧花生撰　清光緒四年(1878)鉛印本　與440000－2542－0006959合一冊

440000－2542－0006961　QT000465
客杭日記一卷　(元)郭畀撰　清光緒七年(1881)錢塘丁氏刻本　一冊

440000－2542－0006962　QT000465
西湖八社詩帖一卷　(明)方九叔輯　清光緒七年(1881)錢塘丁氏刻本　與440000－2542－0006961合一冊

440000－2542－0006963　QT000465
湖山敘遊一卷　(明)劉暹述　清光緒錢塘丁氏嘉惠堂刻本　與440000－2542－0006961合一冊

440000－2542－0006964　QT000466
劉禮部集十一卷　(清)劉逢祿撰　清刻本　一冊　存二卷(五至六)

440000－2542－0006965　QT000467
儀禮疏五十卷　(唐)賈公彥等撰　清刻本　一冊　存三卷(四十八至五十)

440000－2542－0006966　QT000468
四書訓解參證十二卷　(清)張定鋆注　清咸豐二年(1852)刻本　七冊

440000－2542－0006967　QT000469
孟子注疏十四卷　(漢)趙岐注　(宋)孫奭音義并疏　清刻本　一冊　存三卷(十至十二)

440000－2542－0006968　QT000470
禮記註疏六十三卷　(漢)鄭玄注　(唐)孔穎達疏　清汲古閣刻本　六冊　存二十四卷(四十至六十三)

440000－2542－0006969　QT000471
農學報　(□)□□撰　清光緒石印本　十一冊　存十一卷(四、十一、十三至十六、十八、二十一至二十四)

440000－2542－0006970　QT000472
清暉贈言十卷　(清)徐永宣等編次　清宣統順德鄧氏風雨樓鉛印本　二冊

440000－2542－0006971　QT000473
說文解字注十五卷　(清)段玉裁注　清刻本　三冊　存三卷(十一至十三)

440000－2542－0006972　QT000474
禮經宮室答問二卷　(清)洪頤煊撰　清光緒十年(1884)馬氏師竹山房刻本　一冊　存一卷(上)

440000－2542－0006973　QT000475
畿輔叢書　(清)王灝輯　清光緒五年(1879)定州王氏謙德堂刻本　十三冊　存五種

440000－2542－0006974　QT000476
考古續說二卷　(清)崔述著　清光緒五年(1879)定州王氏謙德堂刻本　一冊

440000－2542－0006975　QT000476
考信附錄二卷　(清)崔述著　清光緒五年(1879)定州王氏謙德堂刻本　與440000－2542－0006974合一冊

440000－2542－0006976　QT000477
爾雅三卷　(晉)郭璞注　清光緒十二年(1886)石印本　一冊　存二卷(上至中)

440000－2542－0006977　QT000478
子史輯要題解續編四卷　(清)胡本淵編輯　清刻本　一冊　存三卷(二至四)

440000－2542－0006978　QT000479
雙溪集十五卷　(宋)蘇籀撰　清咸豐元年(1851)南海伍氏刻粵雅堂叢書本　一冊　存四卷(一至四)

440000－2542－0006979　QT000480
北史一百卷　(唐)李延壽撰　清光緒石印本　一册　存一卷(九十四)

440000－2542－0006980　QT000844
續資治通鑑二百二十卷　(清)畢沅編集　清刻本　一册　存三卷(二百十八至二百二十)

440000－2542－0006981　PJ403028
陳少陽集十卷首一卷　(宋)陳東撰　劉德麟重輯　聞福圻重編　清光緒十六年(1890)刻本　四册

440000－2542－0006982　QT000491
尚賢堂半年報告書一卷　(美國)李佳白述　清宣統元年(1909)上海美華書局鉛印本　一册

440000－2542－0006983　QT000490
蒙學讀本全書七編　(清)無錫三等公學堂編　清光緒石印本　一册　存一編(一)

440000－2542－0006984　QT000496
宋大家蘇文定公文抄二十卷　(宋)蘇轍撰　清刻本　一册　存四卷(四至七)

440000－2542－0006985　QT000497
毋不敬齋全書　(清)方濬撰　清光緒十五年(1889)刻本　一册　存三種

440000－2542－0006986　QT000499
國朝詩人徵略二編六十四卷　(清)張維屏輯　清道光刻本　六册

440000－2542－0006987　QT000500
漆室吟八卷壬癸編一卷　(清)王柏心撰　清同治二年(1863)監利王氏刻本　二册　存八卷(漆室吟八卷)

440000－2542－0006988　QT000501
過雲樓書畫記十卷　(清)顧文彬撰　清光緒刻本　一册　存四卷(一至四)

440000－2542－0006989　QT000502
粵雅堂叢書　(清)伍崇曜編　清道光至光緒南海伍氏粵雅堂文字歡娱室刻本　十六册　存十一種

440000－2542－0006990　QT000503
鄭志三卷附録一卷　(漢)鄭康成撰　(三國魏)鄭小同編　清咸豐三年(1853)刻本　一册

440000－2542－0006991　QT000504
東城雜記二卷　(清)厲鶚撰　清道光三十年(1850)刻本　一册

440000－2542－0006992　QT000505
閻潛邱先生[若璩]年譜四卷　(清)張穆編　清咸豐三年(1853)刻本　二册

440000－2542－0006993　QT000506
南雷文定前集十一卷　(清)黄宗羲撰　清咸豐三年(1853)刻本　一册　存二卷(一至二)

440000－2542－0006994　QT000507
南雷詩歷四卷　(清)黄宗羲撰　清咸豐三年(1853)刻本　一册

440000－2542－0006995　QT000508
蘇米齋蘭亭考八卷　(清)翁方綱撰　清咸豐三年(1853)刻本　一册　存三卷(一至三)

440000－2542－0006996　QT000509
易經四卷　(宋)程頤傳　清宣統元年(1909)學部圖書局影印本　四册

440000－2542－0006997　QT000877
健松齋集二十四卷　(清)方象瑛著　清康熙刻本　一册　存五卷(二十至二十四)

440000－2542－0006998　QT000511
健松齋集二十四卷　(清)方象瑛著　清康熙刻本　二册　存十五卷(一至七、十七至二十四)

440000－2542－0006999　QT000512
大瓠堂詩録八卷　(清)孫周撰　清光緒刻本　一册　存三卷(六至八)

440000－2542－0007000　QT000513
鑑略四字書一卷　(清)王仕雲著　清李光明莊刻本　一册

440000－2542－0007001　QT000514

提綱釋義一卷　(□)□□撰　清李光明莊刻本　一册

440000－2542－0007002　QT000515

中峯集十二卷首一卷附錄三卷　(明)董玘撰　清光緒三十二年(1906)會稽董氏取斯家塾刻董氏叢書本　一册　存一卷(一)

440000－2542－0007003　SQ500014

元詩選十卷首一卷二集八卷三集八卷　(清)顧嗣立輯　清康熙長洲顧氏秀野草堂刻本　四十七册

440000－2542－0007004　QT000516

墨壽閣詩集四卷　(清)汪承慶著　清光緒二十七年(1901)刻本　一册　存二卷(三至四)

440000－2542－0007005　QT000518

石畫記五卷　(清)阮元撰　清光緒十一年(1885)羊城富文齋刻本　一册　存三卷(三至五)

440000－2542－0007006　QT000542

最新國文教科書不分卷　(清)蔣維喬　(清)莊俞編纂　清光緒三十四年(1908)商務印書館鉛印本　一册

440000－2542－0007007　QT000519

金華文萃書目提要八卷　(清)胡鳳丹編纂　清同治八年(1869)金華胡氏退補齋刻本　一册　存二卷(一至二)

440000－2542－0007008　QT000520

健松齋集二十四卷　(清)方象瑛著　清康熙刻本　一册　存二卷(一至二)

440000－2542－0007009　QT000878

日本外史二十二卷　(日本)賴襄撰　清末刻本　一册　存二卷(十九至二十)

440000－2542－0007010　QT000545

養蒙鍼度四卷　(清)潘子聲手定　清李光明莊刻本　二册

440000－2542－0007011　QT000546

詩經二十卷　(宋)朱熹集傳　清刻本　一册　存二卷(四至五)

440000－2542－0007012　QT000548

十三經集字音釋四卷檢字一卷　(清)王蕙田編　清刻本　一册　存一卷(檢字一卷)

440000－2542－0007013　QT000550

玉函山房輯佚書　(清)馬國翰輯　清光緒九年(1883)長沙嫏嬛館刻本　十二册　存六十八種

440000－2542－0007014　QT000551

[正德]武功縣志三卷首一卷　(明)康海纂　(清)孫景烈評注　清同治十二年(1873)湖北崇文書局刻本　一册

440000－2542－0007015　QT000552

[乾隆]溫州府志三十卷首一卷　(清)李琬修　(清)齊召南等纂　清同治刻本　四册　存四卷(十七至十九、二十八)

440000－2542－0007016　QT000553

乾隆府廳州縣圖志五十卷　(清)洪亮吉撰　清刻本　一册　存三卷(三十四至三十六)

440000－2542－0007017　QT000555

[康熙]天台縣志十五卷首一卷　(清)李德耀　(清)黃執中修　清刻本　二册　存六卷(三至八)

440000－2542－0007018　QT000570

平津館鑒藏記書籍三卷補遺一卷續編一卷　(清)孫星衍撰　清光緒刻式訓堂叢書本　一册　存二卷(一至二)

440000－2542－0007019　QT000571

平津讀碑記八卷　(清)洪頤煊撰　清光緒吳縣朱記榮刻平津館叢書本　一册　存三卷(四至六)

440000－2542－0007020　QT000572

古列女傳八卷　(漢)劉向撰　清刻本　一册　存二卷(七至八)

440000－2542－0007021　QT000573

實政錄七卷　(明)呂坤著　清道光七年(1827)開封府署刻本　一册　存一卷(二)

440000－2542－0007022　QT000577
燕山制義四卷　(清)宓如椿著　清嘉慶刻本　四册

440000－2542－0007023　QT000578
昭代名人尺牘小傳二十四卷　(清)吳修撰　清末石印本　一册　存十四卷(十一至二十四)

440000－2542－0007024　QT000579
御批資治通鑑綱目前編十八卷　(宋)金履祥撰　清刻本　一册　存五卷(十一至十五)

440000－2542－0007025　QT000581
通志略五十二卷　(宋)鄭樵撰　清刻本　一册　存一卷(地里略一卷)

440000－2542－0007026　QT000583
周人經説八卷　(清)王紹蘭撰　清光緒吳縣潘氏刻功順堂叢書本　一册　存二卷(一至二)

440000－2542－0007027　QT000584
毛詩原解三十六卷　(明)郝敬撰　清刻本　一册　存八卷(十一至十八)

440000－2542－0007028　QT000586
明三十家詩選初集八卷　(清)汪端輯　清同治十二年(1873)蘊蘭吟館刻本　一册　存二卷(三至四)

440000－2542－0007029　QT000591
韋蘇州集十卷　(唐)韋應物撰　(清)胡鳳丹輯　清同治九年(1870)退補齋刻本　一册　存五卷(一至五)

440000－2542－0007030　PJ400806－2
壬申消夏詩一卷　(清)潘祖蔭輯　清同治至光緒吳縣潘氏京師刻滂喜齋叢書本　與440000－2542－0006766合一册

440000－2542－0007031　QT000593
目耕帖三十卷　(清)馬國翰撰　清光緒嫏嬛仙館刻本　一册　存二卷(二十一至二十二)

440000－2542－0007032　QT000594
鐵瓶雜存二卷　(清)張岳齡撰　清光緒刻本　一册　存一卷(一)

440000－2542－0007033　QT000595
南北史捃華八卷　(清)周嘉猷輯　清光緒二年(1876)退補齋刻本　一册　存二卷(一至二)

440000－2542－0007034　QT000596
皇朝文獻通考三百卷　(清)嵇璜　等纂　清光緒二十七年(1901)上海圖書集成局鉛印本　一册　存二卷(二百九十九至三百)

440000－2542－0007035　QT000597
兩浙金石志十八卷　(清)阮元編錄　清光緒十六年(1890)浙江書局刻本　一册　存二卷(十至十一)

440000－2542－0007036　QT000598
兩浙金石志十八卷　(清)阮元編錄　清光緒十六年(1890)浙江書局刻本　二册　存四卷(十至十三)

440000－2542－0007037　QT000601
兩浙金石志十八卷　(清)阮元編錄　清光緒十六年(1890)浙江書局刻本　一册　存一卷(五)

440000－2542－0007038　QT000602
兩浙金石志十八卷　(清)阮元編錄　清光緒十六年(1890)浙江書局刻本　一册　存二卷(五至六)

440000－2542－0007039　QT000603
兩浙金石志十八卷　(清)阮元編錄　清道光四年(1824)山陰李澐廣州刻本　四册　存四卷(十一、十四至十五、十七)

440000－2542－0007040　QT000604
後漢書補表八卷　(清)錢大昭撰　清刻本　一册　存二卷(一至二)

440000－2542－0007041　QT000605
廣輿吟稿六卷　(清)宋思仁著　清乾隆刻本　一册　存三卷(四至六)

440000－2542－0007042　QT000613
兩漢金石記二十二卷　(清)翁方綱撰　清乾

隆五十四年(1789)大興翁方綱南昌使院刻蘇齋叢書本　四冊　存十卷(五、九至十一、十五、十八至二十二)

440000－2542－0007043　QT000614
蠕範八卷劄記一卷　(清)李元撰　清光緒十七年(1891)三餘草堂刻本　一冊　存二卷(一、八)

440000－2542－0007044　QT000616
湖海樓叢書　(清)陳春輯　清嘉慶蕭山陳氏湖海樓刻本　七冊　存六種

440000－2542－0007045　QT000620
御覽闕史二卷　(唐)高彥休撰　清光緒三年(1877)湖北崇文書局刻本　一冊

440000－2542－0007046　QT000618
說文解字通正八卷　(清)潘奕雋述　清光緒貴池劉氏刻本　一冊

440000－2542－0007047　QT000621
粟香室叢書　(清)金武祥輯　清光緒江陰金氏刻本　一冊　存五種

440000－2542－0007048　QT000619
逸子書　(清)孫馮翼輯　清嘉慶二年至七年(1797－1802)孫氏問經堂刻本　一冊　存三種

440000－2542－0007049　QT000627
明夷待訪錄一卷　(清)黄宗羲撰　清刻本　一冊

440000－2542－0007050　QT000628
憑山閣彙輯留青新集三十卷　(清)陳枚選　清刻本　二冊　存四卷(十五至十八)

440000－2542－0007051　QT000630
天咫偶聞十卷　(清)震鈞撰　清光緒三十三年(1907)甘棠轉舍刻本　一冊　存一卷(六)

440000－2542－0007052　QT000633
原富五部　(英國)斯密亞丹原本　嚴復翻譯　清光緒二十八年(1902)南洋公學譯書院鉛印本　一冊　存一部(戊下)

440000－2542－0007053　QT000634
廣東財政說明書十六卷　(清)廣東清理財政局編訂　清宣統二年(1910)鉛印本　二冊　存二卷(十四至十五)

440000－2542－0007054　QT000561
蘇沈内翰良方十卷　(宋)蘇軾　(宋)沈括編　清乾隆五十八年(1793)長塘鮑氏刻知不足齋叢書本　一冊　存二卷(一至二)

440000－2542－0007055　QT000562
大清一統志五百卷　(清)蔣廷錫等編　清末石印本　一冊　存八卷(二百五十七至二百六十四)

440000－2542－0007056　QT000565
江南松江府華亭縣白沙郙孝修回郎寶卷一卷附七七寶卷一卷喫素經一卷花名寶卷一卷法船經一卷　(□)□□撰　清刻本　一冊

440000－2542－0007057　QT000636
日本維新三十年史十二編　(日本)東京博文館編輯　清光緒上海廣智書局鉛印本　一冊　存三編(五至七)

440000－2542－0007058　QT000637
讀史方輿紀要一百三十卷　(清)顧祖禹輯著　清刻本　二冊　存三卷(一至三)

440000－2542－0007059　QT000638
己庚編二卷　(清)祁韻士編　清光緒刻本　一冊　存一卷(上)

440000－2542－0007060　QT000843
續資治通鑑綱目二十七卷　(明)商輅等撰　明末清初刻本　一冊　存一卷(二十二)

440000－2542－0007061　QT000644
揮麈拾遺六卷　邱煒萲撰　清光緒二十七年(1901)鉛印本　一冊　存三卷(四至六)

440000－2542－0007062　QT000648
東洋史要二卷附圖一卷　(日本)桑原騭藏著　(清)樊炳清譯　清光緒二十五年(1899)東文學社石印本　一冊　存一卷(下)

440000－2542－0007063　QT000649
東洋史要二卷　(日本)桑原騭藏著　(清)樊

炳清譯　清末石印本　一册　存一卷（下）

440000－2542－0007064　QT000651

金石索十二卷首一卷　（明）馮雲鵬　（清）馮雲鵷輯　清光緒十九年（1893）上海積山書局石印本　一册　存一卷（一）

440000－2542－0007065　QT000652

金石索十二卷首一卷　（明）馮雲鵬　（清）馮雲鵷輯　清光緒三十二年（1906）上海文新書局石印本　二册　存一卷（一）

440000－2542－0007066　QT000653

金石索十二卷首一卷　（明）馮雲鵬　（清）馮雲鵷輯　清光緒三十二年（1906）上海文新書局石印本　三册　存三卷（一至二、六）

440000－2542－0007067　QT000654

繹史一百六十卷世系圖一卷年表一卷　（清）馬驌撰　清刻本　一册　存一卷（九十六）

440000－2542－0007068　QT000655

繹史一百六十卷世系圖一卷年表一卷　（清）馬驌撰　清刻本　五册　存十卷（八十一至八十六、九十五至九十八）

440000－2542－0007069　QT000656

繹史一百六十卷世系圖一卷年表一卷　（清）馬驌撰　清刻本　二册　存五卷（九十六、一百四十四至一百四十七）

440000－2542－0007070　QT000657

繹史一百六十卷世系圖一卷年表一卷　（清）馬驌撰　清刻本　三册　存二十八卷（五十一至七十三、九十一至九十五）

440000－2542－0007071　QT000658

壬寅新民叢報全編二十三卷　梁啓超編　清光緒二十九年（1903）維新室石印本　一册　存一卷（十五）

440000－2542－0007072　QT000659

心理摘要十章　（日本）井上圓了著　（清）沈誦清譯　清末鉛印本　一册

440000－2542－0007073　QT000660

戰國策三十三卷　（漢）高誘注　清光緒二十二年（1896）上海鴻寶齋石印本　一册　存八卷（一至八）

440000－2542－0007074　QT000661

壽世叢鈔十章　（□）□□撰　清末上海醫學書局鉛印本　一册　存五卷（六至十）

440000－2542－0007075　PJ403027

魯齋集十卷　（宋）王柏撰　清同治至光緒永康胡氏退補齋刻金華叢書本　四册

440000－2542－0007076　QT000842

歷代名媛圖說二卷　（明）汪氏輯　清光緒五年（1879）上海點石齋石印本　一册　存一卷（上）

440000－2542－0007077　QT000662

新增格古要論十三卷　（明）曹昭著　（明）舒敏編　（明）王佐增　清刻本　四册　存十卷（四至十三）

440000－2542－0007078　QT000663

道書試金石一卷入藥鏡注一卷呂祖沁園春注一卷康節邵子詩注一卷　（清）傅金銓撰　清刻本　一册

440000－2542－0007079　QT000665

紀事續編四卷末一卷　（清）尹景叔輯　清光緒二十五年（1899）木活字印本　一册　存二卷（三至四）

440000－2542－0007080　QT000666

春秋左氏經傳集解三十卷　（晉）杜預注　（唐）陸德明音義　明末清初刻本　一册　存五卷（五至九）

440000－2542－0007081　QT000667

國朝掌故輯要二十四卷　（清）林熙春編　清光緒二十九年（1903）湖南官報局鉛印本　一册　存八卷（九至十六）

440000－2542－0007082　QT000668

大清律例刑案彙纂集成四十卷督捕則例附纂二卷　（清）姚潤纂　（清）章鉞增修　清刻本　一册　存三卷（三十八至四十）

440000－2542－0007083　QT000669

春秋左氏傳地名補注十二卷　(清)沈欽韓撰　清刻本　二册

440000－2542－0007084　QT000670
春秋圖表二卷　(清)廖平撰　清刻本　一册　存一卷(下)

440000－2542－0007085　QT000672
批點春秋左傳綱目句解彙雋六卷　(清)韓菼重訂　清李光明莊刻本　一册　存一卷(二)

440000－2542－0007086　QT000673
批點春秋左傳綱目句解彙雋六卷　(清)韓菼重訂　清李光明莊刻本　一册　存一卷(六)

440000－2542－0007087　QT000674
太史張天如詳節春秋綱目句解左傳彙雋六卷　(清)韓菼重訂　清刻本　一册　存一卷(四)

440000－2542－0007088　QT000675
梁昭明太子律六呂文啟一卷　(南朝梁)蕭統等撰　清康熙刻本　一册

440000－2542－0007089　QT000676
評點春秋綱目左傳句解彙雋六卷　(清)韓菼撰　清刻本　一册　存一卷(三)

440000－2542－0007090　QT000677
春秋紀傳五十一卷　(清)李鳳雛纂輯　清光緒二十一年(1895)刻本　一册　存六卷(七至十二)

440000－2542－0007091　QT000680
春秋左傳五十卷　(晉)杜預　(宋)林堯叟注釋　(唐)陸德明音義　清刻本　一册　存五卷(十三至十七)

440000－2542－0007092　QT000681
春秋左傳五十卷　(晉)杜預　(宋)林堯叟注釋　(唐)陸德明音義　清李光明家刻本　一册　存三卷(三十八至四十)

440000－2542－0007093　QT000682
左氏傳說二十卷首一卷　(宋)呂祖謙撰　清同治八年(1869)永康胡氏退補齋刻本　一册　存六卷(十五至二十)

440000－2542－0007094　QT000683
春秋經傳集解三十卷　(晉)杜預原本　(宋)林堯叟附注　(唐)陸德明音釋　**左繡三十卷**　(清)馮李驊　(清)陸浩評輯　清刻本　二册　存四卷(十五至十八)

440000－2542－0007095　QT000684
春秋左傳五十卷　(晉)杜預　(宋)林堯叟注釋　(唐)陸德明音義　清文淵堂刻本　一册　存三卷(十至十二)

440000－2542－0007096　QT000685
春秋公羊傳注疏二十八卷　(漢)何休學　(唐)陸德明音義　清同治十年(1871)廣東書局刻本　二册　存五卷(一至二、二十至二十二)

440000－2542－0007097　QT000686
春秋左傳補注六卷　(清)惠棟撰　清乾隆三十九年(1774)益都李文藻刻本　一册　存三卷(四至六)

440000－2542－0007098　QT000687
春秋經義五卷首一卷　(□)□□撰　清刻本　一册　存一卷(首一卷)

440000－2542－0007099　QT000841
尺木堂綱鑑易知錄九十二卷明鑑易知錄十五卷　(清)吳乘權等輯　清刻本　一册　存二卷(綱鑑易知錄二十八至二十九)

440000－2542－0007100　PZ302255
娱園叢刻　(清)許增輯　清光緒刻本　一册　存三種

440000－2542－0007101　QT000688
聖水寺志六卷補遺一卷　(清)釋明倫原輯　(清)釋實懿重纂　清光緒刻本　一册　存四卷(四至六、補遺一卷)

書名筆畫字頭索引

一畫

二畫

三畫

四畫

五畫

六畫

七畫

八畫

九畫

十畫

十一畫

十二畫

十三畫

十四畫

十五畫

十六畫

十七畫

十八畫

十九畫

二十畫

二十一畫

二十二畫

二十三畫

二十四畫

二十八畫

書名筆畫索引

一畫

二畫

三畫

四畫

五畫

六畫

七畫

八畫

九畫

十畫

十一畫

十二畫

十三畫

十四畫

十五畫

十六畫

十七畫

十八畫

十九畫

二十畫

二十一畫

二十二畫

二十三畫

二十四畫

二十八畫